Wilhelm Windelband

Die Geschichte der neueren Philosophie in ihrem Zusammenhange mit der allgemeinen Kultur und den besonderen Wissenschaften

1. Band - Von der Renaissance bis Kant

 Literaricon

Wilhelm Windelband

Die Geschichte der neueren Philosophie in ihrem Zusammenhange mit der allgemeinen Kultur und den besonderen Wissenschaften

1. Band - Von der Renaissance bis Kant

ISBN/EAN: 9783959138581

Auflage: 1

Erscheinungsjahr: 2018

Erscheinungsort: Treuchtlingen, Deutschland

Literaricon Verlag UG (haftungsbeschränkt), Uhlbergstr. 18, 91757 Treuchtlingen.

Geschäftsführer: Günther Reiter-Werdin, www.literaricon.de.

Dieser Titel ist ein Nachdruck eines historischen Buches. Es musste auf alte Vorlagen zurückgegriffen werden; hieraus zwangsläufig resultierende Qualitätsverluste bitten wir zu entschuldigen.

Printed in Germany

DIE GESCHICHTE

DER

NEUEREN PHILOSOPHIE

IN IHREM ZUSAMMENHANGE MIT

DER ALLGEMEINEN KULTUR UND DEN BESONDEREN WISSENSCHAFTEN

DARGESTELLT VON

WILHELM WINDELBAND

ERSTER BAND

VON DER RENAISSANCE BIS KANT

SECHSTE, UNVERÄNDERTE AUFLAGE

LEIPZIG

DRUCK UND VERLAG VON BREITKOPF & HÄRTEL

1919

Aus dem Vorwort zur ersten Auflage.

Wer den zahlreichen Bearbeitungen der Geschichte der neueren Philosophie, die unsere Literatur schon aufzuweisen hat, eine neue hinzuzufügen wagt, muß über Veranlassung und Zweck derselben Rechenschaft geben.

Hervorgegangen ist dies Buch aus Studien über die Methode der Philosophie, welche mich neben der Untersuchung des historischen Ursprungs der methodischen Richtungen auf die Frage führten, wieviel von ihren Ansichten die großen Systeme den von ihren aufgestellten Methoden und wieviel sie anderseits den Bewegungen der allgemeinen Kultur und den Errungenschaften der übrigen Wissenschaften verdankten. Mit seltenen Ausnahmen stellte sich dabei der schöpferische Wert der philosophischen Methoden als sehr gering heraus.

Das bei diesen Analysen gewonnene Material hätte sich zunächst für eine Reihe von Abhandlungen oder für eine Geschichte der Methoden geeignet. Wenn ich nach manchem Schwanken es vorgezogen habe, ihm diese Form zu geben, so leitete mich dabei eine andere Erwägung. Zur ersten historischen Einführung bedürfen wir einer Bearbeitung, welche bei nicht zu großer Ausdehnung die reifen Resultate der Forschung in einer Form darstellte, die dem Bedürfnis eines wissenschaftlich denkenden, aber der Philosophie bisher ferner stehenden Lesers entgegenkäme. Es ist keine populäre Darstellung, was ich dabei im Auge habe: popularisieren läßt sich die Philosophie überhaupt nicht, nicht einmal in sog. »allgemeine Resultaten«; sie setzt überall den ganzen Ernst wissenschaftlicher Vertiefung voraus: aber diesem wissenschaftlichen Sinn, gleichviel in welchem Gebiete er sich zunächst entwickelt hat, muß sie nahe gebracht werden können.

Gleichwohl würde ich mich zu dieser Bearbeitung nicht ent-
schlossen haben, wenn ich nicht gemeint hätte, in jenen Studien
über die Methode auf eine Anzahl von Gesichtspunkten gekommen
zu sein, welche bisher in dieser Weise noch nicht hervorgehoben
wurden. Eine neue Darstellung dieses so lebhaft durchforschten
Gegenstandes kann ja nur an sehr wenigen und dann meist nebensächlichen Stellen daran denken, einen neuen Beitrag zur Auf-
hellung des Tatbestandes der Lehren zu geben, welche die Philosophen vorgetragen haben; sie findet sich vielmehr in der schwierigen
Lage, den früheren Bearbeitungen und namentlich Kuno Fischer
gegenüber von vornherein zu wissen, daß die beste Reproduktion
schon vorhanden ist, und daß sie, wenn sie nicht kopieren will,
dahinter zurückbleiben muß. Was man neu zu bringen hoffen
darf, besteht wesentlich in der Auffassung des ganzen Entwicklungsganges, in der zusammenfassenden Gruppierung und in der kritischen
Beleuchtung der Systeme. So habe ich denn — unter Verzicht
auf manches Verlockende — hier nur die Aufgabe verfolgt, den
allgemeinen Zug der modernen Gedankenmassen zu schildern, vie
sie, teils in den besonderen Wissenschaften, teils in anderen Kultur-
sphären entsprungen, in den Systemen der Philosophie ihre methodische Verarbeitung suchen, und in diesem Zusammenhang die
Stellung und den Wert der einzelnen Lehren zu charakterisieren.
Philosophische Systeme wachsen nicht mit logischer, sondern mit
psychologischer Notwendigkeit: aber sie erheben den Anspruch
auf logische Geltung. Sie wollen daher zugleich pragmatisch und
kritisch, zugleich kausal und teleologisch betrachtet sein; zu begreifen und zu erklären sind sie nur aus den Ideenassoziationen,
welche in diesem Falle nicht nur individuellen, sondern weltgeschichtlichen Charakters sind; und sie sind zu beurteilen nur nach dem
Maße, in welchem diese Assoziationen sich den logischen Gesetzen
zu fügen vermocht haben.

   In bezug auf die Darstellung erlaube ich mir nur noch eine
Bemerkung. Die Absicht dieser Veröffentlichung verbot es, »die
Nähte der Arbeit, sehen zu lassen«; und so glaubt ich meine Auffassung vom Ursprung und Werte der Systeme der neueren Philosophie im ungestörten Flusse und soviel wie möglich ohne Berufung
und Polemik, ohne positive und negative Verweisungen entwickeln
zu dürfen: den besten Lohn dieser Arbeit würde ich eben darin

schen, wenn sie in vielen der Leser den Wunsch erweckte, sich für das Studium der größeren Werke die Zeit zu nehmen. Denn eine wahrhaft philosophische Bildung ist zuletzt immer nur durch die volle und bis ins einzelnste dringende Vertiefung in die großen Systeme zu gewinnen.

Freiburg i. B., August 1878.

Vorwort zur zweiten Auflage.

Schwieriger als ich anfangs gedacht, ist mir die Aufgabe geworden, ein Werk, das vor zwanzig Jahren das Licht der Welt erblickte, von neuem zu veröffentlichen und ihm den Abschluß zu geben, den es damals nicht fand. Ein solches Buch hat inzwischen eine Art von selbständiger Existenz gewonnen: es steht vor dem Autor, wie ein erwachsenes Kind vor dem Vater. Es hat sich seine eigene Stellung erworben, es ist gelesen, benutzt, nachgebildet worden: es hat seine Individualität, an der sich nicht mehr rütteln läßt. Deshalb stand ich, als die neue Auflage notwendig wurde, vor der Wahl, das Buch entweder ganz neu zu schreiben oder ihm seine Eigenart ganz zu lassen, so fremd sie mir in manchem Betracht selbst geworden sein mochte. Wenn ich mich für das letztere entschied, so geschah es, weil ich inzwischen denselben Stoff in allgemeinerem Zusammenhange, nach gänzlich verschiedener Methode und deshalb auch in völlig veränderter Anordnung noch einmal behandelt habe.

Zu dem Festhalten an dem Charakter des Buches fand ich mich aber deshalb berechtigt, weil ich noch heute glaube, daß er für den Zweck, den ich mir damals setzte und im Vorwort aussprach, in der Tat der geeignete war und in dieser Hinsicht auch durch die inzwischen erschienenen Darstellungen nicht überholt worden ist. Ein Gegenstand, der so verschieden interessierten und vorgebildeten Lesern entgegengebracht werden soll, wie die Geschichte der neueren Philosophie, bedarf ebenso verschiedener Behandlungen: und ich wende mich heute wieder an dasselbe Publikum wie ehemals.

Sachlich ist deshalb die Gesamtauffassung und die Gliederung
des Stoffes in dieser neuen Auflage wesentlich dieselbe geblieben
wie zuvor, und auch die Wiedergabe der philosophischen Systeme
und ihrer geschichtlichen Zusammenhänge hat sich in der Hauptsache nicht geändert. Desto mehr bin ich bemüht gewesen, im
einzelnen überall Lücken auszufüllen, Irrtümer zu berichtigen,
Unbestimmtes zu verdeutlichen und dabei stets die Ergebnisse der
neueren Forschung, soweit sie für meine Aufgabe in Betracht kamen,
zu berücksichtigen. Von den Besprechungen, die das Werk gefunden hat, war weitaus die lehrreichste und förderlichste die von
Chr. Sigwart in den Göttinger Gelehrten Anzeigen (1882). Aber
auch andere Winke der Kritik wird man befolgt finden. Die wichtigsten Änderungen der neuen Auflage betreffen die eigene Behandlung Galileis (§ 14) und die Darstellung von Bacon, Hobbes,
den englischen Moralisten, Hume, im zweiten Bande von Schleiermacher, Schopenhauer und Herbart.

Die dafür erforderlichen Zusätze und Umgestaltungen habe ich
im Stil, soweit ich vermochte, der früheren Darstellung anzupassen
gesucht. Diese ist selbstverständlich überall sorgfältig durch-
gesehen und gefeilt worden. Im allgemeinen habe ich ihr jedoch
den Charakter einer etwas breiten Unbefangenheit gelassen, mit
dem sie dereinst sich entfaltet hatte, und nur die allzu jugend-
lichen Auswüchse daran beschnitten. Mit Dank sei erwähnt, daß
eine ausführliche Rezension, die das Werk seinerzeit in einer unserer
Zeitschriften fand, mich auf bald ein Dutzend sprachlicher Ent-
gleisungen aufmerksam gemacht hat, die mir in den beiden verhältnismäßig rasch diktierten Bänden untergelaufen waren.

So mögen denn die beiden Bände wieder in die Welt gehen —
als Vorläufer des dritten, der die Philosophie unseres Jahrhunderts
behandeln und in seinen drei Teilen, wie ich hoffe, nun sehr bald
erscheinen soll.

Straßburg, im März 1899.

Vorwort zur dritten Auflage.

———

Es war eine freudige Überraschung für mich, daß dieses Werk, welches zwei Jahrzehnte gebraucht hatte, um von der ersten zur zweiten Auflage zu gelangen, jetzt bereits nach drei Jahren zur dritten vorbereitet werden sollte: ich sehe darin ein günstiges Zeichen der Zeit. Meine historische Auffassung und kritische Behandlung des Gegenstandes, insbesondere mein Bekenntnis zu den großen Systemen der deutschen Philosophie waren vor einem Vierteljahrhundert im Gegensatz zu den herrschenden Strömungen: daß sich darin ein bedeutsamer Wandel vollzogen hat, daß die Anerkennung des Rechts des Idealismus gegenüber den positivistischen und materialistischen Neigungen des XIX. Jahrhunderts mit dessen Ende wieder zum Durchbruch gelangt ist, kann ich auch an dem Erfolge dieses Buches mit Freude konstatieren.

Das Erfordernis der neuen Auflage kam mir so über den Hals, ehe ich bei meiner starken literarischen und sonstigen Inanspruchnahme Zeit gefunden hatte, das Manuskript des dritten Bandes fertigzustellen. Es erscheinen daher zunächst wieder nur die beiden älteren Bände — mit der Absicht, daß ihnen der abschließende sobald als möglich, vielleicht heftweise, folgen soll.

Bei der Kürze der Zwischenzeit sind die Veränderungen, welche die neue Auflage der zweiten gegenüber aufweist, gering. Nur an einigen Punkten, insbesondere bei Lambert, machten neuere Forschungen eine wesentliche Änderung des Textes erforderlich: im übrigen habe ich die Darstellung einer sorgfältigen Durchsicht in demselben Sinne wie bei der zweiten Auflage unterzogen.

Heidelberg, im August 1903.

———

Vorwort zur fünften Auflage.

Wie für die vierte, so sind auch für diese fünfte Auflage die beiden ersten Bände dieses Werks einer sorgfältigen Durchsicht in sachlicher und stilistischer Beziehung unterworfen worden: ich kann sie der Öffentlichkeit mit der bestimmten Aussicht übergeben, daß ihnen der dritte, im Material und in der Anordnung bereits völlig abgeschlossene Band in kürzester Zeit nachfolgen wird.

Heidelberg, im September 1911.

Wilhelm Windelband.

Vorwort zur sechsten Auflage.

Die Hoffnung meines Vaters, den so oft in Aussicht gestellten, in der Materialsammlung und im Entwurf abgeschlossenen dritten Band dieses Werks ausarbeiten zu können, ist nicht in Erfüllung gegangen. Über wenige Seiten ist das Manuskript nicht hinausgekommen. So erscheinen denn auch in dieser neuen Auflage die beiden ersten Bände selbständig für sich, und zwar, von ganz geringfügigen, von meinem Vater noch selbst vorgenommenen Verbesserungen abgesehen, in völlig unveränderter Form. Im Einverständnis mit der Verlagsbuchhandlung ist aber beabsichtigt einen Bearbeiter zu gewinnen, der auf Grund der von meinem Vater geleisteten Vorstudien die Darstellung der Philosophie des neunzehnten Jahrhunderts liefern wird.

Heidelberg, im Juli 1919.

Wolfgang Windelband.

Inhalt.

Einleitung.

I. Teil.
Die vorkantische Philosophie.
I. Kapitel. Die italienische Naturphilosophie.

II. Kapitel. Die deutsche Philosophie im Reformationszeitalter.

III. Kapitel. Der englische Empirismus.

EINLEITUNG.

Wenn die politische Geschichte schon Mühe hat, in dem Abflusse der Begebenheiten Grenzsteine zu setzen, nach denen sie die einzelnen Zeiträume voneinander scheidet, so gilt das noch weit mehr von der Geschichte der geistigen Entwicklung. Denn diese verläuft selbst zu solchen Zeiten, wo sie sich in einer Art von Katastrophe entladet, doch immer sehr viel allmählicher. Das Neue, welches vielleicht plötzlich an die Oberfläche tritt, hat im Verborgenen vorher schon lange gewühlt; es ist durch die Geschichte von langer Hand vorbereitet, und dem schärfer blickenden Auge zeigt es sich schon früher als wirkende Macht. Anderseits sind die Kräfte und die Schöpfungen des geistigen Lebens dauernder und gewissermaßen zäher, als die äußeren Institutionen des Menschentums; weit länger als gestürzte Reiche leben die gestürzten Ideen im Andenken fort, und niemals gelingt es hier, jene rapiden und radikalen Umwälzungen hervorzurufen, wie sie in der politischen Geschichte nicht selten sind. So verbietet die Allmählichkeit des Überganges, das leise Heraufdämmern des Neuen und das lang hinsterbende Ausklingen des Alten, fast überall, die Epochen der Kulturgeschichte scharf mit Jahreszahlen zu benennen.

Wenn irgendwo, so ist dies dort der Fall, wo wir das Mittelalter und die neuere Zeit gegeneinander abzugrenzen versuchen. Je vielseitiger, je verwickelter und je durchgreifender zugleich die Umwandlung war, welche das geistige Leben Europas um diese Zeit auf allen Gebieten seiner Kulturtätigkeit erfuhr, um so weniger ist es möglich, den Zeitpunkt genau zu fixieren, mit dem man die alte Zeit beschließen und die neue beginnen möchte. In diesem Falle sind es nicht etwa Jahre oder Jahrzehnte, sondern Jahrhunderte, welche wir als die Übergangszeit zu bezeichnen haben, — Jahrhunderte deshalb voll gärender Widersprüche, Jahrhunderte von gewaltigem Kräfteringen, in denen aus einer chaotischen Auflösung sich neue Gestalten allmählich zu fester Lebendig-

keit heranbildeten. Wir nennen diese Zeit des Überganges die
Renaissance — ein Name, der, anfänglich mit Beziehung auf die
Neubildung der klassischen Studien gebildet, den tieferen und
wertvolleren Sinn hat, daß er eine Zeit totaler Wiedergeburt des
europäischen Lebens bezeichnet. In die Glut der leidenschaftlichen
Bewegung dieser Zeiten schmolzen die Ergebnisse aller bisherigen
Kultur, die Gedanken des antiken und des christlichen Zeitalters
ein, und aus der Lohe stieg, ein Phönix in frischer Verjüngung,
der moderne Kulturmensch empor.

Wie immer, so treten die bestimmenden Mächte der geistigen
Entwicklung zu Ideen und Systemen verdichtet in der Philosophie
dieser Zeit hervor. Auch sie zeigt dieselbe Leidenschaftlichkeit,
dieselbe gärende Jugendlichkeit; auch in ihr wogen lange Altes
und Neues bald in heftigem Kampfe, bald in wunderlich friedlicher
Mischung durcheinander, und auch in ihr ist deshalb eine den kontinuierlichen Ablauf durchschneidende Grenzbestimmung zwischen
dem Mittelalter und der Neuzeit nicht in eindeutiger und unbe-
anstandbarer Weise möglich. Die Vergleichung verschiedener Darstellungen der Geschichte der Philosophie liefert dafür den besten
Beweis, indem sie zeigt, wie der eine hier, der andere dort den
Einschnitt macht, oder wie etwa derselbe Mann, der dem einen
noch als völlig mittelalterlich in seinem Denken gilt, für den anderen als Typus der neuen Zeit zu erscheinen vermag. Denn auch
in den Individuen selbstverständlich drängt und mischt sich das
Alte und das Neue, und gerade in der Renaissance treffen wir am
häufigsten jene tief widerspruchsvollen Naturen, die von diesem
ihrem inneren Widerspruche selbst nichts wissen oder wissen wollen.
Während die alten Formen zerfallen und die neuen noch nicht
fertig sind, begegnet uns eine zahllose Menge phantastischer Bildungen, mit deren leidenschaftlicher Erkenntnissehnsucht weder die
formale Durchbildung des Denkens, noch der Besitz gesicherter
Kenntnisse Schritt zu halten vermögen, — eine bunte Gedanken-
fülle, eine vielfarbige Maskerade, auf der alte und neue Zeit in
stetem Wechsel miteinander Versteckens spielen.*)

---

*) So spielte sich, während längst die neuen Geistesmächte zur Herrschaft
gekommen waren, im XVI. und XVII. Jahrhundert auf der iberischen Halb-
insel (besonders an der Jesuiten-Universität Coimbra) eine neue Scholastik ab;
als ihr Hauptvertreter gilt mit Recht Franz Suarez (1548—1617). Aber

Will man zum Eingange in die neuere Philosophie ein Bild dieser Übergangszeit gewinnen, so müssen aus dem schillernden Gewebe jener Zeit die einzelnen Fäden herausgelöst werden, und dabei darf neben dem Aufkeimen der neuen Mächte das allmähliche Welken der alten nicht übersehen werden. Denn nichts Großes in der Geschichte verfällt nur dem brutalen Geschicke, von anderem verdrängt und zerstört zu werden; sondern der wahre Grund des Unterganges liegt immer in der eigenen inneren Zerbröckelung. Wenn daher die Philosophie der Renaissance ihrem positiven Inhalte nach durch die humanistische, die religiöse, die politisch-soziale und die naturwissenschaftliche Bewegung bestimmt ist, so war die negative Bedingung für die Kraftentwicklung aller dieser Mächte doch der Niedergang und die von Innen sich vollziehende Zerstörung der mittelalterlichen Schulwissenschaft, der Scholastik. Mit ihr muß deshalb die Darstellung beginnen.

§ 1. Die innere Auflösung der Scholastik.

Die positiven Richtungen, aus deren Wachstum und Erstarkung das moderne Denken sich erzeugt hat, sind so mannigfaltig, gehen so weit auseinander und haben zum Teil so wenig miteinander zu tun, daß ihnen zunächst nichts weiter gemeinsam zu sein scheint, als der lebhafte Gegensatz, in welchem sie sich alle zur Scholastik befinden. So verschieden sie sich das Ziel ihres Denkens bestimmen, darin sind sie alle einig, die Tendenz der Scholastik sei es nur abzulehnen, sei es mehr oder minder energisch zu bekämpfen.

Diese Tendenz der Scholastik nun war auf nichts anderes hinausgelaufen, als auf eine philosophische Lehre, worin das System der kirchlichen Dogmen seine Rechtfertigung vor der Vernunft finden sollte. Der prinzipielle Gesichtspunkt der gesamten Scholastik und der Mittelpunkt aller ihrer Bestrebungen und Kämpfe ist die Identität von Philosophie und Kirchenlehre, das volle und restlose Aufgehen beider ineinander. Aber wie jedes Ding das, was es in Wahrheit ist und sein soll, nur in dem Momente seiner

---

so fein und scharf, so durchsichtig und wirksam dessen Darstellungen waren, — sie beschränkten sich doch ebenso wie die zahlreichen geringeren literarischen Erscheinungen derselben Richtung auf eine Erneuerung des Thomismus, deren weitere Ausführung in einer Geschichte des modernen Denkens nicht erforderlich ist.

Jugendblüte entfaltet, so hatte auch die Scholastik diese ihre Absicht nur auf dem Höhepunkte ihrer Entwicklung im XIII. Jahrhundert zu verwirklichen vermocht: allein selbst hier, in der Lehre des Thomas von Aquino zeigte sich eine immerhin bedeutsame Differenz, indem die höchsten Mysterien des Glaubens der Philosophie nicht zugänglich erschienen, und in der Folge vergrößerte sich diese Differenz immer mehr, so daß, während bis dahin philosophisches und theologisches Denken aufeinander zustreben, sie von diesem Punkte ihrer möglichst vollen Durchdringung an wieder zu divergieren beginnen. Der Versuch, die Lehre der Kirche auf philosophischem Wege zu begründen, zeigte sehr bald seine gefährliche Konsequenz darin, daß das philosophische Denken, je mehr es erstarkte, um so selbständiger und selbstbewußter wurde und um so kühner sich den Dogmen kritisch gegenüberstellte.

So brach in die Scholastik selbst ein Element ein, welches die Philosophie von der Theologie zu trennen und damit das Wesen jener traditionellen Wissenschaft von innen heraus zu sprengen anfangs noch unbewußt, später mit immer kräftigerem Bewußtsein bestrebt war. Dicht schon neben dem Thomismus entspringt der kritische Versuch von Duns Scotus, bei aller Rechtgläubigkeit dem Wissen sein eignes Gebiet und sein eignes Recht zu wahren, und dies ist vor allem auch die Bedeutung des Nominalismus, welcher im Laufe des XIV. Jahrhunderts in immer größeren und mächtigeren Kreisen sich entfaltete. Indem dieser sich von der metaphysischen Geltung der allgemeinen Begriffe abwandte und den sensualistischen Theorien über den Ursprung der menschlichen Erkenntnis zukehrte, mußte ihm notwendig Glauben und Wissen, Theologie und Philosophie auseinandertreten. Hatten an der philosophischen Hierarchie der Begriffe wesentlich die Dominikaner gearbeitet, so war es auf der anderen Seite der Franziskanerorden, in welchem diese skeptischen und auflösenden Lehren Platz griffen; ihm gehörte der schärfste Selbstdenker des Mittelalters Duns Scotus, ihm das Haupt des Nominalismus William Occam an; aus ihm war schon früher auch der Mann hervorgegangen, der zuerst im Mittelalter mit einer empirischen Naturerkenntnis Ernst zu machen versuchte, Roger Bacon.

Wenn man sich durch diese Einwirkung des Nominalismus mit der Zeit daran gewöhnte, die Philosophie als etwas der Kirchenlehre gegenüber Selbständiges anzusehen, so führte das Bewußtsein von der möglichen Differenz zwischen beiden in der Übergangszeit zu einer schärferen Ausbildung der schon früher im Mittelalter auf· getauchten, verfänglichen Lehre von der »zweifachen Wahr- heit«, zu dem Satze, es könne etwas in der Philosophie wahr sein, was es in der Theologie nicht wäre, und umgekehrt. Es ist eine verständnislose Auffassung, wenn man hier und da gemeint hat, diese Lehre habe den Denkern jener Zeit nur gedient, um unter dem Scheine der Rechtgläubigkeit ungehindert ihre abweichen- den Meinungen aussprechen zu können. Hin und wieder mag das' der Fall gewesen sein; im allgemeinen aber war es den Männern mit dieser doppelten Wahrheit voller Ernst. Diese Lehre war eben nichts anderes als der naive Ausdruck des inneren Zwiespaltes, in welchem sie sich wirklich befanden. Kritisch entwickelten Zeiten mag es schwer werden, sich in diesen Zustand innern Widerspruchs und in das offene Bekenntnis eines solchen hineinzudenken: allein Erscheinungen viel späterer Zeit, wie vor allem diejenigen von Pierre Bayle und den frommen Materialisten Englands oder in schwachem Nachklange dasjenige, was man in der Mitte des XIX. Jahrhunderts bei Gelegenheit des deutschen Materialismusstreites als »doppelte Buchführung« (unpassenderweise) bezeichnete, lassen die psychologische Möglichkeit einer solchen inneren Entzweiung zumal in einer schwankenden Übergangszeit durchaus nicht zweifel- haft erscheinen, und weit entfernt, ein Deckmantel der Heuchelei zu sein, war die Lehre von der zweifachen Wahrheit vielmehr der wahrhaftige Ausdruck des Denkzustandes, aus welchem sie entstand.

In eigentümlicher Weise findet sich nun in diesen Prozeß der Ablösung der Philosophie von der Theologie der Name und die Lehre des Aristoteles verflochten. Die Scholastik hatte auf ihrem Höhepunkte geglaubt und behauptet, mit seiner Lehre identisch zu sein. Aristoteles galt ihr als der Philosoph $\varkappa\alpha\tau'$ $\dot{\epsilon}\xi o\chi\acute{\eta}\nu$, und sie sprach es geradezu aus, daß er in weltlichen Dingen ebensoviel zu gelten habe, wie die Kirche in geistlichen. Freilich war diese Überzeugung von ihrer Übereinstimmung mit dem Aristotelismus bei der Scholastik in vielen Beziehungen eine eigenartige Täuschung. Als im XIII. Jahrhundert durch Vermittlung von Arabern und Juden die Schriften des Aristoteles, aber mit ihnen zugleich auch die auf neuplatonische Ursprünge zurückgehenden Kommentare dieser Vermittler im Abendlande bekannt und begierig aufgenommen wurden, da hatte es die Kirche vortrefflich verstanden, ihren anfänglichen Widerspruch Schritt für Schritt aufzugeben, und die Bettelorden hatten die Aufgabe durchgeführt, die neue Lehre so umzubilden, daß sie sich als philosophische Begründung des dogmatischen Systems darstellte. Aber das so mit glänzendem Scharfsinn und großer Kombinationsgabe gewonnene Ergebnis war weit entfernt, mit der wahren Lehre des Aristoteles sich zu decken. Nur in der Aufnahme des logischen Schematismus ordnete sich die Scholastik dem »Philosophus« unbedingt unter; schon seine Erkenntnislehre aber vermengte sie mit neuplatonischen Elementen, welche sie nicht nur der jüdisch-arabischen, sondern auch der eigenen Tradition, der patristischen Literatur und besonders der weithin wirkenden Lehre des Augustinus verdankte. Was dagegen die inhaltliche Erkenntnis betrifft, so folgte sie freilich in ihrem Wissen von der Natur dem Aristoteles schon deshalb, weil sie dafür kaum eine andere Quelle, am wenigsten diejenige eigner Forschung besaß: aber in der gesamten Auffassung des Weltalls bediente sie sich zwar durchgängig der aristotelischen Kategorien, allein gerade in den wesentlichsten Punkten, wie z. B. in der Frage nach der Weltschöpfung, sah sie sich genötigt, von Aristoteles abzuweichen. Dazu kam die Abhängigkeit, in welche der abendländische Aristotelismus von der neuplatonischen Auffassung durch die arabische Überlieferung geriet, in der er die Lehre des Philosophen übernahm. So war es zu erklären, daß während der letzten Zeit des Mittelalters die Geister sich der Scholastik gerade in dem Maße entfremdeten, in welchem sie den originalen Aristoteles kennen und verstehen lernten. Schon vom Nominalismus gilt es in gewissem Sinne, daß er auf einer Betonung der empiristischen Elemente in dem nun erst ganz bekannt gewordenen Organon beruhte; schon er bildete eine Reaktion des wirklichen Aristotelismus gegen die platonisierende Tendenz der ursprünglichen Scholastik.

Gleichwohl galt nun einmal Aristoteles als der mit der Kirchenlehre einstimmige Philosoph, und so kam es, daß die beginnende Opposition der Wissenschaft gegen die kirchliche Bevormundung sich am liebsten indirekt als eine Abschüttelung der Autorität des Aristoteles aussprach. Während man gerade mit seinen Waffen arbeitete, kämpfte man gegen seinen Namen. Freiheit von der aristotelischen Philosophie, — das war ein Losungswort, unter welchem sich Neuerer der mannigfachsten Richtungen zusammenfanden: aber der innerlichste Trieb, der in dieser Form sich äußerte, war derjenige der Befreiung der Wissenschaft von der Herrschaft der Kirche.

Es ist nicht dieses Ortes, die Gründe zu untersuchen, aus denen dieser Trieb selbst hervorgegangen war. Sie lagen in der allgemeineren Kulturbewegung, und die Wissenschaft erfuhr schließlich nichts anderes, als alle übrigen Gebiete des Lebens. Unverkennbar weisen alle diese Bestrebungen der Befreiung auf den Einfluß der Kreuzzüge zurück. Die Bekanntschaft mit einer gewaltigen fremdartigen Kultur hat zweifellos den Blick des christlichen Europa zuerst über sich selbst hinaus erweitert. Man suchte das Grab des Heilands und fand dasjenige der unbefangenen Beschränkung, in welcher man seit Jahrhunderten gelebt hatte. Neue geistige Bedürfnisse, freie Regungen des inneren Lebens brachte man aus dem Orient zurück, und nachdem die farbige Seifenblase geplatzt war, auf der sich in buntem Widerspiel zwei große Kulturwelten gespiegelt hatten, blieb in der einen von ihnen eine mächtige Gestaltungskraft und ein tiefer Gestaltungsdrang zurück. Während der Orient nach dieser Berührung kraftlos dahinsiechte, schien es als habe das christliche Europa alle seine Kultursäfte in sich gezogen, und beginne nun mit ihrer gärenden, leidenschaftlichen Verarbeitung.

In diesem Prozesse erstarken dann überall die individuellen Eigentümlichkeiten; aus dem Rahmen des von der Herrschaft des allgemeinen Bewußtseins wesentlich bestimmten Mittelalters treten scharf geschliffen die einzelnen Persönlichkeiten hervor. Gewaltiger aber noch zeigt diese Bewegung sich in der Entwicklung der Völkerindividualitäten. Die vier großen Kulturnationen, die Italiener, die Deutschen, die Engländer und die Franzosen, beginnen mehr und mehr selbständig zu werden und gegeneinander sich abzugrenzen. Der Gedanke der Nationalität arbeitet sich aus mancherlei Umhüllungen heraus, überall ist ein Wachsen des nationalen Bewußtseins und eine Ausprägung der nationalen Eigentümlichkeiten der hervorstechende Zug der politischen und der geistigen Geschichte: und so blüht über Europa der Völkerfrühling der Renaissance auf, der in der Erinnerung der Menschheit stets einen der glänzendsten Punkte bilden wird.

§ 2. Die Kultur der Renaissance.

Das Mutterland jener großen Bewegungen, aus denen das moderne
Bewußtsein hervorgegangen ist, war Italien, derselbe Boden, der
die großartige Zusammenfassung der antiken und die mächtige
Entwicklung der christlichen Kultur getragen hatte und nun dazu
berufen war, in der Vereinigung beider die Keime des modernen
Kulturlebens zu entwickeln. Was es neben seiner unmittelbaren
Beziehung zu den großen Mächten der früheren Zeiten für diesen
Beruf hauptsächlich befähigte, war der günstige Gang, den seine
eigene Geschichte in dem Ausgange des Mittelalters nahm. Die
Dezentralisation, welche die Vorbedingung der freien Entwicklung
ist, hatte gerade in Italien am meisten Wurzel geschlagen. Die
Selbständigkeit der einzelnen Städte war die natürliche Veranlassung
für jene scharfe Ausprägung der lokalen Eigentümlichkeiten, wo-
von den großen Städten Italiens bis auf den heutigen Tag ein Rest
geblieben ist. Venedig, Mailand, Genua, Bologna, Florenz, Rom,
Neapel — welch eine reiche Mannigfaltigkeit charakteristischer,
scharf und sicher gegeneinander abgegrenzter Besonderheiten von
Stadt und Volk! Daß auf verhältnismäßig so engem geographischen
Raum alle diese Stämme und Städte ihr besonderes Wesen so lebhaft zur Ausbildung bringen und die feinsten Nuancen ihrer inneren
Anlage mit so glücklicher Klarheit ausleben konnten, war eben
nur möglich durch ihre politische Selbständigkeit und durch die
Lebhaftigkeit, mit der sie diese in einem leidenschaftlichen Kampfe
ums Dasein zu schützen genötigt waren. Und was hier von den
Städten, das gilt innerhalb der Städte wieder von den Individuen.
Die Heftigkeit der Parteikämpfe, die republikanische Nötigung
daran teilzunehmen, die Bedeutung, welche im steten Wechsel
der Geschicke einer kräftigen Persönlichkeit von selbst zufiel —
das alles war eine Schule des Charakters, aus der selbständige und
ihrer Selbständigkeit sich bewußte Individuen hervorgehen mußten.
Und so zeigt denn das Italien der Renaissance ein üppiges Wuchern
des Individualismus, es ist »die Geburtsstätte des modernen
Individuums«, welches in der Ausbildung seiner Anlagen seine
Pflicht und in der scharfen Entwicklung seiner Kräfte sein Recht
sieht.

Diese hohe Entwicklung des Individuums ist damals, wie dereinst in Griechenland, die Grundlage der geistigen Freiheit geworden. Seines Wertes und seines Rechtes sich bewußt, zur Bildung eigenen Urteils zunächst durch die Politik erzogen, begann das Individuum auch von sich aus zu denken und in sich selber den Maßstab zu suchen für die Erkenntnis und die Beurteilung der Dinge. Freilich überschritt auch dieser Individualismus bald die Grenzen seiner Berechtigung. Ergriffen von dem Taumel fesselloser Selbstentscheidung, setzte das Individuum an die Stelle der Freiheit die Willkür, und seine strotzende Kraftfülle entlud sich als eine zerstörende Macht. Selten zeigt die Geschichte eine solche Fülle großer Naturen wie hier: aber etwas Ungebändigtes und Dämonenartiges schlummert in ihnen allen, und in ungezügelter Urkraft stehen unter ihnen jene Titanen des Verbrechens auf, vor denen die Geschichte ihr Haupt verhüllt.

Über diesem wilden und ungestümen Treiben aber waltete Maß und Richtung gebend der Genius der Antike, der hier wieder seine unerschöpfliche Lebenskraft betätigte. Unter der ernsten Zucht seiner Gedanken und dem milden Zauber seiner Schönheit wurden aus den Titanen die Genien, die dem Zeitalter die Wege vorschrieben. Aus der Verbindung ihrer schöpferischen Eigenkraft mit der nun erst voll erfaßten und ganz begriffenen Tradition erwuchs das Neue, das weder aus dem Einen allein noch aus dem Anderen allein begriffen werden kann.

Aber es bedurfte wahrlich nicht der Eroberung Konstantinopels durch die Türken und der damit im Zusammenhange stehenden Flucht griechischer Gelehrten nach Italien: das ist weder Beginn noch gar Ursache jener erneuten Beschäftigung mit dem klassischen Altertum gewesen, worin zudem nur das erste, äußere Moment im Wesen der Renaissance zu sehen ist. Schon weit vorher begegnen wir auch in der Literatur, wie in den leisen Regungen der Kunst einer Annäherung an das Altertum, welche aus kongenialer Auffassung und aus innerstem Bedürfnisse hervorging. Vor allem die großen Dichter, Dante, Petrarca, Boccaccio, sind ganz selbständige Ausgangspunkte der neuitalienischen Klassizität. Und zwar war es in der Tat wesentlich das ästhetische Bedürfnis, auf dem diese Beschäftigung mit dem Altertume beruhte. Durch die ganze Geschichte ist es zu verfolgen, wie immer die Zeiten starken und

kräftigen Individualismus auch diejenigen des Kunstbedürfnisses
gewesen sind, und derselbe geheimnisvolle Zug, welcher die Renaissance dem Altertume zuführte, trieb auch Jahrhunderte später
einen Winckelmann und einen Goethe nach Italien.

So erwuchsen in dem modernen Individuum mit seiner Freiheit und Selbständigkeit neue Bedürfnisse und neue Bestrebungen,
und es sah eine ganz andere Welt vor sich aufgetan, — eine Welt
eigenster, individuellster Lebendigkeit der Gefühle, aus der die
Poesie der Subjektivität, die Lyrik, hervorging, eine Welt der
Wirklichkeit, in der es mit mächtiger Gestaltungskraft sich geltend
zu machen suchte, eine Welt der Schönheit, in der ihm das Universum voll verklärter Gestalten entgegentrat, eine Welt endlich
der Wahrheit, die es selbst zu erforschen und zu durchdringen
unternehmen konnte. Aus der Wiedergeburt des Individuums und
des politisch-sozialen Lebens ergab sich die künstlerische und die
wissenschaftliche Renaissance. Auf diese Weise erstarkte neben
der geistlichen Kultur, die das Mittelalter beherrscht hatte, eine
tief davon geschiedene weltliche Kultur. Man fand die Liebe
zum wirklichen Leben wieder; mitten in freiester Kraftentfaltung
fühlte man die Schönheit des Daseins und den inneren Wert der
irdischen Wirklichkeit. Man studierte die Natur, man fing wieder
an, die geschichtliche Entwicklung als etwas des Interesse Würdiges zu begreifen. Diese weltliche Kultur prägte sich in ihrem
Gegensatze zur geistlichen in höchst bemerkenswerter Weise durch
den gesteigerten Wert aus, welchen man auf die nationalen Sprachen legte. Während das Mittelalter sich überall gleichmäßig dem
nivellierenden Zwange des Lateinischen unterworfen hatte, bedurfte die Kultur der Renaissance zum Ausdruck ihrer individuellen
Entwicklungen der lebendigen Sprachen, und in der Folgezeit ist
es höchst bemerkenswert, wie auch die Wissenschaft, je radikaler
und moderner ihre Tendenzen werden, um so mehr sich der nationalen Sprachen zu bedienen anfängt.

Die auf diese Weise gewonnene und immer mehr in sich selbst
sich kräftigende Bildung wurde durch die glückliche Erfindung der
Buchdruckerkunst in ihrer Ausbreitung und in der Allseitigkeit ihrer
Bestrebungen unterstützt; zu gleicher Zeit aber wurde auf diese
Weise eine große Veränderung in dem sozialen Zustande der Mensch-
heit herbeigeführt. Wenn das Mittelalter die scharfe Gliederung

seiner Standesunterschiede wesentlich nach politischen und praktischen Gesichtspunkten vollzogen hatte, so gehört es zu den charakteristischen Eigentümlichkeiten der Renaissance, gegen solche
Unterschiede mehr und mehr gleichgültig zu werden und sie zu
verwischen, dafür aber an ihre Stelle den einen großen Gegensatz
der Bildung und der Unbildung zu setzen, welcher, von Italien
ausgehend, dem sozialen Zustande Europas eine neue Form geben
sollte und in wachsender Zuspitzung zu jenen schweren Problemen
führte, mit denen die heutige Gesellschaft ringt.

Der Gegensatz der weltlichen und der geistlichen Kultur nimmt
nun innerhalb der Geschichte der Renaissance die mannigfachsten
Formen an. Die interessanteste ist zweifellos diejenige, in der
beide sich gewissermaßen zu durchdringen suchen, ohne doch
gänzlich ineinander aufgehen zu können. Jene geistvollen Päpste,
deren Hof der Sammelplatz der neuen Kunst und der neuen Wissenschaft war und an deren christlicher Rechtgläubigkeit sich
zweifeln ließ, jene Madonnenmaler, die im innersten Herzen von
echt antiker Schönheitsreligion erfüllt waren, jene gewaltigen Ka-
thedralen des Christentums, die sich in den Formen griechischer
und römischer Architektur aufbauten — sind es nicht alles Erscheinungen, in denen die Lehre von der »zweifachen Wahrheit«
wie verkörpert und lebendig vor uns zu stehen scheint?

Das Wesentlichste aber an jenem neu erwachten Interesse
für das klassische Altertum war eine immense Erweiterung des
historischen Horizonts. Unter dem Einflusse der eigenen, über-
lebendigen Geschichte begann man wieder die rechte Wertschätzung
für die historischen Erscheinungen zu gewinnen. Es ist nicht
zufällig, daß die Stadt, welche unter allen italienischen die wechsel-
vollste Geschichte erlebte, Florenz, auch die Wiege der modernen
Geschichtschreibung ist. Hatte das Mittelalter in den großen Gestalten der vorchristlichen Zeit nur glänzende Laster gesehen, so
ergriff man jetzt mit Begeisterung die gewaltigen Charaktere des
griechischen und des römischen Lebens, mit denen man sich inner-
lichst verwandt fühlte; man sah, daß hinter dem Berge auch noch
Leute wohnen, und der historische Begriff der Menschheit dämmerte
wieder herauf. Das ist der tiefere Sinn, in welchem man diese
Studien des klassischen Altertums die humanistischen genannt hat.

In diesem Geiste wurden während der Renaissance auch die alten Philosophen neu belebt, aber nicht etwa nur künstlich galvanisiert, sondern begeistert in Fleisch und Blut aufgenommen. Man schöpfte aus den Quellen, um sich daran zu erquicken, um einen neuen Lebenssaft daraus zu trinken. So wiederholt sich, was ein sorgsamer Forscher von der Philosophie des Mittelalters gesagt hat, daß sie nämlich wesentlich von der sukzessiven Zufuhr des antiken Stoffes gelebt habe, nun schließlich auch bei ihrem Tode: sie wird gänzlich verdrängt durch das volle Studium der Originale des griechischen Denkens.

§ 3. Die Erneuerung der antiken Philosophie.

Wenn man seit etwa der Mitte des XV. Jahrhunderts sich zuerst in Italien und dann auch in dem übrigen Europa mit den verschiedenen Richtungen der griechischen und der hellenistischen Philosophie kommentierend, übersetzend und nachbildend zu beschäftigen anfing, so war es unter den gegebenen Verhältnissen selbstverständlich, daß jede dieser Richtungen zugleich rechtgläubig und von der Kirche anerkannt zu sein glaubte oder wünschte oder wenigstens vorgab, und wenn diese erneuten Schulen der Philosophie miteinander in nicht geringere Streitigkeiten gerieten als ihre antiken Urbilder, so pflegten sie sich jetzt am liebsten mit einer Waffe zu bekämpfen, welche die alte Welt nicht gekannt hatte, mit dem Vorwurfe des Ketzertums. Wo endlich diese Lehren der antiken Philosophie in gar zu offenem Widerspruche mit der christlichen Weltanschauung standen, da hatte man es bequem, mit der Berufung auf die Lehre von der zweifachen Wahrheit sich durch unbedingte Anerkennung der kirchlichen Autorität im eigenen Gewissen und vor den realen Mächten zu salvieren und die Lehre der antiken Philosophen zunächst nur historisch zu reproduzieren. Wie ein berühmter platonisierender Theologe der Zeit sein Werk mit den Worten schloß, »er wünsche hier, wie allerwärts, nur soviel Zustimmung zu seinen Untersuchungen zu finden, als es von der Kirche gebilligt werde«, so sehen wir überall die Gedanken der antiken Philosophie mit wunderlichen Verschlingungen in die noch unerschüttert gläubigen Herzen eindringen. Was die Kirche selbst anlangt, so verhielt sie sich je nach der Parteistellung ihrer Häupter abwechselnd beistimmend und verurteilend den verschiedenen Richtungen dieser Erneuerung gegenüber. Eine Zeitlang, besonders solange die Macht der Mediceer in Rom herrschte, stellte sie sich auf die Seite des Platonismus und verwarf die aristotelisierende Richtung, zu der sie doch schließlich zurückgekehrt ist. Vor allem aber sprach sie auf dem fünften Laterankonzil 1512 ihr Interdikt gegen die Lehre von der zweifachen Wahrheit aus, hinter der sich damals allerdings schon die bewußte Ungläubigkeit der Averroisten und teilweise auch der Alexandristen versteckte.

Der erste Erfolg dieser humanistischen Studien war eine Hebung des Ansehens der platonischen Philosophie. Man kann durch die Geschichte des christlichen Denkens hindurch einen interessanten Kampf des Platonismus und des Aristotelismus verfolgen, in welchem sie abwechselnd einander die Herrschaft über die philosophische Gestaltung der Glaubenslehren streitig machen. In der patristischen Zeit unbeschränkt herrschend, wird Platon schon bei Augustinus vielfach im neuplatonischen Sinne aufgefaßt und gilt im früheren Mittelalter, das wesentlich seinen Timaeus kannte, als ein Naturforscher, dessen Lehre mit der religiösen Weltanschauung übereinstimmte. Aristoteles, zuerst nur als Dialektiker bekannt und als haeretisch beargwöhnt, verdrängt seit dem dreizehnten Jahrhundert das Ansehen des Platonismus wie des Augustinismus: die letzteren wiederum werden von den oppositionellen Richtungen der späteren Scholastik bevorzugt, und schließlich bestand gegenüber den Neuerungen, welche der Platonismus der Renaissance zu bringen suchte, die kirchliche Restauration des XVI. Jahrhunderts theoretisch in der Rückkehr zu Aristoteles oder zu demjenigen wenigstens, was man für ihn hielt. Jener Ruf nach Befreiung aber von der aristotelischen Scholastik trat in der Renaissance mit ursprünglichem Enthusiasmus unter der Form einer begeisterten Verehrung Platons auf. Die Begründung der platonischen Akademie zu Florenz, welche sich in der Mitte des XV. Jahrhunderts unter dem Schutze der Mediceer vollzog, gab diesen platonischen Studien einen äußerst förderlichen Mittelpunkt. Sie geschah unter Anregung eines Mannes, der bei Gelegenheit des von dem griechischen Kaisertum ausgegangenen Versuchs, eine Union der beiden christlichen Kirchen herbeizuführen, nach Italien übergesiedelt war, des Georgios Gemistos Plethon (1370—1452); er wirkte nicht

nur durch seine Vorträge, sondern auch durch Übersetzungen und
kritisch-polemische Kommentare zu den aristotelischen Schriften.
Sein Hauptwerk über den Unterschied der platonischen und der
aristotelischen Philosophie enthält eine lebhafte Bekämpfung der
aristotelischen Theologie, Psychologie und Ethik. Diese seine
Tätigkeit trug ihm außer der Verdammung seiner Schriften durch
den Patriarchen von Konstantinopel, Gennadius, zahlreiche Entgegnungen ein, unter denen die bedeutendste die von einem in
Venedig und Rom lehrenden Aristoteliker Namens Georg von
Trapezunt (1396—1486) verfaßte »Comparatio Platonis et Aristotelis« war. Diesem wurde von seiten der Florentiner Akademie
durch den ihr angehörigen Kardinal Bessarion (1395—1472) in der
Schrift: »Adversus calumniatorem Platonis« (Rom 1469) geant-
wortet. Während aber bei Plethon die Polemik gegen Aristoteles
mit jugendlicher Keckheit aufgetreten war, finden wir hier schon
eine viel gereiftere, von edler Mäßigung durchdrungene Auffassung,
welche, im wesentlichen sich zu Platon bekennend, doch auch dem
Aristoteles eine ehrende Anerkennung nicht versagt. Inzwischen
nahmen die Studien auf der Akademie zu Florenz einen immer
lebendigeren Fortgang; neben der Tätigkeit des Übersetzens und
Kommentierens wurden Vorlesungen organisiert, an denen Bessarion
selbst beteiligt war, und in systematischer Weise Schüler gezogen.
So herangebildet und selbst zum vortragenden Lehrer erkoren,
vertrat hauptsächlich Marsilius Ficinus (1433—1499) in der
zweiten Hälfte des XV. Jahrhunderts die florentinische Akademie.
An ihm sieht man, wie die Wogen jener anfänglich so hoch gehenden
Polemik geebbt waren; aus der teilweisen Anerkennung des Aristoteles, die schon Bessarion vertrat, scheint mit der Zeit in der
florentinischen Akademie die Ansicht zur Herrschaft gelangt zu
sein, daß die beiden großen Philosophen des Altertums im wesentlichen miteinander übereinstimmten. Das war auch die Auffassung
des Neuplatonismus gewesen, der in der byzantinischen
Tradition maßgebend war: und auf diese gingen ja schließlich die
Anregungen auch des italienischen Platonismus zurück. In Wahrheit ist daher der Platonismus der Renaissance wesentlich neuplatonisch gefärbt gewesen und geblieben. So übersetzte denn
Ficinus nicht nur den Platon, sondern auch die Schriften mehrerer
Neuplatoniker, namentlich des Plotin, und diese Übersetzungen

verdienen nicht nur wegen ihrer sprachlichen Eleganz, sondern zum Teil auch wegen der eindringlichen Feinheit ihrer Auffassung noch heute beachtet zu werden. Die plotinische Weltanschauung aber mit ihrer glänzenden Hervorhebung der metaphysischen Bedeutung des Schönen lag auch von dieser Seite her dem ästhetischen Geiste der Renaissance nahe, und dazu kam, daß die mystische Richtung des Neuplatonismus den religiösen Bedürfnissen der Zeit ebenso willkommen war, wie anderseits die magische Naturauffassung Plotins dem noch ungeklärten Streben nach neuer und umfassender Erkenntnis der Natur entgegenkam. So verbanden sich mehrfache Motive, um dem, zumal durch den großen Namen Platons gedeckten Neuplatonismus eine hervorragende Stelle in der wissenschaftlichen Bewegung der Renaissance zu geben. Ficinus selbst zog alle diese Fäden mit wirkungsvollem Geschick in seiner »Theologia Platonica« zusammen, und diese Verbindung der Gedanken wurde um so einflußreicher, als er auch durch eine überaus rege Tätigkeit und durch eine in staunenswerter Ausdehnung betriebene Korrespondenz namentlich nach Deutschland hin für die Ausbreitung seiner Lehren und Tendenzen wirkte.

Gleichzeitig und nicht ohne bewußten Gegensatz zu diesen platonisierenden Bestrebungen regte sich ein mächtiges und dabei doch innerlich vielgespaltenes Leben im Aristotelismus. In den Vordergrund treten hier zunächst diejenigen Männer, welche auf philologischem Wege den reinen und originalen Aristoteles aus den scholastischen Schlingpflanzen herauszuschälen suchten, mit denen ihn teils das arabische, teils das christliche Mittelalter umwunden hatte. Es waren das meist Humanisten, die auch an der barbarischen Schulsprache der Scholastik Anstoß nahmen und neben einer historisch reinen Auffassung zugleich den ästhetischen Gesichtspunkt geschmackvoller Wiedergabe im Auge hielten. An ihrer Spitze steht in Italien Theodorus Gaza, ein Gegner Plethons und persönlicher Freund Bessarions, der, nachdem er im Jahre 1430 aus seiner Heimat Thessalonike nach Italien übergesiedelt war, durch seine Übersetzungen der naturwissenschaftlichen Werke von Aristoteles und Theophrast eine große Menge von Gleichstrebenden und Schülern um sich versammelte; in Deutschland sein großer Schüler Rudolph Agricola (1442—1485), dessen Schrift: »De dialectica inventione« in der Feinheit ciceronianischer Sprache die Gedanken des Aristoteles zu reproduzieren suchte; in Frankreich endlich Jacques Lefèvre (Jacobus Faber Stapulensis aus Etaples in der Picardie 1455—1537), der große Humanist der Pariser Universität, welcher von einer Reihe aristotelischer Schriften elegant lateinische Paraphrasen gab.

Diese Betonung der philologisch gereinigten Auffassung der Originalwerke des Aristoteles richtete sich gleichmäßig gegen die beiden Schulen, in denen man den Aristoteles durch die Brille seiner Kommentatoren ansah, und welche wieder untereinander sich heftig befehdeten: es waren die beiden Schulen der Alexandristen und der Averroisten, die eine abhängig von den spätgriechischen Kommentatoren, unter denen Alexander von Aphrodisias die entscheidende Stelle einnimmt, die andere von dem geistvollen, durch neuplatonische Einflüsse stark mitbestimmten Philosophen Averroes, dem bedeutendsten Denker des arabischen Mittelalters. Die erstere kehrte den deistischen Charakter der aristotelischen Metaphysik besonders hervor und suchte zugleich in dem Verhältnis der Gottheit zu den Dingen den Grundgedanken der naturalistischen Erklärung zur Geltung zu bringen; die andere, dem neuplatonischen Mystizismus sehr viel näher stehend, gab der aristotelischen Philosophie eine pantheistische Auslegung, und zwar in 'der Richtung, daß die ewige All-Einheit der Dinge in der ihre Formen aus sich selbst heraus entwickelnden Materie bestehe, und daß als die höchste Lebensform die ewige und unpersönliche Weltvernunft zu denken sei. Besonders lebhaft aber entbrannte der Streit zwischen beiden Schulen an der Frage nach der Unsterblichkeit der Seele. Schon innerhalb der Scholastik war durch Duns Scotus der Streit angeregt worden, ob die Unsterblichkeit ein philosophisch beweisbares Lehrstück oder nur ein Glaubenssatz sei, und die Verhandlungen, die darüber zwischen Thomisten und Scotisten geführt worden waren, setzten sich nun, durch die Lehre von der zweifachen Wahrheit gedeckt, in modifizierter Form zwischen jenen beiden Schulen des Aristotelismus fort. Darin freilich waren beide einig, die individuelle Unsterblichkeit, wie sie ein Dogma der Kirche ist, vom philosophischen Standpunkte aus zu leugnen; aber der Averroismus hielt dabei an dem Gedanken fest, daß der vernünftige Teil der individuellen Seele, insofern er beim Tode in die allgemeine Weltvernunft zurückfließe, als unsterblich angesehen werden müsse, während die Alexandristen, ihren naturalistischen Grundsätzen getreu, die Sterblichkeit auch dieses Teiles der Seele verfochten.

Der Hauptsitz dieser Streitigkeiten war Padua, dessen Universität schon seit dem XIV. Jahrhundert als Sitz des Averroismus galt. Seine hauptsächlichsten Vertreter waren: Nicoletto Vernias, der in den Jahren 1471—1499 in Padua lehrte, und nach ihm Alexander Achillinus, welcher 1512 als Lehrer der Philosophie in Bologna starb und die averroistische Lehre von der Einheit der unsterblichen Allgemeinvernunft des Menschengeschlechtes so scharf gegen die Kirchenlehre zuspitzte, daß hauptsächlich um seinetwillen zu dieser Zeit der Averroismus als heterodox galt. Gemildert wurde diese Richtung durch einen Schüler des Vernias, Augustinus Niphus (1473—1546, Lehrer der Philosophie in Pisa, Bologna, Rom, Salerno und Padua). Er gab die Schriften des Averroes mit Erläuterungen heraus, in denen er dessen Lehre nicht unbedingt und ausnahmslos beistimmte, und er wußte auf diese Weise ein so rechtgläubiges Ansehen zu gewinnen, daß Leo X. ihn mit einer Widerlegung des sogleich zu erwähnenden Pomponatius betraute. Von sonstigen Kommentatoren dieser Richtung würden etwa noch Zimara († 1532) und sein Schüler Francesco Piccolomini († 1604) wegen der Wirksamkeit, die sie in Neapel hatten, zu erwähnen sein.

Allein mitten in Padua selbst erstanden dem Averroismus zahlreiche Gegner und sogar der bedeutendste von allen. Jene rein philologische Richtung, welche die Scholastiker arabischen und christlichen Ursprungs gleichmäßig verwarf, fand auch hier ihre Vertreter. Angeregt durch den geschmackvollen Venezianer Ermolao Barbaro (1454—1493), predigte dort Leonicus Thomaeus (1456—1533) seit dem Beginne des XVI. Jahrhunderts die Rückkehr zum reinen Aristotelismus. Weit eindrucksvoller aber war das Auftreten und die Lehrtätigkeit des Hauptes der Alexandristen Pietro Pomponazzi (Petrus Pomponatius), des weitaus bedeutendsten unter den gesamten Aristotelikern der Renaissance. 1462 geboren, war er seit 1495 Professor in Padua, später in Ferrara und Bologna und starb 1524. Seine Abhandlung über die Unsterblichkeit der Seele, welche die erwähnte Gegenschrift des Niphus hervorrief und gegen diesen, wie gegen andere Angreifer von ihm

in weiteren Streitschriften verteidigt, in einer Schrift »über die
Ernährung« mit fast unverhohlen materialistischen Konsequenzen
fortgeführt wurde, und sein Hauptwerk über »Schicksal, Freiheit
und Vorsehung« entwickeln die radikalste Form, welche der Aristotelismus anzunehmen imstande war, betonen deshalb mit besonderer Vorliebe die Lehre von der zweifachen Wahrheit (ohne
freilich dadurch der kirchlichen Verdammung vorbeugen zu können)
und nähern sich in ihrer ganzen Auffassung am meisten dem Naturalismus, welchen die aristotelische Philosophie schon wenige Gene-
rationen nach ihrer Entstehung in der peripatetischen Schule selbst
durch Straton gefunden hatte. Bemerkenswert ist dabei, wie dieser
Naturalismus sich den Zauberkünsten der gleichzeitigen Magie
gegenüber so ganz anders verhält, als der dem Phantastischen
weniger abholde Neuplatonismus: in einer nachgelassenen Schrift
über die Ursachen wunderbarer Naturerscheinungen suchte Pomponazzi, wo es mit der natürlichen Erklärung nicht gehen wollte,
die allegorische Deutung anzuwenden. Durch eine Reihe bedeutender Schüler wurde nun diese Lehre bald zu einer ausgedehnten Macht: der berühmte Philologe Julius Caesar Scaliger
(1484—1558) huldigte dem Alexandrismus und verteidigte ihn gegen
Cardanus. Doch machten sich bald auch innerhalb dieser Schule
Gegensätze geltend, und es bahnte sich auch wohl gelegentlich eine
Art von Verschmelzung zwischen averroistischen und alexandristi-
schen Theorien an. So vertrat in dem Streite zwischen Simon
Porta († 1555) und Gasparo Contarini (1483—1542) der letztere
schon den Standpunkt einer gewissen Versöhnung beider Richtungen, und diese griff in der Folge namentlich in der Weise um
sich, daß man sich in den psychologischen Fragen an die naturalistische Auffassung der Alexandristen hielt, auf metaphysischem
aber und naturphilosophischem Gebiete mehr dem pantheistischen
Zuge des Averroismus folgte — eine Zusammenstellung, durch die
man schließlich im ganzen nur um so unkirchlicher dachte. In
diesem vermittelnden Sinne wirkten in Padua selbst Jacopo
Zabarella (1532—1589) und sein Nachfolger Cesare Cremonini, der »letzte Aristoteliker Italiens« (1552—1631); und ähnlich
war der Standpunkt von Andreas Caesalpinus (1519—1603,
Leibarzt Clemens' VIII.), dessen Reise nach Deutschland viel zur
Verbreitung eines unscholastischen Aristotelismus beitrug. Er war

aber zugleich mit großem Erfolge als Naturforscher auf dem Gebiete der Tier- und Pflanzenphysiologie tätig und weist 'damit auf
die Bestrebungen hin, welche die positive Ergänzung des Kampfes
gegen die Scholastik bilden sollten.

So vielfach schon in sich selbst gespalten, erfuhr der Aristotelismus den heftigsten Angriff nicht sowohl von einer der andern
positiven Richtungen der antiken Philosophie, als vielmehr von
einer Art von unmittelbarem Interesse an der Fruchtbarmachung
der wissenschaftlichen Arbeit, und dieses nahm in Verbindung mit
dem Humanismus eine eigentümliche und teilweise wunderliche
Form an. Die Scholastik hatte sich z. T. für den Mangel eigner
Forschung in einer spitzfindigen Ausbildung des logischen Formalismus entschädigt, und sie war schließlich dem Wahne verfallen,
es könne sich durch eine Art mechanischer Kombination von logischen Operationen immer neue und neue Erkenntnis erzeugen lassen.
Gegen diese eingeschrumpfte, verknöcherte und pedantische Logik,
welche man natürlich wieder mit derjenigen des Aristoteles ver-
wechselte oder wenigstens mit dem Namen des Stagiriten bezeichnete, empörte sich das gesunde Gefühl der Renaissance, und in
dem Bestreben nach einer »natürlichen Logik« ließ es sich zu einem
Mißgriffe verleiten, der ihm durch die humanistischen Studien nahegelegt war. Je barbarischer die Wortbildungen und die Satzformen
erschienen, in denen sich die scholastischen Deduktionen auszudrücken pflegten, um so sympathischer wurde der ästhetische Sinn
des Humanismus von der vollendeten Darstellung ergriffen, die
den klassischen Schriften auch auf dem Gebiete der Philosophie
eigen ist. In diesem Zusammenhange wurde nun namentlich
Cicero für die philosophische Bewegung der Zeit von Bedeutung,
und wenn man mit richtigem Takte herausfand, daß der Schwerpunkt seiner sprachlichen Form in ihrem rhetorischen Charakter
liegt, so trat nun eine Tendenz hervor, die Philosophie gewissermaßen rhetorisch zu machen und vor allem die Logik durch die
Rhetorik zu reformieren. Diese Absicht sprach schon Laurentius Valla (1415—1465) in seiner Schrift »De dialectica contra
Aristoteleos« aus, indem er die logischen Gesetze aus der redne-
rischen Beweiskunst Ciceros und Quinctilians abzuleiten unternahm
und die Dialektik lediglich als eine Hilfswissenschaft für die Rhetorik behandelte. Zu einer geradezu erbitterten Bekämpfung des

2*

Aristoteles aber führte diese Tendenz bei Pierre de la Ramée (Petrus Ramus 1517—1572), der eine Menge von Anfeindungen erfuhr, auf einer Reise nach Deutschland, Italien und der Schweiz aber doch die große Wirkung, welche er ausgeübt hatte, konstatieren konnte und schließlich seinen Übertritt zum Calvinismus und die persönlichen Feindschaften, die ihm seine Bedeutung zugezogen hatte, durch seine Ermordung in der Bartholomäusnacht büßen mußte. Das Bedürfnis nach einer neuen Form der Wissenschaft, nach einer fruchtbareren Methode des Denkens spricht sich in den Schriften dieses Mannes mit außerordentlicher Heftigkeit aus; allein die Unfähigkeit, etwas wirklich Neues und Inhaltvolles zu geben, erzeugt nur ein unreifes Herumtappen und führt schließlich auf den gänzlich verfehlten Versuch, durch die äußerlichste Formalität den Schäden abzuhelfen. Eine »natürliche Logik« des gesunden Menschenverstandes soll durch dialektische Schulung jedermann befähigen, sachgemäß über alles reden zu können. Wenn nun auch nicht geleugnet werden kann, daß diese Richtung in ihrer polemischen Tendenz völlig berechtigt war und daß sie zur Einführung einer geschmackvolleren Art philosophischer Darstellung wesentlich beigetragen hat, so ist anderseits nicht zu verkennen, daß sie in ihrem Erkenntnisinhalt auf eine Erneuerung des Unbedeutendsten und Gedankenlosesten hinauslief, was die alte Philosophie gesehen hatte, jenes Eklektizismus nämlich, dessen Hauptvertreter ja eben der philosophisch so wenig selbständige Cicero gewesen war. Dennoch brachte das allgemeine Bedürfnis, dem diese rhetorisierende Richtung einen leidenschaftlichen Ausdruck gab, ihr nicht unbeträchtlich viele Anhänger, und der Ramismus spielte in der Bewegung der Zeit eine verhältnismäßig wichtige Rolle: er war gewissermaßen der Sammelplatz der Unzufriedenheit mit dem Bestehenden, und die Farblosigkeit seines Inhaltes ließ ihn zahlreiche Kombinationen mit den revolutionären Denkkräften eingehen. Namentlich nistete er sich trotz aller Verfolgungen auf den protestantischen Universitäten Deutschlands ein, fand hier vor allem in Johannes Sturm in Straßburg (1507—1589) einen eifrigen und glücklichen Vertreter und durch Goclenius in Marburg (gest. 1628) eine Art von Versöhnung mit der gewöhnlichen aristotelischen Schullogik.

Auch die übrigen Systeme der antiken Philosophie gingen bei

der wachsenden Ausbreitung der humanistischen Studien nicht leer aus. Der Stoizismus fand in Joest Lips (Justus Lipsius) (1547 bis 1606) und später in Caspar Schoppe (Scioppius) seine Erneuerer, schon vorher jedoch unabhängig von systematischer Form und mehr als freie Popularphilosophie vermöge der humanistischen Aufnahme der römischen Schriftsteller eine weite, einflußreiche Verbreitung, mit der diese Lehre für viele Gebiete des Kulturlebens der Renaissance eine neue Fruchtbarkeit entfaltet hat. Seine Hauptwirkung lag auf ethischem und politischem Gebiete: in metaphysischer Hinsicht wurde er vom Neuplatonismus, in welchem er ja selbst nur eins der Momente bildete, auf naturphilosophischem Felde dagegen von der Erneuerung der atomistischen Doktrinen überholt. Diese ging zwar zum Teil bei Männern wie Sennert und Magnenus ausdrücklich auf Demokrit zurück, in der Hauptsache aber folgte sie der humanistischen Wiederbelebung des Epikureismus. Freilich war dieser niemals völlig vergessen worden. In der poetischen Darstellung des Lucrez und in der Reproduktion der Schriften Ciceros war er bekannt geblieben, so bekannt, daß er als Typus unchristlicher Weltanschauung galt und daß der Name eines Epikureers die gangbare Bezeichnung für heidnische Ungläubigkeit wurde. So war es namentlich die Bedeutung der praktischen Konsequenz einer sinnlichen Genußsucht, welche man mit dem Namen verband, und welche ihm bekanntlich noch jetzt in der gewöhnlichen Ausdrucksweise aufgeprägt geblieben ist. Die Scheidung dieser Elemente vollzog sich bei den großen Begründern der modernen Naturwissenschaft, einem Bacon und Galilei, die unbeirrt durch jene Vermischung den theoretischen Wert der Atomlehre erkannten und für die Forschung dienstbar machten. Für die allgemeine Literatur ist dies später durch den Franzosen Pierre Gassend (Petrus Gassendi, 1592—1655) zur Erkenntnis gebracht worden. Sein Verdienst ist es, den theoretischen Inhalt der epikureischen Lehre unbefangen betont, den Charakter Epikurs von den Entstellungen der Tradition gereinigt und der Welt bewiesen zu haben, daß der theoretische Materialismus neben moralischer Reinheit sehr gut bestehen kann. Bei ihm selbst freilich begegnet uns wiederum eine Art von zweifacher Wahrheit. Selbst Priester, bekundet er überall eine eifrig kirchliche Gesinnung und stützt diese wohl gelegentlich durch eine dem Sensualismus so nahe liegende Art von Skeptizismus oder Positivismus hinsichtlich der Metaphysik: aber das hemmt ihn nicht, auf dem Gebiete der Naturphilosophie unbefangen und rückhaltslos den Hypothesen der alten und neuen Naturforschung nachzugehen. Wenn er dabei die Atomtheorie von Demokrit und Epikur in das Gedächtnis der Forschung zurückrief, so konnte der Gegensatz gegen die aristotelisierende Scholastik nicht gut schärfer und radikaler sein, als er in dieser Gestalt auftrat. Je mehr die gesamte moderne Naturwissenschaft mit der Atomtheorie verwachsen ist, um so größer erscheint die Bedeutung der Schriften Gassendis, welche auch dem weiteren Publikum die Scheu vor der naturwissenschaftlichen Theorie zu benehmen geeignet waren, die von selbständigeren Geistern inzwischen ihre fruchtbare Verwendung gefunden hatte. Aber diese Größe ist nur eine solche der historischen Wirkung: Gassendi selbst ist nur ihr verhältnismäßig unbedeutendes Gefäß; es mangelt ihm die philosophische Originalität, seine Bedeutung liegt nur in dem, was er richtig aufgefaßt und glücklich dargestellt hatte.

Neben allen diesen positiven Richtungen der antiken Philosophie schlummerte schließlich auch die negative nicht, die skeptische. In ihrem Wesen freilich lag es, daß sie nicht als ein System geschlossener Lehren auftreten konnte, sondern vielmehr nur als eine Denkart, und ihre Bedeutung lag hauptsächlich darin, daß das Denken anfing, eine selbständige Kritik zu üben, seine eigene Berechtigung zu untersuchen und den Schlummer des Autoritätsglaubens mehr und mehr zu lösen. Als der geistreichste und wirksamste Vertreter dieses Skeptizismus tritt uns Michel de Montaigne (1533—1592) entgegen, dessen Essais (zuerst Bordeaux 1580 erschienen) auf der einen Seite der vollendete Ausdruck einer, wenn nicht schon herrschenden, so doch bereits weit verbreiteten Stimmung, auf der anderen Seite die kräftigste Veranlassung für die Begründung, Förderung und Ausdehnung eben dieser Stimmung waren. Eine reiche Erfahrung des Menschenlebens, eine feine Einsicht in die Relativität aller menschlichen Meinungen, Einrichtungen und Bestrebungen, elegante und treffende, dabei zu gleicher Zeit tief gehende Schilderung der Menschen, der Stände und ihrer Verhältnisse, verbunden mit einem liebenswürdigen, anziehenden Stile, — das macht das Wesen dieses weltmännischen Skeptizismus aus, der, von einem so überlegenen Geiste wie Montaigne in bestechendster

Form vorgetragen, sich schnell in der französischen Gesellschaft einbürgerte und mit seinem sprühenden Esprit, mit seinem graziösen
Gedankenspiel ihre Atmosphäre während der gesamten neueren Zeit
geworden und geblieben ist. Es gelang dies um so leichter und bequemer, als diese skeptische Gesinnung sich auch mit dem Glauben
recht gut abfinden konnte. Die Verknüpfung lag hier so nahe und
war so gewissermaßen von selbst gegeben, daß sie bald nach Montaigne in scharfer Form von seinem Freunde Pierre Charron
(1541—1603) ausgesprochen wurde. In dessen Werke: De la
sagesse (1601) treten die in Montaignes Essais zerstreuten skeptischen
Gedanken in geschlossener Phalanx und in einer Systematisierung
auf, zu der das Altertum die wesentliche Grundlage gegeben hatte,
und wenn im Gegensatze dazu die Selbsterkenntnis als der Grund
alles sicheren Wissens bezeichnet wird, so geschieht das einerseits
nur, um dieser Selbsterkenntnis die Form des religiösen Glaubens
unterzuschieben und zu zeigen, daß der Bankerott der wissenschaftlichen Erkenntnis den Wissenstrieb des Menschen in die
Arme des Glaubens führen müsse; anderseits vertauscht Charron
überhaupt den theoretischen Begriff der Erkenntnis mit dem
praktischen Ideal der Lebensweisheit und des frommen Wandels.
Noch schärfer tritt die skeptische Richtung bei François
Sanchez (1562—1634) hervor, dessen bemerkenswerte Schrift:
»Tractatus de multum nobili et prima universali scientia quod
nihil scitur« (1581) sich auf den interessanten Grundgedanken
stützt, man könne nur dasjenige wissen, was man selbst gemacht hat. Die wissenschaftliche Verwertung dieses Gedankens
war einer späteren und sehr viel entwickelteren Zeit und einem
viel größeren Manne, keinem geringeren nämlich als Kant vorbehalten: Sanchez schloß daraus im Geiste seiner Zeit lediglich,
daß wie die Schöpfertätigkeit so auch das wahre Wissen nur bei
Gott gesucht werden dürfte: aber er machte bei aller Verzweiflung
an der bisherigen Erkenntnis doch Andeutungen darüber, daß es
bessere Wege der Wissenschaft geben könnte, und er wies damit
aus der Wüste der begrifflichen Streitigkeiten auf das fruchtbare
Feld der Erfahrung.

So reich und mannigfaltig entwickelten sich die humanistischen
Studien auch auf dem Gebiete der Philosophie, und in so farbiger
Vielgestaltigkeit lebte das antike Denken in den Geistern der

Renaissance wieder auf. Allein schließlich war es doch alles immer wieder nur das Alte, war ein Verlebtes und Verarbeitetes, und so begeistert es die neue Zeit in sich aufnahm, ihrem innersten Drange konnte es nicht genugtun. Man wollte etwas wirklich Neues. Die Renaissance ist ihrem innersten Wesen nach keineswegs bloß die Erneuerung des klassischen Altertums: sie ist eine Wiedergeburt des menschlichen Geistes, ein wahrhaft neues Leben. Diese Zeit war hungrig nach neuem Wissen. Sie rief nach Brot, und man gab ihr einen Stein, wenn man ihr nur das alte, neugeformte Wissen bieten wollte. Überall war eine Ermüdung an den alten Formen und Gedanken, ein schöpferischer Zug nach universeller Betätigung, der anfangs noch gegenstandslos sich in phantastischer Willkür erging und doch bald seinen rechten Zug zu finden bestimmt war. Deshalb ist die Erneuerung der Systeme des antiken Denkens nur die erste und vorläufige Form, in welcher sich die Sehnsucht der Zeit nach frischem Wissen einen Ausweg bahnte, ehe man den wahrhaft neuen Inhalt gefunden hatte. Für diese Unbefriedigtheit an dem toten Wissen, für dieses leidenschaftliche Fliehen aus dem Bücherstaube heraus kann keine kulturgeschichtliche Darstellung und keine philosophische Analyse einen schlagenderen und großartigeren Ausdruck finden, als ihn Goethe in dem ersten Faust-Monolog gegeben hat, wie denn auch anderseits die positiven Geisteskräfte der Zeit in demselben Werke eine überaus glückliche Darstellung gefunden haben.

Zwei Wege waren es, die der Instinkt dieses Suchens einschlug: einer nach innen, welcher in die heiligste Tiefe des menschlichen Gemütes führte, einer nach außen, welcher sich in die beiden Reiche der historischen und der natürlichen Wirklichkeit verzweigte. Es wurde eine neue Erkenntnis gesucht im Innersten der menschlichen Seele, eine Erkenntnis des Höchsten und Wertvollsten, und dieser Drang entfaltete sich in der religiösen Reformation. Es galt eine neue Erkenntnis der gesellschaftlichen Verhältnisse, und so erwuchs eine neue Rechts- und Staatsphilosophie. Es arbeitete sich endlich aus zahllosen Verirrungen eine reine Erkenntnis der Natur hervor.

Das sind die drei positiven Faktoren. Gemeinsam ist ihnen das Abwerfen des scholastischen Formelkrames, die Bekämpfung der toten Gelehrsamkeit und das Ringen nach einer von Grund

aus neuen Erkenntnis. Der Geist der Renaissance sucht das wahre
Leben hier in sich, hier außer sich in der Gestaltung des modernen
Staatslebens und in den ewigen Kräften der Natur.

§ 4. Die religiöse Reformation.

Was man als religiöse Reformation oder als Reformation schlechthin zu bezeichnen pflegt, ist eine Teilerscheinung der allgemeinen
Renaissance, welche darin zwar einen wichtigen Raum einnimmt,
aber durchaus nicht, wie es wohl hin und wieder dargestellt worden
ist, ihr wichtigstes und treibendes Motiv bildet. Sie hat diesen Anschein nur dadurch gewonnen, daß die allen Bewegungen des neuen
Denkens gemeinsame Auflehnung gegen die Kirche in ihr am einfachsten und klarsten sich aussprechen mußte.

Auf den ersten Blick und bei oberflächlicher Betrachtung,
welche freilich oft die letzte geblieben ist, zeigt die Reformation
eine gewisse Analogie zu dem eben betrachteten Wiederaufleben
der antiken Wissenschaft. Die Rückkehr zu den Originalen scheint
beiden gemeinsam zu sein, hier zu den Originalen der alten Denker,
dort zu denjenigen der ursprünglichen Offenbarung und des ur-
christlichen Lebens. In beiden Fällen will man diese Originale von
den Zutaten befreien, durch welche sie in der mittelalterlichen
Entwicklung entstellt worden sind, hier von der arabischen und
christlichen Scholastik, dort von der kirchlichen Tradition. Stimmt
diese Parallele so weit in den Äußerlichkeiten, so führt sie vermutlich
auch noch weiter. So wenig wie die Erneuerung der antiken Philosophie den innern Trieb der modernen Wissenschaft ausdrückt und
befriedigt, ebensowenig ist das innerste Wesen der religiösen Reformation durch die philologische und dogmatische Rückkehr zu
den Quellen des christlichen Glaubens erschöpft. Diese war vielmehr wiederum nur eine unter den geschichtlichen Formen, in
denen sich ein tieferer Trieb betätigte.

Wie man auch über die religiösen Gegensätze jener Zeit denken
möge, so viel steht fest, und die katholische Kirche hat es durch
das, was man die Gegenreformation des XVI. Jahrhunderts nennt,
selbst bestätigt, daß die kirchliche Entwicklung des Mittelalters
zu einer immer größeren Veräußerlichung des religiösen Lebens
und der Formen des Kultus geführt hatte: und im Gegensatze dazu

war seit der Zeit der Kreuzzüge ein Gefühl der Unbefriedigung und eine unbestimmte Sehnsucht überall und besonders in den tieferen religionsbedürftigen Schichten der Gesellschaft entsprungen. Sah man die Kirche nach mancherlei Richtungen hin äußerlich beschäftigt, fühlte man, wie sie den Schwerpunkt ihrer Wirksamkeit in politische Bestrebungen und in die Beherrschung der europäischen Machtverhältnisse legte, so suchte man nach unmittelbarer religiöser Erleuchtung, so kam man mehr und mehr auf den Gedanken, ob nicht das Individuum in sich selbst den Trost und die Seligkeit der Religion finden könne, und der Wunsch nach reiner, unvermittelter, selbständiger Religiosität brach sich kräftiger Bahn. Genährt wurde dieser Wunsch durch die ununterbrochene Tradition der mystischen Lehren, die aus dem Neuplatonismus früh auch in das Christentum eingedrungen und neben der Scholastik als eine bald verdeckte, bald offener hervortretende Unterströmung stetig hergelaufen waren. Anfangs leise, scheu und schüchtern den Bestand der kirchlichen Macht unterwühlend, trat dieses Bestreben immer energischer auch nach außen hervor. Es nahm dabei sehr verschiedene, zum Teil sehr wunderliche und mit dem kirchlichen Leben selbst mehr oder minder zusammenhängende Formen an. Es zeigte sich nicht nur in jenen Sekten, die, von der Kirche verdammt und bis zur Vernichtung bekämpft, im XIV. und XV. Jahrhundert immer häufiger auftauchten; es zeigte sich auch in so extravaganten Formen, wie etwa in den Flagellantenzügen, zeigte sich in den reformatorischen Forderungen, die innerhalb der hierarchischen Mächte selbst geltend gemacht wurden. Überall aber beruhte dieses Bestreben, ob es sich kühn oder schüchtern, einfach oder phantastisch darstellte, auf diesem innern Wühlen des religiösen Bedürfnisses. Man wollte zurückgehen auf die unmittelbare persönliche Erregung, und es war die gläubige Bewegung des innersten Gemütes, in der man das Heil suchte.

In keinem Lande aber nahm diese Bewegung größere Dimensionen an, und in keinem fand sie den innigeren Ausdruck ihrer tiefen Religiosität, als in Deutschland, und lange ehe sie in den politischen Kämpfen der Reformation ihre äußerliche Macht entlud, hatte sie im stillen die Herzen ergriffen. Die Gedanken der neuen Erkenntnis, welche man auf diesem Wege suchte, sind niedergelegt in der deutschen Mystik. Sie ist die Mutter der Reformation, sie hat die Gedanken entwickelt, aus denen diese ihre Kräfte sog, und sie hat als ein inneres geistiges Leben die Zeit überdauert, in der die Reformation, zu einer politischen Einrichtung geworden, den Geist, der in ihr lebte, mehr und mehr erstickte. Die Gedanken der deutschen Mystiker sind das eine jener positiven Elemente, aus denen dem modernen Denken seine Richtung gegeben wurde; sie bilden eine Reihe von Grundzügen, welche als lebenskräftige Motive die spätere Entwicklung durchziehen, und sie bedürfen deshalb, obwohl ihr Ursprung historisch dicht neben den Größen der mittelalterlichen Wissenschaft liegt, an dieser Stelle einer Besprechung: denn sie eigentlich enthalten den geistigen Kern der religiösen Renaissance.

§ 5. Die deutsche Mystik.

Mit ihrer ganzen Kraft und Innigkeit treten diese Grundgedanken der deutschen Mystik bei ihrem ersten großen Lehrer hervor, bei Meister Eckhart. Bald nach 1250 geboren, früh zum Dominikanerorden übergetreten, und durch die Lehren Alberts von Bollstedt ebenso wie durch ihre Ausführung von Thomas von Aquino beeinflußt, hatte er nicht ohne Mitwirkung seiner Verbindung mit den »Brüdern des freien Geistes« seine eigenen Ansichten so scharf herausgebildet, daß ihn selbst die hohen Ämter, die er innerhalb seines Ordens bekleidete, nicht vor einem zwei Jahre vor seinem Tode zu Cöln 1327 abgehaltenen Glaubensgerichte schützten. Was wir aus seinen Aufsätzen und Predigten von dieser seiner eigentümlichen Gedankenwelt erfahren, mag teilweise auf neuplatonische und frühscholastische Einwirkungen, namentlich auf die Lehren von Scotus Eriugena zurückweisen und in seiner Darstellung vielfach von der gleichzeitigen Scholastik seines Ordens abhängig sein, — der eigentliche Grundzug dieses Mystizismus ist trotzdem derjenige der vollen Selbständigkeit, und er wurzelt in der Tiefe des deutschen religionsbedürftigen Gemütes. Ist es doch seine vornehmste Absicht, das Seelenheil des christlichen Volkes zu fördern, und mit Rücksicht darauf will er nicht Diener der Kirche, sondern allein der christlichen Wahrheit sein. Diese aber ist nicht in den Dogmen der Wissenschaft zu finden, welche im besten Falle ein äußerlicher und symbolischer Ausdruck davon

sein können: sie beruht nur auf dem Grunde des gläubigen Gemütes,
das in sich selbst die tiefste und die einzig wahre Gotteserkenntnis
besitzt. So tritt schon hierin die überkirchliche, aus der Kirche
herausdrängende Tendenz der Mystik hervor, und sie wendet sich
namentlich gegen die scholastische Fixierung der Glaubenstatsachen.
Hinweg, ruft sie, mit dem Formelkram der Gelehrsamkeit! nicht
um das Wissen handelt es sich, sondern um das Glauben, und die
reine Wahrheit ist nur in deinem Innern: —

> Erquickung hast du nicht gewonnen,
> Wenn sie dir nicht aus eigner Seele quillt.

Du kannst nur erkennen, was du bist. Wesen und Erkenntnis
sind eins; das Erkennen ist die höchste Tätigkeit, ist der tiefste
Lebensgrund aller Wirklichkeit, es ist die Wesenseinheit des Erkennenden mit dem Erkannten. Darum kannst du Gott nur erkennen, wenn du Gott bist, wenn er in dir lebt: die Erkenntnis
Gottes ist die Wesenseinheit der Seele mit Gott, sie bildet deshalb
den innern Kern der Seele selbst, sie ist »das Fundament alles
Wesens, der Grund der Liebe, die Bestimmung des Willens«. So
erscheint der Mensch in seiner Identität mit der Gottheit als das
Erkenntnisprinzip des Mystizismus. Der Mensch als Mikrotheos
ist die Enthüllung aller Rätsel. Die Seele ist so weit Gott, als sie
ihn erkennt — sie erkennt ihn so weit, als sie Gott ist. Aber dies
Erkennen, worin somit das metaphysische Wesen der Seele besteht, kann nicht das verstandesmäßige Denken, nicht das Wissen
der Gelehrten, sondern nur Glauben, nur ein »unaussprechliches
Anschauen« sein: es ist das Schauen Gottes in uns, er schaut in
uns sich selbst an. Dieser idealistische Pantheismus, der die äußere
Welt in die innere und die innere Welt in eine selige Gottesanschauung auflöst, ist der Grundcharakter der deutschen Mystik.
Den Gegenstand dieser Kontemplation nennt Meister Eckhart im
Unterschiede von dem offenbaren persönlichen Gott »die Gottheit«,
das Wesen aller Dinge, die geistige Ursubstanz, unveränderlich,
ewig, prädikatlos — das Nichts. Aber in der Gottheit, lehrt er,
ist eine Scheidung des Wesens von der Natur, jener Ursubstanz
von den einzelnen Bestimmtheiten, in denen sie sich lebendig gestaltet. An deren Spitze stehen die drei Personen der Gottheit:
die innerste schöpferische Vernunft, der Vater, welcher in ewiger
Selbstanschauung, im Sohne, sich offenbart, so daß diese Selbst-

anschauung in der verbindenden Liebe, dem Geiste, ewig zum Vater
zurückkehrt. Das sind nicht drei getrennte Wesen, sondern nur
die drei Momente eines ewigen und ewig in sich selbst zurück-
laufenden Prozesses der Selbstoffenbarung und Selbsterkenntnis der
Gottheit: die Kirchenlehre von der Trinität ist nur eine symbolische
Darstellung dieser mystischen Wahrheit. Aber zugleich verwandelt
sich die Gottheit ewig in die einzelnen Dinge, nicht durch eine
Schöpfung, welche als ein zeitlicher Akt die Welt in einem Augenblicke entstehen ließe, sondern vielmehr in einer ewigen Gestaltung
ihres eigenen Wesens. Alle Dinge sind in Gott als Ideen, unräumlich, unzeitlich, sie haben keine selbständige und ursprüngliche
Realität. Ohne diese ewige Verwandlung in die Kreaturen wäre
Gott nicht, was er ist: die Welt ist Gott, Gott ist die Welt. Aber
auch die Kreaturen sind nichts als Gott. Wenn sie mehr sein
wollen, wenn sie »hie« und »nu« sein wollen, so ist das ihr Abfall
vom Wesen aller Dinge, ihr Sündenfall. Der uralte Gedanke orien-
talischer Spekulation, daß Individualität Sünde sei, tritt, durch
zahllose feine historische Verzweigungen fortgepflanzt, hier von
neuem hervor. Dieser Sündenfall ist auf dem Boden dieser pantheistischen Metaphysik unmöglich und unbegreiflich; aber er wird
als Tatsache angenommen aus der Überzeugung des religiösen, er-
lösungsbedürftigen Gemütes. Das Erlösungsbedürfnis kann deshalb
auch nur befriedigt werden, wenn die Kreaturen wieder aufhören,
sie selbst zu sein, und damit in die Gottheit zurückkehren. So
ergibt sich der ethisch-religiöse Grundgedanke einer vollen Aufgabe
der Persönlichkeit und einer Kontemplation, wie sie den Heiligen
am Ganges und den Mystagogen des Neuplatonismus vorschwebt.
Vernichte deine Individualität — »dein Wesen stampfe nieder« —,
das ist die Predigt des Mystizismus. Die Individualität ist Sünde,
die Heiligkeit ist Gott. Wer in sich beharrt, kann Gott nicht erkennen; denn Gott erkennt nur er selbst; du mußt ihn in dir wirken
lassen, mußt alles eigene Wissen, Können und Wollen von dir
werfen und reine Empfänglichkeit werden, damit Gott seinen Sohn
in dich hineingebären kann; das ist das Geheimnis der Maria. Anschauung deshalb ist die höchste, die einzige Tugend. Denn die
wahre Tugend und Heiligkeit ist zwecklos, sie bedarf nichts außer
ihr selbst: Gott begehrt nichts, und auch der Gerechte kann nichts
begehren als Gott; er darf deshalb nicht um äußere Güter, nicht um

Kraft zum Handeln, sondern nur »um Gott« beten; aber dieses Gebet, diese weihevolle Betrachtung, trägt auch seine Erfüllung in sich, es ist die wahre Erkenntnis und das höchste Ziel des Lebens. Alle äußeren Werke sind nichts: es gibt nur ein wahres »Werk«, das innere Werk, die Hingabe des Selbst an die Gottheit.

So schroff, so rücksichtslos, so unvermittelt mit dem realen Leben treten hier in jugendlicher Überkraft eine Anzahl von Grundgedanken der späteren deutschen Reformation auf, die Verachtung des theologischen Wissens, die unmittelbare Beziehung des gläubigen Gemütes auf die Gottheit und die »Rechtfertigung durch den Glauben allein«. Ein merkwürdiger innerer Widerspruch lebt in diesem Gedankensysteme: sein innerster Trieb ist das Bedürfnis individueller und selbständiger Glaubensbetätigung, und der praktische Kern seiner Lehre verlangt die Vernichtung des persönlichen Wesens, Wissens und Wollens. Entsprungen aus dem Individualismus, richtet die Mystik ihre Predigt gegen ihren eigenen Ursprung. Allein auch Meister Eckhart selbst mochte empfinden, daß sich mit diesem Prinzip der reinen Innerlichkeit wohl religiös fühlen und anschauen, aber nicht sittlich und religiös handeln ließ. Er lehrte deshalb, diese wahrhaft und tiefst religiösen Prozesse gingen nur im innersten Kern, im Wesen der Seele von statten; alle andern Tätigkeiten und Kräfte dagegen hätten ihren Sitz und ihre Bestimmung in den äußeren Organen, mit denen die Seele in der physischen Welt handeln soll, und die einzige Aufgabe sei deshalb, daß dies religiöse Wesen der Seele durch die äußeren Handlungen hindurchleuchte als der »Funke« der göttlichen Wirksamkeit. Immerhin bleiben ihm also diese Handlungen nur ein äußerliches Symbol der Gesinnung: und gerade wie er auf theoretischem Gebiete die Kirchendogmen für eine sinnliche Darstellung der religiösen Wahrheit hielt, so galt ihm eben überhaupt alles Räumliche, Zeitliche und Individuelle als das Symbol des geistigen, ewigen und göttlichen Wesens.

Dieses Zurückgehen aus dem Äußerlichen in das Innerliche bildet den allgemeinen Charakter der mystischen Bewegung: es ist mit allen seinen Extravaganzen in dem Pendelschlage der menschlichen Geschichte der notwendige Gegensatz zu der Veräußerlichung des mittelalterlichen Kirchenlebens. Ebendeshalb fanden diese Gedanken, denen Eckhart vielleicht mehr eine geistvolle Zusammen-

fassung als den ersten Ursprung gegeben hat, überall Anklang: seine
Tat war es, daß er den Inhalt der Geheimlehren in das Volksbewußtsein brachte, und daß er mit hoher Sprachkraft für die tiefen Gedanken glücklich die deutschen Ausdrücke schuf, mit denen er
vielfach zum Vater der philosophischen Terminologie unserer Literatur geworden ist. In dieser volkstümlichen Form verbreitete sich
die Mystik in Deutschland, in der Schweiz, in den Niederlanden.
Es war eine Bewegung, welche, wie alle großen Vorgänge der religiösen Geschichte, namentlich in den unteren Schichten des Volkes
Platz griff und sich mit dem Ausdruck des sozialen Unbehagens
auf das innigste verknüpfte. Jener Ekel an der Verdorbenheit der
sozialen Zustände, welcher stets einen der wichtigsten Hebel des
religiösen Bedürfnisses ausgemacht hat, sprach sich in seiner mystischen Tendenz am stärksten in der 1352 wahrscheinlich von Rull-
mann Meerswein verfaßten Ermahnungsschrift »von den 9 Felsen«
(den 9 Stufen der Heiligkeit) aus. In der poetischen Literatur
unserer Nation hat diese Bewegung ebenfalls ihr Denkmal gefunden. Der Minnesänger der Gottesliebe, der Dominikaner
Heinrich Suso (genannt Amandus, 1300—1365) verkündete als
Wanderprediger in gebundener und ungebundener Rede die Weisheit des Meister Eckhart und schuf für die mystische Hingabe an
die Gottheit einen schönen und warmen poetischen Ausdruck. Der
volkstümliche Charakter, welcher der Mystik gerade im Gegensatz
gegen die vornehme Gelehrsamkeit der Scholastik beiwohnte,
brachte es mit sich, daß ihre Wirksamkeit hauptsächlich in der
deutschen Predigt beruhte, und aus diesen Kreisen gingen
deshalb die ersten Männer hervor, die als eindringliche Prediger
des deutschen Wortes dem Gedächtnisse unseres Volkes erhalten geblieben sind und in der Ausbreitung dieser Gedanken den mäch-
tigsten Einfluß ausgeübt haben, unter ihnen der bedeutendste, ein
Schüler noch des Meister Eckhart selbst, Johann Tauler (1290
bis 1361) in Straßburg. Er verfolgte anfangs jene rein kontemplative Mystik des Meisters, aber seit seinem Verkehr mit dem
Bunde der Gottesfreunde und vielleicht auch mit den niederländischen Mystikern, nahm er mehr die Richtung der praktischen
Mystik und predigte mit ihr, daß es sich im wahren Christentum
nur um die Nachfolge des armen und demütigen Lebens Christi
handle. Er bezeichnete damit eine Wendung, welche sich mit der

Zeit in der gesamten deutschen Mystik vollzog. Jenes theoretische Interesse, aus dem sie hervorgegangen war, ging mehr und mehr verloren; man kümmerte sich weniger um die Gedanken des Meister Eckhart, wie sie noch in der von Luther bekanntlich sehr hoch geschätzten und 1516 zuerst herausgegebenen »deutschen Theologie« in oft wörtlicher Übereinstimmung mit den Schriften des Meisters niedergelegt sind; je mehr die Mystik eine Volksbewegung wurde, um so mehr trat die Lehre hinter das Leben zurück, und die Mystik wurde praktisch.

Am meisten kam diese Strömung in den Niederlanden zur Geltung. Hier kreuzte sich der theologische Einfluß der deutschen Mystiker mit den praktisch-sittlichen Prinzipien der französischen, der sog. Victoriner, und unter dieser gemeinsamen Einwirkung wurde Johannes Rysbroek (1293—1381) der Vater der praktischen Mystik. Hatte Meister Eckhart die Seligkeit als die Einheit der Seele mit Gott geschildert und gepriesen, so suchte Rysbroek den Weg, auf dem sie zu erreichen sei, und er fand ihn darin, daß der Mensch sich selber stirbt, daß er theoretisch sein Wissen aufgibt und im Glauben die Offenbarung sucht, vor allem aber, daß er praktisch sein Wollen und Begehren fahren läßt und gelassen und demütig das Kreuz trägt. In stiller Hingabe und in religiössittlicher Arbeit winkt die Erlösung von den Leiden der Welt. So wurde das Christentum unter den Händen der Mystiker wieder, was es ursprünglich gewesen war, eine Religion der Erlösung für die Armen und für die Sündigen. Im Anschlusse an Rysbroek trat dann namentlich der Übersetzer seiner brabantisch abgefaßten Schriften Geert de Groot (Gerhardus Magnus 1340—1384) hervor, welcher anfangs Lehrer der Philosophie in Cöln gewesen, später aber durch Rysbroek für die mystische Sache gewonnen worden war und in Deventer die »Bruderschaft zum gemeinsamen Leben« stiftete, die sehr bald unter verschiedenen anderen Namen (Kollatienbrüder, Fraterherren usw.) sich weit ausdehnte, zahlreiche Häuser besaß und im unmittelbaren Verkehre mit dem Volke die praktische Mystik namentlich auch durch die Stiftung von Armenschulen in segensreichster Wirksamkeit förderte. In dem ältesten dieser Bruderhäuser selbst, zu Deventer, war der Mann aufgewachsen, der durch sein Buch »De imitatione Christi« (1494) einen ungewöhnlich weiten Einfluß auf die religiöse Über-

zeugung gewonnen hat, Thomas a Kempis (aus Kempten bei
Cöln 1380—1471).

So griff die Mystik mit ihrem reformatorischen Bedürfnisse,
mit ihrem Suchen nach einer reinen Gläubigkeit und mit ihrer
Verachtung des kirchlichen Wissens und kirchlichen Treibens, immer
mehr im Volke um sich und erzeugte jene religiöse Gärung, aus der
schließlich die Reformation hervorgehen sollte. Es ist bekannt,
wie durch den persönlichen Einfluß von Staupitz auch Luther
mit seinem ganzen genialen Wesen und seiner leidenschaftlichen
Feuerkraft von dieser Bewegung ergriffen wurde. Er war es, der,
durch die Verhältnisse immer weiter gedrängt, diesem mystischen
Volksbewußtsein einen der Kirche gegenüber revolutionären Ausdruck gab. Aber nur dadurch, daß dieses Volksbewußtsein schon
lange vorher eine Macht gewesen war, konnte der »Mönchsstreit«
zwischen ihm und Tetzel zu einem historischen Ereignis und zur
Veranlassung einer großartigen Massenbewegung werden. Er fand
das Wort für ein lange im Volke lebendiges Bedürfnis. So ist die
deutsche Reformation eine Tochter der Mystik; diese hatte den
Boden der Kirche unterwühlt, diese hatte die Gedanken in der
Stille geschürt, welche nun in jener als mächtige Flamme empor-
schlugen.

Nur bis hierher ist dieser Prozeß in der Einleitung zu verfolgen.
Wie sich unter dem Einflusse der Reformation selbst die Entwicklung der Philosophie in Deutschland gestaltete, gehört bereits in
die eigentliche Darstellung der Geschichte der neueren Philosophie.
Hier handelt es sich nur darum, die Auffassung richtig zu stellen,
aus der, sei es mit welcher Tendenz immer, behauptet worden ist,
die neuere Philosophie, das moderne Denken sei ein Erzeugnis des
Protestantismus. Wenn man z. B. sagt, Männer wie Bruno und
Descartes, obwohl der katholischen Kirche angehörig, seien im Grunde
genommen doch von protestantischem Geiste beseelt gewesen, so
ist dieser Ausdruck zum mindesten schief. Nicht der Protestantismus ist die Ursache der Denkfreiheit, sondern die Denkfreiheit ist
die Ursache des Protestantismus. Er ist nur eine der Folgen, welche
sich aus der allgemeinen Selbstbefreiung des modernen Kultur-
geistes ergeben haben, und es ist unrichtig, die ganze Bewegung der
Renaissance auf einen Teil ihrer Folgen als Ursache beziehen oder
nur auch danach benennen zu wollen. Aber das ist freilich auf der

anderen Seite auch nicht zu übersehen, daß diesen genetischen
Beziehungen entsprechend die freie Entwicklung der modernen
Philosophie bei dem Protestantismus auf sehr viel geringere Hem-
mung gestoßen ist, als bei dem römischen Katholizismus.

§ 6. Die neue Rechtsphilosophie.

Der Protestantismus war somit nur eine Form jenes Freiheitsdranges, welcher die gesamte Renaissance beseelte. Allüberall zeigt
sie denselben Trieb, die alten abgelebten Formen abzustreifen und
frische, kräftige und natürliche Individualitäten in ihrer ursprünglichen Frische hervortreten zu lassen. Nicht zum mindesten gilt
dies auch von den politischen Individualitäten, den Völkern und
Staaten. Daß auch hier dieser Trieb sich wesentlich gegen die
Kirche richtete, hatte seinen natürlichen Grund darin, daß diese
selbst eine politische Macht war und noch mehr es sein wollte, daß
sie vor allem diejenige politische Macht war, welche für sich die
Erbschaft des römischen Weltreiches in Anspruch nahm und den
übrigen politischen Gewalten gegenüber als höchste Herrscher-
instanz auftrat. Sie war deshalb die große Macht, gegen die alle
neuen Elemente sich frei ringen mußten. Für sie waren die feudalen
Institutionen des mittelalterlichen Staatslebens der mächtige Hebel
ihrer politischen Wirksamkeit, und sie war deshalb auch die natürliche Feindin der Nationalstaaten, deren Bildung im Zusammenhange mit der Entwicklung des Individualismus seit dem Beginne
der neueren Zeit angebahnt wurde. Die Völker, ihrer Eigentümlichkeit und ihrer selbständigen Kraft bewußt geworden, beginnen
daran zu arbeiten, daß ihre Nationalität auch eine politische Bedeutung gewinne. Theoretisch drückt sich diese Bewegung in dem
Emporblühen einer neuen Rechtsphilosophie aus, die dem Staate
sein eigenes Recht vindizieren und den wissenschaftlichen Zusammenhang der Rechtsinstitutionen aus anderen Quellen ableiten
will als aus den Machtsprüchen der Hierarchie.

Die erste und kühnste Tat ging auch hier von Italien aus. War
man doch hier den politischen Wirkungen der Kirche am unmittel-
barsten nahe, und war doch anderseits Italien gerade das Land,
in welchem das Selbstbewußtsein der einzelnen und zugleich doch
der Drang nationalen Zusammenschlusses am frühesten und kräftig-

sten sich entwickelte; und in Italien wieder war es die politisch
reifste, bewegteste Stadt, Florenz, in der Nicolo Macchiavelli
(1469—1527) den staatsrechtlichen Kampf gegen die Kirche focht.
Seine große Bedeutung ist die, daß er der erste prinzipielle Vertreter
einer Idee ist, welche man füglich als den Zentralgedanken und den
Angelpunkt der modernen Geschichte ansehen kann, der Idee des
Nationalstaates. Sein Ideal ist die politische Größe und als ihre
Grundlage die nationale Einheit Italiens. Er ist sich der Unfruchtbarkeit und Schädlichkeit der Eifersüchteleien und der leidenschaftlichen Kämpfe zwischen den einzelnen Städten vollkommen bewußt,
und er sieht ein, daß es im Grunde genommen nur eine Macht ist,
welche diese innere Zerfleischung für sich benutzt, um entscheidend
darüber zu thronen, daß das »Divide et impera« das Geheimnis der
Politik des römischen Stuhles ist.

Das größte Hemmnis für die Entwicklung seines Vaterlandes
sieht dieser klar und tief blickende Geist in der weltlichen Herrschaft des Papsttums, und er richtet seine leidenschaftliche Polemik
vor allem gegen den politischen Charakter des römischen Pontifikates.
Aber von diesem unmittelbar gegebenen Gegensatze aus erhebt er
sich zu allgemeineren Betrachtungen, worin er die Klarheit historischer und theoretischer Einsichten gewinnt. Das ganze System
der politischen Ordnung des Mittelalters beruht auf der Unterordnung des Staates unter die Kirche; das ist der Punkt, an welchem
die neue Zeit einzusetzen hat, dies Verhältnis muß aufgehoben
werden, wenn der Staat wieder werden soll, was er zu werden bestimmt ist, und was er im Altertume war. Auch vor Macchiavellis
Augen schwebt das antike Leben als ein Ideal; aber wenn er aus
ihm die Bewunderung für den Stolz der republikanischen Tugend
einsaugt, so faßt er doch daneben viel schärfer den Gedanken des
nationalen Staates ins Auge. Der Staat ist sich selbst genug, wenn
er in einer Nation wurzelt — das ist der Grundgedanke Macchiavellis. Und wie mit dem Staate, so ist es mit dem Staatsrecht:
auch dies soll von der Herrschaft der Kirche befreit werden; die
rechtlichen Verhältnisse dürfen nicht mehr als ein Ausfluß dogmatischer Prinzipien angesehen, das Recht des Staates nicht mehr
aus kirchlichen Bestimmungen abgeleitet, sondern sie müssen vielmehr aus dem Wesen des Staates selber begründet werden. Macchiavelli hat diese Aufgabe gestellt, aber er hat sie nicht gelöst; seine

Gedanken lagen teils in seiner meisterhaften Geschichte von Florenz,
»Istorie Fiorentine« (Florenz 1538), teils in seinen »Discorsi« über
den Livius zerstreut, und er ist viel zu sehr von der Tendenz der
unmittelbaren politischen Wirksamkeit erfüllt, um die theoretische .
Aufgabe systematisch in die Hand zu nehmen. Mit der ganzen Glut
politischer Leidenschaft vertritt er den Gedanken des italienischen
Nationalstaates bis zur äußersten Konsequenz. Zu dessen Herstellung ist ihm kein Mittel zu schlecht. Aus diesem Gesichtspunkte muß man die Kunstlehre der Eroberung und der Beherrschung ergreifen, welche er in seinem »Principe« gegeben hat:
für diesen Zweck ist es, daß der fanatische Republikaner ein System
des schroffsten Absolutismus entwirft. Es zeugt nur von der
Feinheit des politischen Verständnisses bei Macchiavelli, daß er
die Herbeiführung der nationalen Einheit nicht von den republikanischen Institutionen erwartete, für die er sonst so warm begeistert war, sondern nur von der eisernen Gewalt eines absoluten
Herrschers. So löst sich der scheinbare Widerspruch in den Schriften
des Mannes, vor allem zwischen den »Discorsi« und dem »Principe«.
Dies historische Verhältnis übersah Friedrich der Große, als er aus
dem sittlichen Geiste des XVIII. Jahrhunderts heraus dem absolutistischen Gedanken sein großes Ideal des ersten Staatsdieners entgegenhielt; und es ist merkwürdig genug, wie durch diese Wendung –
der Name eines glühenden Republikaners in der modernen Literatur zum Typus rücksichtsloser Willkürherrschaft geworden ist.

　　　Trat die Ablösung des Rechts von der Kirchenlehre bei
Macchiavelli nur als die Konsequenz einer praktisch-politischen
Aufgabe hervor, so erscheint sie fast um die gleiche Zeit auch schon
im Zusammenhange mit anderen Motiven, einem sozialen und
einem spezifisch religiösen selbst. Beides vereinigt findet sich
zuerst bei dem Engländer Thomas Morus (1480—1535), dessen
Schrift: »De optimo rei publicae statu deque nova insula Utopia«
(London 1516) als das oft nachgeahmte Vorbild der späteren sog.
Staatsromane einen denkwürdigen Nachklang des platonischen
Idealstaates bildet und damit den Zusammenhang der Geistesbewegung der Renaissance mit der antiken Literatur wieder von
einer anderen Seite erkennen läßt. Seine ergreifende Schilderung
des Elends und des Verbrechens führt ihn auf die Meinung, daß
deren letzter Grund in der Ungleichheit des Besitzes und der Bil-

dung zu suchen sei, und so entwirft er mit Verwendung platonischer
Gedanken, die freilich an sich eine andere Absicht verfolgten, sein
Ideal des vernünftigen Staates, dessen Institutionen auf der Gleichheit der sehr mäßig bemessenen Arbeit und ihres Ertrages für alle
Bürger beruhen. Dieser soziale Staat baut sich auf rein irdischen
Interessen und Überlegungen auf, er ist von keiner kirchlichen Gewalt
abhängig und duldet keinen Eingriff einer solchen. Er überläßt
jedem Bürger die Freiheit seiner religiösen Überzeugung und führt
nur einen ganz allgemein gehaltenen Kultus des höchsten Wesens,
etwa im Sinne des späteren englischen Deismus, ein. Vor allem
aber verlangt Thomas Morus die religiöse und konfessionelle Indifferenz des Staates: er soll die rechtliche Stellung seiner Bürger
von ihrer religiösen Meinung völlig unabhängig halten. So ist dies
Buch zum Führer der Toleranzbewegung geworden. Je mehr
nun später in dem Kampfe der Konfessionen die verderbliche
Wirkung einer religiösen Parteinahme seitens der Staatsgewalt zutage trat, um so entschiedener und zugleich mit um so besserer
Berücksichtigung der realen Verhältnisse entfaltet sich die Toleranzbewegung in der Rechtsphilosophie.

Für Frankreich fanden diese Ideen ihren Mittelpunkt in Jean
Bodin (1530—1597). Seine »Six libres de la république« (Paris 1575)
lehnen ebenso energisch die kirchlich-dogmatische Begründung der
Rechtslehre ab. Wie er in seinen interessanten Dialogen »Hepta-
plomeres« die Vertreter der verschiedensten positiven Religionen
schließlich sich über eine gemeinsame Gottesverehrung einigen läßt,
so plädiert er auch in seiner Staatslehre für die Gleichstellung aller
Konfessionen, für die religiöse Indifferenz der politischen Kräfte,
mit anderen Worten, für den konfessionslosen Charakter des Staates.
Aber er sucht zu gleicher Zeit nach den Mitteln zu einer neuen und
positiven Begründung der Rechtslehre; von Utopien will er nichts
wissen, er weist darauf hin, wie es eine Hauptaufgabe sei, mit allen
Mitteln der empirischen Kenntnis und der philosophischen Betrachtung zu festen und sicheren Begriffsbestimmungen zunächst über
die Grundverhältnisse des Rechtslebens zu gelangen. Was ihn
dabei auszeichnet, ist der Sinn für den historischen Ursprung des
Rechts, eine Frucht, welche der neu erwachte Sinn für die Geschichte und das frische Aufsprossen der Geschichtschreibung ab-
warf. Bodinus selbst beschäftigte sich vielfach nicht nur mit histo-

rischen Studien, sondern auch mit deren wissenschaftlicher Grundlegung, er schrieb eine »Methodus ad facilem historiarum cogni-
tionem« (Paris 1566), und gab so wenigstens die Richtung an, die
Rechtswissenschaft auf Geschichts- und Völkerkunde systematisch zu gründen.

Wie sehr die Zeit, nachdem man einmal die Ablehnung einer
theologischen Rechtslehre angenommen hatte, nach neuen Grundlagen für die Jurisprudenz suchte, geht daraus hervor, wie der
Versuch gemacht wurde, die neue Naturwissenschaft für diesen
Zweck auszunutzen. Das tat Albericus Gentilis (1551—1611),
ein geborener Italiener, der als Professor in Oxford starb, ein lebhafter Verfechter der Toleranz und ein geistvoller Bearbeiter des
Kriegsrechts. Er will aber das Recht nicht auf die wandelbaren
Erzeugnisse der Geschichte, sondern auf die Natur und ihre ewig
sich gleichbleibenden Gesetze, vor allem auf die menschliche Natur
und ihre gesetzmäßigen Tätigkeitsformen gründen. Das gelingt
ihm freilich nur äußerst unvollkommen und durch wunderliche
Analogien, die einer späteren Zeit lächerlich erscheinen; aber man
darf darüber nicht vergessen, wie wertvoll es war, daß hier wieder
die Anerkennung einer unveränderlichen, im Wesen der Dinge selbst
begründeten Geltung des Rechts unabhängig von religiösen Voraussetzungen angebahnt wurde.

Den besten Beweis dafür liefert der große Rechtslehrer, in
welchem alle diese Gedanken sich durchdrangen und zu gleicher
Zeit in ihrem Werte sich gegeneinander abgrenzten, und welcher
Gentilis als seinen Vorgänger nicht nur in einigen Speziallehren,
wie z. B. derjenigen des freien Verkehrs zur See, sondern auch in
der Stellung des rechtsphilosophischen Problems überhaupt anerkannte. Hugo de Groot (Hugo Grotius 1583—1645), ein Mann,
der nicht nur Theoretiker und deshalb zum Doktrinarismus geneigt
war, wie die soeben besprochenen, sondern die Schärfe seines politischen Blickes teils durch die Verwaltung hoher Ämter in seinem
niederländischen Vaterlande, teils in der Stellung eines schwedischen
Gesandten in Paris praktisch betätigte. Sein großes Werk: »De
iure belli et pacis« (1625) gab zuerst eine reinliche Abgrenzung der
rechtswissenschaftlichen Fragen und Aufgaben. Er machte, wieder
den Begriffsbestimmungen der großen römischen Rechtslehrer und
namentlich denjenigen der stoischen Philosophie folgend, den Unter-

schied zwischen dem sogenannten positiven Rechte, dem ius civile, welches, auf geschichtlichen Satzungen beruhend und aus politischen Bewegungen hervorgegangenen, historisch festgestellt und begriffen sein will, und dem ius naturale, welches, im Wesen der menschlichen Natur begründet, Gegenstand einer philosophischen Entwicklung sein muß. Er stellte sich so gewissermaßen über Bodinus und Gentilis, jenem das historische, diesem das natürliche Recht zuweisend, und indem er den Namen des Naturrechts mit demjenigen der philosophischen Rechtswissenschaft identifizierte, gab er zugleich die Richtung an, in der diese Rechtsphilosophie sich jahrhundertelang bewegen sollte, die Richtung, vermöge deren man den Ursprung des Rechts in dem natürlichen Wesen der menschlichen Gesellschaft suchte. Das Recht, das philosophisch begriffen werden kann, beruht also in der menschlichen Natur, es ist überall gleich, wie diese selbst, es ist für jeden dasselbe, und es kann durch die Schwankungen des historischen Lebens zwar unterdrückt, aber nicht aufgehoben werden. Es ist unveränderlich, es kann selbst von Gott nicht geändert werden, und es würde, auch wenn es keinen Gott gäbe, seine Geltung haben, sofern es in diesem Falle Menschen gäbe. Derjenige Punkt nun im menschlichen Wesen, aus dem das Recht sich entwickelt, ist für Grotius, wie es im Mittelalter auch durch die maßgebende Lehre des Thomas von Aquino behandelt worden war, das Geselligkeitsbedürfnis, das einen integrierenden Bestandteil der menschlichen Natur ausmacht, und aus diesem Bedürfnisse leitet er jene Theorie des Staatsvertrages her, welche als Erneuerung der epikureischen Theorie von den oppositionellen Parteien des XIV. Jahrhunderts vorgetragen worden war und nun, nachdem Grotius sich dazu bekannt hatte, jahrhundertelang die wichtigste Rolle in der Rechtsphilosophie spielen sollte. Sie beruht bei ihm in der Annahme, daß zum natürlichen Rechte alles gehört, was zum Bestehen der geselligen Gemeinschaft der Menschen eine unumgängliche Bedingung ist, und daß der Staat aus einer freien Vereinigung seiner Bürger hervorgegangen ist, welche zum Schutze der geselligen Gemeinschaft und zur Wahrung der Interessen jedes einzelnen sich über die Ordnung geeinigt haben, worin ihr gemeinsames Leben geregelt werden soll. So aufgefaßt, gilt der Staat als ein Erzeugnis der vernünftigen Überlegung und Selbstbeherrschung des Menschen und die philosophische Rechtswissenschaft, das Naturrecht, nicht

als eine empirische Kenntnis, sondern als eine Doktrin der reinen
Vernunft. Im einzelnen ist es interessant, wie Grotius, vielleicht
nicht ohne Mitwirkung der trüben Erfahrungen, die er in den General-
staaten gemacht hatte, ausführt, daß die Bürger gut tun, die Obrigkeit, der sie in dem Staatsvertrage die Ausführung seiner Bestimmungen anvertrauen, mit möglichst großer Machtvollkommenheit
auszustatten. Von der Strafgewalt jedoch, welche sie auszuüben
hat, verlangt er, daß sie nicht im Geiste der Vergeltung, sondern in
dem praktischen Sinne der Präventivmaßregel, der Abschreckung
und der Besserung vollzogen werde. Ähnlich endlich wie aus den
Individuen der Staat, so entsteht nach der Auffassung von Grotius
durch einen Vertrag der Staaten die Völkergemeinschaft, und auf
diesem Gebiete machte er, besonders in seinen Untersuchungen über
die Berechtigung und die Rechtsfolgen der Kriege, zum ersten Male
den Versuch einer wissenschaftlichen Begründung des Völkerrechts.

So baut sich unter den Händen dieses einflußreichen Mannes
aus dem Geselligkeitsbedürfnisse des natürlichen Menschen in vollkommener Selbständigkeit das System der politischen Rechtsord-
nung auf, und um diesen Grundstock, den die Natur in unveränderlicher Gesetzmäßigkeit feststellt, bewegen sich die Bestimmungen
des geschichtlichen Rechts mit stetiger Anlehnung. Diesem ganzen
Gebäude aber des »ius humanum«, des von der Natur und der Geschichte gemeinsam erzeugten Menschenrechts, stellt Hugo Grotius
das »ius divinum« gegenüber, das seinen Ursprung unmittelbar
im göttlichen Willen hat und auf Grund der Offenbarung von
der Kirche festzustellen ist. Beide jedoch haben nichts miteinander
gemein, und es ist unrichtig, von dem Gesichtspunkte des einen
die Entwicklung des anderen beeinflussen zu wollen. Hier haben
wir in der Rechtsphilosophie die zweifache Wahrheit. Bei allem
Rationalismus, mit dem er das Naturrecht begründete, war Grotius,
wie aus anderen seiner Schriften hervorgeht, ein frommer und
offenbarungsgläubiger Mann; aber er hielt beide Gebiete streng
auseinander, und er litt nicht, daß kirchliche Fragen in den Zusammenhang der staatsrechtlichen Untersuchungen eingriffen. Sein
Naturrecht ist religiös ebenso indifferent, wie die Lehren von Bodin
und von Gentilis; wie diese predigt er die vollkommenste Toleranz
und verlangt die Konfessionslosigkeit des Staates. Aber gegen den
Versuch einer theologischen Begründung der Rechtsphilosophie

kämpft er nicht mehr mit der Leidenschaftlichkeit, wie es ein Macchiavelli getan hatte und hatte tun müssen. Er lehnt sie ruhig und einfach ab. Es war eben die Heftigkeit dieses Kampfes in den freien Zuständen der Niederlande, aus denen seine Bildung hervorging, nicht mehr nötig. Die Befreiung, nach welcher Macchiavelli in ungestümer Kraftfülle rang, ist hier vollbracht; die Jurisprudenz hat aufgehört eine famula ecclesiae zu sein; sie geht ihren eigenen Weg, den Weg der menschlichen Vernunft, und sucht ihre Heimat, unbekümmert um kirchliche Satzungen und konfessionelle Streitigkeiten, in der Natur des Menschen und der Gesellschaft.

Dieses Zurückgehen auf die Natur im Gegensatz zu dem historisch Gewordenen ist überaus charakteristisch. Es ist gewissermaßen das Stichwort aller Reformationen und Revolutionen. Jedesmal, wenn historische Formen sich abgelebt haben, wenn aus Recht Unrecht, aus Wohltat Plage, aus Bändern Bande und Ketten geworden sind, so scheint es, als ob der menschliche Geist in die ewig gleiche Natur zurücktauche, um den Staub der Jahrhunderte von sich abzubaden — als ob der Antaeus sich frische Kräfte suche am ewig heimatlichen Boden — und »der alte Urstand der Natur kehrt wieder«. Dies ist vor allem auch der Grundzug der Renaissance, und der Gedanke, das »Naturrecht« abzuleiten aus der menschlichen Natur und ihren gesetzlichen Wirkungen, ist wiederum nur ein Glied in dem großen Bestreben der Zeit, die Erkenntnis nicht mehr aus dem Staube der geschichtlich aufgespeicherten Formeln zu holen, sondern sie unmittelbar dem Wesen der Dinge selbst, der Natur abzulauschen; es ist eine Wirkung jenes Gefühls:

> »Statt der lebendigen Natur,
> Da Gott den Menschen schuf hinein,
> Umgibt in Rauch und Moder nur
> Dich Tiergeripp und Totenbein!«

§ 7. Die Anfänge der Naturwissenschaft.

Die Natur ist die geheime, verbotene und desto leidenschaftlichere Liebe der Renaissance. Ihre Kunst wie ihre Wissenschaft ist Rückkehr zur Natur. Die Vertiefung in das klassische Altertum ist nur der Weg, den zu diesem Ziele ein glücklicher Instinkt einschlägt: Kunst und Wissenschaft lassen das Mittel fallen, wenn

sie den Zweck erreicht haben, und wie schon Lionardo die Beobachtung der Natur selbst im Gegensatze zur Nachahmung der Antike
als die beste Schule der Kunst bezeichnete, wie die Schöpfungen
Michelangelos als selbständige Kunst neben die Antike treten, so
stellt sich auch, geweckt durch die humanistischen Studien und
später ihnen entfremdet, die moderne Naturwissenschaft selbständig
neben die Lehre des Aristoteles. Gewiß gingen von der Erneuerung
der klassischen Studien befruchtende Wirkungen auch für die
Naturerkenntnis aus; wie der ganze wirklichkeitsfrohe Sinn der
Griechen, so war ja auch ihre Wissenschaft mit offenem Auge der
Natur zugewendet gewesen: aber für die Sympathie, welche gerade
dieser ihrer Richtung die Renaissance entgegenbrachte, lagen doch
noch tiefere Gründe vor. Dem Mittelalter und seiner scholastischen
Wissenschaft war die Natur ein verschlossenes Buch, das die Kirche
mit ihren Siegeln belegt hatte. Die Natur war das Unheilige, das
Böse: sie wurde gehaßt, bekämpft, verachtet, unterdrückt, verflucht
— nur nicht gekannt, nicht erforscht, nicht gewußt. Und im natürlichen Rückschlage bemächtigte sich des freiwerdenden und seiner
Eigenkraft bewußten Geistes eine Sehnsucht nach der Natur, nach
einer natürlichen Gestaltung des Lebens, nach einer Beherrschung
und Erkenntnis der Naturkräfte.

Aber die Natur war ein Geheimnis. Sie schien daher zunächst
auch nur einem geheimnisvollen, wunderbaren Wissen sich offenbaren zu wollen. Man fühlte, daß mit dem scholastischen Begriffe der Wissenschaft, mit ihren Determinationen und Demonstrationen die lebendige Natur nicht einzufangen war, und ehe man
deshalb eine neue Methode hatte, glaubte man der Natur durch
eine eigentümliche Offenbarung, durch eine mystische Geheimlehre beizukommen. Auf diese Weise nahm das Bestreben nach
der Naturerkenntnis zunächst eine phantastische Wendung.

Es kam noch ein anderes hinzu. Alle gewaltige Sehnsucht des
Menschen pflegt religiöse Formen anzunehmen, zu religiösen Gefühlen sich zu verdichten, und je unbefriedigter man den absterben-
den Formen des Kirchenlebens gegenüberstand, um so ungezügelter
warf sich nun diese religiöse Sehnsucht in die Naturbetrachtung.
So ist die moderne Naturwissenschaft aus theosophischen Spekulationen hervorgegangen; ihre erste Stufe war diejenige des theosophischen Naturalismus.

Es ist klar und eine natürliche Folge dieser Vorstellungsverknüpfungen, daß die Weltanschauung, zu der man sich in diesem
Zusammenhange bekannte, einen mehr oder minder pantheistischen
Charakter an sich trug. Die Natur als die Offenbarung der Gottheit anzusehen, in ihr selbst das Wogen und Wallen der göttlichen
Urkraft zu erkennen, das war der Grundzug aller dieser Spekulationen, so wunderlich sie sich sonst in die einzelnen Vorstellungen
hinein auszweigen mochten. Wir sehen in diesem theosophischen
Naturalismus, der in Italien seinen Ursprung hatte, das Gegenstück
zur deutschen Mystik. Die Gottesoffenbarung, welche diese von
innen, aus der Tiefe des gläubigen Gemütes schöpfte, suchte der
Naturalismus in den Tiefen des Naturgeheimnisses; und neben den
idealistischen Pantheismus der Mystiker tritt hier ein naturalistischer Pantheismus, welcher die Gottheit nur unter dem
Gesichtspunkte der schöpferischen Naturkraft zu betrachten geneigt ist.

Er lehnte sich natürlich auch an ältere Richtungen an und keimte
so aus den humanistischen Studien unmerklich mit hervor. Hauptsächlich boten sich ihm in dieser Beziehung der Neuplatonismus
und die von diesem abhängigen ketzerischen Spekulationen und
Geheimlehren des Mittelalters dar, unter jenen besonders der Averroismus, unter diesen die Kabbala. Schon in Ficinus hatten die
neuplatonisierenden Tendenzen sich auch mit mystischen Neigungen
verbunden, und so bildete sich um diesen Kern ein immer mehr
anwachsendes Gemenge phantastischer Naturphilosophie; besonders
tritt dies hervor bei Johannes Pico von Mirandola und Concordia (1463—1494). Er suchte alle die verschiedenen Richtungen
zu einer Gesamtlehre zu verschmelzen, in der alle Rätsel gelöst
werden sollten, und lud, um diese zu befestigen, auf seine Kosten
alle europäischen Gelehrten zu einer Massendisputation, einer Art
von wissenschaftlichem ökumenischen Konzil in Rom ein, wofür
er 900 Thesen aufgestellt hatte, schließlich aber die Erlaubnis des
Papstes nicht erhielt. Seine Ansichten haben einen großen Einfluß
auf den schweizerischen Reformator Zwingli gehabt. Sein Neffe,
Johann Franz Pico von Mirandola († 1533), und der Venezianer
Franciscus Georgius Zorzi (1460—1540) wandelten dieselben
Bahnen. Bedeutender noch war in dieser Richtung der Einfluß
des berühmten deutschen Humanisten Johann Reuchlin (1455

bis 1522), der, von Ficinus und dem älteren Pico angeregt, zum eifrigen Vertreter dieses kabbalistischen Neuplatonismus in Deutschland wurde. Es ist bekannt, daß er für die christliche Welt das wissenschaftliche Studium der hebräischen Literatur begründete und ihre Denkmäler vor dem Fanatismus der Kölner Dominikaner rettete, — nicht minder bekannt, wie er in seinem furchtlosen Kampfe gegen diese Dunkelmänner von dem Heißsporn des Humanismus, von Ulrich von Hutten (1488—1523), mit Ernst und Scherz unterstützt wurde. Bei seinen naturphilosophischen Bestrebungen aber erscheint als das wichtigste Moment die Aufnahme der pythagoreischen Zahlensymbolik. Auch dieser Anschluß an die alte Überlieferung war bestimmt, der Wissenschaft die Bahn zu neuen Erfolgen zu öffnen. Mit dunkler Ahnung hatten Pythagoreer, Neupythagoreer und Neuplatoniker eine mathematische Ordnung aller Dinge durch deren symbolische Beziehung auf das Zahlensystem darzustellen versucht: jetzt wurde dieser Gedanke von dem naturalistischen Pantheismus ergriffen, um die Vorstellung von der Offenbarung des göttlichen Geistes in der harmonischen Ordnung des Weltalls zu veranschaulichen. Dies ist die erste, noch ganz in Phantastik gehüllte Form der mathematischen Naturtheorie gewesen.

Neben diesen phantastischen Formen des neuerwachten Interesses für die Naturerkenntnis wuchs jedoch allmählich noch ein anderer wertvoller Keim der modernen Wissenschaft heran. Mit Anlehnung an den Vorgang der arabischen Ärzte und Naturforscher zieht sich durch die letzten Zeiten der Scholastik der schüchterne Versuch einer empirischen Naturerkenntnis hindurch. Männer wie Roger Bacon, der im XIII., wie Nicolaus de Autricuria, der im XIV. Jahrhundert diese Richtung durch Verfolgung und Widerruf büßen mußte, konnten mit ihren Versuchen einer voraussetzungslosen Naturerforschung nur noch wenig Anklang finden. Aber schon das XV. Jahrhundert zeigt sich ähnlichen Anregungen günstiger und gestattet ihnen größere Freiheit. Wie schon erwähnt, liegt es im Zuge des Nominalismus, die empiristischen Elemente der aristotelischen Erkenntnistheorie hervorzukehren, und im XVI. Jahrhundert zeigt diese weitverbreitete Schule in Marius Nizolius (1498—1576) einen sehr energischen Anhänger der empiristischen Methode. Zu gleicher Zeit wies ein spanischer Anti-

scholastiker, Ludovico Vives (1494—1540), der wie Nizolius sich
der rhetorisierenden Richtung von Laurentius Valla anschloß, im
Gegensatz zum »Aristotelismus« auf die erfahrungsmäßige Untersuchung der Natur als die eigentliche und einzig wertvolle Basis
alles Wissens hin, und er selbst wendete diese Methode in vielfach
sehr glücklicher und erfolgreicher Weise auf dem psychologischen
Gebiete an. So strömen von allen Seiten die Bäche zusammen,
aus denen sich die stolze Flut der modernen Naturwissenschaft
sammeln sollte. Man gewöhnte sich daran, die Natur mit unbe-
fangenem Auge zu beobachten, und machte die ersten Anstalten, an
sie jene wohlüberlegten Fragen zu richten, die man Experimente
nennt. Überall beginnt man beobachtend und experimentierend
an die Natur heranzutreten und so wieder mit ihr vertrauter zu
werden. Wie die Kunst, so fängt auch die Wissenschaft an, die
Natur zu lieben und mit Begeisterung zu umfassen. Mannigfach
waren dabei die Verzweigungen, welche sich in dieser Hinsicht
zwischen Kunst und Naturwissenschaft einflochten. Fühlte die
Kunst wieder ein Recht, die volle Schönheit der menschlichen Gestalt zu genießen und darzustellen, so kam ihr die Anatomie entgegen, welche die mittelalterliche Scheu vor dem Leichnam überwand
und in ruhiger Forschung den menschlichen Leib zu verstehen begann. Bildete sich die Malerei zu immer vollendeterer Darstellung
der Wirklichkeit, die Architektur zur Beherrschung gewaltiger
Steinmassen aus, so wurden ihnen Optik und Mechanik notwendige
Hilfswissenschaften. Es ist überaus bezeichnend, daß eine der
gewaltigsten Größen der italienischen Kunst, Lionardo da Vinci,
zugleich einer der ersten und bedeutendsten Begründer der ratio-
nellen Naturwissenschaft, speziell der Mechanik und der Optik ist.

Von größter Bedeutung ist dabei, wie gerade die Forschungen
Lionardos beweisen, daß man sich der mathematischen Grundlagen der Naturforschung deutlich und rein verstandesgemäß
bewußt zu werden beginnt. Das ist der Boden, in welchem die
Überlegenheit der modernen Naturforschung der antiken gegenüber
wurzelt. Mit dem Beginn der neueren Zeit fängt auch jene glänzende
Reihe mathematischer Forschungen an, ohne welche die Riesen-
schritte der Naturerkenntnis unmöglich gewesen wären: den gesteigerten und veränderten Bedürfnissen paßte sich die Mathematik
durch eine große Anzahl neuer methodischer Vervollkommnungen

an, durch die Einführung und Ausbildung der Buchstabenrechnung,
der Rechnungszeichen, der Logarithmen, der Reihentheorie, weiterhin der auf dem Koordinatensystem sich aufbauenden analytischen
Geometrie, schließlich der Infinitesimal- und der Wahrscheinlichkeitsrechnung. Unter den Begründern der neueren Mathematik begegnen wir oft genug denselben Namen, die auch in der Geschichte
der Philosophie eine bedeutende Rolle spielen. Dieses Einströmen
der mathematischen und der naturwissenschaftlichen Probleme und
Entdeckungen ist ein charakteristischer Zug in der Entwicklung der
neueren Philosophie. Ja man darf sagen, es ist derjenige, welcher
ihr das wesentliche Gepräge aufdrückt.

In der Übergangszeit selbst sehen wir nun alle diese neuen
Bestrebungen sich in der mannigfachsten Weise unter die alten
Denkformen mischen und aus ihnen sich herausarbeiten. Mehr
oder minder bewußt werden Kompromisse gesucht und gefunden,
die oft einen tief widerspruchsvollen Eindruck machen. Als der
typische Vertreter dieser Kompromisse muß schon einer der ersten
und bedeutendsten gelten: Nicolaus Cusanus. In ihm liegen
alle diese Momente noch keimartig friedlich beieinander. Geboren
1401 zu Cues an der Mosel, anfangs in Deventer, später in Padua
gebildet, als Kardinal und Bischof von Brixen 1464 gestorben,
zeigt er eine eigentümliche und originelle Mischung aller Zeitströ-
mungen. Die ganze Gedankenwelt der Scholastik und der Mystik,
die Anfänge naturwissenschaftlicher und mathematischer Erkenntnis kreuzen sich in einem feinen, vielseitigen Kopfe, und alle diese
Elemente verschmelzen miteinander in dem Eklektizismus eines
hohen Kirchenfürsten. Auf diese Weise ist er ein Janushaupt,
das ebenso in die Vergangenheit wie in die Zukunft blickt, und in
welchem begreiflicherweise die einen den letzten Scholastiker, die
anderen den Begründer der neueren Philosophie gesehen haben —
beides mit gleichem Rechte und mit gleichem Unrechte. Er ist
vielmehr der charakteristische Philosoph der Frührenaissance und
der echte Typus des Übergangszeitalters vom mittelalterlichen zum
modernen Denken. Auf der einen Seite erscheint er in der Tat
noch als ein durchaus mittelalterlicher Scholastiker. Er nimmt die
neueren Richtungen nur insoweit auf, als sie in das kirchliche
System hineinpassen, dessen Dogmen ihm als unerschütterlich fest
und durch philosophische Konstruktion beweisbar gelten. Er ist

davon sogar in einer Ausdehnung überzeugt, welche an die kühn-
sten Ansprüche der Scholastik heranreicht und weit über den
Thomismus hinausgeht: er will nach Art der orthodoxen Mystiker
auch die letzten Mysterien, wie z. B. das der Dreieinigkeit, spekulativ
entwickeln. Aber während er Scholastiker sein will, kann er es
nicht bleiben, weil die Elemente des neuen Zeitgeistes bereits allzu
mächtig in ihm geworden sind. So steht er denn schon innerhalb
der Scholastik auf Seite der auflösenden Partei, er vertritt die sensualistische und empiristische Tendenz des Nominalismus, freilich
nicht ohne auch der entgegengesetzten Auffassung einige psychologische und erkenntnistheoretische Konzessionen zu machen. Neben
der sinnlichen Erfahrung nimmt er mit Anlehnung an die platonisierenden Realisten des Mittelalters eine Selbsttätigkeit des unter-
scheidenden Verstandes an, durch welche erst die von der Wahrnehmung gegebenen Materialien zu wirklichen Erkenntnissen verarbeitet werden. Zugleich aber ist er auch den skeptischen und
mystischen Einflüssen der Zeit durchaus zugänglich; denn selbst
jene Vereinigung von sensus und ratio erscheint ihm für die höchste
und wertvollste Erkenntnis, für diejenige der Gottheit, unzuläng-
lich. Alles Wissen, das Erfahrung und Verstand geben können,
bleibt doch schließlich auf die Welt beschränkt, und daraus folgt,
daß das religiöse Bedürfnis darüber hinaus eine höhere Erkenntnistätigkeit erfordert. Diese entwirft Nicolaus durch eine geistvolle
und höchst charakteristische Lehre, in der seine Gedanken aus den
Schranken des Nominalismus hervorzubrechen und mit den besten
Trieben der mystischen Bewegung Fühlung zu gewinnen suchen.
Die Erfahrung der Sinne gibt nur einzelne Dinge, und gerade die
dem Verstande wesentliche Grundtätigkeit der Unterscheidung läuft
schließlich überall darauf hinaus, den Gegensatz dieser einzelnen
Dinge scharf und klar begrifflich zu fixieren. Allein dabei kann
das Bedürfnis des menschlichen Erkennens nicht stehen bleiben;
was im Endlichen als Einzelbestimmbares und Unterscheidbares für
die Verstandesansicht auseinander tritt, das fällt, wie sich schon an
mathematischen Verhältnissen zeigen läßt, im Unendlichen zusammen; und ebenso verlöschen sich alle Gegensätze der endlichen
Dinge in der unendlichen All-Einheit der Welt; diese also ist wesentlich die Aufhebung jener Gegensätze, ihr innerstes Wesen ist die
coincidentia oppositorum; sie zu begreifen geht über die Kraft

der sinnlichen Wahrnehmung und des verstandesmäßigen Denkens,
sie ist nur zu erfassen durch eine unmittelbare geistige Anschauung,
durch jene höhere Erkenntnistätigkeit, die nicht gelernt und gelehrt
werden kann, sondern das innerste Geheimnis der schauenden
Seele ausmacht, eine visio sine comprehensione, eine comprehensio
incomprehensibilis, eine über alles gelehrte Wissen sich fromm und
selig erhebende Versenkung in die geheimnisvolle Tiefe des göttlichen
Urwesens. Dieses mystische Anschauen nennt der Cusaner (wie im
Titel seines Hauptwerkes) die Docta ignorantia: wie in der »negativen Theologie« der Vorzeit, bei Dionysius Areopagita, bei Scotus
Eriugena und allen ihren Nachfolgern, so gilt auch hier als Objekt
dieser allem Wissen und Denken überhobenen höchsten Erkenntnis
der Deus implicitus, während sich die gewöhnliche Wissenschaft
mit dem Deus explicitus, d. h. mit der Welt beschäftigt. Aber im
Grunde genommen sind doch beide wieder dasselbe; die Welt ist
eben nur die vollkommene Offenbarung und Auseinanderlegung
jenes unendlichen Lebensgehaltes, den die geheime Tiefe des Gott-
wesens in sich trägt. Die Welt ist in endlicher Form dasselbe,
was Gott in unendlicher: darum enthält sie selbst eine in Raum
und Zeit unbegrenzte, endlose Fülle des Endlichen; darum ist auch
sie die Einheit aller Gegensätze, ein vollkommener Bau, ein Kosmos, in dessen harmonischer Ordnung jedes Ding durch die Gemeinschaft mit allen anderen besteht und so in seiner Weise das
Universum spiegelt, ein Kosmos, in dessen lebendigem Zusammenhange jedes Glied die sittliche und religiöse Aufgabe hat, diese Gemeinschaft des beseelten, organischen Ganzen durch die Betätigung
seiner Liebe zu fördern.

Zwei philosophische Interessen sind es, welche sich in dieser
Lehre von der coincidentia oppositorum begegnen: der Individualismus auf der einen Seite, der, durch die Nominalisten vorbereitet, hier schon zu atomistischen Folgerungen führt, wie sie,
von der naturwissenschaftlichen Theorie unterstützt, später, in der
Aufklärungsphilosophie, auch die Lebensansicht bestimmt haben,
— der Universalismus auf der anderen Seite, welcher, gleichfalls von der Naturwissenschaft gesucht, philosophisch seine abschließende Entwicklung in Spinoza gefunden hat. Diese beiden
Tendenzen bilden selbst einen Gegensatz, welcher bei Nikolaus nicht
versöhnt, sondern sozusagen in embryonaler Ungeschiedenheit ver-

wischt ist; ihre Versöhnung war erst einem Geiste von der umfassenden Genialität eines Leibniz beschieden.

Neben diesen Spekulationen nun aber war Nicolaus von Cues auf das eifrigste mit mathematischen, naturwissenschaftlichen und astronomischen Studien beschäftigt. Erstere brachte schon er mit der pythagoreischen Zahlensymbolik in Verbindung, letztere dagegen betrieb er mit großer Nüchternheit und durchdringendem Scharfsinn. Seine Schrift: »De reparatione calendarii« schlug eine der späteren gregorianischen durchaus analoge Form der Verbesserung des Kalenders vor, wonach die durch das Schaltjahr hervorgerufene Differenz des bürgerlichen und des astronomischen Jahres durch ein Edikt aufgehoben und dann immer das 304. Jahr nicht als Schaltjahr gerechnet werden sollte. In derselben Schrift findet sich auch eine andeutende Hypothese über die Kugelgestalt und die Achsendrehung der Erde, aber nicht so bestimmt und vor allem nicht so auf Tatsachen gegründet, daß man ihn als den Begründer dieser Lehre ansehen dürfte. Darin zeigt sich nur, wie der kopernikanische Gedanke während dieses Zeitalters sozusagen in der Luft lag, und wie die astronomische Theorie mit dem Beginne der Neuzeit da wieder anzuknüpfen suchte, wo die griechische Wissenschaft auf ihrer Höhe stehen geblieben war. Interessant ist es, zu bemerken, wie die gefährliche Macht dieses Gedankens sich bereits bei dem Cusaner bewährte. Denn er folgerte daraus mit weitschauendem Verständnis die räumliche und zeitliche Unbegrenztheit der Welt. So rüttelten schon die Ahnungen eines neuen Wissens an dem Gebäude der Kirchenlehre, während der Kardinal sich noch ganz behaglich darin aufzuhalten meinte.

Seine Lehren fanden einen begeisterten und sie weithin verbreitenden Anhänger in dem französischen Humanisten Charles Bouillé (Bovillus 1476—1555), einem Schüler des obenerwähnten Lefèvre, und einen wunderlichen Verarbeiter in einer der originellsten Persönlichkeiten jener Zeit, Hieronymus Cardanus, der, 1501 zu Mailand geboten, nach einem abenteuerlichen Wanderleben auf italienischen Akademien 1576 zu Rom starb. Dieser Sonderling ist wiederum ein ausgeprägter Typus für das geistige Leben jener Zeit, eine merkwürdige Mischung von großem Scharfsinn und kindisch phantastischem Aberglauben. Zugleich tritt bei ihm am ausgesprochensten ein höchst charakteristisches Verhältnis der nun schon vollkommen selbständig gewordenen Wissenschaft zur Religion hervor. Nicht nur dem kirchlichen Kultus, sondern dem religiösen Leben überhaupt innerlich entfremdet, salviert er sich gegen die Kirchenlehre durch die vollkommene Anerkennung ihrer Unantastbarkeit. Nur für sich selbst und für die Männer der Wissenschaft, denen die Wahrheit über alles gehen müsse, will er volle Freiheit gewahrt wissen. Was seine theoretische Lehre anbetrifft, so hängt sie ebenfalls in den Angeln pythagoreischer Zahlensymbolik, indem er den gesamten Naturzusammenhang auf mathematische Verhältnisse zurückzuführen sucht. Doch zeigt sich auch hier, wie anregend und fördernd die Zahlensymbolik der Pythagoreer in der Renaissance auf die Entwicklung der neueren Mathematik gewirkt hat; denn Cardanus hat sich auch mit glücklichem Scharfsinn ernsten mathematischen Untersuchungen unterzogen und darin durch die Aufstellung der nach ihm benannten Formel zur Auflösung von Gleichungen dritten Grades als Meister erwiesen. In seiner Naturphilosophie ist am charakteristischsten die durchgeführte Absicht, alle Verhältnisse unter dem Gesichtspunkte des Naturmechanismus zu begreifen und durch natürliche Kausalität zu erklären. Die Darstellung davon bewegt sich freilich zum größten Teile in den aristotelischen Formeln von Aktivität und Passivität; aber bedeutsam ist die Konsequenz, mit der er dieses Prinzip anzuwenden sucht. Er will alles auf letzte natürliche Gründe zurückführen, und da er von der Realität der Geistererscheinungen überzeugt ist, so müht er sich um die Erkenntnis der Naturgesetze, denen sie unterworfen sein sollen. Vor allem aber sind es die astrologischen Beziehungen, worin er den organischen Zusammenhang des Weltalls und die allgemeine Gesetzmäßigkeit aller Erscheinungen erblickt; macht er doch den Versuch, durch horoskopische Berechnungen die Notwendigkeit von Christi Geburt, Leben, Taten und Leiden astrologisch darzutun und auf diese Weise aus dem Determinismus des natürlichen Geschehens zu begreifen. Es zeigt sich darin, was man oft in Übergangszeiten findet, wie ein großes, richtiges Prinzip sich mit den beschränkten Vorurteilen einer unreifen Zeit zu phantastischen Gebilden verbindet: man hat den allgemeinen Begriff oder wenigstens eine dunkle Ahnung des kausalen Zusammenhanges der Natur; aber es fehlen noch die Kenntnisse und die Methoden, um ihn richtig anzuwenden, und so verfällt man in die größten Willkürlichkeiten und Absurditäten. Sehr verdienstlich ist es dagegen auf der andern Seite, wenigstens im Prinzip, wie Cardanus diesen Begriff auf ethische Verhältnisse zu beziehen sucht. Er verlangt, daß man sie aus der Natur des Menschen studiere, anstatt willkürlich dieser Natur von irgendwelchen Satzungen her Regeln vorzuschreiben, und er betrachtet von demselben Gesichtspunkte aus auch die großen Verhältnisse der Politik. Er verdammt die utopischen Entwürfe des besten Staates als halt- und grundlose Ideale, und er empfiehlt statt dessen der Rechtswissenschaft das historische Studium der Notwendigkeit, womit sich die Staatsformen aus den Eigentümlichkeiten der Völker und ihrer Geschichte entwickelt haben; er führt diesen Gedanken nicht ohne Scharfsinn an dem Beispiele der Verfassungen von Rom und Venedig durch und gefällt sich darin, den medizinischen Unterschied gesunder und kranker Zustände auf die Wechselfälle der Staatsgeschichte anzuwenden.

Solche zum Teil recht unreife, zum Teil aber schon tief bedeutsame und zukunftreiche Regungen des Naturstudiums verbanden sich schließlich mit einem anderen Interesse. Dem Mittelalter hatte die Natur als ein Unheimliches, Unfaßbares, Dämonisches gegenüber gestanden. Je weniger man sie kannte und verstand, um so ratloser fühlte man sich ihr gegenüber. Und doch ahnte man die Fähigkeit des Menschengeistes, sie zu durchdringen, sich mit ihr zu verbinden und ihre dämonischen Mächte zu lenken. Aber diese Fähigkeit galt selbst als etwas Unheimliches und Übernatürliches, als etwas Dämonisches und Teuflisches. Jetzt, wo ein sehnsüchtiger Drang den Menschen zur Natur zurückführte und ihn ihr vertrauter gegenüberstellte, empfand man das Bedürfnis, in ihre rätselhafte Wirksamkeit einzudringen, ihr die Geheimnisse abzulauschen und sie dadurch zu beherrschen. In dem astrologischen Aberglauben meinte man einem dieser Geheimnisse, dem allgemeinen gesetzlichen Zusammenhange der Natur, auf die Spur gekommen und dadurch zu einer Vorhersagung zukünftiger Wirkungen befähigt zu sein: ganz ähnlich bahnte sich nun das Streben nach einer Beherrschung der Naturkräfte neue phantastische Wege in der Magie. Man sehnte sich aus den engen Verhältnissen des Menschenlebens heraus in eine große Wirksamkeit, die gebundene Kraft brach hervor, und man wollte handeln mitten in den großen

Gewalten des Weltlebens. Durch Mitwirkung der Geister, die man durch den Willen und durch Zauberformeln zu zwingen meinte, sollten die Elemente sich den Befehlen des Menschen fügen. »Drum hab' ich mich der Magie ergeben« — das ist auch ein Schlagwort der Renaissance. Die Phantasie versenkt sich in die wogende Sphärenharmonie des Makrokosmos, sie schwelgt in dem Genusse jenes Schauspiels —

> »Wie alles sich zum Ganzen webt,
> Eins in dem andern wirkt und lebt,
> Wie Himmelskräfte auf- und niedersteigen
> Und sich die goldnen Eimer reichen,
> Mit segenduftenden Schwingen
> Vom Himmel durch die Erde dringen,
> Harmonisch all das All durchklingen. «

und die titanische Kraft fühlt mit dem Erdgeiste

> »Mut, sich in die Welt zu wagen,
> Der Erde Weh, der Erde Glück zu tragen. «

und mitzuschaffen »am sausenden Webstuhl der Zeit«. Das ist der faustische Drang nach Naturerkenntnis, Naturgenuß und Natur-beherrschung.

Solcher Magie strebten die Gedanken von Reuchlin, Pico und Cardanus zu; einen besonders lebhaften Ausdruck fanden sie, wie in dem abenteuerlichen Leben, so auch in den Werken von Agrippa von Nettesheim (1487—1535), welcher in seinen Schriften »De incertitudine et vanitate scientiarum« (Coeln 1527) und »De occulta philosophia« (ibid. 1533) alles menschliche Wissen für nichtig er-klärte, um sich der Magie in die Arme zu werfen. In einem wild bewegten Leben von buntestem Wechsel wußte er doch eine staunens-werte Gelehrsamkeit zu erwerben, die aber schließlich in die Ver-zweiflung an dem natürlichen Wissen und Können des Menschen auslief.

Da aber doch am Ende trotz aller Geisterbeschwörungen im Großen nichts zu machen war, so warf die Magie sich auf das Kleine. Sie suchte den »Stein der Weisen«, sie wurde zur Kunst des Gold-machens und begann als Alchymie die ersten Versuche für die heutige Chemie zu liefern. Besonders wichtig wurde dieses ganze Treiben natürlich für die Ärzte. Für sie war es ja recht eigentlich

die Aufgabe, die Natur zu beherrschen, ihr durch künstliche Mittel
die Wege vorzuschreiben, und die Behandlung der Medizin schien
deshalb unmittelbar in das Gebiet der Astrologie, Magie und Alchymie
zu fallen. Auch Cardanus war Arzt und bezog seine geheimnisvolle
Wissenschaft mit Vorliebe auf diesen praktischen Beruf, und ein
vollständig durchgeführter Versuch, die Medizin durch die Magie
zu reformieren, tritt uns in dem abenteuerlichen Gedankenwuste
des Theophrastus Bombastus Paracelsus entgegen, der, 1493
zu Einsiedeln in der Schweiz geboren, ein unstetes und abenteuern-
des Leben führte, gelegentlich den ersten Lehrstuhl der »Chymie«
in Basel bestieg und 1541 zu Salzburg starb. Von seinen unzähligen
kleinen Aufsätzen, Programmen, Anzeigen und Broschüren ist viel
verloren gegangen; aber das Erhaltene genügt, um einen Einblick
in diese wunderliche Gedankenwelt zu gewinnen. Bei ihm spricht
sich zunächst ganz scharf die Ablösung der Philosophie von der
Theologie und die Gleichsetzung der ersteren mit der Naturwissenschaft aus. Er lehrt nach der schon im Mittelalter üblich gewordenen
Formel eine doppelte Offenbarung Gottes in Christo und der Natur
und stützt darauf die Unterscheidung der beiden Wissenschaften
Theologie und Philosophie. Deshalb ist ihm die Philosophie nichts
weiter als Naturerkenntnis; sie ist nur erkannte, »unsichtige« Natur,
die Natur ist sichtbare Philosophie. Aber diese Naturerkenntnis
bildet ihm nun eine phantastische Metaphysik, eine geheimnisvolle Ahnung des Zusammenhanges aller Dinge. Das All-Leben
ist ein magisches Walten der göttlichen Kräfte, in welches man
nicht durch totes Bücherwissen, sondern nur durch unmittelbares
Mitleben, Mitfühlen und Mithandeln eindringt. Denn im Mittelpunkte dieses All-Lebens steht der Mensch, er ist der Mikrokosmos,
er ist das ganz, wovon um ihn herum nur Bruchstücke sind, und
eben deshalb vermag er die Dinge zu erkennen und durch die Erkenntnis zu beherrschen. Durch das ganze Weltall geht eine allgemeine Kraft, welche Vulcanus genannt wird, die göttliche Weltseele; aber in jedem Einzelwesen tritt zu der allgemeinen noch die
individuelle Kraft hinzu, der »Archeus« jeden Dinges, der dessen
Lebensgeist bildet. Es ist eine Verknüpfung von Universalismus und
Individualismus, welche ganz deutlich auf Nikolaus von Cues und
schließlich auf den Neuplatonismus zurückweist; und auf Grund
dieser Lehre bevölkerte Paracelsus die ganze Welt mit solchen Kraft-

und Lebensgeistern. Alles wurde ihm lebendig, und überall führten
Dämonen ihre magische Herrschaft. Wo man nun in diesen Lauf
der Dinge eingreifen will, da gilt es, diesen Archeus des einzelnen
Dinges zu erkennen und zu fassen: er muß ungehemmt wirken, damit
das Ding gesund sei. Krankheit ist die Unterwerfung des Archeus
durch einen fremden Geist; darum soll man nicht durch Gegensätze, sondern vielmehr durch Kräftigung des innersten Wesens
heilen: jedem Gliede kann nur durch die Substanz geholfen werden,
aus der es selbst besteht. Das ist eine phantastische Vorahnung
der Homöopathie. Darum besteht nach Paracelsus das Wissen
des Arztes in der Kenntnis der guten und der bösen Geister und
seine Praxis in der Förderung der einen und der Bekämpfung der
anderen. Die Mittel dazu suchte er in der alchymistischen. Bereitung von Quintessenzen, Tinkturen, Arkanen und wurde so der
Vater einer unendlichen Quacksalberei und eines gefährlichen Char-
latanismus. Da aber schließlich doch überall dieselbe Weltkraft
waltet, so muß es auch ein Mittel zu ihrer Förderung und damit
eine Panazee geben, welche alle Krankheiten heilt: das ist der
Stein, den die Weisen suchen, aber leider bisher nicht gefunden
haben. Doch darf man nicht übersehen, daß Paracelsus bei all
seiner Phantasterei gerade in dieser Richtung systematisch, soweit
es unter den damaligen Verhältnissen möglich war, sich mit chemischen Experimenten beschäftigte. Immerhin machten seine Gedanken sowie sein mystagogisches Auftreten viel Aufsehen und
fanden namentlich in Deutschland viel Anklang. Es bildete sich
ohne festen Zusammenhang eine große Schule paracelsischer Ärzte,
und auch das Ausland bemächtigte sich dieser neuen Lehre, die
namentlich in den Niederlanden große Verbreitung fand. Hier trat
das paracelsische System in etwas geklärterer, nüchterner Form
bei Johann Baptista van Helmont (1577—1644) auf, um dann
freilich wieder bei dessen Sohne Franciscus Mercurius van
Helmont (1618—1699), der auch viel in England und Deutschland
reiste, in die alten Phantastereien völlig zurückzufallen. In die
englische Aristokratie wurde diese neue Medizin und vor allem die
damit zusammenhängenden alchymistischen Neigungen durch Robert Fludd (1574—1637) eingeführt.
     So wuchsen aller Enden aus den unklaren und phantastischen
Bestrebungen der Naturphilosophie, der Magie und der Alchymie

die Anfänge experimenteller Forschung hervor, und schon bereitete
sich die mächtig aufstrebende Mathematik dazu vor, die theoretische
Grundlage der neuen Wissenschaft zu werden. Was jedoch die
Augen des Zeitalters am meisten auf die Naturerkenntnis lenkte,
das waren diejenigen Tatsachen, durch welche gleichzeitig der
menschliche Geist ohne magische Kräfte Riesenfortschritte machte
in der wirklichen Beherrschung der Natur: die Entdeckungen und
Erfindungen. In dem Bilde der Umgestaltung des menschlichen
Kulturlebens, welche sich in der Renaissance vollzog, und der Grundlagen, die damit für die neuere Philosophie gewonnen wurden,
fehlte einer der wichtigsten Punkte, wenn man die Entdeckungen
und Erfindungen dieser Zeit vergessen wollte.

§ 8. Das Zeitalter der Entdeckungen und Erfindungen.

Eine Reihe von günstigen Zufällen und von glücklichen Erfolgen kühner, genialer Gedanken, die sich in merkwürdiger Konzentration um die Wende des XV. und XVI. Jahrhunderts zu-
sammendrängen, hat im Laufe eines Jahrhunderts das Weltbild
des Erdbewohners in einer so großartigen Weise umgestaltet, daß
man sagen darf, es sei niemals in so kurzer Zeit ein so rapider Fortschritt in der Entwicklung der menschlichen Weltvorstellung eingetreten, und es ist mit vollem Rechte darauf aufmerksam gemacht
worden, daß gerade die durch die Entdeckungen herbeigeführte
Erweiterung des geographischen und kosmographischen
Gesichtskreises fast noch wirkungsvoller gewesen ist, als die
Eröffnung des historischen Horizontes durch die humanistischen
Studien. Denn die ganze Stellung des Menschen im Universum
mußte auf Grund dieser Tatsachen in völlig neuem Lichte erscheinen.
Das ist eine Veränderung, so tief gehend wie keine andere in der
gesamten Kulturgeschichte. Sie bildet den entscheidendsten Be-
standteil unter den Elementen des modernen Denkens: aber die
Tragweite dieser Umwälzung ist so gewaltig und folgenschwer, daß
sie noch heute nicht als vollendet angesehen werden kann.

Seitdem in der Zeit der Kreuzzüge die bis dahin sehr beschränkten Vorstellungen des Abendlandes von der räumlichen Gestalt
und Gliederung der Erde eine wesentliche Erweiterung und Veränderung gefunden hatten, vollzog sich der Prozeß der geographischen

Entdeckungen verhältnismäßig schnell. Die Reiseberichte Marco Polos aus Indien und China machten die Auffindung des Seeweges nach Indien zu dem Strebeziel der südeuropäischen Seefahrer. Vasco de Gama fand ihn durch die Umsegelung Afrikas: bedeutender war es für die gesamte Kultur, daß Columbus ihn suchte durch den westlichen Ozean. Denn als die anfängliche Täuschung, der von ihm entdeckte Kontinent sei Indien, fortfiel, — als Balboa die Landenge von Darien überschritt und Maghellan die Spitze Südamerikas umschiffte, da öffnete sich mit dem Blick auf den Stillen Ozean die Riesenarbeit der Zukunft. Der europäische Kulturmensch beginnt auf dem ganzen Planeten heimisch zu werden. Von nun an läßt er nicht ab, diesen seinen heimatlichen Boden zu durchforschen, ihm die Früchte aller seiner Zonen zu entlocken und ihn sich in seinem ganzen Umfange dienstbar zu machen. Diese Vertrautheit mit seinem Planeten ist die wertvollste Frucht, welche der Mensch den geographischen Entdeckungen der Renaissance verdankt.

Entscheidend war in dieser Bewegung die Tat des Columbus: aber wie sie in seinem Geiste aus der Hypothese von der Kugelgestalt der Erde entsprang, so war sie auch deren glänzende Bestätigung. Diese Gewißheit jedoch von der Kugelgestalt der Erde und die daran sich von selbst schließende Hypothese einer Achsendrehung barg in sich noch viel wertvollere Keime. Hatte man sich erst einmal in diese Vorstellung eingelebt, so war nur noch ein Schritt nötig, freilich der Schritt eines Genies, um daraus den Wechsel der astronomischen Erscheinungen zu erklären. Diesen großen Schritt, den wichtigsten in der gesamten Weltvorstellung des Menschen, tat Kopernikus. Die ungeheure Bedeutung seines Werkes »Über die Bahnen der Himmelskörper« beschränkt sich nicht auf den Wert einer aus perspektivischen Motiven erwachsenen astronomischen Theorie, durch welche das ptolemäische System über den Haufen geworfen und an seine Stelle die Auffassung der kosmischen Verhältnisse gesetzt wurde, die nunmehr der gesamten naturwissenschaftlichen Weltanschauung zugrunde liegt: die höhere und weitere Bedeutung dieser neuen Erkenntnis liegt darin, daß durch sie sich der geistige Blick des Menschen aus der Beschränkung des irdischen Daseins in die Unendlichkeit des Weltalls erhob. Die Vertauschung des geozentrischen mit dem heliozentri-

schen Standpunkte wies dem Menschen selbst eine ganz andere
Rolle in dem Zusammenhange der Dinge an, als er bisher sie sich
eingebildet hatte. So schwer es ihm werden mochte, er mußte sich
des Gedankens entwöhnen, als ob sein heimatlicher Boden es sei,
um den das ganze Universum sich drehe, mußte sich der schönen
Vorstellung entschlagen, als ob die Ereignisse, die auf diesem Boden
sich vollziehen, Weltgeschicke seien. Das Weltstäubchen mit seinen
Rissen und Höhen und den darauf wimmelnden Organismen — wie
konnte es noch meinen, der Mittelpunkt des unendlichen Weltalls
zu sein? Die Auffassung des Universums mußte sich, sobald sie
aufgehört hatte, in physischer Richtung geozentrisch zu sein, auch
geistig zu einer Höhe erheben, auf der die Weltentwicklung nicht
mehr nach dem beschränkten Gesichtspunkte des Menschentums,
seiner Bedürfnisse, Wünsche und Hoffnungen betrachtet wird. Darin
liegt die Größe und die befreiende Gewalt der kopernikanischen
Tat; dies ist das Geheimnis, weshalb niemals eine wissenschaftliche
Einsicht einen so großartigen und so weittragenden Einfluß auf
die kulturgeschichtliche Entwicklung gehabt hat, wie diese. Und
wie allen großen Geschicken, so wohnte auch dieser Tat neben der
Demütigung, mit der sie den Menschen niederwarf, eine erhebende
Kraft bei. Denn diese Erkenntnis war ein Triumph der kritischen
Vernunft über die Roheit der sinnlichen Auffassung. Im Widerspruche mit dem niemals zu ändernden Sinnesscheine wurde so in
dem menschlichen Geiste eine Vorstellung befestigt, die heute jedem
Kinde geläufig ist. So steht das Werk des Kopernikus als ein
leuchtendes Vorbild an der Schwelle einer neuen Zeit, und wenn
sich in der Folge das vernünftige Denken des Menschen auf seinen
tiefsten Eigenwert zu besinnen suchte, so wußte es nichts Besseres,
als an diesem Beispiele sich seine Kraft und sein Recht zu holen.

Aber gerade die von Kopernikus widerlegte sinnliche Auffassung
der kosmischen Verhältnisse war mit der Kirchenlehre eng verknüpft; deren Metaphysik beruhte wesentlich auf dem geozentrischen und damit auch dem anthropozentrischen Gesichtspunkte,
und mit Ängstlichkeit hütete sie das Dogma von der Endlichkeit
der Welt. Es bedurfte deshalb kaum des Nachweises, den das
großartigste System der italienischen Naturphilosophie, dasjenige
von Giordano Bruno, führte, des Nachweises nämlich, daß die Annahme der räumlichen und zeitlichen Unendlichkeit der Welt die

notwendige Konsequenz der kopernikanischen Lehre sei: schon vorher ahnte die Kirche diesen innersten Widerspruch gegen ihr gesamtes System; alle Konfessionen beeilten sich, das Werk zu verdammen, und selbst der milde Melanchthon trug kein Bedenken,
die Riesentat seines großen Landsmannes als staatsgefährlich zu
denunzieren. Aber es half nichts; es half auch nichts, daß Tycho
de Brahe einen feinsinnigen Kompromiß zwischen der alten und
der neuen Lehre zu schaffen suchte — die Wahrheit siegte, und eine
Fülle geistiger Schöpfungen wuchs aus ihr hervor.

Der Großartigkeit der Entdeckungen wird die Wage gehalten
von der Mächtigkeit der Erfindungen jener Zeit. Nur vorübergehend mag an die Umgestaltung erinnert werden, welche die Erfindung des Schießpulvers — vermutlich ein zufälliges Ergebnis
alchymistischer Versuche — in den politischen Aktionen, in der
Art der Kriegführung, in der Konstitution der Heere und in den
sozialen Beziehungen der letzteren herbeiführte — eine Umgestaltung, welche freilich nicht nach allen Seiten hin so günstig, wie sie
tief einschneidend war. Es mag auch nicht vergessen werden, wie
die unglaublich schnelle Besitznahme der neu entdeckten Länder
allein auf der Überlegenheit der Bewaffnung der Europäer beruhte:
ohne das Feuerrohr würden Cortez und Pizarro die Länder der
amerikanischen Kultur nicht so schnell für die Kenntnis und die
Habgier der Weißen eröffnet haben. Es ward schon erwähnt, in
wie großem Maßstabe die Erfindung der Buchdruckerkunst die
Ausbreitung und das gewaltig schnelle Wachstum der wissenschaftlichen Bildung begünstigte. Im Vollgenusse des neuen Besitzes
entwickelten die Gelehrten jener Zeit einen bewunderungswürdig
umfassenden und lebhaften Verkehr, durch den die Gedanken frucht-
bringend und einander befruchtend hin und her flogen. Jene großen
Entdeckungen der Seefahrt wären unmöglich gewesen ohne die
Erfindung des Kompasses, der einem Columbus auf der kühnen
Fahrt nach Westen den Weg zeigte; und endlich die entscheidenden
Entdeckungen der Astronomie verdankten ihre zweifellose Begründung lediglich jenen genauen Beobachtungen, welche die Erfindung
des Teleskops möglich machte. So innig ist das Entdecken mit
dem Erfinden verflochten.

Das waren die Waffen, vor denen die alte Wissenschaft zitterte.
Wie charakteristisch ist jene Anekdote, daß Cremonini, als Galilei

die Trabanten des Jupiter entdeckt hatte, fortan durch kein Teleskop mehr sehen zu wollen erklärte, weil das den Aristoteles widerlege! In diesen Mitteln der Forschung besaß die neue Wissenschaft
die unerschöpflichen Quellen, aus denen sie ihre selbständige Kraft
schöpfen konnte. Mit ihnen gelang es ihr, das Joch jeglicher Autorität abzuwerfen und aus den Händen der von ihr befragten Natur
das Göttergeschenk zu erhalten, nach dem die ganze Renaissance
sich sehnte und rang — die Freiheit des Geistes.

§ 9. Die Gliederung der neueren Philosophie.

Aus diesen mannigfachen Bestrebungen der philologischen und
historischen, der religiösen, der politischen und der naturwissenschaftlichen Bewegung der Renaissance erwuchs in allmählichem
Aufstreben durch die Jahrhunderte hindurch das moderne Denken.
Alle die Fäden, deren leisen Ursprung diese Einleitung zu skizzieren
suchte, liefen zunächst in mannigfaltigen Verschlingungen fort,
bis sie in dem größten der neueren Philosophen, in Kant, ihre
entscheidende Zusammenfassung fanden. Sein Name teilt daher
von selbst die Geschichte der neueren Philosophie in zwei Abschnitte,
von denen der eine vor ihm endet, der andere nach ihm beginnt.
Und die Gedankenwelt dieses Mannes selbst enthält alle Grundgedanken der neueren Zeit in so scharfer Konzentration, und ist
zugleich für das gegenwärtige Denken von immer noch so maß-
gebender Bedeutung, daß es geboten erscheint, die Geschichte seines
Geistes und den Zusammenhang seines Systems mit ungleich breiterer
Ausführlichkeit zu behandeln, als diejenigen der anderen Denker,
welche teils auf ihn vorbereiten, teils aus ihm hervorgehen. Es
wird daher die folgende Darstellung in drei Teile zerfallen, von
denen sich der erste mit der vorkantischen, der zweite mit der
kantischen, der dritte mit der nachkantischen Philosophie
zu beschäftigen hat.

Was zunächst den ersten dieser Teile, die Geschichte der vorkantischen Philosophie, anbetrifft, so treten in den Gang dieser
Entwicklung sukzessive die verschiedenen Nationen je nach ihren
allgemeineren Kulturverhältnissen mit besonderen Richtungen und
Bestrebungen ein, — zwar nicht durchaus unabhängig voneinander und deshalb nicht mit absoluter Strenge zu scheiden, aber
doch derartig, daß die Eigentümlichkeiten der einzelnen Völker

scharf genug zutage kommen, um als ein sicherer Faden bei der
Betrachtung und Darstellung dieser Entwicklung gelten zu dürfen.
Zuerst sind es die Italiener, welche mit ihrer Naturphilosophie
das Interesse auf sich ziehen; dann in einer Art von Gegensatz
dazu die Deutschen, bei denen das religiöse Moment für die Gestaltung des Philosophierens von entscheidender Bedeutung bleibt.
Ganz anders treten wiederum die Engländer mit scharfsinniger
Verfolgung der empiristischen Methoden des Naturerkennens hervor,
und im Gegensatz dazu vollzieht sich in Frankreich eine Begründung der rationalistischen Philosophie und in den Niederlanden deren Weiterentwicklung. Diese Bewegungen laufen durchschnittlich bis gegen das Ende des XVII. Jahrhunderts, und als
ihre gemeinsame Frucht ist es anzusehen, daß das XVIII. Jahrhundert sich den stolzen Namen des Zeitalters der Aufklärung
geben durfte. Von dieser Aufklärung des XVIII. Jahrhunderts ist
Italien infolge des allgemeinen Zustandes, den dort die Gegenreformation erzeugt hatte, wenigstens in bezug auf originelle Leistungen so gut wie völlig ausgeschlossen. Die Führung dagegen
in der Philosophie der Aufklärung lag bei den Engländern, von
denen sie den Franzosen übermittelt wurde, während Deutschland
erst etwas später dazu berufen war, die Gedanken der beiden großen
Kulturnationen des Westens in sich aufzunehmen und mit selbständiger Kraft zu verarbeiten. Die Führung dagegen
    Auf Grund dieser vorläufigen Übersicht gliedert sich die Ge-
schichte der vorkantischen Philosophie in folgende sieben Abschnitte:
    I. Die italienische Naturphilosophie.
    II. Die deutsche Philosophie im Reformationszeitalter.
    III. Der englische Empirismus.
    IV. Der Rationalismus in Frankreich und den Niederlanden.
    V. Die englische Aufklärung.
    VI. Die französische Aufklärung.
    VII. Die deutsche Aufklärung.

I. Teil.
Die vorkantische Philosophie.

I. Kapitel.
Die italienische Naturphilosophie.

Es ist eine bemerkenswerte Tatsache, daß zwar für alle Richtungen des neueren Denkens mächtige und zum weit größeren Teile
sogar die ersten Anfänge in Italien zu suchen sind, daß aber der
vollen und geschlossenen Entwicklung der modernen Philosophie
dieser Boden sich wenig günstig erwiesen hat. In den humanistischen Studien ist Italien zweifellos vorangegangen; auf dem religiösen Gebiete zeigte es während der gesamten Renaissance ein
gewaltiges Drängen und Treiben, und an persönlicher Größe konnte
es ein Mann wie Savonarola wohl mit allen späteren Reformatoren
des Nordens aufnehmen; auch in der Rechtsphilosophie hat Italien
durch Macchiavelli gewissermaßen den Vortritt, und an der prinzipiellen Begründung der modernen Naturforschung hat es durch
Galilei den hervorragendsten, ja den entscheidenden Anteil: und
trotz alledem ist die Ausbeute an originellen philosophischen Prinzipien und vor allem an geschlossenen Systemen einer wesentlich
neuen Philosophie in Italien außerordentlich gering.

Die Gründe dieser eigentümlichen Erscheinung liegen zum großen
Teile darin, daß der italienische Geist der Renaissance zu stark
von den politischen, sozialen, technischen und künstlerischen Aufgaben in Anspruch genommen war, um zu jener ruhigen Selbstbesinnung, worin schließlich doch alle Philosophie wurzelt, dauernd
zu gelangen. Es kommt hinzu, daß das südliche Temperament
der Italiener, der sinnlichen Wirklichkeit geöffnet und gerade in
jener Zeit durch die Lebhaftigkeit der ästhetischen Entwicklung

besonders zugewendet, für die Grübelwelt der Philosophie verhältnismäßig weniger angelegt ist, als die nordischen Völker, und daß
die Lebhaftigkeit der Phantasie, sonst einer der größten Vorzüge ihres Nationalcharakters, für die Forderungen einer strengen
Begriffswissenschaft eher ein Hemmnis bilden mußte.

Hieraus erklärt sich der eigentümliche Typus, den die meisten
Systeme der italienischen Philosophie an sich tragen. Sie entspringen
aus dem lebhaften Bedürfnis nach einer neuen Erkenntnis des Universums, und wie die Kunst der Italiener eine geniale Reproduktion
der Natur darstellt, so stürzt sich ihr metaphysischer Trieb
in das geheimnisvolle Walten des Universums. Nicht zufrieden
mit den freilich noch geringen Erfolgen einer nüchtern empirischen
Kenntnis, baut man auf so schwachen Grundlagen Systeme des
Weltalls auf, deren Grundriß die Phantasie gezeichnet hat. In
dieser Hinsicht tragen die Systeme der italienischen Naturphilosophie einen ganz ähnlichen Charakter, wie diejenigen der älteren
Philosophen Griechenlands. Von geringen, einseitig entwickelten
Kenntnissen aus entwerfen sie großartige und phantasievolle Welt-
bilder.

Unabhängig aber von diesen Begriffsdichtungen, durch mächtige
Anregungen auch aus dem Norden gefördert, entwickelte sich die
exakte Naturforschung: sie fand in Galilei den philosophischen
Vertreter, der ihre Methode mit genialer Sicherheit festlegte und
die Grundlinien für den späteren Ausbau der naturwissenschaftlichen Weltanschauung zog. Seine Lehre ist der wichtigste Beitrag
Italiens zur Entwicklung der europäischen Wissenschaft.

§ 10. Bernardino Telesio.

Die Neigung zum Phantastischen tritt selbst bei einem Manne
hervor, der für den systematischen Betrieb der rein empirischen
Naturforschung außerordentlich fruchtbare Anregungen gegeben hat:
Bernardinus Telesius. Er war im Jahre 1508 zu Cosenza geboren
und erhielt seine gelehrte Bildung wesentlich in Padua. Ein längerer
Aufenthalt in Rom, der ihm die Bekanntschaft einer großen Anzahl
von berühmten Gelehrten der Zeit verschaffte, machte ihn zum
ausgesprochenen Gegner der aristotelisierenden Scholastik, und in
der richtigen Erkenntnis, daß es sich um eine unbefangene, er-

fahrungsmäßige Betrachtung der Natur handle, wenn man dem neuen Denken positiven Inhalt zuführen wollte, stiftete er die cosentinische Gesellschaft der Naturforschung, welche, später nach Neapel übergesiedelt, auch nach seinem 1588 zu Cosenza erfolgten Tode eine umfassende Regsamkeit betätigte. Sein Hauptwerk: »De natura rerum juxta propria principia« (1565—1586) entwickelt in einer Polemik gegen Aristoteles, die in der Forderung gipfelt, man müsse dessen Lehren von den Akademien verdrängen, die erkenntnistheoretischen Grundlagen einer selbständigen, allen Autoritätsglaubens baren Naturerkenntnis. Die Methode dafür besteht aber nach Telesius lediglich in der sinnlichen Erfahrung. Die Lehre von dem reinen Verstande als einer Denkkraft, die nur aus sich selbst die Erkenntnis der Welt schöpfte, gilt ihm als eine große Torheit: er sucht nachzuweisen, daß die durch Schlüsse gewonnenen Gedanken im besten Falle Vermutungen der Wahrheit sind und nur dann in voller Gewißheit gelten dürfen, wenn sie einmal durch die Erfahrung verifiziert worden sind. Er schließt an diese Betrachtung eine Reihe von psychologischen Untersuchungen, namentlich auch über den Gegensatz mathematischer und physikalischer Erkenntnis, und läßt dabei deutlich erkennen, daß dieser einseitige Sensualismus sich der Wichtigkeit mathematischer Grundlegung noch nicht bewußt geworden ist.

Um so eigentümlicher nun erscheint es, wenn ein Denker von solchen Prinzipien, der noch dazu erklärt, er wolle nicht, wie leider die meisten Philosophen, eine selbstersonnene Welt entwerfen, sondern die Gottheit durch die sorgfältige Erforschung der von ihr geschaffenen Wirklichkeit ehren, seinem Zeitalter schließlich doch eine Metaphysik bescherte, worin eine allgemeine Konstruktion der Natur durch wenige, an bestimmte Gesetze gebundene Kräfte geliefert werden soll.

Die Grundgedanken dieser Naturauffassung zeigen eine interessante Ähnlichkeit mit altionischen Spekulationen und der hypothetischen Physik der Eleaten. Es ist eine Art von meteorologischer Theorie der Natur, die uns hier entgegentritt, und die nach dem Tode des Mannes unter dem Titel: »Varii de rebus naturalibus libelli« (1590) herausgegebenen Spezialforschungen zeigen eine gewisse Vorliebe gerade für die meteorologischen Probleme. Die Hauptrolle in seiner Weltanschauung spielt der Gegensatz des Trockenen

und des Feuchten. Zugrunde liegt hier auch der Gegensatz von
Himmel und Erde. Der Mittelpunkt des Himmels, die Sonne, gilt
als Sitz der äußersten Wärme und Trockenheit, der Mittelpunkt
der Erde als die Konzentration der Feuchtigkeit und der Kälte.
Überzeugt von der Bewegung des Erdmittelpunktes um die Sonne,
lehrt Telesio nun, daß in der zwischen beiden liegenden Welt ein
stetiger Kampf des feucht-kalten und des trocken-warmen Prinzips
stattfinde, wobei zwar das eine über das andere abwechselnd über-
wiege, niemals aber eines davon gänzlich vernichtet werden könne.
Aus diesem stetigen Kampfe gehen in der an sich eigenschaftslosen
Materie die einzelnen Dinge hervor, deren Qualitäten also wesentlich durch das Überwiegen des einen oder des anderen Elementes
bestimmt und unterschieden sind. So gelten die Aggregatzustände
als die eigentlichen Grundbestimmungen der Dinge. Charakteristisch ist ferner die materialistische Wendung, welche diese Lehre
mit einer gewissen Anlehnung an die Stoiker nimmt. Die Seele gilt
dem Telesius als die feinste und beweglichste Materie, aber die
Fähigkeit des Empfindens will er nicht auf sie beschränken, sondern
vielmehr der gesamten Materie zusprechen. Er betrachtet sie als
den Vorgang, wodurch in dem ewigen Streite die beiden Prinzipien
sich gegenseitig bemerklich machen, und diese Hypothese des allgemeinen Wahrnehmungsvermögens ist natürlich der sensualistischen Erkenntnistheorie außerordentlich willkommen. Zu dieser
materialistischen Erklärung der psychischen Vorgänge wird dann
von Telesius, wie auch von Cardanus, ganz äußerlich die Lehre
von einer aus Gott stammenden, unsterblichen Seele hinzugefügt,
einer forma superaddita, deren Annahme lediglich Glaubenssache
und ohne jeden Zusammenhang mit der Wissenschaft sei: die letztere
habe überhaupt die Welt als ein vollkommen Selbständiges und in
sich Begründetes zu betrachten. Wenn der Glaube davon überzeugt sei, daß Gott die Welt geschaffen habe, so sei für die wissenschaftliche Erkenntnis nur diese Welt, wie sie nun einmal nach
ihrer Erschaffung da ist, der einzige Gegenstand der Betrachtung,
und die Bewegung der Himmelskörper z. B. müsse als ein natürlicher Vorgang, nicht als ein Ausfluß des göttlichen Willens angesehen werden.

Es ist aber anderseits auch klar, wie lose der Zusammenhang
zwischen der empirischen Naturforschung und dieser Naturphilo-

sophie ist, und im Fortgange der Entwicklung scheiden sich die beiden Elemente immer mehr. Auf der einen Seite vertiefte sich die empirische Forschung durch die Aufnahme des mathematischen Moments zu einer wirklich erklärenden Theorie: auf der andern Seite wurde das Spiel der naturphilosophischen Phantasie immer freier und kühner. Am klarsten tritt dies bei dem folgenden Denker zutage.

§ 11. Francesco Patrizzi.

Er war zu Clissa in Dalmatien 1529 geboren, erhielt nach abenteuerlichem Leben eine Professur der platonischen Philosophie zu Ferrara und starb zu Rom 1597. Auch in ihm finden wir einen heftigen Gegner des Aristoteles, welchem er in seinen »Discussiones peripateticae« nachzuweisen suchte, daß er alles Gute dem Plato entlehnt habe, und daß alles, was er selbst hinzugefügt, schlecht sei. Der ausführliche Titel seines Hauptwerkes (Ferrara 1591) gibt von der phantastischen Verschmelzung, die seine Lehre enthält, einen charakteristischen Vorbegriff: »Nova de universis philosophia, in qua Aristotelis methodo non per motum sed per lucem et lumina ad primam causam ascenditur, deinde propria Patritii methodo tota in contemplationem venit divinitas, postremo methodo Platonica rerum universitas a conditore deo deducitur.« Der Grundgedanke, den er in diesem Buche durchführt, ist derjenige des belebten Universums, des von einem göttlichen Lebenshauche durchwehten Alls, ein Gedanke, der auf den Flügeln der Phantasie alles zu durchdringen und vor dem geistigen Auge lebendig zu machen sucht. Platonische, neuplatonische und stoische Ideen von der Weltseele kreuzen sich in einem unklaren Gemische, und es ist begreiflich, wie sich in solche Vorstellungswelt auch mystische Regungen einfügen. Die Erkenntnis gilt als ein Zurückgehen dessen, was hervorgegangen ist, zu dem, woher es ausgegangen ist, und sie erscheint deshalb, wie bei den Neuplatonikern, als eine Art von unbeweisbarer Erleuchtung.

In dieser Erleuchtung schildert der erste Teil des Werkes, Panaugia oder Omnilucentia genannt, das Universum als den Abglanz des ewigen, göttlichen Urlichts, das den ganzen unendlichen Weltraum, das Empyreum, erfüllt. In diesem aber bildet den Mittelpunkt die sinnliche Welt, und um sie herum wohnen die höheren

Geister. Der zweite Teil, die Panarchia, soll zeigen, wie alle diese einzelnen Geister und Dinge aus dem all-einen Urquell hervorgegangen sind. Diese Darlegung nimmt ihren Ausgang von der Frage, ob das Prinzip des Universums als Einheit oder Vielheit zu denken sei, und löst sie dahin, daß nur die harmonische Verknüpfung der Vielheit in der Einheit allen Anforderungen gerecht werden könne. Deshalb müsse die Gottheit als das Eine begriffen werden, welches die Vielheit in sich schließt, als Unomnia. Von hier aus entwickelt sich dann ein Emanationssystem, in welchem pythagoreische, neuplatonische und christliche Gedanken verschmolzen sind. Das triadische System des Neuplatonismus wird zunächst zu einer symbolischen Ausdeutung der Dreieinigkeit benutzt und daran eine dekadische Gliederung der übrigen Weltkräfte geschlossen, worin die einzelnen Dinge mit absteigender Vollkommenheit aus dem Urquell hervorgehen. Während aber so dieser zweite Teil im wesentlichen eine unklare Reproduktion des neuplatonischen Emanationssystems aufweist, bringt der dritte, die Panpsychia, einen bemerkenswerten Gegensatz dazu. Den Neuplatonikern hatte das letzte Erzeugnis dieser Emanation, die materielle Natur, wenigstens in gewissem Sinne als ein Unvernünftiges und Böses gegolten: wir erkennen in Patritius den Sohn der naturfrohen Renaissance, wenn er durchzuführen sucht, daß auch die materielle Natur der volle und lebendige Ausdruck der göttlichen Vernunft sei. Er betont dabei den Grundgedanken der plotinischen Ästhetik, das Durchleuchten der seienden Idee durch das Nichtseiende. Wenn die Gottheit der einzige Urquell aller Dinge ist, so kann es zwar eine Abstufung in dem Grade der Vollkommenheit geben, aber es müssen die Dinge bis in ihre letzten Auszweigungen hinein von der göttlichen Vernunft getragen, beseelt und beherrscht sein. Hier zeigt der Universalismus, dessen phantasievoller Vertreter Patrizzi ist, die Notwendigkeit seiner optimistischen Konsequenz. In diesem pantheistischen Sinne kann die Gottheit nur als Weltseele betrachtet werden, als der innerste Lebenskern aller Dinge, und so erscheint in dieser Betrachtung das Weltall als ein Stufenreich göttlicher Manifestationen. Wie die Seele des einzelnen Organismus den Körper bewegt und belebt, so ist auch der Zusammenhang der großen und der kleinen Bewegungen des Weltalls, so ist die Tatsache, daß überhaupt etwas geschieht, nur durch eine allgemeine

Seele des Weltorganismus erklärbar, und wie die Seele des einzelnen Menschen jedes Glied seines Körpers durchdringt, so kann
es in dem Kosmos nichts geben, was nicht von dem göttlichen
Lebenshauche beseelt wäre. Überzeugt wie Telesius von der allgemeinen Beseeltheit auch der sogenannten toten Materie, sucht
Patritius diese Lehre hauptsächlich durch eine Bekämpfung der
mittelalterlichen Auffassung der Tiere und durch Aufzeigung von
deren psychischen Tätigkeiten zu erhärten. Der letzte Teil endlich
seines Werkes, die Pancosmia, will nun auf rein naturphilosophischem Wege den großen Zusammenhang des Weltlebens darstellen
und bewegt sich hauptsächlich in astronomischen und meteorologischen Theorien. Es ist nur eine Folgerung aus der Unendlichkeit
der göttlichen Kraft, wenn das Universum selbst für unendlich angesehen wird; aber den Beweis dafür findet Patritius hauptsächlich
darin, daß mit der Ausdehnung der Forschung immer mehr Sterne
in diesem unendlichen Raume aufgefunden worden sind, so daß
die Anzahl von 1022, welche die mittelalterlichen Astronomen fixiert
hatten, längst überschritten ist. Er beruft sich dabei direkt auf
Amerigo Vespucci, der auf der südlichen Hemisphäre ganz neue
Sterne gesehen habe. In seinen astronomischen Betrachtungen ist
eine ganz merkwürdige Mischung von Anerkennung der neuen Entdeckungen, von phantastischen Hypothesen und von ahnungs-
vollen, unklar vorausschauenden Ideen. Man soll sich endlich losmachen von der Vorstellung, als seien die Sterne fest an einem
beweglichen Gewölbe angeheftet: sie bewegen sich vielmehr frei, wie
die Vögel in der Luft. Jeder von ihnen stützt sich auf seinen eigenen
Mittelpunkt und ballt sich um sich selbst, weil alle seine Teile zu
demselben Mittelpunkte hinstreben — eine Art von unreifer Ahnung
der Gravitation. Im besonderen gilt das, wie Patritius ausführt,
von der Erde und dem Monde. Er nimmt im wesentlichen die
kopernikanische Lehre an; die Erde stehe nicht im Mittelpunkte
des Universums, sondern drehe sich um die Sonne, wie um die Erde
der Mond: aber er sucht dies einfache System des deutschen Astronomen durch unklare Hypothesen, wie er meint, noch verständlicher zu machen.

Die eingehendere Betrachtung dieses Systems verlohnte sich nur,
um ein typisches Bild zu geben von der phantastischen Verworrenheit, mit der sich die alten und die neuen Gedanken in den Köpfen

der italienischen Naturphilosophen kreuzten: vor allem aber, um
zu zeigen, wie schon in geringeren Geistern das kopernikanische
System als die wissenschaftliche Erfüllung der Sehnsucht nach einer
Einsicht in den Zusammenhang des unendlichen Weltalls erscheinen
mußte. Der Pulsschlag des göttlichen Lebens trat dem Zeitalter
wie verkörpert entgegen, als ihm mit einem Schlage in genialer
Einfachheit das Gewebe der Bewegungen der Weltkörper entwirrt
wurde. Das großartigste Denkmal aber der gewaltigen Tat des
Kopernikus ist zugleich das bedeutendste System der italienischen
Naturphilosophie, in welchem alle diese Fäden zu organischer Einheit zusammenliefen: dasjenige von Giordano Bruno.

§ 12. Giordano Bruno.

Das Leben dieses Mannes ist ein Spiegelbild jener gärenden
Unruhe und jenes unbefriedigten Suchens, woraus die neuen Gedanken hervorkeimten, und es erscheint in seiner phantastischen
Sprunghaftigkeit ebenso wie in seinem tragischen Ende als ein vollkommener Ausdruck für das innere und das äußere Geschick der
italienischen Philosophie.

Er stammte aus dem Städtchen Nola in Campanien und war
daselbst 1548 geboren. Sehr jung in den Dominikanerorden getreten, machte er so wunderbar schnelle Fortschritte, daß er sehr
bald das enge Kleid der Ordensanschauungen auswuchs. Die Beschäftigung mit den Werken des Nikolaus von Cues scheint ihn
zuerst über die thomistische Scholastik hinausgeführt zu haben,
über die er nachher in seinen Werken die Schale des Spotts und
des Zorns reichlich ausgoß. Im Gegensatze dazu bemächtigten
sich seines Geistes die naturphilosophischen Bestrebungen der Zeit
und namentlich, wie es scheint, die Gedanken des Telesius. Durch
ihn vermutlich wurde er zuerst mit dem kopernikanischen Systeme
bekannt, welches die Grundlage seiner eigenen Weltanschauung
werden sollte. Das Mißtrauen, das seine vielseitige wissenschaftliche Beschäftigung bei den Oberen seines Ordens erregte und sich
schon in zweimaliger Untersuchung betätigt hatte, zwang ihn
schließlich im Jahre 1576 zur Flucht zunächst nach Rom, und als
ihm dort eine neue Untersuchung drohte, weiter. Mit dem Ordens-
kleide aber zog er zugleich auch das Gewand der kirchlichen Lehre
vollständig aus. Er trat von nun ab dem Christentum nicht nur

innerlich entfremdet, sondern als ein leidenschaftlicher Gegner in Schrift und Wort gegenüber. Aus der Kirche herausgedrängt, wurde er ein Wanderprediger gegen ihr gesamtes System. Hieraus erklärt sich zunächst das unstete Leben, das er führte und zu führen genötigt war. Überall, bei beiden Konfessionen, stieß er auf Widerspruch und Verfolgung, und da er mit jugendlicher Keckheit die letztere eher provozierte als vermied, so mußte er oft heimlich den Ort seiner Wirksamkeit verlassen. Es kam hinzu, daß der Wechsel seines Aufenthaltes häufig durch das Suchen nach einem Verleger bedingt war, welcher die Gefahr der Herausgabe seiner von vornherein der Verdammung sicheren Werke auf sich nähme. So sehen wir ihn nach Wanderungen durch Oberitalien kurze Zeit in Genf, in Lyon und Toulouse weilen, um dann eine anfangs sehr erfolgreiche Wirksamkeit an der Pariser Universität zu beginnen, an der seine Ernennung zum Professor nur an seiner Weigerung, die Messe zu besuchen, scheiterte. Er setzte den Wanderstab weiter nach England und lebte, nachdem man in Oxford seine Vorträge über die Unsterblichkeit der Seele und über das kopernikanische System verboten hatte, eine Zeitlang unter dem Schutze vornehmer Gönner in London, wo er sich der Herausgabe seiner tiefsten philosophischen Schriften und seiner radikalsten, italienisch geschriebenen Werke gegen das Christentum widmete. Aber auch von dort trieb es ihn wieder fort: nach einem kurzen zweiten Aufenthalte in Paris versuchte er sich an der Universität zu Marburg zu habilitieren. Aber hier sowenig wie gleich darauf in Wittenberg fand er eine dauernde Stätte, und man kann sich des Eindrucks nicht erwehren, daß an diesem ewigen Wandern ebenso wie die äußeren Verhältnisse auch eine gewisse Unstetigkeit seines inneren Wesens die Schuld getragen hat. Nach einem kurzen Aufenthalte in Prag, der wiederum wesentlich buchhändlerischen Zwecken gewidmet gewesen zu sein scheint, siedelte er an die Universität Helmstädt über und vertauschte auch diesen Wohnort nach geringer Zeit mit Frankfurt a. M., um dort abermals eine Reihe von Werken drucken zu lassen. Zu weiterer Flucht genötigt, lebte er vorübergehend in Zürich, und von hier aus folgte er schließlich dem Lockrufe, durch den sein Geschick sich erfüllen sollte. Ein italienischer Edelmann, der von ihm in die magischen Künste eingeweiht zu werden hoffte, rief ihn zu sich nach Padua und Venedig. Daß Bruno hierauf einging und

sich auf diese Weise den Gefahren der Inquisition selbst aussetzte,
mag wie ein Rätsel erscheinen. Allein begreiflich wäre es immerhin,
wenn ein Mann nach so ruhelosem Leben und mit dem Gefühle,
seine hochfliegenden Hoffnungen und Pläne überall gescheitert
gefunden zu haben, nun die Sehnsucht empfunden hätte, in der
Heimat um jeden Preis die Ruhe zu finden, die er in der weiten
Welt vergebens gesucht hatte. Was er wirklich fand, war die Not
des Kerkers und die Ruhe des Todes. Auf die Anzeige seines Gast-
freundes wurde er von der Inquisition verhaftet und nach langem
Harren nach Rom ausgeliefert, und als die jahrelangen Versuche,
ihn zum Widerruf zu bewegen, erfolglos geblieben waren, wurde
das Todesurteil über ihn gesprochen, dessen Verkündigung er mit
dem stolzen Worte an seine Richter erwiderte: »Ihr sprecht das
Urteil mit größerer Angst, als ich es empfange.« Am 17. Februar
1600 wurde er in Rom verbrannt — ein Märtyrer der modernen
Wissenschaft — gerade 2000 Jahre, nachdem Sokrates den Schier-
lingbeçher getrunken hatte.

Sonst freilich war in seinem Wesen nicht gar viel Sokratisches
zu finden. Er war eine feurige Natur, von südlicher Leidenschaftlichkeit und unabgeklärter Schwärmerei, von tief poetischer Empfindung und von rücksichtslosem Wahrheitssinn; dabei aber ohne
die Fähigkeit, den eigenen Geist zu zügeln und seiner wilden Bewegung das rechte Maß zu geben. Giordano Bruno ist der Phaëton
der modernen Philosophie, der die Zügel der Sonnenrosse den alten
Göttern aus den Händen reißt und mit ihnen durch den Himmel
stürmt, um in den Abgrund zu stürzen. Die Tragik seines äußeren
Lebens ist nur das Spiegelbild seines inneren Geschickes, in welchem
die Phantasie mit dem Denken durchgeht und es aus den Bahnen
ruhiger Forschung herausreißt.

Gegenüber diesen phantastischen und poetischen Strebungen
seines Denkens machen die zahlreichen methodologischen Schriften
Brunos einen nicht wenig befremdenden Eindruck. Sie stehen,
namentlich in der ersten Zeit, mit seinem eigenen Gedankensystem
in so gut wie gar keiner Verbindung und mühen sich rastlos um
die Durchführung eines barocken Einfalls, der in der Scholastik
aufgetaucht war. Man darf geradezu einen Ausdruck des Bewußtseins von ihrer eigenen Sterilität darin sehen, wie die Scholastik
schließlich dem Projekte nachging, eine Art von Maschine zur Er-

zeugung von Gedanken zu erfinden. Raymundus Lullus hatte in seiner »Ars magna« ein solches System von Kreisen zusammengestellt, auf denen eine Anzahl von Grundbegriffen verzeichnet waren, und durch deren Drehung diese verschiedenen Grundbegriffe systematisch miteinander zusammengebracht werden sollten, um vermöge dieser Kombinationen immer neue Begriffe zu erzeugen. Es spricht wenig für die logische und erkenntnistheoretische Einsicht Brunos, daß ihm die Verbesserung dieser traurigen Denkmaschine zeitlebens so viel Kopfzerbrechens machte, und daß er ihr eine große Anzahl von mehr oder minder ausführlichen Werken widmete. Selbst der brauchbare Kern dieser Versuche, das Streben nach der Feststellung einfacher und elementarer Erkenntnisbegriffe, kommt bei Bruno kaum zum Vorschein. Es gewinnt vielmehr beinahe den Anschein, als habe er den Mangel wissenschaftlicher Methodik in seinem eigenen Systeme gefühlt und deshalb in diesen Arbeiten eine Art von Ergänzung gesucht. Anderseits mochten ihm, namentlich später, diese sämtlich lateinisch geschriebenen Werke dazu dienen, um fort und fort seine Angehörigkeit zur gelehrten Zunft zu betätigen und zu beweisen, daß er gegen die phantastische Spekulation seiner neuen Lehre ein Gegengewicht höchst pedantischer Wissenschaftlichkeit besäße. Wie dem auch sei, dies fruchtlose Herumtappen nach einer Methode steht mit denjenigen Gedanken, auf welchen seine Bedeutung beruht, in keinem Zusammenhange.

Diese haben vielmehr ihre Wurzel in der kopernikanischen Lehre, als deren begeisterter Verkünder Bruno durch Europa reiste, und sie beweisen, wie sich aus der neuen astronomischen Theorie notwendig die metaphysische Konsequenz der Unendlichkeit des Weltalls und damit eine allgemeine Erhebung über jede geistige Beschränkung ergab. »Offenbar töricht ist es doch«, sagt Bruno, »wie der gemeine Pöbel zu meinen, es gäbe keine anderen Geschöpfe, keinen anderen Sinn und keinen anderen Verstand als allein die uns bekannten.« »Glauben, daß nicht mehr Planeten seien, als wir bisher kennen, dürfte nicht viel vernünftiger sein, als wenn jemand meinte, es flögen nicht mehr Vögel durch die Luft, als er eben aus seinem kleinen Fenster heraussehend hat vorüberfliegen sehen.« So erhebt ihn die neue Lehre über die Beschränktheit der Religionen und der Konfessionen; vor seinem Auge steht

Pythagoras neben dem Propheten von Nazareth, und ebenso wie
er nicht in die Messe geht, verspottet er die Rechtfertigung durch
den Glauben. Er tadelt an dem sonst verehrten Cusaner, sein
Priesterkleid habe ihn beengt. Die Philosophie soll sich mit theologischen Fragen nichts zu schaffen machen: das höchste Wesen
ist nicht zu erkennen; es gehört dazu, wie Bruno manchmal im
Sinne der mystischen Theologie, manchmal aber auch nicht ohne
Ironie sagt, ein übernatürliches Licht. Die Aufgabe der Philosophie
ist, die Natur zu erkennen und die Einheit ihres unendlichen All-
Lebens zu begreifen, Gott zu suchen nicht außer, sondern innerhalb
der Welt und der unendlichen Reihe der Dinge; und dies allein
macht den Unterschied zwischen dem gläubigen Theologen und
dem forschenden Weltweisen. So gründet sich die Proklamation der
wissenschaftlichen Freiheit bei Bruno von vornherein auf einen
Pantheismus, der sich mit vollem Bewußtsein der christlichen Weltanschauung entgegenstellt.

Für die wissenschaftliche Erkenntnis selbst gibt nun das kopernikanische System zwar keine Methode, aber doch einen überaus
wichtigen erkenntnistheoretischen Gesichtspunkt, durch den sich
Bruno sehr weit von dem einseitigen Sensualismus des Telesius
entfernt und über ihn erhebt. Die Theorie des deutschen Astronomen widerstreitet dem Sinnenschein; sie beruht zwar auf Sinneswahrnehmungen, aber sie erwächst daraus nur durch eine Ver-
standeskritik, in der die Täuschung durchschaut wird. Hieraus
ergibt sich für Bruno die Unzulänglichkeit der bloßen Wahrnehmung. Der erste Einwurf, den er sich in seiner Schrift: »Dell'
infinito universo e dei mondi« (1584) gegen die Lehre von der Unendlichkeit der Welt machen läßt, ist derjenige des Widerspruchs
der Sinne. Und freilich gibt es für diese Unendlichkeit keinen
Sinnenbeweis; aber die Sinne können auch nur in endlichen Dingen
Beweiskraft beanspruchen, und auch da nur, insofern sie mit dem
Verstande übereinstimmen. Das Unendliche selbst ist kein
Gegenstand der Sinne, es ist seinem Wesen nach unermeßlich, unvergleichlich und unerkennbar; denn alle unsere Verstandeserkenntnis begreift nur Ähnlichkeiten und Verhältnisse der endlichen Dinge,
die wir durch die Sinne wahrgenommen haben. Die Erkenntnis
des Unendlichen ist deshalb nur unvollkommen möglich, und gerade
wie die einzelnen Dinge selbst nur ein Schatten des wahren Wesens

sind, so ist auch unsere an die Sinne gebundene Erkenntnis nur
ein Spiegel, in welchem die Wahrheit geahnt wird, aber nicht selbst
enthalten ist.

Diese Betrachtungen erinnern an die skeptisch-mystischen Wendungen bei Nikolaus Cusanus, aber sie halten Bruno nicht ab, durch
die begrifflichen Untersuchungen, soweit es für den Menschen
möglich ist, über die Sinnestäuschung hinaus zu streben, und er
liefert zunächst eine scharfe Kritik der mit der Autorität des Aristoteles sich deckenden Vorstellung von der Endlichkeit der Welt.
Was ist, fragt er, die Leere jenseits des die Welt begrenzenden
Äthers? Immer und immer, wo ihr auch die Grenze setzt, muß
dahinter noch wieder der Raum sein. Der leere Raum in seiner
unendlichen Ausdehnung ist der Ausfluß der unendlichen Weltkraft;
die nimmer müßige, unendliche Tätigkeit Gottes kann sich nur in
einer Welt gestalten, die räumlich und zeitlich unendlich ist. Auf
Grund dieses Gedankens benutzt Bruno die kopernikanische Lehre
zur Ausführung eines Weltbildes, das demjenigen der heutigen Naturwissenschaft in seinen Grundzügen sehr nahe kommt. Das Universum besteht danach aus dem unendlichen Raume, dem Leeren,
worin etwas sein kann, und der unendlichen Anzahl von Welten,
die sich darin bewegen. Im einzelnen knüpft Bruno dabei an die
demokritisch-epikureische Tradition an: aber diese Anlehnung betrifft mehr die Pluralität der Welten, als die Auffassung ihrer Bewegung. Denn während der Atomismus dafür nur das Prinzip der
mechanischen Notwendigkeit kannte, ist für Bruno alles Geschehen
Leben und Zwecktätigkeit, und während für die Atomisten der
leere Raum nur der indifferente Schauplatz für das Treffen der
Atome war, ist bei Bruno nach neuplatonischem Vorbild der unendliche Raum die Wirkungsstätte, in welcher sich die unendliche
Weltkraft ihrem Wesen nach entfalten muß. Diese Bestimmungen
hängen aber auch mit den Umwälzungen zusammen, die der Begriff der Unendlichkeit durch den Neuplatonismus erfahren hatte:
in ihm war der ursprünglichen griechischen Auffassung gegenüber
gelehrt, daß die absolute Wirklichkeit, die Gottheit, ihrem Wesen
nach als unendlich gedacht werden müsse. Deshalb stimmte es
mit diesem Gedanken völlig überein, wenn nun auch das kopernikanische System dazu zwang, das Weltall und den Raum als unendlich zu denken.

Daher hat Bruno Wert darauf gelegt, diesen Gedanken besonders eingehend auszuführen. Das Universum selbst ist unbe-
weglich, es kann seinen Ort nicht ändern, weil außer ihm kein
Ort ist, aber es bewegt sich in sich selber, und alle Bewegung ist
deshalb nur relativ, es ist die innere Verschiebung der Teile dieses
Weltalls. Auch von einem Mittelpunkte des Universums kann
seinem Begriffe nach nicht gesprochen werden; aber es kann, was
auf dasselbe hinausläuft, jeder Punkt für den Mittelpunkt angesehen
werden, und wir beweisen das praktisch, indem wir es mit der
Erde so machen. So bestehen nun in diesem unendlichen Weltall
unzählige endliche Welten, die alle in ihren Grundzügen gleich
gebildet sind. »Jeder Stern bewegt durch sein eigenes Leben sich
frei um seinen eigenen Mittelpunkt und um seine Sonne.« Als den
Grund dieser Bewegung ahnt Bruno die Anziehung des Verwandten.
Die Weltkörper »halten sich gegenseitig durch diese ihre Zugkraft«,
sie bilden alle ein System des gegenseitigen Stützens und Tragens,
worin jedes Glied für den Zusammenhang der übrigen notwendig
ist. Wenn ein Stern, wie etwa die Kometen, an einen Punkt gelangt, wo er gleichweit von zwei verschiedenen Welten entfernt ist,
so muß er stille stehen; aber die geringste Veränderung in diesem
Entfernungsverhältnis läßt ihn sogleich dem näheren zufliegen.
Wenn diese Gedanken jetzt unvollkommen oder trivial erscheinen,
so darf man nicht vergessen, daß sie damals eine Tat und eine
beispiellos kühne Folgerung waren und daß sie alles umstürzten, was
man über die kosmischen Verhältnisse im Mittelalter geglaubt hatte.

Noch in einer zweiten, ebenso wichtigen Hinsicht wendet sich
Bruno mit Hilfe der kopernikanischen Lehre gegen die herrschende
Weltvorstellung. Diese hatte den uralten Gegensatz von Himmel
und Erde in dem Sinne aufrecht erhalten, wie er in der griechischen Wissenschaft durch die Astronomie der Pythagoreer befestigt
und von Aristoteles anerkannt worden war, in dem Sinne nämlich,
daß der Sternenhimmel das Reich der Vollkommenheit, die »Welt
unter dem Monde« dagegen das der Unvollkommenheit sein sollte:
diese sollte aus den »vier Elementen«, jener aus dem »Äther« bestehen. Eine solche Wert- und Stoffverschiedenheit zwischen Himmel und Erde ist im kopernikanischen System nicht möglich: dies
setzt die Gleichartigkeit des Universums in allen seinen
Teilen voraus, und so lehrte denn auch Bruno, daß die eine gött-

liche Weltkraft überall ihr gleiches vollkommenes Leben entfalte.
Wenn daher durch Kopernikus und Bruno die Erde aus dem Welt-
mittelpunkt entrückt und zu einem Stäubchen im unendlichen All
herabgesetzt wurde, so gab ihr anderseits dieselbe Lehre das gleiche
Wesen und den gleichen Wert wie allen übrigen Himmelskörpern.

Bruno bleibt jedoch nicht dabei stehen, diese große kosmologische Anschauung aus dem kopernikanischen System zu entwickeln, sondern sucht ihr eine metaphysische Grundlage zu geben,
und das Problem, auf dessen Lösung es dabei hinausläuft, ist genau
dasjenige, welches wir bei Nikolaus von Cues als den Gegensatz
von Individualismus und Universalismus kennen gelernt haben; es
ist in zunächst naturphilosophischer Formulierung die Frage, wie
die Selbständigkeit der endlichen Welten mit der Einheit des unendlichen Weltlebens vereinbar ist. Auch bei Bruno freilich kann
man gewiß nicht einmal annähernd von einer Lösung dieses Problems sprechen; auch bei ihm liegen, wenngleich schon etwas entwickelter, beide Anschauungen noch im gemeinsamen Keime friedlich
nebeneinander. Aber diese Möglichkeit der Vereinigung erscheint
bei Bruno immer unter einem bestimmten Gesichtspunkte, vermöge
dessen er in hervorragender Weise als der Philosoph der italienischen
Renaissance erscheint: es ist der Gesichtspunkt der künstlerischen Harmonie, der zum Teil in bewußter und ausgesprochener
Analogie das Weltbild in seinem Kopfe bestimmt.

Von den scholastischen Begriffen benutzt Bruno wie der Cusaner
zunächst diejenigen der essentia und existentia, des Wesens und der
Erscheinung, um das Verhältnis der all-einen Gottnatur zu den
einzelnen Dingen begreiflich zu machen. Der Substanz, dem inneren
Wesen nach ist ihm in der Tat alles dasselbe: die eine unendliche
Gottheit. Keines der einzelnen Dinge ist selbständig, jedes ist nur,
insofern es eine Erscheinung der ewigen und unendlichen Gotteskraft ist. Aber diese eine Substanz ist für Bruno nicht ein starres,
Bewegung und Vielheit ausschließendes Sein, sondern vielmehr
eine ewige, schöpferische Tätigkeit, es ist die wirkende Naturkraft,
die Ursache aller Dinge. Über das Wesen dieser einen Substanz
gibt Bruno in seinen »Dialoghi della causa principio ed uno« eine
geistvolle Untersuchung, die mit dem Gegensatze der causae efficientes und der causae finales beginnt. Bei den einzelnen Dingen
nämlich, führt er aus, und ihren Verhältnissen zueinander mag

dieser Gegensatz berechtigt sein, da soll man zwischen der Ursache
eines Dinges und dem Zwecke, den es zu erfüllen hat, wohl unterscheiden: ganz anders in dem Verhältnisse der Natur zu ihren
einzelnen Erzeugnissen. Die Gottheit ist die wirkende Ursache,
die natura naturans aller Dinge; sie verhält sich zu den einzelnen
Dingen, wie die Denkkraft zu den einzelnen Begriffen, aber ihr
Denken ist zugleich ein Schaffen aller Wirklichkeit. Auf der anderen
Seite aber ist der Zweck dieser Schöpfertätigkeit kein anderer als
die Vollkommenheit des Universums selbst, als die Realisierung der
ganzen Unendlichkeit von Formen und Gestalten, deren Möglichkeit in dem göttlichen Wesen enthalten ist. Deshalb ist die göttliche Substanz Welturschache und Weltzweck zugleich, sie ist der
schöpferische Geist, dessen Gedanken Natur und Wirklichkeit sind.
Bilden und Schaffen kann eben nur der Geist, er wirkt in den Dingen
wie ein innewohnender Künstler als Idee und schaffende Kraft
zugleich. Die ganze Natur atmet dieses göttliche Leben, diese innerliche Beseelung, und vor allem an den Organismen sucht Bruno es
darzutun, wie die wirkende Ursache und der Zweck allüberall dasselbe und damit das eigentliche substantielle Wesen ist. Die Materie
ist nur die unendliche Möglichkeit, die ewige Bildsamkeit, aus
welcher heraus die Gottheit wie der Künstler die Gestalten formt.
Wandelbar ist deshalb nicht das innere Wesen der Natur, sondern
nur ihre äußerliche Wirklichkeit: wie der Künstler sich gleich
bleibt, wenn er auch noch so viele Gestalten schafft, so die Gottheit in der unendlichen Mannigfaltigkeit der Dinge — nur mit dem
Unterschiede, daß dem menschlichen Künstler die zu gestaltende
Materie als ein Fremdes und Äußerliches gegeben ist, dem er doch
immer nur einzelne Schöpfungen mühsam abringen kann, während
die Materie des Weltorganismus nichts anderes ist, als die unendliche Möglichkeit von Schöpfergedanken, die in der göttlichen Kraft
aufsteigen und, sobald sie es tun, auch Wirklichkeit sind. Schranken-
los mit steter Tätigkeit lebt so die Natur ihr Wesen in ewiger Selbst-
gebärung aus: »darum ist das Universum, die unerzeugte Natur,
alles, was sie sein kann, in der Tat und auf einmal: aber in ihren
Entwicklungen von Moment zu Moment, in ihren besonderen Tätigkeiten und Teilen, Beschaffenheiten und einzelnen Wesen, überhaupt
in ihrer Äußerlichkeit ist sie nur noch ein Schatten von dem Bilde
des ersten Prinzips.«

In der unendlichen Substanz geht so alle Besonderheit unter: weil sie alles ist, kann sie nichts im besonderen sein. Darum ist sie für uns, deren Begriffe an einzelnen Dingen emporwachsen, unerfaßbar und unaussagbar. Während aber das Ganze seiner Essenz nach unverändert bleibt, bildet das Leben der Einzeldinge eine rastlose Veränderung: so ist die Natur immer werdend und dabei immer doch schon fertig und vollendet; das Universum ist in jedem Augenblicke vollkommen, es kann nie etwas anderes sein als die schrankenlose Betätigung der göttlichen Urkraft. Die einzelnen Dinge dagegen sind dem Prozesse des Keimens, Wachsens und Welkens unterworfen. Sie beginnen in unvollkommener Gestalt, sie entwickeln sich zu vollkommener Entfaltung ihres inneren Wesens, und sie sterben wieder dahin zu neuer Unvollkommenheit, um anderen Dingen als Keim neuen Lebens zu dienen. In dieser ewig gleichen Vollkommenheit des Ganzen sucht Bruno den Trost über die Unvollkommenheit des einzelnen; auch seine eigenen geknickten Hoffnungen, sein Elend und sein Tod gelten ihm nichts vor dieser seligen Versenkung in die unendliche Schönheit des Universums. Je mehr der Mensch sich in die Anschauung des Ganzen erhebt, um so mehr verschwindet ihm der Schmerz über die Leiden und Übel der Welt. Es gibt in Wahrheit keinen Tod, das Weltall ist nur Leben, das Substantielle kann niemals vernichtet werden, und es ändern sich nur die Gestalten seiner äußeren Erscheinung. Dieser Optimismus als die notwendige Konsequenz des Universalismus ist von Bruno in begeisterter Weise ausgesprochen worden. Aus der Beschränkung des irdischen Lebens schwingt er sich empor, um in weihevoller Betrachtung das Weltall zu genießen. Das ist die Liebe, die den Weisen erfüllt, das ist die Leidenschaft, der Bruno in seinem Buche: »Degli eroici furori« auch einen poetisch schönen Ausdruck gegeben hat. In dieser höchsten Liebe des Nolaners begegnet uns, von moderner Phantasie erfüllt, der platonische Eros wieder, die sehnende, ringende Erhebung der Seele zur Gottheit, zur unendlichen Natur.

In diesem ewigen, rastlos in sich geschlossenen Leben des Universums kann es deshalb keinen äußeren Zwang, keine mechanische Nötigung geben; alle Bewegung stammt ja aus der innersten Natur der Dinge, und sie ist somit zugleich höchste Notwendigkeit und vollkommenste Freiheit. In der universellen Lebenseinheit

lösen die Gegensätze der einzelnen Dinge sich auf, wie sie einander
bedingen zu schöpferischer Tätigkeit. Auf diese Weise entwickelt
Giordano Bruno von tieferem Gesichtspunkte seines Pantheismus
aus nun die Lehre von der coincidentia oppositorum, in der ihm
Nikolaus von Cues vorgearbeitet hatte. Wichtiger als die Auf-
stellung einer Tabelle der Gegensätze ist die Analogie, durch die
Bruno diesen Gedanken zu erläutern sucht. Alle künstlerische
Tätigkeit, sagt er, zeigt eine Harmonie der Gegensätze; Farben,
Linien und Töne werden von der Kunst gerade vermittels ihres
Gegensatzes zu harmonischer Einheit verknüpft: und so ist auch
das Leben des Weltalls ein künstlerisches, organisches. Die göttliche
Urkraft in der Fülle ihrer Mannigfaltigkeit entzweit sich in den
Widerspruch, um ihn zu schöner Einheit zu versöhnen. Das sind
heraklitische Gedanken, die unter dem künstlerischen Gesichts-
punkte die Weltauffassung der stoischen Physik erneuern. Das
Weltall ist ein unendlicher Prozeß, in welchem die Gegensätze zueinander zurückkehren; daher, sagt Bruno wie die Philosophen des
Altertums, ist die natürlichste und vollkommenste Bewegungsform
die Kreislinie, in der ja auch die Weltkörper einer um den anderen
laufen, und die Kugelgestalt die Grundbildungsform der endlichen
Welten.

Wenn so in dem Systeme Brunos der Universalismus zu überwiegen scheint, so sind doch auch die Keime der entgegengesetzten
Richtung bei ihm schon sehr kräftig entwickelt, und wenn man
die Reihenfolge seiner Schriften betrachtet, so scheint es, als ob
sie im Laufe seines Lebens immer mehr bestimmende Kraft gewonnen hätten. Es ist namentlich ein Gegensatz, in dessen Betrachtung die individualistische Tendenz hauptsächlich seiner späteren Schriften lebhaft hervortritt, derjenige des Größten und des
Kleinsten, — ein Gegensatz, an den schon Nikolaus von Cues in
ähnlichem Sinne die letzten Probleme seiner Metaphysik geknüpft
hatte. Da die Gottheit alle Gegensätze umspannt, so ist sie auch
zugleich das Größte und das Kleinste. In dem ersteren Sinne ist
sie das Universum selbst, als die räumliche und zeitliche Unendlichkeit alles Lebens, in dem letzteren Sinne ist sie der individuell bestimmte Lebenskeim jedes endlichen Dinges: denn ohne individuelle
Bestimmtheit ist kein Leben zu denken. Der Begriff des Kleinsten
entwickelt sich nun für Bruno in drei Formen. Es gibt ein mathe-

matisches Minimum, das ist der Punkt; er ist das Prinzip der Linie, ihr Anfang und ihr Ziel. Es gibt ein physikalisches Minimum, das ist das Atom, das Prinzip des Körpers; denn er besteht aus Atomen, und in Atome löst er wieder sich auf. Es gibt ein metaphysisches Minimum, das ist die Monade, das individuelle Wesen; denn aus individuellen Wesen besteht das Universum, und seine ganze Tätigkeit ist darin beschlossen, Individuen entstehen und vergehen zu lassen. Aber dies Individuum kann schließlich doch nie etwas anderes sein, als die unendliche Weltkraft selbst. Es kann auch nicht ein selbständiger Teil davon sein; denn die ewige Urkraft ist nicht spaltbar und veränderlich, sie ist überall ganz und überall die gleiche. Die Monade ist deshalb die Gottheit selbst, nur in jeder Monade in besonderer Gestaltungs- und Erscheinungsform. Wie im Organismus die organische Kraft, wie im Kunstwerke der schöpferische Gedanke überall ganz und vollständig zugegen ist und dabei doch überall eigentümlich sich darstellt, so ist die allgegenwärtige Gotteskraft an jeder Stelle des Universums neu und von allen anderen verschieden, sie ist unerschöpflich genug, um sich niemals wiederholen zu müssen.

Und das ist nun also der tiefste Gegensatz, welchen das Universum in sich trägt: jede seiner Monaden ist ein Spiegel der Welt, sie ist zugleich das Ganze und dabei ein von allen anderen unterschiedenes Ding; es ist überall dieselbe Weltkraft und doch jedesmal in einer anderen Gestalt. Diese nicht eigentlich begrifflich durchdachte, sondern nur mit kühner und großartiger Phantasie ausgemalte Versöhnung des universalistischen und des individualistischen Gedankens hat Bruno an die Grundlage seines Systems, an die kopernikanische Lehre anzuknüpfen gewußt. Die Weltkörper selbst zeigen in ihrer Doppelbewegung die Vereinigung der universalen und der individuellen Tendenz. Indem sie sich um ihre Zentralkörper bewegen, zeigen sie ihr Leben durch das Ganze bedingt und im Ganzen beschlossen; indem sie sich um ihre eigene Achse drehen, erweisen sie sich als selbstkräftige Erscheinungen der göttlichen Substanz, als Monaden. Das Ganze ist nur, indem es im Einzelnen lebendig wird: das Einzelne ist nur, indem es die Kraft des Ganzen in sich trägt. »Omnia ubique.«

Es ist keine Arbeit des strengen begrifflichen Denkens, welche uns in diesem System entgegentritt, aber es ist eine denkwürdige·

Schöpfung metaphysischer Phantasie, die mit künstlerischem Sinn
das neue Gebäude der astronomischen Forschung ausbaut und
der Entwicklung des modernen Denkens ahnungsvoll vorgreift.
Vieles, vielleicht das meiste in den Schriften Brunos wird den
jetzigen Leser bald durch pedantische Ausführlichkeit, bald durch
geschmacklose Leidenschaftlichkeit, bald durch phantastische Willkürlichkeit und Regellosigkeit, bald endlich durch kindische Unwissenschaftlichkeit verletzen: im ganzen betrachtet, wie der Geist
seines Systems es verlangt, bleibt die Reinheit seiner Absicht und die
Großartigkeit seiner Kombinationsgabe eines jener Denkmale des
menschlichen Geistes, welche durch die Jahrhunderte strahlen mit
belebender und befruchtender Kraft.

Die Geschichte zeigt sehr bald nach Bruno eine Art Kopie von
ihm, die sich aber zu dem Originale höchstens verhält wie ein
schlechter Gipsabguß zur Marmorstatue. Es ist Lucilio Vanini,
der, 1585 zu Neapel geboren, nach einem gleich ruhelosen Leben,
das er in Deutschland, den Niederlanden, der Schweiz, England,
Italien und Frankreich geführt hatte, im Jahre 1619 zu Toulouse
verbrannt wurde. Seine Schrift: »De admirandis naturae reginae
deaeque mortalium arcanis« ist in jeder Beziehung nur ein ver-
flachter Abklatsch der von Bruno so plastisch ausgeführten Gedanken, und seine mit widerwärtiger Polemik gegen das Christentum durchflochtene Darstellung des Naturmechanismus würde
vermutlich längst der Vergessenheit anheimgefallen sein, wenn
ihm nicht sein Märtyrertum eine Stelle in der Geschichte der
Denker verschafft hätte.

§ 13. Tommaso Campanella.

Neben Bruno erscheint eine zweite, auch von düsterem Geschick
umhüllte Gestalt: sein Ordensbruder Campanella. In den gleichen
gärenden Gedanken aufgewachsen, durch ihren Widerspruch zerrissen und aus dem Geleise ruhiger Entwicklung herausgetrieben,
ist auch er unstet durch die Welt geirrt und hat die Verfolgung
der kirchlichen Macht in schwerem Leid erfahren; nur am Schluß
war es ihm beschieden, in der Fremde den Hafen der Ruhe zu
finden.

Thomas Campanella, 1568 zu Stilo in Calabrien geboren, war
wie Bruno frühzeitig Dominikaner geworden und zu seiner Aus-

bildung auf die cosentinische Akademie geschickt worden, wo die
Traditionen des Telesius das Ansehen des Aristoteles untergruben.
Seine glänzenden Erfolge in gelehrten Disputationen zogen ihm eine
Anklage wegen Zauberei zu, »weil er die Theologie kenne, ohne
sie studiert haben zu können«, und so zur Flucht gezwungen, be-
gab er sich nach Rom, von dort nach Florenz und später nach
Padua, bis er 1599 unter dem Vorwande politischen Verdachtes
aufgegriffen und nach mehrmaliger Folterung zu lebenslänglicher
Gefangenschaft verurteilt wurde. Im Gefängnisse milde behandelt,
dichtete er Kanzonen und Sonette, welche von einem Freunde unter
dem Titel: »Scelta d'alcune poesie filosofiche di Septimontano
Squilla« herausgegeben wurden. Einiges davon hat Herder übersetzt.
Nach langen Jahren wurde Campanella 1626 vom Papst Urban VIII.
freigelassen: aber schon bald darauf mußte er wiederum, von seiten
der Spanier verdächtigt, unter dem Schutze der französischen Gesandtschaft nach Marseille entfliehen. Hier trat er in Verkehr
mit Gassendi und wurde von ihm dem Hofe und der gelehrten
Gesellschaft in Paris zugeführt. Mit Unterstützung Richelieus
begann er eine Gesamtausgabe seiner Werke zu veranstalten; an
ihrer Vollendung hinderte ihn der Tod, der ihn 1639 in Paris er-
eilte. Seine Persönlichkeit ist eine der seltsamsten Mischungen
einander widerstreitender Eigenschaften: hoher Flug des Denkens
und beschränkter Aberglaube, kühne Einbildungskraft und trockene
Pedanterie, leidenschaftliches Tatbedürfnis und kühle Reflexion,
phantastische Neuerungssucht und unselbständiges Haften am Alten
— das alles liegt in ihm dicht nebeneinander. Dabei ist er ein
weiter Geist, der die Probleme der Gesellschaft ebenso umspannt
wie die der Natur und nach manchen Richtungen in vordeutender
Weise neue Bahnen eröffnet hat. Wie in Bruno die Lehren von
Spinoza und Leibniz, so dämmern, wenn auch noch mit sehr unbestimmten Formen, in Campanella diejenigen von Descartes und
teilweise von Kant herauf, und wenn er auf dem naturphilosophischen
Gebiete keinen wesentlichen Fortschritt mehr bezeichnet, so verdienen anderseits seine erkenntnistheoretischen und ethisch-poli-
tischen Ansichten volle Beachtung.

Die Aufgabe der Philosophie entwickelt auch Campanella aus der
Lehre, daß Gott sich doppelt offenbart habe, in ewiger und in ein-
maliger Weise; jenes in dem codex vivus der Natur, dieses in dem

codex scriptus der heiligen Bücher; die Philosophie hat es nur mit
einer Interpretation des codex vivus zu tun, sie ist eine Kunde
von dem Wahrnehmbaren, und in diesem Sinne bezeichnet er sie
als Mikrologie. Bemerkenswert ist dabei die sorgfältige Teilung,
welche Campanella in die Behandlung der philosophischen Probleme einzuführen sucht. Während die übrigen Naturphilosophen
meist in rhapsodischer Weise die Gedanken durcheinanderwarfen,
oder höchstens sich an die antike Einteilung in Logik, Physik und
Ethik anschlossen, begegnet uns bei Campanella zum ersten Male
der Versuch einer systematischen Neuordnung der Philosophie, wie
es nachher von Zeit zu Zeit ein Lieblingsgegenstand der philosophischen Überlegungen geworden ist. Bei Campanella werden
in höchst bezeichnender Weise Logik und Mathematik als vorbereitende Hilfswissenschaften herausgehoben und der eigentlichen
Philosophie vorangeschickt, die dann in drei Teilen Metaphysik,
Physik und Ethik behandeln soll. Die Erkenntnistheorie geht von
einer Widerlegung des Skeptizismus aus, welche freilich nicht so
vollständig ist, daß die Gedanken Pyrrhos, auf die sie hauptsächlich
zurückgreift, gänzlich von der Hand gewiesen würden. Campanella
erkennt vielmehr an, daß der Mensch nur einen kleinen Teil der Dinge
zu begreifen imstande ist, und daß auch von diesem kleinen Teile
nicht das eigentliche Wesen, sondern nur die Art, wie er uns affiziert, uns zum Bewußtsein kommen kann. Das waren nominalistische Lehren, die auch der Cusaner sich mit der Bezeichnung
der »Konjekturen« zu eigen gemacht hatte. Allein das genügt
für den von Campanella bestimmten Begriff der Philosophie. Als
die Kunde von dem Wahrnehmbaren ist sie ja von selbst auf den
Kreis unserer Erfahrung beschränkt, mag dieser noch so eng oder
noch so weit sein; und daß wir nicht die Substanz der Dinge, sondern nur ihre Art, uns zu affizieren, erkennen können, findet Campanella sehr natürlich, da ihm dieses aus dem Wesen des Empfindens
unmittelbar zu folgen scheint und das Empfinden ihm als der
hauptsächlichste Teil aller Erkenntnis gilt. »Sentire est scire«,
mit diesem Schlagwort nimmt er den Sensualismus der telesia-
nischen Schule auf; die Erkenntnis ist durchgängig eine Sache des
Empfindungsvermögens, Sinn und Empfindung ist der Anfang
alles Wissens. So konsequent hält er an dieser sensualistischen
Theorie fest, daß er die Erinnerung nur für die Wahrnehmung

eines erneuerten Affiziertwerdens und die Schlußfolgerung nur als
die »Empfindung von etwas in etwas anderem« definiert, und daß
er alle wissenschaftliche Arbeit nur für die Kombination von Wahrnehmungen erklärt. Was einer nicht selbst sehen, fühlen und hören
kann, das muß er der Mitteilung anderer Menschen glauben, d. h.,
wie Campanella sich ausdrückt, »durch fremde Sinne empfinden«,
und wo die Wahrnehmungen einander widersprechen, da übt
eben eine oder mehrere die Kritik über die anderen aus. Im Gegensatze zu Bruno, der mit Hinblick auf die Untersuchungen von
Kopernikus eine Kritik der Wahrnehmungen durch Begriffe verlangt hatte, behauptet Campanella, es seien zu dieser Kritik die
Wahrnehmungen sich selbst genug und ursprüngliche Begriffe nicht
nötig. Die von selbst einleuchtende Verfehltheit dieser Behauptung
wird gemildert, sobald man bedenkt, daß auch die Verstandesopera-
tionen, die man sonst als Begriffe, Urteile und Schlüsse bezeichnet,
von Campanella ausdrücklich für Arten der Empfindung erklärt
worden sind, und er macht ganz besonders darauf aufmerksam,
daß diese verwickelten Formen der Empfindung überall zwischen
die einfachen gemischt sind, daß also die Tätigkeit des Empfindens
sich stets mit derjenigen verbunden zeigt, die man sonst Denken
nennt.

Noch ein anderes kommt hinzu, um diesem Sensualismus ein
Gepräge zu geben, wodurch er fast wie eine Vorschöpfung der
idealistischen Systeme scheint. Untersucht man nämlich das
Wesen der Empfindung näher, so enthält sie, wie Campanella ausführt, ein aktives und ein passives Element. Bloßes Affiziert-
werden ist noch keine Empfindung; dazu wird es erst, wenn man
merkt und wahrnimmt, daß und wie man affiziert worden ist.
Empfindung also ist Wahrnehmung eines Zustandes, in welchen
das empfindende Wesen selbst durch Affektion von anderen Dingen
versetzt worden ist. Dieser Fundamentalsatz der modernen Erkenntnistheorie ist schon mit ziemlicher Klarheit bei Campanella
entwickelt: er benutzt ihn zunächst, um zu zeigen, daß, wenn
alle Erkenntnis Empfindung ist, wir von jener gar nicht verlangen
können, daß sie das Wesen der Dinge selbst erfasse, sondern uns
damit begnügen müssen, wenn sie nur die Art, wie die Dinge uns
affizieren, enthält. Diese Meinungen von Campanella, so un-
geschickt sie sich noch ausdrücken, enthalten doch einen Zug,

welcher in der Geschichte der neueren Philosophie häufig wiederkehrt, die bemerkenswerte Tatsache nämlich, daß gerade der Sensualismus, wo man ihn recht konsequent durchzuführen sucht, in
Idealismus und Phänomenalismus umzuschlagen geneigt ist.

Im Grunde genommen also ist alle Erfahrung nur diejenige
unserer eigenen Zustände, und von dieser geht denn auch Campanella aus, um (was freilich mit seiner Erkenntnistheorie nicht ganz
übereinstimmt) eine philosophische Welterkenntnis daraus abzuleiten. Es sind z. T. augustinische Gedankenreihen und Vorstellungsweisen, die er dabei benutzt. Der Mensch dient ihm als Erkenntnis-
grund für das gesamte Weltall, ist ihm der »parvus mundus«, Mikrokosmos, und er begründet diesen Gedanken durch die Forderung
der All-Einheit alles Seienden. Wenn die Substanz in allen Dingen
dieselbe ist, so braucht der Mensch nur sein eigenes Wesen zu
durchschauen, um das Welträtsel zu lösen: dieses metaphysische
Grundprinzip, das in den Philosophien der späteren Jahrhunderte
mit stolzen begrifflichen Verzierungen und Verbrämungen erschienen ist, wird von Campanella sehr einfach dahin ausgesprochen,
daß, was wir in uns finden, die allgemeinsten Prinzipien, oder wie
er sich ausdrückt, Proprinzipien der Dinge sind. Diese unsere Erfahrung von uns selbst zeigt uns nun vier Grundgewißheiten: 1) daß
wir sind — 2) daß wir können, wissen und wollen — 3) daß wir
dabei durch äußere Einflüsse eingeschränkt sind — 4) daß wir
noch anderes als das Gegenwärtige können, wissen und wollen. Von
diesen Grunderfahrungen ist die wichtigste zunächst die zweite.
Sie zeigt, daß Macht, Wissen und Wille die ursprünglichen Eigenschaften, wie Campanella sie nennt, die Primalitäten alles Seins
bilden. Sie müssen an der Gottheit in höchster Vollkommenheit
und in vollendeter Vereinigung vorhanden sein. Seine höchste Güte
wollte, seine höchste Weisheit ordnete, seine höchste Macht voll-
brachte die Welt; aber er selbst ist deshalb unaussprechlich, unerkennbar und kein Gegenstand der Philosophie. Für deren einzige
Aufgabe, die Welt zu erkennen, muß man zunächst im Auge behalten, daß diese von dem höchsten Sein, von der Gottheit, aus
dem Nichts hervorgerufen worden ist, und daß sie deshalb überall
eine Mischung von Sein und Nichtsein darstellt. Darin gerade
besteht die Endlichkeit und die Zufälligkeit der Dinge, daß sie
neben dem Sein auch das Nichtsein in sich tragen. Auch dieses

Nichtsein besitzt gleichfalls jene drei Primalitäten, welche das Wesen des Seins umfaßt. Es trägt in sich die Ohnmacht, das Nichtwissen und den bösen Willen. Diese Dualität wird dann bei Campanella ganz ähnlich wie bei Telesius auf den naturphilosophischen Gegensatz von Licht und Finsternis im Sinne der eleatischen Physik gedeutet: die Weltgestaltung dagegen entwirft er unter dem neuplatonischen Gesichtspunkte der Emanation, vermöge deren in fünf Stufen von der Gottheit aus sich Weltsysteme entwickeln, die immer weniger Macht, Wissen und Güte und immer mehr Ohnmacht, Nichtwissen und Bosheit enthalten: zuerst der mundus archetypus, die urbildliche Welt in der göttlichen Weisheit; sodann der mundus metaphysicus, die Geisterwelt, welche Campanella in der Art, wie es seit Dionysius Areopagita auch in der scholastischen Lehre üblich gewesen war, als eine Hierarchie von Engelordnungen darstellt; weiterhin der mundus mathematicus, der absolute unendliche Raum mit seinen gesetzmäßigen Bestimmungen; ferner der mundus temporalis et corporalis, die in diesem Raume befindliche unendliche Anzahl von Sonnensystemen (eine Vorstellung, die sich ziemlich genau an Brunos Lehren anschließt); und endlich als die letzte Stufenbildung, die Welt, die wir erfahren, der mundus situalis. Offenbar liegt in dieser neuplatonisierenden Emanationslehre wieder ein Rückschritt gegen die Gedanken Brunos, der den göttlichen Lebensodem unabgeschwächt bis in den entferntesten Winkel des Universums trug. Gleich neuplatonisch ist endlich auch Campanellas Auffassung des Erkenntnisprozesses, in welchem sich der Mensch durch vier korrespondierende Stufen aus der Niedrigkeit seines mundus situalis zur Gottheit zurück erheben soll. Durch die Sinnestätigkeit gewinnt er die Erkenntnis der materiellen Welt, durch die Einbildung erhebt er sich darüber zur Anschauung der mathematischen Welt; seine Gedanken und Begriffe tragen ihn empor in die metaphysische Welt der Geister, und die Philosophie lehrt ihn die urbildliche Welt in Gott verstehen, um ihn dann für den letzten Schritt der vollkommenen Vereinigung mit Gott dem religiösen Glauben zu übergeben.

Die Behandlung der physikalischen Fragen läuft im wesentlichen darauf hinaus, von der verschiedenstufigen Mischung der beiden Prinzipien, des Warm-Trocknen und des Kalt-Feuchten, die qualitativen Unterschiede der Dinge abzuleiten. Campanella liebt es, die

Übergänge zwischen polaren Gegensätzen aus deren Mischung zu
erklären, und verfährt z. B. nach diesem Gedanken in einer Ent-
wicklnng der Farben aus Schwarz und Weiß, womit er wiederum
manchen späteren Theorien vorgegriffen hat. In astronomischer
Beziehung bekundet er seinen Wunsch, zwischen der neuen Wissenschaft und der Kirchenlehre einen Kompromiß zu finden, durch die
Annahme des Systems von Tycho de Brahe, und während er also
die Erde feststehen und die Sonne mit den sie umkreisenden Planeten sich um die Erde bewegen läßt, schreibt er der Sonne neben
ihrer Bewegung von Ost nach West auch eine solche von Nord
nach Süd und umgekehrt zu, um ihre wechselnde Stellung innerhalb
der Wendekreise daraus zu erklären. Daneben glaubt er an eine
allmähliche Annäherung der Sonne an die Erde, wodurch schließlich
der Weltbrand herbeigeführt werde, das jüngste Gericht, bei welchem
alles in alles verwandelt und die Natur in die Gottheit zurückgenommen werden soll. Diese allgemeine Verwandelbarkeit aller
Dinge ist nur der letzte Ausfluß ihrer Wesensgleichheit und der
Lebenseinheit, die sie jetzt schon zeigen und die ihren Grund nur
in der allgemeinen Weltseele haben kann. Auch Campanella verfolgt den Gedanken der Beseeltheit aller Dinge durch die gesamte
Natur. Pflanzen und Steine gelten ihm nicht minder beseelt als
die Tiere, und gar die großen Weltkörper betrachtet er als hohe
Dämonen. Dabei aber sucht er nach neuplatonischem Muster in
der alles durchdringenden, den Zusammenhang des Universums
vermittelnden Weltseele den Sitz der Instinkte, Ahnungen, Träume
und Wahrsagungen, für welche er in der menschlichen Seele ein
eigenes Organ, eine Art von mystischem Sensorium annimmt.
Überhaupt war Campanella von einer auch für jene Zeit hervorragenden Abergläubigkeit, und sein Hauptwerk: »De sensu rerum
et magia« (1620) bildet in dieser Hinsicht ein höchst interessantes
Denkmal der Zeit. Aus der Weltseele fließt nach ihm auch die
Kraft der Magie, und eine ausgeführte Untersuchung belehrt uns,
daß es eine göttliche, eine natürliche und eine teuflische Magie
gibt, drei Arten, die dem äußeren Anscheine nach oft sehr ähnlich,
in ihrem inneren Wesen weit voneinander verschieden seien.

    In dem Verhältnis der Weltseele zur Einzelkraft und zum Indi-
viduum nimmt Campanella ganz dieselbe Doppelbeziehung an,
wie Bruno die Doppelbewegung, wodurch jedes Ding einerseits sich

selbst, anderseits dem Ganzen zustrebt. Er macht davon auch physikalische Anwendungen und sucht durch die Hypothese eines Unterschiedes zwischen absoluter und relativer Schwere daraus die galileischen Entdeckungen der Gesetze des freien Falles zu begreifen, wie er überhaupt für den gleich ihm verfolgten großen Forscher auch hinsichtlich der Zustimmung zur korpernikanischen Lehre literarisch eintrat. Bedeutender jedoch ist die Verwendung dieser Lehre von der Doppelbewegung in seiner Ethik. Auch im moralischen Sinne nämlich hat das Individuum eine Eigenbewegung, mit der es sich um seine Achse dreht, den Egoismus der Selbsterhaltung, auf der anderen Seite aber eine zentripetale Bewegung, das Bedürfnis der Geselligkeit und der Einordnung in einen gesetzmäßigen Zusammenhang: diesen letzteren Zug bezeichnete Campanella als die Religion, die er deshalb in gewissem Sinne allen Wesen zuschrieb.

Wenn dies mehr dialektische Formeln sind, so ist dagegen von hervorragendem sachlichen Interesse Campanellas Staats- und Erziehungslehre, wie er sie in seiner Utopie »Civitas solis« (als Anhang zur Philosophia realis epilogistica zuerst Frankfurt 1623 gedruckt) niedergelegt hat. Auch hier, wie bei Morus, das Bild einer Gesellschaftsordnung, die stark auf irdische Lebenszwecke gerichtet ist — auch hier die Anlehnung an das antike Vorbild, aber weit mehr an Platons »Gesetze«, als an seine Republik —, auch hier die soziale Omnipotenz des Staates, auch hier die Aufhebung der Familie und des Privateigentums. Der »Sonnenstaat« ist eine sozialistische Organisation, welche auch das Privatleben bis in die letzten Einzelheiten der Arbeit und des Genusses regelt. An seiner Spitze stehen die Priester der Wissenschaft, deren Hierarchie nach den Begriffen von Campanellas Metaphysik gegliedert ist. Aber der Zweck dieses Staates ist das irdische Wohlbehagen und die weltliche Bildung aller seiner Bürger. In ersterer Hinsicht sollen die Mittel der neuen Naturwissenschaft mit ihren Entdeckungen und Erfindungen, nicht minder aber auch alle Künste der Astrologie und Magie ausgenutzt werden, um jedermann durch einen vierstündigen Normalarbeitstag ein menschenwürdiges Dasein zu bereiten. Die vom Staat zu leitende Erziehung aber soll zu diesem Behufe nicht humanistischen, sondern realistischen Charakters sein; eine groteske Form des Anschauungsunterrichts wird entworfen,

durch den die Menschen von Jugend auf mit den Sachen vertraut
gemacht werden sollen.

In eigentümlichem Gegensatze zu solchen kühnen Neuerungen
stehen Campanellas politische Auslassungen in seiner »Monarchia
Hispanica«. Auch der einzelne Staat hat seine Selbständigkeit in
seiner Selbsterhaltung gegen andere und in der Freiheit seiner
inneren Gesetzgebung: aber das ganze System der Staaten kann
nur bestehen, wenn sie alle zusammen eine gemeinschaftliche Beziehung auf einen Mittelpunkt haben und einem gemeinsamen Gesetze sich alle gleichmäßig unterordnen. Von diesem Standpunkte
aus vertritt Campanella in einer heftigen Polemik gegen Macchiavelli die Ansprüche der päpstlichen Universalmonarchie und die
Forderung einer Unterordnung des Staates unter die Kirche, einer
Abhängigkeit der Staatsgesetze von kirchlichen Dogmen. Er steht
in der praktischen Politik auf derselben Linie wie die gleichzeitigen
jesuitischen Rechtsphilosophen Mariana und Bellarmin, welche
die zweischneidige Gefährlichkeit der Theorie des Staatsvertrages
aufdeckten, indem sie zeigten, daß er seinem Begriffe nach als auf-
hebbar und zurücknehmbar angesehen werden müsse. Campanella
aber tritt unter diesem religiös-politischen Gesichtspunkte für die
spanische Weltherrschaft ein: ihr sollen die Schätze der Kolonien
zufallen, damit sie die Ketzer besiegen kann. Was diese Theorie
bedeutet, versteht man, wenn man bedenkt, daß sie in den ersten
Jahren des dreißigjährigen Krieges verkündet wird, und man fragt:
warum mußte dieser Mann auf Verlangen der Spanier von der Inquisition gefoltert werden? Oder sollte er damit wirklich nur die
Renommisterei gebüßt haben, mit der er wie gar manche seiner Zeitgenossen seine Philosophie als die gewaltige Umwälzung alles
Wissens und Lebens, als die »Instauratio magna« verkündete?

§ 14. Galileo Galilei.

Trotz aller geistigen Energie, die den phantasievollen Entwürfen
der Naturphilosophie bei Männern wie Bruno und Campanella
innewohnt, sind sie doch nicht imstande gewesen, dauernde Leistungen von wissenschaftlicher Sicherheit hervorzubringen: dies war
erst der sehr viel nüchterneren Forschung beschieden, welche den
Sinn für die Erfahrung, den Telesius gepredigt hatte, nicht durch
begriffliche Dichtungen und glückliche Einfälle, sondern durch die

mathematische Theorie ergänzte. In mancherlei Formen und
Versuchen hatte sich nach dieser Richtung die methodische Begründung der modernen Naturwissenschaft vorbereitet, ehe
sie ihre klare und bewußte Gestaltung in dem großen Forscher fand,
der unter den Geistern der italienischen Renaissance der wissenschaftlich bedeutendste ist: Galilei. Mit der allgemeinen philosophischen Bewegung der Zeit hängt dieser Vorgang nur an einem
Punkte direkt zusammen: auch die Überzeugung von der Erforder-
lichkeit der Mathematik für die naturwissenschaftliche Theorie
wurzelt zuletzt in der humanistischen Tradition, in der auf vielen
Wegen lebendig gebliebenen Zahlensymbolik der Pythagoreer. Sie daraus mit vollem Bewußtsein herausgelöst und mit
begrifflicher Klarheit zur Methode der Naturforschung umgebildet
zu haben, ist die unsterbliche Tat Galileis. Er ist nicht der Schöpfer
eines philosophischen Systems im eigentlichen Sinne des Worts:
aber er hat die Aufgabe seiner besonderen Wissenschaft und die
nötigen Mittel zu ihrer Lösung mit so deutlichem philosophischen
Verständnis erkannt und formuliert, daß er dadurch zum Vater nicht
nur der Naturforschung, sondern auch der naturwissenschaftlichen
Weltanschauung geworden ist und in dieser Weise auch die Entwicklung der modernen Philosophie auf das kräftigste beeinflußt hat.

Galileo Galilei war im Jahr 1564 zu Pisa als der Sohn eines
Florentiner Musikers von guter Familie geboren. Seine Studien in
Pisa und Florenz gingen von der Medizin, der sie anfänglich gegolten hatten, bald zur Philosophie und Mathematik über: als Professor der letzteren wirkte er seit 1589 in Pisa, seit 1592 in Padua
und von 1610 an wiederum in Pisa. In das erste Jahrzehnt des
XVII. Jahrhunderts fallen die großen Erfolge seiner Forschung, die
Entdeckung der Fallgesetze und die Verbesserung des Fernrohrs,
die Begründung der modernen Mechanik und Astrophysik. Mit
dem Teleskop gelang ihm zum Staunen der Zeitgenossen die Auflösung der Milchstraße und der Plejaden, die Erkenntnis der Un-
ebenheit der Mondoberfläche, die Auffindung der Jupitertrabanten
und des Saturnringes, die Bestimmung der Sonnenflecken. In den
»Briefen« über die letzteren (1617) äußerte er sich zuerst über
die »Hypothese« des Kopernikus in einer Weise, welche als Zustimmung aufgefaßt werden konnte und ihm sogleich heftige Angriffe mit dem Vorwurf der Häresie zuzog: bald begab er sich

freiwillig nach Rom, wo es ihm gelang, die Bedenken der kirchlichen
Behörde zu beschwichtigen. Als er jedoch in seinem methodologischen Hauptwerke »Il saggiatore« (1623) gegen einen jesuitischen
Schriftsteller namens Grassi sich hatte wenden müssen, begannen die
Angriffe gegen ihn mit erneuter Leidenschaftlichkeit: und als er 1632
seinen Dialog über die beiden Weltsysteme (das ptolemäische und
das kopernikanische) veröffentlichte, da schützte die formelle Unentschiedenheit, die das Werk den beiden Ansichten gegenüber
wahrte, ihren Verfasser nicht davor, als Vertreter des Koperni-
kanismus behandelt zu werden. Jetzt wurde ihm wirklich der
Prozeß gemacht; nach Rom zitiert, schwor er, um den letzten
Roheiten der Inquisition zu entgehen, seinen »Irrtum« ab, und nach
kurzer Haft erhielt er die Erlaubnis, sich auf seine Villa in Arcetri
zurückzuziehen. Hier hat er bis zu seinem Tode (1642) ein stilles
Gelehrtendasein geführt, dessen wertvollster Ertrag die »Dialoge
über die neuen Wissenschaften« waren.

Auch Galilei betrachtet die Philosophie als eine rein weltliche
Wissenschaft, deren Aufgabe die Naturerkenntnis sei, und er wahrt
das Recht der freien Forschung gegen die Ansprüche der Orthodoxie. In seinem höchst interessanten Briefe an die Großherzogin-
Mutter Christine von Lothringen (1615) führt er aus, Gott habe
dem Menschen, um die Natur zu verstehen, Sinn und Verstand
gegeben: zu lehren, was damit erkannt werde, könne nicht deshalb
verboten sein, weil es einer in der Bibel vorkommenden Auffassung
widerspreche. Denn Gott habe seine Offenbarung zu alter Zeit
dem Volke in einer für dessen Fassungskraft angemessenen Weise
gegeben, und diese Offenbarung zwecke nicht auf theoretisches
Wissen, sondern auf Glauben und frommes Handeln ab. Die Wissenschaft dagegen hat es mit der Offenbarung Gottes zu tun, welche
in dem Buche der Natur vorliegt. Dies Buch aber, sagt Galilei,
ist in mathematischen Zeichen geschrieben, und darum gilt es, diese
zu verstehen.

Die mathematische Ordnung des Weltalls, welche die
Pythagoreer geahnt haben, ist also das Ziel der Naturerkenntnis
für Galilei. Aber nicht durch symbolische Deutungen, durch will-
kürliche Kombinationen und mystische Gedankenspiele ist dies
Ziel zu erreichen, sondern nur durch die Erfahrung. In dieser
Hinsicht ist auch Galilei ein Schüler des Telesius: allein, wenn

dieser und seine sonstigen Anhänger von der Sinneswahrnehmung als der einzigen Grundlage alles Wissens doch immer wieder zu begrifflichen Konstruktionen und Spekulationen fortgeschritten waren, so erklärte Galilei, daß es die Aufgabe sei, durch die Wahrnehmung selbst die mathematische Ordnung aller Dinge zu erkennen. So durchdringen sich in ihm die beiden methodologischen Momente der modernen Naturforschung: ihre Aufgabe ist nur die Einsicht in die mathematische Gesetzmäßigkeit der Natur, und diese Aufgabe ist nur durch die Erfahrung zu lösen.

In dieser Hinsicht hat Galilei einen von ihm selbst mit der größten Hochachtung anerkannten Vorgänger in Johannes Kepler, dem großen Forscher, der in Deutschland, ebenso vereinsamt wie Kopernikus, einem mit Not und Elend kämpfenden Leben (1571 bis 1630) tief bedeutsame astronomische Einsichten abgerungen hat. Die begeisterte Grundüberzeugung von der Schönheit und Harmonie des Weltalls, wie er sie in seiner »Harmonice mundi« (1619) aussprach, führte diesen Mann zu dem Versuche, jene pythagoreische Weltansicht durch die Erfahrung zu bestätigen, und durch die mühsamste Induktion mit Hilfe mathematischer Rechnungen gelangte er in seinen Untersuchungen über die Bewegungen des Mars (1604) zur Feststellung der Gesetze, die noch heute seinen Namen tragen. Schon er war sich der Prinzipien, die zu solchem Erfolge führten, klar bewußt: alle naturwissenschaftliche Erkenntnis ist auf zahlenmäßig bestimmbare Größen und deren mathematische Funktionen gerichtet, aber die so zu gewinnenden Einsichten beziehen sich wesentlich auf die Gesetze der Bewegung.

Diese Gedanken sind von Galilei aufgenommen, vertieft und verallgemeinert worden. Er hat die aristotelische Naturphilosophie, gegen deren autoritative Geltung auch er den lebhaftesten Kampf führte, durch die Mathematik besiegt und damit der demokritischen Weltvorstellung, die ohne die Hilfe der Mathematik sich gegen die Entelechienlehre nicht hatte behaupten können, wieder die Bahn freigemacht, auf welcher die theoretische Naturwissenschaft ihren rapiden Siegeszug beginnen konnte.

Die empirische Grundlage der Naturforschung kann nach Galilei nicht in der gemeinen Wahrnehmung gesucht werden, weil diese keine Handhabe für mathematische Behandlung darbietet: eine solche ist erst möglich, wenn die Wahrnehmung meßbare und deshalb zahlenmäßig vergleichbare Ergebnisse liefert. In dieser Hinsicht muß die Beobachtung sich der Hilfe des Experiments bedienen, dessen wesentliche Leistung es ist, aus der Masse des der Wahrnehmung Dargebotenen die einfachen Bestandteile herauszulösen und sie durch das Maß als Zahlengrößen zu bestimmen. Dieser Teil der Forschung wird als die resolutive Methode bezeichnet. Wenn durch sie die einfachen Bestandteile der körperlichen Wirklichkeit erkannt sind, so wird die mathematische Rechnung versuchsweise in der kompositiven Methode zu den Verknüpfungen dieser Elemente übergehen, um festzustellen, ob das Experiment das Ergebnis der Rechnung bestätigt. So wird durch die mathematische Gesetzmäßigkeit, die dem menschlichen Geiste vor aller Erfahrung innewohnt (Galilei faßt dies Verhältnis ganz im Sinne der platonischen Lehre von der Erinnerung auf), der Sinnenschein korrigiert und der wahre Inhalt der Körperwelt erkannt.

Die Funktionen meßbarer Größen sind der einzige Gegenstand der so von Galilei methodisch begründeten Naturforschung; ebendeshalb gelten sie für die davon abhängige Weltansicht auch als das einzig wahrhaft Wirkliche in der Körperwelt. Die Naturwissenschaft fragt nicht mehr nach den »verborgenen Kräften«, sie bestimmt nur die Quantitätsverhältnisse: ebendeshalb aber denkt sie auch das eigentlich Wirkliche nur in quantitativen Verhältnissen. So kehrt Galilei zu der demokritischen Weltansicht zurück: das Wirkliche in der Körperwelt sind die Atome und ihre Bewegungen im unendlichen Raume; sie bilden die konstanten, meßbaren Elemente, welche die wahren Faktoren des Universums sind. Damit erneuert sich die in der griechischen Philosophie durch Protagoras eingeführte Lehre von der Subjektivität der Sinnesqualitäten. Was die einzelnen Sinne als Eigenschaften der Dinge erscheinen lassen, sind nur Zustände des wahrnehmenden Bewußtseins: realiter liegen ihnen nur quantitativ abgestufte Bestimmungen der Größe und der Bewegung zugrunde.

Die atomistische Theorie jedoch erscheint bei Galilei nur als der hypothetische Hintergrund seiner Untersuchungen: das nächste und eigentliche Objekt seiner Forschung bilden die Maßbestimmungen der Bewegung. Die Quantifikation des körperlichen Universums bezieht sich bei dieser ihrer Erneuerung weniger auf das Sein als auf das Geschehen. Die mathematischen Funktionen, in denen die Ordnung und Gesetzmäßigkeit der Welt erkannt werden soll, sind wesentlich die Verhältnisse der Bewegungen zueinander. Damit war der Weg zu einer exakten und fruchtbaren Formulierung des Begriffs der Kausalität gebahnt. Die Bewegung wurde nicht mehr als eine zeitliche Reihenfolge von Zuständen, sondern selbst als ein Zustand des Körpers begriffen, dessen Veränderung eine Ursache voraussetzt und eine solche nur an einer anderen Bewegung haben kann. Die Kausalität ist also für die naturwissenschaftliche Betrachtung ein mathematisches Verhältnis von Bewegungen, und für deren Feststellung gilt als oberste Voraussetzung die der Unveränderlichkeit und Gleichheit der Bewegungsgröße. In diesen Zusammenhängen entwarf Galilei die Grundbegriffe der Mechanik: das Trägheitsgesetz, das Parallelogramm der Kräfte, das Prinzip der virtuellen Geschwindigkeiten, das der unendlich kleinen Antriebe usf.

Im Prinzip war damit die Mechanik als mathematische Theorie begründet und zugleich das Programm für die Entwicklung der modernen Naturforschung gegeben. Alle ihre einzelnen Disziplinen müssen seit Galilei darauf gerichtet sein, soweit als es ihre Gegenstände gestatten, nach Analogie der Mechanik eine mathematische Form dieser Theorie zu finden. Wie Galilei selbst schon deutlich erkannte und aussprach, war es zunächst die Astrophysik, in der das mechanische Prinzip zu erfolgreicher Geltung kommen konnte. Damit aber wurde es maßgebend für die Gesamtauffassung des Weltalls, und in dieser Vermittlung ist die grundsätzlich auf die physikalische Forschung beschränkte Lehre Galileis zu einem der wichtigsten Momente in der Entwicklung der modernen Weltanschauung geworden.

Mit diesen Lehren ist der Anteil, den die Italiener an der Begründung der neueren Philosophie hatten, im wesentlichen erschöpft. Die trostlosen Zustände, welche das XVI. und XVII. Jahrhundert über Italien herbeiführten, konnten für die Entwicklung der Philosophie keinen fruchtbaren Boden gewähren. Wohl gehen in der Stille die beobachtenden und experimentellen Forschungen ihren ruhigen Gang, und glänzende Namen genug hat Italien auf diesen Gebieten aufzuweisen: die Philosophie aber schweigt. Die Flügel der Phantasie, auf denen sie sich in den unendlichen

Weltraum geschwungen hatte, bewährten sich wie diejenigen des Icarus, und ihr Wachs war schnell geschmolzen. Nicht den phantastischen Himmelsstürmern, sondern der ernsten Selbstbesinnung des Nordens war es bestimmt, die Wurzeln des neuen Denkens in sicherem Boden zu bergen und sie langsam zur Frucht heranreifen zu lassen. Was Italien anbetrifft, so tritt es mit dem Beginn des XVII. Jahrhunderts, von der Gegenreformation bedrückt, von stetigen Kämpfen zerrissen, ein Spielball innerer Eifersucht und äußerer Intrige, aus der Geschichte der Philosophie heraus und hat — von der gänzlich vereinsamten Erscheinung Vicos abgesehen — erst im XIX. Jahrhundert begonnen, mit frischer Arbeit seinen Platz darin wieder einzunehmen.

II. Kapitel.

Die deutsche Philosophie im Reformationszeitalter.

Die Deutschen teilen in dieser Anfangszeit des modernen Denkens mit den Italienern die Lebhaftigkeit des metaphysischen Bedürfnisses. Sie suchen wie jene nach einer neuen und lebendigen Erkenntnis des Weltalls. Von dem Inhalte selbst in ihrem Gefühle ergriffen und begeistert, überlassen sich beide den ungeklärten Trieben jugendlicher Übereilung und geraten statt in ernste Forschung in mystische Spekulationen.

Allein trotz dieser Gemeinsamkeit besteht ein großer Unterschied zwischen den Richtungen, welche die Philosophie in beiden Ländern nahm. Für die italienische Renaissance ist die Kunst das entscheidende und zentrale Moment, für die deutsche die Religion, und in ganz ähnlicher Weise unterscheiden sich die Systeme der Philosophie, mit denen in beiden Ländern die neue Zeit beginnt. Wie die Kunst der italienischen Renaissance in der Rückkehr zur ungeschminkten Natur ihr Wesen hat, so ist auch die italienische Philosophie fast ausschließlich Naturphilosophie; jedenfalls ist der naturphilosophische Gesichtspunkt der wichtigste in allen ihren Bestrebungen: und die Art, wie sie nun die Natur philosophisch begreift — das tritt am klarsten durch Bruno hervor —, ist die Analogie des künstlerischen Organismus. Sie faßt am liebsten die Gottheit als die Seele auf, welche, wie der Geist des Künstlers sein Werk, so das Universum durchdringe und durchlebe. Hingerissen in einen Taumel des Entzückens über die Schönheit des Weltalls, dichtete Bruno aus dem Rhythmus der Sonnensysteme die Hymnen einer pantheistischen Gottrunkenheit. Ganz anders die Deutschen. Ihr metaphysisches Bedürfnis ist nicht sowohl mit der künstlerischen Phantasie, als vielmehr mit dem Gewissen verwachsen. Für sie sind es die Probleme des sittlichen und religiösen Lebens, mit denen sie in rastlosem Grübeln ringen, und wenn der italienischen Naturphilosophie die Welt in dem verklärten Lichte der Schönheit erglänzte, so malte der deutschen Religionsphilosophie ihr Erlösungsbedürfnis die Wirklichkeit in grauen und düsteren Farben.

§ 15. Die Reformation und die Philosophie.

Schon in der Übergangszeit war die Opposition gegen die Scholastik, soweit sie in Deutschland originell auftrat, wesentlich durch das religiöse Bedürfnis erweckt und bestimmt gewesen, und in der Mystik hatte sich diese religiöse Grundrichtung der deutschen Renaissance am lebendigsten ausgesprochen. In ihrer praktischen Wendung aber hatte die Mystik das theoretische Interesse mehr und mehr abgelehnt und die unmittelbare Betätigung des religiösen und des sittlichen Lebens zu ihrer Hauptaufgabe gemacht. Auch hierin war die deutsche Reformation ursprünglich durchaus die Tochter der Mystik, und namentlich in Luthers anfänglichem Auftreten finden wir einen zum Teil leidenschaftlichen Gegensatz gegen alle wissenschaftliche Gestaltung und philosophische Begründung des religiösen Lebens. Gerade die Innerlichkeit des Glaubens machte ihn im Beginn zu einem Feinde des Wissens, und als nun die mystische Gläubigkeit aus der Stille des Klosters wie ein alles ergreifender Sturm in das öffentliche Leben trat, da schien sie zuerst auch die ganze wissenschaftliche Tradition der Scholastik fortschwemmen zu wollen. Die Reformation tat, was das erste Christentum getan hatte: sie lehnte die Beziehungen zur menschlichen Wissenschaft ab und wollte nur die einfache Religion des frommen Glaubens an die Offenbarung sein. Je entschiedener Luther selbst diesen Glauben vertrat, um so heftiger kehrte er sich gegen alle Versuche, seinen Inhalt als einen Gegenstand philosophischer Wissenschaft zu betrachten, und es ist bekannt, wie er »die Bestie Vernunft unter die Bank« wies.

Allein es zeigte sich bald, daß diese Bestie ein unentbehrliches Haustier sei, zwar nicht für die Religion, aber doch für die Bildung einer neuen Kirche. Es wiederholte sich dabei ein Vorgang theoretischer Verweltlichung, wie ihn auch die Entwicklung des Christentums in den ersten Jahrhunderten zeigt. Allen religiösen Bewegungen, welche in einem wissenschaftlich durchsetzten Kulturzustande entspringen und die Tendenz der Ausdehnung und der kirchlichen Organisation gewinnen, macht sich eine philosophische Darstellung und Begründung ihrer Lehren notwendig, deren die autochthon mit den Völkern selbst aufgewachsenen Religionen nicht in derselben Weise bedurft haben. Wo eine religiöse Meinung sich in einer Gesellschaft entwickeln will, deren Glieder auf einer gewissen Höhe der wissenschaftlichen Bildung stehen, da muß sie, um nicht nur die Herzen, sondern auch die Köpfe zu erobern, sich allmählich auch eine eigene Philosophie schaffen. Deshalb konnte die deutsche Reformation an ihrer anfänglichen Ablehnung der Wissenschaft ebensowenig festhalten wie das Urchristentum, und ihre Wendung zur Philosophie beginnt von dem Punkte an, wo die innere Triebkraft und die kirchenfeindliche Tendenz der Mystik durch das Bedürfnis nach einer neuen konfessionellen Organisation gehemmt wurde.

Es ist nicht dieses Ortes, genauer auf die Gründe einzugehen, durch welche die mystische Bewegung zur Organisation einer neuen Kirche getrieben wurde. Sie lagen teilweise in dem natürlichen Vorgange, daß alles religiöse Leben mit Notwendigkeit auch seine feste Ausgestaltung im äußeren Leben sucht, teilweise auch in dem Bündnis mit den politischen Mächten, in welchem die Reformation eine wesentliche Kraft für ihre realen Erfolge gefunden hatte. Und so wurzelte das Bestreben nach einer wissenschaftlichen Fixierung des neuen Lehrbegriffes hauptsächlich in dem Bedürfnisse nach einem protestantischen Staatskirchentum.

Die Ausführung dieses Bestrebens aber konnte sich nicht anders vollziehen, als indem man sich an dem großen Beispiele eben der Kirche, die man bekämpfte, wieder emporrankte. So kam es zunächst, daß die Tendenz der Reformation, mit der kirchlichen Tradition zu brechen, in der Mitte gehemmt wurde. Statt zum Urchristentum zurückzukehren, begnügte man sich mit der Annahme des Christentums vom Konzil zu Nicaea. Man übernahm nicht nur das auf diesem aufgestellte Glaubensbekenntnis, sondern man erklärte auch den um dieselbe Zeit abgeschlossenen Kanon des Neuen Testaments für die unantastbare Grundlage der neuen Konfession. Wenn man sich so eine historische Grenze setzte, über die hinaus die Kritik der Tradition nicht geübt werden sollte, so ist für dieses Vorgehen der Reformatoren kein logischer Grund, sondern nur die psychologische Veranlassung zu entdecken, daß man eben für die Begründung einer konfessionellen Organisation einen sicheren geschichtlichen Boden haben mußte. Denn es ist eine alte Weisheit, daß alle Religionen sich auf Geschichte gründen, und daß aus bloßer Philosophie noch niemals eine hervorgegangen ist. Auf diesem neu abgesteckten historischen Boden der Heiligen Schrift bestand bekanntlich Luther den schweizerischen Reformatoren gegenüber mit äußerster Hartnäckigkeit, und er klammerte sich daran im Laufe der Zeit um so fester, je mehr sich in den Erscheinungen der Bilderstürmer, der Wiedertäufer und anderer »Sektierer und Schwarmgeister«, besonders aber in den Bauernkriegen die ganze revolutionäre Gewalt der Gedanken entfaltete, die er durch sein Wort entfesselt hatte.

Aber die katholische Kirche hatte außer ihrer Tradition auch eine Philosophie, worin die Kirchenlehre zu einem Systeme wissenschaftlich entwickelter Gedanken verarbeitet war, und im Kampfe mit ihr, vor allem in den Disputationen, mußte sich mehr und mehr das Bedürfnis geltend machen, ihr von protestantischer Seite eine andere entgegenzustellen. So sahen denn Luther und vor allem der umsichtigere Melanchthon sehr bald ein, daß es ohne Philosophie nicht angehen würde, und daß man die Kirche ohne eine neue Wissenschaft nicht von Grund aus werde reformieren können. Doch müsse eben, so verlangte namentlich Luther, diese Philosophie auch wirklich neu sein, der scholastische Aristotelismus sei eine »gottlose Wehr der Papisten«, und der reine Aristotelismus, wie ihn die Philologen brächten, sei das pure naturalistische Heidentum: mit beiden könne man nichts anfangen. Aber woher sollte denn nun schließlich diese neue Lehre kommen? Luther war bei aller Genialität kein wissenschaftlicher, Melanchthon bei aller Gelehrsamkeit kein philosophischer Kopf. Unter den übrigen Gelehrten, die sich der neuen Richtung anschlossen, war zwar viel humanistische Gelehrsamkeit und viel echte Gläubigkeit, aber leider keine

philosophische Originalität zu finden. Wer kann sagen, wie sich
die religiöse Organisation Deutschlands gestaltet hätte, wenn ihm
damals das Schicksal ein philosophisches Genie wirklich beschert
hätte? Aber das einzige, das aus diesem Boden erwuchs, Jakob
Böhme, kam viel zu spät und wurde erst geboren, als die neue
Kirche sich schon lange anders hatte behelfen müssen.

Denn die Zeit drängte, und man mußte sich, da man selbst
nichts schaffen konnte, wiederum unter den alten Systemen umsehen. Und so war es denn noch einmal der alte Aristoteles, in
dessen systematische Begriffsformen der Geist der neuen Glaubenslehre hineingegossen wurde. Bald schrieb Melanchthon: »Carere
monumentis Aristotelis non possumus«, und so sehr sich Luther
dagegen sträubte, so mußte doch schließlich auch er anerkennen,
daß man eine bessere Wahl nicht treffen könne. Damit war das
Schicksal der Philosophie des deutschen Protestantismus besiegelt,
und Melanchthon begann die aristotelischen Lehren teils in ihrer
philologisch gereinigten Gestalt, teils auch in den formalen Wendungen ihrer mittelalterlichen Verwertung für die Systematisierung
der protestantischen Glaubenslehre umzuarbeiten. Zum letzten
Male machte in durchgreifender und umfassender Weise der alte
griechische Denker die Gewalt seines Geistes geltend, und in den
großen Formen seiner wissenschaftlichen Architektonik wurde noch
einmal das Gebäude einer Kirchenlehre aufgeführt.

§ 16. Die protestantische Schulphilosophie und ihre Gegner.

In der Ausführung dieses Planes hat bekanntlich überall Melanchthon die Grundlinien gezogen, innerhalb deren die Lehre
der neuen Konfession ausgebaut worden ist. Er war ein ruhiger
und umsichtiger Forscher, gänzlich erfüllt von reiner Hingabe an
den neuen Glauben und von strenger Gewissenhaftigkeit in der
Ausbildung der einzelnen Lehren. Seine außerordentliche Lehr-
gabe, verbunden mit der dialektischen und rhetorischen Fertigkeit,
die er seinen humanistischen Studien verdankte, betätigte sich in
der Bearbeitung aller Teile der Philosophie, die er sukzessive unternahm, seitdem er nach manchem Schwanken sich für die Ausbildung
der aristotelischen Lehre entschieden hatte. Freilich ist es keine
großartige Gestaltungskraft, die uns in seinen Werken entgegen-

tritt, und es ist nirgends der Seherblick eines wahren Philosophen, mit dem er die Dinge anschaut. Aber es ist dafür eine Art von reinlicher Anordnung und von feinsinniger Verteilung in seinen Bearbeitungen, welche, wie sie zum Teil hauptsächlich aus didaktischem Interesse hervorgegangen sind, so auch meist einen sehr glücklichen pädagogischen Blick zeigen. Die begrifflichen Formen sind dabei durchweg peripatetisch; sachlich dagegen zeigt sich vielfach der Einfluß des humanistischen Eklektizismus, der gern aus Autoritäten wie Cicero und Galen schöpft.

Seine wissenschaftlichen Erkenntnisprinzipien sind teils die apriorischen Grundsätze der Vernunft, teils die Tatsachen allgemeiner Erfahrung. Allein die Grundsätze und die Erfahrung genügen zur rechten Erkenntnis doch nicht, sie müssen vielmehr ergänzt und teilweise auch berichtigt werden durch die Offenbarung der Heiligen Schrift. Überall, wo diese mit der aristotelischen Philosophie oder mit anderen selbständigen Forschungen der Wissenschaft im Widerspruche steht, müssen natürlich die letzteren als unberechtigt zurücktreten. In der Lehre von der Ewigkeit der Welt, von den Eigenschaften Gottes und der Vorsehung darf man auf Aristoteles nicht hören, die Überzeugung von der unsterblichen Seele des Menschen kommt nicht aus natürlichen Gründen, sondern nur aus der Offenbarung, und gegen die Lehre des Kopernikus wird die Autorität der Psalmen in das Feld geführt. Der Ausgangspunkt dieser ganzen Philosophie ist die Entwicklung der Lehre von der Gottheit; an sie schließt sich einerseits die Kosmologie als die Darstellung der von Gott geschaffenen Welt, wobei Melanchthon auch dem astrologischen Aberglauben der Zeit unter dem Begriffe des physischen Schicksals Rechnung trägt, anderseits die Ethik, deren Grundsätze, vor aller Erfahrung zu zweifellosem Rechte bestehend, noch größere Würde als diejenigen der theoretischen Philosophie an sich tragen, weil sie als die Gebote Gottes der unmittelbarste Ausdruck seines heiligen Willens sind. Überhaupt legt Melanchthon, ganz wie es in der Richtung seiner Konfession liegt, besonders großes Gewicht auf die moralischen Argumente, und auch seine Beweise für das Dasein Gottes sind zum größten Teile dem Gewissen entnommen.

Die genauere Ausführung dieser Lehre gehört weniger in die Geschichte der Philosophie, als in diejenige der Theologie. Nur diese prinzipiellen Gesichtspunkte mußten kurz hervorgehoben werden, um den Geist zu bezeichnen, in welchem dieser protestantische Aristotelismus seine Aufgabe zu lösen suchte. Er bürgerte sich natürlich sehr schnell auf allen protestantischen Universitäten Deutschlands ein, und er trocknete, da es ihm an wirklich neuen Gesichtspunkten fehlen mußte, schnell genug zu einer zweiten Auflage der Scholastik zusammen, die, nicht minder einseitig und vor allem nicht minder unduldsam gegen gegnerische Ansichten und freiere Richtungen als ihr mittelalterliches Original, sich auf den deutschen protestantischen Kathedern des XVI. und XVII. Jahrhunderts einnistete, bis endlich vom Auslande her ein frischerer Wind herüberwehte.

Von einzelnen Auszweigungen dieses neuen Peripatetizismus dürfte nur noch die rechtsphilosophische eine kurze Erwähnung verdienen, weil in ihr hauptsächlich die durch die kirchenpolitischen Probleme der Zeit nahegelegte Frage nach dem Verhältnis von Staat und Kirche verhandelt wurde. Es verstand sich von selbst, daß die protestantischen Theorien dem Staate eine größere Unabhängigkeit zusprachen, als es die jesuitischen Rechtsphilosophen taten. So hatte schon Melanchthon in seiner Ethik den Staat als eine selbständige göttliche Ordnung aus den Prinzipien der Offenbarung abzuleiten gesucht, und hierin stimmte ihm namentlich Oldendorp (Iuris naturalis gentium et civilis isagoge, Cöln 1539) bei. Später trat hauptsächlich das Bestreben hervor, auf dem rechtsphilosophischen Gebiete die Identität von Offenbarung und Vernunft durch den Nachweis zu erhärten, daß das Naturrecht nichts anderes sei, als das von Gott gewollte und mit der Schöpfung des Menschen von ihm eingesetzte Recht, wozu die begrifflichen Grundlagen bereits im Thomismus vorlagen. Dies führten in wissenschaftlich exakterer Form der Däne Nicolaus Hemming (De lege naturae apodictica methodus 1562), und später Benedikt Winkler (Principiorum iuris libri quinque, Leipzig 1615) aus. Ein besonders wichtiger Punkt in diesen Kontroversen war die Frage nach dem Träger der Souveränität: auch sie wurde nach dem kirchenpolitischen Interesse entschieden, wenn ein Vertreter der sog. monarchomachischen Theorien wie Johannes Althus in seinen Politica (Gröningen 1610) ausführte, daß der Herrschaftsvertrag, durch den das Volk seine ursprüngliche Sou

veränität an den Monarchen abgetreten habe, rechtlich hinfällig
werde, sobald der Monarch gegen die Überzeugung und das wahre
Heil des Volkes zu regieren versucht.

Doch zeigen auch die Kompromißversuche, in denen sich die
neue Konfession der Theorie des Staatsrechts zu bemächtigen suchte,
philosophisch betrachtet, geringe Originalität. Es ist ihnen allen
eine gewisse Halbheit aufgedrückt, die zwischen den Freiheits-
regungen der neuen Wissenschaft und der Anerkennung eines
historisch gegebenen Systems hin und her schwankt oder mit einer
äußerlichen Versöhnung dieser Gegensätze sich zufrieden gibt. Und
es konnte die Folge nicht ausbleiben, daß diese Zwitterbildungen
gleich lebhaft von der Energie der alten Kirche und von der Konsequenz der neuen Wissenschaft bekämpft wurden. Zu diesen
Gegnern gesellten sich aber noch besonders diejenigen Männer,
welche die Gedankenwelt, aus der die Reformation hervorgegangen
war, in rücksichtsloser Konsequenz weiter verfolgten und durch
diese radikalere Tendenz sich aus den engen Schranken, die sich
auch die neue Konfession setzte, schnell genug herausgedrängt sahen.
Es kam hinzu, daß die Streitigkeiten, welche nicht nur zwischen
der alten Kirche und den neuen Bestrebungen, sondern auch innerhalb der letzteren selbst mit steigender Lebhaftigkeit geführt
wurden und die Zeit mit einem unerquicklichen Getöse erfüllten,
bei verständigen und weitersehenden Männern gerade jenen überkonfessionellen oder auch außerkonfessionellen Gesichtspunkt verlockend erscheinen lassen mußten, der in dem Wesen der Mystik
von vornherein angelegt gewesen war.

Zu solchen Männern, obwohl der eigentlichen Mystik fernstehend,
gehörte Nicolaus Taurellus, der, wenn er das geleistet hätte,
was er wollte, in der Tat mit Recht der erste deutsche Philosoph
genannt werden dürfte. Denn er suchte nichts Geringeres, als ein
philosophisches System, das mit dem innersten Wesen des Christentums vollkommen übereinstimmen und doch seiner wissenschaftlichen Begründung nach lediglich auf Sätzen der menschlichen Vernunft beruhen sollte.

Er war 1547 zu Mömpelgard geboren, studierte in Tübingen
anfangs Theologie und später Medizin, erhielt eine Professur in
Basel und starb schließlich als Professor der Medizin und Philosophie zu Altdorf im Jahre 1606. In seinem ganzen Wesen wie

in seinen Schriften (besonders »Philosophiae triumphus«, 1573) tritt
das Bedürfnis nach ursprünglicher Philosophie, nach einer wissenschaftlichen Tätigkeit, die unter dem Drucke keiner Autorität
seufze, sondern frei dem inneren Triebe des Gedankens folge, deutlich hervor, und insofern kann er als Vertreter der besseren Kräfte,
welche im Protestantismus mächtig waren, angesehen werden.
Selbstverständlich aber bäumte sich jenes Freiheitsbedürfnis am
leidenschaftlichsten gegen Aristoteles auf, der zur Zeit des Taurellus
schon als der Vater zweier dogmatischer Systeme dastand, und
auf dessen Autorität sich die Orthodoxen beider Konfessionen
stützten.   Hieraus begreift sich die bis zur Geschmacklosigkeit
heftige Polemik, womit er nicht ohne Benutzung des Ramismus
den Aristoteliker Caesalpinus, der auf einer Reise in Deutschland
manchen Einfluß gewonnen hatte, in einer Reihe von Schriften
(darunter eine unter dem Titel: Alpes caesae 1597) befehdete.

Doch die Scholastik erster und zweiter Auflage zu bekämpfen,
scheint leichter gewesen zu sein, als etwas wahrhaft Neues zu schaffen.
Vielleicht war der überkonfessionelle Standpunkt, den Taurellus
mit seinem Glauben einnahm, zu unklar und unbestimmt, als daß
er die Formen eines durchgeführten philosophischen Systems hätte
annehmen können.   An gutem Willen wenigstens dazu fehlte es
ihm nicht.   Die Lehre von der zweifachen Wahrheit ist ihm ein
Dorn im Auge; er begreift nicht, wie es möglich sei, christlich zu
glauben und dabei heidnisch zu denken.   Daß es überhaupt einen
Widerspruch und auch nur einen Unterschied zwischen der natürlichen Erkenntnis und der Offenbarung gibt, erscheint ihm schon
als ein trauriger und unrichtiger Zustand, der erst durch den Sündenfall habe herbeigeführt werden können.   Um so törichter und
verwerflicher sei es, diesen sündigen Zustand anzuerkennen und gar
noch befestigen zu wollen.   Er müsse vielmehr überwunden, und
es müsse ein System gefunden werden, worin zwischen theologischer
und philosophischer Wahrheit kein Unterschied mehr sei.

Den Inhalt dieses Systems sucht Taurellus, zum großen Teil
mit Anlehnung an die Lehre des Augustinus, in den allgemeinsten
Grundlagen des Christentums, wie sie allen Konfessionen gemeinsam sind.   Jeder Schritt darüber hinaus erscheint ihm ungerechtfertigt, und er will weder Lutheraner noch Calvinist noch Katholik
sein.   Er sucht auch schließlich das religiöse Heil nicht in der

Anerkennung bestimmter einzelner Dogmen. Auf das Wissen kommt
es viel weniger an als auf das Wollen, und dieselbe Freiheit, welche
einst das Elend der Sündigkeit herbeigeführt hat, soll nun von
einem jeden benutzt werden, um durch innere Wiedergeburt die
Erlösung zu ergreifen und in einem reinen Leben die Seligkeit zu
erringen. Hieraus geht hervor, daß Taurellus, wenn er auch über
den Konfessionen steht oder stehen will, doch den kräftigen Einfluß der reformatorischen Lehren nicht verleugnet, noch mehr aber,
daß er ihrem Ursprung, den mystischen Theorien, sowenig er gerade
mit ihnen zu tun haben will, doch innerlich sehr nahe steht.

Eine in gewisser Hinsicht verwandte, in anderer dagegen ganz
entgegengesetzte Erscheinung bietet der Socinianismus dar, ein
rationalistischer Versuch überkonfessioneller Christenlehre, welcher von Laelius Socinus (1525—1562) und seinem Neffen Faustus
Socinus (1539—1604) gemacht wurde. Beide waren zwar geborene
Italiener, gehörten aber ihrer Bildung nach der deutschen Geistesbewegung, ihrer Wirksamkeit nach hauptsächlich den nordöstlichen
Gegenden an. Ihre Lehre, die später in den konfessionellen Streitigkeiten nicht ohne Bedeutung gewesen ist, wollte in der Offenbarung
nur dasjenige anerkennen, was für die menschliche Vernunft begreiflich ist, schloß daher aus ihr alle metaphysischen Mysterien,
alle theoretischen Elemente supranaturalistischen Charakters aus
und wollte demgemäß die Religion auf die Gesetzlichkeit beschränken. Gott hat dem Menschen erst in Moses, dann in Jesus
sein Gesetz offenbart, an dessen Befolgung er die Gewähr der ewigen
Seligkeit geknüpft hat: des Menschen Religion ist nichts anderes
als die gläubige und vertrauensvolle Unterordnung unter dieses
Gesetz.

§ 17. Die Mystiker.

Im allgemeinen wurden auf den Universitäten die freieren Regungen sehr bald durch die herrschenden Lehrmeinungen unterdrückt und gehemmt. Desto ungehinderter aber lief im Volke die
mystische Bewegung selber fort und nahm nun auch gegen die neue
Kirche eine so feindliche Haltung an, daß sie sich stetiger Verfolgung aussetzte. Die Reformation, zur Kirche geworden, kehrte
die gewonnene Macht gegen ihren eigenen Ursprung und bekämpfte
fast fanatisch gerade diejenigen Gedanken, aus denen sie selbst

entsprungen war und welche sie nur nicht zu voller Konsequenz hatte entwickeln wollen oder können.

Es ist oft darauf hingewiesen, daß die Lehren, um deren willen Andreas Osiander von der lutherischen Orthodoxie ausgestoßen und verdammt wurde, dem ursprünglichen und innerlichen Glauben Luthers selbst verwandter waren, als das Dogmensystem der Lutheraner. Wenn jener verketzerte Mystiker in seinem »Bekenntnis von dem einigen Herrn Jesus Christus und Rechtfertigung des Glaubens« behauptete, die einzige Gerechtigkeit des Menschen sei der ihm innewohnende Gottmensch, so beruhte dies auf dem mystischen Hintergrund der Lehre von der Wesenseinheit der einzelnen Menschen mit dem Idealmenschen, der Luther selbst anfangs sehr nahe gestanden hatte.

Am charakteristischsten aber kommt diese eigentümliche Verschiebung der Gedanken, vermöge deren der Kirchenleiter Luther den Reformator Luther verleugnete und verdammte, in seinem Verhältnisse zu Kaspar Schwenckfeld zutage, welchen er mit der ganzen Leidenschaftlichkeit seines Wesens von sich stieß. Dieser Mann, 1490 zu Ossig in Schlesien geboren, war einer der frühesten und anfänglich begeistertsten Anhänger von Luther. Aber nachdem er im Jahre 1527 einen Sendbrief über das Abendmahl erlassen hatte, worin er seine Stellung zwischen Katholiken, Lutheranern, Reformierten und Anabaptisten, also vollkommen selbständig und außerkonfessionell zu nehmen suchte, wurde er aus dem Lande gejagt und mußte, um schlimmeren Verfolgungen zu entgehen, in der Verborgenheit ein unstetes Leben führen, das er 1561 vermutlich zu Ulm endete. Seine Lehre steht schon mitten in der Entwicklungslinie der eigentlichen Mystik, und sein Kampf gegen das in sich selbst verknöchernde Luthertum entwickelte sich an der Lehre, welche damals schon die brennende Frage in den konfessionellen Streitigkeiten zu werden begann, an derjenigen vom Abendmahle. Seiner Ansicht nach ist es nur der verklärte Leib Christi, nicht der fleischliche, auf dessen Genuß das eigentliche Sakrament beruht. Die lutherische Auffassung nennt er eine Veräußerlichung, die nicht viel mehr wert sei als die katholische, während er anderseits meint, daß in der allzu rationalistischen und nur symbolischen Auslegung der Reformierten die wahrhaft religiöse Bedeutung der Handlung sich verflüchtige. Von dieser besonderen

Lehre aber entwickelt sich von selbst ein allgemeinerer Angriff gegen das Luthertum. Das hartnäckige Festhalten am Buchstaben der Schrift ist für Schwenckfeld das Widerwärtige in dem Treiben der Lutheraner. Er sieht darin ein äußerliches Tun, durch welches die wahre innerliche Offenbarung, die Gott in dem gläubigen Gemüte jedes einzelnen vollziehe, nur erstickt werden könne. Vollkommen erfüllt von dem Gedanken des allgemeinen Priestertums, den ja auch die Reformation nicht gänzlich ablehnte, kämpft er gegen die Monopolisierung der Mitteilung des Gottesworts, welche die Pastoren der neuen Kirche für sich in Anspruch genommen haben und wodurch, wie er meint, der Ruhm des Herrn nur beeinträchtigt werden könne. Schließlich gipfelt diese ganze Polemik darin, daß an die Stelle der äußeren Kirche der mystische Begriff der inneren treten und die gesamte äußerlich fixierte Gestalt des religiösen Lebens aufgehoben werden soll.

Schwenckfeld ist der lebendige Beweis dafür, daß an dem Punkte, wo der Protestantismus konfessionell und kirchlich wird, die Mystik von ihm und er von der Mystik sich trennt. Der Idealismus und die absolute Verinnerlichung, welche das Wesen dieser Mystik von Anfang an ausmachte, stand in einem ursprünglichen und, wie der Erfolg gezeigt hat, unversöhnlichen Widerspruche mit der realen Organisation; und der Gedanke rein innerlicher Gläubigkeit und unmittelbarer Hingabe des Individuums an die Gottheit vertrug sich nicht mit der Gründung einer Kirche, die ihrem Begriffe nach eine bestimmte Formulierung ihres Glaubensbekenntnisses und eine äußere Festsetzung ihres Kultus verlangen und durchführen mußte. Es lag in der Natur der Sache, daß dieser Gegensatz zwischen der mütterlichen Mystik und der protestantischen Kirche sich immer energischer ausprägte. Diese Kirche auf der einen Seite sah sich genötigt, manche Auswüchse jugendlicher Unreife abzustreifen und in der Nachahmung eines mehr als ein Jahrtausend alten Vorbildes fester und enger sich in sich selbst zu schließen: die Mystik auf der anderen Seite, aus dem konfessionellen Verbande einmal herausgedrängt, entwickelte, in der Stille und in der Tiefe des Volkes weiterwühlend, die in ihr angelegten Gedankenkeime bis zur radikalsten Konsequenz. Und dies wenigstens läßt sich nicht leugnen, daß die Originalität des philosophischen Denkens in diesem Gegensatze auf der Seite der Mystiker war, und daß die Deutschen somit alles,

was sie von neuen Ideen in den gärenden Anfangszustand der
modernen Wissenschaft hineingeworfen haben, der Mystik verdankten.

So kam es, daß der Fortschritt der mystischen Bewegung je
länger desto weiter vom kirchlichen Protestantismus abführte, und
schon der nächste in dieser Reihe, Sebastian Franck, kam zu
so radikalen Folgerungen, daß sogar Schwenckfeld von ihm sich
lossagte. 1500 zu Nürnberg geboren, durch einen vorübergehenden
Verkehr mit Schwenckfeld angeregt, beschäftigte er sich viel mit
den älteren deutschen Mystikern, namentlich mit Tauler und der
deutschen Theologie. Geistliche Einflüsse vertrieben ihn aus Nürnberg und machten ebenso seine Versuche, sich in Straßburg, in
Ulm, in Eßlingen niederzulassen, auf die Dauer unmöglich, und so
ist er, kümmerlich umherirrend, 1545 in Basel gestorben. Es ist
vielleicht nicht ohne den Einfluß dieser seiner persönlichen Erfahrungen, daß die Mystik in dieser Form ein sehr pessimistisches
Gewand trägt und sich in einem pathetischen Widerspruche gegen
die Welt bewegt, die überall das der Wahrheit und der Heiligkeit
Entgegengesetzte zu dem ihrigen mache. Das einzige jedoch, was
ihn an dieser Welt trotzdem sehr interessiert zu haben scheint, ist
der geschichtliche Ablauf ihrer Begebenheiten; er nimmt in der
Entwicklung der deutschen Geschichtschreibung eine außerordentlich bedeutende Stelle ein, und seine Geschichtsbibel, seine teutsche
Chronik, sein Weltbuch sind würdige und merkwürdige Denkmäler
der ersten Anfänge historischer Forschung. Es ist das um so eigentümlicher, als seine mystische Lehre sich gerade überall gegen die
geschichtliche Auffassung der Heilstatsachen wendet. Es scheint,
als habe er das historische Geschehen für das Wesen dieser verkehrten Welt angesehen und deshalb das religiöse Heil von der
geschichtlichen Auffassung um so mehr befreien wollen. Die früheren
mystischen Lehren legten ihm ja schon die Gedanken von einer
Ewigkeit der Schöpfung, von einem ewigen Vorhandensein aller
Dinge in Gott nahe, und so sagt er denn, der Mangel aller konfessionellen Auffassungen bestehe darin, daß sie die Berichte der
Offenbarung für einmalige historische Fakta hielten. Der wahre
Glaube betrachte die Historie nur als ein Mittel der sinnlichen Be-
kanntmachung, als eine »Figur«, in der die Wahrheit nur gespiegelt
werde. Die Kirche spricht von einem Akte der Weltschöpfung:

in Wahrheit ist die Welt ewig wie Gott, denn Gott ist nichts ohne die Welt. Die Kirche spricht von einem Sündenfall Adams: aber das ist nicht eine historische Tatsache, sondern in Wahrheit nur eine Symbolisierung des ewigen Sündenfalles aller Menschen. Und wie die Geschichte Adams, so ist auch diejenige von Christus eine ewige Geschichte des ganzen Menschengeschlechts. In jedem Menschen ist Mensch und Gegenmensch, guter und böser Engel, Christus und Adam lebendig. Darum ist auch die Erlösung nicht als eine einzelne historische Tat aufzufassen, sondern vielmehr als ein ewiges Geschehen in der inneren Selbsterlösung aller Menschen und in der ewigen Gnadenwirkung der Gottheit. Darum darf auch die Offenbarung nicht als zu einer bestimmten Zeit geschehen gelten, sondern auch sie ist ein ewiger Vorgang, der in jedem gläubigen Gemüte neu und ganz vonstatten geht: die historische Erscheinung des Propheten von Nazareth hat nichts Neues offenbaren, sondern nur klarer aussprechen können, was die Menschheit von Ewigkeit zu Ewigkeit in ihrem gotterfüllten Glauben besitzt. Aus diesem Grunde betrachtet Franck die Schrift nur als einen Schatten und ein Bild des Geistes, der in dem wahren Christen lebendig sein soll. Er polemisiert gegen nichts mehr, als gegen den historischen Glauben an eine Anzahl von Büchern, von denen wir nicht wissen, wer sie geschrieben hat — diesen historischen Glauben, mit dem alle Konfessionen und alle Sekten ihre Einseitigkeiten beschönigen und ihre Ungerechtigkeiten begründen. Der Gedanke der praktischen Mystik bricht auch in ihm hervor, wenn er erklärt: es sei ein Wahn, das Heil in dem Glauben an bestimmte Lehrsätze zu suchen. Nicht Denken und Wissen, sondern Wollen ist der tiefste Charakter des Menschen, und wer voll reiner Liebe die Einheit mit Gott in sich trägt und sie durch seinen Wandel betätigt, der ist heilig und ein Christ, auch wenn er den Namen Gottes niemals vernommen haben sollte.

So kommt in einem wunderbaren Zusammentreffen das tief religiöse Bedürfnis der deutschen Mystik zu demselben Resultate, wie der religiöse Indifferentismus der rechtsphilosophischen Untersuchungen: zu der Lehre von der bürgerlichen Gleichgültigkeit der religiösen Meinungen und der konfessionellen Parteistellung. Der moderne Gedanke der Toleranz ist aus diesen beiden so weit voneinander verschiedenen Wurzeln hervorgegangen: aus der kühlen

Ablehnung der streitigen Religionsfragen, über denen der moderne
Staat seine weltliche Souveränität und die Wissenschaft ihr eigenes
Urteil geltend machte, und aus der glühenden tiefinnerlichen Reli-
giosität, der keine konfessionelle Formulierung genugtun konnte.
Hieraus ist es klar, daß diese gleiche Forderung der Toleranz nicht
überall den gleichen Wert besitzt: ihr Ursprung — das tritt am
klarsten im XVIII. Jahrhundert hervor — umspannt den ganzen
Raum zwischen äußerster Frivolität und reinster Frömmigkeit.

§ 18. Valentin Weigel.

Die Entwicklung der Mystik hatte bei Schwenckfeld und Franck
schon nahe genug an eine Grenze gestreift, über welche sie nicht
hätte hinausgehen können, ohne in gänzlich vage und inhaltslose
Allgemeinheiten zu verdampfen, und selbst ihre polemische Haltung
gegen die verschiedenen Konfessionen würde schließlich nicht kräftig
genug gewesen sein, um sie als selbständige Richtung aufrecht zu
erhalten. Zudem waren die mystischen Gedanken bis zu diesem
Punkte viel zu einseitig mit der Frage nach dem Vorgange des
wahrhaft religiösen Glaubens und Lebens beschäftigt, als daß sie
aus sich selbst allein zu einer umfassenden philosophischen Lehre
hätten gelangen können.

Wenn deshalb die Geschichte der deutschen Mystik mit einem
großartigen Systeme wie demjenigen von Jakob Böhme abgeschlossen
hat, so ist es nur dadurch erreicht worden, daß sie noch andere
Gedankenkeime in sich aufgenommen hat, und zwar speziell solche,
welche als Ergänzung ihrer eigenen, einseitig innerlichen Tendenz
dienen konnten. Solche Elemente würde vielleicht die gelehrte
Bildung in der gleichzeitigen Erneuerung der Systeme des griechischen Denkens gesucht und gefunden haben. Aber die Mystik war
keine Gelehrtenphilosophie; es war eine Bewegung, die auch nach der
Reformation im Volke fortrollte, wo sie begonnen hatte. So kam
es, daß die Einwirkung, vermöge deren die deutsche Mystik schließlich ihre bedeutendste Schöpfung hervorgebracht hat, von den
naturphilosophischen Phantastereien eines Paracelsus ausging, welche durch die zahlreichen Flugschriften des Mannes selbst
und durch die marktschreierischen Reden der Quacksalber, die
sich seine Schüler nannten, weithin verbreitet worden waren. Beide

Gedankenmassen, von ruhiger wissenschaftlicher Forschung gleich
weit entfernt, aber gerade deshalb in manchen Punkten von vorn-
herein verwandt, ergriffen sich nun, und die Mystik begann ihre
Augen nach außen aufzuschlagen, um die Naturerkenntnis in den
Rahmen ihrer Glaubenslehre einzufügen. Sie verdankte diesem neuen
Element eine Veranschaulichung und realistische Kräftigung ihrer
Ideen, durch welche sie eben zu dem Entwurfe eines umfassenden
Systems befähigt wurde.

Die beiden Elemente, das religionsphilosophische der älteren
Mystik und das naturphilosophische des Paracelsus, einander genähert und den ersten Versuch zu ihrer gegenseitigen Durchdringung
gemacht zu haben, ist das Verdienst von Valentin Weigel. Er
war 1553 zu Hayna (Großenhain) geboren, machte seine Studien
zu Leipzig und Wittenberg und war dann bis zu seinem frühen
Tode (1588) Pfarrer in Zschopau. Klug genug, seine Lehre geheim-
zuhalten, erkaufte er sich durch die Unterschrift unter die Kon-
kordienformel das Recht zu unverfolgter und ungestörter Wirksamkeit in seiner Gemeinde: seine ketzerischen Lehren ließ er nur im
handschriftlichen Entwurf bei seinen Freunden und auf deren
Drängen auch in weiteren Kreisen, aber stets geheim umgehen, und
so kam es, daß, als man nach seinem Tode an ihre Veröffentlichung
durch den Druck ging, ihm mancherlei untergeschoben wurde, was
gleichfalls von mystischen Erbauungsschriften beim Volke in der
Stille von Hand zu Hand ging. Was davon als echt angesehen
werden darf, zeigt eine häufige Berufung auf Tauler, die deutsche
Theologie, Thomas a Kempis, Osiander und Schwenckfeld und eine
charakteristische Vorliebe für die ersten Schriften Luthers, gepaart
mit einer nicht minder bedeutsamen Abneigung gegen Melanchthon,
in welchem Weigel den gelehrten Verderber der Mystik wittert.
Dabei ist es merkwürdig, wie er den sehr lebhaften Einfluß, den
er ganz offenbar von Sebastian Franck erfahren hat, konsequent
verschweigt. Vielleicht galt dieser doch mit seinen extremen Ansichten bereits für so unchristlich, daß man selbst in diesen Kreisen
sich ungern auf ihn berief.

Es sind hauptsächlich zwei Punkte, auf denen sich die Mystik
und die Naturphilosophie begegnen. Beide sind ihrem Zwecke
nach theosophisch, die religionsphilosophische Richtung selbstverständlich, die naturphilosophische vermöge ihrer ausgesprochenen

Absicht, die Natur als die ewige Offenbarung Gottes zu betrachten.
Beide aber (und dieser Gesichtspunkt ist noch viel wichtiger) haben
im Grunde genommen das gleiche Erkenntnisprinzip, indem sie
vom Menschen als Mikrokosmos ausgehen. Valentin Weigel
findet hierfür den genialen Ausdruck, daß man nur dasjenige wissen
und verstehen kann, was man in sich trägt. Sehen und erkennen,
sagt er, ist keine bloße Wirkung des »Gegenwurfs«, des Objektes,
sondern es kommt vielmehr von innen, aus dem Auge, in welchem
es durch die Welt nur angeregt und »erweckt« worden ist. In sich
selbst trägt der Mensch die gesamte Welt, und versteht er sich,
so hat er auch das All begriffen. Dieser subjektive Idealismus,
an dieser Stelle der Entwicklung noch in der Form kühner Behauptungen und phantastischer Spekulationen auftretend, mit allerlei
historisch umgestalteten und fast unkenntlich gemachten Bruchstücken der neuplatonischen Überlieferung versetzt, bildet doch
einen Grundzug der gesamten deutschen Philosophie: er liegt der
Monadologie zugrunde, mit der Leibniz das XVIII. Jahrhundert
beherrschte: er ist der tiefste Inhalt der Erkenntnistheorie, durch
welche Kant der bestimmende Philosoph des XIX. Jahrhunderts
wurde. Bei Valentin Weigel tritt er noch ganz in der naiven Form
auf, die einerseits auf die Mystiker, andererseits auf Paracelsus zurückweist: der Mensch erkennt Gott, insofern er Gott ist, er erkennt die
Welt, insofern er die Welt ist. In drei Stufen sucht Weigel diesen
Gedanken durchzuführen. Der Mensch erkennt die irdische Welt,
weil sein Leib, aus der Quintessenz aller sichtbaren Substanzen
bereitet, ihm die Möglichkeit gibt, das Verwandte überall wiederzuerkennen, und weil die Wahrnehmung im Bunde mit der Ima-
gination die ganze materielle Welt in sich aufzunehmen vermag;
— er erkennt die Welt der Geister und der Engel, weil sein eigener
Geist siderischen Ursprunges und ein Engel ist, der aus den Gestirnen
seine Wissenschaft zieht, vermöge deren er den astrologischen Zusammenhang der Tatsachen begreifen und einen magischen Einfluß
darauf ausüben kann; — er erkennt endlich die göttliche Welt,
weil seine unsterbliche Seele, das spiraculum vitae, selbst göttlichen
Wesens ist und im Sakramente göttliche Nahrung erhält. So sind
Naturerfahrung, Wissenschaft und Gotteserkenntnis im Grunde
genommen nur Selbsterkenntnis. Der wahre Theologe forscht in
sich, dem Bildnisse, nach dem, dessen Bildnis er ist.

An diese allgemeine Voraussetzung schließt sich dann bei Weigel eine speziell religionsphilosophische Lehre, in der er wesentlich der Schüler Francks ist. Gott als das Eine wohnt nur in ihm selbst, der Mensch aber als Kreatur wohnt zugleich in Gott und sich selber. In ihm ist deshalb von vornherein eine Zweiheit von Gutem und Bösem angelegt, er trägt in sich seinen Christus und seinen Adam. Daher ist der Christus in jedem Menschen sein Sichselbstabsterben, das Aufhören seines Eigenwillens, der Tod des Individuums. Diese Gedanken, schon bei Meister Eckhart hervortretend, ziehen sich eben durch die gesamte Mystik hin, und sie nehmen bei Weigel andeutungsweise die Form an, in welcher sie schließlich bei Jakob Böhme auf den Versuch führen, die Notwendigkeit der Sünde aus der Kreatürlichkeit, aus der Endlichkeit der Individuen abzuleiten. Wir würden darin den evangelischen Pfarrer Valentin Weigel als einen echten Mystiker erkennen, auch wenn er nicht schon durch seine stetige Polemik gegen die »Buchstäbler« sich als einen solchen erwiese. Gegen diese Fanatiker aller Konfessionen wendet er das Schriftwort: an ihren Früchten sollt ihr sie erkennen. Auf ihrem Buchstaben bestehend und um dieses Buchstabens willen hassen sie einander, verdammen einander, führen Kriege und verbrennen die Frommen, welche das Unglück haben, in diesem Buchstaben nicht ihr Heil finden zu können.

§ 19. Jakob Böhme.

Die Verknüpfung religionsphilosophischer und naturphilosophischer Spekulation ist bei Weigel verhältnismäßig immer noch lose; sie vollzieht sich zwar an dem Kardinalpunkte der menschlichen Selbsterkenntnis, aber sie läßt doch nachher Naturerkenntnis und Gotteserkenntnis noch mehr oder minder getrennt erscheinen. Seine Lehre kann deshalb nur als die Vorbereitung für das System Jakob Böhmes gelten, in welchem sich beide Elemente auf großartige Weise durchdringen und restlos ineinander aufgehen. Die Stellung dieses Systems ist innerhalb der deutschen Philosophie dieser Zeit eine ähnliche, wie diejenige Giordano Brunos in der italienischen Naturphilosophie. In beiden laufen die mannigfachen Fäden der vorhergehenden Entwicklung zusammen. Beide sind deshalb abschließende Systeme von bedeutenden Umrissen und von charakteristischer Ausprägung der Geistesrichtungen, aus denen sie erwachsen

sind. Die Gemeinsamkeit der Zeitbestrebungen läßt mannigfache
Berührungspunkte zwischen beiden Systemen hervortreten; aber
ebenso stark sind auch zwischen ihnen die Gegensätze entwickelt,
worin die Verschiedenheit des nationalen Hintergrundes, von dem
sie sich abheben, klar und deutlich sich spiegelt. Es ist deshalb
nicht zufällig, daß die deutsche Philosophie zu einer Zeit, wo sie
das Fazit aus der gesamten Entwicklung des modernen Denkens
zu ziehen berufen war, diese beiden Systeme, in denen gleichzeitig
das italienische und das deutsche Denken den Abschluß gefunden
hatte, aus der Vergessenheit wieder heraufzog, und daß es derselbe
Mann war, Schelling, welcher die Lehren beider lang und oft ver-
kannter Philosophen wieder zu Ehren zu bringen unternahm.

Jakob Böhme war, ein echter Sohn des Volkes, 1575 zu Alt-
seidenberg bei Görlitz geboren: für das Schuhmachergewerbe bestimmt, lernte er auf seiner ausgedehnten Wanderschaft zahlreiche
konfessionelle Streitschriften, dann aber vor allem die fliegenden
Blätter des Paracelsus und die mystischen Schriften von Schwenckfeld und Weigel kennen. Es ist für den Charakter der mystischen
Bewegung bezeichnend genug, daß wandernde Handwerksburschen
durch den Austausch von Schriften und Gedanken in den Herbergen
zu ihren hauptsächlichsten Trägern gehörten. Nach seiner Rückkehr wurde Böhme 1599 Meister seines Handwerks und bald ein
glücklicher Familienvater, der bescheiden in günstigen Verhältnissen
seinem Berufe oblag. Aber in ihm trieb und drängte es und ließ
ihm nicht eher Ruhe, bis er im Jahre 1610 die auf der Wanderschaft aufgesogenen und in der Werkstatt weiter gepflegten Gedanken in seiner Schrift »Aurora oder die Morgenröthe im Aufgang,
d. i. die Wurzel oder Mutter der Philosophie, Astrologie und Theologie aus rechtem Grunde, oder Beschreibung der Natur« niedergeschrieben und veröffentlicht hatte. Das Buch machte großes
Aufsehen; paracelsische Ärzte und sonstige Magier und Mystiker
kamen, den Mann zu sehen, der es geschrieben, und die Geistlichkeit
der Stadt wußte es durchzusetzen, daß der philosophische Schuster
in die Hände des Bürgermeisters das Versprechen niederlegte, nichts
weiter zu schreiben. Aber es ging nicht; der Geist war zu mächtig
in ihm, literarische Angriffe kamen hinzu, und seit dem Jahre 1619
begann er von neuem, in Gelegenheitsschriften und offenen Send-
schreiben seiner Lehre immer neue und neue Formen zu geben.

Und nachdem die Unbequemlichkeiten, welche ihm geistlicher Einfluß infolgedessen bereitet hatte, durch das vernünftige Einschreiten
der Dresdner Behörden fortgeräumt worden waren, fuhr er, ohne
seine praktische Tätigkeit zu vernachlässigen, mit diesen literarischen Arbeiten bis an sein Ende im Jahre 1624 fort. Von diesen
späteren Schriften sind namentlich diejenige »Von den drei Prinzipien
des göttlichen Lebens« (1619), ferner die »Vierzig Fragen von der
Seele oder Psychologia vera« (1620), das »Mysterium magnum oder
Erklärung über das erste Buch Moses« (1623) hervorzuheben. Die
Stärker noch als bei irgend einem anderen ist bei Jakob Böhme
der Gegensatz gegen die Gelehrsamkeit. Der zünftigen
Wissenschaft bezeigt er teils grimmigen Haß, teils halb mitleidige
Verachtung. Die wahre Offenbarung, meint er, hat sich niemals
auf das Hohe und die Kunst dieser Welt, am wenigsten auf das
»hohe und tiefe Studium« niedergelassen, sondern immer nur auf
die niedere heilige Einfalt. Die Patriarchen, Jesus, die Apostel,
das waren die Gefäße der Offenbarung, nicht die gelehrten Pfaffen,
und dem armen verachteten Mönch Luther war es gegeben, die
Gewalt der Gelehrten zu brechen. Aber leider auch seine Nachfolger sind wieder solche gelehrten Pfaffen geworden, und die Zeit
ist damit reif für eine neue Offenbarung: die Morgenröte ist da.
Es steckt eine Art von Prophetenbewußtsein in dem Görlitzer
Schuster, welches ihn bei aller persönlichen Bescheidenheit von der
Heiligkeit seiner Aufgabe und der Kraft seiner mystischen Offenbarung tief durchdrungen erscheinen läßt. Nicht aus Büchern, wie
die Gelehrten, muß man seine Weisheit schöpfen, sondern aus unmittelbarem Ergreifen der höchsten Wahrheit. »Ich will, nach
Geist und Sinn schreiben, nicht nach dem Anschauen«, sagt er im
Anfang seines Hauptwerkes und bezeichnet damit selbst am besten
den Charakter innerlicher Phantastik, der seinem System aufgedrückt ist. Vor allem aber zeigt sich der heftige Gegensatz gegen
das gelehrte Bücherwissen in Böhmes starker Betonung des Wertes
der deutschen Sprache. Die Sprache überhaupt als das Erzeugnis des denkenden Menschengeistes gilt ihm als eine Neu-
schöpfung der ganzen Welt. Denn das Denken des Menschen enthält in sich die Quintessenz der Dinge. Versteht man darum die
Sprache vollständig, so muß man damit auch eine große Welt-
kenntnis gewonnen haben; und zunächst kann man das selbst-

verständlich am besten bei der Sprache, in der man aufgewachsen
ist. »Darum verstehe nur deine Muttersprache recht; du hast so
tiefen Grund darin, als in der hebräischen oder lateinischen, ob
sich gleich die Gelehrten darin erheben, wie eine stolze Braut —
es kümmert nichts, ihre Kunst ist jetzt auf der Bodenneige.« Eigentümlich nun ist die Art und Weise, in der er selbst diese seine deutsche
Sprache behandelt. In reicher Fülle strömt die Rede meist dahin,
aber fast ist die Sprache noch zu ungelenk, um dem philosophischen
Gedanken einen vollen und klaren Ausdruck zu geben, und seiten-
lang manchmal ist die ganze Auseinandersetzung nur ein Ringen
mit der Sprache, um ihr das rechte Wort und die rechte Fügung
abzuzwingen. Und es gibt in der Tat eine Reihe von Ausdrücken,
wie Ichheit, Selbheit, Deinheit usw., die er dem Genius der Sprache
glücklich entlockt und für die Philosophie erobert hat. Anderseits
zeigt er bis zu lächerlichstem Unverständnis eine Gewohnheit,
die bekanntlich allem dilettantischen Philosophieren gemeinsam
ist, diejenige nämlich des Etymologisierens. Und diese Sucht, die
eigenen Gedanken in dem Ursprung der Wörter wieder zu erkennen,
nimmt nun natürlich überaus komische Formen an, wo jemand
ohne die von Böhme so tief verachtete Gelehrsamkeit sich die
Silben nach »Geist und Sinn« deutet. Deutsche und lateinische
Wörter (letztere sind die alchymistischen Termini aus den paracelsischen Schriften) zerlegt er beliebig nach seiner Willkür in
Silben, um dann diese gleich willkürlich zu deuten und aus ihrer
Zusammenstellung den Sinn des Ganzen herauszuklauben, z. B.
Teu-fel, Mer-cu-ri-us usw. Eine gleiche Vereinigung von ernstem
Ringen und willkürlichem Hinwerfen zeigt auch der Satzbau dieses
philosophus teutonicus; er müht sich unsäglich, die mystischen
Gedanken zum klaren Ausdruck zu bringen, und manchmal gelingt es ihm mit geradezu genialer Sicherheit. Aber das überkommt
ihn dann wie eine Art von innerer Erleuchtung. Am allerwenigsten
darf man logische Gliederung und wissenschaftliche Beweisführung
in seinen Schriften erwarten; sondern bald wie in weihevollem
Selbstgespräch, bald wie in beredter Predigt, sprudelt er Behauptungen hervor, die sich gegenseitig drängen und auch wohl gelegentlich einmal einander verdrängen. Nimmt man noch eine Reihe
von Geschmacklosigkeiten hinzu, denen der deutsche Stil sehr bald
nach Luthers reformatorischer Tat der Bibelübersetzung wieder

verfallen war, so kann man nicht eben behaupten, daß das Studium der Werke Jakob Böhmes dem modernen Menschen ein großer Genuß sei. Es ist, wie wenn man im salzigen und trüb bewegten Wasser nach köstlichen Perlen zu fischen habe. Man findet sie, aber man muß sie unter gar viel Befremdlichem und Unbehaglichem heraussuchen.

Nicht viel anders möchte sich der moderne Geist auch zu dem Inhalte der Böhmeschen Lehre stellen. Bei der Verschmelzung religionsphilosophischer und naturphilosophischer Spekulationen kommt, wie sich leicht denken läßt, die wirkliche Naturerkenntnis sehr zu kurz. Lehnt doch Böhme die Erfahrung und Anschauung ausdrücklich ab, und was er von der Natur wirklich weiß, beschränkt sich auf die wenigen Kenntnisse, die er alchymistischen und paracelsischen Schriften verdanken konnte. Um so größer ist natürlich der Spielraum seiner Phantasie: das Charakteristische aber in dieser mystischen Konstruktion ist die Durchsetzung der Naturanschauung durch religionsphilosophische Gedanken. Der Geist Böhmes durchdringt die gesamte Natur mit den Kategorien der religiösen Betrachtung. Nicht nur das ganze Geschick, sondern auch das innere Wesen der Natur sucht er aus den Gegensätzen des Guten und des Bösen abzuleiten, und der ganze Prozeß des Naturgeschehens ist für ihn gleichbedeutend mit demjenigen des Sündenfalles und der Erlösung. Die Innerlichkeit des religiösen Lebens mit seinen Gegensätzen, Anhaltspunkten, Strebungen und Zielen bildet ihm, wie dereinst den Gnostikern, den tiefsten Kern auch der Natur, und so verwandeln sich unter seinen Händen die naturphilosophischen Kategorien in psychologische und religiöse Begriffe. Gerade hierin zeigt die deutsche Mystik auf ihrem Höhepunkt sich als das wahre Gegenstück zu der italienischen Naturphilosophie. Dort ergriff man in voller Begeisterung die äußere Natur und stellte, soweit es angehen wollte, auch das innere Leben unter die Gesichtspunkte der Naturerkenntnis: hier glaubte man aus der Offenbarung des gläubigen Gemütes heraus auch die äußere Welt begreifen zu können. Ein Bruno stürzt sich in die Geheimnisse der wirkenden Natur — ein Böhme wühlt in den Mysterien des inneren Lebens. Das ist der ganze Unterschied zwischen Italien und Deutschland. Dort sucht man Gott in der Natur, hier in der Seele. Und den ursprünglichen Inhalt, welchen das neue Denken begehrt, glaubt man dort aus der Unendlichkeit des Universums, hier aus den Offenbarungen des gläubigen Herzens schöpfen zu können. '

Mit dieser Eigentümlichkeit hängt es zusammen, daß es in dem Grübeln Böhmes ein Zentralproblem gibt, das alle seine Gedanken beherrscht und gestaltet. Es ist dasselbe, welches wir schon vielfach als einen Gegenstand des Nachdenkens bei den Mystikern haben auftreten sehen, das Grübelproblem der christlichen Welt, dasjenige der Sünde. Der pantheistische Grundzug, der die ganze Entwicklung der Mystik bestimmt, ließ dies Problem in besonderer Schärfe hervortreten. Wenn Gott als das Wesen und der metaphysische Grund aller Dinge und alles Geschehens betrachtet wurde, so erschien er auch als der Urgrund des Bösen, und doch sträubte sich das religiöse Gemüt dagegen, ihn die moralische Verantwortung dafür tragen zu lassen. Das ist der Schwerpunkt für das ganze Gedankensystem Böhmes. Es handelt sich darum, Gott als den metaphysischen Grund der Sünde zu erkennen, ohne seiner Heiligkeit Abbruch zu tun. Böhme hat das Problem so wenig gelöst wie irgendein anderer; aber er hat in rastloser Arbeit darum gerungen, und er hat mit bewunderungswürdigem Tiefsinn den Punkt aufgezeigt, von dem aus allein die Lösung möglich erscheinen konnte. Er hat den Versuch gemacht, den Gegensatz von gut und böse als einen ursprünglichen und ewigen in die Gottheit selbst zu verlegen. Auch dafür waren Andeutungen von Meister Eckhart gegeben. Allein die Ausführung bei Böhme ist vermöge seiner voluntaristischen Grundauffassung so originell, daß er als der selbständige Vertreter dieses Gedankens gelten darf.

Es ist in diesem Versuche Böhmes unverkennbar eine gewisse Ähnlichkeit mit der Lehre von der coincidentia oppositorum, welche auch in der Naturphilosophie und speziell bei Bruno eine so hervorragende Rolle spielt. Aber der Grundgegensatz, dessen Vereinigung hier die Gottheit in sich tragen soll, ist der moralisch-religiöse des Guten und des Bösen. Er geht, wie Böhme ausführt, durch die ganze Welt: »es ist nichts in der Natur, so nicht Gutes und Böses inne ist.« Als liebstes Beispiel wendet Böhme für diese Lehre das Feuer an, dessen guter und freundlicher Anblick mit seiner grimmigen, verderblichen Hitze so wenig übereinstimme, und welches auf der einen Seite das Element des Lebens,

auf der andern dasjenige der Zerstörung sei. Wenn nun so alle
Dinge diesen Gegensatz der Urqualitäten gut und böse in sich
tragen, so muß derselbe Gegensatz auch schon in der Gottheit enthalten sein, die ja das innerste Wesen aller Dinge bildet und der
Lebenssaft in dem ganzen Baume des Universums ist. Wie aber
kommt, muß sich Böhme fragen, der eine, unendliche Gott dazu,
so in sich selbst gespalten, so mit sich selbst in Widerspruch zu
sein? Die Antwort darauf enthält das Geheimnis der Lehre Jakob
Böhmes: nur durch den Gegensatz ist Offenbarung möglich, und
die Gottheit muß in sich selbst gegensätzlich sein, wenn sie sich
selbst offenbar werden will. Auch hier ist es der Vorgang des
Feuers und des Lichtes, an welchem sich die Phantasie Böhmes
emporrankt. Will er doch selbst die plötzliche Erleuchtung, durch
die ihm alles klar wurde, dem Anblick eines vom Sonnenstrahle
getroffenen Zinngefäßes verdanken. Wo nur Licht wäre oder nur
Finsternis, da wäre weder Licht noch Finsternis: nur aneinander
können die Gegensätze offenbar werden. Deshalb muß auch in
Gott ein ursprünglicher Gegensatz angenommen werden. Seine
Liebe könnte nicht offenbar werden, wenn sie sich nicht an seinem
Zorn offenbarte, und sein ewiges Licht würde nicht offenbar sein,
wenn nicht in ihm selbst Finsternis gegeben wäre.

Den Ausgangspunkt von Böhmes Theogonie und Kosmogonie
bildet deshalb die Betrachtung der unoffenbaren Gottheit. Sie ist
die ewige Ruhe, der Ungrund, das ewig Eine, nicht Licht noch
Finsternis, ohne Qualität, kein Wesen, keine Person, alles und
nichts. Es ist der gegenstandslose Wille, der nichts weiter hat als
die Sucht zu tun und zu begehren, und der, weil er das Absolute ist,
mit ewiger Freiheit wandellos in sich beruht. Aber dieser Ungrund,
der nichts außer sich hat, schaut deshalb in sich; er macht sich
selbst zu einem Spiegel und teilt sich damit in die schauende Weltkraft und in den angeschauten Weltinhalt. So wird der unfaßbare
Urwille sich selbst offenbar, und diese Tätigkeit seiner Selbstoffenbarung ist der ewige Geist, mit welchem die Gottheit sich selbst
schafft und die Welt gestaltet. Diese Geburt Gottes ist kein einmaliges geschichtliches Faktum, sondern eine ewige Geburt: Böhme
macht den ganz klaren Unterschied, daß diese Bestimmungen des
göttlichen Wesens nur in der Reflexion voneinander trennbar, im
Sein dagegen vollkommen miteinander identisch sind. Und so

wird denn auch dieser offenbarte Gott in Wahrheit erst durch den
Gegensatz zu jenem unoffenbaren Ungrunde oder, wie Böhme es
auch nennt, zu der Natur in Gott offenbar, und in dieser Offen-
bartheit erst bildet er die göttliche Dreieinigkeit: der Vater als der
offenbare Wille oder der Saft der Welt, der Sohn als die ideale
Kraft und der Geist als die in der Kraft sich offenbarende Tätigkeit,
die »quellende Kraft«. Nun entzündet sich in dem Vater die Liebe
zum Sohne, »die Lust an der Weisheit«, und in dieser göttlichen
Ideenwelt spielt die quellende Kraft des Geists, sie ist die »Wohne
Gottes«, die ewige Jungfrau, die allein au sich selbst die Welt
erzeugt.

Nachdem so die »Anderheit« oder »Schiedlichkeit« in dem unendlichen Wesen Gottes gewonnen ist, entwickelt Böhme die Lehre
von der Weltschöpfung aus dem Gegensatze der offenbaren drei-
einigen Gottheit zu der Natur in Gott, dem centrum naturae, oder
der matrix. Und er sucht durch alle Dinge hindurch diese Dreieinigkeit von Saft, Kraft und quellender Kraft zu verfolgen, eine
Dreieinigkeit, die etwa dem philosophischen Verhältnis von Substanz, Eigenschaft und Tätigkeit entsprechen dürfte.

Die erste Offenbarung der göttlichen Kräfte in der Natur bringt
das Reich der Engel hervor, welches sich, je nach dem Überwiegen
der entsprechenden Personen der Dreieinigket, in drei Reiche teilt:
das göttliche Wesen, in erhabener Ruhe dargestelit, erscheint im
Reiche des Michael —, die göttliche Kraft strahlend voll leuchtender
Schönheit in Lucifer —, die göttliche Tätigkeit als rastlose Weltschöpfung in Uriel. Ihnen gegenüber aber enthält die vollendete
Person, Christus, die Vereinigung aller Engelkräfte zu höchster
Vollkommenheit; während die Engel nur göttliche Krafterscheinun-
gen sind, ist er eine volle Person, der Sohn von Ewigkeit her geboren und das Herz des Vaters.

Die zweite Stufe der Weltschöpfung entsteht durch das Auseinandertreten der Urqualitäten in der Gottheit, und hier entwickelt sich die reale Welt in sieben »Gestalten« aus der Gottheit
heraus, — ein Versuch naturphilosophischer Gliederung und systematischer Verteilung der Naturkräfte. Die erste »Qual« ist das
Zusammenziehende, das Harte und Herbe, die Kraft, durch welche
die Dinge koagulieren, das Prinzip der Vielheit und Materialität,
das »Halten«; die zweite das Trennende, Verflüchtigende, das Süße,

das Prinzip der Ausdehnung, das »Fliehen«. In wunderlicher
Jugendlichkeit tritt hier der Gegensatz von Kontraktion und Repulsion als die Materie konstruierender Grundkräfte auf, naiv genug
verschmolzen mit Geschmackskategorien, die wohl auf alchy-
mistische Theorien zurückweisen. Als die dritte Gestalt erscheint
die eigentliche Stofflichkeit, die »bittere Qual« oder »Angstqual«,
die wahre Materialität. Diese drei ersten Gestalten bezeichnet
Böhme, Paracelsus folgend, als Sal, Mercurius und Sulphur. Aus
ihnen allen, aus ihrer innigen Vereinigung bricht als vierte Gestalt
das Feuer hervor, daraus als fünfte das wohltätig schöne Licht,
das »Liebe-Licht-Feuer«, das Freudenreich des Lichtes, die »Region
der heiligen Liebe«. Die sechste Gestalt ist der Klang, Schall und
Ton, das Reich der Mitteilung, die gegenseitige »Verständnis und
Erkenntnis«. Alle sechs endlich vereinigen sich zu der siebenten
Gestalt, der idealen Leiblichkeit, in der die Natur ihre vollkommene
Offenbarung gefunden hat, und damit schließt der Prozeß der
Schöpfung sich in sich selber ab. Durch diese sieben Gestalten
hindurch verfolgt Böhme in mehrfacher Gliederung jene Dreieinigkeit: in den ersten drei Gestalten teilt er das Herbe dem Vater,
das Süße dem Sohne, das Bittere dem Geiste zu; unter den letzten
drei Gestalten das Liebe-Licht dem Vater, die Mitteilung dem
Sohne, die volle Naturoffenbarung dem Geiste. Die drei ersten
bilden das Reich des Michael, dem Vater entsprechend, die vierte
das Feuer, das Reich des Lucifer, dem Sohne entsprechend, die
drei letzten zusammen das Reich des Uriel, dem Geiste entsprechend.

Das sind die Grundzüge der theogonischen und kosmogonischen
Dichtung von Jakob Böhme. Denn alle diese Vorgänge, die soweit geschildert worden sind, betrachtet er nicht als einmalige Tatsachen, sondern als ewiges Geschehen. Das Vorher und Nachher zwischen ihnen ist nur im metaphysischen Sinn zu verstehen,
niemals im zeitlichen, und die Unterschiede im Wesen der Gottheit,
welche er aufstellt, sind nicht als getrennte Kräfte, sondern nur als
die Ausbreitung ihrer inneren Eigentümlichkeiten vor der philosophischen Betrachtung anzusehen. Aber wenn diese Phantasien
gewissermaßen den idyllischen Teil seines Weltgedichtes bilden,
so beginnt dies episch zu werden von dem Punkte an, wo es sich
um die Genesis der wirklichen Welt handelt. Diese wirkliche
Welt ist zeitlich, sie muß somit, wie Böhme meint, auch einen

zeitlichen Anfang haben, und ihr Bestehen ist deshalb nur durch
eine zeitliche Tatsache, durch ein einmaliges Faktum zu begreifen,
welches, ohne durch die notwendige und ewige Offenbarungstätig-
keit der Gottheit bedingt zu sein, plötzlich eingetreten ist und einen
Riß in den großen und schönen Zusammenhang der Dinge gemacht
hat. Im Grunde genommen liegt in dieser Gedankenwendung ein
Verzicht Böhmes auf die vollkommene Lösung seines Problems.
Nur die Möglichkeit des Bösen ist von ihm aus der Selbstentzweiung
der Gottheit und aus der Lehre von der gegenseitigen Offenbarung
der Gegensätze entwickelt worden. Die Tatsächlichkeit des Bösen
kann er eben nur als eine Tatsache feststellen und sie aus einer
»Freiheit« der Engel ableiten, für die eigentlich in den metaphysischen Voraussetzungen kein Raum ist. Aber gerade in diesen
Beziehungen kommt, freilich ohne alle begriffliche Formulierung,
der metaphysische Tiefsinn des Görlitzer Schusters glänzend zutage: er legt den Finger darauf, daß es im Bestande der Erfahrungs-
welt zuletzt etwas rein Tatsächliches gibt, das aus dem allgemeinen
und ewigen Wesen der Dinge nicht abgeleitet werden kann, und
daß dies die Irrationalität und die Normwidrigkeit in allem Wirklichen ausmacht.

Diese Tatsache, durch die der Riß in dem Universum herbeigeführt sein soll, und die in Wahrheit einen Riß in dem Systeme
Jakob Böhmes bildet, ist der Sündenfall Lucifers. Ohne ihn
müßte die wirkliche Welt mit der siebenten Schöpfungsgestalt, der
idealen Leiblichkeit, zusammenfallen; so aber hat sein Fall denjenigen der Engel und ferner denjenigen der vier ersten Schöpfungs-
gestalten nach sich gezogen. Lucifer, der schönste der Engel, ver-
gaffte sich in das Centrum naturae, die matrix rerum, und hoffte
in der Verbindung mit ihr selbst Weltschöpfer zu werden. Dadurch trat er aus der göttlichen Liebe heraus in den göttlichen Zorn.
Denn in der unoffenbaren Gottheit lagen Liebe und Zorn noch un-
geschieden beieinander. Erst in dem Augenblicke, wo der freie
Wille des Engels den göttlichen Zorn erregte, wurde dieser offenbar,
aber mit ihm auch die Liebe. Und sie entfaltete sich darin, daß
Gott dem Reiche des Zorns, das der Sündenfall des Engels geschaffen
hatte, ein Reich der Liebe gegenüberstellte. Wenn Lucifer aus den
vier ersten Gestalten das Reich des Zorn-Feuers, die Hölle, schuf,
so bildete Gott aus den drei letzten Gestalten das Reich des Lichts

und der Liebe, an dessen Spitze er den eigenen Sohn als die vollendete
Vereinigung aller göttlichen Kräfte stellte. So steht das Liebe-
Feuer dem Zorn-Feuer gegenüber. Allein wenn damit der ur-
sprüngliche Zusammenhang zwischen den sieben Gestalten der
göttlichen Schöpfertätigkeit gestört war, so mußten doch anderseits
diese Gestalten, da sie einmal der Ausfluß der schöpferischen
Gottestätigkeit sind, sich in einer anderen, wenn auch schlech-
teren Weise verbinden, und so entstand als ein Mittleres zwischen
Hölle und Himmelreich die materielle Welt, das Reich der irdischen
Wirklichkeit, worin wir leben. Erst an diesem Punkte, sagt Jakob
Böhme, beginnt die Erzählung des ersten Buches Moses. Sie ist
keine vollständige Lehre von der Weltschöpfung, sondern berichtet
nur den Ursprung der materiellen Welt; sie setzt, wie sie selbst
zugibt, die Schöpfung des himmlischen Reiches und den Beginn
des Höllenreichs von Lucifer voraus, und das mysterium magnum
der Böhmeschen Philosophie will deshalb nur sozusagen die Vor-
geschichte des ersten Buches Moses enthüllen. Von hier geht dann
Böhmes Metaphysik in Naturphilosophie über. Er schildert die
Bildung der materiellen Welt durch eine Verquickung der mosaischen
Legende mit paracelsischen Terminis. Wie zu vermuten, entsprechen
die sieben Schöpfungstage den sieben Gestalten der metaphysischen
Urwelt, die sich in der materiellen Welt freilich nur in verkümmerter
Gestalt wiederfinden. Es kommt der paracelsische Gedanke hinzu,
daß alle diese sieben großen Weltkräfte in jedem Dinge der sinnlichen
Welt vorhanden sein sollen. Jeder Stein, jedes Gewächs und jedes
Tier trägt alle sieben Qualitäten in sich, aber jedes hat ein ihm eigentümliches und es zum Individuum machendes Bindemittel, einen
»Primus«, wie Böhme es nennt, offenbar dem »Archeus« bei Paracelsus entsprechend. Er verfolgt diesen Gedanken bis in das Einzelnste. So gilt ihm das Sonnensystem für eine Wiederholung der
sieben Qualitäten. Es ist bemerkenswert, daß er vollständig das
kopernikanische System annimmt; die Sonne als dem Feuer entsprechend steht in der Mitte, und die sechs Planeten, zu denen
auch die Erde gehört, jeder hauptsächlich eine der sechs anderen
Gestalten vertretend, bewegen sich um sie. Vor allem aber ist der
Mensch als die letzte und höchste Schöpfungsgestalt wiederum eine
Vereinigung aller der um ihn herum zerstreuten Kräfte. Schon in
den Teilen seines Leibes, Rumpf, Beinen, Händen, Herz, Blut, Sinnen

und Kopf, macht Böhme den Versuch, die sieben Urqualitäten und anderseits die sieben Sphären des allgemeinen Naturgeschehens wiederzufinden. Vor allem aber in seinen psychischen Tätigkeiten trägt der Mensch die Beziehungen zur gesamten Welt, nicht nur zu dem materiellen Dasein, in welchem er zunächst wandelt, in sich. Selbst die Dreieinigkeit ist in ihm wiederzufinden: die wesentliche Substanz seiner ganzen Seele ist ein Abbild der göttlichen Weltsubstanz des Vaters, die Liebe als die innerste Kraft seines die Welt umspannenden Gemütes ist ein Bild der göttlichen Kraft, die im Sohne vereinigt ist, und der verständige Geist, durch welchen das Wesen und die Liebe eins werden in vernünftiger Tätigkeit, vertritt in ihm die quellende Kraft der Gottheit, den heiligen Geist.

In bezug auf die Erkenntnis sucht Böhme auszuführen, wie die sinnliche Wahrnehmung den Menschen in der materiellen Welt heimisch mache, der Geist ihn die Engelwelt erkennen lasse, und die Seele endlich sich zur Gottheit aufschwinge. So ist der Mensch mit allen Dingen gleich und kann darum sie alle erkennen. Als das Ebenbild der Gottheit braucht er nur sich zu betrachten, um zu wissen, was Gott und die Welt ist. Aber dazu gehört freilich eine Erhebung der Seele, an welche die gewöhnliche Erkenntnistätigkeit nicht heranreicht; dazu gehört, daß man den Blick schließe vor der verwirrenden Flucht der Sinnesempfindung und den trügerischen Schlüssen des Verstandes. Konsequenter als irgend ein Mystiker lehnt Böhme alle rationelle Erkenntnis ab und stützt sich allein auf die innerliche Erleuchtung. »Dein eigen Hören, Wollen und Sehen verhindert dich, daß du Gott nicht siehst noch hörest.« »Du mußt dich in das schwingen, da keine Kreatur ist.« »So du die Welt verlässest, kommst du in das, daraus die Welt gemacht ist.« So scheut Böhme nicht vor dem Paradoxon zurück, sich der Welt zu verschließen, um sie zu erkennen.

Die gleiche Weltflucht aber ist auch die ethische Konsequenz seiner Lehre. Es ist außerordentlich bezeichnend, daß dieser idealistische Pantheismus der Deutschen von vornherein ebenso pessimistisch ist, wie der naturalistische Pantheismus der Italiener zum Optimismus führte. Bei diesem war es die Bewunderung der Natur und die künstlerische Auffassung ihrer zweckmäßigen Organisation, worin die Disharmonien der einzelnen Tatsachen verklangen. Bei den Deutschen war der Pantheismus von vornherein sittlicher

und religiöser Natur. Alle Religion ist aber pessimistisch, ihr tiefster Grund ist Erlösungsbedürfnis, und sie setzt deshalb die Vorstellung von der Verkehrtheit des Zustandes voraus, aus dem die
Erlösung ersehnt wird. So war es der Gedanke des moralischen
Übels, der Sünde, um welchen sich das Grübeln der religionsbedürftigen Deutschen bewegte, und daß sie vollen Ernst mit diesem
Problem gemacht haben, darin lag die Energie ihrer religiösen Bewegung. Es darf nie vergessen werden, daß es der Ablaßstreit
war, aus welchem sich die deutsche Reformation entwickelte: denn
er deckte unmittelbar den Punkt auf, der dem religionsbedürftigsten
der Völker am meisten am Herzen lag. Es wurde schon bemerkt,
wie dieser Punkt auch der Ausgangspunkt für das gesamte Denken
Böhmes war. Dieser allein konnte deshalb für ihn auch der ethische
Gesichtspunkt werden. Er ist tief überzeugt von der Verderbtheit
und Verkehrtheit der irdischen Welt, sie ist eine Verzerrung der
idealen Leiblichkeit, und all ihr inneres unruhiges Drängen und
Treiben hat nur den Grund, daß sie daran arbeitet, jene göttliche
Natur aus sich hervorzutreiben, ohne es zu können. Wenn deshalb
diese Welt verkehrt ist, so kann die Tugend nur in dem vollen
Gegensatze zu ihr bestehen. »Wandle der Welt in allen Dingen
zuwider, so kommst du den nächsten Weg zur Tugend.« Wie
Lucifers Sündenfall darin bestand, daß er die ewige Natur in Gott
begehrte, so ist der neue Sündenfall eines jeden sein »Vergafftsein«
in die irdische Welt. »O Mensch«, ruft Böhme aus, »warum will
dir die Welt zu eng werden? Du willst sie allein haben, und hättest
du sie, so hättest du noch nicht Raum.« Darum muß der Selbst-
wille sterben, der Mensch muß die Welt und vor allem sein eigenes
Ich vergessen, »die Tugend findet nichts und alles«, und »wo der
Mensch nicht wohnt, da wohnt in ihm die Tugend«: »das ist die
zu Grund gelassene Seele, da die Seele ihres eigenen Lebens er-
stirbt.« Der Mensch soll sich selbst hassen und sich ganz Gott
ergeben, er soll gern und willig das Kreuz tragen; denn diese Ent-
sagung ist schwer, aber »wenn die Liebe nicht im Leid stände, so
hätte sie nichts, das sie lieben könnte«. Das schwerste Kreuz und
das zuletzt zu lernende Leid ist die Verachtung der Welt, der Gipfel
der Selbstaufgebung. »Es ist gar schwer, von aller Welt verachtet
zu sein: aber was dich jetzt dünket schwer zu sein, das wirst du
nachher am meisten lieben.«

In dieser Weise, meint Böhme, trägt der Mensch in sich auch
jene Dreiheit von Himmelreich, Erdenwelt und Hölle: die Erdenwelt, insofern sein Leib und sein Geist von Wünschen der Selbstsucht erfüllt ist — die Hölle, insofern seine Seele mit Begier diese
Wünsche ergreift — das Himmelreich, insofern die Seele sich selber
stirbt und die Gnade des Himmels ergreift. Damit verkündet er
schließlich eine rein ideale Auffassung von Himmel und Hölle und
lehrt, daß »ein jedes Leben sein Urteil in sich selber ursache und
erwecke«. »Die Seele bedarf keines Auf- oder Herabfahrens«,
Himmel und Hölle sind überall gegenwärtig: im Guten wohnt der
Himmel, die Hölle im Bösen.

Dennoch, so sündig und schlimm die irdische Welt ist, will
Böhme die Hoffnung auf ihre einstige Besserung nicht aufgeben.
Er meint, daß durch die Offenbarung, die stetig in reinen Seelen
lebendig ist, und durch das immer kräftigere Streben der Guten
schließlich das Ende dieser verkehrten Welt herbeigeführt werden
wird. Aber nur das »materialische Wesen der Dinge« wird aufhören, als die vier Elemente, Sonne, Mond und Sterne; »alsdann
wird die innerliche Welt ganz sichtbar werden.« Das ist die Verklärung der Natur, welche die Schrift verheißt. An die Stelle der
materiellen Welt wird die metaphysische Welt der idealen Leiblichkeit treten, und es wird nur noch zwei Welten geben, den Himmel
und die Hölle: denn der Gegensatz, den Lucifers Fall offenbart hat,
kann niemals wieder verschwinden. Das Reich des Zornes ist so
ewig wie das Reich der Liebe. Denn »das Licht wird ewig in die
Finsternis scheinen, und die Finsternis kann es nicht ergreifen«.
Die Bösen sind von der Verklärung der Natur ausgeschlossen für
immer: »der Mensch, der im Zorne steht, empfindet die Liebe als
Pein — das ist seine Hölle«.

So erhebt die Lehre Jakob Böhmes, ihrem inneren Charakter
getreu, zum Schlusse auch ihre naturphilosophischen Kategorien
wieder in rein innerliche Bestimmungen; und sein Ausblick auf
das Weltende verliert sich in die unendliche Perspektive desselben
religiösen Gegensatzes, von dem seine Gedanken ausgingen. Es ist
ein System, das von Anfang bis zu Ende von religiösem Geiste
getragen ist, und das in der irdischen Welt nur eine vorübergehende
und verzerrende Spiegelung einer geistigen Welt erblickt, die von
dem Gegensatze der göttlichen Liebe und des göttlichen Zornes

beherrscht ist. Alle Phantasien metaphysischer und naturphilosophischer Konstruktion münden in dies gemeinsame Bette, und so
trübe die Flut ist, welche es erfüllt, so gering der Gehalt an realer
Bildung ist, den diese enthält, bewunderungswürdig ist das gewaltige Wogen und Prängen dieser Flut und der mächtige Zug,
womit sie dem Ozean der Gotteserkenntnis zuströmt.

Böhmes Lehre ist das letzte Erzeugnis der deutschen Mystik,
es ist zu gleicher Zeit das letzte Denkmal selbständigen Philosophierens, welches Deutschland in dieser Periode hervorgebracht
hat. Auf den Universitäten herrschte teils katholische, teils protestantische Scholastik; nur hin und wieder machte sich, hauptsächlich in Anlehnung an den Ramismus, eine schüchterne Opposition geltend, um bald wieder unterdrückt zu werden. Auch im
Volke begann die mystische Bewegung auszuzittern. Zwar wurde
gerade die Lehre Böhmes sektenhaft, hauptsächlich durch einen
gewissen Gichtel verbreitet und fand sogar in den Niederlanden
und besonders in England manchen Anklang, wie die Schriften von
John Pordage (1625—1698) und Thomas Bromley († 1691) beweisen. Aber von einer weiteren Ausbildung dieser Gedanken war
keine Rede. In Deutschland vor allem selbst wurde bald alles
von dem Elende des großen Krieges verschlungen, der schon in
den letzten Lebensjahren des Görlitzer Schusters zu wüten begonnen
hatte, und in dessen schweren Leiden die deutsche Nation an ihrem
religiösen Interesse beinahe verblutet wäre. Es ist bekannt, wie
die wilden und wüsten Kämpfe dieser dreißig Jahre nicht nur den
Boden Deutschlands zerstampften und den Reichtum seines Handels vernichteten, sondern auch wie eine trübe Sintflut seine Kultur
in Kunst und Wissenschaft fortschwemmten. Unter diesem allgemeinen Geschicke litt auch die Philosophie, und als in der zweiten
Hälfte des XVII. Jahrhunderts Deutschland wieder aufzuatmen
und wie in neuer Kindheit sein Kulturleben von vorn zu gestalten
begann, da mußte auch seine Philosophie ihre Nahrung aus den
Gedanken saugen, die inzwischen von den glücklicheren Kulturnationen des Westens bereitet worden waren.

III. Kapitel.

Der englische Empirismus.

Man betritt den Boden der eigentlich wissenschaftlichen Entwicklung der neueren Philosophie erst, wenn man die systematischen Neubegründungen berührt, die sich in England und Frankreich vollzogen. In dem Denken der Italiener und der Deutschen überwiegt gleichmäßig der metaphysische Trieb, dort von künstlerischer, hier von religiöser Phantasie unterstützt. Der Widerspruch gegen die Scholastik läuft in beiden Fällen darauf hinaus, einen neuen Inhalt des Denkens zu schaffen, und in dem leidenschaftlichen Suchen nach ursprünglichem Wissensgehalte wird es meist versäumt, den Geist in die rechte Schule zu tun; ungestüm greift man von den geringsten Erfahrungen aus nach dem Höchsten und Letzten der philosophischen Erkenntnis und schafft Dichtungen von zum Teil großartiger Schönheit, aber wissenschaftlicher Unhaltbarkeit.

Nur in Galilei begegnete uns der gereifte wissenschaftliche Geist, der sich aus den Phantasien der humanistischen Tradition zu der Methode der modernen Naturforschung durchgerungen hatte. Ihm verwandt sind die Anfänge der neueren Philosophie in England und Frankreich: sie sind schon im Beginn nüchterner und klarer als in Italien und Deutschland. Sie stehen weniger unter dem unmittelbaren Eindrucke des neuen Stoffes der Erkenntnis, aber sie haben statt dessen mehr Sinn für die sorgfältige Absteckung und Bahnung des Weges, auf dem man zu fest begründeten Ergebnissen der neuen Wissenschaft zu gelangen hofft. Während daher die italienische Naturphilosophie und die deutsche Theosophie der Scholastik einen neuen Inhalt entgegenstellten, vollzog sich in Frankreich und England der Bruch mit der Scholastik mehr in der Weise, daß man die Form des alten Denkens bekämpfte und mit aller Kraft nach einer neuen Methode der Erkenntnis suchte.

§ 20. Der erkenntnistheoretische Charakter der neueren Philosophie.

Gerade ihr von Haus aus oppositioneller Charakter drückte der neueren Philosophie, sofern sie eben nicht mehr bloß Behauptung gegen Behauptung stellen, sondern mit wissenschaftlichen

Beweisen vorgehen wollte, ein methodologisches, zunächst die Erkenntnistätigkeit selbst untersuchendes Wesen auf. Man liest vielfach, erst durch Kant sei die Philosophie auf den erkenntnistheoretischen Standpunkt erhoben worden. Das kann nur insofern gelten, als Kant für diese erkenntnistheoretische Tendenz die entscheidende Form und Grundlage gefunden hat. Aber man braucht nicht zu fürchten, daß man der Größe Kants Eintrag tue, wenn man darüber nicht übersieht, daß diese Tendenz in den wissenschaftlichen Richtungen der neueren Philosophie von Anfang her angelegt war. Man sollte nicht vergessen, daß Bacon und Descartes, im übrigen so weit geschieden, wie zwei Philosophen es nur zu sein vermögen, darin einig sind, daß man der Unfruchtbarkeit der Scholastik durch eine neue Methode des Denkens aufhelfen müsse, und daß ihre ganzen metaphysischen Systeme in den Angeln der von ihnen gesuchten Methoden hangen: man darf auch nicht übersehen, wie schon bei Locke die Forderung, vor der sachlichen Untersuchung zunächst einmal Grenzen und Tragweite der menschlichen Erkenntnisfähigkeit festzustellen, klar und präzis zum Ausdruck kommt.

Dieser erkenntnistheoretische Grundcharakter der neueren Philosophie steht im genauesten Zusammenhange mit ihrem Kampfe gegen die scholastischen Formen des Denkens, und da diese nur eine pedantische Ausführung der aristotelischen Theorie des Syllogismus enthielten, so glauben sich gerade diese wissenschaftlichen Neubegründungen der Philosophie im schroffsten Gegensatze zu Aristoteles zu befinden. Überall tönt aus ihnen bis zum Überdruß der Nachweis entgegen, daß man durch logische Schlüsse in den bekannten drei oder vier Figuren niemals etwas Neues erkennen, sondern immer nur wieder das längst Gewußte in neue sprachliche Ausdrücke bringen, oder aber die Voraussetzungen, die man stillschweigend gemacht, klar herausstellen und somit scheinbar beweisen könne. Darin bestehe der trügerische, vor allem aber der gänzlich unfruchtbare Charakter der scholastischen Wissenschaft, welche durch Jahrhunderte hindurch sich stets in denselben Gedanken bewegt und keine neuen Erkenntnisse gewonnen habe. In dieser Form sei die Wissenschaft verurteilt, immer nur den alten Stoff wiederzukäuen, und der Hunger nach neuem Wissen bleibe ungestillt.

In dem Suchen nach neuen Methoden zeigt sich nun eine bemerkenswerte Abhängigkeit der Philosophie von den Spezialwissenschaften, die vor ihr und unabhängig von ihr sich eigene
Wege gebahnt hatten, und im besondern ist es die Naturforschung, deren Erkenntnisformen für die Aufstellung der philosophischen Methodologie von entscheidendem Einflusse gewesen
sind. Keine unter den vielen Bestrebungen der Renaissance trug
so den Charakter der Ursprünglichkeit, keine versprach so sehr,
einen wirklich neuen Inhalt zu geben, keine endlich begann so
glänzende Erfolge aufzuweisen wie die Naturwissenschaft. Wenn
die Renaissance des XIV. und XV. Jahrhunderts wesentlich historischen Charakters war und in den humanistischen Studien ihren
wertvollsten wissenschaftlichen Reiz hatte, so blühte seit dem
XVI. Jahrhundert immer kräftiger die Naturforschung empor und
nahm allmählich das Interesse des philosophischen Denkens derart
für sich in Anspruch, daß dem Sinn der späteren Zeit sogar der
historische Gesichtspunkt überhaupt abhanden kam und das
XVII. Jahrhundert mit seiner naturwissenschaftlichen Aufklärung
eine einseitige Verständnislosigkeit für das Wesen der geschichtlichen Entwicklung bekundete. Die beiden großen Reiche der
Wirklichkeit, die Geschichte und die Natur, haben so nacheinander und in einer Art von feindlichem Gegensatze den Erkenntnistrieb des modernen Geistes beherrscht, und erst die Wissenschaft
des XIX. Jahrhunderts ist sich der hohen Aufgabe bewußt geworden, beide miteinander auszugleichen.

In den erkenntnistheoretischen Neubegründungen der modernen
Philosophie tritt der Sinn für die Auffassung des historischen Lebens
vollkommen zurück. Sie richten sich ausschließlich auf eine freie,
voraussetzungslose und aus dem Ganzen schöpfende Naturerkenntnis.
Das Ideal dieses Bestrebens ist kein anderes, als die wahre Methode
der Naturwissenschaft festzustellen. Und darin eben zeigen sie ihre
Abhängigkeit von der Naturforschung selbst. Denn diese war
vorhanden und arbeitete in neuen Methoden, ehe die Philosophie
sie festgestellt hatte. Dem philosophischen Denken blieb nur übrig,
diese Methode zu ergreifen, sie durch Abstraktion zu verallgemeinern
und auf diese Weise das, was im einzelnen geübt wurde, zu prinzipiellen Gesichtspunkten abzuklären. Das hatte in seiner Weise
und in der für die Entwicklung der Mechanik maßgebenden Form

Galilei getan: aus dieser gemeinsamen Aufgabe begreift sich auch am einfachsten und durchsichtigsten der große Gegensatz zwischen den beiden Begründern der modernen philosophischen Wissenschaft: Bacon und Descartes.

Denn die Methode der neuen Naturforschung hat zwei wesentliche und wohl voneinander zu scheidende Bestandteile, beide dem modernen Denken eigentümlich und den früheren Zeitaltern durchaus fremd. In der griechischen Naturlehre war im ganzen der metaphysische Trieb des zusammenfassenden Erklärens viel zu sehr überwiegend gewesen, als daß man zu einem methodischen Forschen, zu voraussetzungsloser Aufsuchung und Feststellung von Tatsachen hätte gelangen können, und von demjenigen aus, was die Erfahrung unwillkürlich mit sich brachte, hatte man lediglich durch logische Schlüsse die allgemeinsten Prinzipien der Natur abzuleiten gesucht. Die neuere Naturwissenschaft setzt an die Stelle gelegentlicher Erfahrung die systematische Beobachtung und im geeigneten Falle das Experiment, und an die Stelle syllogistischer Verallgemeinerungen die mathematische Begründung. So setzt sich ihre Methode aus dem induktiven Elemente der experimentellen Untersuchung und dem deduktiven Elemente mathematischer Berechnung zusammen. Die volle Verschmelzung beider vollzog sich in den Größen der neueren Naturwissenschaft, in einem Galilei und Newton. Und was so die Naturwissenschaft auf ihrem Gebiete leistete, das suchte die neuere Philosophie für die allgemeine Erkenntnis und die höchsten methodologischen Prinzipien zu begreifen. Dieser Verschmelzung prinzipiell nachzukommen, ist der ideale Gedanke, um welchen sich alle großen Systeme der neueren Philosophie bewegen, ohne ihn bisher völlig erreicht zu haben.

In den beiden Anfängen der wissenschaftlichen Philosophie der Neuzeit treten nun diese beiden Elemente vollkommen gesondert und sogar in schroffem Gegensatze gegeneinander auf. Auf der einen Seite wird die wahre Erkenntnis nur in der Beobachtung und dem Experiment mit einseitiger Ablehnung aller deduktiven Elemente, auf der andern Seite wesentlich in einer der Mathematik nachgebildeten Deduktion gesucht. So bedeuten Bacon und Descartes die äußersten Gegensätze, von denen aus die beiden großen Linien der neueren Philosophie aufeinander konvergieren. Die mathema-

tische Deduktion lag offenbar dem glänzenden Scharfsinn am
nächsten, den die Franzosen von jeher auf diesem Gebiete entwickelt
haben. Der Empirismus dagegen war dem praktischen Sinne der
Engländer sympathisch, der sich schon früher in ähnlicher Weise betätigt hatte. England ist während der gesamten Geschichte der
abendländischen Philosophie der fruchtbare Boden der empiristischen Richtungen gewesen, in denen der Zusammenhang der
Philosophie mit den Erfahrungswissenschaften gesucht und festgehalten wurde. Für die eigentliche Spekulation weniger angelegt,
haben die Engländer stets die Philosophie auf den Boden der empirischen Wirklichkeit zu stellen gesucht, und was sie dadurch an
Großartigkeit und Tiefsinn der Leistungen eingebüßt haben, wurde
durch den Wert sorgfältiger und nüchterner Untersuchungen er-
setzt. Aus England waren in der Früh-Renaissance die nominalistischen Theorien ausgegangen, welche zugunsten der empirischen
Forschung die Verbindung von Philosophie und Theologie zer-
setzten; aus England stammte noch früher der Mönch, der das
reale Wissen des XIII. Jahrhunderts zu bereichern verstanden hatte,
Roger Bacon. Es war sein Namensvetter, der im Zeitalter der
Elisabeth dazu berufen war, die Erfahrung als die Grundlage der
Philosophie zu proklamieren.

§ 21. Francis Bacon.

Keines unter den europäischen Kulturvölkern hat den Gedanken
nationaler Selbstbestimmung, keines das Prinzip individueller Selbstherrlichkeit so energisch durchgeführt und so klar in seiner Geschichte und in seinen Institutionen ausgeprägt wie die Engländer;
und auf keinem Staate kann in der Epoche der Renaissance der
Blick der Geschichte mit größerer Befriedigung ruhen, als auf dem
Zustande Englands in dem Zeitalter der Elisabeth. Nach
langem Kampfe zu innerer Ruhe und Festigkeit gelangt, entwickelt
die Nation plötzlich eine staunenswerte Kraft der politischen Macht-
entfaltung und eine nicht minder bewunderungswürdige Energie
des geistigen Lebens. An demselben Hofe, vor dem Englands größter
Dichter seine weltumfassenden Schauspiele aufführte, stieg von
Stufe zu Stufe der geniale Staatsmann empor, welcher die englische Philosophie begründet hat.

Francis Bacon, im Jahre 1561 geboren, empfing seine gelehrte
Bildung in Cambridge und seine staatsmännische Ausbildung während eines zweijährigen Aufenthaltes am französischen Hofe. Der
Tod seines Vaters, welcher, obwohl er Großsiegelbewahrer von England gewesen war, die Söhne in schwierigen und geringen Vermögensverhältnissen hinterließ, führte ihn nach der Heimat zurück, wo er
dann die praktische Juristenlaufbahn einschlug. Die Langsamkeit des
Aufrückens in dieser Karriere, in der ihn auch sein Onkel, Lord Burleigh, nicht unterstützte, bewog ihn dazu, seine rednerische Begabung
zu einer parlamentarischen Tätigkeit zu verwenden, und er nahm
vom Jahre 1584 an im Unterhause zuerst auf der Seite der Opposition,
dann aber mehr auf derjenigen der Königin eine bedeutende Stellung ein. Die Wendung in seiner politischen Haltung zeigte sich
namentlich bei dem Prozeß von Essex, der früher sein Freund,
Wohltäter und Protektor gewesen war und dem er sich von dem
Augenblicke an entfremdete, wo jener in Opposition zur Königin
geriet; gegen ihn trat Bacon sogar schließlich in dem Prozeß so scharf
auf, daß seine »geschickte Feder« von der Königin zu der öffentlichen Denkschrift, in der sie sich darüber rechtfertigte, in Anspruch genommen wurde. Hatte Bacon schon hier durch die Intrigen hindurch sich immer mehr in die Höhe zu schieben gewußt,
so verstand er es noch besser, bei der Günstlingswirtschaft, die
mit der Thronbesteigung Jakobs I. begann, sich in der Neigung des
Königs festzusetzen, und vom Glücke begünstigt, erstieg er schnell
die Staffel der Ehren und der Ämter; er wurde 1617 Großsiegelbewahrer, im folgenden Jahre Großkanzler und Baron von Verulam,
1621 Viscount von St. Albans. Aber der Höhe folgte der schreckliche Sturz. Ein politischer Tendenzprozeß, den teils die Gegenpartei, teils eine Reihe persönlicher Feinde zustande zu bringen
wußten, erwies, daß sich Lord Bacon der allgemeinen Sitte der Bestechung schuldig gemacht hatte. Es ist nicht unmöglich, daß er
sich der über ihn verhängten Untersuchung und Bestrafung widerspruchslos unterwarf, damit die Anschuldigungen und Enthüllungen
sich nicht gegen eine noch höhere Stelle richteten. Dafür spricht
der Umstand, daß der König seine Bestrafung sofort niederschlug
und ihn wenige Jahre darauf an den Hof und in das Oberhaus
zurückberief. Diesmal widerstand Bacon der Verlockung des äußeren
Glanzes; er hatte in der Verbannung auf seinem Landgute die

wissenschaftliche Muße gefunden, die das bewegte öffentliche Leben
ihm stets versagt hatte, und benutzte sie zu emsiger Ausführung
seiner philosophischen Ideen und naturwissenschaftlichen Experimente, bis er mitten darin 1626 vom Tode ereilt wurde.

Es ist nicht zu leugnen, daß auf dem äußerlich so glänzenden
Leben dieses Philosophen die dunklen Flecke schwerer moralischer
Gebrechen haften. Ein maßloser Ehrgeiz verwickelte ihn in das
Intrigenspiel des Hoflebens, eine große Verschwendungssucht ließ
ihn die Mittel zu einem luxuriösen Leben auf nicht immer recht-
lichem Wege zusammenraffen, und der grenzenlose Egoismus seines
Emporstrebens benahm ihm den Edelsinn der Freundschaft und der
Dankbarkeit. Es ist deshalb nicht recht, wie es enthusiastische
Verehrung versucht hat, diese Schwächen zu vertuschen: aber ebensowenig recht, wenn man ihn moralisch so tief in den Schmutz
herabzuziehen versucht hat, daß seine wissenschaftliche Größe daneben vollkommen unbegreiflich erscheinen müßte. Es gibt vielmehr einen Gesichtspunkt — und Kuno Fischer hat ihn mit glücklichem Griffe und glänzender Durchführung erfaßt —, von welchem
aus Bacons Charakter und seine Lehre unter demselben Lichte erscheinen und ihre innere Zusammengehörigkeit klar in die Augen
springt.

Bacon steht in einer Zeit mächtiger Kulturbewegung, und seine
staatsmännische Tätigkeit gibt ihm einen hohen und umfassenden
Ausblick darauf. Allüberall auf dem politischen, wie auf dem religiösen und geistigen Gebiete ringen neue Kräfte gegen die Herrschaft
der alten, und überall sind es die Mittel der gesteigerten Intelligenz,
mit denen sie ihren Kampf führen. England, durch die Regierung
der Elisabeth zur protestantischen und germanischen Vormacht geworden, bildet im XVI. und XVII. Jahrhundert den hauptsächlichsten Spielplatz dieser Kämpfe und setzt die in Italien schon aus-
zitternde Bewegung der modernen Kultur am lebhaftesten fort. In
dieses Spiel der Kräfte durch seine Erziehung mitten hineingestellt,
in die Kämpfe der politischen Intrigen mittellos hineingeworfen, ganz
auf sich selbst gestellt und dabei von brennendem Ehrgeiz erfüllt,
durchschaut Bacon den eigentlichen Charakter dieses Kampfes
mit genialem Scharfsinn und gibt ihm in seinem Leben und in
seinem Denken den vollkommensten Ausdruck. Er begreift, daß
die entscheidende Kraft in diesem Zustande die Intelligenz und das

Wissen ist. Er weiß, daß, wenn er irgend etwas erreichen soll, er es nur der höheren Geisteskraft verdanken kann, die er sich erwirbt. Und so ist es zugleich der Ausdruck seiner persönlichen Lebensmaxime, wenn er an die Spitze seiner Lehre das stolze Wort stellt: »Wissen ist Macht!« Die Präponderanz der geistigen »Bildung« in der modernen Kultur, welche schon den Charakter der italienischen Renaissance ausmacht, findet hier ihren prinzipiellen Ausdruck, und daß die Grundlage aller modernen Macht die Intelligenz ist, kann nicht schärfer und glücklicher dargelegt werden, als es Bacon praktisch und theoretisch getan hat.

Das ist der Springpunkt, von dem man seine Lehre und sein Leben gleichmäßig betrachten muß, um beide weder zu unterschätzen noch zu überschätzen; dies ist die Stelle, an der sich sein persönliches Strebertum mit seinem wissenschaftlichen Genie verband. Und wenn er im realen Leben dies Prinzip mit rücksichtsloser Einseitigkeit und unter gefährlicher Mißachtung moralischer Gesetze verfolgte, so ist es ihm auf dem Gebiete der Wissenschaft, wo ihn keine persönlichen Interessen verleiten konnten, gelungen, den Grundgedanken zu einem weithin wirksamen System auszubauen.

Zuerst ergibt sich daraus, daß für Bacon das Wissen niemals Selbstzweck ist. Von jener reinen und begeisterten Hingabe an die höchste Wahrheit, wie sie einen Bruno und einen Böhme erfüllte, ist bei ihm keine Rede. Er weiß nichts von der weihevollen Versenkung in die Geheimnisse der Natur oder der Seele. Das Wissen ist ihm nur das kräftigste und sicherste Mittel zur Eroberung der Macht. Soviel einer weiß, soviel kann er. Denn man kann die Dinge nur beherrschen, wenn man sie versteht. Gewiß mochte Bacon dies Prinzip gelernt haben (wie es ihm Hegel vorgeworfen hat) an den Menschen, die er gründlich kannte und eben dadurch benutzte und beherrschte: aber die Bedeutung seiner Philosophie besteht gerade darin, daß er alle Erkenntnis unter diesen Gesichtspunkt zu bringen gewußt hat. Hieraus ergeben sich eine Reihe von Gegensätzen und Verwandtschaften der Baconschen Philosophie. Der große Denker des Altertums, den die neue Zeit bekämpfte, Aristoteles, hatte das höchste Ideal des Menschen in der bloßen Betrachtung, in der wissenschaftlichen Erkenntnis des göttlichen Wesens gesucht; ebenso hatte das »beschauliche Mönchtum« der christlichen Zeit diese Betrachtung um ihrer selbst willen als das Höchste geschätzt. Daraus schon begreift sich der Gegensatz, in welchem sich Bacon zu Aristoteles und allen von ihm abhängigen Philosophien befindet, daraus auch die Abneigung, die er gegen alle mystischen Systeme fühlte, weil deren Motive ja noch in gesteigerter Weise auf Kontemplation hinausliefen. Der Fehler der bisherigen Wissenschaft, sagt er, liegt in ihrer Unfruchtbarkeit; sie verstand nichts vom Leben, da sie in der Zelle des Mönchs betrieben wurde, in der es natürlich nur auf fromme Beschaulichkeit ankommen kann. Bisher war die Wissenschaft wie in ein Kloster gesperrt und unfruchtbar »wie die gottgeweihten Nonnen«. In gleicher Weise kämpfte er gegen die Bücher- und Stubengelehrsamkeit, welche sich nur mit Worten herumschlägt, welche in Wahrheit nichts weiß und um so gefährlicher ist, als sie alles zu wissen glaubt oder vorgibt. Mitten ins Leben hinein muß die Wissenschaft treten, ihre Aufgabe ist die mächtige Wirksamkeit, und der Philosoph muß deshalb selbst mitten im Leben und womöglich auf der Höhe stehen. Von den Geistern, die Goethes Faust beschwört, ist es der Erdgeist, welchem Bacon sich bedingungslos ergeben hat. Wer erkennt nicht in diesem Grundgedanken der Baconschen Philosophie den praktischen Geist der Engländer wieder, die von allen Völkern zuerst und am besten die Entdeckungen der Wissenschaft für das Leben auszunutzen verstanden haben und verstehen, und denen anderseits durch diese Richtung jener Schwung der Begeisterung für das Wissen um seiner selbst willen eher verschlossen ist, während diese Neigung wieder bei anderen Völkern bis zur Einseitigkeit ausgebildet erscheint. So ist es denn auch hieraus zu begreifen, daß die deutsche Philosophie, die mit aller Energie an dem Selbstzweck des Wissens festhielt, Bacon um dieses seines Utilismus willen vielfach unterschätzt hat.

Allein man darf durchaus nicht glauben, daß dieses Hangen an der Nützlichkeit bei Bacon von kleinlicher Natur sei. So kurzsichtig war er nicht, um unmittelbar von jeder einzelnen Erkenntnis der Wissenschaft praktischen Nutzen zu verlangen und nur dasjenige anzuerkennen, was sogleich sich irgendwie verwenden läßt. Solcher Kleinkrämerei darf man einen Mann nicht bezichtigen, welcher der modernen Wissenschaft nach vielen Richtungen hin die Wege gewiesen hat. Es ist nur das Ganze des Wissens und die letzte Aufgabe aller Forschung, was Bacon unter diesen praktischen Ge-

sichtspunkt gestellt hat, und er faßt vielmehr den Nutzen der Wissenschaft unter einem durchaus großartigen Gesichtspunkt auf: unter
demjenigen der Kultur. Nicht dem Menschen gegen den Menschen
will seine Philosophie das Wissen als Macht in die Hand geben,
sondern vielmehr dem Menschengeschlechte für den großen Zweck
der Unterwerfung und Beherrschung der Natur: das Ziel der Wissenschaft, der Sinn ihrer Erneuerung ist das regnum hominis. Mit
diesem Gedanken trifft er mehr als vielleicht irgendein anderer unmittelbar in das Herz seines Zeitalters. Der Gedanke der Beherrschung der Natur geht als eine gewaltige Sehnsucht durch die
gesamte Renaissance und zeigt sich mit jugendlicher Unklarheit und
phantastischer Torheit in den Bestrebungen der Magie. Aber was
diese durch geheimnisvolle und dämonische Mächte zu erreichen
trachtete, das will Bacon auf dem nüchternen Wege der Naturerkenntnis leisten. Der Natur gegenüber zeigt es sich am stärksten,
daß Wissen Macht ist; ihren gewaltigen Kräften kann der Mensch nur
mit einer einzigen Macht begegnen: mit seinem Wissen. Die Natur
zu beherrschen ist nur möglich durch Gehorsam; wir können sie
zu einem Erfolge nur dadurch zwingen, daß wir die Bedingungen
dafür herstellen, und wir vermögen dies nur in dem einen Falle,
wenn wir die Bedingungen des Eintritts der Erscheinungen und
die Gesetze der Wirksamkeit der Natur kennen. Wenn deshalb
der Mensch dazu berufen ist, die Natur zu beherrschen, so kann
er das nur durch seine Wissenschaft. Das ist das Geheimnis der
Baconschen Philosophie. Sie enthält die Abklärung der Gedanken,
welche sich noch mit gärender Nebelhaftigkeit in der Magie einen
Ausweg gebahnt hatten. Im Geiste der Kultur die Natur zu erforschen, um sie dem Nutzen der gesamten Menschheit zu unterwerfen — das ist das Prinzip Bacons. Er stellt das Wissen in den
Dienst der Kultur, und die Männer der modernen Naturforschung,
die mit Entdeckungen und Erfindungen den Zustand der menschlichen Gesellschaft umzugestalten und zu veredeln bestrebt sind,
hätten am wenigsten Veranlassung gehabt, den Mann herabzusetzen,
welcher Jahrhunderte zuvor ihre Aufgabe auf den glänzendsten Ausdruck gebracht hat.

Allein es ist nicht nur diese allgemeine Beziehung der Wissenschaft auf den Zweck der Naturbeherrschung, wodurch Bacon sich
als den Philosophen der praktischen Kulturaufgabe der modernen

Wissenschaft erweist: sondern er zeigt sich als der Sohn des Zeitalters der Entdeckungen und Erfindungen gerade durch die genauere Präzisierung jenes Gedankens. Die ganze Unruhe der
Renaissance, ihr aufgeregtes Drängen nach vollkommener Umgestaltung aller menschlichen Verhältnisse, die ungezügelten Hoffnungen auf große unerwartete Umwälzungen kommen bei Bacon
in seiner geistreich rhetorischen, oft auch großsprecherischen und
übertreibenden, immer anregenden und bilderreichen Darstellung
zum deutlichsten Ausdruck: aber er versucht doch wenigstens, den
phantastischen Strom in ruhigere und wissenschaftliche Bahnen zu
leiten. Was man von einer Beherrschung der Natur bisher wirklich erreicht hat, verdankt man nicht den Albernheiten der Magie,
sondern den Erfindungen, und Bacon wird nicht müde, immer
wieder darauf hinzuweisen, wie die Erfindung des Pulvers, des
Kompasses, der Buchdruckerkunst den Zustand der Gesellschaft umzugestalten begonnen habe.   Aber alle solche Erfindungen sind
bisher mehr oder minder zufällig, ohne Plan und Zusammenhang
gemacht worden: was uns fehlt, sagt Bacon, ist eine Methode
der Erfindung, ein wissenschaftlich sichergestelltes Verfahren, um
der Natur gegenüber die Beherrschungsfähigkeit des Menschen
immer mehr zu steigern.   In einer unvollendeten Utopie »Nova
Atlantis« stellte Bacon die Pläne, die er in dieser Hinsicht für die
Zukunft hegte, als erfüllt dar.   In glücklicher Verborgenheit richtet
ein kluges Inselvölkchen das ganze menschliche Leben mit dem
behaglichsten Komfort ein. Mit Benutzung aller nur irgend sonst in
der Welt vorgehenden Entdeckungen und Erfindungen wird in dem
»Hause Salomonis« ein systematisches Erfinden betrieben. Dampf-
maschine und Luftballon, Mikrophon und Telephon fehlen auf diesem
Programm ebensowenig wie das Perpetuum mobile.   Alle Natur-
beobachtung soll dazu verwendet werden, das Menschenleben zu
verschönern, zu verfeinern, zu verlängern.

   So konzentrierte sich das gesamte Bestreben der Baconschen
Philosophie in der Richtung auf eine ars inveniendi. Eigenartig
wirkt es, daß Bacon damit einen Ausdruck braucht, mit welchem die
letzten Zeiten der Scholastik die ganze Dürre und Kraftlosigkeit
ihres Wesens sich selber eingestanden hatten. Die Versuche, eine
mechanische Vorrichtung zur Erfindung neuer Gedanken aufzustellen, denen Bruno sein gelehrtes Interesse zuwandte, waren auch

als ars inveniendi bezeichnet worden, und nur das war der Unterschied, daß jene Männer es für nötig hielten, Gedanken zu erfinden, Bacon aber aus der schöpferischen Fülle des methodischen Gedankens heraus Instrumente zu erfinden hoffte, um die Natur zu beherrschen.

Aus diesen Grundlinien erklärt sich der gesamte Charakter der Baconschen Philosophie. Zwar jene Hauptaufgabe einer Erfindungskunst hat Bacon nicht erfüllt, sowenig wie sie überhaupt jemals würde erfüllt werden können. Das Erfinden ist eben eine Sache des Genies und des Glücks, es kann nicht gelernt noch gelehrt werden, und daß Bacon selbst kein Erfinder war, geht am meisten daraus hervor, daß er eine Theorie der Erfindung für möglich hielt. Die Bedeutung seiner Philosophie liegt vielmehr in seiner Bearbeitung desjenigen Teils, welchen er der Erfindungskunst gegenüber als die unumgängliche Vorbereitung bezeichnete, der interpretatio naturae. Denn, wie überhaupt die Natur nur durch unsere Wissenschaft von ihr zu beherrschen ist, so beruht auch alles Erfinden in letzter Instanz auf dem Wissen von den Gesetzen, nach denen die Natur verfährt. Daher beschränkt sich die wirkliche Leistung der Baconschen Philosophie auf den Entwurf einer neuen Methode der Naturerkenntnis, und hierin tritt Bacon der Absicht und dem Prinzip nach so radikal, so vollkommen neu und selbständig der alten Wissenschaft gegenüber, daß man sagen muß, es sei der Bruch mit der Scholastik, mit dem überall das moderne Denken beginnt, an keinem Punkte so vollkommen und so tiefgreifend vollzogen worden, wie in seiner Philosophie. Gewiß ist es ein einseitiger Empirismus, den er vertritt, aber er hat das weittragende Verdienst, ihm eine prinzipielle Zusammenfassung und eine systematische Form gegeben zu haben. Das einzige Mittel zu fruchtbarer Erfindung ist die Erfahrung. Wie der Mensch die Natur nur beherrschen kann durch Gehorsam, so kann er sie erst recht auch erkennen nur durch denselben Gehorsam, indem er alle Voraussetzungen und Spekulationen von sich wirft und lediglich ihren eigenen Aussagen folgt. Aber diese zur wahren Naturerkenntnis unbedingt notwendige Erfahrung ist nicht das zufällige und gelegentliche Bemerken des einzelnen, sondern vielmehr eine methodisch angestellte Untersuchung: in dieser Einsicht besteht bei allen Mängeln und Unvollkommenheiten die Größe von Bacons wissenschaftlicher Tat.

Das ganze Werk der Erneuerung der Wissenschaft, das er sich
vorgesetzt hat, bezeichnet Bacon als die Instauratio magna, und sie
zerfällt wesentlich in drei Teile: zuerst eine Übersicht aller Wissenschaften zur Feststellung der speziellen Aufgabe der Philosophie,
darauf die Entwicklung der neuen Methode der Naturerkenntnis
und endlich ihre Ausführung in der Einzelforschung.

Die erste dieser drei Aufgaben hatte er schon früh in seinen
»Two books of proficience and advancement of learning divin and
human« ins Auge gefaßt und gab die darauf bezüglichen Betrachtungen nach mannigfacher Umarbeitung 1623 unter dem Titel:»De
dignitate et augmentis scientiarum« neu heraus. Er entwickelt darin
eine systematische Übersicht der menschlichen Wissenschaften, eine Beschreibung des wissenschaftlichen Gesichtskreises oder, wie er es nennt, einen globus intellectualis. Nach
den drei Grundvermögen der menschlichen Seele, dem Gedächtnis,
der Einbildungskraft und dem Verstande, gibt er die Grundeinteilung
der »Wissenschaften« in »Geschichtskunde« (historia = Erfahrungs-
kenntnisse überhaupt), Poesie und Philosophie, welche letztere dabei die Wissenschaft im eigentlichen Sinne des Wortes bedeutet.
Für diese gibt man insgemein drei Objekte an: Gott, den Menschen
und die Natur. Bacon schließt jedoch die Erkenntnis der Gottheit
und des unsterblichen Teils der Menschenseele, des spiraculum, in
einer weiterhin zu besprechenden Weise von der im eigentlichen
Sinne wissenschaftlichen Forschung aus. Die überlieferte Bestimmung der drei Objekte der Philosophie nimmt er nur auf, um sie
zu kritisieren, wie er überhaupt jene ganze Einteilung der Wissenschaften nur als den historisch gegebenen Ausgangspunkt seiner
eigenen Lehre behandelt. So bleibt für die philosophische Erkenntnis nur die Natur und der Mensch, insofern er ein Glied des
natürlichen Zusammenhanges ist, übrig. Hierin besteht der Gegensatz, in welchem sich Bacon zu der sonstigen Naturphilosophie
seiner Zeit befindet. Der theosophische Charakter, den sie meistens
trug, ist hier vollständig abgestreift, und die Philosophie wird
lediglich als die Methodologie der Naturwissenschaft betrachtet. Der
eigentlichen Naturerkenntnis pflegt man eine ontologische Grund-
wissenschaft von den höchsten Begriffen unter dem Namen der
philosophia prima oder scientia universalis voranzuschicken. Wenn
auch Bacon davon nicht allzuviel hält, so gilt sie ihm immer noch

höher als die Mathematik, von der er sehr wenig verstanden haben
muß, und gegen·deren Bedeutung er sich merkwürdig verblendet
zeigt. Was dann die Naturphilosophie selbst anbetrifft, so ist sie
Metaphysik, insofern sie sich mit der teleologischen, Physik dagegen, insofern sie sich mit der kausalen Betrachtung der Natur
beschäftigt: in der Mitte zwischen beiden steht, in gewissem Sinne
zu beiden gehörig, die Untersuchung der »Formen«, welche das
bleibende, gesetzmäßig wirkende Wesen aller Dinge ausmachen,
und auf deren Erkenntnis die neue Methode hauptsächlich abzielt.
Aus dieser Zusammenstellung geht am besten hervor, daß Bacon
in diesem Werke nur eine kritische Übersicht über den Zustand
der Wissenschaften, nicht aber einen Kanon der Einteilung beab-
sichtigte. Wenn man bedenkt, wie er über die teleologische Naturbetrachtung selbst dachte, was weiterhin hervortreten wird, und
wie er ihre Anwendung aus dem Reiche der exakten Wissenschaft
verbannte, so wird man unmöglich annehmen können, daß er
ernstlich Metaphysik und Physik als zwei gleichberechtigte Wissenschaften nebeneinander habe bestehen lassen wollen. Berechtigt
ist nach seiner eigenen Lehre die Metaphysik nur, sofern sie sich
als Lehre von den Formen mit den höchsten Ergebnissen der Physik
deckt: so weit aber als die Metaphysik es mit den Endursachen der
Dinge zu tun hat, ist sie im Geiste Bacons nichts weiter als über-
flüssige Spekulation. Die einzige Wissenschaft, die vor seinem
Auge bestehen bleibt, ist eben diese Physik und die Anthropologie
als derjenige Teil davon, welcher sich mit den gesetzmäßigen Bewegungen des menschlichen Seelenlebens beschäftigt und dadurch
auf der einen Seite in Logik, auf der anderen in Ethik übergeht.
    Die neue Methode dieser Naturerkenntnis behandelt das »No-
vum organon«, eine 1620 erschienene gründliche Umarbeitung der
acht Jahre vorher gedruckten »Cogitata et visa«. Wie der Titel
dieses Werkes zeigt, will Bacon der alten aristotelischen Methodologie
eine neue entgegenstellen, eine neue, deren Aufgabe lediglich die
Begründung der richtigen Naturerkenntnis sei. Zu diesem Zwecke
muß erst die falsche Naturbetrachtung fortgeräumt werden. Denn
der Mensch, zumal in seiner historischen Bildung, gewinnt diese
richtige Naturerkenntnis nicht von selbst, sondern muß erst
mühsam dazu erzogen werden. Die neue Wissenschaft soll zwar
von der Erfahrung ausgehen, aber durchaus nicht von jenen

unkritischen Vorstellungen, mit denen der gewöhnliche Mensch die
Welt auffaßt. Es ist nicht zum wenigsten die Größe Bacons, daß er
die unbefangene Meinung, als sei die Natur wirklich so, wie sie sich
in der Erfahrung jedes beliebigen Menschen spiegelt, von Grund
aus zu zerstören unternahm, und daß er sich mit aller Klarheit
der Verderbnis bewußt war, welche menschliche Gewohnheiten und
menschliche Vorurteile in die Wahrheit unserer Weltauffassung
hineinbringen. Seine Methodologie beginnt deshalb mit einer »pars
destruens«, einem kritischen Teile, der sich in stolze Analogie zu
der aristotelischen Lehre von den Trugschlüssen setzt. Wie diese
die Irrungen der Schlußtätigkeit, so will Bacon die Fehler der
Wahrnehmungstätigkeit aufdecken und dasjenige, was reine und
wirkliche Erfahrung ist, von den Zutaten sondern, die der Mensch
aus seinem Denken hinzugefügt hat. Diese im eminenten Sinne
erkenntnistheoretische Aufgabe verfolgt Bacon in seiner berühmten Lehre von den Idolen. Er teilt diese Trugbilder, die wir in
die Wahrnehmung hineinweben, in vier Arten ein: die ersten, die
idola specus sind diejenigen, welche in der Sinnesart und der zufälligen Lage jedes einzelnen begründet sind; von ihnen kann man
sich verhältnismäßig leicht losmachen, und wenn sie auch ihrer
Natur nach unaufzählbar sind, so führen sie doch eben deshalb
geringere Gefahr mit sich, weil die Vergleichung der Erfahrungen
mehrerer Individuen sie leicht eliminiert. Schwieriger steht es
schon mit den idola theatri, die auf dem Autoritätsglauben beruhen
und den Irrtum bedeutender Männer der Vorzeit stets zu ver-
vielfältigen drohen. Hier kämpft Bacon mit rücksichtsloser Energie
gegen allen Autoritätsglauben und in bezug auf die Philosophie
namentlich gegen die sklavische Abhängigkeit, die man dem Namen
des Aristoteles bezeuge. Er empfiehlt als das Mittel gegen diesen
Autoritätsglauben die stetige Gewöhnung an die Autopsie und sagt,
daß die höchste Gewißheit immer nur demjenigen zukomme, was
wir selbst erfahren haben. Verwandt mit den zweiten sind die
dritten Trugbilder, die idola fori, welche wir im gemeinsamen Verkehr wesentlich aus der Sprache übernehmen. Die Anschauungen
früherer Zeitalter prägen sich uns, in der Sprache niedergelegt und
befestigt, als allgemeine Vorurteile ein, von denen man sich schwer
zu befreien vermag, um so schwerer, als die Wissenschaft leider
gewöhnt gewesen ist, in Begriffen zu arbeiten und auf diese Weise

sich von den Meinungen früherer Zeiten immer mehr abhängig zu machen. An dieser Stelle ist es, wo sich in Bacon der ganze Haß gegen die Wortweisheit und die volle Sehnsucht nach einem Erfahrungswissen der wirklichen Welt mit leidenschaftlicher Heftigkeit ausspricht.. Zuletzt aber erscheinen alle diese drei Arten der Idole verhältnismäßig leichtwiegend gegenüber der Gewalt, welche die vierten, die idola tribus, die im Wesen der menschlichen Gattung selbst begründeten, ausüben. Wenn der menschliche Geist ein Spiegel der Dinge sein soll, so muß er zunächst von allen Flecken, mit denen die individuelle Neigung, der blinde Glaube und die Gewöhnung ihn getrübt haben, sorgfältig gereinigt werden: allein dann immer noch hat er eine falsch spiegelnde Wölbung, und diese glatt zu schleifen ist die schwerste aller Aufgaben. Mit dieser Betrachtung steht Bacon in der Tat vor der höchsten Aufgabe der kritischen Philosophie; aber er gibt ihrer Lösung eine sehr einseitige Wendung, und statt jene Wölbung des menschlichen Denkspiegels in ihrer ganzen Ausdehnung zu untersuchen, weist er nur auf den Punkt hin, der freilich die größte Krümmung zeigt, die teleologische Betrachtung der Dinge. Sie gilt ihm als ein Ausfluß des menschlichen Wesens, aber zugleich als der größte und folgenschwerste Irrtum, den man in der Auffassung der Wirklichkeit je gemacht hat und zu machen imstande ist. Der wahre Zusammenhang der Dinge ist derjenige der mechanischen Kausalität. Die Natur tut nichts um eines Zweckes willen, sondern alles nach ewigen und unveränderlichen Gesetzen. Und so muß aus der Naturerkenntnis die Teleologie a limine zurückgewiesen werden.

So verlangt Bacon die Vermeidung aller der Gefahren, denen die Wahrnehmungstätigkeit des Menschen ausgesetzt ist, und dringt auf die Herstellung einer reinen und unverfälschten Erfahrung. Als das hauptsächlichste Mittel dazu aber bezeichnet er das Experiment. Alle übrigen Erfahrungen sind mehr oder minder zufällig, der Gegenstand und die Ausdehnung der Beobachtung hängen von dem wechselnden Laufe der Dinge mindestens ebenso wie von der Absicht des Beobachters ab. Nur beim Experiment hat es dieser in der Hand, das was er kennen lernen will, rein darzustellen, und indem er die Bedingungen herbeiführt, die Natur zu bestimmten Wirkungen zu zwingen. Das Experiment ist schon ein Stück jener Macht, welche der Mensch durch sein Wissen über die Natur

ausübt. Nur mit einem gewissen Grade von bereits erworbener
Kenntnis lassen sich fruchtbare Experimente anstellen. Sind sie
aber richtig angelegt, so muß die Natur auf die Fragen, aus denen
sie hervorgingen, unbedingt antworten und die Geheimnisse enthüllen, welche sie sonst verschweigt. Nur das Experiment ist
sicher, reine Erfahrung zu liefern, und die Naturwissenschaft wird
keinen Schritt weiter tun, wenn sie sich nicht dieses wertvollsten
aller Mittel systematisch bedient. Keiner unter den Begründern der
modernen Philosophie hat den Wert des Experiments so lebhaft hervorgehoben wie Bacon. Er ist gewiß nicht der erste, der sich der
Bedeutung dieses methodischen Mittels bewußt wurde, und er bleibt
in dem wissenschaftlichen Verständnis seines Wesens entschieden
hinter Galilei zurück: aber er hat die methodische Wichtigkeit des
Experiments so sicher und so glücklich ausgesprochen und darin
so sehr die Grundlage aller Wissenschaft gesucht, daß man bei
seiner Auffassung um so mehr den Mangel des Verständnisses für
die mathematisch-theoretische Verwendung experimenteller Mes-
sungen bedauern muß. Die prinzipielle und methodologische Bedeutung aber dieser Lehre wird dadurch nicht verringert, daß Bacons
eigene Versuche unter der Mangelhaftigkeit der Kenntnisse und der
Instrumente jener Zeit fühlbar genug gelitten haben. Was er im
einzelnen erforscht hat, und was in der nach seinem Tode herausgegebenen »Sylva sylvarum sive historia naturalis« niedergelegt ist,
mag für die moderne Forschung verhältnismäßig wertlos sein: die
Naturwissenschaft wird es nicht vergessen dürfen, daß die eine ihrer
wesentlichen Stützen von Bacon mit starker Hand und klarem Verständnis festgestellt worden ist.

Allein die methodologische Bedeutung Bacons ist damit nicht
erschöpft, und man kann seine Größe vielleicht kaum mehr begreifen, als wenn man den Abstand mißt, der in dieser Hinsicht
zwischen ihm und Telesius liegt. Auch dieser hatte Beobachtung
und Experiment für die einzigen und unentbehrlichen Grundlagen
der Naturwissenschaft erklärt, allein von da aus war er sogleich
in der Weise der griechischen Denker zu allgemeinen Spekulationen
übergegangen. Es ist Bacons Verdienst, diese Art der naturphilosophischen Konstruktion wenigstens prinzipiell abgelehnt und an
ihrer Stelle eine Methode gesucht zu haben, nach welcher man von
den durch das Experiment festgestellten Tatsachen zu allgemeinen

Sätzen mit wissenschaftlicher Sicherheit fortschreiten kann. So war er wiederum der erste, der die große Aufgabe der modernen Logik, eine Theorie der induktiven Methode zu entwickeln, zur klaren Fassung und zum Teil zur Lösung brachte. In dieser Beziehung steht Bacon geradezu an der Spitze der modernen Logik. Die antike Logik, die großartige Schöpfung des Aristoteles, war im wesentlichen aus dem Bedürfnis einer Sicherstellung der Formen des Beweisens hervorgegangen, welche man nicht nur in den Streitigkeiten der Philosophen, sondern auch in der Dialektik des öffentlichen Lebens nötig hatte. Sie war eine Kunst des Beweisens und Widerlegens, und das Mittelalter hatte ihr völlig den Charakter einer Disputierkunst aufgedrückt. Darin zeigt sich der schöpferische Geist Bacons, daß er diese Einseitigkeit durchschaute und eine Methode der Forschung und Untersuchung verlangte. Auf dem naturwissenschaftlichen Gebiete konnte dies selbstverständlich nur die Methode der Induktion sein. Es ist richtig, daß Bacon diese Aufgabe nicht gelöst hat. Aber es ist ebenso richtig, daß sie noch heute nicht völlig gelöst ist. Mit so vollendeter Sicherheit die jetzige Naturforschung sich ihrer bedient, hat sie doch noch niemals eine prinzipielle Feststellung von der zweifellosen Durchsichtigkeit und Anerkanntheit gefunden, welche die Grundzüge der deduktiven Logik seit Aristoteles genießen. Nach dieser Richtung hat die Philosophie noch immer an der Aufgabe zu arbeiten, die ihr Bacon gestellt hat.

Sehr merkwürdig ist es nun, in wie geringem Maße Bacon bei dem logischen Entwurfe der induktiven Methode sich von dem begrifflichen Apparate hat freimachen können, der, von Aristoteles stammend, im Mittelalter seine Fortentwicklung gefunden hatte. Im besonderen ist es der sog. Formalismus, eine hauptsächlich von Duns Scotus und dessen Anhängern vertretene logisch-metaphysische Theorie, woran Bacon seine Darstellung anknüpfte. Die Ursachen der Erscheinungen, welche durch die induktive Methode gesucht werden sollen, bestehen in den »Formen« oder »Naturen«, d. h. den allgemeinen, einfachen Bestimmtheiten, die in jedem Wahrnehmungsgebilde als »platonische Ideen« enthalten sind. Um diese induktiv zu finden, muß sich die Naturforschung der Hilfsmittel der Enumeration und der Exklusion bedienen. Man stellt alle Fälle, deren man aus der Erfahrung habhaft werden kann, in der

Weise zusammen, daß erstens alle diejenigen gesammelt werden, worin die zu erklärende Erscheinung vorkommt (tabula praesentiae), zweitens diejenigen, worin sie fehlt (tabula absentiae): wenn sich dann etwas findet, was immer mit der Erscheinung vorkommt und immer mit ihr fehlt, so fragt es sich drittens, ob dieses auch in der verschiedenen Intensität seines Vorkommens mit derjenigen der behandelten Erscheinung übereinstimmt (tabula graduum). Zeigt sich dies, so hat man die »Form« der Erscheinungen gefunden. Die »Natur« oder »Form« der Wärme ist also das, was immer ist, wo Wärme ist — was immer fehlt, wo Wärme fehlt — was stärker ist, wo mehr Wärme, schwächer, wo weniger Wärme ist. Auf diesem Wege will Bacon gefunden haben, daß die Natur der »Wärme« eine durch Hemmung auf die kleinsten Teile der Körper verteilte Bewegung sei. So sind es verwickelte demonstrative und zum Teil deduktive Prozesse, durch welche die Induktion zustande kommen soll.

Wertvoller als diese scholastischen Formulierungen sind die allgemeinen Vorschriften, mit denen Bacon die neue Methode einführt. Wenn sie von einzelnen Tatsachen zu Lehrsätzen aufsteigen soll, so ist das erste, daß sie sich vor jener vorschnellen Verallgemeinerung hüte, die, in dem psychologischen Mechanismus der menschlichen Seele begründet, die Veranlassung zahlloser Irrtümer bildet. Es ist, als wende sich Bacon gegen die phantastischen Auswüchse der gleichzeitigen Naturphilosophie, wenn er sagt, es sollten dem nach Allgemeinheit strebenden Geiste des Menschen nicht Flügel angesetzt, sondern Blei angehängt werden. Es sei falsch, von einzelnen Tatsachen gleich zu letzten und allgemeinsten Urteilen zu schreiten; man müsse vielmehr ganz langsam verallgemeinern, erst zu Lehrsätzen geringeren Umfanges und von ihnen allmählich zu höheren, bis zuletzt zu den höchsten Theoremen aufsteigen. Auch gewisse Eigentümlichkeiten der induktiven Methode finden bei ihm bereits eine scharfsinnige Darstellung. Des hervorragenden Erkenntniswertes der negativen Instanzen, der schwierigen Stellung der prärogativen Instanzen ist er sich völlig bewußt, und wenn er die außerordentliche Fruchtbarkeit des Analogieschlusses betont, so verhehlt er sich nicht, daß dieser zwar ein vortreffliches Mittel des Findens ist, eine strikte Beweiskraft dagegen für sich allein nicht besitzt.

Niemand wird verkennen, daß der große Mangel der Baconschen Lehre in der merkwürdigen Kurzsichtigkeit besteht, womit er sich der Anerkennung der mathematischen Grundlagen der Naturforschung verschloß. Es wird auch gern zugegeben werden, daß die moderne Naturwissenschaft sich im Besitze ganz anderer und viel feiner entwickelter Methoden befindet, als sie Bacon auch nur geahnt hat. Allein es kann nur von einer Unterschätzung der historischen Verhältnisse zeugen, wenn in neuerer Zeit behauptet worden ist, daß der englische Kanzler auch auf dem Gebiete der Wissenschaft es nicht über Trivialitäten und Torheiten hinausgebracht habe. Man hat von Voltaire gesagt, es sei das sicherste Zeichen seiner enormen Größe, daß seine Gedanken uns heutzutage trivial erscheinen. Ähnliches gilt von der Baconschen Methode. Es nimmt uns nicht wunder, daß dem Manne der heutigen Naturwissenschaft die Vorschriften Bacons trivial und wie Kinderschuhe vorkommen, die er längst ausgetreten hat. Aber wunder muß es uns nehmen, wie man übersehen kann, daß diese Trivialitäten damals eine schwere Errungenschaft und eine große methodologische Tat waren. Auch hier wiederholt sich eben, daß der Mensch für gewöhnlich nichts weniger zu schätzen weiß, als die Güter, in deren Besitz er von Jugend an spielend hineingewachsen ist. Es ist ein Vorrecht des Genies, von solchen, welche die Geschichte nicht verstehen, für unbedeutend gehalten zu werden.

Es ist klar, daß, wenn Bacon bei dem damaligen Stande der Kenntnisse sich streng in den Grenzen dieser von ihm aufgestellten Methode gehalten hätte, er zu einer umfassenden Ansicht des Universums, zu einer gesamten Erklärung der Natur in keiner Weise hätte vordringen können. Und wenn auch der Schwerpunkt seines wissenschaftlichen Interesses auf der methodologischen Grundlegung ruht, so kann er sich doch anderseits auch des metaphysischen Triebes nicht so weit erwehren, daß er nicht Versuche machen sollte, aus der Methode gewissermaßen frei herauszugehen und allgemeinere Ausblicke, wenn auch nur hypothetischen Wertes, zu gewinnen. Dabei ist es hauptsächlich der Analogieschluß, durch den sein Genie mit glücklichem Blicke aus seiner Methode hervorbricht, um eine umfassendere Gesamtbetrachtung anzubahnen. So huldigte er entschieden der Atomtheorie, die er als einer der ersten in ihrer Bedeutung für die erklärende Naturwissenschaft vollständig

durchschaut hat. Dem allgemeinen Zuge der Zeit folgend, legte
er diesen Atomen auch die Fähigkeit der Perzeption bei, die sich
in ihrer gegenseitigen Anziehung und Abstoßung bekunde, und
glaubte so aus rein natürlichen Ursachen lediglich durch die Prozesse der Bewegung und der Empfindung der Atome alle Vorgänge
des physischen und des psychischen Lebens erklären zu können.
Damit war eine Aufgabe gestellt, an deren Durchführung Jahrhunderte arbeiten sollten, und welche sich auf beiden Gebieten
namentlich die englische Philosophie stets gegenwärtig erhalten
hat. Insbesondere suchte Bacon der Anthropologie von seinem
Standpunkte aus die Wege vorzuschreiben: nur die auf Tatsachen
gegründete Kausalerklärung soll die Methode auch für Psychologie, Ethik und Staatslehre ausmachen, und die Wissenschaft vom
menschlichen Leibe und seinen Tätigkeiten und Zuständen soll
ebenfalls, mit Ausschluß der Teleologie, eine rein mechanistische
Theorie werden. Selbst für medizinische Lehren, für Pathologie und
Hygiene, hat Bacon in diesem Sinne weitausschauende Probleme
angedeutet, wie sie erst in der Wissenschaft unserer Zeit maßgebend
geworden sind.

Es ist weiterhin klar, daß dieser vollkommene Naturalismus
jede Möglichkeit einer theosophischen oder theologischen Wendung
ausschloß. Bacon leugnete, wie schon oben erwähnt, daß die
Gottheit und die unsterbliche Seele des Menschen, die beiden hauptsächlichsten Objekte der religiösen Lehren, jemals einer wissenschaftlichen Erkenntnis unterzogen werden könnten. Er zerschneidet
das Tafeltuch zwischen Philosophie und Theologie. Die natürliche
Theologie, eine Vernunftwissenschaft von der Gottheit und ihrem
Verhältnis zur Seele, hält er für eine Zwitterbildung und meint,
daß sie nur zu einer falschen und getrübten Vorstellung von Gott
führen könne. Zwar gibt er zu, daß die Natur den Eindruck mache,
als ob in ihr zwecktätige Kräfte walten, die auf einen göttlichen
Schöpfer zurückgeführt werden müssen, und in seiner rhetorischen
Weise sagt er wohl, daß nur kurzes Schlürfen am Trank der Wissenschaft von Gott abführe, tiefere Züge aber zu ihm hinführen: allein
für erkennbar gilt ihm die Gottheit nie durch die Vernunft, sondern
nur durch den Glauben. Man muß, um dieses Wissen zu gewinnen,
aus dem Boote der Wissenschaft in das Schiff der Kirche steigen.
In der Wissenschaft glaubt man den Dingen und der Vernunft, in

der Religion der persönlichen Offenbarung Gottes, und dieser Glaube ist deshalb, wie Bacon ausführt, um so verdienstvoller, je mehr er den Dingen und der Vernunft widerspricht: »Quanto mysterium aliquod divinum fuerit magis absonum et incredibile, tanto plus in credendo exhibetur honoris deo et fit victoria fidei nobilior.« So wiederholt sich in merkwürdiger Weise bei diesem Antischolastiker und Antitheosophen das Wort des alten Kirchenvaters: »Credo quia absurdum.« Beide verlangen eine radikale Trennung von Glauben und Wissen, von Theologie und Philosophie. Freilich in sehr verschiedener Absicht. Tertullian will die Religion sicherstellen gegen die Angriffe der antiken Wissenschaft, Bacon will umgekehrt die Wissenschaft völlig selbständig machen und sie schützen gegen die Übergriffe der positiven Religion. Auch er steht voran unter den Pionieren der Toleranz. Er verficht auf das lebhafteste die Oberherrlichkeit des Staates über die Kirche und seine Selbständigkeit den Konfessionen gegenüber.

Man darf sich nicht wundern, daß dieser Standpunkt Bacons den verschiedensten Beurteilungen unterlegen ist. Die einen haben ihn zu den Frommen gerechnet, die anderen zu den vollkommen Ungläubigen, und schließlich hat er sich den Vorwurf der Heuchelei gefallen lassen müssen. Es wird schwer zu entscheiden sein, ob etwa und welche Reste des kirchlichen Glaubens in Bacon persönlich neben seiner wissenschaftlichen Überzeugung fest genug bestehen geblieben waren, um seine Äußerungen über diese Fragen weder heuchlerisch noch ironisch, sondern als den wahrhaftigen Ausdruck seiner Meinung erscheinen zu lassen. Aber die Entscheidung dieser Streitfragen ist schließlich weniger wichtig als die bedeutsame Tatsache, daß die philosophische Auffassung bei Bacon in religiöser Beziehung vollkommen indifferent geworden ist, und daß von der naturwissenschaftlichen Philosophie, die er programmatisch verkündete, alle Wege verschlossen sind, die zu einer religiösen Erkenntnis führen könnten. Für diejenige Philosophie, welche von Bacon abhängig war, konnten die religiösen Probleme höchstens als ein Beiwerk erscheinen, das man aus persönlichem Bedürfnis einer Wissenschaft hinzufügte, die selbst vollkommen davon geschieden war. Der rein wissenschaftliche Charakter, den die methodologischen Bestrebungen der Philosophie zu geben suchten, führte eine Entfremdung gegen das religiöse Leben herbei, die nur

10*

ein äußerliches Nebeneinanderbestehen beider Mächte gestatten zu
wollen schien. Erst das Zeitalter der Aufklärung brachte durch eine
neue Gedankenverschiebung diese Probleme in eine andere Stellung
zueinander.

§ 22. Thomas Hobbes.

Die Baconsche Methode des Naturerkennens ist nicht die vollkommene Methode der neueren Naturwissenschaft: dazu fehlt ihr
vor allem das mathematische Element. Aber die eine Seite dieser
Methode, diejenige der systematischen Beobachtung und des Experiments, hat Bacon in ihrem Werte deutlich erkannt. Nach dieser
Seite hin lag denn auch selbstverständlich die Einwirkung, welche
er unmittelbar auf die Gestaltung des wissenschaftlichen Lebens
ausübte. Hatte er gleich Schüler im eigentlichen Sinne des Wortes
nicht gezogen, so fielen doch die Anregungen seiner Schriften und
seines persönlichen Verkehrs vielfach auf fruchtbaren Boden, und
die experimentelle Forschung gewann auch in England immer
größere Ausdehnung. Zu ihrem Mittelpunkte gestaltete sich später
die im Jahre 1645 unter Wilkins zu Oxford gegründete, darauf in
London fortgesetzte und 1660 durch das königliche Privilegium
geschützte Gesellschaft der Wissenschaften.

Freilich war das XVII. Jahrhundert in seinem weiteren Verlaufe den wissenschaftlichen Bestrebungen in England weniger
günstig. Es ist das Jahrhundert der Revolutionen, dasjenige, in
welchem England aus langer und stürmischer Gärung sich schließlich zu ruhiger Ausgestaltung seiner politischen Macht abklärte
und sich zu dem ersten modernen Staate entwickelte. Es ist gewiß,
daß in der englischen Revolution alle großen Gedanken, die man
gewöhnt ist mit dem Namen der französischen zu verknüpfen,
bereits ein Jahrhundert früher und mit der ganzen Markigkeit ursprünglicher Jugend auftreten. Aber sie erstehen und erstarken im
Kampfe, in unmittelbarer praktischer Betätigung an bestimmten
Aufgaben und Interessen des öffentlichen Lebens, nicht aus gelehrter
Überlegung, sondern aus dem inneren Bedürfnis des Volksgeistes
und nicht zum geringsten Teil aus den religiösen Motiven. Die
Wissenschaft ist keineswegs eine Ursache oder ein Herd dieser
Ideen; sie kann vielmehr nur nachkommen, aus der großen Wirk-
lichkeit sie aufnehmend und systematisch gestaltend. Aber auch

dies wird ihr während der Kämpfe selbst nur im beschränkten Maße zuteil. In dem rastlosen Streite der politischen und religiösen Mächte, wo jeder Augenblick neue Verschiebungen bringt und den Bestand der Verhältnisse in Frage zu stellen scheint, bleibt nur wenig Raum für die stille Arbeit der Wissenschaft. Der große Aufschwung des englischen Denkens, welcher die Ideen des Aufklärungszeitalters aus der Erfahrung der englischen Revolutionen herauszog und zu Vorbildern für die gesamte europäische Literatur gestaltete, datiert erst von dem Ende der Revolutionen und der Begründung der oranischen Dynastie. Bis dahin sehen wir zwar auch in England selbst die Naturforschung hin und wieder bei begünstigter Muße zu bedeutenden Resultaten führen, unter denen in erster Linie Harveys Entdeckung des Blutumlaufs und die großen chemischen Leistungen von Robert Boyle zu erwähnen sind. Allein als ob man gefühlt hätte, daß der schwankende Zustand dieses Lebens nicht der Boden dafür sei, wenden sich Englands wissenschaftliche Geister während dieser Zeit gern nach Frankreich, wo bei gesicherteren Zuständen und unter dem Glanze einer alle übrigen europäischen Mächte überstrahlenden und blendenden Regierung auch die Wissenschaften eine mächtige Entwicklung fanden. Während des XVII. Jahrhunderts pflegten die Engländer, die sich wesentlich dem wissenschaftlichen Leben ergaben, ihre Bildung sich in Paris zu holen und im Verkehr mit den dortigen Gelehrten, unter denen ein überaus reiches Leben herrschte, ihre eigenen Gedanken auszubilden. Der strenge Geist der Mathematik und mit ihr im Bunde die Philosophie Descartes' begann hier das Denken zu schulen und für große Erfolge glücklich vorzubilden. Von hier aus konnte am besten die Einseitigkeit des Baconschen Empirismus überwunden und die Naturwissenschaft in die Bahnen geführt werden, auf welchen sie dann wiederum ein Engländer, Newton, zur Höhe ihres Ruhmes und ihrer Erfolge zu führen berufen war. Der erste und bedeutendste Vertreter für dieses Einströmen der französischen Gedanken in die englische Wissenschaft ist Thomas Hobbes.

Er war der Sohn eines Landgeistlichen und im Jahre 1588 zu Malmesbury geboren. Nachdem er in Oxford seine Bildung genossen hatte, machte er als Erzieher Reisen in Frankreich und Italien, wo er überall mit den Vertretern der neuen Ideen in

persönlichen Verkehr trat. Nach seiner Rückkehr wurde er mit Lord
Bacon bekannt und lebte sich, wie man erzählt, indem er ihn bei
der Übersetzung seiner Werke in das Lateinische unterstützte,
ganz in dessen Gedanken ein. Erst ein erneuter Aufenthalt in
Paris ließ ihm den Wert der Mathematik zu klarem Bewußtsein
kommen, und sein lebhafter Umgang mit Gassendi wurde für seine
naturwissenschaftliche Anschauung entscheidend. Auch mit Mersenne, dem vertrauten Freunde Descartes', aber vermutlich nicht
mit diesem selbst, trat er in persönliche Berührung, und es ist schwer
zu entscheiden, wieviel von diesen Gedanken, selbst wenn er sie
früher als Descartes niederschrieb, damals schon in dem Freundes-
kreise des letzteren besprochen wurden. Von dieser Zeit an hat
Hobbes bis zu seinem im Jahre 1679 erfolgten Tode abwechselnd
in England und in Paris gelebt. Aus der Heimat trieben ihn immer
wieder die Unruhen der Revolution und der Umsturz der Verhältnisse, denen seine Überzeugung galt, zu den Kreisen des wissenschaftlichen Lebens zurück, das ihm die fremde Hauptstadt
gewährte. Und hier bildeten sich unter dem Einflusse der Erfahrungen, die er an dem öffentlichen Leben Englands gemacht
hatte, seine Gedanken namentlich nach einer Richtung hin aus, in
welcher er die von Bacon nur als Aufgaben hingeworfenen Andeutungen auszuführen unternahm. Der Blick der Baconschen
Philosophie war wesentlich auf die äußere Natur gerichtet; aber
sie hatte doch schon die Aufgabe gestellt, auch das sittliche und
politische Leben des Menschen unter dem Gesichtspunkte der natürlichen Kausalität zu betrachten und den großen Zusammenhang
der menschlichen Gesellschaft aus den gesetzlichen Wirkungen des
natürlichen Mechanismus zu begreifen.

Auch bei Hobbes zeigt sich der von Bacon begründete Naturalismus in einer einseitigen Ausschließung aller religiösen Fragen von
der philosophischen Untersuchung. Von den Dogmen der Religion
sagt er, man müsse sie zum Heile seiner Seele ebenso einnehmen,
wie die Pillen der Ärzte zum Heile seines Leibes, ganz und un-
zerkaut. Der wissenschaftlichen Zerlegung ist nur die Erfahrungserkenntnis zugänglich, welche wir von der Natur haben. Auch in
bezug auf den Zweck dieser Erkenntnis ist Hobbes ganz der Schüler
Bacons: es ist ihm der praktische Kulturzweck, die Wirkungen der
Natur durch ihre Erkenntnis zu beherrschen. Daraus aber ent-

wickelt er eine Doppelaufgabe der Wissenschaft. Die Wirkungen der Natur kann man nur dann beherrschen, wenn man aus den bekannten Ursachen vorwärts zu schließen vermag auf die Wirkungen, die unfehlbar daraus hervorgehen werden; und dies ist nur dadurch möglich, daß man vorher mit sorgfältiger Überlegung von den Wirkungen, die uns in der Erfahrung entgegentreten, zurückgeschlossen hat auf die Ursachen, aus denen sie hervorgegangen sind. Alle Naturbeherrschung und Naturerkenntnis gründet sich somit auf die Einsicht in den kausalen Zusammenhang der Bewegungen der Körper, und dieser allein ist der Gegenstand der Philosophie von Hobbes.

Die erkenntnistheoretischen Untersuchungen über die Möglichkeit eines solchen Wissens lassen nun Hobbes zunächst als einen Vertreter des extremen Nominalismus und Sensualismus erscheinen. Die allgemeinen Begriffe haben für ihn in keiner Weise die Bedeutung realer Wahrheiten, sie sind nur Vermittlungen und subjektive Übergänge zwischen den einzelnen Erfahrungen, in denen das wahre Wissen besteht. Allein auch bei Hobbes zeigt sich die früher schon erwähnte Notwendigkeit, womit der Sensualismus bei genauer erkenntnistheoretischer Durchführung in phänomenalistische Konsequenzen umschlägt. Die Lehre, daß alles Wissen von der Einwirkung der Dinge auf unsere Sinnesorgane ausgeht, erhält ihre philosophische Tragweite erst durch die daran sich schließende Überlegung, daß diese Einwirkung der Dinge auf uns etwas ganz anderes ist, als die Dinge selbst, daß wir keineswegs ein Recht haben, sie als ein Abbild der Dinge zu bezeichnen. Unsere Empfindungen sind ein subjektiver Vorgang, durch äußere Bewegungen veranlaßt, die wir damit gar nicht zu vergleichen imstande sind. Diese Lehre von der Subjektivität der Sinnesqualitäten teilt Hobbes mit den gesamten Anfängen der naturwissenschaftlich-philosophischen Bewegung der Neuzeit. Wie Campanella und Galilei, so vertreten sie auch Gassendi und Descartes, und Hobbes, der mit ihren Lehren, zum Teil durch persönliche Berührung in den Pariser Gelehrtenkreisen, auf das genaueste vertraut war, überzeugte sich ebenfalls früh davon, daß die naturwissenschaftliche Erkenntnis die Reduktion aller qualitativen auf quantitative Verhältnisse zu ihrer Richtschnur nehmen müsse. Von hier aus verstand er dann auch den methodischen Wert der mathematischen Theorie und die

neue Auffassung der Kausalität, wonach die Wissenschaft nur die
Aufgabe hat, die Bewegungen festzustellen, welche Ursachen anderer
Bewegungen sind.

Weiterhin ist bei Hobbes auch für die Erkenntnislehre seine
scharfe Ausbildung der sensualistischen Psychologie maßgebend geworden. Daß alle übrigen geistigen Vorgänge lediglich
Umbildungen der Empfindungen seien, hat er systematisch und viel
schärfer als Campanella durchzuführen gesucht. Das Gedächtnis
mit seinem gesamten Erfahrungsinhalte gilt ihm nur als eine Wahrnehmung des Beharrens der ursprünglichen sinnlichen Wahrnehmungen, und zu den weiteren geistigen Operationen, meint er, wird der
Mensch nur durch die glückliche Tatsache befähigt, daß er für die
Erinnerung an Wahrgenommenes sprachliche Zeichen einerseits zur
gegenseitigen Mitteilung, anderseits zur Kombination untereinander
erfunden hat. Da nun bei dieser Erinnerung einzelne Spuren des
Individuellen vergessen werden, so erhalten diese Wortzeichen die
Fähigkeit, auch in anderen und von den ersten verschiedenen Wahrnehmungen wiedererkannt zu werden, und damit die allgemeine
Bedeutung, welche ihnen im wissenschaftlichen Gebrauche zukommt. Das wissenschaftliche Denken besteht deshalb lediglich
in gewissen Operationen, die man mit diesen Wortzeichen vornimmt.
Es ist ein Verbinden und Trennen, eine Art Addition und Sub-
traktion dieser Zeichen, und der wirkliche Vorgang dieses Denkens
ist deshalb im wesentlichen derselbe, wie derjenige des Rechnens.
Hieraus ergibt sich dann bei Hobbes auch der Begriff der Wahrheit
für alle demonstrativen Wissenschaften. Auf eine Übereinstimmung des Denkens mit den Dingen in dem gewöhnlichen Sinne des
Wortes muß verzichtet werden; es kann sich nur darum handeln,
daß das Denken wie das Rechnen richtig ausgeführt werde, seine
eigenen Gesetze erfülle und jeden Widerspruch vermeide. Wahrheit
ist widerspruchsloses Denken. Nur in der Übereinstimmung unserer
Vorstellungen untereinander, nicht in ihrer Übereinstimmung mit
den Dingen kann das Ziel des Denkens und der Wissenschaft gesucht werden. Es ist genau wie beim Rechnen. Zahlen sind auch
gegebene Größen, die an sich keine Erkenntnis der Wirklichkeit enthalten; ihre Verbindungen können wahr und falsch sein, je nachdem sie Widersprüche enthalten oder nicht. Diese Auffassung von
Hobbes ist eine konsequente Erneuerung der erkenntnistheoretischen

Lehren, die der Nominalismus des XIV. Jahrhunderts in Verbindung mit der sog. terministischen Logik aufgestellt hatte. Namentlich der Engländer William Occam hatte diese Theorie der Zeichen vertreten: sie gehörte zu den wirksamsten Überlieferungen der späteren Scholastik, und wie Hobbes, so hat später auch Locke in der Sprachphilosophie und in der Logik diesen Standpunkt der »Semeiotik« eingenommen.

Unter den Grundbegriffen unserer Weltauffassung, die von diesem Gesichtspunkte aus in der »philosophia prima« von Hobbes besprochen werden, fällt das Hauptgewicht auf diejenigen von Raum und Zeit. Dabei wird gezeigt, daß die Wahrnehmungen einzelner räumlicher und zeitlicher Größen nur als Erinnerungsbilder den Anlaß dazu geben, die Vorstellungen des einen, allgemeinen Raumes und der einen, allgemeinen Zeit zu konstruieren und daraus die mathematischen Gesetze zu entwickeln. Eben darin erweist sich, daß die mathematische Theorie ein selbständiges Moment der Naturforschung neben der Erfahrung bildet. Weil wir den Raum und die Zeit, weit über die Data der Sinne hinaus, konstruieren, vermögen wir von der Erfahrung zu allgemeinen theoretischen Einsichten fortzuschreiten. Hierin liegt die Ergänzung, welche Hobbes von Galilei und Descartes aus an die Methode Bacons heranbringt. Auf der andern Seite aber folgt daraus, daß die Wissenschaft es nicht mit irgendwelchen geheimnisvollen Kräften, sondern nur mit dem zu tun hat, was im Raume ist und sich bewegt, d. h. mit den Körpern. Nichts anderes kann sie als wirklich betrachten; der Raum ist für uns das »phantasma rei existentis«, wie die Zeit das »phantasma motus«. Die Wissenschaft kennt nur körperliche Substanzen. In dieser Hinsicht kann man die Lehre von Hobbes als Materialismus bezeichnen. Es ist ein rein theoretischer Materialismus wie dereinst bei Demokrit: und wenn die für die Entwicklung des modernen Denkens so bedeutsame Erneuerung dieser Lehre bei Hobbes in der wissenschaftlich klarsten und schärfsten Form auftritt, so läßt sie dabei zugleich auch am deutlichsten — ungleich deutlicher als z. B. bei Gassendi — erkennen, wie das lang vergessene und verdrängte System des großen Abderiten seine neu gewonnene Lebenskraft dem Umstande verdankte, daß es allein dazu geeignet schien, mit der mathematischen Theorie in Zusammenhang zu treten.

Philosophie ist Körperlehre: das ist der schärfste Ausdruck der von Hobbes vertretenen Überzeugung, und von ihr aus gliedert sich auch sein System; denn die Körper sind teils natürliche, teils künstliche. Mit den ersteren hat es die Naturphilosophie oder die Physik zu tun; unter den letzteren nimmt das bei weitem größte Interesse der vollkommenste der künstlichen Körper, der Staat, ein: und zwischen Naturphilosophie und Staatsphilosophie bildet das natürliche Zwischenglied die Lehre vom Menschen, welcher der vollkommenste Körper der Natur und das Element des Staatskörpers ist. So teilt sich die Philosophie von Hobbes in drei Teile: Physik, Anthropologie und Staatslehre. Seine Werke erschienen in der Mitte des XVII. Jahrhunderts in rascher Folge hintereinander. Zuerst die »Elementa philosophiae de cive« (Paris 1642 und in erweiterter Gestalt Amsterdam 1647), darauf 1650 die beiden obenerwähnten frühesten Schriften, im folgenden Jahre sein berühmtes Hauptwerk: »Leviathan or the matter form and authority of government«. Endlich faßte er seine Lehre systematisch in den »Elementa philosophiae« zusammen, deren erster Teil »De corpore« 1655, deren zweiter »De homine« 1658 herauskam.   .

Auf dem Gebiete der Physik erkennt Hobbes im Zusammenhange seiner allgemeinen methodologischen Überzeugungen mit voller Deutlichkeit, daß zur Grundlage der neueren Naturwissenschaft jene Mechanik werden wird, welche nichts anderes ist, als eine Anwendung der Mathematik auf den Begriff des Körpers. In der Auffassung der Materie lehrt er, wie Descartes, die Korpuskulartheorie: die Körperwelt besteht aus einfachen Bestandteilen von bestimmter Gestalt und Größe; im physischen Zusammenhange nicht mehr teilbar, bilden sie miteinander die Komplexe der wahrnehmbaren Körper, und alle Veränderungen, die an diesen stattfinden, sind aus der Mechanik jener Korpuskeln zu erklären. Wenn deshalb nach Feststellung der Tatsachen zunächst die analytische Methode eintreten muß, um die komplizierten Gebilde unserer Erfahrung in ihre Elemente aufzulösen, so bedarf es zur vollkommenen Sicherheit einer synthetischen Methode, die von der Annahme der Elemente aus durch mathematische Berechnung zu Resultaten führt, die vom Experimente sich bestätigen lassen. So nimmt Hobbes auch die methodischen Prinzipien auf, welche Galilei in der Gegenüberstellung von resolutiver und kompositiver Methode ent-

wickelt hatte, und wir finden ihn bereits auch als selbständigen Forscher mitten in dem großen Zuge der neueren Naturwissenschaft,
ihre Prinzipien klar durchschauend und von der Gewißheit ihrer
Ergebnisse fest überzeugt. Es ist selbstverständlich, daß ein Mann
von diesen Ansichten bedingungslos die kopernikanische Lehre
annahm, daß er sich den großen Entdeckungen von Kepler und
Galilei anschloß und so mit an dem Triumphwagen der Mechanik
zog, den bald nach ihm Newton besteigen sollte.

Das Prinzip der mechanischen Kausalität wird aber von Hobbes
bereits auch auf die Auffassung des Menschen übertragen. Zunächst
gilt dies in physiologischer Hinsicht. Gegen die teleologische Auffassung und gegen die Annahme besonderer Lebenskräfte durch
Bacon von vornherein eingenommen, sucht er wenigstens prinzipiell
den Gedanken zu vertreten, daß auch die Tätigkeiten des Organismus nur eine, wenn auch überaus feine und dunkle Komplikation
von mechanischen Bewegungen der Korpuskeln seien, und Harveys
bedeutende Entdeckung über den Mechanismus des Blutumlaufs
gilt ihm mit Recht als eine großartige Bestätigung dieser seiner Annahme. Der konsequente Materialismus von Hobbes dehnt dies
Prinzip natürlich von dem physischen sogleich auch auf den psychischen Organismus aus, und seine Lehre ist der Ursprung jener materialistischen und mechanistischen Psychologie, welche
im XVIII. Jahrhundert von den Engländern mit besonderer Energie
ausgebildet worden ist. Überzeugt, daß auch die geistigen Tätigkeiten nur in feinen Körperbewegungen bestehen, stellt er der
Psychologie die Aufgabe, die Gesetze zu erforschen, nach denen
die Veränderungen des psychischen Lebens sich vollziehen. Zwei
Systeme sind es, in welche sich ihm das ganze Forschungsgebiet der
Psychologie einteilt: das theoretische System, das, von der
Empfindung anhebend, in der Aktivität des rechnenden Denkens
seine Vollendung findet, und das praktische System, welches, auf
den Zuständen des Begehrens und Fliehens beruhend, die ganze
Welt unserer Willensbetätigung umfaßt und überall unter der
Herrschaft der Vorstellungen steht. Es ist dabei bezeichnend für die
gesamte psychologische Auffassung im XVII. und XVIII. Jahrhundert, daß schon bei Hobbes das theoretische Leben als das
aktivere und deshalb relativ freie, das praktische dagegen als das
passivere und durchgängig von dem ersteren abhängige aufgefaßt

wird. In dem Überwiegen des Denkens über den Willen
besteht einer der Grundzüge dieses Zeitalters, und in allen seinen
großen Philosophien — bei Hobbes, Descartes, Spinoza, Locke,
Hume, Leibniz — tritt dieser Grundzug als psychologische Theorie
hervor. Die notwendige Konsequenz davon ist in bezug auf die
Auffassung der Willenstätigkeit die deterministische Neigung,
welche gleichfalls durch beide Jahrhundete hindurchgeht. Auch
für sie darf schon Hobbes als typischer Vertreter gelten. Ihm sind
die Willensentscheidungen des Menschen nicht ein selbständiges
Handeln, sondern ein passives Bewegtwerden, und seine Schrift
über: »Freiheit, Notwendigkeit und Zufall« (London 1656) geht auf
eine prinzipielle Leugnung der Willensfreiheit im gewöhnlichen Sinne
des Wortes hinaus.

Als das einfache Element des Willenslebens, woraus durch
Umbildung und Besonderung alle affektiven Prozesse der Seele
begreiflich gemacht werden sollen, betrachtet Hobbes den Selbsterhaltungstrieb. Alle einzelnen, auf die verschiedenen Gegenstände gerichteten Arten des Willens sind nur die durch die
Vorstellung dieser Gegenstände bestimmten und spezifizierten
Äußerungen des Selbsterhaltungstriebes. Der Mensch will, wie jedes
andere Wesen, im Grunde nie etwas anderes als die Erhaltung und
Förderung seiner eigenen Existenz: alles, was er sonst im einzelnen
will, ist nur Mittel, mehr oder minder verfeinertes oder vermitteltes
Mittel zu diesem einzigen an sich wertvollen Zweck. Daher sind
nach Hobbes auch die sog. moralischen, die altruistischen, d. h.
auf das Wohl der Nebenmenschen gerichteten Neigungen nicht
ursprünglich, sondern nur durch Einsicht und Gewöhnung hervorgerufene Äußerungsweisen des Egoismus. In der Mechanik der
Begehrungen, welche Hobbes als die wissenschaftliche Theorie der
Moral vorträgt, ist der Selbsterhaltungstrieb die einzige Grundkraft.
Danach gibt es vom Standpunkt des Individuums aus keine Wert-
unterschiede zwischen den einzelnen Begehrungen: alle sind gleichmäßig naturnotwendige Betätigungsweisen des Egoismus. Nur in
der Gesellschaft wird nach dem Gesamtinteresse Gutes und Böses
voneinander in dem Sinne unterschieden, daß die der Gesellschaft
nützliche Form des Egoismus gut, die schädliche böse genannt wird.

Die Gegner haben diese ethische Mechanik des Selbsterhaltungstriebes als »selfish system« bezeichnet und bekämpft. Hobbes

glaubt daraus auch das gesamte gesellige und geschichtliche Leben des Menschen demonstrieren zu können. Im Naturzustande waltet der egoistische Grundtrieb der Selbsterhaltung rücksichtslos und allbeherrschend. Von ihm beseelt, muß jeder Mensch alle übrigen, welche neben ihm auf dem spärlichen Felde, das die Natur bietet, existieren wollen, als seine natürlichen Feinde ansehen und bekämpfen. Für diese Auffassung des natürlichen Zustandes hat Hobbes das Schlagwort, mit dem er in neuerer Zeit auch von England aus bezeichnet worden ist, dasjenige des Kampfes ums Dasein, nicht gefunden: er nennt ihn das bellum omnium contra omnes. Aber seine Lehre darf als der erste und schärfste Ausdruck einer Betrachtungsweise angesehen werden, die in sichtbarer Abhängigkeit von ihm die englischen Nationalökonomen auf den Zustand der Gesellschaft angewendet, und welche zuletzt die englischen Naturforscher auf die Erklärung des gesamten organischen Lebens ausgedehnt haben.

Aus diesem Naturzustande des Kampfes aller gegen alle gibt es nur eine Rettung — durch den Staat. Auch dieser ist für Hobbes ein atomistischer Mechanismus; seine Elemente sind die Menschen, von denen jeder das Recht seiner Selbstsucht geltend zu machen sucht, und der Staat selbst ist nur das System, in welchem die Mächte des menschlichen Egoismus sich gegenseitig stützen und tragen und, um alle nebeneinander bestehen zu können, auch sich einander hemmen. Von ihm muß es, da er ein künstlicher Körper und, wie Hobbes meint, ein Produkt der freien Überlegung des Menschen ist, eine vollkommen demonstrierende Wissenschaft nach synthetischer Methode geben. Das Motiv zur Überwindung des natürlichen Kriegszustandes ist das Friedensbedürfnis und die Furcht: hieraus erwächst der Gesellschaftsvertrag, durch den die vernünftige Lebensgemeinschaft der Individuen erst begründet sein soll. Für die Ordnung des sozialen Lebens kommt dann der Herrschafts- oder Subjektionsvertrag hinzu, auf dem der Staat beruht. Um des gesellschaftlichen Friedens willen, in der Furcht vor der Gefährdung ihres Lebens und Eigentums haben die Individuen alle ihre Macht und damit ihr Recht auf den Staat übertragen: er ist der alles verschlingende Leviathan. Darum meint nun Hobbes, daß der Staat diesen seinen Zweck am besten durch die Konzentration aller Macht und alles Rechtes in einer einzigen Persönlichkeit

zu erfüllen imstande sei, und seine Staatstheorie ist eine schroffe
Durchbildung des absolutistischen Prinzips, eine philosophische Rechtfertigung jenes »l'État c'est moi«, welches bald darauf der
Absolutismus in der Selbstverblendung glänzender Erfolge aussprechen konnte. Man kann sich des Eindrucks nicht erwehren, daß
diese Wendung der Staatslehre von Hobbes wesentlich durch die
Erfahrungen bedingt war, welche die politischen Schicksale seines
Vaterlandes ihm aufzwangen. Mochte er doch in der Anarchie
der Revolution eine Rückkehr zu dem Naturzustande des bellum
omnium contra omnes erblicken und um so mehr die Staatsordnung
mit dem absoluten Herrschertum verwechseln, gegen das jene
sich kehrte. Aber diese seine Verteidigung des Königtums geht
nur von dem Gesichtspunkte aus, daß es die beste Form des Herr-
schaftsvertrages sei. Auch Hugo Grotius hatte ja schon, gleichfalls
nicht ohne Hinblick auf die Gefahren republikanischer Zustände,
die Ausstattung der Obrigkeit mit möglichst großer Gewalt verlangt,
und ähnlich ist für Hobbes das absolute Königtum die richtigste
Lösung des sozialen Problems. Gegen jede andere Begründung der
königlichen Macht tritt er jedoch um so schärfer auf, und namentlich das »Königtum von Gottes Gnaden«, wie es später von Filmer
verteidigt wurde, ist ihm ein Dorn im Auge. Der Staatsvertrag
ist eine rein menschliche Erfindung und von religiösen Vorstellungen,
wie Hobbes meint, so vollkommen unabhängig, daß man nichts
Törichteres tun kann, als die Staatsgewalt auf einen Akt der göttlichen Gnade gründen. Auf diese Weise trat Hobbes anderseits
dem hierarchisch gefärbten Königtum so heftig entgegen, daß
Cromwell ihm sogar einmal das Staatssekretariat der Republik
anbot. Doch würde er bei seiner konsequenten Bekämpfung der
Demokratie in dieser Stelle eine eigentümliche Rolle haben spielen
müssen.

Überhaupt nimmt Hobbes zwischen oder, wenn man will, über
den Parteien seiner Zeit eine eigentümliche Stellung ein. Die
beiden großen Gegensätze, der Royalismus und der puritanische
Republikanismus, hatten eine je nach den Umständen mehr oder
minder stark hervortretende religiöse Färbung. Die Theorien, mit
denen man sich gegenseitig bekämpfte, suchten die Staatsverfassung
durch bestimmte religiöse Vorstellungen zu begründen. Dies war der
Punkt, den Hobbes in beiden gleichmäßig bekämpfte, dies der

Grund, weshalb er das Königtum von Gottes Gnaden ebenso angriff, wie die Cromwellsche Republik. Und im Gegensatze zu dieser Verquickung politischer Interessen mit religiösen Parteiungen wurde Hobbes durch seine naturalistische Theorie, die im Staate nur die große Maschinerie des menschlichen Egoismus sah, zu einer Art von Fanatismus des Staatsgedankens getrieben: der Leviathan verschlang in seiner Auffassung nicht nur alle Rechte des Individuums, sondern auch alle übrigen Interessen der Kultur. Hobbes ist der rücksichtslose Vertreter der staatlichen Omnipotenz, und es zeigt sich dies am klarsten in seinen kirchenpolitischen Ansichten. Es gibt für ihn nur eine einzige Grenze der Unterordnung des Individuums unter den Staatswillen: das ist die Selbsttötung. Denn da der Staat der Vertragstheorie zufolge nur das freigewählte Mittel für die Selbsterhaltung seiner Bürger ist, so wäre es ein Widerspruch, wenn er sie zu direkter Selbstvernichtung zu zwingen berechtigt sein dürfte. Es ist charakteristisch für Hobbes, daß in diesen Gedanken auf die moralische Selbsttötung, auf die Verrechtung der persönlichen Überzeugung nicht ausdehnt; er betrachtet vielmehr gerade die Privatmeinungen als die schlimmsten Feinde des Staates und behauptet, daß sie unbedingt unterworfen werden müssen. Zu diesen Privatmeinungen rechnet er in erster Linie die Religion. Jede innerliche Wertschätzung des religiösen Lebens hat in der Theorie von Hobbes aufgehört, er betrachtet die Religion nur in der vom Staate festgestellten Form der Kirche als zu Recht bestehend. Durch die Sanktion des Staates wird der Aberglaube — gleichgültig welches Inhaltes — zur Religion, und der Wille der staatlichen Macht ist somit die einzige Quelle religiöser Überzeugung für den guten Bürger. Ist der Souverän Christ, so wird dadurch eo ipso der Staat christlich, und das Christentum ist darin die einzig anzuerkennende Religion. Man sieht, Hobbes steht der Toleranz sehr fern, und seine Lehre ist ein überaus interessanter Beleg dafür, wie gerade der absolute Indifferentismus, weit entfernt eine notwendige Quelle der Toleranz zu sein, zu vollkommen despotischen Konsequenzen führen kann. Doch müssen wir auch diese Lehre aus ihrer Zeit begreifen; sie ist im Grunde genommen nur ein Kontrast zu jenen anarchischen Wirkungen, welche der religiöse Fanatismus, besonders der Puritaner, in der englischen Revolution entfaltete, und Hobbes sah nicht ohne Berechtigung in dem Starr-

sinn religiöser Überzeugungen eine die Ordnung des Staates be-
drohende Macht; seine Auffassung ist auf der anderen Seite nur ein
Reflex des in den politisch-religiösen Kämpfen jener Zeit zur Gewohnheit gewordenen Vorganges, den man in die Worte: »cuius
regio, illius religio« zusammengefaßt und der im westfälischen Frieden
eine Art von völkerrechtlicher Sanktion erhalten hatte. Das Prinzip
des Staatskirchentums, das die gesamte Entwicklung der reformatorischen Kämpfe beherrschte, hat bei Hobbes seine scharfe
Präzisierung gefunden. Er verlangt bis zu äußerster Intoleranz, daß
der Staat den Gehorsam für die von ihm angenommene Religion
in ganzer Ausdehnung erzwinge; aber er stellt dafür die Bedingung,
daß diese Religion vollständig von dem Willen der Staatsgewalt
abhängig sei. Sie muß wissen, welche Art des Glaubens für die
Aufrechterhaltung der gesetzlichen Ordnung bei ihren Untertanen
die heilsamste ist. Am verderblichsten ist es, wenn kirchliche
Kräfte unabhängig vom Staat neben und in ihm weltliche Macht
ausüben wollen; dann ist die Kirche revolutionär und muß als
solche bis zur Vernichtung bekämpft werden.

Das System von Hobbes zeigt in seinem metaphysischen und
seinem staatsphilosophischen Teile die gleiche Einseitigkeit eines
bis zu den äußersten Grenzen rücksichtslos vorgehenden Naturalismus, und es war selbstverständlich, daß es aus diesem Grunde
von den verschiedensten Seiten her lebhaft bekämpft wurde —
lebhafter als das Baconsche, das zwar vermöge seiner erkenntnistheoretischen Grundlage den wahren Ursprung dieser Richtung in
sich trug, das jedoch seine Gedanken nicht so scharf geschliffen
und so energisch zugespitzt hatte, wie es bei Hobbes geschah. Daß
alle Anhänger der alten Lehren und alle Vertreter der offiziellen
Philosophie sich gegen Hobbes erklärten, braucht kaum erwähnt zu
werden: unter den übrigen Gegnern ist besonders bemerkenswert
die große Anzahl von platonisierenden Denkern, welche England im XVII. Jahrhundert hervorbrachte. Sie entstammen der
Mehrzahl nach der Hochschule von Cambridge, an der die humanistischen Traditionen der italienischen Renaissance mit Liebe gepflegt wurden. Doch fehlt es ihnen wesentlich an Originalität, und
die Waffen, mit denen sie den Naturalismus bekämpfen, sind aus den

Rüstkammern der stoischen oder neuplatonischen Naturphilosophie und der phantastischen Bestrebungen der italienischen und der deutschen Renaissance entlehnt. Der hauptsächlichste Angriffspunkt ist dabei die ausschließliche Geltung der mechanischen Kausalität, welche Bacon und Hobbes für die neue Naturwissenschaft und namentlich auch für die Untersuchung der philosophischen, ethischen und sozialen Probleme in Anspruch genommen hatten. Ihr gegenüber wird mit allen Mitteln die Geltung der Finalität verteidigt, und wenn man besonders die Lehre von Hobbes als materialistischen Atheismus bekämpft, so stellt man ihr den teleologischen Beweis für das Dasein Gottes entgegen. In dieser Weise vereinigte Ralph Cudworth (1617—1688), der bedeutendste Vertreter der Cambridger Schule, in seinem True intellectual system of the universe (London 1678) neuplatonische Gedanken mit dem Systeme von Paracelsus; in gleicher Weise polemisierte Samuel Parker (Bischof von Oxford, † 1688) nicht nur gegen Hobbes, sondern auch gegen Descartes durch Berufung teils auf die Lehren des Glaubens, teils auf die Zweckmäßigkeit des Universums, und seine Schrift: »Tentamina physicotheologica de deo« (London 1669) wendet zum erstenmal in der Literatur den später geläufig gewordenen Ausdruck »Physicotheologie« für die auf die Gotteserkenntnis hinzielende teleologische Naturbetrachtung an. Ähnliche Gedanken vermischten sich bei Henry More (1614—1687), der sich hauptsächlich an Ficinus anschloß und eine interessante Korrespondenz mit Descartes führte, auch mit kabbalistischen Spekulationen, und in gleicher Richtung lehrten Theophilus und sein Sohn Thomas Gale. Daß endlich auch die Mystik Jakob Böhmes in England um diese Zeit ihre Anhänger fand, wurde schon früher erwähnt. Weitere und energischere Gegner aber fand die Lehre von Hobbes namentlich von der moralischen und religiösen Seite in denjenigen Männern, durch deren Lehren sich schon um diese Zeit die Überzeugungen des englischen Aufklärungszeitalters vorbereiteten. Für den großen Gang der englischen Philosophie wurde bald nach Hobbes das halb gegensätzliche, halb aufnehmende Verhältnis zu der inzwischen in Frankreich und den Niederlanden vollzogenen Ausbildung des Rationalismus so entscheidend, daß sie ohne die Kenntnis davon nicht zu verstehen ist.

IV. Kapitel.
Der Rationalismus in Frankreich und den Niederlanden.

Dem von Bacon begründeten Empirismus steht in der wissenschaftlichen Entwicklung der modernen Philosophie der Rationalismus gegenüber, dessen Vater Descartes ist. Beide bilden den großen Gegensatz, innerhalb dessen sich die philosophischen Kämpfe des XVIII. Jahrhunderts abspielten, bis Kant die daraus entsprungenen Probleme unter das Licht eines neuen Prinzips stellte. Beide legen den Schwerpunkt ihrer Forschungen auf die Entwicklung einer neuen Methode des Denkens: aber die Ausgangspunkte und infolgedessen die Richtungen dieser beiden neuen Methoden sind diametral einander entgegengesetzt. Bacon wollte die moderne Wissenschaft auf die ursprüngliche Wahrheit gründen, welche in den einzelnen Erfahrungen des Menschen enthalten ist; er lehrte das Denken von seiner Peripherie aus zu beginnen. Descartes, auf den einheitlichen Charakter aller Wissenschaft reflektierend, wies darauf hin, daß der Ausgangspunkt des Denkens in seinem Zentrum liegen müsse, und er fand dieses Zentrum in dem Selbstbewußtsein der Vernunft. Diese Verschiedenheit des Ausgangspunktes bedingt eine gleiche Verschiedenheit des Fortganges. Die Baconsche Methode ging im Prinzip von der Peripherie in das Zentrum, sie stieg von den zerstreuten einzelnen Tatsachen der Erfahrung zu allgemeineren Sätzen auf, um sich mit langsamer Annäherung zu einer universalen Erkenntnis zu erheben. Descartes, im selbstbewußten Mittelpunkt des Denkens Fuß fassend, suchte von da aus die Erkenntnis mit systematischer Allseitigkeit auf den gesamten Kreis des Universums ausstrahlen zu lassen und wollte nichts als Wissen anerkennen, was nicht seine Herkunft aus jenem Mittelpunkte aufweisen könne. So steht der induktiven die deduktive, der empiristischen die rationalistische Methode gegenüber.

Die besondere Gestalt aber, welche diese deduktive Philosophie annahm, ist teils durch den auch ihr eigenen Gegensatz gegen die Scholastik, teils durch das besondere Genie ihres Urhebers bedingt. Auch die Scholastik hatte eine deduktive Methode besessen, und wenn man nur an den Gegensatz des Induktiven und des Deduktiven sich halten und diesen für den wichtigsten erklären wollte, so müßte man eingestehen, daß der Bruch mit der mittelalterlichen

Philosophie bei Bacon gründlicher ist als bei Descartes. Der erstere hat in der Tat gar nichts mit der Scholastik gemein, der letztere teilt mit ihr die Forderung einer von der Erfahrung unabhängigen Vernunfterkenntnis. Aber auf der anderen Seite teilt Descartes mit Bacon, wie mit allen Richtungen des modernen Denkens, die Überzeugung von der Unfruchtbarkeit der scholastischen Methode des Syllogismus, und er bekämpft sie bis zu fast wörtlicher Übereinstimmung mit dem englischen Denker.

Aus diesen Gegensätzen und Übereinstimmungen ergibt sich die Aufgabe, durch deren Lösung Descartes der Begründer der rationalistischen Philosophie wurde. Die Philosophie ist bei ihm keine Erfahrungswissenschaft, wie sie bei Bacon erscheint, sondern eine Vernunftwissenschaft. Ihre Methode muß deduktiv sein. Aber die deduktive Methode des scholastischen Syllogismus darf es auch nicht sein. Es handelt sich also um die Begründung einer neuen Methode der philosophischen Deduktion, die nicht syllogistischer Natur ist, und diese Aufgabe löst Descartes im Hinblick auf eine Wissenschaft, in der er selbst Meister war, und welche von der Unzulänglichkeit der Empirie und der Unfruchtbarkeit des Syllogismus gleichweit entfernt ist — die Mathematik. Die Geburtsstätte der Baconschen Philosophie ist das Laboratorium des physikalischen Experiments, die rationalistische Philosophie entspringt in dem Kopfe eines einsam grübelnden Mathematikers.

§ 23. Frankreich nach der Reformation.

Doch sind es nicht nur persönliche Neigung und persönliche Erfahrung, welche Descartes dazu geführt haben, in der Mathematik das Heil der Philosophie zu suchen, sondern es spricht sich darin das gesamte Geschick der französischen Wissenschaft im Beginne der neueren Zeit aus.

Die Wirkungen der reformatorischen Bewegung waren in Frankreich zwar nicht minder unruhevoll, aber doch ganz andersartig gewesen als in Deutschland. Die Reformation hatte hier nicht eine solche staatliche Zerstückelung wie in dem seiner Auflösung entgegengehenden deutschen Reiche, sondern umgekehrt eine scharfe Konzentration der königlichen Macht vorgefunden. Frankreich war schon damals das Reich des Absolutismus, und die neue Lehre wurde hier nicht sowohl in den eifersüchtigen Streit kleiner Souveräne, als vielmehr in die Kabalen eines aufgeregten Hoflebens hineingezogen. Sie wurde zu einem Mittel, welches die verschiedenen Hofparteien in den wechselnden politischen Konstellationen gegeneinander ausspielten, und das man wieder fallen ließ, wenn es darin seinen Zweck erfüllt hatte. So ist es gekommen, daß der Protestantismus sich schließlich in Frankreich nicht die politische Macht erwerben konnte, die er in Deutschland errang.

Gleichwohl hatte er sich der religionsbedürftigen Schichten des Volkes auch hier verhältnismäßig schnell bemächtigt, und schon die deutsche und die schweizerische Reformation hatten in Frankreich lebhafte Nachwirkungen hervorgerufen. Zu voller, nachhaltiger Kraft aber gelangte die neue Lehre hier erst durch Calvin. Es kann kein Zweifel darüber obwalten, daß dieser unter den Reformatoren der wissenschaftlich und namentlich philosophisch bedeutendste war, derjenige, welcher in der Begründung und Darstellung der neuen Lehre am meisten Folgerichtigkeit und durchdringende Energie bezeigte, und daß er nach dieser Richtung hin Luther und Melanchthon ebenso weit überragte wie Zwingli. Es ist nicht unwichtig, darauf aufmerksam zu machen, daß seine gesamte Auffassung des Christentums und speziell der großen Fragen der Willensfreiheit, der Sünde, der Erlösung und der Gnade von keiner Lehre so sehr beeinflußt ist, wie von derjenigen des Augustin. Es ist überhaupt von hohem geschichtlichen Interesse, zu verfolgen, welchen weitgehenden Einfluß dieser größte der Kirchenväter während des XVI. und bis in das XVII. Jahrhundert hinein auf die französischen Denker ausgeübt hat. Er war damals unter den französischen Philosophen ein bevorzugter Gegenstand des Studiums. Die (früher erwähnten) orthodoxen Skeptiker reproduzieren die Angriffe auf die Vernunfterkenntnis wesentlich in einer an Augustin erinnernden Weise und mit einer aus seinen Schriften (wie allerdings auch aus der lateinischen Popularphilosophie, speziell aus Cicero) entnommenen Hinneigung zu der mittleren Akademie; der Calvinismus ist in seiner Ethik und Dogmatik eine konsequente Durchführung augustinischer Prinzipien; selbst die Lehre Descartes' vom Selbstbewußtsein als dem einzigen Grunde aller sicheren Erkenntnis und besonders seine Verschmelzung des Selbstbewußtseins mit dem Gottesbewußtsein kann man der Hauptsache nach in dem System Augustins wiederfinden; ferner ist es bekannt, wie einerseits die

Kongregation des Oratoriums, anderseits die Jansenisten von Port-
Royal sich die Wiederherstellung der Lehre Augustins zur Aufgabe
machten; und in Malebranche endlich, welcher den Schlußpunkt
der Entwicklung des französischen Cartesianismus bildet, wurde der
Gedanke Descartes' wieder ganz auf die augustinische Formel zurückgeführt. Bei Calvin trat zu dem Augustinismus noch jener persönliche Zug rigoristischer Strenge und fanatischer Askese hinzu, der
später in den englischen Puritanern seine größte historische Entfaltung finden sollte: er ist deshalb zugleich die ernsteste und
düsterste Gestalt unter den Reformatoren, und zu diesen tragischen
Elementen gesellt sich noch der Eindruck der Verfolgungen, die er
und seine Lehre in seinem Vaterlande erlitten, und der geringen
Ausdehnung des äußeren Erfolges, den die Reformation in Frankreich errungen hat, während die große weltgeschichtliche Wirkung
des Calvinismus erst nach dem Tode des großen Organisators in der
anglo-amerikanischen Welt sich abgespielt hat.

Gleich gering ist aus verwandten Gründen der Einfluß, den die
Reformation auf die Entwicklung der französischen Wissenschaft
hatte. Schon lange vorher war, wie das politische, so auch das
geistige Leben Frankreichs am königlichen Hofe konzentriert worden
und hatte sich daran gewöhnt, von der Stimmung dieser Kreise
sich die Richtung geben zu lassen. Die französische Dichtung
liefert auch in ihrer Entwicklung durch das XVII. Jahrhundert hindurch den besten Beweis dafür. Und in diesen Kreisen trat das
religiöse Interesse ganz entschieden zurück. Hier war man teils
von jenem weltmännischen Skeptizismus erfüllt, welchem Montaigne
den glücklichen Ausdruck gegeben hat, teils jenem diplomatischen
Indifferentismus zugeneigt, der die religiösen Parteiungen nur unter
dem Gesichtspunkte der politischen Interessen betrachtete, und der
in Heinrich IV. seinen klassischen Typus gefunden hat. Hier war
man deshalb freilich auch aller scholastischen Subtilitäten herzlich
überdrüssig, und hier hatte man an dem rhetorischen Feuerwerk
der Schriften und der Vorträge von Petrus Ramus ein entschiedenes
Wohlgefallen gefunden. Man darf wohl sagen, daß in dem Glanze
dieses Hoflebens der wissenschaftliche Ernst geschwunden war, und
die mühselige Arbeit der naturwissenschaftlichen Forschung hat
deshalb auch in Frankreich um diese Zeit noch keinen großen Vertreter gefunden.

Dagegen war es ein anderes Gebiet, auf welchem der wissenschaftliche Geist der Franzosen seinen vollen Ernst entfalten sollte.
Die Wortgefechte der scholastischen Philosophie hatten auch hier
eine Art von Überdruß erzeugt, der sich in einem flachen Skeptizismus und in einer Gleichgültigkeit gegen dialektische Untersuchungen Luft machte. Zu rein empirischer Forschung fehlte
teils die Geduld, teils die Aussicht auf unmittelbare Befriedigung
des Ehrgeizes, teils endlich auch das feste Vertrauen in die Gewißheit der sinnlichen Wahrnehmung, welches durch die skeptischen
Theorien zersetzt worden war. So schien als ein Gebiet zweifelloser Gewißheit nur die Mathematik übrig zu bleiben. Hier hatte
man es weder mit der Unsicherheit von Beobachtungen, noch mit
der Willkürlichkeit hypothetischer Spekulationen zu tun, und hier
konnten vor allem die Franzosen ihren glänzenden Scharfsinn und
die durchsichtige Klarheit des Denkens und Darstellens beweisen, die
eine der besten Gaben ihres nationalen Genius ist. So wurde denn
mit dem XVI. und XVII. Jahrhundert die Mathematik der Boden,
auf welchem sie ihre größten wissenschaftlichen Erfolge errangen.

Das sind die beiden Elemente, welche die Voraussetzungen der
rationalistischen Philosophie in Frankreich bildeten: die skeptische
Atmosphäre auf der einen Seite, in der sich das geistige Leben
der höheren Gesellschaft bewegte, und das fruchtbare Feld mathematischer Untersuchungen auf der andern Seite, das von den
ernsteren Geistern bebaut wurde. Auf diesem Boden und in dieser
Atmosphäre wuchs die Lehre Descartes' empor, des bedeutendsten
Philosophen, dessen sich Frankreich zu rühmen hat.

§ 24. René Descartes.

Das Leben Descartes' bildet einen gewissen Gegensatz zu demjenigen von Lord Bacon. Für die vornehme Welt geboren, meidet
er um der wissenschaftlichen Muße willen den Glanz des großen
Lebens, den jener begierig und zum Schaden seines Charakters
suchte. Von dem Ehrgeiz, der in dem englischen Kanzler brannte,
findet sich in ihm keine Spur, und die Scheu vor der Öffentlichkeit
steigert sich bei ihm zu furchtsamer Schwäche. Wenn Bacon in
kluger Berechnung einen vornehmen Kompromiß mit den Mächten
der kirchlichen Lehre schloß, so genügte für Descartes die Furcht vor

Streitigkeiten oder gar Verfolgungen oder auch nur vor unbequemen
Störungen seiner Muße, um ihn ketzerische Ansichten, wie seine
Beistimmung zu den Lehren Galileis oder seine Stellung zu dem
kopernikanischen Systeme leicht unterdrücken zu lassen. Und doch
zeigt sich trotz des Gegensatzes manche Ähnlichkeit zwischen beiden
Männern. Beiden fehlt die jugendliche Begeisterung, mit der in
Italien und Deutschland stürmende Geister, was sie für wahr erkannt hatten, unter Leid und Verfolgung laut in die Welt hinaus-
predigten. Beide geben ihren Lehren das vorsichtige Gewand be-
rechnender Klugheit und hüllen sich, der eine in den Mantel der
Frömmigkeit, der andere in denjenigen des religiösen Indifferentismus. Aber die Art freilich ihrer Vorsichtigkeit ist bei beiden gar
weit voneinander verschieden. Dem einen ist das Wissen die Stufe
zur Macht, die er auf der Höhe des Lebens ausüben will, und deshalb in der verallgemeinernden Lehre nur ein Mittel für die Kultur-
arbeit der Menschheit. Dem andern ist dasselbe Wissen die Entfaltung eines rein persönlichen Erkenntnistriebes, dem das Leben
nur da ist zur Befriedigung seiner individuellen Sehnsucht nach
Wahrheit, und deshalb in verallgemeinernder Auffassung eine selbständige, ja die höchste Aufgabe des sittlichen Menschen. Der
wissenschaftliche Trieb, der ein wesentlicher Zug in dem Charakter
des modernen Individuums ist, tritt bei Descartes als eine domi-
nierende Leidenschaft auf, der alle übrigen Bestrebungen des Men-
schenherzens sich unterordnen müssen. Sein ganzes Leben ist von
dem Wunsche nach wissenschaftlicher Muße geleitet und danach
eingerichtet. Ohne Spur von reformatorischen Neigungen lebt
er nur der Selbstbelehrung, und selbst seine Schriften werden nicht
zur Verbreitung seiner Ansichten, sondern nur in dem Gedanken
veröffentlicht, daß die Bewegung, welche sie unter den Gelehrten
hervorrufen werden, dem Verfasser selbst zu seiner weiteren Ausbildung nützlich und nötig sei. Es ist der Egoismus der Wissenschaft,
der die Welt meidet, weil sie von ihrem Treiben nur gestört zu
werden fürchtet. Bacon wollte die neue Philosophie mitten in die
Bewegung des Lebens hineinstellen, Descartes flüchtete sie mit
ängstlicher Scheu in die gedankenvolle Einsamkeit. Und so blickt
denn auch die Lehre Bacons allüberall mit offnem Auge in die
äußere Wirklichkeit, die cartesianische Philosophie mit geschlossenem Auge in die innere Tiefe des Selbstbewußtseins. Es

wiederholt sich im Leben und in der Lehre dieser methodologischen Philosophen der Gegensatz, den die metaphysischen Bestrebungen der Italiener auf der einen, der Deutschen auf der andern Seite zeigten.

René Descartes, Seigneur du Perron (latinisiert Cartesius), war als der Sohn eines vornehmen Geschlechts der Touraine 1596 geboren. Seine schwächliche Natur und die dadurch nötig gewordene Schonung hemmten anfangs seine geistige Entwicklung, bis sie in der 1604 von Heinrich IV. gegründeten Jesuitenschule La Flèche in glücklichster Weise gefördert wurde. Er machte mit wachsender Fassungsgabe den Kursus in den alten Sprachen, der Logik, der Moral, der Physik und der Metaphysik durch. Am meisten aber fesselte seinen Geist schon hier die Mathematik, und er schied von der Schule, ein längst gereifter Schüler, mit dem klaren Bewußtsein von der Nichtigkeit aller bisherigen Wissenschaften und mit der Einsicht, daß die Mathematik die einzig zuverlässige Erkenntnis biete. Von der Familie für die militärische Laufbahn bestimmt, brachte er einige Zeit in Rennes und dann in Paris mit ritterlichen Übungen und geselligen Anknüpfungen zu; aber die wissenschaftlichen und namentlich mathematischen Anregungen, die er in der Hauptstadt erfuhr, veranlaßten ihn schon damals, sich mehr als zwei Jahre lang nach dem Faubourg St. Germain zurückzuziehen, wo er in absoluter Einsamkeit sich mit den mathematischen Problemen der Musik beschäftigte. Gegen seinen Willen in die Öffentlichkeit zurückgezogen, trat er 1617 als Freiwilliger in die Dienste von Moritz von Nassau, dem Statthalter der Niederlande, in denen er jedoch nur die Muße eines zweijährigen Waffenstillstandes zu Breda mit dem Umgange des Mathematikers Isaak Bekmann und mit der Niederschrift seiner Abhandlung über die Musik zubrachte. Im Jahre 1619 ging er nach Deutschland und trat in bayrische Dienste; diese brachten ihm zunächst einen militärisch untätigen, für die Entwicklung seiner Gedanken desto förderlicheren Winteraufenthalt zu Neuburg in der Pfalz, wurden dann durch einen Besuch bei der französischen Gesandtschaft in Ulm und Wien unterbrochen und führten ihn erst zur Schlacht bei Prag nach Böhmen. Im folgenden Jahre vertauschte er den bayrischen mit dem kaiserlichen Dienst und machte in diesem unter Boucquoi den ungarischen Feldzug gegen Bethlen Gabor mit. In-

zwischen war die Sehnsucht nach wissenschaftlicher Muße und nach
Lösung der ihn bewegenden Probleme so mächtig geworden, daß
er der großen Welt für immer zu entsagen beschloß und eine Wall-
fahrt zur Madonna von S. Loretto gelobte, wenn es ihm gelänge,
aus seinen Zweifeln sich zur Gewißheit emporzuringen. Zur Rückkehr in seine Heimat schien der Zeitpunkt teils wegen der dort
herrschenden Pest, teils wegen der Hugenottenkriege ungünstig, und
er nahm daher einen langen Umweg durch Norddeutschland und die
Niederlande. Nachdem er dann etwa ein Jahr teils in Paris, teils
auf dem Lande zugebracht, unternahm er in den Jahren 1623—25
die gelobte Reise nach Italien und kehrte dann in seine Einsamkeit
nach St. Germain zurück, wo er mit wenigen Freunden die gereiften
Gedanken seiner Philosophie besprach. Noch einmal ließ er sich
in die Öffentlichkeit herausreißen, indem er 1628 der Belagerung
von La Rochelle im Stabe des Königs beiwohnte. Dann aber zog
er sich definitiv nach Holland zurück, um nach Abbruch aller Beziehungen ganz der Vollendung seiner wissenschaftlichen Arbeiten
zu leben. Nur sein vertrauter Jugendfreund Mersenne durfte mit
ihm in Korrespondenz bleiben. Er hat, um jede Störung dieser
Einsamkeit zu vermeiden, während der zwanzig Jahre, die er in
Holland zubrachte, vierundzwanzigmal seinen Aufenthalt gewechselt
und an dreizehn verschiedenen Orten gelebt, zuletzt und am läng-
sten in der Abtei Egmond. Unterbrochen wurde dieses wissenschaftliche Eremitentum nur durch eine Reise nach England, eine nach
Dänemark und drei Besuche in der Heimat, von Zeit zu Zeit auch
durch einen Besuch an dem Hofe im Haag, wo er mit der ehemaligen
Königin von Böhmen und deren Tochter Elisabeth von der Pfalz
viel verkehrte. Mit letzterer führte er auch von Leyden aus einen
eifrigen Briefwechsel, und für sie schrieb er die nach seinem Tode
veröffentlichte Schrift: »Les passions de l'âme«. Im allgemeinen
war sein Aufenthalt in Holland bei dem lebhaften Interesse, das
man dort den mathematischen und physikalischen Studien widmete, namentlich der Ausbildung seiner Naturphilosophie günstig,
und er legte diese in einer Schrift nieder, deren Veröffentlichung
unter dem Titel: »Le monde« schon vorbereitet, infolge der Nach-
richt von Galileis Prozeß und Widerruf zurückgezogen und erst
nach dem Tode des Verfassers ausgeführt wurde. In seiner Absicht, aus den gleichen Gründen überhaupt nichts drucken zu lassen,

wurde Descartes schließlich durch das steigende Bedürfnis nach einem lebendigen Zusammenhange mit der übrigen Gelehrtenwelt irre gemacht, und schon das Jahr 1637 sah die Veröffentlichung seiner »Essais philosophiques«, welche neben geometrischen und physikalischen Abhandlungen hauptsächlich den »Discours de la méthode« enthielten. Seine philosophische Lehre tritt, sachlich und methodisch gereift, erst in den 1641 veröffentlichten »Meditationes de prima philosophia« auf, einem Selbstgespräch von dramatischer Spannung, in welchem der Philosoph mit allen Mächten des Zweifels um den Sieg der Selbstbesinnung ringt. Er hatte diesen Monolog schon handschriftlich durch Mersenne einer Anzahl von Gelehrten mitteilen lassen und ließ die Einwürfe, welche diese auf seinen Wunsch gemacht hatten, mit seinen Entgegnungen zugleich drucken. Endlich erschienen 1643 die »Principia philosophiae«, der Prinzessin Elisabeth gewidmet, als der Versuch einer systematischen Gesamtdarstellung seiner Lehre. Von weiteren Veröffentlichungen mögen ihn hauptsächlich die Verhältnisse abgeschreckt haben, die ihm überhaupt die letzten Jahre seines Aufenthaltes in Holland verbitterten. Es hatte nicht ausbleiben können, daß seine Lehre teils durch persönliche Bekanntschaften, teils durch die Mitteilungen seiner Freunde, teils endlich durch seine ersten Schriften Verbreitung und Anerkennung fand, und an den holländischen Universitäten begann schon mit dem Anfang der 40er Jahre sich eine cartesianische Schule zu bilden, die sehr bald in widerwärtige Streitereien durch die orthodoxen Parteien hineingezogen wurde. Gegenseitige Beschimpfungen, Verleumdungen und Verketzerungen, gerichtliche Klagen, akademische Verdikte, das alles gab einen unbehaglichen Zustand, welcher der zarten und scheuen Natur des Philosophen auf das äußerste zuwider war. Und hierin lag wohl schließlich eine der Veranlassungen, infolge deren er nach langem Zögern einer oft und in liebenswürdigster Form wiederholten Einladung der jungen Königin Christine von Schweden, der Tochter Gustav Adolfs, an ihren Hof im Herbst 1649 Folge leistete. Die Königin selbst wünschte die Korrespondenz, welche sie schon vorher mit ihm geführt, in einen mündlichen Unterricht seiner Philosophie zu verwandeln, und sie dachte unter seiner Mitwirkung eine Akademie der Wissenschaften zu gründen. Allein kaum hatte Descartes sich in diese neue Tätigkeit hineingelebt, als er der ungewohnten Rauheit des Klimas schon am 1. Februar 1650 erlag, die Abweichung von seinem Lebensprinzip der wissenschaftlichen Einsamkeit mit dem Tode büßend.

Descartes' »Discours de la méthode« beginnt in der klaren und schönen Darstellung, welche ihn auszeichnet und unter die größten prosaischen Schriftsteller Frankreichs stellt, mit einer Art von Abriß seiner wissenschaftlichen Lebensgeschichte. Er schildert (in merkwürdiger Ähnlichkeit mit den Selbstbekenntnissen des Skeptikers Sanchez), wie er die Schule mit der Überzeugung von der inneren Haltlosigkeit aller der Wissenschaften verließ, die er darin gelernt; wie er darauf beschloß, eine Zeitlang in dem großen Buche des Lebens zu studieren, und wie es schließlich erst die Einkehr bei sich selbst war, der er die Begründung eines sicheren Wissens verdankte. Denn alles, was er in der Wissenschaft seiner Zeit von Meinungen über Gott, Natur und Menschenseele vorfand, erschien ihm als ein unklares Gemenge von Vorurteilen und unbeweisbaren Behauptungen, und nur ein einziger Wissenszweig, die Mathematik, als ein völlig gewisser und zweifelloser Besitz. Sie wurde deshalb für ihn der Maßstab der wissenschaftlichen Wertschätzung, das Ideal der Wissenschaftlichkeit überhaupt, und er meinte, daß die anderen Disziplinen nur so weit auf den Charakter der Wissenschaftlichkeit Anspruch machen dürften, als ihre Lehren zu dem Grade von Evidenz gebracht werden könnten, wie ihn alle Lehrsätze der Mathematik besitzen. Mit dieser Aufstellung der Mathematik als einer Richtschnur alles wissenschaftlichen und insbesondere des philosophischen Denkens gab Descartes der modernen Philosophie eine Richtung, welche sie bis zu Kant und bis über diesen hinaus beherrscht hat. Es ist keine unter den besonderen Wissenschaften, welche auf den Entwicklungsgang der modernen Erkenntnistheorie einen so fundamentalen und prinzipiellen Einfluß ausgeübt hätte, wie die Mathematik. Durch das gesamte XVII. und XVIII. Jahrhundert hindurch wird sie gewissermaßen als der feste Stamm betrachtet, an dem alle übrigen Wissensarten sich emporranken. So mächtig sonst der Kampf der Gedankenströmungen in diesen beiden Jahrhunderten hin und her wogt, die Anerkennung der absoluten Gewißheit der Mathematik ist der unentwegte Fels, woran sie alle branden und zum Teil scheitern. In diesem Sinne darf man sagen, daß der Einfluß Descartes' der mächtigste und

nachhaltigste ‚von allen gewesen ist. Denn es gilt dies nicht nur
für das rationalistische, sondern auch für das empiristische Lager
der vorkantischen Philosophie. In jenem liegt es zweifellos auf der
Hand und vor aller Augen: die Entwicklung der geometrischen
Methode durch Spinoza und die mathematischen Grundlagen der
Leibnizschen wie der Wolffschen Lehre tragen unverkennbar den
Stempel des cartesianischen Geistes. Aber vielleicht war es schon
die Einwirkung von Descartes selbst, jedenfalls diejenige der französischen Mathematiker überhaupt, welche Hobbes bestimmte, die
Einseitigkeiten des Baconismus zu überwinden; und je mehr die
spätere Entwicklung des Empirismus in England und Frankreich
an den so vereinbarten Prinzipien festhielt, um so mehr blieb sie
unter dem Zauberbann der Mathematik; ja noch das abschließende
Denken von David Hume zieht seine skeptischen Konsequenzen
aus der Auffassung der Mathematik als des sonst unerreichten
Ideales der Wissenschaftlichkeit. In Kant endlich hat sich die
kritische Methode mit einer so zähen Energie an dem Probleme
der mathematischen Erkenntnis emporgearbeitet, daß seine Entwicklungsgeschichte auch nach dieser Hinsicht der typische Ausdruck für die gesamte Bewegung des modernen Denkens geworden ist.

Dieser befruchtende Einfluß der Mathematik zeigt sich bei
Descartes wesentlich in zwei Gesichtspunkten, von denen aus er
die Reformation der Philosophie nach der Analogie der mathematischen Methode zu vollziehen unternimmt.

Zuerst ist es die Zerstreutheit und Zusammenhanglosigkeit des
bisherigen Wissens, woran Descartes Anstoß nimmt. Die Scholastik nicht nur, sondern auch die humanistischen Studien und die
experimentellen Untersuchungen bauen sich wesentlich als eine
gelehrte Vielwisserei auf; sie besitzen eine Masse von einzelnen
Kenntnissen, die sie aus der Übung, aus historischer Überlieferung,
aus einzelner Erfahrung und Beobachtung geschöpft haben: was
ihnen fehlt, ist die Einheit dieses Wissens. Und doch würde erst
mit dieser Einheit der ganze Wust dieser Kenntnisse zu wissenschaftlicher Gewißheit werden können. Der Wert unseres Wissens,
das was die Wissenschaft von dem gemeinen Lernen und Können
unterscheidet, beruht lediglich in seinem systematischen Zusammenhange. Dieser ist nur dadurch möglich, daß alles Wissen aus einem
einzigen Punkte höchster und absoluter Gewißheit abgeleitet wird·

diese Aufgabe der Philosophie hat Descartes in seinen posthumen
»Règles pour la direction de l'esprit« so formuliert, wie er sie sachlich
schon in den Meditationen zu lösen versucht hatte. Es kann nur
ein Prinzip geben, worin alles Wissen wurzelt. Darin besteht der
große Vorzug der Mathematik, daß sie von einem Punkte aus mit
systematischer Erkenntnis das ganze Reich ihres Wissens ausmißt,
daß, wer die ersten Sätze der euklidischen Geometrie begriffen und
zugegeben hat, mit ihnen auch das ganze System anerkennen muß.
Da ist kein gelegentliches Aufgreifen, kein Hin- und Herfahren in
der Aufsuchung irgendwelcher Wahrheiten; sondern jeder Satz hat
seine bestimmte Stelle, auf der er sich aus den vorhergehenden ergibt
und von der aus er die folgenden zu begründen hilft. Dieses Prinzip
hat man bisher nur auf die Größenlehre angewendet: in seiner Ausdehnung auf das gesamte menschliche Wissen soll das Heil der
Philosophie bestehen, das Descartes verkündet. Die Philosophie
soll eine Universalmathematik werden, ein einheitliches
System, worin alle Lehren von dem einen Mittelpunkte aus ihre
Begründung und ihre Gewißheit empfangen. Kaum schärfer ist
jemals die universalistische Tendenz des philosophischen Denkens
ausgesprochen worden. Sie versteigt sich bei Descartes zu der
Forderung einer Universalwissenschaft: er will nach mathematischer Analogie keine andere Wahrheit für völlig sicher anerkannt
wissen, als diejenige, welche von dem einzigen Prinzip sich mit
Notwendigkeit ableiten läßt. Insofern verfährt auch die cartesianische Philosophie durchaus radikal. Sie will mit allem bisherigen
Wissen tabula rasa machen, ein einziges Prinzip aller Gewißheit
aufstellen und von diesem aus ein völlig neues System der gesamten Wissenschaft konstruieren. Sie prägt den Gedanken der
wissenschaftlichen Systematik mit einer Einseitigkeit aus, als wäre
es möglich, das Denken ab ovo zu beginnen und es mit innerer
Notwendigkeit von einem ersten Prinzip her auszubauen. Gelänge
es in dieser Weise, alles Wissen auf die Höhe des philosophischen
Zusammenhanges und der mathematischen Evidenz zu erheben,
so würden alle besonderen Wissenschaften zu Gliedern eines Ge-
samtorganismus werden, damit aber auch ihre Selbständigkeit verlieren. Descartes selbst ist praktisch, zumal als Physiker, bis zu
dieser extremen Konsequenz nicht fortgeschritten: aber die un-
günstigere Folge war die, daß die Philosophie bei seinen rationa-

listischen Nachfolgern die richtige Schätzung für den selbständigen
Wert der einzelnen Wissenschaften aus den Augen verlor und mit
dem Begriffe der Wissenschaftlichkeit, den sie nach mathematischer
Analogie nur als die Ableitung von dem absolut gewissen Zentral-
punkte auffaßte, sich eine imperatorische und universalistische Stellung anmaßte, welche die Spezialwissenschaften in eine natürliche
Opposition gegen sie hineintrieb. Der Gedanke, daß nur die Philosophie die wahre Wissenschaft sei, ergab sich aus diesen Prinzipien
ebenso notwendig, wie er als eine Überhebung von seiten der übrigen
Wissenschaften bekämpft werden mußte.

Bei Descartes sind diese Gedanken wesentlich methodologisch gemeint. Die mathematische Deduktion erschien danach auch als die
allgemeine Methode alles wissenschaftlichen Denkens überhaupt, und
es ergab sich, sozusagen, ein Pantheismus der Methode. Auch
das ist eine Tendenz, welche der rationalistischen Philosophie von
Descartes her bis in die neueste Zeit hinein aufgeprägt geblieben ist.
In dem Wahne, eine Universalmethode alles Erkennens auffinden zu können, hat die moderne Philosophie zu ihrem Schaden
eine Fülle von Scharfsinn verschwendet, und erst das völlige Scheitern des großartigsten dieser Versuche, den Hegel machte, hat die
Klarheit über ihre Unmöglichkeit herbeigeführt.

Weiterhin ist es nun diese allgemeine Methode selbst, deren
Grundzüge Descartes aus seiner Wertschätzung des mathematischen
Verfahrens entnimmt. Der Fortschritt, welchen das Denken von
dem Anfangspunkte aller Gewißheit zu den einzelnen Erkenntnissen
nehmen soll, ist natürlich nur durch eine deduktive Methode möglich. Allein diese kann niemals diejenige des Syllogismus sein;
denn der Syllogismus ist wohl eine Darstellungsweise, aber keine
Erkenntnisweise; er ist ein Prinzip des Beweisens und Überredens,
aber kein solches des Erforschens und Erfindens. Er kann beweisen, was man entdeckt hat, aber er kann nicht selbst entdecken.
Zwar scheint es, als ob sich die euklidische Geometrie nur der
logischen Folgerungen bediente, und sie tut es auch in der Tat
insofern, als sie ein beweisendes System ist; aber der Fortschritt
von einem ihrer Lehrsätze zum anderen ist niemals eine bloß logische
Konsequenz, er besteht vielmehr in der sukzessiven Kombination
von ursprünglichen Anschauungen, und der Syllogismus hat nur
die Bedeutung, den aus diesen neuen Anschauungen entspringenden

Wahrheiten die Beweise durch die früher gefundenen zu geben. Die wahrhaft erzeugende Methode der Mathematik ist somit diejenige der Synthesis; die Entdeckung neuer Wahrheiten ist nur auf dem Wege der schöpferischen Kombination möglich. Diese synthetische Methode soll nun von den räumlichen und den Zahlengrößen auf die Begriffe übertragen werden. Die cartesianische Philosophie will auch eine ars inveniendi sein; sie glaubt in der synthetischen Methode der Mathematik das Prinzip gefunden zu haben, nach welchem von dem Punkte höchster Gewißheit aus der gesamte Zusammenhang des menschlichen Wissens erzeugt werden kann.

Zunächst also handelt es sich um die Auffindung dieses einen Punktes, welcher mit der ihm innewohnenden ursprünglichen Gewißheit das ganze übrige System tragen und stützen soll. Und auch hierfür folgt Descartes einer mathematischen Analogie. Daß dieser Punkt höchster Gewißheit nicht deduziert und demonstriert werden kann, ist selbstverständlich. Da von ihm aus alles andere deduziert werden soll, so kann er seine Gewißheit nicht von irgendwelchen anderen Sätzen oder Begriffen empfangen, sondern muß sie vielmehr unmittelbar in sich selbst haben. So wird Descartes auf einen Gegensatz aufmerksam, der die ganze neuere Erkenntnistheorie beherrscht, denjenigen nämlich der unmittelbaren und der mittelbaren Gewißheit. Als mittelbar gewiß muß jede Lehre alle diejenigen Folgerungen ansehen, welche von gegebenen Ausgangspunkten aus durch logisch richtige Operationen hergeleitet sind; ein Streit kann, seitdem die Grundzüge dieses logischen Prozesses feststehen, nur über diejenigen Punkte herrschen, welche nicht durch Folgerungen, sondern eben durch ihre unmittelbare Evidenz bewiesen werden, und man könnte recht gut die Systeme der neueren Philosophie nach dem Gesichtspunkte klassifizieren, was sie für unmittelbare Gewißheit erklären. Der Baconsche Empirismus gesteht die unmittelbare Gewißheit der richtig angestellten Wahrnehmung zu: Descartes will diese unmittelbare Gewißheit nur für den einzigen Grundsatz in Anspruch nehmen, von dem alle andere Erkenntnis ihre abgeleitete Gewißheit empfangen soll. Diese Wahrheit selbst, das Prinzip alles Beweises, ist somit nicht zu beweisen, sie ist nur in ihrer unmittelbaren Evidenz aufzuzeigen, sie muß eine Anschauung, ein einfacher und ursprünglicher Akt

der erkennenden Seele sein, und der Ausgangspunkt jener ganzen
synthetischen Methode, die Descartes sucht, muß deshalb eine
intuitive Erkenntnis sein: gerade so geht die Geometrie von der
Anschauung des Raumes und von den unbeweisbaren Axiomen aus,
welche mit und in dieser Anschauung gegeben sind.

Aber wenn dieser archimedische Punkt, den Descartes sucht,
um das System der Wissenschaften aus seinen Angeln zu heben,
nicht bewiesen werden kann, so darf man auch in keiner Weise
meinen, daß er durch eine plötzliche Eingebung etwa vor dem Blicke
irgend eines Denkers aufleuchten könnte. Von dieser mystischen
Unbeweisbarkeit und Unaussagbarkeit ist Descartes weit entfernt.
Vielmehr muß jener Punkt seiner Ansicht nach mit ganz klarer und
nüchterner Forschung gesucht werden, und es muß durch dieses
Suchen klar werden, daß und weshalb er der einzige ist, der in
unserer ganzen Vorstellungswelt als derjenige der absoluten Festigkeit übrig bleibt. Die höchste Gewißheit darf am allerwenigsten
willkürlich erfaßt und kühn behauptet werden. Ihre Auffindung
muß die Sache eines methodischen Suchens sein. Und auch hier
gibt die Mathematik einen Fingerzeig: sie hat zur Lösung der Aufgaben eine analytische Methode, — und unter den Begründern und
Bearbeitern gerade dieser Methode nimmt Descartes selbst fast
den allerersten Rang ein. Die analytische Geometrie zeigt, wie
man den Springpunkt einer Problemlösung systematisch findet.
Wenn die synthetische Geometrie deduktiv verfährt, so geht die
analytische den induktiven Weg. Sie betrachtet besondere Fälle,
vielleicht hervorragende Eigentümlichkeiten, sie bedient sich ana-
logischer Versuche, und vor allem, sie sucht zunächst eine Übersicht über alle möglichen Fälle des zu behandelnden Problems zu
gewinnen. So orientiert sie sich durch Induktion und Enumeration
über ihre Aufgabe und arbeitet zuerst daran, die fraglichen Punkte
aufzuklären. In gleicher Weise hat auch die Philosophie zu verfahren. Sie muß, um sich jenem festen Punkte in unserem Denken
zu nähern, systematisch das ganze Reich unserer Vorstellungen
analysieren, von den dunkleren zu den klareren fortschreiten und
so schließlich alles forträumen, bis unverkennbar und unleugbar
die Evidenz des einzig gewissen Gedankens hervorspringt.

Auf diese Weise verlangt Descartes, daß der Anwendung der
synthetischen Methode eine solche der analytischen vorangeht,

damit durch die letztere der Punkt aufgefunden werden kann, von
dem die Synthesis ausgehen soll. »Um die Wahrheit methodisch
zu finden, muß man die verwickelten und dunklen Sätze stufenweise auf einfachere zurückführen und dann von der Anschauung
dieser letzteren ausgehen, um ebenso stufenweise zu der Erkenntnis
der anderen zu gelangen.« Bei vollkommener Durchführung wird
also in diesem System alles zweimal vorkommen, einmal bei der
Aufsuchung als ein Glied unserer ganzen mehr oder minder un-
gewissen Vorstellungswelt, und das andere Mal beim Beweisen als
ein Satz, der nun von jenem Punkte der höchsten Gewißheit abgeleitet und damit zur Gewißheit gebracht worden ist. Descartes
lehnt also auch für die philosophische Erkenntnis die Induktion
nicht vollkommen ab, allein er betrachtet sie nur als eine Vorbereitung für die eigentlich beweisende Wissenschaft, als deren
Methode ihm nur die deduktive Synthesis gilt. Infolgedessen setzt
sich die cartesianische Methode der Philosophie aus zwei Bestandteilen zusammen, die miteinander in einer Art von umgekehrter
Korrespondenz stehen. Diese Philosophie nimmt zuerst einen analytischen Gang, um ihr sachliches Prinzip methodisch zu finden, und
dann von diesem aus einen synthetischen Gang, um daraus ihr System
methodisch zu erzeugen. Sie bildet eine Parabel, deren aufsteigen-
der Ast die induktive Untersuchung, deren absteigender Ast die
deduktive Entwicklung ist. Und in dem Kulminationspunkte dieser
Parabel steht der Gedanke, welcher einzig unter allen mit intuitiver
Gewißheit sich geltend machen soll.

Die analytische Betrachtung der Vorstellungen, die von der
großen Masse der Menschen und von der bisherigen Wissenschaft
für gewiß ausgegeben werden, zeigt nun zunächst, wie unsicher
und schwankend es mit dem ganzen Inhalte unseres Denkens bestellt ist. Wir selbst erleben in mancherlei Richtungen den Wechsel,
mit dem neue Vorstellungen die alten verdrängen, um selbst bald
wieder als irrig erkannt zu werden. Eine natürliche Leichtgläubig-
keit, die wir mit auf die Welt bringen, erfüllt unsere kindliche
Phantasie mit einer Menge von Bildern und von Meinungen, die vor
der Erfahrung schon unserer Knabenjahre nicht standzuhalten
vermögen. In dem Augenblicke, wo wir aufhören an Märchen zu
glauben, wird der erste Grund des Zweifels in uns gelegt. Aber
auch jene Erfahrungen, welche die Sinne uns zuführen, sind schwan-

kend und unsicher. Oft erkennen wir sie direkt hinterher als Täuschungen, und was sollen wir dazu sagen, daß dasselbe Ding, welches sich jetzt hart anfühlt, nach einer Viertelstunde, wenn wir es dem Feuer genähert, sich als eine Flüssigkeit darstellt? Welcher dieser Wahrnehmungen sollen wir glauben, daß sie uns die wahre Natur jenes Dinges zu erkennen gegeben habe? Und schließlich, wer steht uns dafür, daß nicht alle unsere Sinneswahrnehmungen zu der Klasse der Halluzinationen gehören, die wir von Zeit zu Zeit als solche durchschauen, — wer dafür, daß sie nicht alle einen Traum bilden? Auch im Traume glauben wir ja, die Dinge zu sehen, zu hören und zu fühlen, so gewiß und zweifellos wie im Wachen; und erst, wenn wir aufgewacht sind, merken wir, daß wir getäuscht worden sind. Woher die Gewißheit, daß nicht auch das, was wir jetzt Wachen nennen, nur ein Traum sei, aus dem wir einst staunend erwachen und die Täuschungen erkennen werden, die er uns vorspiegelt? Nur das Erwachen ist ein Kriterium für das Träumen: wie nun, wenn wir, ohne es zu wissen, durch unser ganzes Leben hindurch träumten? Aber der Traum vermag nur die Elemente neu zu verknüpfen, die beim Wachen in die Seele aufgenommen worden sind. Zugegeben, daß alle Verbindungen, in welchen wir die Dinge wahrzunehmen glauben, vielleicht nur geträumt sind, so würden doch die Elemente, die wir dabei verknüpfen, als richtig gelten müssen, um so mehr, als wir überzeugt sind, daß sie durch göttliche Veranstaltung uns gegeben wurden. Allein wäre es denn so ganz unmöglich, daß der allmächtige Geist, dessen Absichten wir nicht kennen und dessen Ratschläge wir nicht erforschen, es für gut befunden hätte, uns zu täuschen? Oder wie gar, wenn es ein Dämon wäre, der sein Gefallen daran fände, uns mit der ganzen Einrichtung unseres Intellekts notwendig in Irrtum zu verstricken? Wenn es ihm gefiel, lauter falsche Vorstellungen in uns zu erwecken, so waren wir machtlos, sie zurückzuweisen, und noch machtloser, sie mit richtigen zu vergleichen und ihre Falschheit zu durchschauen. So gibt uns nichts Gewißheit, daß nicht das ganze System unseres Denkens ein von Grund aus irriges und törichtes Gewebe sei, und wir haben allen Grund, an allem, was wir bisher gedacht haben, zu zweifeln. De omnibus dubitandum — das ist das Fazit, zu welchem Descartes in der Prüfung der menschlichen Vorstellungswelt gelangt. Der grundsätzliche Zweifel ist der Ausgangspunkt seiner Lehre; sie atmet jene Atmosphäre des Skeptizismus, welche die französischen Geister seiner Zeit erfüllte, und sie macht diesen Skeptizismus so methodisch und so durchgreifend, wie kaum einer unter den Skeptikern selbst. Aber der Zweifel hat bei Descartes eine ganz andere Stellung, als bei seinen Zeitgenossen. Er ist ihm weder ein Mittel, um das geängstigte Gemüt in die Arme des Autoritätsglaubens zu treiben, noch eine achselzuckende Gleichgültigkeit gegen die wechselnden Meinungen der Menschen, sondern er wurzelt bei ihm in dem vollen und rückhaltlosen Wahrheitsbedürfnis eines tiefen Geistes, und das prinzipielle Mißtrauen, das er allen ungeprüften Meinungen entgegen trägt, wendet er vor allem gegen sich selbst. Da sein ganzes Leben eine Selbstbelehrung ist, so meidet er nichts so sorgfältig, wie jede Art der Selbsttäuschung. Aller Streit und alles Schwanken der menschlichen Ansichten beruht darauf, daß die meisten zu voreilig und ohne genauere Prüfung an den Vorstellungen festhalten, über deren Ursprung sie sich ebensowenig klar sind, wie über ihre Berechtigung. Die Einsicht in diese Selbsttäuschungen ist die erste Stufe der Selbstbelehrung. Es wiederholt sich in Descartes das sokratische: »Ich weiß, daß ich nicht weiß«. Es geht in beiden Fällen aus dem Gewirre der widersprechenden Meinungen, aus der Auffassung von der Relativität aller menschlichen Ansichten hervor, aber es ist in beiden Fällen auch nur der Anfang und nicht das Ende der Weisheit.

Denn auch der cartesianische Zweifel ist keine Verzweiflung. Es ist vielmehr der Ausgangspunkt der Gewißheit: gerade dadurch, daß wir an allem Inhalte unseres Denkens zweifeln, haben wir einen sicheren Punkt gewonnen. Dieser Zweifel selbst ist eine Tatsache, an der ich nicht zweifeln kann, und diese sagt mir unwiderleglich und unumstößlich, daß ich mit dieser Denktätigkeit des Zweifelns wirklich bin. Um zu zweifeln, muß ich existieren, und zwar als ein bewußtes Wesen existieren. Täuscht mich jemand, so gehören dazu zwei: der Täuschende und ich selbst, der ich getäuscht werde, und zwar gehöre ich dazu als ein Wesen, welches Vorstellungen, wenn auch in diesem Falle falsche, haben kann. Und so gibt mir der Zweifel selbst die unumstößliche Gewißheit, daß ich als ein bewußtes Wesen existiere. Wenn wir aus unserer Vorstellungswelt alles, woran wir zweifeln können, entfernen, so

bleibt nach dessen Abzug doch die Tatsache übrig, daß wir vorstellende Wesen sind. Die einzige Gewißheit somit, auf welche die Analyse unserer Vorstellungen führt, ist das Selbstbewußtsein des
denkenden Wesens, welches durch den Akt des Denkens, der den
Zweifel ausführt, seiner eigenen Existenz sich unmittelbar gewiß ist.
Unter allen Handlungen, die wir ausführen, besitzt nur die eine
Handlung des Vorstellens die volle Selbstgewißheit und die zweifellose Gewißheit unserer Existenz. Daß ich spazieren gehe, kann ich
träumen. Daß ich Vorstellungen habe, bleibt eine Wahrheit, auch
wenn ich nur träumen sollte, gewisse Vorstellungen zu haben: denn
Träumen ist selbst eine Art des Vorstellens. Aus allen äußeren Handlungen kann ich meine Existenz nur dadurch erschließen, daß ich
mir ihrer bewußt bin; aus dem Denken brauche ich meine Existenz
nicht erst zu erschließen, weil sie in dem Selbstbewußtsein mit
unmittelbarer Gewißheit enthalten ist. Darum ist der Ausdruck
des cartesianischen Prinzips in der landläufigen Form des »Cogito,
ergo sum« weniger glücklich als die bloße Zusammenstellung:
»cogito, sum«, oder »sum cogitans«. Denn es handelt sich nicht um
einen Schluß aus einer Tätigkeit auf ihr Subjekt, sondern vielmehr
um jene unmittelbare und unbedingte Selbstgewißheit, die nur dem
Bewußtsein innewohnt.

Dies ist nun der große Gegensatz, worin die cartesianische
Philosophie zu der Baconschen steht. Für die letztere ergibt sich
aus der Wahrnehmung bei vorsichtiger Kritik der unmittelbar gewisse Inhalt des Denkens, für die erstere dagegen ist aller Denkinhalt ungewiß und ein Gegenstand möglicher Täuschung, nur das
Denken selbst ist die einzig gewisse Tatsache. Das Selbstbewußtsein ist der »ruhende Pol in der Erscheinungen Flucht«. Aus dem
Skeptizismus rettet sich Descartes auf den reinen Rationalismus:
eine zweifellose Erkenntnis wurzelt ihm nur in der selbstbewußten
Besinnung des Denkens. Der erste und alles übrige Wissen be-
dingende Punkt für die erkennende Vernunft ist sie selbst. Statt der
unendlichen Mannigfaltigkeit des äußeren Daseins, von welcher die
empiristische Philosophie ihren Weg beginnt, ergreift Descartes die
innerste Tiefe der Erkenntnis selbst, und seine Lehre bildet in dieser
Hinsicht die Abklärung aller der phantastischen Versuche, welche
den Menschen als Mikrokosmos zum Ausgangspunkte der Erkenntnistheorie nehmen wollten.

Nur der erkennende Mensch ist der Inhalt der Selbsterkenntnis, von der aus Descartes die ganze Philosophie zu gestalten unternimmt. Daraus ergeben sich sogleich eine Reihe von Einseitigkeiten, welche die durch Descartes bedingte Richtung des Rationalismus charakterisieren: zunächst in gewissem Sinne die in philosophischem Betracht geringe Schätzung der Erfahrungserkenntnis, welche die notwendige Kehrseite dieser abstrakten Selbstbesinnung der Vernunft bildete; sodann der vorwiegend theoretische Charakter aller davon abhängigen Untersuchungen und die Tendenz, auch die Probleme des praktischen Lebens unter dem Gesichtspunkte der theoretischen Vernunft zu begreifen; endlich besonders in psychologischer Hinsicht die Neigung, das Vorstellungsleben für die einzige Grundfunktion und jedenfalls für die bestimmende Kraft des gesamten seelischen Organismus zu halten. Der Versuch, die ganze Welt zu rationalisieren, trat zunächst als lediglich wissenschaftliches System in der Weise auf, daß die Vernunft aus ihrer Selbsterkenntnis die Einsicht in den Zusammenhang des vernünftigen Universums gewinnen müsse, und sie wurde später zu einer praktischen Überzeugung, wonach diese vernünftige Einsicht als Maßstab der Kritik für alles Bestehende gelten sollte, um, wenn dieses Bestehende für unvernünftig befunden wurde, es umzustoßen und an seine Stelle aus schöpferischer Vernunft heraus ein neues zu setzen. Mit dieser letzteren Wendung hat der Rationalismus das Jahrhundert der Aufklärung beherrscht und es zu demjenigen der Revolution gemacht. Alle die Theorien, mit denen es den Zustand der menschlichen Gesellschaft umstürzen zu dürfen und umgestalten zu können meinte, wurzelten schließlich in dieser Überzeugung, daß der vernünftige Menschengeist sich nur auf sich selbst zu besinnen brauche, um das Wahre zu finden, um das Richtige zu schaffen. So wurde das cartesianische Selbstbewußtsein zu einer revolutionären Macht, indem es den Menschen lehrte, die Normen des Denkens und des Tuns lediglich aus der vernünftigen Selbstbesinnung zu schöpfen.

Die nächste Folge für die Lehre von Descartes selbst war das erkenntnistheoretische Prinzip, daß alles, was auf den Wert der wissenschaftlichen Wahrheit Anspruch macht, sich vor dem Denken mit derselben Klarheit und Deutlichkeit müsse ausweisen können, wie das Selbstbewußtsein. Die Unsicherheit, die allen

übrigen Vorstellungen beiwohnt, beruht zuletzt immer in einem
Reste von Unklarheit und Undeutlichkeit, den sie an sich tragen,
und als gesicherte Wahrheit darf deshalb nur dasjenige in unseren
Vorstellungen gelten, was sich ebenso klar und deutlich vor dem
Denken auflöst, wie nach der Ansicht Descartes' unser Selbstbewußtsein. Als ob es eindeutig und selbstverständlich wäre, was
nun eigentlich dieses unser, seiner Existenz selbstgewisse Selbstbewußtsein inhaltlich ist! Es ist merkwürdig, daß dieser große
Philosoph niemals die Decke von den Abgründen der Täuschung
gezogen zu haben scheint, welche in dem, was wir unsere Vorstellung von uns selbst nennen, enthalten sind: er geht vielmehr
immer von der Annahme aus, als könne es gar nichts Einfacheres
und Durchsichtigeres geben als diese komplizierteste und verdich-
tetste unserer Vorstellungen, und er will von diesem dunklen
Hintergrunde unseres Seelenlebens das Licht auf alles Wissen fallen
lassen.

Es fragt sich deshalb für ihn zunächst, ob wir die Existenz
irgend eines anderen Wesens mit der gleichen Klarheit und Deutlichkeit erkennen wie unsere eigene. Was wir außer uns als existierend
anzunehmen gewöhnt sind, teilen wir ein in Gott, die Engel, die
übrigen Menschen, die Tiere und die Körper. Hier meint nun
Descartes, daß, wenn wir neben dem Selbstbewußtsein die Vorstellungen von Gott und den Körpern haben, wir die übrigen
selbst zu bilden imstande sind, und es fragt sich daher, inwieweit diese beiden als gewiß anzusehen sind. Da alle Erkenntnis
der Körper durch sinnliche Erfahrung vermittelt, diese aber als
etwas durchaus Unsicheres bereits dargetan ist, so bleibt nur die
Idee von Gott als diejenige übrig, von welcher ein Fortschritt in
der Erkenntnis zu erwarten steht. Es leuchtet danach ein, daß
der berühmte Beweis für das Dasein Gottes, welchen Descartes
an dieser Stelle gibt, nicht aus einem theologischen, geschweige
denn aus einem persönlich religiösen, sondern lediglich aus erkenntnistheoretischem Interesse entworfen worden ist: Descartes
würde den Begriff der Materie ebenso behandelt haben, wie denjenigen der Gottheit, wenn er ihm hier dieselben Dienste geleistet
hätte wie dieser.

Eben deshalb entwirft Descartes an dieser Stelle seiner Erkenntnislehre (in der dritten Meditation) einen neuen und eigen-

artigen Beweis für das Dasein Gottes. In dem systematischen Gange seiner Betrachtungen erscheint die Gottesidee nur auf der anthropologischen Grundlage, und es ist nicht die Idee Gottes als solche an und für sich, sondern die Idee Gottes in uns, worauf sich das ganze weitere System aufbaut. Denn in uns finden wir mit nicht minder großer Klarheit und Deutlichkeit wie die Vorstellung von uns selbst diejenige der Gottheit als eines allerrealsten und vollkommensten Wesens. Wir halten uns selbst für unvollkommen, und wir können dies nur, indem wir uns an der Idee des vollkommenen Wesens messen. Wir haben also diese Idee, aber wir können sie selbst nicht hervorgebracht haben, denn es ist die Idee von einem uns an Realität unendlich überragenden Wesen. Daß wir sie besitzen, ist somit nur zu erklären, wenn sie von diesem allerrealsten Wesen in uns erzeugt worden ist. »Daraus, daß ich existiere, und daß ich die Idee eines vollkommensten Wesens habe, folgt ganz einleuchtend, daß Gott existiert.« Das ist die eigentümliche Verwebung des ontologischen und des anthropologischen Elementes in dem cartesianischen Gottesbeweise: es ist im Grunde genommen nur der tief christliche, von Augustin begrifflich geprägte Gedanke, daß unser Selbstbewußtsein, indem es uns unsere eigene Unvollkommenheit zeigt, mit dem Gottesbewußtsein auf das innigste verwachsen ist; aber diese Idee tritt hier ohne das Pathos des Sündengefühls und ohne die religiöse Wendung des Erlösungsbedürfnisses in lediglich erkenntnistheoretischer Form und dabei in einer Darstellung auf, die mit einer Menge von scholastischen Ausdrücken, Begriffen und Voraussetzungen namentlich in betreff des Kausalverhältnisses durchsetzt ist. Hier wie in Bacons Induktionstheorie zeigt die neuere Philosophie noch sehr deutlich erkennbar die Eierschalen der mittelalterlichen Tradition.

Bei Descartes ist nun die weitere Verwendung, ja eigentlich die erkenntnistheoretische Bedeutung des Gottesbegriffs wesentlich die, daß, nachdem die Erkenntnis der Gottheit als des allervollkommensten Wesens durch das Selbstbewußtsein gesichert erscheint, der früher hypothetisch aufgestellte Gedanke, es möchte uns ein übermächtiger Dämon durch die Erkenntnis des »natürlichen Lichtes« und namentlich mit der Vorstellung von der Realität der Körper täuschen, nunmehr als absurd abgewiesen wird. Das »lumen naturale« ist die von Gott, der nicht täuschen kann, uns eingepflanzte,

der Wahrheit gewisse und teilhaftige Erkenntnisweise. Aus ihm
entwickeln sich nunmehr als vollkommen gewiß und zweifellos die
logischen, die mathematischen, die ontologischen Wahrheiten, ja
darunter jetzt auch (in der fünften Meditation) der altscholastische
ontologische Beweis des Daseins Gottes aus dem Begriffe des allerrealsten und vollkommensten Wesens (quo maius concipi non potest).
Allein die Tragweite des »lumen naturale« ist für Descartes noch
viel größer. Er hält daran fest, daß zwar nicht unmittelbar, aber
doch wenigstens indirekt von Gott durch den von ihm eingesetzten
Naturlauf alle unsere Vorstellungen in uns erzeugt werden, und er
verfolgt diesen Gedanken in einer Ausdehnung, welche nun umgekehrt die Existenz des menschlichen Irrtums zu einem schwierigen
Problem für ihn macht. Wenn Gott nicht täuschen kann und die
letzte Ursache aller Vorstellungen ist, so müßten sie doch alle richtig
sein, und der Irrtum wäre unmöglich. So steigt vor Descartes,
sozusagen, das Problem der erkenntnistheoretischen Sünde auf, und
er löst es wie das gesamte christliche Denken durch die Annahme
der Willensfreiheit. Die Vorstellung selbst, welche ich empfange,
ohne sie erzeugt zu haben, enthält niemals einen Irrtum, sie wird
erst dazu, wenn mein Urteil hinzutritt, welches diese Vorstellung
für ein Abbild der Dinge hält, und dieses Urteil ist ein Akt des Willens,
eine Bejahung oder Verneinung. Wenn nun unvollständige Vorstellungen in mir hervorgerufen sind, und ich doch mit ihnen gern
urteilen möchte, weil der Wille weiter reicht als der Verstand, so
entspringt ein falsches Urteil, an welchem jene Vorstellungen nicht
schuld sind, sondern nur mein Wille. Aller Irrtum — das ist die
große Bedeutung dieser tiefen Einsicht von Descartes — ist Selbsttäuschung. Weder Gott noch irgend ein Mensch oder irgend ein
Ding vermag uns zu täuschen; die Vorstellungen, die ohne unser
Zutun in uns entstehen, sind weder wahr noch falsch: sie werden
wahr und falsch erst, indem wir das Urteil fällen, daß ihrem Inhalte Existenz zukomme. Im Zustande der Halluzination oder
des Traumes ist es eine zweifellose Gewißheit, daß ich die betreffende
Empfindung habe: die Täuschung beginnt erst damit, daß ich
urteile, ihr Inhalt sei wirklich. Dieses Urteils, meint Descartes,
ähnlich wie im Altertum die Skeptiker und die Stoiker, kann der
freie Wille sich enthalten, und deshalb ist er allein an dem falschen
Urteile schuld. Er darf deshalb, will er nicht der Selbsttäuschung

verfallen, erst dann urteilen, wenn er die Kriterien der Wahrheit, die Klarheit und Deutlichkeit in den Vorstellungen, erreicht hat. Von besonderer Wichtigkeit wird diese Lehre nun dadurch, daß Descartes den Gegensatz von Klarheit und Unklarheit, Deutlichkeit und Undeutlichkeit mit demjenigen von rationaler Betrachtung .und sinnlicher Erfahrung identifiziert. Diese Gleichsetzung, die ihrem geschichtlichen Ursprunge nach auf Duns Scotus zurückweist und bei Descartes auch mehr vorausgesetzt und behauptet, als einer Prüfung und einem Beweise unterzogen wurde, ist für die gesamte rationalistische Erkenntnistheorie so lange entscheidend gewesen, bis Kant sich und die Philosophie von ihr befreite. Bei Descartes begegnet uns überall die Annahme, daß die Denktätigkeit des Verstandes, solange sie rein in sich selbst bleibt, eo ipso nur klare und deutliche Vorstellungen entwickle, daß dagegen die sinnliche Wahrnehmung als solche nur eine unklare und undeutliche, eine getrübte Erkenntnis zu bieten vermöge. Es hing das auch mit einem Vorurteile zusammen, das man über die mathematische Erkenntnisweise bis zu Kant hin hegte. Man übersah vollständig — und auch darin stimmten die Empiristen merkwürdigerweise durchaus mit den Rationalisten überein — die anschauliche Grundlage alles mathematischen Erkenntnisfortschrittes und glaubte in dem System der Geometrie ein Werk des reinen Verstandes bewundern zu können. Indem daher Descartes die Gesamtwissenschaft als eine Universalmathematik zu entwickeln hoffte, glaubte er auch diese nur durch die Operationen des reinen Denkens erzeugen zu können und stellt als den leitenden Grundsatz denjenigen auf, daß von unserer Vorstellung der Welt nur so viel gewiß und richtig ist, als wir mit dem bloßen Denken klar und deutlich zu erkennen vermögen. Jenes innere Bedürfnis schattenloser Klarheit, das für ihn selbst der persönliche Antrieb zum Nachdenken war, gestaltete sich unter seinen Händen zu einem methodologischen Prinzip, welches mehr als ein Jahrhundert beherrschen sollte, und zu der Überzeugung, daß die Vernunft alle Klarheit und Deutlichkeit nur sich selbst verdanken könne. Von diesem Gesichtspunkt aus betrachtet ist die cartesianische Philosophie der Akt der Mündigkeitserklärung des modernen Denkens. Sie hat die Freiheit und die Selbstherrlichkeit der Vernunft für die Grundlage aller Wissenschaft erklärt, und wenn sie aus diesem Prinzip

eine Reihe einseitiger und verfehlter Folgerungen gezogen hat, so
bleibt ihr doch das hohe Verdienst, die innerste Triebkraft des
modernen Denkens mit vollendeter Klarheit und Nüchternheit proklamiert zu haben.

Dieser Rationalismus hat nun bei Descartes und noch mehr
bei seinen Schülern einen für die weitere Entwicklung sehr einflußreichen Ausdruck gefunden. Da nämlich aller Denkinhalt, den
der menschliche Geist während seines Lebens aufnimmt (ideae ad-
venticiae), in den sinnlichen Vorstellungen besteht, diese aber als
unklar und undeutlich gelten, so mußten anderseits die klaren und
deutlichen Ideen einen ursprünglichen Besitz der Seele, einen ihr
von Anfang an mitgegebenen Schatz bilden. Diese Folgerung war
nicht notwendig mit der Annahme verbunden, daß die Seele sich
dieses ihres Inhaltes von jeher bewußt sein müsse: aber sie konnte
so aufgefaßt werden und ist so aufgefaßt worden. Jedenfalls ergab
sich daraus für den Cartesianismus der Satz, daß alles wahre philosophische Wissen in eingeborenen Ideen (ideae innatae) besteht,
und dieser Satz sollte in der Folgezeit zum Stichwort des Rationalismus werden.

Gegenüber diesen methodologischen Errungenschaften tritt der
Wert der Weltanschauung, welche Descartes auf dieser Grundlage
mit den Kenntnissen seiner Zeit entwickelte, verhältnismäßig mehr
zurück. Gleichwohl sind ihre Grundzüge für die Problemstellung
der folgenden Systeme so wichtig geworden, daß sie nicht über-
gangen werden dürfen. Es gilt das namentlich von seiner Lehre
von den Substanzen. Er hat den Begriff der Substanz in eigentümlicher Weise nach mehreren Richtungen hin derartig ausgeprägt,
daß er dem späteren Denken mannigfache Ansatzpunkte gab. Denn
dieser Begriff findet in der cartesianischen Philosophie eine verschiedene Fassung, je nachdem er auf Gott oder auf die endlichen
Dinge angewendet wird. Wenn Descartes es für das Wesen der
Substanz erklärt, in ihrer Existenz unabhängig von anderen Substanzen zu sein, so gilt dies im vollen Sinne des Wortes natürlich
nur von der unendlichen Substanz, der Gottheit; von den
endlichen Substanzen dagegen nur in dem Sinne, daß sie einander für ihre Existenz nicht bedürfen. Dies ist der Punkt, von
welchem aus man am klarsten die Lehren von Spinoza und Leibniz
übersieht. Sobald mit dem cartesianischen Substanzbegriff voller

Ernst gemacht wurde, so mußten entweder die endlichen Substanzen, wenn man an ihrer Abhängigkeit von der unendlichen
festhielt, den Charakter der Substantialität verlieren, oder anderseits, wenn man diesen nicht fallen lassen wollte, die volle Selbständigkeit erhalten. Bei Descartes dagegen ist diese Zweideutigkeit in der
Anwendung des Substanzbegriffes nicht vermieden, sondern vielmehr
mit vollem Bewußtsein festgehalten, und seine Lehre ist dadurch
ein bezeichnender Ausdruck jener Ungewißheit, worin sich das
abendländische Denken der Frage nach der Selbständigkeit der
endlichen Wesen gegenüber stets bewegt hat. Die unendliche Substanz wird bei ihm nicht nur als die schöpferische Ursache der endlichen, sondern auch die letzteren in der Weise übergreifend gedacht, daß sie auch im Geschehen das Bindeglied zwischen ihnen
bildet. Wie der Gottesbegriff schon die erkenntnistheoretische Rolle
spielt, dem Geiste die Gewißheit seiner Erkenntnis durch das
»natürliche Licht« zu gewährleisten, so teilt ihm Descartes auch
die metaphysische Bedeutung zu, jenen Zusammenhang der geistigen
und der körperlichen Welt zu vermitteln, welcher, obwohl eine
offenkundige Tatsache, aus dem Wesen dieser Substanzen selbst
nicht begreiflich erscheint.

Denn in bezug auf die beiden Arten der endlichen Substanzen,
die Geister und die Körper, hält er an der vollen Ausschließlichkeit
des Seins fest, und in dieser Hinsicht übernahm durch Descartes
die moderne Philosophie von der mittelalterlichen die ganze Schroffheit der Entgegensetzung von psychischem und physischem Leben,
welche jene, namentlich in den Lehren der französischen Mystiker,
der Victoriner, ausgebildet hatte. Die Einsicht in den prinzipiellen
Unterschied dieser beiden großen Teile unseres Erfahrungsinhaltes,
durch die Entwicklung der platonischen Philosophie zuerst gewonnen, hatte im Fortgange des europäischen Denkens sich immer
mehr vertieft und war durch die Komplikation mit religiösen Auffassungen so weit befestigt worden, daß die Kluft, welche man
zwischen der Welt des Geistes und derjenigen der Materie annahm, sich immer mehr erweiterte, und daß für die gesamte metaphysische Auffassung die Natur immer mehr entgeistigt und die
geistige Welt von der Materie immer unabhängiger gemacht wurde:
und auf diese Weise kräftigte sich von allen Seiten her jener Dualismus, der Natur und Geist völlig auseinanderzureißen strebte. In

den Bewegungen des modernen Denkens trat vielfach ein bewußter
Gegensatz gegen diesen Dualismus hervor, und sowohl die italienische
Naturphilosophie als auch die Theosophie der deutschen Mystik
drängten auf seine Überwindung mit der Energie hin, die sich erst
später in den großen Systemen der deutschen Philosophie entfalten
sollte. Es ist eine entschiedene Abhängigkeit Descartes' von der
mittelalterlichen Philosophie, daß er diesen Dualismus wie einen
selbstverständlichen behandelte und ihm sogar ein so schroffes Gepräge gab, wie es vor ihm noch kaum dagewesen war. Er wollte
die beiden Welten, der geistigen und der körperlichen Substanzen
als etwas vollkommen Geschiedenes behandeln und tat alles, was
diese Ansicht unterstützen konnte, bis er auf einen Punkt stieß, wo
es selbst ihm nicht mehr möglich erschien.

Was auf der einen Seite die Körperwelt anbetrifft, so wendet
Descartes auf sie sein erkenntnistheoretisches Grundprinzip zuerst
in der Weise an, daß ihm in unserer Vorstellung von ihr nur so
viel als wahr gilt, als wir klar und deutlich durch das Denken zu
erfassen vermögen. Das wahre Attribut der körperlichen Substanzen
ist nur dasjenige, welches das klare und deutliche Denken erkennen
kann. Die Beschaffenheiten der Körper, die uns die Empfindung
und die darauf gegründete Einbildung lehrt, können ihnen nicht
in Wahrheit zukommen; denn alle Empfindung ist nach cartesia-
nischer Lehre nur eine unklare und undeutliche Vorstellung, eine
Wirkung auf uns, eine Art, wie die Körper uns erscheinen, und es
ist der ursprünglichste, wenn auch der verbreitetste aller Irrtümer,
diese Erscheinungsart für ihr Wesen zu halten. Das wahre Attribut
des Körpers kann deshalb nur dasjenige sein, welches nach Abzug
der sinnlichen Qualitäten vor dem Urteile des Verstandes bestehen
bleibt, und das ist seine räumliche Ausdehnung. Die sinnliche
Wahrnehmungsvorstellung (imaginatio) zeigt uns die Dinge qualitativ bestimmt: das Denken (intellectio) hat die Aufgabe, die quantitativen Verhältnisse festzustellen, welche das reale Wesen jener
Erscheinungen ausmachen. So bestimmt Descartes die Aufgabe der
Physik (in der sechsten Meditation) ganz wie Galilei als Reduktion der
qualitativen auf quantitative Bestimmungen: und die methodischen
Vorschriften, die er für die Lösung dieser Aufgabe als Physiker
gibt, stimmen, wie schon im Discours de la méthode, in sehr merkwürdiger Weise mit denen der Baconschen »Induktion« überein.

Sachlich aber nimmt danach die cartesianische Naturphilosophie noch eine speziell mathematische Wendung: die Körper sind für sie Raumgrößen, ihr physikalisches Wesen ist identisch mit einem geometrischen Gebilde, und von diesem Gesichtspunkte aus sucht Descartes alle Eigenschaften der Körper und alle Gesetze des natürlichen Geschehens zu begreifen. Da ihm die Körperwelt mit dem Raume identisch ist, so betrachtet er sie als ein unendliches Kontinuum und polemisiert gegen die Annahme der Endlichkeit der Welt. Die Materie denkt er sich nach jener Korpuskulartheorie, die sich aus einer eigenartigen Umbildung der in der humanistischen Tradition erneuerten Atomlehre Demokrits ergeben hatte: die letzten Bestandteile sind kleine, realiter nicht mehr teilbare, nach Gestalt und Größe verschiedene Körperstücke. Aus ihnen setzen sich die empirisch wahrnehmbaren Körper zusammen; aber da es keinen leeren Raum gibt, so ist alles physikalische Geschehen für Descartes nur eine Verschiebung der Lage der Korpuskeln im Verhältnis zueinander. Die Körper erscheinen ihm nur als wechselnde Teile und Gestaltungen des unendlichen Raumes, und was man sonst Bewegung nennt, ist für ihn nur eine örtliche Veränderung in dieser Teilung des kontinuierlichen Raumes. Es ist klar, daß diesen Raumgrößen keine selbständige Bewegungskraft innewohnen kann, daß somit nach dieser Lehre alle Kraft, welche sie zu entwickeln scheinen, nur als geborgt gelten darf, und der ganze Naturprozeß erscheint deshalb für Descartes nur als eine Übertragung der göttlichen Kraft von Raumteil auf Raumteil. Aus der Unveränderlichkeit Gottes leitet er das Gesetz der Trägheit in der Weise ab, daß er zeigt, wie die Summe dieser Bewegung immer dieselbe bleiben müsse, weil ja in der Körperwelt selbst weder neue Bewegung entstehen, noch die vorhandene vernichtet werden könne. Alles Geschehen in der Natur besteht deshalb in der Übertragung dieser göttlichen Bewegung von einem Teile auf den andern. Das mechanische Prinzip des Stoßes mit seiner Gleichheit von Wirkung und Gegenwirkung muß alle Erscheinungen erklären. So gelangt Descartes in ganz anderem Zusammenhange als Bacon zu derselben Ausschließung aller teleologischen Erklärung, wie dieser: bei dem französischen Philosophen wurzelt sie in einer bewußten und gewollten Abhängigkeit von der Mechanik, und es ist nicht zum wenigsten sein Einfluß gewesen, der diese Wissenschaft mit dem

ganzen Glanze der Erfolge, welche sie im XVII. und XVIII. Jahrhundert aufzuweisen hatte, zu der tonangebenden Naturwissenschaft
gemacht hat. Schon Descartes selbst machte den Versuch, die
astronomischen Verhältnisse auf dem rein mechanischen Wege zu
erklären, und da sein Prinzip, wonach alle Bewegung nur als übertragen aufgefaßt und die Realität des leeren Raumes ausgeschlossen
werden sollte, eine Wirkung in die Ferne undenkbar erscheinen ließ,
so versuchte er, den gegenwärtigen Bestand des Planetensystems,
in dessen Auffassung er sich ganz an Kopernikus anschloß, durch
eine Wirbelbewegung des Äthers begreiflich zu machen. Besonders
bemerkenswert aber ist seine Anwendung dieses mechanischen
Prinzips auf die Physiologie. Auch die scheinbar zweckmäßigen
Bewegungen der Organismen betrachtet er unter dem Gesichtspunkte
der mechanischen Kausalität; und die Tiere gelten ihm nur als
überaus feine Maschinen. Als die Triebkraft des tierischen Mechanismus bezeichnet er — in Abhängigkeit von der Harveyschen Entdeckung — das Blut und die darin (nach der alten peripatetisch-
stoischen Lehre) sich entwickelnden, jedoch im rein materiellen
Sinne gemeinten »Lebensgeister«. Er begreift dabei vollkommen
den Doppelprozeß, worin die von der Außenwelt auf den Organismus ausgeübten Reize sich auf dessen inneren Leitungsbahnen bis
zu zentralen Punkten fortpflanzen, um sich von dort aus auf anderen
Bahnen in den Bewegungen der äußeren Organe zu entladen, und
er glaubt als das allgemeine Zentrum dieser zentripetalen und zentri-
fugalen Bewegungen einen Teil des Gehirnes erkannt zu haben,
welchen die Anatomie als Zirbeldrüse (conarium) bezeichnet. Wertvoller als diese durchaus willkürliche Annahme ist das Gewicht,
das er für ihre Bestätigung und für die Ausführung der dahin ein-
schlagenden Untersuchungen auf diejenigen Experimente legte, die
man schon damals in den holländischen Ärzteschulen über Reflex-
bewegungen veranstaltete.

Diejenige Stellung, welche in der cartesianischen Naturphilosophie der Ausdehnung als dem Attribut der körperlichen Substanzen zukommt, nimmt in seiner Geisteslehre das Bewußtsein
oder das Denken (cogitatio) als das Attribut der Geister ein: sie
sind res cogitantes. Doch versteht er anderseits unter »Cogitatio« die Gesamtheit der seelischen Tätigkeit in der Weise, wie
wir es jetzt etwa mit dem Worte »Bewußtsein« bezeichnen würden.

Gleichwohl kommt auch darin bei Descartes das Übergewicht des Theoretischen zum Ausdruck. Wie der Körper nie ohne Ausdehnung, so ist nach seiner Lehre die Seele nie ohne »Denken«. Aber die Vorstellung bildet ihm deshalb auch die eigentliche Substanz alles geistigen Seins, von der alle übrigen psychischen Tätigkeiten nur Modifikationen sind. Gefühl und Wille erscheinen bei Descartes im Grunde genommen nur als Vorstellungsverhältnisse, und die Lehre von der Willensfreiheit, mit der er auch das Problem des Irrtums löste, gestaltet sich gerade dadurch zu einer schlimmen Inkonsequenz. Denn in seiner psychologischen Theorie sucht er nach scholastischem Muster auszuführen, daß der Wille durchgängig von der Vorstellung abhängig sei. Die Bejahung des Willens ist ihm identisch mit einer Erkenntnis von dem Werte des Gewollten: etwas für gut erkennen, ist so viel wie es begehren, etwas für schlecht erkennen, so viel wie es verabscheuen. Hierin zeigt sich die ganze Einsichtigkeit, zu welcher Descartes durch das erkenntnistheoretische Prinzip des Selbstbewußtseins sich verleiten ließ, indem er sich nicht von dem Gedanken losmachen konnte, dieses bringe dem Geiste seine eigene Existenz wesentlich in der Form des Vorstellens zur Gewißheit. Die Konsequenz davon war die, daß auch seine ethische Überzeugung, auf deren Ausführung er freilich bei der rein theoretischen Neigung seines Denkens weniger Gewicht legte, den Stempel dieser Einsichtigkeit an sich trug. Der sittliche Unterschied von »gut« und »böse« war für ihn nur aus demjenigen von »wahr« und »falsch« abzuleiten. Ist der Wille nur eine Modifikation des Vorstellens, so hängt sein Wert auch lediglich von demjenigen der Vorstellung ab, die ihn leitet, und der letztere kann nur der erkenntnistheoretische des Richtigen oder des Unrichtigen sein. Eine Handlung wird gut sein, wenn der ihr zugrunde liegende Gedanke eine adäquate Erkenntnis war, sie ist böse, wenn er eine unrichtige Erkenntnis enthielt. Da nun nach der cartesianischen Lehre lediglich das Denken des Verstandes als wahre Erkenntnis, die sinnlichen Empfindungen dagegen als inadäquate, dunkle und verworrene Vorstellungen galten, so führte dies zu der echt rationalistischen Folgerung, daß nur diejenigen Handlungen als gut angesehen werden dürfen, welche aus klarer und deutlicher Erkenntnis der Vernunft hervorgegangen sind. Dieselbe Vernunft, welche der Angelpunkt seiner theoretischen Philosophie war, wurde auch

das Prinzip seiner Moral, und der Charakter abstrakter Vernünftigkeit, der sein persönliches Wesen ausmachte, beherrscht
somit seine gesamte Philosophie. In diesem Geiste hat Descartes
der gesamten Aufklärung die Wege gewiesen. Wie das XVIII.
Jahrhundert mit allen seinen psychologischen Theorien das Denken
für die bestimmende Grundmacht des psychischen Lebens erklärte,
so huldigte es in allen sittlichen Fragen der Überzeugung, daß die
Betätigung der auf sich selbst besonnenen Vernunft die höchste
Aufgabe des Menschen bilden und die entscheidende Macht in der
Gestaltung des gesellschaftlichen Lebens werden müsse.

In dieser Weise sucht Descartes die körperliche und die geistige
Welt jede für sich und jede aus ihrer Grundeigenschaft zu begreifen,
und er hält daran fest, beide soweit als möglich voneinander zu
trennen, den Vorgang der Bewegungen in jeder von ihnen so aufzufassen, als ob die andere nicht da wäre. Es geschieht zu diesem
Zwecke, wenn er die Prozesse der sinnlichen Empfindung, die
Vorgänge des Gedächtnisses und die sinnlichen Triebe als rein
körperliche Bewegungen auffaßt; er gewinnt freilich dadurch
die Möglichkeit, das Vorhandensein dieser Tätigkeiten in den Tieren,
die er ja lediglich für materielle Maschinen erklärt hatte, als vollkommen mit seiner Theorie übereinstimmend anerkennen zu können,
und das Wesen der geistigen Substanz bleibt für ihn dadurch um
so mehr auf das rein vernünftige Denken beschränkt. Allein trotzdem bleibt nun eine Tatsache übrig, welche für seine Lehre zu
einem schwerwiegenden Problem wird und ihn nötigt, die Strenge
seines Dualismus wenigstens an diesem Punkte aufzugeben. Diese
Tatsache besteht in den Affekten und Leidenschaften, in
denen zweifellos auch die »denkende Substanz« tätig ist und welche
doch aus der Klarheit und Deutlichkeit des vernünftigen Denkens
so wenig erklärbar erscheinen, daß sie vielmehr das direkte Gegenteil
davon ausmachen. Und an diesem Probleme der Affekte und Leidenschaften nimmt die cartesianische Philosophie ein um so größeres
Interesse, als sie gerade die wesentlichste, ja im Grunde genommen
die einzige Hemmung für jene Klarheit und Deutlichkeit des Denkens
bilden, welche ihr Ideal ausmacht. Aus der Natur der denkenden
Substanz ist die Trübung, welche diese Zustände in die Vorstellungswelt bringen, nicht zu erklären, ebensowenig aber aus einer
göttlichen Einwirkung, da man unmöglich annehmen kann, daß

diese Zustände der Unvollkommenheit und der Sünde von Gott in uns hervorgerufen worden sind.* So bleibt für Descartes nichts übrig, als darin eine Tatsache zu konstatieren, die zwar durch anthropologische Erfahrung festgestellt, aber aus dem ganzen System nicht begründet werden kann — die Tatsache nämlich, daß die Affekte und Leidenschaften aus einer Einwirkung des Körpers auf die Seele hervorgehen. Indem Descartes sich diesen Vorgang zu veranschaulichen sucht, gelangt er zu der Annahme, daß die bewußte Substanz der menschlichen Seele ihren räumlichen Sitz in jener Zirbeldrüse habe, die er als den Zentralpunkt des physiologischen Organismus und als die Stelle bezeichnet hatte, wo die zentripetalen Vorgänge sich in zentrifugale umsetzen. Hier, glaubt er, bliebe der Tumult der im Blute erregten Lebensgeister nicht ohne Einfluß auf die Seele, und diese Einflüsse übten auf sie jene störenden und trübenden Wirkungen aus, die wir in den Affekten und Leidenschaften konstatieren können. War erst einmal so der Ursprung gewisser Affektzustände gewonnen, so meinte Descartes aus ihnen durch die Vermittlung der Vorstellungsbewegungen die ganze Mannigfaltigkeit dieser Zustände als eine natürliche und notwendige Entwicklung begreifen zu können. Er setzte deshalb voraus, daß diese Störung in der geistigen Substanz den Affekt der Verwunderung und die Begierde errege, — daß die letztere die »Leidenschaften« entweder des Hasses oder der Liebe erzeuge, und daß Befriedigung und Nichtbefriedigung dieser Triebe wiederum die Affekte der Lust und der Unlust, d. h. der Freude und der Trauer herbeiführe. So stellte er von diesen sechs Grundformen aus eine Naturgeschichte der Affekte und der Leidenschaften auf, welche einerseits nicht ohne Vorbilder in der alten Philosophie, namentlich der Stoa war, anderseits aber für mannigfache spätere Versuche zum Vorbilde gedient hat. Er gab endlich dieser Lehre eine ethische Wendung, indem er darauf hinwies, wie diese Abhängigkeit des Geistes von den aus der körperlichen Einwirkung kommenden Affekten und Leidenschaften eine Unfreiheit des Geistes bedeute, aus der er sich emporringen müsse. Das ganze moralische Leben besteht daher nach ihm in einem Kampfe der vernünftigen Seele mit jenen störenden Lebensgeistern des physischen Organismus, und das Ideal des sittlichen Lebens liegt darin, daß der Geist durch die Überwindung der Leidenschaften sich zu voller Klarheit und Deutlichkeit emporarbeitet. Das Mittel dazu ist natürlich wiederum kein anderes, als die Selbstbesinnung der Vernunft. Die Selbsterkenntnis ist der einzige Weg zu der sittlichen Freiheit des Geistes. Das »cogito, sum« ist das Alpha und Omega der cartesianischen Philosophie.

Allein die zur Erklärung der Tatsache der Leidenschaften angenommene Einwirkung des Körpers auf den Geist blieb doch innerhalb dieser Lehre selbst nur wieder eine unbegreifliche Tatsache und widersprach der Grundannahme, wonach die volle Ausschließlichkeit der ausgedehnten und der bewußten Substanzen zunächst ihrer Existenz, aber weiterhin doch auch ihrer Funktion nach behauptet werden sollte. Dies war in der cartesianischen Weltanschauung die Achillesferse, dies deshalb auch der Punkt, an welchem die unmittelbaren Nachfolger die Weiterentwicklung ihrer Gedanken ansetzten.

§ 25. Die Cartesianer und die Occasionalisten.

Sowenig Descartes selbst dafür tat, so sehr er sogar sich von öffentlicher Wirksamkeit zurückzuziehen suchte, so konnte es doch nicht ausbleiben, daß eine so originelle und in ihren Grundzügen so neue Lehre wie die seinige, nachdem sie einmal bekannt geworden war, eine mächtige Wirkung ausübte, und die philosophische Bewegung in Frankreich und den Niederlanden wurde deshalb in der zweiten Hälfte des XVII. Jahrhunderts wesentlich durch Descartes bestimmt. Seine Philosophie erregte das größte Aufsehen und wurde bald sowohl in ihrer prinzipiellen Grundlage, als auch in ihren einzelnen Theorien der Gegenstand lebhaftester Verhandlungen innerhalb der gelehrten Welt. Das Geschick, welches sie dabei erlitt, wurde zum großen Teil dadurch mitbestimmt, daß sie in die konfessionellen und dogmatischen Streitigkeiten der Zeit hineingezogen wurde. Dabei war der Gesichtspunkt der freien Vernunftforschung, welchen sie aufgestellt hatte, den Orthodoxen aller Konfessionen gleich unliebsam, und so vorsichtig sich Descartes den Satzungen seiner Kirche gegenüber verhalten hatte, so fand seine Lehre doch bei deren offiziellen Vertretern ebensoviel Widerspruch, wie bei dem kirchlichen Systeme der Protestanten, die ihn zuerst anfeindeten. Der Bewegung, welche seine Philosophie auf den niederländischen Universitäten hervorrief, und welche durch die gehässige Form, die sie zwischen seinen Anhängern und den Reformierten annahm, ihm den Aufenthalt in Holland unbehaglich machte, ist schon früher gedacht worden. In Frankreich gestaltete sich das Geschick seiner Philosophie derartig, daß sie hauptsächlich von den Jansenisten angenommen und schon aus diesem Grunde von den Jesuiten bekämpft wurde. Man kann nicht sagen, daß in diesem Streite wesentlich neue Gedanken vorgebracht wurden; aber den Jansenisten gebührt dabei das Verdienst, mehr und mehr an einer systematischen Gestaltung der von Descartes aufgestellten erkenntnistheoretischen Prinzipien gearbeitet zu haben; und die aus ihrer Schule von Port Royal hervorgegangene, hauptsächlich von Arnauld und Nicole redigierte Logik (L'art de penser 1662) darf als der vollkommenste Ausdruck der durch das cartesianische System bestimmten Methodologie angesehen werden.

Andere Cartesianer, welche den konfessionellen Fragen verhältnismäßig gleichgültiger gegenüberstanden, wurden sehr bald darauf aufmerksam, daß die Substanzenlehre Descartes', besonders was den Einfluß des Leibes auf die Seele betraf, einer genaueren und widerspruchsloseren Durchführung bedürfe, und sie neigten im Laufe der Zeit immer mehr dem Bestreben zu, die gegenseitige Ausschließlichkeit der ausgedehnten und der bewußten Substanzen von der Existenz auch auf die Funktion zu übertragen und jede Möglichkeit eines Einflusses der einen auf die anderen zu leugnen. So suchte Clauberg (Corporis et animae in homine conjunctio) namentlich in bezug auf das Verhältnis der Sinneswahrnehmung zur Nervenerregung darzutun, daß ein natürlicher Zusammenhang zwischen dem leiblichen und dem seelischen Leben des Menschen nicht existieren und daß dessen faktisches Bestehen nur als ein »wunderbares« geglaubt werden könne, und in gleichem Sinne schrieben Louis de la Forge (Traité de l'esprit de l'homme, Paris 1666) und Cordemoy (Le discernement du corps et de l'âme, Paris 1668): der letztere betonte hauptsächlich das Verhältnis des Willens zu den ausführenden Leibesbewegungen. Später hat aus diesen Betrachtungen Balthasar Becker (Betoverde weereld, 1690) die echt rationalistische Folgerung gezogen, daß, wenn ein Einfluß der Geister auf die Körperwelt nicht stattfinden könne, alle Berichte von Geistererscheinungen Halluzinationen und der Gedanke

der Magie als einer durch Geister vermittelten materiellen Wirksamkeit eine Absurdität sei.

Wenn so schon die cartesianische Schule hinsichtlich jenes von
den Prinzipien ihres Meisters aus unlösbaren Problems des Zusammenhanges von Leib und Seele konsequenter zu sein sich bemühte, so
gilt dies erst recht von einer Schule niederländischer Denker, die
von diesem Gesichtspunkte aus die Lehre Descartes' in wesentlichen
Punkten umgestaltete. Ihr Hauptvertreter ist Arnold Geulincx
(1625—1669), der, zu Antwerpen geboren, nach einer sorgenvollen
und bedrängten Wirksamkeit an den Universitäten Loewen und
Leyden, in letzterer Stadt starb. Seine Schriften, unter denen die
Logik (1662), die Ethik (1665 und mit Anmerkungen 1675) und die
posthume Metaphysik (1695) und Physik (1698) die hervorragendsten sind, suchen das cartesianische Prinzip der vernünftigen Selbstbesinnung nach allen Seiten hin noch energischer durchzuführen.
Aus der geistigen Substanz selbst kann nur so viel hervorgehen, als
sie mit klarem und deutlichem Bewußtsein in sich erzeugt. Sie ist
deshalb der selbsttätige Grund nur für diejenigen Funktionen, bei
denen sie sich der Erzeugung vollkommen bewußt ist. Wenn also
andere Tätigkeiten in ihr vorgehen, die sie nur in sich bemerkt,
ohne ihren Ursprung unmittelbar zu kennen, so müssen diese nicht
von ihr selbst, sondern von einer anderen Substanz in ihr hervorgebracht sein. Da aber der influxus physicus, die Einwirkung des
Körpers auf die Seele, wie Geulincx mit den späteren Cartesianern
annimmt, der Substantialität der Seele widerspricht, so können
jene Funktionen, bei denen die Seele sich ihres Ursprungs nicht
bewußt ist, nur durch die Gottheit darin hervorgebracht worden
sein. Dabei ist es nun ein Zeugnis von der Selbständigkeit, mit der
Geulincx die cartesianischen Gedanken verarbeitete, daß er der
Unentschiedenheit, die in dem Systeme Descartes' hinsichtlich der
Stellung der sinnlichen Empfindungen des Menschen herrscht, ein
Ende machte. In der Erkenntnistheorie hatte dieser nicht umhin
gekonnt, die Sinnesempfindungen wenigstens als unklare Elemente
der Vorstellungstätigkeit anzuerkennen, in der Metaphysik hatte
er sie aus oben besprochenen Gründen für lediglich materielle Vorgänge erklärt. Geulincx tritt entschieden dafür ein, daß sie Äußerungen der geistigen Substanz seien, aber freilich solche, welche
ohne Bewußtsein ihrer Herkunft in uns entstehen, bei denen wir

uns leidend verhalten, und die deshalb nur durch einen fremden Willen in uns erzeugt sein können. Da aber dieser Wille der göttliche ist, und da zu den Vollkommenheiten Gottes auch seine Wahrhaftigkeit gehört, so müssen wir annehmen, daß er diese Vorstellungen in uns nur erzeugt, weil sie wahr sind, d. h. weil ihr Inhalt gleichzeitig in der Körperwelt wirklich ist. Allerdings galt dies nur für einen Teil der Inhalte der sinnlichen Wahrnehmung, nämlich für ihre quantitativ bestimmbaren Momente, die als Gegenstände mathematischen Denkens klar und deutlich werden können, während die Sinnesqualitäten als unklar und verworren diesen Anspruch auf Wahrheit nicht haben. In dieser Weise bilden die Vorgänge in der Körperwelt nicht die unmittelbare Ursache unserer Vorstellungen, sondern vielmehr nur die Veranlassung, auf Grund deren sie von Gott in uns hervorgerufen werden. Bei Gelegenheit einer Tatsache in der Körperwelt erzeugt Gott in den Geistern die entsprechenden Vorstellungen. In diesem Sinne betrachtet Geulincx die materiellen Vorgänge nicht als die wirkenden Ursachen (causae efficientes), sondern als die Veranlassungen oder Gelegenheitsursachen (causae occasionales) der Sinnesempfindungen, und umgekehrt setzt er dasselbe Verhältnis zwischen den Willensentschlüssen der Seele und den ihnen entsprechenden Bewegungen des Leibes an. Sowenig, wie der Leib der Seele, kann die Seele den Leib direkt beeinflussen, und die Begierden sind auch hier nur die Veranlassungen, auf Grund deren Gott die Körperwelt in Bewegung setzt. Deshalb ist dieses System als Occasionalismus und sind seine Anhänger als Occasionalisten bezeichnet worden. Es behauptet, daß die materielle und die immaterielle Welt ohne jeden natürlichen Einfluß fortwährend nebeneinander bestehen und in dem Flusse ihrer Bewegungen unabhängig voneinander ablaufen, und daß der scheinbare Zusammenhang, der zwischen ihnen besteht, durch die stetige Einwirkung der Gottheit vermittelt wird. Der Occasionalismus treibt die Auseinanderreißung der materiellen und der geistigen Welt auf die Spitze, aber er sieht sich, um dies zu erreichen, genötigt, beiden die substantielle Selbständigkeit durchgehends abzusprechen und diese lediglich der Gottheit zuzuerteilen; er ist gewissermaßen die letzte Etappe, auf welche sich das menschliche Denken gedrängt sah, wenn es an der Theorie von der absoluten Geschiedenheit des materiellen und des immateriellen Daseins festhalten wollte.

Die stetige Vermittlung Gottes zwischen geistiger und körperlicher Welt scheint nun anfangs auch von Geulincx wie von anderen
Occasionalisten als eine Reihe einzelner Akte aufgefaßt worden zu
sein, wonach jedesmal bei Eintritt eines Vorganges in der einen
Welt von Gott der entsprechende Vorgang in der andern Welt hervorgerufen werden sollte. Diese Vorstellung, welche das Wunder in
Permanenz erklärte, stieß aber auf gewichtige Bedenken, insbesondere auf das theologische, daß auf diese Weise Gott für die Ausführung sündiger Absichten verantwortlich erscheinen mußte. Daher hat
Geulincx in seiner reiferen Entwicklung der occasionalistischen Lehre
die Form gegeben, daß eine dauernde Weltordnung angenommen
wurde, wodurch Gott ein für allemal bestimmt habe, daß mit den
Vorgängen in der einen Welt die entsprechenden Vorgänge in der
andern Welt verbunden sein sollen. Geulincx veranschaulichte
dies durch Ausführung eines in der gleichzeitigen Literatur häufiger
auftretenden Gleichnisses: der gleichmäßige Gang zweier Uhren
braucht nicht durch eine direkte Abhängigkeit der einen von der
andern, sondern kann auch dadurch erklärt werden, daß beide mit
vollkommener Kunst gleich eingerichtet und von Anfang an gleich
gestellt sind.

Zugleich aber erweiterte sich dadurch bei Geulincx die ursprünglich nur anthropologisch motivierte Lehre des Occasionalismus zu
einer allgemeinen metaphysischen Kausalitätstheorie. Schien
es zuerst nur besondere Schwierigkeit zu machen, daß eine körperliche Substanz auf eine so heterogene wie die Seele (und umgekehrt)
einen Einfluß ausüben sollte, so zeigte genaueres Nachdenken, daß
schon die Wirkung eines Körpers auf einen andern Körper, daß
überhaupt die Wirkung einer endlichen Substanz auf die andere
unbegreiflich ist. Die Kausalbeziehung ist logisch nicht einzusehen:
es liegt nicht im Begriff des einen Dinges, Ursache für die Zustands-
veränderungen des andern zu sein. Darum dürfen überhaupt die
Zustände der endlichen Wesen im Verhältnis zueinander nur als
Veranlassungen und Gelegenheiten betrachtet werden. Nicht die
endlichen Dinge wirken aufeinander; eine solche Einwirkung des
einen auf das andere ist unmöglich. Deshalb spricht Geulincx auch
den Körpern jede eigene Aktivität ab. Der einzig Wirkende ist
Gott. Durch diese Lehre war nun aber den endlichen Dingen, den
Seelen wie den Körpern, ein wesentliches Merkmal ihrer substan-

tiellen Selbständigkeit, die Fähigkeit zu wirken, entzogen: als
wirkende Substanz blieb nur die unendliche übrig, Gott. Die letzten
Konsequenzen aus diesem in der occasionalistischen Bewegung
unausweichlichen Schlußgedanken haben, je in ihrer Weise, Spinoza
und Malebranche gezogen.

Diese metaphysische Basis trägt nun bei Geulincx eine ethische
Lehre, welche an die mystischen Gedanken erinnert, und es ist
auch die Annahme nicht ausgeschlossen, daß die in den Niederlanden stets aufrecht erhaltene Tradition der Mystik bei der Ausbildung dieser seiner Lehre mitgewirkt hat. Jedenfalls konnte jene
Tendenz der reinen Innerlichkeit kaum einen günstigeren metaphysischen Boden finden, als das System des Occasionalismus,
nach welchem die Seele von jedem reellen Zusammenhang mit dem
Leibe ausgeschlossen und lediglich mit der allumfassenden Gottheit
in Beziehung gesetzt wurde. Es erscheint wie eine ganz einfache
Folgerung, wenn Geulincx den ethischen Grundsatz aufstellt, daß
die Seele in der körperlichen Welt, in der sie gar nichts zu schaffen
hat, auch nichts begehren soll: »ubi nil vales, ibi nil velis«. Danach
bleibt als die einzige Tugend die Beschränkung der Vernunft auf
sich selbst übrig, die Selbsterkenntnis und die Demut; das moralische Leben soll sich von jeder äußeren Geschäftigkeit auf die rein
innerliche Betätigung der Vernunft zurückziehen und hier in jener
Selbsterkenntnis, die zugleich Gotteserkenntnis ist, den Frieden
der Seele und das höchste Gut suchen und finden. Alles, was
Descartes von der Überwindung der Leidenschaften durch das
Denken gelehrt hatte, fand hier eine begeisterte Aufnahme. Freilich mochte es metaphysisch nicht ganz begreiflich sein, wie in die
rein auf sich selbst gestellte Seele die sinnliche Begierde einzu-
brechen vermag. Immerhin suchte Geulincx seiner Lehre diese
sittliche Konsequenz zu geben und mit dem cartesianischen System
eine Sittenlehre zu verknüpfen, deren Ideal eine Art Flucht aus der
Welt und eine Versenkung in die reine Betrachtung bildete, wie
sie in den Charakterzügen und in der Lebensgestaltung von Descartes selbst hervorgetreten waren.

So merkwürdig es auf den ersten Blick erscheint, jenes System
des strengen Rationalismus, das Produkt eines nüchternen, vor allem
nach durchsichtiger Klarheit ringenden Denkers, bot eine Reihe
von bedeutsamen Punkten dar, an die sich mystische Neigungen

und tief sittliche Gefühlsregungen anzuschließen vermochten. Das
Ideal der Selbsterkenntnis hatte schon bei Descartes nicht nur
erkenntnistheoretische Bedeutung, sondern zugleich den sittlichen
Wert eines persönlichen Lebensprinzips; und wenn die innige Verschmelzung, in welche Descartes diese Selbsterkenntnis mit der
Gotteserkenntnis gebracht hatte, in seinem System eine lediglich
theoretische Operation bildete, so konnte es nicht ausbleiben, daß
sie gerade von dem religiösen Bedürfnis begierig ergriffen und als
die rationelle Lösung jener Sehnsucht erfaßt wurde, mit der die
Mystiker schon immer danach rangen, aus der Selbsterkenntnis des
gläubigen Gemüts das Geheimnis der Gottesanschauung zu schöpfen.
So nahe vermögen sich Richtungen des menschlichen Denkens zu
treten, von denen man ihrer ganzen Grundlage und ihrem innersten
Wesen nach vermuten sollte, daß sie sich auf ewig fliehen müßten.
Eine solche Berührung des Rationalimus und des Mystizismus zeigt
die Ethik des Occasionalismus.   Aber weit eindrucksvoller und
weit wunderbarer ist es, daß diese beiden Systeme, der cartesianische
Rationalismus und die gottbegeisterte Mystik, schon kurz vorher
unabhängig von der Ausgestaltung der occasionalistischen Ideen
ihre vollendete Durchdringung gefunden hatten.   Diese merkwürdige und in der Geschichte einzig dastehende Verschmelzung
ist der Spinozismus. Und jener eigentümliche Duft, der über diesem
unvergleichlichsten aller Denksysteme liegt, besteht zum größten
Teile in dieser wunderbaren Vereinigung so völlig heterogener
Elemente.

§ 26. Baruch Spinoza.

Es war nicht zufällig, daß Descartes gerade die Niederlande
für die Stätte seiner wissenschaftlichen Muße erkoren hatte. Denn
hier konnte er jeden Augenblick aus seiner Einsamkeit in eine
reiche Bewegung des geistigen Lebens heraustreten. Dies kleine
Land, im Vollgenusse einer eben gewonnenen politischen Freiheit,
war in einem mächtigen Aufstreben begriffen und ein fruchtbarer
Sammelplatz auch der geistigen Bewegungen der Zeit. Die Kunst
fand hier eine neue, eigenartige Blüte; die humanistischen Studien
und die neuen Bestrebungen der Mathematik und der Naturwissenschaft standen auf gleicher Höhe, und die Abwerfung der geistigen
Fesseln, welche mit derjenigen des politischen und religiösen Joches

verknüpft gewesen war, gab der Entwicklung der neuen Gedanken
eine gewisse Freiheit des Spielraums. So wurde Holland um diese
Zeit zum Teil wirklich eine Freistatt des wissenschaftlichen Denkens
und kam, wie es zu gehen pflegt, noch mehr in den Ruf, eine solche
zu sein. Zwar blieb auch hier die verderbliche Wirkung des Orthodoxismus, den die neue Konfession· geschaffen hatte, nicht aus,
und der Cartesianismus selbst gehörte zu den ersten Richtungen,
die darunter leiden sollten. Allein immerhin war doch ein Zug
nach geistiger Freiheit selbst auf den Universitäten der Niederlande lebendig. Die Bewegung des Jansenismus, die innerhalb
der katholischen Kirche den Jesuitismus am erfolgreichsten bekämpfte, hatte von den niederländischen Universitäten ihren Ausgang genommen. Auch der lebhafte Anklang, den die cartesianische
Philosophie gerade in den Niederanden fand, darf zuletzt als ein
Zeichen dieser freien Bewegung aufgefaßt werden, und vor allem
erfreuten sich hier auch die Naturwissenschaften einer stetigen
Förderung.

Unter denjenigen Kräften aber, welche unter dem Schutze der
niederländischen Freiheit eine günstige Entwicklung fanden, nahm
einen nicht geringen Platz die jüdische Wissenschaft ein. Aus
Spanien vertrieben, hatten viele Juden in den Niederlanden eine
Zuflucht gefunden, und mit der Begründung der sogenannten portu-
giesischen Judengemeinde in Amsterdam war auch die philologische,
philosophische und theologische Bildung, welche sie mitbrachten,
zu einer Art von Blüte emporgewachsen. Mit reichster Entfaltung
gediehen in der Rabbinenschule zu Amsterdam die wissenschaftlichen Studien, und es war nur eine notwendige Folge davon, daß
sie aus dem engen Kreise der religiösen Orthodoxie ihres Volkes
zu der vollen Freiheit moderner Wissenschaft herausdrängten und
Konflikte, wie den denkwürdigen des Uriel Acosta, erzeugten. Die
nahe Berührung mit den Ergebnissen der neuen Wissenschaft zer-
sprengte dabei die streng geschlossene Gestalt, welche das jüdische
Denken durch das Mittelalter hindurch bewahrt hatte, und führte
innerhalb der Gemeinde zu Kämpfen, die in ihrer Art, ihren Mitteln
und ihrem Ausgange denjenigen der christlichen Kirchen sehr ähnlich waren: zugleich aber wurden dadurch eine Anzahl von Gedanken, an denen die jüdische Wissenschaft während der Verfolgung
von fast zwei Jahrtausenden mit der diesem Volke eigentümlichen

Zähigkeit festgehalten hatte, in den großen Strom der modernen
Geistesbewegung eingeführt. Aus dieser Gemeinde der portu-
giesischen Juden in Amsterdam stammte der Mann, in dessen gewaltiger Gedankenarbeit sich diese Vorgänge vollzogen, und der
durch eine Verbindung des Cartesianismus mit den Elementen
seiner Jugendbildung die rationalistische Philosophie auf ihren höchsten Gipfel zu führen und ihr typischer Repräsentant zu werden
berufen war.

Baruch Spinoza war, der Sohn einfacher Handelsleute, 1632 zu
Amsterdam geboren und empfing seine Bildung auf der Rabbinen-
schule unter der Leitung des berühmten Talmudisten Morteira. Der
gewöhnliche Gang dieser gelehrten Erziehung, welche das Studium
der hl. Bücher, des Talmud, der Kommentatoren und der jüdischen
Scholastiker umfaßte, gab ihm ebensowenig Befriedigung, wie sie
Descartes auf der Jesuitenschule zu La Flèche gefunden hatte.
Der reine Trieb einer vollkommenen Gotteserkenntnis, der ihn im
Innersten erfüllte und den Kernpunkt seines geistigen Wesens
bildete, ließ ihn bald nach anderer Befriedigung suchen. Und es
lag wohl nahe, daß er sich zuerst an die mystische Geheimlehre des
jüdischen Mittelalters, die Kabbala, wendete. Doch fand er auch
hier keine Ruhe, und so zog es ihn unwiderstehlich zu den Größen
des modernen Denkens und zu den Errungenschaften der neuen
Wissenschaft hin. Eine reiche Sprachkenntnis unterstützte dies
Bestreben, und er vervollkommnete sie durch einen Unterricht im
Lateinischen, den er bei einem Arzte namens Franz van den Ende
nahm. Dieser Mann, der später, als Freigeist aus Holland vertrieben, in Frankreich ein elendes Ende fand, hat das Verdienst,
den jungen Spinoza wohl zuerst auf die Bedeutung der naturwissenschaftlichen Errungenschaften der Zeit hingewiesen zu haben. Vielleicht war es auch durch ihn, daß der geistreiche Jude in die Kreise
der Christen hineingezogen wurde, welche der wissenschaftlichen
Zeitbewegung mit Interesse folgten. Wenigstens datiert schon aus
dieser Zeit die Bekanntschaft Spinozas mit dem Arzte Ludwig
Meyer, einem begeisterten Cartesianer, und mit Oldenburg, der
später von London aus, wo er niederländischer Gesandter war,
einen regen Briefwechsel mit dem Philosophen führte. Es ist
zweifellos, daß Spinoza sich schon sehr früh mit den Werken Giordano Brunos beschäftigte, daß in den Kreisen dieses seines weiteren

Verkehrs die Schriften Bacons, Descartes' und Hobbes' gelesen
und eifrig besprochen wurden; und wenn wir auch nicht mehr
mit genauen chronologischen Daten die Zeitpunkte anzugeben vermögen, an denen die einzelnen dieser Lehren in den ungewöhnlich
schnellen Entwicklungsgang Spinozas eingriffen, so verstehen wir
doch, wie er, so genährt, das enge Kleid des nationalen Glaubens
bald auswuchs und der Synagoge mehr und mehr entfremdet wurde.
Das Mißtrauen, welches die Lehrer in den selbständig werdenden
Schüler zu setzen begannen, scheint durch die neidische Mißgunst
gewisser Altersgenossen gesteigert worden zu sein. Und so ballten
sich allmählich die Wolken des Gewitters zusammen, das seinem
Leben die tragische Wendung geben sollte. Man nahm sein Fern-
bleiben von der Synagoge zum Anlaß, ihn auf seine Ansichten
aushorchen zu lassen, man veranstaltete eine Art von Glaubens-
gericht, man bot ihm, um das Aufsehen zu vermeiden, das der Abfall eines so bedeutenden und geachteten Jünglings erregen mußte,
ein Jahrgehalt für das Versprechen des Stillschweigens und die
äußerliche Unterwerfung, — und als alles nichts fruchtete, schritt
man zu dem letzten Mittel, der großen Exkommunikation. Das
war der Wendepunkt in Spinozas Leben. Von seinem Volke ver-
stoßen und ohne das Bedürfnis, irgend einer der menschlichen Gemeinschaften beizutreten, lebte er von nun ab in absoluter Einsamkeit; ohne Heimat wanderte er in der Verborgenheit von einem
Orte zum andern, um schließlich im Haag in der Stille ein fried-
liches Leben der wissenschaftlichen Arbeit zu führen, — eine Einsamkeit, derjenigen des Descartes ähnlich und doch wieder so
ganz unähnlich. Die volle Unabhängigkeit, deren er für dieses
Leben bedurfte, und die er in jeder Weise auch gegen mancherlei
Anerbietungen seiner Bekannten aufrecht erhielt, erreichte er durch
eine bis auf das äußerste gesteigerte Bedürfnislosigkeit, und das
wenige, was er zu seinem Unterhalte brauchte, erwarb er durch
das Schleifen optischer Gläser, welche ihrer Vorzüglichkeit halber
weit und breit gesucht waren. Niemals vielleicht ist die Welt-
abgekehrtheit einfacher und aufrichtiger gewesen als bei ihm. Es
war nicht das geringste Gefühl von Haß oder Verbitterung, mit
dem er des Menschenlebens gedachte, welches ihn ausgestoßen hatte.
Es erfüllte ihn die heitere Ruhe des geistigen Schaffens und der
willenlosen Weltbetrachtung; ein Friede waltet über seinem Dasein,

wie die reinliche Poesie niederländischen Stillebens. Lauterste
Uneigennützigkeit und wohlwollende Herablassung zeigt er den
Menschen gegenüber, mit denen ihn sein einsames Leben zusammen-
führt. Eine stille Resignation weht durch sein Leben, aber nicht
als ein mühsam unterdrückter Schmerz, sondern als eine ernste,
klare Erkenntnis. Aus dieser Zurückgezogenheit ließ er sich auch
nicht durch die Versuchung reißen, die in Gestalt eines Rufes auf
ein Katheder der Universität Heidelberg an ihn herantrat. Zwar
wurde ihm von dem freisinnigen Kurfürsten Karl Ludwig von der
Pfalz — dem Bruder jener Prinzessin Elisabeth, mit der Descartes
korrespondiert hatte — das Versprechen vollkommener Lehrfreiheit
gegeben: aber er wußte recht gut, daß dieses seiner Lehre gegenüber durch die jahrhundertelange Gewöhnung der europäischen
Völker sehr bald in enge Grenzen gezogen werden würde; und da
er sowenig wie Descartes das reformatorische Bedürfnis nach öffentlicher Wirksamkeit fühlte, so war es gewiß eine Tat der Weisheit,
daß er die Ruhe seiner Gedankeneinsamkeit vorzog. Hatte er es
doch nur allzubald erfahren, wie unsicher und schwankend auch
die Versprechungen derer, die sich seine Freunde nannten, im
rechten Momente sich erwiesen. Jener kleine Kreis von Männern, in
welchem Spinoza während der letzten Zeit seines Amsterdamer
Aufenthaltes verkehrt hatte, war mit dem Einsiedler in brieflicher
und gelegentlich auch persönlicher Verbindung geblieben. Ihm
hatte Spinoza seine Schriften teils im Entwurfe, teils in abgeschlos-
sener Form mitgeteilt, und sie drängten ihn, seine Lehre, welche sie
in den Briefen mit Stolz und Bewunderung »unsere Philosophie«
nannten, der Menschheit bekannt zu geben. Spinoza begann mit
der Veröffentlichung einer Darstellung der cartesianischen Philosophie, eines Diktats, das er dem unentgeltlich an einen jungen
Mann erteilten Unterricht in dieser Philosophie zugrunde gelegt
hatte. Er wies aber eigens darauf hin, daß nur die mathematische
Formulierung sein Eigentum daran sei, und daß er in wichtigen
metaphysischen und psychologischen Punkten von dem großen
französischen Meister des Gedankens abweiche. Erst das wiederholte Drängen dieser Männer, vor allem Oldenburgs, der ihn immer
wieder aufforderte, »nostri temporis homunciones« zu verachten,
machte ihn dem schriftstellerischen Auftreten geneigter, und sieben
Jahre später bewogen ihn besondere Anlässe kirchenpolitischer Art,

seine theologisch-politische Abhandlung drucken zu lassen. Sie
erschien ohne den Namen des Verfassers mit einer pseudonymen
Druck- und Verlagsangabe (Tractatus theologico-politicus, Hamburg bei H. Künrath 1670). Um so schmerzlicher mußte es für
Spinoza sein, daß in das wütende Geheul, das die natürlichen Feinde
seiner Denkart über dieses Buch erhoben, sich auch Stimmen des
Schwankens, der Mahnung zur Vorsicht und der Ängstlichkeit von
seiten eben der vermeintlichen Freunde mischten, die ihn zur Veröffentlichung bestimmt hatten. Selbst Oldenburg erschrak vor der
radikalen Rücksichtslosigkeit, womit der Philosoph in diesem Buche
verfahren sei, und so mußte sich Spinoza überzeugen, daß auch in
dem gebildeten Europa seiner Zeit kein freier Raum für die Verkündigung seiner Lehre existierte. Trotzdem scheint er eine Weile
den Gedanken einer Veröffentlichung seiner Ethik ins Auge gefaßt zu
haben. Aber schon während der Vorbereitungen dazu setzten sich
auf das bloße Gerücht hin, es werde ein neues Buch von ihm erscheinen, nicht nur die jüdischen Rabbinen und die christlichen Geistlichen
beider Konfessionen, sondern auch die Cartesianer der holländischen
Universitäten in Bewegung, um von den Behörden die Unterdrückung
dieses noch ungedruckten Buches zu erreichen. Unter diesen Umständen mußte es Spinoza geratener erscheinen, die Wirksamkeit
seiner Werke bis auf die Zeit nach seinem Tode zu verschieben.
Er sollte nicht lange darauf warten. Mit stetig zunehmender Gewalt zehrte die Schwindsucht an seinem Leben, und schon zwei
Jahre nach dem mißglückten Versuche, sein großes Werk der Welt
anzubieten, machte am 21. Februar 1677 ein sanfter und ruhiger
Tod diesem innerlich so tief bewegten Leben ein Ende.

Der Fanatismus, welcher den Lebenden verfolgt hatte, ließ auch
den Toten nicht ruhen und häufte auf seinen Namen eine Fülle von
Schmähungen und Verleumdungen. Er wurde zu einem Schreck-
bilde umgewandelt, an dem man die niedrigen Folgen ungläubigen
Denkens demonstrieren zu können meinte, und nicht ohne Erfolg
wurde seine Lehre dem Abscheu des Zeitalters und damit der Vergessenheit übergeben. Erst nach einem Jahrhundert sollte sein
Geist aus diesem Grabe der Verachtung auferstehen, und es waren
die großen Männer der deutschen Dichtung und Philosophie, an
ihrer Spitze Lessing und auf ihrer Höhe Goethe, Fichte, Schelling
und Schleiermacher, welche den Spinozismus neu entdeckten. So

ist allmählich aus den Umhüllungen einer von Vorurteilen beschränkten Darstellung die Gestalt des Mannes und seiner Lehre
herausgeschält worden, und zahllose Geister haben sich mit be-
wundernder Hingabe in die Werke vertieft, welche er einer ver-
ständnislosen Menge hinterlassen hatte.   Durch seine Freunde
besorgt, erschien unter dem Titel: »B. D. S. Opera posthuma,
Amsterd. 1677« ein dem Umfange nach geringer Band, der sein
Hauptwerk, die Ethik, die beiden unvollendeten Abhandlungen über
die Staatslehre und über die richtige Ausbildung des Denkens, ein
Kompendium der hebräischen Grammatik und endlich eine Auswahl
aus seinem Briefwechsel enthielt, der für manche besondere Punkte
seiner Lehre von großer Wichtigkeit ist.

Über den Ursprung der eigenartigen Lehre Spinozas sind
von den Bearbeitern der Geschichte der Philosophie mannigfache
und sehr verschiedene Ansichten geäußert worden. Von vornherein
war diese Frage durch die Hegelsche Geschichtskonstruktion, die
sich nicht immer genau an die chronologische Reihenfolge hielt,
zum mindesten schief beantwortet worden.   Die Beziehungen des
Spinozismus zur cartesianischen Philosophie sind so offenkundig
und schon biographisch so selbstverständlich, daß der Versuch, den
Spinozismus direkt und lediglich aus der Lehre Descartes' herzu-
leiten, auf der Hand lag.   Der weitere Umstand aber, daß, wenn
man die Substanzenlehre Descartes' und Spinozas mit derjenigen
des Occasionalismus und von Malebranche vergleicht, die letzteren
offenbar sachlich Zwischenstufen zwischen beiden darstellen, konnte
nur zu leicht zu der Vorstellung verführen, als ob sie auch in der
Genesis der spinozistischen Lehre die Zwischenglieder gebildet hätten.
Für die Einsicht in den pragmatischen Zusammenhang der Ideen
ist es daher richtig, den Fortgang der Lehre von Descartes zu den
Occasionalisten, von da zu Malebranche und endlich zu Spinoza als
eine notwendige Entwicklung darzustellen: allein man darf dabei
nicht übersehen, daß die ersten Schriften von Geulincx aus den
Jahren 1662 und 1665 stammen, daß gar Malebranche, nachdem er
erst 1664 mit der Lehre Descartes' bekannt geworden war, sein erstes
Werk 1675 veröffentlichte, während Spinozas Ethik bruchstück-
weise bereits 1661 und im Zusammenhange 1663 von seinen Freunden
gelesen wurde. Davon also, daß die Lehre Spinozas von den Theorien
der Occasionalisten oder gar des Malebranche beeinflußt wäre,

kann keine Rede sein. Und selbst jene Schriften der Cartesianer, in denen das Problem der Wechselwirkung der Substanzen schärfer präzisiert wurde, erschienen zu einer Zeit, wo Spinoza bereits mit seinen Gedanken abgeschlossen hatte.

Ist so die Unabhängigkeit Spinozas den verschiedenen Vertretern des Cartesianismus gegenüber gewahrt, so wird die Frage um so dringender, ob sich sein System direkt und allein aus den Lehren Descartes' entwickelt hat. Eine Reihe von metaphysischen Anschauungen Spinozas machte diese Annahme verhältnismäßig unwahrscheinlich, und wenn man nach anderen Quellen seines Denkens forschte, so lag es gewiß nahe, sie in seiner jüdischen Bildung zu suchen. In diesem an sich berechtigten Bestreben ist man dann aber wiederum viel zu weit gegangen, wenn man die Grundzüge seiner Philosophie vermöge gewisser Ähnlichkeiten auf die Lehren jüdischer Denker zurückführen zu können meinte. Der pantheistische Charakter seiner Weltanschauung in Verbindung mit der Polemik, die er gegen die Rabbinen führt, machte auf die mystische und ketzerische Geheimlehre des jüdischen Mittelalters aufmerksam, und der Versuch, den Spinozismus aus der Kabbala abzuleiten, ist denn auch in allem Ernst gemacht worden. Doch ist es leicht, sich von der Irrtümlichkeit dieser Ansicht zu überzeugen. Daß Spinoza Pantheist ist, macht ihn noch nicht zum Kabbalisten. Pantheismus ist eine so vage und so vieldeutig gebrauchte und mißbrauchte Bezeichnung, daß sie erst durch ein wesentliches Merkmal die Befähigung zur Charakterisierung eines philosophischen Systems gewinnt. Nun ist die Kabbala schon vermöge ihrer Abhängigkeit vom Neuplatonismus ein emanatistischer Pantheismus, und gerade das ist die Lehre Spinozas nicht. Dies Verhältnis ist entscheidender, als die wegwerfende Art, in der sich Spinoza gelegentlich über die Kabbala geäußert hat. Denn in bezug auf den Ursprung ihrer Lehren finden wir die Philosophen häufig genug in einer psychologisch eben nicht schwer zu erklärenden Selbsttäuschung, und alle die Leidenschaftlichkeit, mit der sich Spinoza in begreiflicher Erregtheit gegen jeden Zusammenhang mit den ersten Feinden seiner Ruhe wehrt, wird uns auf der andern Seite nicht abhalten dürfen, die Macht des Einflusses zu würdigen, welche seine gelehrte Jugendbildung auf ihn ausgeübt hat.

Hier sind es nun namentlich die großen Scholastiker des jüdischen Mittelalters, mit denen man ihn in Verbindung gebracht hat. In der Tat zeigen gewisse Lehren Spinozas eine unverkennbare Ähnlichkeit mit denjenigen der großen jüdischen Theologen, vor allem des Maimonides, Gersonides und Chasdai Creskas. Zweifellos ist der Nachweis gelungen, daß ein großer Teil derjenigen Gedanken, welche sich in bezug auf die Kritik der biblischen Offenbarung im theologisch-politischen Traktat vorfinden, wenn nicht diesen mittelalterlichen Gelehrten entlehnt, so doch von ihnen angeregt ist. Der Hinweis auf die moralische Seite der religiösen Dogmen ist gewiß von Spinoza nicht erfunden worden, und die allegorische Deutung, mit der er die Offenbarung auffaßt, findet gerade bei diesen Meistern des jüdischen Gedankens gelegentlich selbst bis ins einzelne hinein ihre Vorbilder. Dennoch bleibt es unbestritten, daß die gewaltigen Grundgedanken auch dieses Buches aus Spinozas eigenstem Geiste geflossen sind. Die völlige Trennung der Religion von der Wissenschaft, die er predigt, brauchte Spinoza in dieser Form aus der hebräischen Literatur nicht zu lernen; dies war eine Tendenz, die dem Geiste seiner eigenen Zeit entsprang und in der er sich ganz zu ihrem Sohne bekannte. Auch er gehört unter die Vorfechter der Toleranz; und wenn man vermutet hat, daß eine Anzahl von Grundgedanken des theologisch-politischen Traktats aus dem Proteste hervorgewachsen sind, welchen der jugendliche Spinoza gegen den Bannfluch niedergeschrieben hatte, so ist daran vor allem dies richtig, daß seine persönlichen Erfahrungen ihm diese Richtung gewissermaßen aufnötigten. Dazu kam, wie die neueste Forschung erwiesen hat, die kirchenpolitische Lage in Holland, wo die Partei der Regenten, der Spinoza durch persönliche Beziehungen zu Jan de Witt nahestand, den kirchlichen Liberalismus gegen die mit den Oraniern sympathisierenden kalvinistischen Predikanten ausspielte: das Buch des Philosophen scheint sich — gewollt oder ungewollt — der publizistischen Vertretung der Politik Jan de Witts einzufügen. Doch begnügt sich eben Spinoza nicht mit einer deklamatorischen Vertretung des Toleranzgedankens, wie wir sie bei manchen seiner Zeitgenossen finden, sondern er gründet ihn auf eine strenge und nüchterne Untersuchung; er führt vor allem aus, daß der wesentliche Gesichtspunkt, von dem man die religiösen Urkunden — es sei welcher Kirche und Konfession auch immer —

zu betrachten und zu erklären habe, lediglich der historische sei. Aus dem Geiste der Zeit und der Persönlichkeit der Verfasser seien diese Schriften nach philologischer und historischer Methode zu studieren, wie alle anderen. Wende man diesen Gesichtspunkt an, so sei es von vornherein klar, wie verfehlt der Versuch ist, in diesen Büchern irgend eine Offenbarung theoretischer Wahrheiten und damit eine Richtschnur der Wissenschaft zu sehen. Der Zweck dieser Bücher sei niemals ein anderer gewesen, als derjenige der religiösen Erbauung und der moralischen Besserung, und dies dürfte deshalb auch der einzige Zweck sein, für welchen man die aus diesen historischen Urkunden entnommenen Lehrsätze auszubeuten habe. Der gewohnte Übergriff aller Kirchen, diese Sätze für theoretische Wahrheiten auszugeben, sei ein Unrecht an der wissenschaftlichen Forschung, der allein die Feststellung der theoretischen Wahrheit zukomme, die aber diese Aufgabe nur unter der Bedingung vollkommener Voraussetzungslosigkeit und Ungebundenheit zu lösen vermöge. Der Gesichtspunkt, unter welchem Spinoza für die Toleranz eintritt, ist viel weniger die freie Religionsübung des Individuums — diese beschränkt er vielmehr nicht ohne Abhängigkeit von Hobbes zugunsten der staatlichen Ordnung —, als vielmehr die Emanzipation der Wissenschaft. Und er hat mit genialem Scharfsinn das Geheimnis dieser Emanzipation aufgedeckt, wenn er in der historischen Kritik der biblischen Schriften ihre wahre wissenschaftliche Behandlung suchte. Er ist der erste große Vertreter dieser historischen Bibelkritik; aber man darf ihn ihren Schöpfer deshalb nicht nennen, weil es nur zum Teil die direkten Einflüsse seines Geistes waren, auf Grund deren diese Richtung im XVIII. Jahrhundert emporkeimte und im XIX. zur Blüte gelangte. Diese historische Auffassung der religiösen Urkunden ist bei Spinoza um so bemerkenswerter, je mehr sie dem unhistorischen Charakter seines eigenen Denkens und der ganzen Zeitrichtung widerspricht. Eben jener theologisch-politische Traktat aber, in welchem diese Gedanken entwickelt sind, beweist, wie frei und selbständig der jugendliche Denker die Elemente seiner nationalen Bildung verarbeitete, und läßt uns einen klaren Einblick dahinein gewinnen, daß zwar jene Einflüsse seiner ersten gelehrten Bildung in ihm fortwirkten, daß sie aber keineswegs das bestimmende Element in seinen besten und höchsten Prinzipien ausmachten. Vollends die Grund-

gedanken seines eigenen philosophischen Systems stehen aller Metaphysik der jüdischen Scholastiker so fremd gegenüber, daß hier an
eine Abhängigkeit durchaus nicht zu denken ist. Wenn man endlich
darauf hingewiesen hat, daß der Gedanke der Liebe zur Gottheit
einer der Tragpfeiler des Spinozismus und zugleich ein in der
jüdischen Philosophie des Mittelalters überall wiederkehrender Gedanke ist, so wurde darauf sehr richtig erwidert, daß er in dieser
Allgemeinheit die Grundlage aller monotheistischen Religionen
bildet, und daß man die jüdische Scholastik nicht zu kennen
brauchte, um ihn zu erfassen.

Wenn somit keines der unmittelbar naheliegenden Elemente
den Spinozismus völlig zu erklären vermag, so erwuchs der Lösung
dieser Aufgabe eine neue Hoffnung, als man bald nach der Mitte
des XIX. Jahrhunderts mit einer Schrift Spinozas bekannt wurde,
welche alle Merkmale eines Jugendwerkes an sich trägt, und in
deren eingestreuten dialogischen Teilen man sogar Bruchstücke
einer der Zusammenstellung des Ganzen noch um einige Zeit vorher-
gegangenen Arbeit unschwer erkennen konnte. Dieser sog. kurze
Traktat (Tractatus de deo et homine eiusque felicitate) ließ auf
den ersten Blick die Meinung entstehen, als ob das Sternbild, in
welchem die aufgehende Sonne des spinozistischen Geistes stand,
dasjenige Giordano Brunos gewesen sei. Die Namen der dia-
logisierenden Personen, die Anwendung gewisser philosophischer
Termini und der Zusammenhang der Gedanken schien es wahrscheinlich zu machen, daß von den Begründern des modernen Denkens
zuerst der italienische Naturphilosoph in Spinozas Gedanken gewirkt habe. Allein auch damit wird das eigentümlichste Wesen der
spinozistischen Lehre noch nicht erklärt. Denn wenn auch zu dem
allgemeinen Zuge des Pantheismus beider Lehren die naturalistische
Tendenz und der Gegensatz gegen jede pessimistische Emanations-
theorie als gemeinsame Merkmale hinzutreten, so bleibt doch der
überaus bedeutsame Gegensatz zwischen beiden bestehen, daß die
all-eine Gottheit für Bruno die lebendige, wirkende Naturkraft, für
Spinoza nur die unendliche Substanz der endlichen Modi ist, und
daß infolgedessen der eine die teleologische Naturbetrachtung ebenso
energisch ablehnt wie sie der andere anwendet. So bildet auch
diese Lehre nur höchstens eines der Elemente, welche sich in dem
Entwicklungsgange Spinozas derartig gedrängt haben, daß wir es

nicht wagen dürfen, zu behaupten, daß er zu irgend einer Zeit der Schüler einer einzelnen darunter gewesen sei. Dasselbe gilt von der Einwirkung, die er terminologisch und sachlich von der späteren Scholastik des Abendlandes erfahren hat. Alle diese zahlreichen Systeme bildeten in ihm gewiß eine gärende Masse, in der anfangs bald das eine, bald das andere Element überwogen haben mag, und die schließlich zu dem klaren Gebilde seiner Ethik zusammenkristallisieren sollte. Um aber diesen Abschluß seiner so vielseitigen Bildung zu begreifen, bedürfen wir der Einsicht in den eigentümlichen Vorgang, vermöge dessen zwei jener Elemente sich zuerst ergriffen und durchdrangen und dadurch die Kräfte der Anziehung und Abstoßung zwischen den übrigen derartig auslösten, daß sie sich in durchsichtiger Reinheit um den gefundenen Mittelpunkt anlagerten.

Diesen Vorgang hat uns Spinoza in dem unvollendeten Entwurf seiner Abhandlung über die Ausbildung des Verstandes geschildert; sie zeigt uns, weshalb er aus innerstem Bedürfnis einen Grundgedanken der cartesianischen Philosophie ergreifen und ihn zu einem System ausbilden mußte; sie zeigt uns zugleich, wie in der Philosophie dieses Mannes nicht nur sein Geist, sondern auch sein Charakter und seine fühlende Seele gelebt hat. Weit entfernt von jenem kühl theoretischen Interesse an der Wahrheit, welches sich in den Meditationen Descartes' ausspricht, enthüllt uns dies Selbstbekenntnis seines großen Schülers den religiösen und sittlichen Hintergrund, auf dem sein wissenschaftliches Streben beruhte. Was er mit dem philosophischen Denken verfolgt, ist nicht wie bei Descartes das Ringen einer über alle ihre Vorstellungen zweifelhaft gewordenen Seele, sondern die Befriedigung eines Triebes reinster und sehnsüchtigster Frömmigkeit. Darin ist das Denken Spinozas viel weniger voraussetzungslos, als dasjenige von Descartes; dem letzteren handelte es sich nur darum, überhaupt einen Punkt der Gewißheit zu finden, und man sieht nicht, daß dieser für ihn von vornherein noch irgend einen anderen Wert gehabt hätte, da jeder andere Vorstellungsinhalt, wenn er nur der Anforderung, über alle Zweifel erhaben zu sein, genügt hätte, in seinem System die Rolle gespielt haben würde, die nun das Selbstbewußtsein einnimmt. Bei Spinoza dagegen hat das Denken von Anfang an ein in gläubiger Überzeugung unerschütterlich feststehendes Ziel; das

ist die erkenntnisvolle Liebe zur Gottheit. Von dieser Liebe
war Spinoza durchdrungen, ehe er sein System fand; sie war es
vielmehr, welche ihm die Pflicht einer vollkommenen Gotteserkenntnis auferlegte und ihn dazu trieb, sich über ihren Grund und
ihren Inhalt klar zu werden. Auf diese Gottesliebe weist die Betrachtung der erwähnten Abhandlung als auf das höchste und wertvollste Ziel des Menschenlebens hin, und in denselben Begriff mündet
am Schlusse der Ethik der Strom seiner Gedanken.

Diese Gottesliebe aber erscheint bei Spinoza von vornherein
mit einer Grundvorstellung verknüpft, die ihn den mystischen
Richtungen überaus nahe stellt. Es ist schwer zu sagen, in welcher
Weise die letzteren auf ihn Einfluß gewonnen haben. Die Möglichkeit dazu war ja in der Gedankenbewegung der Renaissance
in der mannigfachsten Weise geboten; und wieviel Spinoza davon
gekannt hat, wissen wir nicht. Die Anregungen der praktischen
Mystik waren von Deventer aus niemals völlig verklungen. Die
großen Bewegungen der deutschen Mystik nach der Reformation
hatten ihre Wellen auch immer nach Holland geworfen, und wie
der mystische Gedanke des Neuplatonismus, derjenige eines Auf-
gehens der begeisterten Seele in die unendliche Gottheit, sich durch
alle möglichen Denkrichtungen jener Zeit verzweigte, ist schon
mehrfach erwähnt worden. Auch in den Gedanken Brunos spielte
er eine bedeutende Rolle, und hier namentlich hatte er jene pantheistische Ausprägung gefunden, zu der er von Haus aus und in
allen Formen hinneigte, und von der wir Spinoza durch alle uns vorliegenden Wandlungen seines Denkens hindurch ergriffen finden.

Wenn man den Quellen dieses mystischen Pantheismus nachgeht, so stößt man schließlich auf eine der schönsten und großartigsten Lehren der platonischen Philosophie. Alle jene Vorstellungen von einer Erhebung der Seele zu Gott, mögen sie diese
als ekstatische Erregtheit oder als kontemplative Seligkeit sich
denken, weisen zurück auf Platons Lehre vom Eros. Aber schon
in dieser war es ausgesprochen, daß die Seele sich in die Gottheit
nur deshalb erheben kann, weil sie selbst am göttlichen Wesen teil
hat, und für dieses Teilhaben galt eben gerade die Liebe selbst,
die Sehnsucht nach der Erkenntnis, als Beweis. Der Trieb nach
Gotteserkenntnis — das ist seit Platon der Grundgedanke aller
philosophischen Mystik — ist selbst eine Betätigung des göttlichen

Wesens innerhalb unseres unvollkommenen und endlichen Zustandes. Indem man so den religiösen Trieb selbst als eine Wirkung der Gottheit im Menschen aufzufassen sich gewöhnte, vollzog sich ganz von selbst die Ausgestaltung eines zunächst psychischen Pantheismus, und für diesen hatte gerade die deutsche Mystik den vollkommensten Ausdruck gefunden. Die Beziehung des Endlichen auf das Unendliche, dieser eigentliche Inhalt des religiösen Gefühls, erschien eben nur dadurch begreiflich, daß das Unendliche in allem Endlichen selbst als das innerste Wesen gegenwärtig sei. Je mehr sich dann der Blick der Wissenschaft auf die äußere Welt richtete, um so mehr dehnte sich die pantheistische Auffassung auch über die Naturbetrachtung aus. Auch hier war es der Lebenszusammenhang der einzelnen Dinge, welcher den Gedanken der All-einheit notwendig hervorrief. So kam es, daß der Grundzug des modernen Denkens von vornherein pantheistisch war. Der Pantheismus war die philosophische Atmosphäre des XVI. und XVII. Jahrhunderts; er war auch die Lebensluft, welche Spinoza von allen Seiten her einatmen mußte, nachdem er die Freiheit der wissenschaftlichen Selbstbildung errungen hatte. Und von diesem Gedanken der Welteinheit war Spinoza auf das tiefste durchdrungen. Die unendliche Gottheit war seine einzige Liebe und die Begeisterung für ihre Erkenntnis seine einzige Leidenschaft. Wenn es je einen Menschen gegeben hat, der die Triebe des natürlichen Lebens vollkommen in sich absterben und darin nur Raum ließ für eine weihevolle Hingabe an die unendliche Gottheit, so war es Spinoza. Jene Schrift über die Ausbildung des Denkens, welche die tiefsten Triebfedern seiner Lehre bloßlegt, steigt von den einzelnen Gütern, denen die Menschen nachzujagen pflegen, durch den Nachweis ihrer Nichtigkeit dazu empor, die Liebe zur Gottheit nicht nur als das höchste, sondern als das einzige wahre Gut zu ergreifen. Aber diese Liebe ist für Spinoza nicht eine ekstatische Entzündung des Gefühls, sondern so warm er sie in sich trägt, so sehr sie sein ganzes inneres Leben erfüllt, so klar ist er sich darüber, daß dieser religiöse Trieb nur befriedigt werden kann in einer richtigen Erkenntnis. Seine Gottesliebe ist im Innersten kontemplativ, und sie läßt ihn alle Güter des Lebens fortwerfen für dasjenige der Erkenntnis. Es ist ein eigentümlicher Gegensatz zwischen dem theologisch-politischen Traktat und dieser Abhandlung über die Ausbildung des Denkens. Dort

wird alles angestrengt, um Religion und Wissenschaft so weit wie
möglich auseinanderzustellen und jede Beziehung zwischen ihnen
abzubrechen. Hier lautet das Selbstbekenntnis des Denkers, daß
seine Wissenschaft Religion sei. Jene kritische Scheidung richtet
sich gegen die äußere positive Gestalt des religiösen Lebens in der
Kirche, nur gegen diese soll die Wissenschaft geschützt werden;
diese Begründung seiner eigenen Lehre zeigt, daß der letzte Grund
des philosophischen Denkens im religiösen Bedürfnis liegt. Es gibt
wenige Systeme in der Geschichte der Philosophie, die so durch
und durch von religiösem Geiste getragen wären, wie dasjenige
Spinozas. Aber freilich ist das nicht der Geist irgendwelcher Kirche
oder Konfession, sondern eben jener überkonfessionelle Trieb, der
die Mystik in allen ihren Ausgestaltungen charakterisiert.

Die ganze Aufgabe der spinozistischen Philosophie ist somit
in dem Begriffe der Gotteserkenntnis zusammengefaßt, und schon
darin liegt die pantheistische Voraussetzung, daß die wahre Erkenntnis der Gottheit auch diejenige aller Dinge in sich fasse.
Die einzelnen Dinge liegen in Gott beschlossen nach einer ewigen
Ordnung. Wenn es deshalb von Gott eine wahre, ihn völlig abbildende Idee geben soll, so muß diese in derselben Weise, wie
Gott selbst die Dinge in sich umfaßt, auch die Ideen aller Dinge
in sich enthalten, und wenn die wirklichen Dinge aus dem unendlichen Wesen der Gottheit hervorquellen, so muß ihre Erkenntnis
in derselben Ordnung aus der Idee der Gottheit hervorgehen. Mit
diesen Gedanken bringt Spinoza den Pantheismus auf seine schärfste
Formulierung. Seine pantheistische Sehnsucht nach Gotteserkenntnis verlangt eine Form des Denkens, nach welcher sich aus der
Gottesidee allein alle anderen Erkenntnisse entwickeln sollen, wie in
der Wirklichkeit alle Dinge aus der Gottheit hervorgehen. Das ist
zu gleicher Zeit der vollendete Ausdruck der deduktiven Philosophie.
Das Bestreben, von einem all-enthaltenden Grundgedanken aus nur
durch begriffliche Operationen alles übrige Wissen zu erzeugen, hat
keiner so unumwunden ausgesprochen, keiner so genial durchgeführt, wie Spinoza. So verlangte sein mystischer Erkenntnistrieb
eine Form des Denkens, die von der Idee der Gottheit aus die ganze
Philosophie gestalten sollte, und das Problem des Pantheismus ver-
dichtete sich für Spinoza zu der Frage, welches diese Operation des
Denkens sei. Hier nun war es, wo er den Gedanken Descartes',

die Philosophie durch die Mathematik zu reformieren, in einer durchaus großartigen und originellen Weise aufnahm. Die mathematische Synthesis Descartes' hatte aus erkenntnistheoretischen
Gründen dieselbe Deduktion von einem Grundgedanken aus gelehrt, welche Spinoza aus religiösen und metaphysischen Gründen
suchte. Es ist klar, daß, wenn er die Gedanken Descartes' übernahm, er sich des ganzen analytischen Teiles dieser Philosophie
entschlagen konnte. Denn für ihn war die Idee der Gottheit der
absolut feste Punkt, den er nicht erst zu suchen brauchte, sondern
in tiefster Überzeugung von vornherein besaß. Hieraus begreift
es sich, daß seine Ethik ohne jede Vorbereitung mit dem Begriffe
der göttlichen Substanz beginnt und daran die Konstruktion des
ganzen Systems anschließt.

So war es in der Tat die metaphysische Voraussetzung des
Pantheismus, auf Grund deren Spinoza die geometrische Methode
zur Lösung seines Problems ergriff. Umgekehrt aber war es dann
wieder diese geometrische Methode selbst, welche die Lösung
seines Problems und den eigentümlichen Charakter seines Pantheismus bestimmte. Durch die Anwendung dieser Methode kam
er dazu, das Verhältnis der Gottheit zu den einzelnen Dingen nach
einer mathematischen Analogie zu denken, und wenn sich jede
pantheistische Weltanschauung vollständig erst durch das Verhältnis
charakterisiert, das sie zwischen der all-einen Gottheit und den
einzelnen Dingen annimmt, so ist Spinozismus nichts anderes als
mathematischer Pantheismus, und er bestimmt sich noch
genauer dadurch, daß die Analogie, welche Spinoza zur Erklärung
jenes Verhältnisses wählte, die geometrische war. In dieser Hinsicht bietet sich für den Zusammenhang seiner Gedanken eine
außerordentlich bedeutsame und lehrreiche Parallele in der antiken
Philosophie dar. Hier hatte das Problem, wie die von den Eleaten
behauptete All-Einheit des Seins mit den Tatsachen des Geschehens
und der Vielheit der Einzeldinge vereinbar sei, neben mannigfachen
anderen Vermittlungsversuchen auch denjenigen der Pythagoreer
hervorgerufen, welche die Verwandlung der göttlichen Einheit in
die Vielheit der Dinge nach dem arithmetischen Schema der Verwandlung der Eins in die Zahlenreihe sich vorstellen zu können
glaubten. Diesen Gedanken hat später in der letzten Phase seiner
Entwicklung Platon aufgegriffen, und so dunkel unsere Nachrichten

über den eigentlichen Inhalt dieser »ungeschriebenen Lehre« sind, so läßt sich doch so viel vermuten, daß er, um das Verhältnis der Idee des Guten oder der Gottheit zu den übrigen Ideen und zu der Entstehung der realen Welt begreiflich zu machen, jenes arithmetische Schema der Pythagoreer annahm. Damals erwies sich der Einfluß, welchen die Mathematik auf die Entwicklung metaphysischer Ansichten ausübte, dem ganzen Charakter der antiken Mathematik gemäß, als ein arithmetischer. Wenn jetzt Spinoza zur Lösung desselben Problems sich an die moderne Mathematik wendete, so fand er hier vermöge der Beziehung, welche sie zur Naturwissenschaft suchte, ein vorwiegend geometrisches Interesse vor und geriet auf diese Weise in den Versuch einer geometrischen Lösung der Grundfrage des Pantheismus.

Es wurde schon früher hervorgehoben, daß die Mathematik in den ersten Jahrhunderten des modernen Denkens durch die Abhängigkeit von der euklidischen Methode in die Stellung einer synthetisch-demonstrativen Wissenschaft ohne prinzipielle Berücksichtigung ihrer anschaulichen Elemente gerückt, und daß sie infolgedessen als das Ideal rationaler Beweisführung betrachtet wurde. Auf diese Weise entstand bei Spinoza der Gedanke, auch dem System der Philosophie schon äußerlich die Form der euklidischen Geometrie zu geben. Descartes hatte mit seiner tiefen Einsicht in das erfindende Wesen der Synthesis diese Darstellungsform für eine äußerliche Nebensache gehalten und ihre Anwendung nur gelegentlich probiert: Spinoza dagegen tat dies versuchsweise schon mit dem gesamten System der cartesianischen Philosophie und preßte in der Ethik seine eigene Lehre in die schwerfällige Form dieser Darstellung. Darin besteht der befremdende Hauch, der aus seinem Hauptwerke dem Leser entgegenweht. Er wirkt um so eigentümlicher, in je grellerem Gegensatze er zu der mystischen Sehnsucht steht, welche die psychologische Triebfeder von Spinozas Denken bildet. Die tiefe Bewegung eines gotterfüllten Gemütes spricht sich in der trockensten Form aus, und die zarte Religiosität erscheint im starrenden Panzer festgeketteter Schlußreihen. Die Ethik ist auch nach dieser Seite hin der vollkommene Ausdruck von Spinozas Denken. Sie zeigt auch hierin jene einzige Verbindung von tief gefühltem Mystizismus und klar gedachtem Rationalismus.

Das Eigentümliche dieser Weltauffassung besteht also darin, daß sie ihre Wurzeln in einer Methode hat. Meist ist in der Philosophie die Erkenntnistheorie und die Methodologie von einer vorher bestehenden Weltanschauung abhängig. Die Weltanschauungen wachsen aus mannigfachen inhaltlichen Interessen der Geister hervor, und erst wenn sie fertig sind, suchen sie die Methode ihrer Begründung. Spinoza ist einer der wenigen, deren bedeutendste Gedanken auch ihrem Inhalte nach aus der Methode stammen. Er war Pantheist, als er diese Methode ergriff, und er ergriff sie, weil er Pantheist war: aber der Pantheismus ist ein Problem, und dieses Problem löste Spinoza, indem er die geometrische Methode in eine Weltanschauung umsetzte. Dies Verhältnis wird dadurch nicht aufgehoben, daß eine Anzahl einzelner Lehren sich bei Spinoza schon vor seiner Aufnahme der geometrischen Methode finden: nur darum handelt es sich, daß die eigenartige Gesamtfärbung seiner Metaphysik nur aus dieser Methode zu verstehen ist.

Hieraus erklärt sich zunächst die Ausgestaltung des Begriffs, von dem Spinoza die synthetische Demonstration begann, desjenigen der Gottheit. Die Gottheit verhält sich in seiner Lehre zu der Welt als dem Inbegriff der besonderen Dinge nicht anders, als in der Geometrie der Raum zu den besonderen Figuren, ihren Verhältnissen und Gesetzen. Wie deshalb der Geometer von der Anschauung des Raumes ausgeht und aus ihr alle seine Erkenntnisse ableitet, so beginnt Spinoza mit der Anschauung der Gottheit. Die Intuition, welche ihr Objekt unmittelbar ergreift, ist ihm die höchste, der Gottbetrachtung allein angemessene Erkenntnisart. Auch in der Parabel der cartesianischen Lehre war der Kulminationspunkt ein Gegenstand intuitiver Erkenntnis gewesen; aber dort war es das Selbstbewußtsein des denkenden Geistes, welches auf diese Weise den ursprünglichen Punkt aller Gewißheit bilden sollte. Und doch zeigte schon Descartes die Neigung, das Gottesbewußtsein als etwas in jenes Selbstbewußtsein unmittelbar Eingeschmolzenes zu betrachten. Bei Spinoza fällt vermöge seines ganzen Entwicklungsganges diese Vorbereitung durch das Selbstbewußtsein fort, und ihm gilt, wie der gesamten Mystik, die Gottesanschauung als der allein unmittelbar gewisse Inhalt des Denkens. In erkenntnistheoretischer Hinsicht tritt deshalb der Spinozismus in entschiedenen Gegensatz zum Sensualismus: die sinnliche Erfahrung

bezeichnet er als die niedrigste und unzulänglichste Stufe der Erkenntnis. Er nähert sich dem Rationalismus, wenn er die denkende
Auffassung des Zusammenhanges der Dinge (ratio) für die zweite
und höhere Stufe des Wissens erklärt. Aber das mystische Element
in seinem Denken verlangt noch eine Erhebung über diesen cartesianischen Rationalismus und benutzt dazu eben jene intellektuelle
Anschauung der Gottheit, welche vollkommen selbständig ohne
Beziehung zu den beiden niederen Stufen den wertvollsten Inhalt
des Denkens gewähren soll. Diese Lehre von den drei Stufen der
Erkenntnis, sensus ratio intuitus, geht als mittelalterliches Erb-
stück durch alle mystisch gefärbten Anschauungen der neueren
Philosophie hindurch und hat bei Spinoza ihre spezifisch wissenschaftliche Ausbildung gefunden.

Auch die Auffassung vom Wesen der Gottheit bei Spinoza macht
man sich am besten durch die Analogie des Raumes deutlich. Wie
alle geometrischen Formen durch den einen Raum bedingt und nur
in ihm möglich sind, so erscheinen bei Spinoza alle einzelnen Dinge
nur als Gestalten in der einen göttlichen Substanz. Sie ist das einzige
Wesen und trägt in sich die Möglichkeit aller Existenzen, und wie
räumliche Formen und Gesetze nichts sind ohne den Raum, der
sie trägt, so die Dinge nichts ohne die Gottheit, in der sie sind und
durch die sie begriffen werden. Deshalb macht Spinoza der Ungewißheit und Zweideutigkeit, womit Descartes den Begriff der
Substanz angewendet hatte, und jener zweifelhaften Unterscheidung
der unendlichen von den endlichen Substanzen damit ein Ende,
daß er die Substantialität der einzelnen Dinge vollständig aufgibt
und in dem religiösen Geiste seines Volkes keine Substanzen neben
der Gottheit anerkennt. Seine Substanz ist der metaphysische
Raum für die Dinge. Gerade wie beim geometrischen Raume die
Einheit identisch ist mit seiner Einzigkeit, so schließt auch hier
die Substantialität Gottes diejenigen aller anderen Dinge aus. Allein
ebenso wie anderseits der Raum nur eine formale, qualitativ inhaltlose Vorstellung ist, so bleibt auch für diesen Begriff der spinozistischen Gottheit keine innere Bestimmung übrig; weil sie alles
ist — so hatten auch die Mystiker gelehrt —, ist sie nichts. Wie
der geometrische Raum, für sich allein betrachtet, der leere, so
ist die spinozistische Gottsubstanz die absolute Leere. Sie ist in-
haltlos, qualitätlos, — das metaphysische Nichts. Wie im geo-

metrischen Raume nach Abzug seines sinnlichen Inhalts nur die leeren Formen übrig bleiben, so bleibt in der spinozistischen Substanz nach der Entfernung aller einzelnen Bestimmungen nur die logische Kategorie der Substantialität übrig. Spinozas Gotteslehre ist die Hypostasierung einer Denkform, und dadurch erhält das ganze System etwas Schattenhaftes und Blutloses; denn sowenig als der Raum die materielle Wirklichkeit, sowenig ist diese inhaltlose Substanz das metaphysische Wesen.

Um so schwerer wird deshalb für Spinoza das Problem, aus dieser inhaltlosen Gottheit die Fülle der Qualitäten und der einzelnen Dinge »nach mathematischer Folge« abzuleiten. Als das Zwischenglied dient ihm dazu seine eigentümliche und äußerst verwickelte Attributenlehre. Auch sie begreift sich am leichtesten, wenn man sich einer geometrischen Analogie erinnert. Die Attribute der spinozistischen Gottheit verhalten sich zur Substanz, wie die Dimensionen des Raumes zu diesem selbst. Man darf sie nicht als Eigenschaften im gewöhnlichen Sinne des Wortes auffassen, sie sind vielmehr nur die Richtungen, in denen sich das Wesen der Substanz entwickelt; aber sie sollen mit diesem Wesen selbst gegeben, ja vielmehr der eigentliche Inhalt dieses Wesens sein. Mannigfach hat man sich dieses schwierige Verhältnis klarzulegen gesucht. Man wählte die einfachste Erklärung, wenn man die Attribute als die verschiedenen Tätigkeitssphären der Substanz auffaßte: aber es schien dann wieder unbegreiflich, wie die einheitliche Substanz zu diesen verschiedenen Formen ihrer Kraftäußerung kommen sollte. Man betrachtete den Spinozismus durch die Brille der kritischen Erkenntnistheorie, wenn man meinte, die verschiedenen Attribute seien nur die verschiedenen Vorstellungsweisen, welche sich der erkennende Geist von der Gottheit zu machen genötigt sehe: aber man vergaß, daß man dabei teils das Attribut des Denkens schon voraussetzte, teils dem endlichen Geiste eine Selbständigkeit der Gottheit gegenüber zutraute, wie er sie in der Lehre Spinozas nicht haben kann. Man versuchte endlich, die Attribute als selbständige Substanzen aufzufassen, deren Aggregat nur die unendliche Substanz bilden solle: aber man stürzte damit den pantheistischen Grundcharakter des gesamten Spinozismus um. Dagegen erklärt sich Spinozas ganze Attributenlehre, sobald man jene geometrische Analogie festhält. Die Gottheit Spinozas ist der metaphysische

Raum von unendlich vielen Dimensionen, sie »besteht« aus diesen
Attributen ebenso wie der geometrische Raum aus seinen drei
Dimensionen, beide aber nicht etwa so, daß die Dimensionen etwas
Selbständiges wären und das Ganze sich aus ihnen erst zusammen-
setzte, auch nicht so, daß sie gesonderte Kraftäußerungen des
Ganzen vorstellten, endlich auch nicht so, daß sie nur die verschiedenen Seiten einer von außen herantretenden Betrachtung bildeten,
sondern vielmehr so, daß die Anschauung des Ganzen in diesen
verschiedenen Dimensionen ihr wahres Wesen erschöpft, und daß
das Wesen nicht ohne die Attribute, die Attribute nicht ohne das
Wesen sein und erkannt werden können.

Allein die Annahme der unendlichen Anzahl der Attribute ist
nur eine Forderung, welche die ursprüngliche pantheistische Anschauung an den Begriff der Gottsubstanz stellt. Die menschliche
Anschauung ist unfähig, diese Forderung vollständig zu erfüllen,
und sie muß sich daher auf die Betrachtung derjenigen Attribute
beschränken, die der menschlichen Natur zugänglich sind. Dies
aber sind nur die beiden Attribute des Denkens und der Ausdehnung.
An dieser Stelle ist schon einerseits der Verzicht auf eine völlig
adäquate Gotteserkenntnis, anderseits der erste Riß in der deduktiven Methode der spinozistischen Philosophie; denn daß es gerade
diese beiden Attribute sind, welche der Mensch erkennen kann,
läßt sich aus dem Begriffe der Substanz nicht ableiten, sondern
nur durch eine unvermerkte Aufnahme der Erfahrung in den Prozeß
der Synthesis behaupten; und in der Art dieser Aufnahme ist nun
Spinoza zweifellos zunächst von der cartesianischen Philosophie,
weiterhin aber von jener allgemeinen Auffassung abhängig, vermöge
deren man die geistige und die sinnliche Welt als zwei getrennte
Sphären der metaphysischen Wirklichkeit zu betrachten sich gewöhnt hatte. Auch ihm gilt dieser Gegensatz als ein durchaus
prinzipieller, so daß es keine unmittelbare Verknüpfung und vor
allem keinen kausalen Zusammenhang zwischen beiden Reichen
der Erfahrung gibt; alles, was in der geistigen Welt geschieht, ist
nur durch diese bedingt und durch diese begreiflich, und das gleiche
gilt innerhalb der Bewegungen der räumlichen Welt. Allein Spinoza
kann jede dieser Sphären nicht wie Descartes als Systeme von endlichen Substanzen, sondern muß sie nur als die allgemeinen Dimensionen, hier der Ausgedehntheit oder Körperlichkeit, dort der Geistig-

keit oder des Bewußtseins, betrachten. Denken und Ausdehnung sind deshalb die beiden für den Menschen erkennbaren Attribute der Gottheit, und was wir einzelne Geister und einzelne Körper nennen, sind nur Erscheinungen in diesen allgemeinen Sphären der göttlichen Substanz. In dieser Lehre darf man das letzte und extremste Resultat des mittelalterlichen »Realismus« sehen, dessen sachliche Gewalt sich danach bei Spinoza geltend machte, obwohl dieser sonst hinsichtlich der einzelnen Gattungsbegriffe der empirischen Weltvorstellung entschieden nominalistisch dachte. Aber in den Attributen der Ausdehnung und des Denkens ist die Hypostasierung der Allgemeinbegriffe so weit getrieben, daß alle einzelnen Dinge ihre metaphysische Realität verloren haben und die letztere nur noch für die beiden allgemeinsten Merkmale übrig geblieben ist, welche die Abstraktion aus den Tatsachen der Erfahrung herauszulösen imstande ist, die Merkmale der Körperlichkeit und des Bewußtseins. Auch diese logischen Verhältnisse haben in der Anknüpfung an die scholastische Philosophie und ihre Terminologie eine wichtige Rolle in der Ausbildung der Lehre Spinozas gespielt.

Die Attributenlehre hat somit im Spinozismus nur den Sinn, die einzelnen Dinge in vollkommen getrennte Sphären anzuordnen, die in der unendlichen Gottheit unabhängig nebeneinander bestehen sollen, und sie gibt noch keinerlei Handhabe für die Lösung des Problems der Individuation. Wie innerhalb jedes dieser Attribute die einzelnen Dinge entstehen, wie sich in jeder dieser Sphären der Prozeß des Geschehens abspielt, das bleibt nach wie vor dieselbe Frage. Gewiß ist von vornherein, daß für Spinoza die einzelnen Dinge, welche er die Modi der göttlichen Substanz nennt, nicht als seiend in dem Sinne der metaphysischen Realität, sondern nur als existierend im Sinne von besonderen Erscheinungen gelten können. Sie müssen betrachtet werden als etwas aus dem Wesen der Gottheit Hervorgehendes, und wenn sie der wissenschaftlichen Erkennbarkeit fähig sein sollen, als etwas mit Notwendigkeit daraus Hervorgehendes. Aber auch die Notwendigkeit ist für Spinoza nur eine mathematische, und das Verhältnis der Modi zur Substanz bezeichnet er deshalb als dasjenige der mathematischen Folge. Dies ist der Punkt, wo in seinem System die Umsetzung der geometrischen Methode in die metaphysische

Weltauffassung am klarsten hervortritt. Wie aus dem Wesen des
Raumes alle geometrischen Formen und Verhältnisse, so folgt aus
dem Wesen Gottes die gesamte Welt der Dinge und ihrer Gesetze.
Allein die mathematische Folge ist kein zeitliches Geschehen,
sondern vielmehr nur eine ewige Bedingtheit, kein einmaliges Er-
zeugtwerden, sondern ein zeitlos bestehendes Verhältnis der Abhängigkeit. Aus diesem Grunde sieht sich Spinoza genötigt, die Betrachtung des Geschehens unter dem Gesichtspunkte der zeitlichen
Auffassung für eine inadäquate und dunkle Erkenntnis zu erklären
und zu verlangen, daß die Philosophie die Dinge nur als eine »ewige
Folge« aus dem Wesen Gottes begreife, daß sie ein Denken sei »sub
quadam specie aeterni«, d. h. gewissermaßen unter dem Gesichtspunkte des Ewigen. Auch hier springt unwillkürlich der Vergleich
mit den Systemen der Mystik entgegen, die namentlich den Inhalt
der religiösen Offenbarung nicht als historische Tatsachen, sondern
als ewige Vorgänge betrachtet hatten. Der Fortschritt Spinozas
besteht nur darin, daß er diese Anschauungsweise auch auf alles
Geschehen überhaupt überträgt. Aber wenn schon mit dem zeitlichen
Charakter das Geschehen sein eigenstes Wesen verliert, so hebt die
geometrische Analogie bei Spinoza ebenso auch alle Wirksamkeit
und alle Kraftbetätigung innerhalb des Geschehens auf. Denn der
Raum ist nicht die wirkende Ursache des Dreiecks oder der Gleichheit der drei Dreieckswinkel mit zwei Rechten, und wenn jeder
Modus aus dem Wesen der Substanz in derselben Weise folgen soll,
wie die Sätze der Geometrie aus dem Wesen des Raumes, so ist die
spinozistische Substanz nicht die reale, wirkende Ursache der Dinge.
Zwar bezeichnet Spinoza die Gottheit am liebsten auch als Natur
(deus sive natura), und zwar im Unterschiede von dem Systeme der
Einzeldinge, das er natura naturata nennt, als natura naturans,
und man muß dieses Wort entschieden durch »wirkende Natur«
übersetzen. Allein was Spinoza das Wirken der Gottheit nennt,
ist eben nicht mehr jene lebendige Kraftbetätigung, die etwa Bruno
darunter verstanden hatte, sondern vielmehr das mathematische
Verhältnis des Grundes zur Folge*). Aus dem Gedanken des Her-

*) Am klarsten leuchtet dies vielleicht ein, wenn man sich an die von
Schopenhauer (über die vierfache Wurzel des Satzes vom zureichenden
Grunde, 6. Kap.) unter dem Namen des »Satzes vom Grunde des Seins« ein-
geführte mathematische Bedeutung des Prinzips der Dependenz erinnert, von

vorbringens ist bei Spinoza das lebendige Wesen der Kausalität
herausgefallen, und wie seine Substanz nur noch die logische Kategorie der Substantialität, so bedeutet sein »Folgen« nur das logische
Verhältnis der Dependenz. Diese Welt ist tot, es geschieht in ihr
nichts wahrhaft, sondern es gibt in ihr nur ein ewig bestimmtes Verhältnis von Abhängigkeiten. Diese Welt ist nicht erfüllt von einer
lebendig wirkenden Naturkraft, sondern sie ist nur noch der leere
Raum, in welchem sich — man weiß nicht wie — Linien, Flächen
und Körper konstruieren und wieder verwischen. Auch hier dieselbe Öde, dieselbe Starrheit und Leblosigkeit, wie in dem Wesen
der Substanz; denn aus dem Nichts kann auch nur Nichts folgen.

Die eigentliche Aufgabe Spinozas wäre es nun, für jedes einzelne Ding zu zeigen, in welcher Weise es sich mit Notwendigkeit
aus dem allgemeinen Wesen der Gottheit ergibt. Allein auch das
ist unmöglich. Denn die besondere Richtung, welche das »Folgen«
von dem Wesen der Gottheit aus auf einen bestimmten einzelnen
Modus nimmt, ist wiederum nicht zu deduzieren, sondern nur empirisch aufzufassen. Aus dem bloßen Gedanken des leeren Raumes
wäre niemals eine Geometrie geworden, wenn man nicht aus sinnlicher Erfahrung einzelne Raumformen gekannt hätte, und aus
dem bloßen Gedanken der Substanz wäre niemals der Spinozismus
geworden, wenn der Philosoph nicht aus der Erfahrung die Kenntnis der einzelnen Dinge gehabt hätte, welche ihre Erklärung aus
dem göttlichen Wesen verlangen. Hier bricht zum zweiten Male,
und in noch viel größerer Ausdehnung, die Erfahrung in den Prozeß
der Deduktion ein. Zugleich aber ergibt sich daraus noch ein
anderes: Spinoza postuliert zwar fortwährend, daß die Gesamtheit
der Dinge die notwendige Folge aus dem Wesen der Gottheit sei,
aber er vermag ihr Hervorgehen in der Gestalt, wie sie erfahrungs-
gemäß bestehen, aus dem Wesen der all-einen Gottheit ebensowenig
wirklich abzuleiten, wie es irgend eine andere deduktive Philosophie

der Schopenhauer nachweist, daß sie weder den Sinn des Realgrundes, noch
bloß denjenigen des Erkenntnisgrundes hat. Spinoza kennt vermöge des
mathematischen Grundcharakters seines Denkens in der Tat nur diese Bedeutung der Dependenz. Für ihn ist deshalb »verursacht sein« und »begründet
sein« auch nur so viel wie das mathematische Folgen, und dadurch verliert
das kausale Verhältnis für ihn die Bedeutung der realen Verursachung. Der
Begriff der Kraft existiert für Spinoza nicht.

oder irgend eine andere pantheistische Weltanschauung vermocht
hat. Es ist eine unvergeßliche Lehre, die aus der eleatischen Philosophie hervorleuchtet, daß aus dem Einen das Viele niemals begriffen werden kann. Schon Nicolaus Cusanus hatte eingesehen,
daß die endlose Reihe des Endlichen, in der sich das Unendliche als
Welt darstellt, nur als Ganzes von dem Unendlichen abhängt, daß
aber kein einzelner Modus darin dem Unendlichen näher steht als
der andere: darin liegt der Hauptgegensatz des modernen Pantheismus gegen das Emanationssystem der Neuplatoniker.

Bei Spinoza kommt dies darin zum Ausdruck, daß er von den
endlichen Modi, den einzelnen Dingen und Zuständen, noch die
»unendlichen Modi« unterschied. Er verstand darunter die
unendlichen Zusammenhänge, in denen sich die endlichen Modi
als Gesamterscheinung der göttlichen Substanz darstellen: es sind
im Attribut der Ausdehnung der Raum und die Materie, im Attribut
des Denkens der »intellectus infinitus« und endlich das Universum
selbst als die einheitliche Totalität der Natura naturata. Aber wenn
wir in diesen »unendlichen Modi« die Zwischenglieder zu sehen
haben, vermöge deren die Attribute mit ihrer »unendlichen Kausalität« in die Reihenfolgen der Modi übergehen sollen, so bleibt es
auch damit einerseits bei der kraft- und zeitlosen Bestimmung der
mathematischen »Folge« und anderseits bei jener Inkommensura-
bilität zwischen dem Unendlichen und dem Endlichen.

Innerhalb der endlichen Modi aber muß auch der Spinozismus
sich begnügen, das Prinzip der notwendigen »Folge« auf das Verhältnis der einzelnen Dinge untereinander anzuwenden, und nach
dieser Seite hin hat er es mit einer Konsequenz durchgeführt, welche
in der Geschichte des menschlichen Denkens einzig dasteht, und
welche vor keinen der gewöhnlichen Meinung der Menschen zu-
widerlaufenden Folgerungen zurückschreckt. Ausnahmslos will seine
Philosophie jedes einzelne Ding als die notwendige Folge aus anderen
einzelnen Dingen, jeden Vorgang als die notwendige Folge anderer
Vorgänge darstellen; und da es für diese Erklärung eine unmittelbare Anknüpfung an das Wesen der Gottheit nicht gibt, so gelten
die einzelnen Dinge als ein unendlicher Zusammenhang von notwendigen Erscheinungen ohne Anfang und ohne Ende. Die Zeitfolge, die wir zwischen ihnen annehmen, ist nur ein sinnlich getrübtes
Bild der Abhängigkeit, welche zwischen ihnen besteht. In diesem

ununterbrochenen Zusammenhange des Geschehens kann es deshalb keinen Zufall geben. Ursachlos entstanden zu sein, widerspricht dem Begriffe des Modus, und die Zufälligkeit ist deshalb nur ein »Asyl unserer Unwissenheit« über die wahre Abhängigkeit, worin sich die Dinge voneinander befinden. Aber wenn Spinoza in der Erklärung der einzelnen Dinge immer davon spricht, daß jedes darunter nur aus seinen Ursachen zu begreifen sei, so verbirgt sich hinter dem unbestimmten Ausdruck »causa« doch immer der Gedanke der mathematischen Folge. Ja, seine ganze Auffassung der Abhängigkeit, in der die einzelnen Dinge zueinander stehen sollen, zeigt einen stark geometrischen Beigeschmack durch die Zweideutigkeit des Wortes »determinatio«. Wie nämlich die geometrische Figur das, was sie ist, den begrenzenden Linien verdankt, welche sie von dem übrigen Raume und von anderen Figuren trennen, so bedeutet für Spinoza die gegenseitige Bedingtheit der Dinge wesentlich das Verhältnis, wonach jedes einzelne Ding seine Eigentümlichkeit durch den Ausschluß der anderen Dinge erhalten soll. Der berühmte Satz: » omnis determinatio negatio «will nichts anderes sagen, als daß jede Bestimmung, die ein Ding durch ein anderes erfährt, wesentlich darin besteht, daß die Eigentümlichkeiten des bestimmenden Dinges von dem Wesen des bestimmten ausgeschlossen werden. Daraus ergab sich für Spinoza die echt scholastische Folgerung, daß der Mangel bestimmter Eigenschaften für die reale Bestimmung der einzelnen Dinge gehalten wurde, und daß damit die Negation, ein bloß psychischer Vorgang, zu einer metaphysischen Realität umgedeutet wurde.

Innerhalb eines jeden Attributes soll diesem Prinzip gemäß das System der ihm angehörenden Modi nach dem Schema der notwendigen Folge angeordnet werden, so daß jedes dieser Attribute mit dem ganzen Zusammenhange seiner einzelnen Erscheinungen lediglich in sich selbst geschlossen bleibt. Kein Modus der Ausdehnung kann von einem solchen des Denkens abhängig sein, und umgekehrt. Je schärfer Spinoza dies Prinzip durchführte, um so klarer trat auch bei ihm das Problem des scheinbaren Zusammenhanges hervor, der in den Beziehungen von Leib und Seele zwischen beiden Attributen vorhanden ist. Es wiederholte sich genau jene Schwierigkeit, mit der Descartes gekämpft hatte, und welche der Entwicklung des Occasionalismus zugrunde lag. Für Spinoza war

es verhältnismäßig leicht, sie zu überwinden. Alle Attribute waren
seiner Lehre nach in der einen göttlichen Substanz vereinigt, und
in jedem der Attribute war das System der Modi die notwendige
Folge aus dem Wesen der Gottheit. Da nun dies Wesen der Gottheit in allen dasselbe ist, so müssen die Systeme der Modi in allen
Attributen vollkommen miteinander parallel laufen, das heißt,
jedem Modus in einem Attribut muß ein Modus in jedem anderen
Attribut entsprechen. Mit demselben Abhängigkeitsverhältnis,
wonach in dem einen Attribut der eine Modus dem anderen folgt,
muß diese Folge zwischen den entsprechenden Modi aller übrigen
Attribute stattfinden. Für das Verhältnis der dem Menschen bekannten Attribute der Gottheit, der Ausdehnung und des Denkens,
ergab sich daraus als einfache Konsequenz jener berühmte Satz:
Ordo rerum idem est atque ordo idearum*). Damit hatte Spinoza
auf einen Schlag die gesamte Konsequenz des Occasionalismus
vorweggenommen. Der scheinbare Einfluß, den das Bewußtsein
auf das materielle Geschehen und umgekehrt dieses auf jenes ausübt, war dadurch erklärt, daß beide in ihrer notwendigen Folge
einander jeden Augenblick entsprechen. Auf Grund dieses Parallelismus müßte nun Spinoza behaupten, daß jedes Element der körperlichen Welt zugleich eine entsprechende Vertretung in einem Modus
der geistigen Welt finde. Er hätte, wenn er zu diesen Folgerungen
Veranlassung gehabt hätte, unbedingt zu der Annahme einer unendlichen Fülle von unbewußten Vorstellungen schreiten müssen
und hätte zu der Lehre gedrängt werden können, mit der ihm die
moderne Naturphilosophie nachgegangen ist, daß nämlich auch
den einfachsten Vorgängen der mechanischen Bewegung irgendwelche, wenn auch noch so elementare Prozesse des psychischen

---

*) Spinoza hat leider diesen Satz zweideutig gemacht, indem er ihm zu-
gleich eine erkenntnistheoretische Bedeutung beilegte; in diesem letzteren Sinne
sollte er bedeuten, daß in dem Systeme der richtigen Philosophie sich die
Erkenntnisse in derselben Ordnung aus dem Grundbegriffe der Gottsubstanz
entwickeln müßten, wie die einzelnen Dinge, und zwar die Modi sowohl der
Ausdehnung als auch des Bewußtseins, in der Wirklichkeit aus dem Wesen der
Gottheit. In jenem metaphysischen Sinne dagegen behauptete der Satz, daß
allen Vorstellungen, den richtigen so gut wie den falschen, körperliche Vorgänge entsprechen müssen, wie umgekehrt auch allen körperlichen Vorgängen
Vorstellungen ohne Rücksicht auf ihren Erkenntniswert. Beide Bedeutungen
jenes Satzes sind wohl voneinander zu scheiden.

Daseins entsprechen. Er hat diesen vollen Parallelismus beider Welten, wonach sich die in der göttlichen Substanz gegebene Vereinigung der beiden Attribute, Denken und Ausdehnung, bis in die Zersplitterung der kleinsten Teile des Weltlebens wiederholen müßte, nicht ausdrücklich durchgeführt, sondern sich mit der anthropologischen Wendung der Sache begnügt. Danach bezeichnet er die menschliche Seele als die Idee des menschlichen Körpers und zieht daraus die Folgerung, daß die Vollkommenheit der ersteren derjenigen des letzteren entsprechen müsse, daß überhaupt die ganze Bewegung des psychischen Lebens genau der Doppelgänger des physischen sei. Der Einfachheit oder Zusammengesetztheit, der Stärke oder Schwäche, der Gesundheit oder Krankheit des physischen Organismus entsprechen die gleichen Eigenschaften des psychischen. Es ist klar, wie leicht diese Lehre in den Verdacht des Materialismus kommen konnte; während sie in Wahrheit das physische so gut wie das geistige Leben des Menschen für gleich notwendige ewige Folgen aus dem Wesen Gottes erklärte und beide nur von diesem abhängig machte, konnte der Parallelismus, den sie zwischen ihnen ansetzte, leicht dahin gedeutet werden, als mache sie die Vorgänge des seelischen Lebens von dem Mechanismus des körperlichen abhängig und setzte sie zu dessen Begleiterscheinungen herab.

Indessen bot dieser Parallelismus der Attribute doch in psychologischer Beziehung eine Reihe von Schwierigkeiten dar, deren sich Spinoza mehr und mehr bewußt geworden zu sein scheint. Wenn die Seele als die Idee des menschlichen Körpers bezeichnet wurde, so war es schwer, wenn nicht unmöglich, für die Vorstellung von dieser Seele, für die »Idee der Idee des menschlichen Körpers« den Modus aufzufinden, welcher ihr in dem Attribute der Ausdehnung entsprechen müßte. Das Selbstbewußtsein wurde von diesem Gesichtspunkte aus zu einem schwierigen Problem. Dasselbe aber galt von allen Tatsachen der inneren Erfahrung. Es war leicht, wenigstens im allgemeinen, sich vorzustellen, daß jedem der einfachen psychischen Vorgänge, wie der Empfindung, dem sinnlichen Gefühle, dem Triebe, bestimmte Zustände des Körpers entsprechen; aber unser Wissen von diesen unseren psychischen Zuständen, d. h. unsere inneren Erfahrungen, sind doch auch Modi des Bewußtseins, und zwar von ihrem Inhalte unterschiedene Modi; für sie aber schien man doch niemals andere körperliche Zustände

auffinden zu können, als eben dieselben, welche auch den ursprünglichen Empfindungen, Gefühlen und Trieben entsprechen sollten.
Hier schien also der Parallelismus der Attribute in Frage gestellt.
Es ist aus dem Briefwechsel Spinozas wahrscheinlich gemacht worden,
daß er in den letzten Jahren seines Lebens einer interessanten Lösung dieses Problems auf der Spur war, die er nicht vollständig
ausgeführt, sondern nur angedeutet hat. Er scheint dabei ein derartiges Verhältnis der Attribute ins Auge gefaßt zu haben, daß sie
sich in eine Reihe anordnen sollten, innerhalb deren jedesmal die
Modi des vorhergehenden Attributs in den Modi des folgenden den
Vorstellungsinhalt bildeten. Als Grundlage bliebe dann freilich das
Attribut der Ausdehnung bestehen; in dem zweiten Attribut, demjenigen des einfachen Bewußtseins, erschienen alle körperlichen Zustände vorgestellt: diese Vorstellungen aber, die einfachen Modi des
Bewußtseins, würden dann den Gegenstand eines Bewußtseins höherer Ordnung bilden, welches das dritte Attribut ausmachte, und
welches wir etwa als das Attribut des Selbstbewußtseins oder der
Selbsterfahrung bezeichnen dürften. Die unendliche Anzahl der
Attribute gab dieser Auffassung die Perspektive einer unendlichen
Möglichkeit von Potenzierungen dieses Vorganges, und die Ausführung dieses Gedankens würde Spinoza zu einem System geführt
haben, welches auf dem Grunde der körperlichen Welt eine Stufenreihe von Welten immer höherer Geistigkeit aufgebaut hätte, so daß
dem Menschen nur die Teilnahme an den drei untersten Attributen,
Ausdehnung, Bewußtsein und Selbstbewußtsein, zugefallen wäre. In
dieser Wandlung der Gedanken Spinozas liegt der Beweis, wie seine
Lehre durch das cartesianische Problem des Selbstbewußtseins über
sich selbst hinausgetrieben wurde.

Auch in dieser Form der spinozistischen Lehre hätte jedoch die
strikte Konsequenz aufrecht erhalten werden müssen, mit der er
innerhalb jedes einzelnen Attributs den Ablauf des Geschehens als
eine lediglich kausale Kette zu begreifen suchte. Auf dem Gebiete
des Attributs der Ausdehnung führte dies natürlich zu einer rein
mechanischen Naturphilosophie, worin Spinoza die Anti-
teleologie Descartes' womöglich noch zu überbieten suchte. Er zeigt
sich dabei mit den großen naturwissenschaftlichen Entdeckungen
der Zeit durchaus vertraut und wendet in diesem Geiste seine Aufmerksamkeit hauptsächlich den optischen Problemen zu. Vor allem

aber betont er mit Bacon und Descartes den prinzipiellen Ausschluß der teleologischen Betrachtungsweise von der wissenschaftlichen Naturerkenntnis. Er eifert geradezu gegen den Begriff der Zweckmäßigkeit, insofern dadurch das Entstehen oder die Eigenart irgendwelcher Dinge oder die Form irgendwelcher Bewegungen erklärt werden soll. Der Zweck ist auf alle Fälle ein Modus des Denkens, und die teleologische Naturbetrachtung sucht daher gewisse Modi der Ausdehnung in Abhängigkeit von den Erscheinungen des anderen Attributs zu setzen: das aber ist für die spinozistische Auffassung selbstverständlich ein schwerer Irrtum. Nur die mathematische Notwendigkeit kausaler Verhältnisse beherrscht deshalb den Gang des Geschehens in der Natur, und aus diesem Grunde muß Spinoza ebenso wie den Zufall und die Zweckmäßigkeit auch den Begriff des Wunders ablehnen, da dieser gleichfalls die Vorstellung eines Eingriffs der göttlichen Zwecktätigkeit in den Mechanismus der Natur involviert.

Eigentümlicher noch und jedenfalls origineller ist die Durchführung des Prinzips der mechanischen Kausalität, welche Spinoza auf dem psychischen Gebiete versuchte. Auch hier vermochte er nur die strikte Notwendigkeit zu behaupten, womit die Funktionen des seelischen Lebens sich aus einander ergeben, und die zunächst in die Augen springende Folge davon war die radikale Leugnung der Willensfreiheit, welche niemals so schroff und so rücksichtslos ausgesprochen ist, wie von Spinoza. Es ist in seinem Systeme lediglich die Anwendung seines Grundaxioms, wenn er lehrt, daß auch im seelischen Leben kein einziger Vorgang, keine Vorstellungstätigkeit und keine Willensentscheidung sich vollziehen kann, die nicht durch die vorhergehenden Funktionen notwendig gerade so bestimmt wäre, wie sie wirklich ausfällt. Er zieht gegen die Einbildung der Menschen, wonach sie sich für frei halten und im einzelnen Falle meinen, sie hätten sich auch anders entscheiden können, als sie es wirklich getan haben, mit allen Waffen des Spottes und des Ernstes zu Felde, und zerstört mit siegreichem Scharfsinn jenes Wahngebilde der Willensfreiheit, das man als Ursachlosigkeit aus mißverstandenen Gründen der Verantwortlichkeit aufgestellt hatte. Es wird ihm dieser Nachweis um so leichter, als er, wie die gesamten Denker des XVII. und XVIII. Jahrhunderts, von der psychologischen Ansicht ausgeht, daß der Wille nur eine Funktion der Vorstellungstätigkeit sei. Auch bei Descartes leuchtet

diese Grundvorstellung hervor, aber er wußte von ihr an wichtigen
Punkten, z. B. bei der Erklärung des Irrtums, derartig abzuweichen,
daß er wenigstens einen Rest von jener alten Vorstellung der ursachlosen Willensfreiheit des »Auchanderskönnens« rettete. Spinoza,
wie überall, so auch hier durchaus konsequent, behauptete die
durchgängige Abhängigkeit des Willens von der Vorstellung und
suchte deshalb den ganzen Mechanismus der Triebe auf denjenigen
der Vorstellungen zurückzuführen. Diese allgemeine Tendenz war in
der von Cartesius begründeten Ansicht, daß das Denken die Grundtätigkeit der menschlichen Seele sei, als eine bestimmende Maxime
für das gesamte Aufklärungszeitalter angelegt und hatte schon bei
dem Meister ihre Früchte getragen. Bei dem großen Schüler vereinigte sie sich mit dessen konsequenter Richtung auf die mathematische Kausalität und machte ihn auf diese Weise zu dem
Typus der deterministischen Weltanschauung. Die notwendige Folge davon war Spinozas Betrachtung des menschlichen
Lebens lediglich unter dem Gesichtspunkte der mechanischen
Kausalität, und er führte diese zum Schrecken des Zeitalters gleichmäßig auf den Gebieten der Ethik und der Politik aus. Seine allgemeine Verwerfung des teleologischen Gesichtspunktes ließ ihn für
beide das Prinzip der idealen Begründung und die Aufstellung abstrakter Normen ablehnen. Auf dem einen Gebiete kehrte er sich
gegen die moralisierende Tendenz der Behandlung der Ethik, auf
dem anderen Gebiete gegen die Aufstellung von Utopien einer idealen
Gesellschaftsform. In beiden Beziehungen glaubte er den Standpunkt der Wissenschaft zu wahren, wenn er behauptete, es handle
sich nicht um die Beurteilung, sondern um die Erkenntnis und das
Begreifen der Wirklichkeit. Seine Lehre will die Vorgänge des
individuellen und des politischen Lebens mit kalter Zurückhaltung
jedes persönlichen Urteils behandeln, »als ob man es mit Linien,
Flächen und Körpern zu tun hätte«. Sie will nur die mathematische
Notwendigkeit nachweisen, durch welche sich aus den einfachen
Elementen die komplizierten Gebilde des Seelenlebens und der politischen Gestaltung aufbauen; sie will die Vorgänge der sittlichen
und der gesellschaftlichen Welt »weder verabscheuen, noch be-
lachen, sondern begreifen«.

In der Ausführung dieser Mechanik des sittlichen und des
politischen Lebens ist Spinoza von den beiden großen Vor-

gängern abhängig, deren Lehren kurz vor ihm die gleiche Richtung
genommen hatten: von Descartes und Hobbes. Die Einwirkung
des ersteren liegt auf dem Gebiete der ethischen Psychologie, die
des letzteren mehr auf demjenigen der Politik. Auch Descartes
hatte den Versuch gemacht, von wenigen Grundformen aus das
System der Affekte und Leidenschaften zu konstruieren.
Spinoza ergriff diesen Gedanken und führte ihn mit einer Konsequenz durch, die von jeher als sein Meisterstück bewundert worden
ist. Er ging vor allem darauf aus, eine einheitliche Grundlage des
gesamten Trieblebens zu schaffen, und fand sie (auch nicht ohne
Einwirkung der moralphilosophischen Andeutungen von Hobbes)
im Selbsterhaltungstrieb. Die Erhaltung und Förderung
des eigenen Daseins ist ihm die alles beherrschende Triebfeder des
physischen und des psychischen Organismus. Der bewußte Egoismus dieser Selbsterhaltung ist nur der Modus des Denkens, welcher
dem physiologischen Lebenstriebe entspricht; von ihm aus wird
daher alles, was das eigene Dasein des einzelnen Wesens stört oder
befördert, entweder geflohen oder erstrebt, und danach für böse
oder für gut beurteilt. Auch Spinoza bekämpft, wie Hobbes, den
Gedanken des an sich Guten oder an sich Bösen. Wir verabscheuen,
sagt er, nicht die Dinge, weil sie böse sind, sondern weil wir sie
verabscheuen, nennen wir sie böse. Wir begehren nicht die Dinge,
weil sie gut sind, sondern weil wir sie begehren, nennen wir sie gut.
Böse und gut sind relative Bestimmungen, welche sich auf Grund
des Selbsterhaltungstriebes als Verneinung des Hemmenden und als
Bejahung des Fördernden entwickeln. Der Affekt, mit dem wir das
Fördernde begrüßen, ist die Freude (Lust), derjenige, mit dem wir
das Störende empfinden, die Trauer (Unlust). Beiden zugrunde
liegt die Begierde überhaupt als das Streben nach Selbsterhaltung
und Selbstvervollkommnung. Von dieser ersten Einteilung aus
entwickelt sodann Spinoza das ganze System der menschlichen
Affekte und Leidenschaften in derselben Weise wie Descartes durch
Synthesis der verschiedenen Vorstellungen von den Gegenständen
und Ursachen der Begierden und der Affekte. Er scheut sich dabei
nicht, den Ursprung der menschlichen Gefühle und Leidenschaften
in seiner ganzen Nacktheit bloßzulegen, und reißt mit großartiger
Rücksichtslosigkeit die Maske von den Beschönigungen, hinter denen
die Sophistik des menschlichen Herzens die Gewalt der elementaren

Triebe zu verstecken pflegt. Seine Darstellung ist mit ihrer naiven
Kühnheit klassisch in Rücksicht auf die Entwicklung des Charakters
von jedem einzelnen der dabei behandelten Seelenzustände; als
Ganzes leidet sie an dem Mangel, welcher dem unvollkommenen
Zustande der damaligen Psychologie zur Last fällt,-daß sie die psychologische Grundverschiedenheit von Affekten und Leidenschaften
nicht berücksichtigt und deshalb gelegentlich auch heterogene Vorgänge unmittelbar nebeneinanderstellt.   Auf der anderen Seite
gehört es zu ihren größten Vorzügen, daß sie den Zusammenhang
zwischen diesen » perturbationes animi« und den leiblichen Vorgängen auf das engste aufrecht zu erhalten sucht.   Vermöge des
Parallelismus der Attribute muß jede Begierde einem bestimmten
Zustande der körperlichen Bewegung, jeder freudige Affekt einer
Vervollkommnung, jeder traurige Affekt einer Verminderung oder
Störung des physischen Organismus entsprechen.   Zwar ist Spinoza
selbstverständlich nicht imstande, durch physiologische Erkenntnisse dieses Prinzip für die einzelnen Vorgänge durchzuführen:
allein die bloße Forderung und die prinzipielle Ansicht war ein überaus bedeutender Fortschritt und eine der zukünftigen Forschung vor-
greifende Hypothese.   ·
     Wenn diese naturalistische Auffassung des Seelenlebens der
herrschenden Meinung als eine Untergrabung der heiligsten Überzeugungen erschien, so galt dasselbe von der Unbeirrtheit, mit
der Spinoza in seinem politischen Traktat das gleiche Prinzip auf
die Erkenntnis des Staatslebens anwendete.   Wie er die sittlichen
Grundbegriffe von gut und böse rein psychologisch als die Bezeich-
nungen desjenigen, was der Mensch erstrebt oder flieht, abgeleitet
hatte, so gibt er auch hier dem Grundbegriffe des Rechts eine rein
naturalistische Wendung, wenn er es mit der Macht identifiziert
und den Grundsatz aufstellt, daß jeder gerade so viel Recht habe
als er Macht hat, und daß die Rechtssphäre eines jeden nichts
anderes sei als der Umkreis der Betätigung seines Selbsterhaltungstriebes.   Das natürliche Recht ist also für Spinoza die volle Entfaltung des Egoismus, und damit geht er auch über Hobbes hinaus,
der diese Entfaltung des Egoismus doch nur für einen dem Rechts-
zustande vorhergehenden Zustand erklärt hat.   Die Konsequenzen
aber sind bei beiden Denkern prinzipiell dieselben, und auch Spinoza entwirft die Mechanik des Staatslebens auf Grund jenes

Kampfes aller gegen alle, zu welchem die bloße Entfaltung des individuellen Egoismus führen muß. Er deduziert, daß der Selbsterhaltungstrieb in erster Linie das Streben nach der Sicherung der persönlichen Existenz und ihrer Macht- bzw. Rechtssphäre mit sich bringe, und daß die Einsicht in die mit dem Kampf aller gegen alle notwendig verbundene Unsicherheit des Lebens und des Besitzes den Staatsvertrag herbeiführe, vermöge dessen durch den gemeinsamen Willen der Menschen Anordnungen zur Sicherung und Beförderung des Wohls jedes einzelnen mit bindender Gesetzeskraft geschaffen werden. Auch für Spinoza wie für Hobbes ist deshalb der Staat nur eine große, von den Menschen zum Zwecke der Beförderung ihres Wohles gebaute Maschine, und der Wert der einzelnen Staatsformen ist lediglich davon abhängig, inwieweit sie diesen ihren Zweck zu erfüllen imstande sind. Aus diesem Grunde nun bekämpft Spinoza die absolutistische Staatsform, die Hobbes verteidigt hatte. Er sagt mit Recht, daß diese dem Begriffe des Staates überhaupt nicht entspreche. Hobbes hatte sie damit begründet, daß alle einzelnen ihr Recht auf den Monarchen übertragen; dadurch aber wird, wie Spinoza ausführt, das Recht, d. h. die Macht der Individuen aufgehoben und der Zweck der staatlichen Vereinigung nicht nur verfehlt, sondern sogar direkt umgestoßen. Der Absolutismus ist keine Staatsform, sondern nur eine Art des Kampfes aller gegen alle, und zwar diejenige, worin einer alle übrigen besiegt hat. Die Mechanik des Staates hat vielmehr die Aufgabe, die Macht- und Rechtssphäre der einzelnen in eine solche Beziehung zueinander zu setzen, daß sie sich gegenseitig nicht mehr stören, und von dieser Aufgabe meint Spinoza, daß sie am besten durch eine republikanische Staatsverfassung gelöst werde. Wie bei Hobbes, so ist es auch bei Spinoza unverkennbar, wie er zu diesen besonderen Konsequenzen durch politische Erfahrungen getrieben wurde. Er hatte mit vielen anderen es erfahren, daß das republikanische Holland eine verhältnismäßig günstige Ruhe und Sicherheit des individuellen Lebens gewähre. Aber er hatte auch die Gefahren des republikanischen Lebens mit den Händen zu greifen Gelegenheit, er erlebte es noch, wie der Pöbel im Haag die Brüder de Witt in seinem Fanatismus zerriß, und solche ochlokratischen Auswüchse mögen ihn dazu bestimmt haben, daß er zur Empfehlung einer aristokratischen Staatsverfassung hin-

neigte. Doch hing es anderseits wieder mit den ethischen Bestimmungen seiner Lehre zusammen, daß er diese Aristokratie
nicht als diejenige des Blutes, sondern als diejenige der Bildung, der
vernünftigen Einsicht und der politischen Erfahrung gestaltet zu
sehen wünschte. Dabei ist es unverkennbar, daß die Darlegungen des
»politischen Traktats« über die Einrichtungen einer monarchischen
und einer aristokratischen Verfassung von einem klugen Verständnis
für die politischen Probleme getragen sind, die durch die eigentümlich
verwickelte Lage der Niederlande während der letzten Lebensjahre
des Philosophen gegeben waren.

Auf den ersten Blick erscheint es fast unmöglich, daß sich auf
den Grundlagen der spinozistischen Weltanschauung überhaupt eine
Ethik sollte entwickeln können. Wenn der Unterschied des Guten
und des Bösen nur darin gesucht wird, was der Mensch tatsächlich
begehrt oder verabscheut, so scheint es unmöglich, ein Kriterium
festzustellen, wonach allgemeingültig entschieden werden sollte, was
begehrenswert und was verabscheuenswert ist. Auf dem breiten
Boden der psychologischen Notwendigkeit erwachsen alle Vorgänge
der Willensentscheidung mit gleichem Rechte, und es scheint nicht
abzusehen, wie man dazu kommen soll, die einen zu billigen und
die anderen zu mißbilligen. Und dennoch ist es Spinoza gelungen,
aus seinen Prinzipien heraus eine Grundlage der Ethik zu finden;
ja sein ganzes Denken treibt so sehr auf dieses Prinzip zu, daß ihm
diese letzte Folgerung seiner Philosophie als die wertvollste erschienen ist und seinem Hauptwerke den Namen gegeben hat. Es ist
eine höchst eigentümliche Verknüpfung der Gedanken, durch welche
Spinoza den Begriff der Tugend zu formen vermocht hat. Sie
knüpft zunächst in echt naturalistischer Weise an den antiken Wort-
gebrauch an, wonach »virtus« vor seinem ethischen Sinne nur erst
die Tüchtigkeit bedeutet, und sie bringt diesen Begriff in Verbindung mit dem Selbsterhaltungstriebe. Das Streben nach der
eigenen Vervollkommnung, d. h. nach der Vergrößerung der individuellen Macht, ist der eigentliche Inhalt des Selbsterhaltungstriebes, und die Tüchtigkeit ist nichts weiter, als die Erfüllung dieses
Bestrebens. Deshalb sagt Spinoza, daß die Tugend (im Sinne der
Tüchtigkeit) identisch ist mit der Macht. Auch das Sittengesetz
kann vom Menschen nichts Naturwidriges verlangen, es ist vielmehr identisch mit dem Naturgesetz. Sein einziges Gebot ist genau

dasselbe, was der natürliche Trieb der Selbsterhaltung verlangt: »vergrößere deine Macht«; und der sittliche Begriff der Tugend ist nur derjenige des Strebens nach der vollen Kraftentfaltung der menschlichen Natur. In diesem Sinne sucht die spinozistische Ethik — unabhängig von allen religiösen Voraussetzungen — das sittliche Leben auf den Boden der natürlichen Wirklichkeit zu pflanzen und als dessen notwendiges Produkt darzustellen. Allein, um von diesem Prinzip aus zu einer Entwicklung der sittlichen Gesetze zu gelangen, bedarf Spinoza noch einer anderen Vermittlung, und es ist überaus merkwürdig, in wie einfacher und genialer Weise er zu diesem Zwecke baconische und cartesianische Gedanken miteinander verknüpft. Nach dem Parallelismus der Attribute kann offenbar die Vollkommenheit, d. h. die Tugend der Seele, nur verbunden sein mit der Vollkommenheit, d. h. mit der Tüchtigkeit des Körpers. Der tüchtigste Körper ist der kräftigste, derjenige, welcher die größte Macht hat; die vollkommenste Seele ist diejenige, in welcher das Attribut des Denkens am kräftigsten entwickelt ist, diejenige, welche die richtigsten, d. h. die klarsten und deutlichsten Vorstellungen besitzt. Die Tugend besteht daher für Spinoza in dem cartesianischen Ideal der klaren und deutlichen Vernunfterkenntnis; aber der Parallelismus der Attribute bringt es mit sich, daß diese wissende Tugend zu gleicher Zeit die größte körperliche Macht involviert, und so schlingt sich das baconische Prinzip »Wissen ist Macht« mit dem cartesianischen Begriffe des richtigen Denkens zu dem spinozistischen Tugendbegriffe zusammen. Der tugendhafte Mensch ist der wissende und eben dadurch zugleich der mächtige; es ist derjenige, in welchem ein und derselbe Modus individueller Existenz in beiden Attributen eine gleich hohe Vollkommenheit besitzt. Man darf sich nicht an dem scheinbaren Widerspruche stoßen, worin diese Lehre mit der einfach zu konstatierenden Tatsache steht, daß die Entwicklung der Seelenkraft mit derjenigen der Körperkraft im gewöhnlichen Sinne nicht überall gleichen Schritt hält: man muß vielmehr bedenken, daß Spinoza unter der Kraftsphäre eines Körpers den gesamten Umkreis der Wirkungen versteht, die er durch irgendwelche Vermittlungen auszuüben imstande ist, und in diesem Sinne müssen auch alle realen Wirkungen, welche im Geiste der baconischen Philosophie aus dem Wissen hervorgehen können, in das Gebiet der Macht gerechnet werden, die der spinozistischen Tugend zukommen soll. Es ist ein Tugendbegriff, der in merkwürdigster Weise auf der einen Seite einen rein theoretischen Inhalt hat, auf der andern Seite aber einen eminent praktischen Sinn der realen Tätigkeit einschließt — von allen Tugendbegriffen, die in der Geschichte des menschlichen Denkens aufgestellt worden sind, vielleicht der verschränkteste und dabei originellste —, um so interessanter, je mehr man bedenkt, daß der Urheber dieses Begriffs zwar jene theoretische Tugend des klaren Denkens im vollendetsten Maße besaß, in Rücksicht der Wirksamkeit dagegen auf dem Gebiete der äußeren Welt sich — physisch angesehen — eines gleichen Vorzuges nicht rühmen durfte.

Auf dieser Grundlage aufgebaut, tragen nun die ethischen Lehren Spinozas ganz den Charakter, zu welchem schon die cartesianische Philosophie notwendig hinneigte. Bei beiden tritt die Tugend wesentlich in der Form des klaren und vernünftigen Denkens auf, wie denn auch in dem Leben beider Männer die rückhaltlose Hingabe an die reine Vernunfterkenntnis als der Grundzug ihres Charakters und ihres Lebensschicksals hervortritt. Spinoza bringt, einer Andeutung Descartes' folgend, diese ethische Lehre, wie schon die Entwicklung seines Tugendbegriffes, mit dem aristotelisch-scholastischen Gegensatze der Aktivität und der Passivität in glückliche Verbindung. Ein Körper ist um so vollkommener und mächtiger, je mehr er handelt und je weniger er von anderen leidet: auch die menschliche Seele ist um so vollkommener und tugendhafter, je mehr sie sich tätig und je weniger sie sich leidend verhält. Nun sind die Affekte und die Leidenschaften, deren System Spinoza entworfen hat, für die Seele die unklaren und verworrenen Zustände des Leidens; sie sind zugleich die Vorstellungen derjenigen Zustände, in welchen sich auch der Körper leidend verhält, indem er unter dem Einfluß äußerer Mächte steht. Jene Affekte und Leidenschaften sind deshalb in allen Formen Zustände der Unvollkommenheit, der Schwäche, der Untugend. Ihnen gegenüber muß das klare und deutliche Denken als der Zustand der reinen Tätigkeit der Seele aufgefaßt werden, worin diese sich selbst bestimmt und keinen fremden Einflüssen unterliegt. Diesem Zustande der theoretischen Aktivität entsprechen deshalb auch die mit der reinen Erkenntnis verbundenen »aktiven Affekte«, und diese sind der Natur der Sache nach ausnahmslos Zustände der Freude, der Seligkeit. Denn sie sind die höchsten Formen der Selbsterhaltung und Selbstvervollkommnung. Hier kommt wieder das cartesianische Ideal des reinen Rationalismus, d. h. des lediglich durch sich selbst bestimmten Denkens in seinem ethischen Sinne zur Geltung.

Dieser Gegensatz des Aktiven und des Passiven identifiziert sich bei Spinoza mit demjenigen der Unabhängigkeit und der Abhängigkeit, oder demjenigen der Freiheit und der Knecht-.schaft. Der sittliche Begriff der Freiheit steht in keinem Widerspruche mit demjenigen der kausalen Notwendigkeit. Er ist vielmehr dessen „höchste Vollendung. Freiheit ist der Zustand, in welchem der endliche Modus bei seinen Tätigkeiten lediglich durch den Inhalt seiner eigenen Bestimmungen bedingt ist, Unfreiheit derjenige, in welchem dieser Modus von den Wirkungen anderer endlicher Wesen abhängig ist. Freiheit ist also nichts anderes als Selbstbestimmung. Frei ist derjenige Körper, dessen Bewegung durch keinen anderen Körper bestimmt ist, frei diejenige Seele, deren Entschließungen lediglich von ihrem vernünftigen Denken abhängen. Hieraus folgt, daß der Mensch im Zustande des Affekts und der Leidenschaft unfrei, im Zustande der vernünftigen Erkenntnis dagegen frei ist. Tugend ist Macht, und Tugend ist Freiheit; aber diese Tugend ist keine andere als die wahre Erkenntnis. Die sittliche Aufgabe kann somit nur in der Überwindung der Leidenschaften durch das Denken bestehen. Eine Leidenschaft kann man nur überwinden, indem man sie begreift. Alles sittliche Leben ist der Kampf der Vernunft gegen die Leidenschaft und sein Ziel die Erhebung des Menschen aus der Unfreiheit in die Freiheit.

Mit diesen Gedanken nun ringt sich Spinoza aus den starren Formen seines Rationalismus wieder in das ursprüngliche Element des Mystizismus empor, aus dem seine Philosophie geboren wurde. Denn was ist im letzten Grunde diese Erkenntnis, in der die Tugend, die Macht und die Freiheit des Menschen bestehen soll? Es ist die Anschauung Gottes und die Einsicht in die Notwendigkeit, mit der aus einem Wesen alle Dinge ewig folgen. Die Erkenntnis Gottes ist der Gipfel des Wissens und damit auch der Gipfel der Tugend. Wenn aber die Tugend den Menschen von der Knechtschaft befreit, in der er sich unter der Herrschaft seiner Affekte und Leidenschaften befindet, so ist diese Tugend der Gotteserkenntnis die erlösende Macht, welche den Menschen aus den Übeln

und Gebrechen der endlichen Welt zur Teilnahme an der ewigen
Volkommenheit der unendlichen Gottheit emporhebt. Mit diesen
Gedanken klingt die große Symphonie von Spinozas Lehren in ihren
religiösen Grundton aus. Denn alle Religion wurzelt im Erlösungsbedürfnis und sucht die Befreiung von den Übeln der Welt.

Von diesem Gesichtspunkte aus vollzieht Spinoza die letzte
Synthese seines Denkens. Die vollkommene Gotteserkenntnis hat
ihre erlösende Macht darin, daß sie den Menschen von allen Affekten
und Leidenschaften befreit, mit denen sonst sein Wille sich den
endlichen Dingen zuwendet, und wo diese Tugend vollkommen
eingetreten ist, da gibt es für den Menschen nur noch einen einzigen
möglichen Gegenstand des Willens: es ist der Gegenstand dieser
Erkenntnis selbst, die Gottheit. Wo Gott das gesamte Denken
erfüllt, da erfüllt auch er allein den Willen. Wer die Gottheit vollkommen erkennt, der begehrt auch nichts anderes als sie. Die
Erkenntnis Gottes ist identisch mit der Liebe zu Gott. Wer da
weiß, daß es nur die eine Substanz gibt, und daß alles andere nur
ihre vergänglichen Erscheinungen sind, der begehrt diese flüch-
tigen Güter nicht mehr, sondern umfängt mit seiner geistigen Liebe
nur noch die Gottheit. Diese Begierde aber ist ihrer ewigen Erfüllung sicher. Alle anderen Güter schwinden dahin, alle anderen
Begierden, selber vorübergehend, verfehlen entweder ihr Ziel oder
führen zu vorübergehender Lust: die Liebe zur Gottheit und die
Seligkeit dieser Liebe sind ewig wie ihr Gegenstand. Die Gottesliebe, welche mit der Gotteserkenntnis sich deckt, ist das höchste
Gut. Wenn endlich Spinoza für diese geistige Liebe zur Gottheit
einen abschließenden Ausdruck sucht, so bedarf es nur noch der
Überlegung, daß jene Menschenseele, die sich in der Erkenntnis zu
der Seligkeit der Gottesliebe emporschwingt, ja selbst nichts anderes
ist, als ein Modus in dem unendlichen Wesen der Gottheit, und daß
sie kein anderes Wesen und keine andere Kraft in sich trägt und entwickeln kann, als diejenigen der Gottheit selbst. Die Liebe, womit
der Mensch die Gottheit umfängt, ist schließlich nur eine Liebe
Gottes zu sich selbst: »amor intellectualis, quo deus se ipsum
amat«. Die Gottsubstanz ist alles in allem: auch unsere erkenntnisvolle Liebe zu ihr ist nur eine ewige Bewegung, mit der sie aus
den endlichen Gestaltungen ihres Wesens zu sich selbst zurückkehrt.

Auf diese Weise endet das System Spinozas in denselben Ge-

danken, welcher die innerste Triebfeder seines gesamten Denkens
und Lebens bildet, in den mystischen Gedanken der Gottesliebe.
Der ganze Apparat der geometrischen Methode und der schwerfällige Schritt der rationalistischen Deduktion ist ihm nur ein Mittel
gewesen, um jene religiöse Sehnsucht nach vollkommener Gotteserkenntnis zu stillen. Darin besteht das Einzige seines Systems,
daß es den Rationalismus in den Dienst des Mystizismus nimmt,
und daß es den weihevollen Trieb des religiösen Gefühls durch die
strengste Klarheit und Deutlichkeit des Denkens zu befriedigen sucht.
Spinozas Vertrautheit mit der cartesianischen Methode bewahrte
ihn vor der Verschwommenheit, worin sonst der mystische Gedanke
seine Offenbarungen hervorzustoßen pflegt, und seine tiefe Religiosität schützte ihn davor, sich mit der abstrakten Leere der naturalistischen Verständigkeit zu begnügen. In diesem Doppelbestreben
steht er ebenso weit über der Unklarheit der gewöhnlichen Mystik,
wie über der Verständnislosigkeit, womit der spätere Rationalismus
die höchsten Probleme des Denkens ihres inneren Wertes beraubte.
Aber auf der anderen Seite berühren sich in der Lehre Spinozas
diese beiden schroffen Gegensätze des Mystizismus und des Rationalismus nur, um sich desto schärfer abzustoßen. Der Versuch
ihrer Durchdringung ist mißlungen. Der Inhalt, den die mathematische Methode des Rationalismus der mystischen Idee der Gottheit zu geben vermochte, war das absolute Nichts. Dem religiösen
Denken Spinozas ist die Gottheit alles: in seiner Metaphysik ist sie
nur eine leere Begriffsform. Alle seine Religiosität konnte keine
Philosophie schaffen, die den vollen Inhalt dieses religiösen Gefühls
wiederzugeben vermocht hätte.

Immer wird das System Spinozas unter den Versuchen des
menschlichen Denkens, sich seines wertvollen Inhalts in der geschlossenen Form der Wissenschaft bewußt zu werden, eine hervorragende Stelle einnehmen. Sein System ist vielleicht die imposanteste
Begriffsdichtung, welche je in eines Menschen Hirn entsprang; die
strikte Folgerichtigkeit seines Denkens und die lautere Reinheit
seiner Überzeugung sichern ihm die Bewunderung der Nachwelt:
aber immer wird auch der unlösbare Widerspruch zwischen der
Glut seiner Gottesliebe und der schneidenden Kälte seiner Weltbetrachtung die Ruhe beeinträchtigen, mit der man den gewaltigen
Zusammenhang seiner Gedanken genießen möchte.

§ 27. Nicole Malebranche.

So befremdend Spinozas Verknüpfung des Rationalismus mit
dem Mystizismus bei den prinzipiellen Gegensätzen, die sonst
zwischen ihnen bestehen, und so unvergleichbar deshalb diese ihre
Verschmelzung erscheint, so bietet doch die Entwicklung der cartesianischen Lehre auch in Frankreich eine, wenn auch in geringe-
rem Maßstabe ausgeführte, doch in den Grundzügen ähnliche Erscheinung dar. Hier war es die Verbindung, in welche der Cartesianismus vermöge gewisser innerer Verwandtschaften mit der
Lehre des Kirchenvaters Augustin trat, wodurch dieser eigentümliche Vorgang bedingt wurde. Er spielte sich innerhalb eines geistlichen Ordens ab, der mit der Geschichte des Cartesianismus in der
engsten Verbindung stand. Die Kongregation der Väter des
Oratoriums Jesu war vom Kardinal Berulle begründet worden,
einem Freunde Descartes', dessen dringende Bitten den letzteren
mit zur Niederschrift und Veröffentlichung seiner Werke veranlaßt hatten, und der das Studium der cartesianischen Philosophie
in dem Oratorium einbürgerte. Es war ein Orden ohne hierarchische
Beschränkung, eine freie Vereinigung von Männern, welche sich
aus der Welt zurückzogen, um in wissenschaftlicher Weise an der
Ausbildung der Kirchenlehre zu arbeiten, ein Orden, in welchem
deshalb die Jesuiten ein geheimes, der Reformation zuneigendes
Ketzertum witterten und bekämpften. In der Tat kehrten die Forschungen dieser Männer mit einer der Reformation nicht ganz un-
ähnlichen Tendenz von der aristotelisierenden Scholastik zu der
platonisierenden Patristik zurück. Einer von ihnen, G. Gibieuf,
hatte schon früh in seiner Schrift De libertate dei et creaturae
(1630) für die Freiheitslehre eine Ergänzung der thomistischen
Doktrin durch scotistische und augustinische Argumente versucht.
Im ganzen verehrten die Oratorianer in Augustin den größten aller
Kirchenlehrer, während die Jesuiten sich mehr an Thomas von
Aquino hielten. Auch jene verfolgten eine gewisse Richtung der
Verinnerlichung des religiösen Bewußtseins und gerieten dadurch
bald in Konflikte mit den kirchlichen Mächten. Auf diesem Boden
begegneten sich nun die cartesianische Philosophie und der Augusti-
nismus, und in der ausgesprochenen Absicht, durch die Verbindung
beider die Kirchenlehre mit der modernen Wissenschaft und der

weltlichen Bildung zu versöhnen, schrieb André Martin die »Philosophia christiana«, die unter dem Pseudonym Ambrosius Victor 1671 erschien. Das Bindeglied zwischen beiden Lehren war wesentlich die Gotteslehre und die enge Beziehung, worin für beide große Denker das Gottesbewußtsein mit dem Selbstbewußtsein des Menschen gestanden hatte. Es war der Gedanke, daß die Selbsterkenntnis dés Menschen in seiner Gotteserkenntnis beruhe, daß in unser Selbstbewußtsein unabtrennbar die Erkenntnis der Gottheit eingeschmolzen sei, und daß diese Verbindung den sicheren Ausgangspunkt für alles menschliche Wissen bilden müsse.. Dieser Gedanke stand aber, wenn man ihm statt der rein erkenntnistheoretischen Wéndung, die er bei Descartes genommen hatte, im Sinne Augustins eine mehr religiöse Färbung gab, dem Prinzip der Mystik sehr nahe, wonach alles Wissen im Gewissen wurzeln und alle menschliche Erkenntnis aus der begeisterten Gottesanschauung fließen sollte; und so entwickelte sich schließlich aus dieser Verknüpfung eine Lehre, welche die Gedanken Descartes' zu einem Mystizismus verarbeitete, der freilich von dem spinozistischen Pantheismus weit entfernt war und vielmehr auf den augustinischen Theismus hinauslief.

Der Begründer dieser Lehre ist Nicole Malebranche. 1638 zu Paris geboren, war dieser Mann durch die Zartheit und Kränklichkeit seines Körpers von Jugend an auf ein stilles, zurückgezogenes, der Kontemplation und der Wissenschaft gewidmetes Leben hingewiesen, und so trat er schon in seinem dreiundzwanzigsten Jahre in das Oratorium ein. Lange Zeit mit anderen Studien beschäftigt, wurde er erst 1664 zufällig auf die cartesianische Lehre aufmerksam, ergriff sie aber dann mit einem solchen Eifer, daß er des Systems bald Herr wurde und daran die Fortbildung vollzog, die seinen Namen berühmt machen sollte. Im Jahre 1675 ließ er sein vielbewundertes Hauptwerk »De la recherche de la vérité« drucken, dreizehn Jahre darauf eine kompendiöse Zusammenfassung seiner Lehre in den »Entretiens sur la métaphysique et sur la religion«. Von den übrigen Schriften, durch die er teilweise in mehr populärer Form hauptsächlich den Gedanken von der Einheit der cartesianischen bzw. seiner Philosophie und der christlichen bzw. augustinischen Lehre darzustellen und zu begründen suchte, ist namentlich der »Traité de la nature et de la grâce« (Amsterdam 1680) wegen des Anlasses hervorzuheben, den derselbe zu einem lange und heftig

geführten Streite mit Arnauld gab. Die Cartesianer von Port Royal,
als deren Hauptvertreter dieser früher erwähnt worden ist, konnten
bei ihrer rein rationalistischen Auffassung der cartesianischen Lehre,
welche offenbar auch dem Geiste des Meisters am nächsten stand,
sich mit den mystischen Ideen von Malebranche nicht befreunden.
Dieser Streit, dessen Dokumente Malebranche seinerseits als Sammlung aller seiner Entgegnungen an Arnauld (4 Bde. Paris. 1709)
drucken ließ, ist eigentlich das einzige äußere Erlebnis in der wissenschaftlichen Zurückgezogenheit des Philosophen, der durch eine
glückliche Strenge und Mäßigkeit seiner Lebensweise ein hohes
Alter erreichte und erst 1715 bald nach einer Unterredung mit
dem englischen Philosophen Berkeley gestorben ist, — wie man erzählt, an den Folgen der Aufregung, in die ihn der Kontakt mit
diesem in vieler Hinsicht verwandten, in anderer Beziehung aber
wieder diametral entgegengesetzten Denker versetzte.

Die Lehre von Malebranche hat sich aus dem Cartesianismus
zweifellos in der Richtung des Occasionalismus entwickelt und ist
sowohl metaphysisch, als auch erkenntnistheoretisch durch die
Stellung der Probleme bedingt, die von den Occasionalisten hervorgehoben wurden. Je wichtiger der Substanzbegriff in der cartesianischen Philosophie war, um so mehr gab die Unentschiedenheit, mit der ihn Descartes selbst behandelt hatte, die Veranlassung zur Fortbildung seines Systems. Wie für die Occasionalisten
und für Spinoza, so gilt dies auch für Malebranche; der letztere
geht in einer oft fast wörtlichen Übereinstimmung mit Geulincx
von der occasionalistischen Ansicht aus, daß von einem Einfluß der
geistigen und der körperlichen Substanzen auf einander überhaupt
nicht die Rede sein könne, daß vielmehr der scheinbare Zusammenhang der geistigen und der körperlichen Welt eine stetige Vermittlung durch die göttliche Tätigkeit voraussetze. Aber Malebranche zieht daraus sogleich die klare und ausdrückliche Folgerung, daß diese Ansicht jede Selbständigkeit in der Bewegung der
körperlichen sowohl wie der geistigen Welt aufhebt, daß danach
die endlichen Substanzen aufhören tätig zu sein, und die göttliche
Substanz als der alleinige Grund aller Tätigkeit übrig bleibt. Er
kommt zu demselben Resultat auf Grund der cartesianischen Physik
und der Erwägungen über die Kausalität, wie sie daran auch schon
Geulincx geknüpft hatte. Nach diesen ist ein Körper niemals mit

selbständiger Bewegungskraft ausgestattet, er ist niemals im eigentlichen Sinne das Bewegende, sondern immer nur das Bewegte. Was in der Welt der Ausdehnung wahrhaft wirkt, ist nur die göttliche Kraft, welche, in konstanter Größe der Materie mitgeteilt, auf ihre einzelnen Teile nur fortwährend verschieden übertragen wird. Die Kraft, die ein einzelner Körper auszuüben scheint, gehört ihm in Wahrheit nicht selbst, sondern ist nur ein geborgter Teil der allgemeinen göttlichen Kraft. Die Körper wirken also nicht nur nicht auf die Geister, sondern nicht einmal auf einander. Sie sind nur Objekte und niemals Ursachen der Bewegung. Ursache sein heißt erzeugen und schaffen; wer die einzelnen Dinge für wirkende Ursachen hält, denkt heidnisch, und das ist der Grundfehler der gesamten antiken Philosophie. Gott als der alleinige Schöpfer ist auch der einzig Wirkende. Die Dinge sind seine Wirkungen und selbst wirkungslos. Das Geschehen in der Welt ist nicht eine Folge des natürlichen Wesens der Dinge, sondern vielmehr der Ausdruck der unendlichen und ewigen Tätigkeit Gottes. Damit ist auch für Malebranche aus dem Begriffe der Substanz, insofern er auf die endlichen Dinge angewendet werden soll, das Merkmal der Kausalität ausdrücklich fortgefallen; sie sind nur noch Existenzen, aber keine selbständigen Ausgangspunkte der Bewegung mehr. Die Parallele mit dem Spinozismus, der ja ebenfalls die gesamte Substantialität der Dinge aufgab, liegt auf der Hand; bei Spinoza ist nur auch in der Terminologie die größere Konsequenz, indem er eben die Gottheit für die einzige Substanz erklärte.

Die Ansicht, daß Gott der in dem gesamten Weltlauf allein Handelnde sei, wird so von Malebranche auf dem occasionalistischen Wege aus der Lehre Descartes' abgeleitet: im Resultat stimmt sie vollständig mit der religiösen Auffassung Augustins überein. Aber sie wird notwendig in dieselben unlösbaren Schwierigkeiten verwickelt, denen bereits Augustin unrettbar anheimgefallen war. Auch Malebranche nämlich vermag diese Theorie nur in bezug auf den gegenseitigen Einfluß der körperlichen und der geistigen Welt und anderseits auf den immanenten Vorgang des materiellen Geschehens durchzuführen: sie scheitert an dem wichtigsten Punkte, nämlich in Beziehung auf den Prozeß des seelischen Lebens. Denn die notwendige Folge dieser Ansicht wäre die, daß, wie in der Körperwelt, so auch in der geistigen Welt die einzelnen Substanzen, d. h.

hier die menschlichen Seelen, keine Selbsttätigkeit besitzen, sondern
daß alles Geschehen auch auf diesem Gebiete unmittelbar von der
einzig wirkenden Kraft, d. h. von der Gottheit ausgeht. Will man
aber dies durchführen, so ist es auch Gott, welcher irrt und welcher
sündigt. Handeln in Wahrheit nicht wir selbst, sondern nur in
uns und durch uns die Gottheit, so sind es auch nicht wir, welche
für Irrtum und Sünde verantwortlich gemacht werden können.
So springt, genau wie in der Prädestinationslehre von Augustin,
auch bei Malebranche das Problem des Irrtums und der Sünde
hervor. Er entzieht sich demselben ebensowenig wie sein großes
Vorbild; er gibt zu, daß die Tatsachen des Irrtums und der
Sünde nicht fortzuleugnen sind, und daß auf der anderen Seite die
Gottheit für sie nicht verantwortlich gemacht werden darf. Er
nimmt demnach an, daß diese Tatsachen in einer Freiheit und selbständigen Wirksamkeit der menschlichen Seele begründet sind. Er
sucht das Problem zu vereinfachen, indem er nicht nur theologisch,
sondern auch philosophisch im Sinne der cartesianischen Erkenntnistheorie den Irrtum als eine Art oder als eine Folge der Sünde
betrachtet wissen will. Er beutet den Gedanken Descartes' aus,
daß das falsche Urteil auf einem Übergreifen des Willens beruhe, der
auch da urteilen wolle, wo er es nicht vermöge. Er führt weiterhin
aus, wie der Mensch durch den Sündenfall unter die Herrschaft der
Sinnlichkeit und damit (nach cartesianischem Prinzip) der Unklarheit und Verworrenheit der Vorstellungen geraten sei. Aber die
Ableitung der Sünde und auch des Irrtums aus der Freiheit des
menschlichen Willens ist nur eine Wortlösung des Problems. Denn
diese Freiheit und Selbständigkeit der endlichen Substanz ist eben
in einem Systeme, welches wie diejenigen von Augustin und von
Malebranche die Gottheit als die einzige Ursache aller Tätigkeit bezeichnet hat, absolut unbegreiflich, und so muß sich denn auch
Malebranche diesem Problem gegenüber schließlich mit dem bekannten Ausspruche begnügen, daß die Freiheit ein Mysterium sei.

Zu einer stärkeren Hervorhebung der alles bedingenden Stellung
des Gottesbegriffs sah sich aber Malebranche auch noch auf einem
erkenntnistheoretischen Wege gedrängt. Nimmt man aus den endlichen Substanzen die Selbsttätigkeit ihres Wirkens heraus, so
bleibt (wie bei Spinoza die absolute Geschiedenheit der beiden Attribute des Denkens und der Ausdehnung) nur die völlige Ausschließ-

lichkeit zwischen der Körperwelt und der geistigen Welt übrig. Macht man aber damit völlig Ernst und führt man das Prinzip durch, daß jede dieser Welten nur durch sich selbst erkannt werden kann, so erscheint es zunächst unfaßlich, wie in den Geist überhaupt die Vorstellung oder gar die richtige Erkenntnis der Körper hineinkommen kann. Daraus folgt, daß auch die Erkenntnis des Menschen weder sein eigenes Werk noch eine unmittelbare Wirkung der Körper auf ihn sei, sondern vielmehr nur durch göttliche Erleuchtung hervorgerufen sein könne. Wenn wir Vorstellungen teils von Körpern, teils von anderen Geistern haben, so sind die letzteren nur auf dem Wege der Analogie aus unserer Erfahrung von unserem eigenen und von fremden Körpern entstanden. Die Vorstellungen der Körper aber verdanken wir nur der göttlichen Eingebung. Als ursprüngliche Elemente unseres Wissens bleiben uns deshalb nur das Bewußtsein von der Gottheit und dasjenige von uns selbst übrig. Beide aber glaubt Malebranche mit einem Schlage zu gewinnen, indem er den cartesianischen Gedanken mit dem augustinischen durchdringt. Die Vorstellung von Gott als dem allerrealsten Wesen ist ihm die klarste und deutlichste aller Vorstellungen; mit ihr erst wird uns auch das wahre Selbstbewußtsein gegeben, denn unsere gewöhnliche Selbsterfahrung, das sentiment intérieur, zeigt sich an die bestimmten Modifikationen unseres Wesens, an die einzelnen Tätigkeiten von Vorstellungen und Willensentschlüssen gebunden. Malebranche macht darauf aufmerksam, daß das, was Cartesius das Selbstbewußtsein genannt hat, die Selbstgewißheit des denkenden Wesens, von der gewöhnlichen inneren Erfahrung wohl zu unterscheiden sei, und er glaubt, daß jene volle Selbstgewißheit nur daraus erwachse, daß wir uns als eines Teils des göttlichen Wesens bewußt sind, daß wir in derselben ursprünglichen Intuition die Erkenntnis der Gottheit und unserer eigenen Existenz zugleich umfassen. Bei Descartes war zwar das Selbstbewußtsein zunächst als rein auf sich selbst begründet und als der Ausgangspunkt aller weiteren Deduktion erschienen; allein diese ganze Deduktion hatte ihren Durchgang durch das Gottesbewußtsein genommen, welches auch bei ihm schon als unmittelbar mit dem Selbstbewußtsein verschmolzen gedacht wurde. Ein System der neueren deutschen Philosophie, dasjenige von Krause, welches die Parabel der cartesianischen Methode in ihrem Gegensatze des

analytischen und des synthetischen Ganges nachahmte, hat deshalb
an den Kulminationspunkt dieser Parabel den Gottesbegriff gesetzt.
Bei Malebranche kann man sagen, kulminiert die Parabel in jener
mystischen Identität des Gottesbewußtseins und des Selbstbewußtseins, vermöge deren wir uns selbst nur in der Gottesanschauung
sollen erkennen können. Aus allen diesen Überlegungen aber ergibt sich, daß wir die Körper, die übrigen Geister und schließlich
auch uns selbst nur in der Gottheit und durch die Gottheit zu erkennen vermögen. Das ist der Sinn von Malebranches Ausspruch:
wir müssen alle Dinge in Gott schauen.

Daraus jedoch folgt nun unmittelbar die metaphysische Konsequenz, daß alle Dinge auch nur in Gott sind. Denn zunächst
wiederholt sich — und auch darin zeigt Malebranche die große
Energie seines Nachdenkens — dieselbe Schwierigkeit, welche die
Möglichkeit der Vorstellung von Körpern in dem endlichen Geiste
verursachte, auch bei Gott. Offenbar kann die Gottheit dem endlichen Geiste die Vorstellungen von den Körpern nur deshalb mitteilen, weil sie selbst diese hat. Aber Gott ist ein Geist, und er
kann somit diese Vorstellungen nicht erst von den Körpern empfangen, sondern nur aus sich selbst erzeugt haben. Aus diesem
Grunde schreitet Malebranche zu der Annahme einer idealen
Körperwelt in Gott, die das Urbild der wirklichen Körperwelt
ausmacht und nach welcher die wirklichen Körper erst von der
Gottheit geschaffen sind. Dies ist das platonische oder vielmehr
neuplatonische Element in der Philosophie von Malebranche, welches
er offenbar gleichfalls durch die Vermittlung des Augustinismus
aufgenommen hat. Was wir in Wahrheit erkennen, sind somit
nicht eigentlich und unmittelbar die Körper selbst, sondern vielmehr ihre Ideen im göttlichen Geiste, und diese Erkenntnis stimmt
nur deshalb auch mit den wirklichen Körpern überein, weil Gott in
seiner Allmacht diese ideale Körperwelt in eine wirkliche um-
geschaffen hat. Die Gedanken des schöpferischen Gottes sind
Wirklichkeit: indem wir sie erkennen, erkennen wir auch die wirkliche Welt. Dieses Urbild der wirklichen Körperwelt betrachtet
nun Malebranche ganz nach der Analogie der cartesianischen Naturphilosophie. Die »idée primordiale« ist diejenige der »intelligiblen
Ausdehnung«, und in ihr entwickeln sich als ihre Modifikationen
diejenigen der einzelnen Körper. Die wirklichen Körper verhalten

sich zu der wirklichen Ausdehnung wie ihre Ideen zu der intelligiblen Ausdehnung, d. h. als Modifikationen. Sie nehmen in besonderer Weise teil an dem allgemeinen Wesen dieser Ausdehnung. Diese Lehre zeigt dieselbe Grundlage wie die spinozistische; es ist der von Platon abhängige Realismus des Mittelalters, welcher das Allgemeine für die metaphysische Grundlage des Besonderen hält und dem letzteren nur den Wert einer vorübergehenden Erscheinung in dem allein wahrhaft bestehenden Allgemeinen zuerkennt. Die einzelnen wirklichen Körper sind danach für Malebranche nur die Abbilder jener ursprünglichen Modifikationen in der intelligiblen Ausdehnung, die ein Attribut Gottes ausmacht. Und ein ähnliches gilt natürlich auch von den einzelnen Geistern; wie die Körper zu der göttlichen Idee der intelligiblen Ausdehnung, so verhalten sich die Seelen zu der Gottheit, insofern sie ein geistiges Wesen ist. Wie der Raum der Ort der Körper, so ist der göttliche Geist der »Ort der Geister«; sie sind nichts anderes als die besonderen Modifikationen der göttlichen Geistigkeit.

Somit sind denn auch in diesem System alle einzelnen Substanzen, die Geister so gut wie die Körper, nur unvollkommene »Partizipationen«, an dem einen unendlichen, vollkommenen Gotteswesen, dem einen, reinen, absoluten »Sein« überhaupt. Hieran knüpft Malebranche in tiefsinniger Einfachheit den Grundgedanken seiner Ethik. Wenn alle Dinge nur Modifikationen Gottes sind, so ist auch alles mögliche Streben, es habe einen Gegenstand welchen es wolle, im letzten Grunde immer nur ein Streben zu Gott, eine wenn auch noch so untergeordnete Stufe der Gottesliebe. Aber geradeso wie die einzelnen Gegenstände nur unvollkommene Partizipationen an dem Wesen Gottes sind, so sind auch die einzelnen Begierden entsprechend unvollkommene Partizipationen an der Gottesliebe. Sie sind falsch, verwerflich und unheilbringend, wenn über den einzelnen Gegenstand das Ganze vergessen wird, von dem er nur eine Modifikation bildet. Die vollkommene Begierde dagegen ist diejenige nach dem vollkommenen Gegenstande, nach der Gottheit, die ganze und ungeteilte, die Welt hinter sich vergessende Liebe zu Gott. Aber diese vollkommenste Begierde ist niemals durch das verworrene und unruhige Treiben des gewöhnlichen Lebens zu stillen, ihr Gegenstand ist der Geist der Geister, und ihre Erfüllung ist seine Erkenntnis.

.Die Verwandtschaft dieser abschließenden Gedanken von Malebranche mit denjenigen Spinozas ist so augenfällig, daß man unwillkürlich an eine Abhängigkeit zu denken geneigt ist; und freilich ist es nicht zu verkennen, daß die systematische Darstellung,
die Malebranche seinen Lehren nach seiner Bekanntschaft mit dem
Spinozismus gegeben hat, gerade diesen Teil davon schärfer und
präziser zum Ausdruck bringt, als das Hauptwerk. Allein schon
dieses, welches zwei Jahre vor dem Druck der Ethik Spinozas erschien, enthält auch diese Gedanken mit so erschöpfender Klarheit,
daß man Malebranche den Ruhm der originellen Erfassung vollständig lassen muß. Er und Spinoza sind selbständig und völlig
unabhängig voneinander auf eine in dieser·Hinsicht ganz ähnliche
Verbindung des Cartesianismus mit mystischen Ideen gekommen.
Um so charakteristischer aber ist es, daß Malebranche den Spinozismus nicht sympathisch, sondern vielmehr mit leidenschaftlicher
Polemik begrüßte und so lebhaft wie nur irgendeiner in das Ge-
schrei fanatischer Verabscheuung einstimmte, das sich gegen den
»Atheismus« des großen Juden erhob. An diesem Punkte war
selbst bei dem friedfertigen Pater des Oratoriums das religiöse Vorurteil stärker als die Klarheit des rationalistischen Denkens, und
das religiöse Gefühl der Abneigung überwog den mächtigen Zug
des metaphysischen Denkens, der beide miteinander verband.
Spinoza hatte der Substanzenlehre die rationalistische Form.des
reinen Pantheismus gegeben; Malebranche, in den Anschauungen
der Kirche und in den Lehren Augustins aufgewachsen, hielt an
dem Gedanken der göttlichen Persönlichkeit mit unerschütterlichem
Glauben fest. Dies war der tiefste Differenzpunkt; von ihm aus
gesehen, erscheint die Lehre Spinozas metaphysisch konsequenter,
aber diejenige von Malebranche bewegt sich dafür bis zum Schluß
in einer vollkommenen Befriedigung des religiösen Triebes, die dem
Spinozismus versagt war. Wenn bei beiden sich Mystizismus und
Rationalismus, Religiosität und Philosophie in verwandter Weise
kreuzen, so überwiegt in der Gesamtgestaltung der Lehre bei dem
einen das rationalistische bei dem andern das mystische Element.
Spinoza wollte Mystiker sein und blieb Rationalist, Malebranche
wollte Rationalist sein und blieb Mystiker.

Mit Malebranche schließt die direkte Entwicklung des von Descartes gegründeten Rationalismus nicht nur in Frankreich, sondern

überhaupt ab. Die weiteren Auszweigungen, die das rationalistische Prinzip erfuhr, waren mehr und mehr durch die Einwirkung der empirischen Richtung, vor allem aber durch die besonderen Interessen bedingt, welche die gesamte Philosophie des Aufklärungszeitalters in Anspruch nahmen. Was im besonderen die Lehren von Malebranche anbetrifft, so führte die Bewegung des französischen Denkens weit von ihm ab. Das XVIII. Jahrhundert hatte für ihn kein Verständnis; man bewunderte seinen Stil, und über seine idealistischen »Träumereien« zuckte man die Achseln. Wenn überhaupt, so haben seine Lehren nur in der Stille und mehr im Auslande als in ihrer Heimat weiter gewirkt. In Italien bekannte sich Michelangelo Fardella in seiner Logik (Venedig 1696) zu einer der Ansicht Malebranches sehr nahestehenden Auffassung von dem Verhältnis der menschlichen Erkenntnis zur Körperwelt, und in England kreuzten sich die Einflüsse seines Systems mit denjenigen von Berkeley, der mit dem französischen Denker freilich nur die eine Ansicht teilte, daß der Zusammenhang der Körperwelt keinen anderen Ursprung habe, als die von Gott gewollte Ordnung ihrer Ideen.

V. Kapitel.

Die englische Aufklärung.

Aus der großen Mannigfaltigkeit von geistigen Bewegungen, die seit der Renaissance auf dem weiten Gebiete der europäischen Kultur stattgefunden hatten, war durch die wechselnden Kämpfe des XVI. und XVII. Jahrhunderts allmählich eine Art von Niederschlag gebildet worden, welcher wie ein gemeinsames Besitztum der geistigen Bildung überall gleichmäßig zugrunde lag. Die anfangs phantastischen, ihres Ziels nur noch unbewußten Bestrebungen des modernen Denkens hatten ihre Abklärung gefunden, und gewisse Überzeugungen, vor allem bestimmte Richtungen des Denkens, waren als das Residuum jener flutenden Bewegung zurückgeblieben. An der Spitze dieser Überzeugungen stand jenes Selbstbewußtsein der menschlichen Vernunft, das eine anfangs mehr negative und polemische, später immer mehr positive und in sich ruhende Selbstgewißheit gewonnen hatte. Zum Bewußtsein der eigenen

Mündigkeit erwacht, verlangte das moderne Denken nach allen
Seiten hin sich selbst die Gesetze zu geben, in vernünftiger Überlegung die Prinzipien des Tuns und Lassens zu finden und über sich
selbst keinen anderen Richter anzuerkennen. Dies ist die Grundüberzeugung jenes ewig denkwürdigen Zeitalters, welches seinem
eigenen Sinne gemäß in der Kulturgeschichte das der Aufklärung
genannt wird, und welches chronologisch am einfachsten als das
Jahrhundert zwischen der englischen und der französischen Revolution (1688—1789) bestimmt wird. Zwar bezeichnet man schlechthin
mit einem gewissen Rechte das XVIII. Jahrhundert als das der
Aufklärung; doch darf man einerseits nicht vergessen, daß die
leitenden Geister dieser Periode, ein Locke und Leibniz, schon gegen
Ende des XVII. Jahrhunderts wirkten, und anderseits nicht übersehen, daß schon mit dem letzten Jahrzehnt des XVIII. Jahrhunderts
jene Bewegungen entsprangen, die auf dem politischen wie auf dem
geistigen Gebiete den Kampf mit der Aufklärung aufzunehmen berufen waren.

Es kann nicht die Aufgabe dieser Darstellung sein, die ganze
Großartigkeit der geistigen Umwälzungen, welche dies unvergleich-
liche Jahrhundert erlebte, auch nur in ihren allgemeinsten Umrissen
zu zeichnen: vielleicht wird dazu die Zeit überhaupt erst reif, wenn
der Kampf noch einmal ausgefochten sein wird. An dieser Stelle
kann es sich nur darum handeln, die Stellung zu beleuchten, die in
dem Zusammenhange dieser Bewegungen die Philosophie einnahm. Und diese Stellung ist nun allerdings eine so hervorragende
und entscheidende, daß für die kulturhistorische Behandlung kaum
irgend einer Zeit die Philosophie in dem Maße in Betracht kommt
wie für dieses Jahrhundert, das sich selbst das philosophische nannte.
Wenn alle Bestrebungen jenes Zeitalters sich in dem Begriffe der
Kultur und Aufklärung konzentrierten, so war es eben die Philosophie, von der man allerorten die Lösung dieser Aufgaben erwartete, — die Philosophie, in der die selbstherrlich gewordene Vernunft ihre Triumphe feierte und ihre Pläne für die Umgestaltung der
Wirklichkeit entwarf. Kein Zeitalter der menschlichen Geschichte
hat der Philosophie größere Hochachtung bezeigt, in keinem haben
sich mehr die großen Mächte des gesellschaftlichen Lebens vor
ihrem Namen gebeugt, und die platonische Forderung, daß entweder die Philosophen herrschen oder die Herrscher philosophieren

sollten, ist niemals so weit erfüllt worden, wie in jenem Jahrhundert, wo nicht nur an allen Höfen die philosophischen Fragen den Gegenstand der Salongespräche bildeten, sondern wo auch ein wahrer Philosoph auf dem Throne eines mächtig emporstrebenden Königreiches saß. Wenn irgendwie, so zeigt sich dies Übergewicht der Philosophie im Aufklärungszeitalter durch den Charakter seiner allgemeinen Literatur. Auch die Dichtung dieser Zeit ist von philosophischen Elementen so stark durchsetzt, daß die Literaturgeschichte dieser Periode stets die äußerste Schwierigkeit gehabt hat, sich gegen die Geschichte der Philosophie abzugrenzen, und daß eine umgekehrte Verlockung in dieser Darstellung möglichst zu vermeiden sein wird. Es wird hier vielmehr nur darauf ankommen, zu zeigen, wie jenes Jahrhundert nur die reifen Früchte von den Bäumen schüttelte, die in dem Völkerfrühling der Renaissance geblüht und dann eine gedeihliche Entwicklung gefunden hatten; es wird die Aufgabe sein, zu entwickeln, wie die Gedanken, welche das Jahrhundert der Aufklärung bewegt haben, in notwendiger Fortbildung aus jenen Kämpfen hervorgegangen sind, in denen der moderne Geist während des XVI. und XVII. Jahrhunderts um seine äußere und innere Freiheit rang. Wenn er im XVIII. Jahrhundert diese Freiheit besaß, wenn er sie als ein stolzes Besitztum fühlte und sogar bald mit einer Art von pharisäischem Hochmut darauf pochte, so ist es die Aufgabe der Geschichte, die Wege zu zeigen, auf denen er dies Ziel teils durch die ernste Arbeit seiner eigenen Absicht, teils aber auch durch wunderbar glückliche Fügungen der Umstände erreicht hatte.

Es ist oben schon einmal darauf hingewiesen, daß namentlich an der philosophischen Bewegung dieser Aufklärungszeit die ver - schiedenen Nationen keinen gleichmäßigen und gleichzeitigen Anteil genommen haben. Die Italiener, unter dem vollen Drucke der katholischen Gegenreformation und bei einer traurigen Zerstückelung ihrer politischen Machtverhältnisse, traten aus der Bewegung des modernen Geistes, in der sie die Führer gewesen waren, schon mit dem XVII. Jahrhundert zurück und beschränkten sich auf eine in der Stille fortgehende Aufnahme dessen, was die übrigen Nationen errangen. Unter diesen waren anfangs die Deutschen durch ganz ähnliche Verhältnisse zurückgehalten; das Elend des großen Religionskrieges und die drückende Kleinstaaterei

brachten in Verbindung mit der orthodoxen Erstarrung der reformatorischen Bewegung einen ähnlichen Stillstand der Kultur zustande, und erst nicht viel vor der Mitte des XVIII. Jahrhunderts
brach sich der Geist der Aufklärung in Deutschland Bahnen, auf
denen er später zu dem Glanze seiner höchsten Entwicklung empor-
steigen sollte. Auch war es nur zum geringen Teil die eigene
nationale Kraft, mit der damals die Deutschen in die Aufklärungs-
bewegung eintraten; sie übernahmen vielmehr die Aufklärung
zuerst wie eine importierte Ware, welche sie wie andere Sitten und
Moden aus Frankreich bezogen. Aber auch die französische
Gestalt der Aufklärung ist, wenn schon die prononcierteste, so
doch nicht die originale und ursprüngliche; sondern der Boden,
auf dem die modernen Gedanken zuerst die Zusammenfassungen
und Formulierungen gefunden haben, vermöge deren sie sich zu
einem Systeme von Überzeugungen der Aufklärung zusammen-
schließen konnten — dieser Boden ist England. Die englische
Nation, zuerst unter allen europäischen zu einer gesetzlich be-
festigten Freiheit und zu gesunder staatlicher und sozialer Ordnung
gelangt, hat auch alle die großen Gedanken, welche das XVIII. Jahrhundert erzeugt und ausgeführt hat, zuerst zu philosophischer
Klarheit gebracht. Wie die englische Revolution ein Jahrhundert
vor der französischen die besten Ideen, die in dieser ihre siegreiche
Gewalt entfalteten, in einer Art von ursprünglicher Einfachheit
hervorgetrieben hat, so ist auch die englische Aufklärung das Urbild
der französischen. Durch die allgemeinen politischen Verhältnisse
des XVIII. Jahrhunderts ist es gekommen, daß auf dem ganzen
Kontinent alle diejenigen Prinzipien und Ideen, welche teils durch
die Herrschaft der französischen Sitten und die Ausbreitung der
französischen Sprache, teils durch die große Flut der französischen
Revolution und der ihr folgenden Kriege sich den übrigen Nationen
mitgeteilt haben, zum Teil noch heute unter französischem Namen
umgehen, während sie in Wahrheit englischen Ursprungs sind. Jede
Geschichte des Zeitalters der Aufklärung hat deshalb in England
ihren Anfang zu nehmen und mit jener Zeit zu beginnen, wo die
englische Nation, nach langen inneren und äußeren Kämpfen zur
Freiheit und Selbständigkeit gelangt, ihre gewaltige Arbeit der
geistigen so gut wie der materiellen Kultur begann.

§ 28. John Locke.

Derjenige Denker, in welchem die Ideen des Aufklärungszeitalters nach allen Richtungen hin zum ersten Male eine klare und
durchsichtige Zusammenfassung fanden, und an den sich deshalb,
wenn auch manchmal mit polemischer Tendenz, die gesamte folgende Entwicklung angeschlossen hat — in diesem Sinne der beherrschende Geist der gesamten Aufklärung — ist John Locke.
Er war 1632 als Sohn eines Rechtsgelehrten zu Wrington bei Bristol
geboren. Seine Jugend fiel in die bewegten Zeiten der puritanischen
Revolution, sein Vater war während der Cromwellschen Herrschaft Hauptmann in der Parlamentsarmee und kehrte erst nach
der Restauration der Stuarts in die juristische Laufbahn zurück.
Er selbst gehörte seit 1651 als Student dem Christchurch-College zu
Oxford an und entwickelte hier bald bei einer entschiedenen Abneigung gegen den noch immer wesentlich scholastischen Lehr-
vortrag eine energische Vorliebe für naturwissenschaftliche und
medizinische Studien, in der ihn die Beschäftigung mit den Werken
von Bacon und Descartes noch weiterhin bestärkte. Nachdem er
ein Jahr lang als Legationssekretär am brandenburgischen Hofe
zu Berlin gelebt hatte, gab er sich, in die Heimat zurückgekehrt,
wesentlich ärztlichen Studien hin, und diese vermittelten auch
seine Bekanntschaft mit dem Lord Shaftesbury, welche für sein
ganzes ferneres Leben entscheidend werden sollte. Als Arzt, Freund
und Ratgeber, später nach einer kurzen Reise durch Frankreich
und Italien auch als Erzieher in dessen Hause, knüpfte er sein
Geschick vollständig an die politische Laufbahn dieses, wenn auch
nicht in jeder Beziehung unangreifbaren, so doch immerhin bedeutenden und interessanten Staatsmannes. Die Erhebung seines
Gönners zum Großkanzler verschaffte auch Locke im Jahre 1672
sein erstes Staatsamt, das er im folgenden Jahre mit dem Sturze
seines Freundes wieder verlor. Er brachte dann, zum Teil auch
seiner Gesundheit halber, mehrere Jahre abwechselnd in Paris und
Südfrankreich, namentlich in Montpellier zu und kehrte erst 1679
in die Heimat zurück, um, als Shaftesbury von neuem Conseils-
präsident geworden war, sein Amt wieder zu übernehmen. Aber
auch in den zweiten Sturz seines Freundes sah er sich derartig
verwickelt, daß er mit ihm nach Holland unter den Schutz Wilhelms

von Oranien flüchtete und auch nach dem Tode Shaftesburys dort verblieb. Er war sogar genötigt, um der von der englischen Regierung verlangten Auslieferung zu entgehen, seinen Aufenthaltsort in Holland mehrfach zu verändern. Doch gab ihm dieses Exil die wissenschaftliche Muße zur Vollendung seines bereits im Jahre 1670 entworfenen Hauptwerkes, von welchem er 1688 in Leclercs Universalbibliothek einen durch diesen ins Französische übersetzten Auszug erscheinen ließ. Erst der Sturz Jakobs II., des letzten Stuarts, und die Thronbesteigung Wilhelms von Oranien führten den Philosophen nach England zurück, wo er nun eine bedeutende politische Rolle zu spielen begann. Wie schon früher von Holland aus, so trat er jetzt mit einer glänzenden publizistischen Tätigkeit für den Liberalismus und im besonderen für die konstitutionelle Regierungsform ein, und seine Amtsstellung im Ministerium des Handels und der Kolonien veranlaßte ihn, auch an den finanzpolitischen Streitigkeiten sich durch drei Broschüren über das Münzwesen zu beteiligen. Zugleich ließ er bereits 1690 sein Hauptwerk unter dem Titel: »An essay concerning human understanding« erscheinen und diesem einige Jahre später seine pädagogischen Skizzen (»Some thoughts concerning education«, 1693) und die religionsphilosophische Untersuchung: »The reasonableness of christianity« (1695) folgen. Die letzten Lebensjahre brachte er in ländlicher Muße bei einer befreundeten, dem Cambridger Philosophen Cudworth verwandten Familie zu. Als er im Jahre 1704 starb, war trotz der verhältnismäßig geringen Ausdehnung seiner Werke die öffentliche Meinung in den gebildeten Kreisen Englands bereits vollständig dahin entschieden, daß man in ihm einen führenden Geist und den Verkünder der großen Ideen verehrte, zu denen sich die Wissenschaft immer entschiedener zu bekennen anfing. Er verdankte diesen Erfolg nicht nur dem geschickten Griffe, daß er vom philosophischen Gesichtspunkte aus die Rechtfertigung der neuen Ära übernommen hatte, welche die glückliche Beendigung der Revolutionskämpfe über England herbeigeführt hatte, sondern vor allem auch der ruhigen Klarheit und der analytischen Sicherheit, womit es ihm gelungen war, die großen Probleme des philosophischen Denkens auf verhältnismäßig einfache und durchsichtige Formeln zu bringen. Seine Schriften haben ihren breiten Erfolg dem Umstande zu verdanken, daß sie bei

großer Klarheit und ruhiger Sachlichkeit der Darstellung an die
Fassungsgabe des Lesers keine zu hohen Anforderungen stellen:
sie vermeiden glücklich die Tiefen der letzten und schwierigsten
Probleme und führen doch mit verständiger Umsicht in die
wichtigsten, dem allgemeinen Bewußtsein wertvollsten Fragen geschickt ein.

Man hat sich mit der gewöhnlichen schematischen Darstellungsweise daran gewöhnt, von Locke zu sagen, er habe den Baconschen
Empirismus zum Sensualismus umgebildet. Und doch zeigen gerade
diese beiden Männer, wie wenig solche Schlag- und Stichworte die
wahre Bedeutung von wirklichen Größen zu erschöpfen vermögen.
Der Baconsche Empirismus charakterisierte sich erst dadurch, daß
man begriff, was Bacon mit der Erfahrung wollte, wie er sie an-
zustellen und wie er sie zu verwenden dachte; sein System zeigte
sich dabei als der prinzipielle Ausdruck der entdeckenden und erfindenden Naturforschung. Lockes »Sensualismus« dagegen charakterisiert sich erst durch die Verwendung, die seine Erkenntnistheorie von der sinnlichen Erfahrung machen will. Ja, wenn man
unter Sensualismus ohne künstliche Verdrehung ganz einfach
die Lehre versteht, welche der Sinneswahrnehmung als solcher
unmittelbar Wahrheit zuschreibt, so hat es selten einen stärkeren
und glücklicheren Gegner dieses Sensualismus gegeben, als Locke,
und wenn man Sensualismus die Lehre nennt, daß alles menschliche Wissen aus der Sinneswahrnehmung entstamme, so trifft diese
Bezeichnung am wenigsten für einen Denker zu, der die innere
Erfahrung ebenbürtig neben die äußere stellte. Aus diesem Grunde
sollte man lieber Locke einen Empiristen im größten Stile und
in der besten Bedeutung des Wortes nennen. Weit wichtiger als
die Feststellung dieser streitigen terminologischen Etikettierung ist
die Einsicht in den Grundgedanken, welcher den Philosophen in
dem Entwurfe seiner Lehre leitete. Er selbst erzählt in der Vor-
rede zu seinem Hauptwerke, wie die Fruchtlosigkeit metaphysischer
Disputationen, denen er beigewohnt, ihn auf den Gedanken gebracht habe, zuerst einmal vor allen Behauptungen und allen
Streitigkeiten zu untersuchen, wie weit überhaupt die Erkenntnisfähigkeit des Menschen reiche, ob ihr nicht vielleicht unübersteig-
liche Grenzen gesetzt seien, und welche man etwa dafür ansehen
dürfe. In dieser Fragestellung beruht die historische Bedeutung

Lockes. Nicht als ob diese Frage von ihm zuerst aufgeworfen
worden wäre. Skeptiker und Mystiker haben sich von jeher vielfach damit beschäftigt. Aber sie haben es doch im Grunde genommen immer mehr gelegentlich getan: zur Grundfrage der Philosophie ist sie erst durch Locke gemacht worden, und darin liegt
der Schwerpunkt seiner Wirksamkeit. Er hat durch sein Hauptwerk und durch den Einfluß, den es ausübte, der modernen Philosophie völlig den erkenntnistheoretischen Charakter aufgeprägt, der
von Anfang an in ihr angelegt war. Es wurde früher gezeigt, wie
der Gegensatz gegen die alte Wissenschaft, mit dem überall das
moderne Denken anhob, die Frage nach der Methode der richtigen
Erkenntnis in den Vordergrund seiner Interessen rückte. Und die
beiden großen Systeme, die an der Spitze der wissenschaftlichen
Philosophie der Neuzeit stehen, diejenigen von Bacon und Descartes,
tragen diesen methodologischen Charakter offen an der Stirn. Aber
Methodologie ist noch nicht Erkenntnistheorie. Bacon und Descartes setzen die Möglichkeit einer allumfassenden Erkenntnis mit
unerschütterlichem Vertrauen voraus und fragen nur nach dem
Wege, der zu diesem ersehnten Ziele führt. Die erkenntnistheoretische Philosophie Lockes geht aus dem zweifelnden Gedanken
hervor, ob nicht das Ziel für den Menschen seinem Wesen nach von
vornherein unerreichbar sei. In der Formulierung dieses Problems
ist Locke vorangegangen: darin ist er sicher der Vorläufer Kants,
und dessen Locke freilich weit überragende Größe besteht nur in
seiner neuen Methode der Lösung des erkenntnistheoretischen
Problems.

Aber auch die Methode, welche Locke zur Lösung dieses Problems selbst einschlug, hat ihre historische Bedeutsamkeit darin,
daß sie auf das philosophische Denken des ganzen XVIII. Jahrhunderts einen bestimmenden Einfluß ausgeübt hat. Dies Prinzip
seiner Untersuchungen läßt sich dahin aussprechen, daß er die
Frage nach der Möglichkeit und der Tragweite der menschlichen
Erkenntnis nur durch die Einsicht in den Ursprung unserer
Vorstellungen lösen zu können meint. Er geht von der Ansicht
aus, daß mit der Herkunft der Vorstellungen auch ihr Erkenntniswert klar werden müsse, und indem diese seine Ansicht von dem
Zeitalter geteilt wurde, begann mit seinem Werke eine Reihe von
tiefgehenden und fruchtbaren Untersuchungen über die Entwick-

lungsgeschichte des menschlichen Denkens. Die Methode der Erkenntnistheorie war bei Locke psychologisch und im engeren Sinne psychogenetisch, und daher datiert von ihm aus die Bevorzugung, welche die Philosophie der gesamten Aufklärung psychologischen Fragen zuwendete. Das ganze Denken des XVIII. Jahrhunderts war von psychologischen Interessen bewegt, und das hatte seinen wissenschaftlichen Grund darin, daß man die Erkenntniskraft der Gedanken aus ihrem psychologischen Ursprunge beurteilen zu können glaubte.

Wenn so die Genesis der Vorstellungen von Locke zum Hauptproblem der Philosophie gemacht wurde, so gab er auch schon für dessen Lösung die entscheidende Grundrichtung an. Es gibt einen Hauptunterschied in unseren Vorstellungen, denjenigen der einfachen und der zusammengesetzten, — und es handelt sich deshalb für Locke zunächst darum, welche von beiden die ursprünglichen sind. Wir vermögen im entwickelten Bewußtsein willkürlich sowohl den analytischen Prozeß der Auflösung eines zusammengesetzten Begriffs in seine Elemente, als auch den synthetischen der Bildung eines solchen aus den Elementen zu vollziehen, und damit ist nicht von vornherein entschieden, welcher dieser beiden Prozesse in der unwillkürlichen Entwicklung unseres Denkens der ursprünglichere war. Das gleiche gilt mit Rücksicht auf den Unterschied der Einzelvorstellungen und der allgemeinen Sätze, unter die jene subsumiert werden, und da in allgemeinen Sätzen schließlich alle wissenschaftlichen Erkenntnisse bestehen, so ist es die Frage, ob diese aus den einzelnen Vorstellungen gewonnen sind oder vielmehr schon ursprünglich und vor ihnen vorhanden waren. Locke entscheidet sich nach jeder Hinsicht für die Entstehung des Zusammengesetzten aus dem Einfachen, des Allgemeinen aus dem Einzelnen. Er ist dadurch auf der einen Seite der Urheber derjenigen psychologischen Richtung geworden, welche bisher von allen am meisten zu fruchtbaren Untersuchungen geführt und wissenschaftlich wertvolle Resultate geliefert hat. Er gehört zu den Begründern derjenigen Psychologie, welche das Seelenleben als eine gesetzmäßige Bewegung einfacher Elemente auffaßt, und welche auch nach ihm in England ihre wesentlichste Förderung gefunden hat. Auf der anderen Seite ist Locke auf diese Weise der konsequenteste Vertreter der empiristischen Erkenntnistheorie geworden.

Er entwickelt diese zunächst polemisch. Wer die allgemeinen Sätze für ursprüngliche Vorstellungsgebilde hält, der muß, da das Allgemeine niemals erfahren werden kann, sie für unmittelbare Besitztümer der Seele oder für eingeboren*) halten. In der Tat fand Locke diese Ansicht vor; Descartes und noch ausgesprochener seine Schüler, besonders aber die Cambridger Schule, hatten sie vertreten; sie hatten unter dem Einflusse stoischer Lehren sowohl von eingeborenen Begriffen, wie denjenigen der Gottheit oder der Pflicht oder des Rechtes, als auch von eingeborenen Sätzen, wie demjenigen der Kausalität oder dem Gebote der Nächstenliebe gesprochen. Gegen diese Lehren richtet Locke den berühmten Angriff des ersten Buches von seinem Essay. Er beginnt damit einen Streit, der sich durch das ganze XVIII. Jahrhundert hindurchgezogen hat. Der ursprünglich methodologische Gegensatz des Empirismus und des Rationalismus war damit auf psychologischen Boden verpflanzt, und die »eingeborenen Ideen«**) waren seit Locke das meistbesprochene philosophische Thema in den Büchern so gut wie in den Salons der Aufklärung. Es blieb auch trotz aller Anwendung von Scharfsinn und Witz der Gegensatz der Meinungen und damit überhaupt der des Rationalismus und des Empirismus in derselben Schroffheit, mit der er sich schon bei Locke zeigte, bis zu Kant hin bestehen. Denn das geniale Werk, worin Leibniz die Überwindung dieses Gegensatzes angebahnt hatte, war durch ein eigentümliches Geschick bis zum Jahre 1765 der Welt verborgen.

Der Angriff Lockes gegen die Theorie der eingeborenen Ideen richtet sich nun im wesentlichen gegen ihre schwächste Seite, gegen die allgemeine Anerkennung dieser Ideen, welche bei der Wesensgleichheit der menschlichen Seelen erwartet werden müßte und von der gegnerischen Seite deshalb auch behauptet worden war. Locke widerspricht dieser Behauptung durch Benutzung psychologischer

---

*) Es wäre richtiger gewesen, wie Eucken (Geschichte und Kritik der Grundbegriffe der Gegenwart, S. 73) bemerkt hat, wenn man den lateinischen Ausdruck »innatae« statt, wie es üblich ist, durch »angeboren« besser durch »eingeboren« übersetzt hätte.

**) Der Sprachgebrauch der gesamten neueren Philosophie hat bis zum Ende des XVIII. Jahrhunderts sowohl im Lateinischen, als auch in den Nationalsprachen dem Worte »Idee« (idea, idée) die allgemeinere Bedeutung der Vorstellung überhaupt untergeschoben: erst seit Kant ist es wieder in einen dem platonischen mehr oder minder nahestehenden Sinn eingesetzt worden.

und ethnographischer Tatsachen. Die logischen Sätze der Identität
und des Widerspruchs und der metaphysische Grundsatz der Kausalität sind nicht nur Kindern und Idioten, sondern auch allen un-
entwickelten Völkern unbekannt. Man darf sich auch nicht der
Einrede bedienen, alle diese Menschen wendeten jene Ideen faktisch
an, ohne etwas davon zu wissen. Das setzt, wie Locke meint, unbewußte Vorstellungstätigkeit voraus, und deren Tatsächlichkeit
glaubt Locke gerade nach cartesianischem Prinzip, da die Seele ein
bewußt denkendes Wesen sei, leugnen zu müssen. Hiermit hängt
es zusammen, daß in späterer Zeit die Frage nach der Möglichkeit
einer unbewußten Denktätigkeit zu einem vielbesprochenen Streit-
punkte zwischen den beiden großen Heerlagern der neueren Philosophie wurde, und daß diese Möglichkeit von den Rationalisten
ebenso heftig behauptet, wie von den Empiristen geleugnet wurde.
Auch eine andere Einrede will Locke nicht zulassen, diejenige
nämlich, daß man als eingeboren alle diejenigen Sätze anzuerkennen
habe, welche, sobald sie jemand mitgeteilt worden sind, sofortige
Anerkennung finden: diese Geltung wohne auch jeder Wahrnehmung,
jeder Rechnung und jeder richtigen Schlußfolgerung bei. Nicht
minder als von den theoretischen Grundsätzen gilt es von den
praktischen, daß sie durchaus nicht ein überall gleiches Besitztum
der menschlichen Seele bilden. Die Kenntnis der wilden Völker
hat gelehrt, was man auch schon an den geschichtlichen und zivili-
sierten hätte wahrnehmen können, daß ihre moralischen Maximen
sehr weit auseinandergehen, und daß von einer gleichmäßig ange-
borenen Moralität des Menschengeschlechts keine Rede ist. Was
endlich den höchsten aller Begriffe, denjenigen der Gottheit anlangt,
so findet Locke den bisher stets behaupteten »consensus gentium«
durch die Bekanntschaft mit solchen Völkern umgestoßen, denen
jeder Begriff einer Gottheit fehlt, sodaß an die Verschiedenheit
der Vorstellung, die sich die übrigen Völker von der Gottheit machen,
gar nicht appelliert zu werden brauche. Und so bleibt denn schließlich nichts übrig, was der menschlichen Seele allgemein eingeboren
wäre; man muß vielmehr im Gegenteil annehmen, daß sie ursprünglich wie ein unbeschriebenes Blatt Papier ist, eine tabula rasa,
worauf erst die Erfahrung durch die einzelnen Wahrnehmungen
ihre Zeichen schreibt. In absoluter Armut kommt die Seele zur
Welt, wie der Körper in völliger Nacktheit, und alles, was sie später

besitzt, verdankt sie der sinnlichen Erfahrung: »Nihil est in intellectu, quod non fuerit in sensu.«

Doch bedarf es zur Begründung dieses letzteren, vielfach schon in der Scholastik üblichen Satzes noch einer weiteren Analyse, und es bedarf deren um so mehr, als sich nur dadurch das sensualistische Vorurteil, das über Lockes Lehre verbreitet ist, gründlich berichtigen läßt. Von vornherein nämlich ist Locke sehr weit davon entfernt, den Ursprung des Inhaltes, den die anfänglich leere Seele aus der Erfahrung schöpfen soll, lediglich in der sinnlichen Wahrnehmung zu suchen. Er statuiert vielmehr zwei Arten der Erfahrung, die Sensation und die Reflexion, welche mit demjenigen zusammenfallen, was man in neuerer Zeit (mit auch schon bei Locke vorkommendem Ausdruck) als äußeren und inneren Sinn zu bezeichnen gewöhnt ist. Er unterscheidet beide in der Weise, daß der äußere uns die Einwirkungen der Außenwelt, der innere dagegen unsere eigenen Tätigkeiten und Zustände zum Bewußtsein bringen soll, und er hält beide voneinander getrennt durch den ursprünglich und durchgehends verschiedenen Charakter ihres Inhaltes. Der Gegensatz der physischen und der psychischen Welt, den das mittelalterliche Denken nur zu vertiefen und zu verschärfen vermocht hatte, spiegelt sich mannigfaltig genug in den Anfängen des neueren Denkens. Er tritt bei Descartes als jener schroffe Gegensatz bewußter und ausgedehnter Substanzen auf, den auch der Spinozismus in seiner Attributenlehre nur zu verhüllen und nicht zu überwinden vermochte. Er nimmt bei Locke die psychologische und erkenntnistheoretische Form an, die er seitdem behalten hat, diejenige nämlich einer ursprünglichen und nicht weiter ableitbaren Verschiedenheit in dem Inhalte der menschlichen Erfahrung. Diese Ansicht läßt die Frage nach dem metaphysischen Verhältnis des physischen und des psychischen Daseins prinzipiell offen und behauptet nur, daß der unmittelbare Eindruck unserer eigenen Erfahrungen uns zwinge, zwei gesonderte Sphären davon anzunehmen, die miteinander in keiner Weise vergleichlich erscheinen. Es gehört zu den größten Erfolgen Lockes, dem großen metaphysischen Probleme von Natur und Geist diese bescheidenere, aber dafür auch einer wirklich wissenschaftlichen Untersuchung zugänglichere Formulierung gegeben zu haben: und es war damit die andere wichtige Folge verknüpft, daß nach dieser Unterscheidung die Psychologie aufhören konnte, eine metaphysische Spekulation zu sein, ohne darum sogleich in materialistische Voraussetzungen zu verfallen. Die neuere empirische Psychologie ist lediglich auf dem historischen Boden dieser Lockeschen Unterscheidung erwachsen. Wenn sie sich später die Erfahrungs- oder die Naturwissenschaft des inneren Sinnes genannt hat, so besaß sie ihre Selbständigkeit den übrigen Naturwissenschaften gegenüber nur dadurch, daß sie in dem, was Locke Reflexion genannt hatte, eine unmittelbare Erfahrung des Menschen von seinen eigenen psychischen Tätigkeiten gefunden zu haben behauptete.

Wenn Locke so die beiden Arten der Erfahrung prinzipiell einander selbständig gegenüberzustellen suchte, so hielt er doch ihre tatsächliche Entwicklung nicht für gleich ursprünglich. Zwar bedarf es der besonderen Kraft der Reflexion, um uns unsere eigenen psychischen Funktionen erfahren zu lassen; allein ehe die Reflexion in Tätigkeit treten kann, müssen eben schon andere psychische Akte vollzogen sein, und diese können somit nur in äußeren Wahrnehmungen bestehen. Die innerliche Selbsterfahrung der Seele ist nur dadurch möglich, daß diese Seele von außen her zu einer Reihe von Funktionen angeregt worden ist, die dann eben den ersten Inhalt ihres Wissens von sich selber bilden. Dies ist der Punkt, um dessentwillen man ein gewisses Recht gehabt hat, Locke als Sensualisten zu bezeichnen. Es beschränkt sich lediglich auf die Lehre, daß der erste Anstoß auch zu den Tätigkeiten der inneren Erfahrung und deren ursprünglicher Inhalt nur durch die Funktionen der äußeren Erfahrung gegeben wird. Freilich boten sich der Ausführung dieses Gedankens im einzelnen so mannigfache Schwierigkeiten dar, daß gerade dieser Teil der Lockeschen Lehre zahlreichen Angriffen und Modifikationen ausgesetzt gewesen ist. Bei den sinnlichen Gefühlen, bei den Verhältnisvorstellungen und bei vielen anderen psychischen Gebilden mußte es gleich schwer erscheinen, sie auf Seite der inneren wie auf der der äußeren Erfahrung unterzubringen; aber der ganze Grundgedanke war so gesund und zugleich so vollkommen innerhalb der kritischen Schranken gehalten, daß er durchaus sich zum Träger einer exakten Wissenschaft befähigt erwies. Er präjudizierte keiner metaphysischen Hypothese, er gab der Tatsache der Heterogeneität von psychischer und physischer Erfahrung vollkommene Anerkennung

und hielt dabei doch den entwicklungsgeschichtlichen Grundsatz
aufrecht, daß der erste Anstoß zu allen Seelentätigkeiten aus den
Funktionen der Sensibilität stammt. Mit diesen Prinzipien ist
Locke in der Tat der Vater der modernen Psychologie geworden.

Die nächsten Wirkungen seiner Lehre lagen jedoch wie die
Folgerungen, die er selbst zog, auf erkenntnistheoretischem Gebiete.
Hier mußte zuvörderst die allgemeine Frage nach dem Erkenntnis-
werte der Vorstellungen gesondert für die einfachen Wahrnehmungen
und für die zusammengesetzten Vorstellungen beantwortet werden,
die sich aus den ersteren in der Seele bilden. In bezug auf die
sinnlichen Wahrnehmungen folgte Locke durchaus der cartesianischen Lehre und gab ihr eine so präzise und so glückliche Form,
daß sie in dieser ihre große historische Wirksamkeit ausgeübt hat.
Wenn es auch wahr sein mag, führt er aus, daß die sinnlichen Bilder
von äußeren Gegenständen herrühren, so haben wir doch gar kein
Recht anzunehmen, daß sie jenen unbedingt ähnlich sein müssen.
Wenn man mit einer Feder ein Wort auf ein Blatt Papier schreibt,
so sind diese Schriftzüge zwar eine Wirkung des Wortes oder des
Gedankens, der in diesem Worte sich ausdrückt, aber sie haben mit
dieser ihrer Ursache auch nicht die entfernteste Ähnlichkeit, vermöge deren sie als ihr Abbild angesehen werden dürften. Ebensowenig aber haben wir ein Recht, unsere Sinnesempfindungen für
Abbilder der Dinge zu halten. Sie sind zunächst nur Wirkungen,
welche diese Dinge auf uns ausüben, und eine jede Eigenschaft, die
wir einem sinnlichen Dinge zuschreiben, ist, recht gesprochen, nur
die Fähigkeit des Dinges, eine bestimmte Wirkung in uns, d. h.
eine bestimmte Vorstellung in unserem Verstande hervorzurufen.
An sich also liegt in keiner Sinnesempfindung die Gewähr ihrer
Realität; gleichwohl meint Locke, daß innerhalb der Wahrnehmungsinhalte sich ein Unterschied feststellen lasse zwischen solchen Empfindungen, die Abbilder der Wirklichkeit sind, und solchen, bei
denen das nicht der Fall ist, und er unterscheidet beide mit dem
Namen der primären und der sekundären Qualitäten. Primäre Qualitäten wären danach solche, mit deren Aufhebung die
Dinge selbst aufgehoben würden, sekundäre solche, welche ihnen nur
gelegentlich und in bestimmten Beziehungen zukommen. Diese
Fassung gab Locke dem Grundgedanken von der Subjektivität der
Sinneswahrnehmungen, den wir bei Campanella, Galilei, Descartes

und Hobbes gefunden haben. Locke schließt sich dabei wesentlich an Descartes und dessen Prinzip an, wonach zum realen Wesen der Körper nur dasjenige gerechnet werden sollte, was wir klar und deutlich zu denken vermögen. Auch die Konsequenz ist bei Locke genau dieselbe wie bei Descartes: die primären Qualitäten, die wirklichen Eigenschaften der Körper sind auch hier nur die mathematischen, die räumlich-zeitlichen Bestimmungen der Größe, Gestalt, Zahl, Lage und Bewegung; für die sekundären Qualitäten dagegen erklärt Locke die Einwirkungen der Körper auf unsere sinnliche Auffassung, die sogenannten sinnlichen Qualitäten von Farbe, Ton, Geruch, Geschmack, Temperatur usw. Ein Unterschied ist nur der, daß die Undurchdringlichkeit (solidity), die bei Descartes zu den sekundären Qualitäten des Tastsinnes zählte, von Locke zu den primären gerechnet wurde: was damit zusammenhing, daß Locke nicht geneigt war, die cartesianische Lehre von der Identität des physikalischen und des mathematischen Körpers mitzumachen. Der wirkliche Körper ist nicht bloß ein Stück Raum; deshalb gehört die Raumbehauptung, die Undurchdringlichkeit zu seinen realen, konstitutiven Eigenschaften. Daß man dagegen in den sinnlichen Qualitäten nur eine menschliche Vorstellungsart, nicht ein Abbild der wirklichen Körperwelt zu sehen habe, wurde, nachdem Galilei, Descartes, Hobbes und Locke mit gleicher Energie dafür eingetreten waren, zu einer so allgemein angenommenen und für so selbstverständlich gehaltenen Überzeugung der gesamten Aufklärungsphilosophie, daß z. B. Kant in seinen erkenntnistheoretischen Untersuchungen gar nicht mehr eigens auf diese Frage einging, sondern die Lehre von den sekundären Qualitäten nur einmal gelegentlich streifte und sie im übrigen stillschweigend als die Grundlage seiner eigenen Lehren voraussetzte. In der Tat hat mit diesen Überlegungen die Philosophie um weit mehr als ein Jahrhundert der Einsicht vorgegriffen, welche die Physiologie später unter dem Namen der spezifischen Energie der Sinnesorgane empirisch bestätigt und in mannigfachen Nuancen der erklärenden Theorie durchgeführt hat.

Auf der anderen Seite handelt es sich um die Frage, inwieweit die Verarbeitung der Sinneswahrnehmungen in der menschlichen Seele auf den Wert einer realen Erkenntnis Anspruch hat. Unsere Vorstellungen werden in erster Linie durch das

Gedächtnis aufbewahrt, in zweiter Linie gehen sie miteinander eine
Reihe von Assoziationsprozessen der Vergleichung und Unterscheidung, Verbindung und Trennung ein, die wir auch beim Tiere wiederfinden, in dritter Linie aber werden durch das abstrahierende Denken
daraus Begriffe gebildet, welche dem Menschen eigentümlich sind und
in der Sprache sich niedergelegt finden. In den einfachen Perzeptionen liegt, auch wenn sie keine Abbilder der Dinge sind, doch immer
eine gewisse Notwendigkeitsbeziehung auf die reale Welt vor, deren
Wirkungen auf uns sie enthalten: die Erinnerungen, Assoziationen
und Abstraktionen dagegen sind zunächst rein innere Prozesse,
die sich nach den psychischen Gesetzen in uns vollziehen, sodaß
gar nicht abzusehen ist, wie den Resultaten, die sich dabei ergeben,
den Verbindungen und Trennungen der Vorstellungsinhalte, ein
Erkenntniswert zukommen soll. Hier steht Locke unmittelbar vor
dem Grundproblem aller Erkenntnistheorie, der Frage nämlich,
wie der subjektive Vorgang des Denkens objektive Bedeutung
haben kann, oder wie es zu begreifen ist, daß die in uns stattfindenden Vorgänge Abbilder der außer uns stattfindenden bedeuten
sollen. Wenn er in bezug auf dieses Grundproblem ein Verdienst
hat, so besteht es freilich mehr darin, daß er es klar und deutlich
herausgestellt, als daß er zu seiner Lösung etwas Abschließendes
beigebracht hätte. Er bleibt vielmehr im allgemeinen bei den
Voraussetzungen des der englischen Philosophie eigentümlichen
Nominalismus stehen, um daraus die für seine Fragen erforderlichen Konsequenzen zu ziehen. Die Vorstellungsverbindungen
gelten ihm deshalb als lediglich subjektive Prozesse, die nur innerhalb des denkenden Wesens eine gewisse psychologische Notwendigkeit an sich tragen. Wenn man die ganze Masse der auf diese Weise
erzeugten Vorstellungskomplexe übersieht, so zeigen sie uns das
Bild einer Welt von Dingen, die zueinander in bestimmten Verhältnissen stehen; unsere zusammengesetzten Vorstellungsinhalte
sind teils Substanzen, teils deren Modi und Verhältnisse zueinander.
Die letzteren haben jedoch immer nur Sinn durch ihre Beziehung
auf die Substanzen, und deshalb konzentriert sich die Lockesche
Untersuchung auf diesen Begriff, dessen metaphysische Wichtigkeit
durch den Cartesianismus so lebhaft hervorgetreten war. Er kommt
dabei zu dem überaus folgenreichen Resultate, daß die Substanz
nur der unbekannte Träger einer Reihe von Eigenschaften und

Tätigkeiten ist. Wir können erschließen und mit Gewißheit feststellen, daß irgend ein solcher Träger im einzelnen Falle vorhanden
ist; aber was die Substanz eigentlich selbst ist, was nach Abzug
aller der auf Beziehungen begründeten Eigenschaften, die wir ihr
beilegen, als ihr selbständiges Wesen übrig bleibt, das entzieht sich
für immer unserer Erkenntnis. Diese Untersuchung Lockes steht
freilich mit seiner Lehre von den primären Qualitäten der Körperwelt in einem fast handgreiflichen Widerspruche, den man jedoch
in der unmittelbar folgenden Entwicklung kaum bemerkt hat, und
dessen Überwindung erst der Konsequenz des Kantschen Denkens
geglückt ist. Für Locke, wie für seine Nachfolger, erschien es
wichtiger, das in gewissem Sinne skeptische Resultat dieser Untersuchungen auf die durch Hobbes gestellte und später immer brennender werdende Frage des Materialismus anzuwenden. Das wissenschaftlich schon so schwierige und durch religiöse Bedenken noch
viel verwickelter gemachte Problem der Seelensubstanz ließ sich
auf diese Weise zwar nicht lösen, aber dafür desto bequemer umgehen. Denn wenn wir von dem Wesen der Substanzen überhaupt
nichts wissen, so liegt freilich kein Grund vor, das Dasein geistiger
Substanzen in Zweifel zu ziehen; ebensowenig aber ist dann auf
der anderen Seite die Möglichkeit einer Substanz zu bestreiten,
welche die Eigenschaften des Denkens zugleich mit denjenigen
der Körperlichkeit besitzt.

Was ferner die Modi und die Verhältnisse der Substanzen anbetrifft, so ist deren Inhalt freilich teilweise durch Wahrnehmungen
oder durch Kombinationen von Wahrnehmungen gegeben, aber
durch keine Überlegung kann uns die absolute Gewißheit werden,
daß diese Verhältnisse, die unser vergleichendes Denken zwischen
seinen einzelnen Inhaltsbestimmungen setzt, reale Beziehungen der
Substanzen wären. Es gibt keinen Beweis, wodurch die freilich
unwahrscheinliche Möglichkeit ausgeschlossen würde, daß die wirklichen Substanzen entweder in gar keinen oder in ganz anderen
Verhältnissen zueinander ständen, als wir sie zu denken genötigt
sind. Es gehört zu den fundamentalen Einsichten der Lockeschen
Philosophie, die unwiderlegliche Vorstellung angebahnt zu haben,
daß wir vermöge der psychologischen Gesetzmäßigkeit die Welt
so, wie wir es tun, vorstellen müßten, auch wenn sie eine ganz
andersartige wäre, und daß daher unser Denken auch in seinen

zweifellosesten Resultaten keine Gewähr für deren Identität mit
der Wirklichkeit besitzt. Locke selbst entwickelt diese Lehre, wie
schon Hobbes, nicht ohne Abhängigkeit von den Formen des mittelalterlichen Nominalismus und Terminismus; er kommt namentlich
immer wieder darauf zurück, daß diese Verhältnisbegriffe abstrakte
Vorstellungen sind, die ohne einen ihnen unmittelbar entsprechenden Gegenstand durch Erinnerung, Verschmelzung und Abstraktion
mit Hilfe eines Wortzeichens gebildet werden, und es erscheint
ihm dies so wichtig, daß er ein eigenes Buch seiner Untersuchungen
einer Betrachtung der menschlichen Sprache widmet, welche als
einer der ersten Anläufe der Sprachphilosophie angesehen werden
muß und, als solcher betrachtet, eine Anzahl fruchtbarer Gedanken
enthält. Er weist namentlich darauf hin, wie in der Sprache eben
dieses ihres Wesens halber neben dem Ursprung der Begriffe und
Urteile überhaupt auch derjenige des Irrtums liegt, und glaubt, der
letztere wurzle hauptsächlich und in den meisten Fällen darin, daß
bei demselben Laut- oder Schriftzeichen die verschiedenen Menschen
Verschiedenes denken und dabei doch dasselbe zu denken wähnen,
sodaß in ihre Mitteilungen sich unwillkürlich eine »quaternio ter-
minorum« einschleicht. Er bezeichnet es deshalb als eine Hauptaufgabe der philosophischen Sprachwissenschaft, das logische Element der Sprache von dem psychologischen und historischen auf
das sorgfältigste zu trennen und zu allererst den Inhalt eines jeden
Begriffes genau von den Nebengedanken zu befreien, die durch
allgemeine oder persönliche Gewöhnung sich daran geheftet haben.
Er weist damit einerseits auf Bacons Lehre von den »idola fori et
theatri« zurück und deutet anderseits vorwärts auf alle die Bestrebungen, mit denen man sich teilweise schon bei seinen Lebzeiten
um den Entwurf einer philosophischen Sprache mühte.

Hiernach nun glaubt Locke die Materialien für die Beantwortung
der erkenntnistheoretischen Grundfrage vollständig vor sich zu
haben, und er zieht das Fazit seiner Rechnung im vierten Buche
des Werkes. Von einer Erkenntnis in dem landläufigen Sinne einer
Übereinstimmung von Vorstellungen mit ihren Gegenständen kann
selbstverständlich nur noch in äußerst engen Grenzen die Rede
sein, in der Beschränkung nämlich auf die Wahrnehmungen des
inneren Sinnes. Die einfachen Vorstellungen, in denen wir unsere
eigenen seelischen Zustände erfahren, und welche gar keinen an-

deren Inhalt als diese Zustände selbst haben, geben uns, wie Locke nicht anzweifeln zu dürfen meint, ein richtiges Abbild der wirklich in uns vorgehenden Zustände. Man kann diese Lehre Lockes eine empiristische und verallgemeinernde Wendung der cartesianischen Theorie des Selbstbewußtseins nennen. Freilich ist die Auffassung des englischen Philosophen nicht von jener abstrakten Sicherheit, welche die cartesianischen Gedanken trägt, aber sie überwindet dafür auch die Einseitigkeit, womit der Rationalismus nur dem Denken die Selbstgewißheit zugeschrieben hatte, und setzt an die Stelle der formalen Beziehung des Bewußtseins auf sich selbst die ganze Fülle des lebendigen Inhalts der einzelnen Seele. Aber auch nur diese unsere Selbsterfahrungen gelten bei Locke als Abbilder der Wirklichkeit; die Wahrnehmungen der äußeren Sinne dagegen haben auf diesen Wert keinen Anspruch, die sinnlichen Qualitäten sind nur subjektive Zustände der erfahrenden Seelen, die räumlich-zeitlichen Verhältnisse aber sind zwar primäre Qualitäten, deren Realität jedoch, wie Locke hier sagt, niemals mit vollkommener Sicherheit festgestellt werden kann. Selbst die Existenz einer Körperwelt überhaupt ist durch keinen absolut unbestreitbaren Beweis zu erhärten. Es läßt sich nur dartun, daß sie gegenüber dem absoluten Skeptizismus, der die ganze Welt in einen Traum auflösen will, das Wahrscheinlichere sei. Immerhin ist es aber um unsere Erkenntnis dieser Welt recht schwach bestellt — im einzelnen, weil keine Wahrnehmung ein Abbild der Wirklichkeit ist, im ganzen, weil alle Zusammenhänge, in denen wir die Dinge vorstellen, von uns in sie hineingedacht sind: braucht doch Locke geradezu den Begriff »Welt« selbst als schlagenden Beweis dafür, wie Heterogenes und Unvereinbares der Mensch vermöge seiner Sprache in einer Vorstellung zusammenzufassen imstande sei.

Wenn man daher unter Metaphysik eine wissenschaftliche Welterkenntnis, ein Wissen von den Substanzen und den Gesetzen ihres Zusammenhanges versteht, so erklärt die Lockesche Philosophie: es gibt keine Metaphysik. Wenn man unter Erkenntnis eine den wirklichen Gegenstand abbildende Vorstellung meint, so sagt Locke (hierin mit Descartes einig): es gibt eine Erkenntnis von uns selbst; aber er fügt hinzu: und keine Erkenntnis von den Dingen. Der transzendente Wahrheitsbegriff, d. h. derjenige des gewöhnlichen

Bewußtseins, welcher eine Vergleichung der Vorstellungen mit
Dingen voraussetzt, ist damit abgelehnt, und an seine Stelle tritt
bei Locke vorbildlich für alle fernere Erkenntnistheorie der immanente Wahrheitsbegriff, der sich in der ganzen Entwicklung des Nominalismus vorbereitete und bei Hobbes schon völlig
ausgesprochen war — daß nämlich die Wahrheit für den Menschen
bestehe in der Übereinstimmung der Vorstellungen nicht
mit Dingen, sondern untereinander. Wahrheit ist nichts
anderes als richtige Vorstellungsverbindung; sie kommt in diesem
Sinne keiner einzelnen und einfachen Vorstellung zu, sondern sie
beginnt erst da, wo der Mensch den Inhalt der primitiven Vorstellungen nach gewissen Gesetzen ordnet und miteinander in Verbindung setzt. Solcher Verhältnisse der Vorstellungen, deren formale
Erkenntnis möglich sei, unterscheidet Locke in einer sehr wenig
logischen Koordination vier: erstens die Identität und Verschiedenheit, zweitens die modalen und kausalen Beziehungen, drittens die
Koexistenz und viertens die Nötigung zur Annahme der Wirklichkeit. Er unterscheidet dann wieder in der Erkenntnis dieser Grundverhältnisse den intuitiven und den demonstrativen Vorgang, je
nachdem die Einsicht darin unmittelbar aus der Zusammenstellung
beider Vorstellungen oder mittelbar durch die Operationen des
logischen Denkens gewonnen wird. Er führt ferner aus, daß allgemeine Sätze niemals aus Intuition, sondern nur aus Demonstration
hervorgehen. Aber er ist sich infolge des cartesianischen Einflusses
auch darüber klar, daß der logische Vorgang, durch den solche
allgemeinen Gesetze gewonnen werden, nicht der induktive ist,
welcher seinem Wesen nach unvollständig bleibt; er kehrt gegen
Bacon die volle Forderung zweifelloser mathematischer Demonstration. Daneben stellt er bemerkenswerte Betrachtungen über den
Wert dieser allgemeinen Sätze an, den man weder überschätzen
noch unterschätzen dürfe. Er macht den Cartesianern gegenüber
sehr richtig darauf aufmerksam, daß für das Interesse der besonderen
Wissenschaften die Erkenntnis einzelner Tatsachen von nicht geringerer Wichtigkeit ist als die Einsicht allgemeiner Gesetze, wie er
anderseits gegenüber der bloßen Empirie das wissenschaftliche Ideal
zusammenhängender Auffassung aufrecht erhält. Er unterscheidet
endlich bei den allgemeinen Sätzen solche, die durch bloße Analyse
der Begriffe entstehen und deshalb nichts Neues lehren, von solchen,

die eine wirkliche Erweiterung des Wissens bedeuten — eine Untersuchung, welche der Kantschen Unterscheidung analytischer und
synthetischer Urteile vorgreift. Im allgemeinen lassen diese methodologischen Betrachtungen das verständige Streben durchblicken,
den auf die Erfassung des Tatsächlichen gerichteten Geist der
Baconschen Philosophie mit der Strenge des cartesianischen Denkens
zu versöhnen. Und nach dieser Richtung bewegt sich die Lockesche
Lehre auf dem Wege, den schon Hobbes vorgezeichnet und in
mancher Hinsicht mit viel größerer Exaktheit betreten hatte. Der
Schwerpunkt seiner Philosophie aber bleibt jene erkenntnistheoretische Untersuchung, welche das menschliche Wissen auf die Erfahrung des äußeren und des inneren Sinnes beschränkt, und alle
Wahrheit, die für den Menschen erreichbar sei, als die logische
Einsicht in die Verhältnisse der Vorstellungen untereinander ansieht. So ist die Lockesche Philosophie die spezifisch moderne Form
der terministisch-nominalistischen Erkenntnislehre und damit der
einfachste und durchsichtigste Typus des Empirismus: in eben
dieser fast kindlichen Einfachheit hat auch der Zauber bestanden,
den sie auf das Zeitalter der Aufklärung ausgeübt hat.

Den gleichen Charakter einer verständigen Anpassung an die
wirklichen Verhältnisse zeigen die Gedanken Lockes auch auf den
übrigen Gebieten. Interessant ist in dieser Hinsicht hauptsächlich die
vermittelnde Stellung, die er in theoretischer wie in historischer
Beziehung den religiösen Angelegenheiten gegenüber einnimmt. Er
vertritt weder die kühle Ablehnung Bacons noch die staatliche
Omnipotenz, welche Hobbes verlangt hatte. Es kam auch die
Gunst der öffentlichen Verhältnisse hinzu, in denen die religiösen
Leidenschaften sich allmählich mehr beruhigt hatten und der
Radikalismus nach keiner Seite hin mehr die politische Logik des
Tages bildete. Locke ist deshalb unter den Philosophen jener Zeit
gewissermaßen der Vermittlungstheologe, der den Glauben
an die Offenbarung aufrecht erhält und ihn mit der Vernunft in
Einklang zu bringen sucht. Er meint in dem Sinne, wie es schon
Thomas von Aquino formuliert hatte, daß auch die göttliche Offen-
barung in der Religion nur solche Gesetze verkündet habe und habe
verkünden können, welche mit der dem Menschen doch auch von
Gott gegebenen Vernunft in Übereinstimmung sind, und er glaubt
anderseits die Notwendigkeit einer Offenbarung in der Weise

begreifen zu sollen, daß durch sie solche Erkenntnisse mitgeteilt
worden seien, welche, wenn sie auch mit der Vernunft übereinstimmen, doch von der auf die sinnliche Erfahrung beschränkten
Vernunft des Menschen nicht hätten gefunden werden können. Locke
gibt deshalb die Existenz einer natürlichen Theologie, einer durch
bloße Vernunft zu findenden Gotteslehre vollkommen zu; allein er
behauptet, daß in der positiven Religion daneben noch ein anderes,
damit vollkommen übereinstimmendes, aber nur durch Offenbarung
zu findendes Element enthalten sei: er bahnt auf diesem Wege eine
Versöhnung zwischen der Vernunfterkenntnis und dem religiösen
Dogma an, welche in der Weiterentwicklung des englischen Deismus
begierig ergriffen wurde, bis sie wieder zu einer leidenschaftlichen
Entzweiung führte. Was die einzelnen Konfessionen anbetrifft,
so stellt sich Locke ihnen unparteiisch gegenüber, und zwar vertritt
er im Grunde genommen dabei nur den praktischen und politischen
Standpunkt, wie das unter ihren Zeitverhältnissen und von ihren
Prämissen aus auch Bacon und Hobbes getan hatten. Er betont
mit dem großen Zuge der damaligen Denker die Forderung der
Konfessionslosigkeit des Staates, und seine teilweise noch
von den Niederlanden aus gegen die Regierung des letzten Stuart
gerichteten »Briefe über die Toleranz« treten in lebhaftester Weise
für die Gewissensfreiheit ein, indem sie dartun, daß der Staat, dem
nur für das weltliche Wohl des Bürgers die Sorge zukommt, durch eine
religiöse Parteinahme, welcher Art sie auch sei, seine Wirksamkeit
nur schädigen kann. Auf der anderen Seite wird er nicht müde, den
Machthabern einzuschärfen, wie die wahre Religion keines Zwanges
und keiner staatlichen und polizeilichen Unterstützung bedürfe. Er
stellt vielmehr für sie den Gesichtspunkt der freien Assoziation auf
und hat dafür eine praktische Verwirklichung gesucht, als er im Jahre
1669 mit dem Entwurfe einer Verfassung für die von Karl II. an acht
englische Lords überlassene nordamerikanische Provinz Carolina be-
traut wurde; er nahm darin die Bestimmung auf, daß die Religion
und ihr Kultus nicht Sache des Staates, sondern nur der Gemeinde
sein solle. Und es scheint beinahe, als habe er vorahnend das nordamerikanische Prinzip der »freien Kirche im freien Staate«
damit ausgesprochen. Er wollte diese Freiheit allen Konfessionen
und Sekten zugestehen, mit Ausnahme derjenigen, deren Prinzipien
einen gültigen Eid entweder unmöglich machen oder in Frage stellen.

Im ganzen ist es doch nur gelegentlich, daß Locke diese religionsphilosophischen und kirchenpolitischen Gedanken entwickelt; der Schwerpunkt seines wissenschaftlichen Interesses bleibt bei den erkenntnistheoretischen Fragen. Und so sind auch seine Gedanken über ethische Verhältnisse nur sporadisch und in keiner irgendwie systematischen Weise zutage getreten. Er huldigte darin im allgemeinen dem Grundgedanken, daß die menschliche Glückseligkeit der letzte und höchste Gesichtspunkt auch der Ethik sei, und gab der praktischen Philosophie in Analogie zu seinen theoretischen Untersuchungen den historisch sehr wirksam gewordenen, von ihm selbst aber weiter nicht durchgeführten Wink, daß sie zunächst den Einblick in den psychologischen Mechanismus des Trieb- und Willenslebens ihren moralisierenden Betrachtungen zugrunde zu legen habe. Diese Analyse nun zeigt, daß alle Sittlichkeit in der Befolgung eines Gebotes besteht: sie ist deshalb nur möglich und begreiflich, wenn dem natürlichen Triebsystem ein gebietender Wille gegenübersteht, dem sich das Individuum unterwirft. Alle Moral wurzelt in der Autorität. Dreifach tritt sie im Menschenleben auf: als offenbarter Wille Gottes, als Gesetz des Staates, als Norm der Sitte und der öffentlichen Meinung. Doch hat Locke auch diese Gedanken nur gelegentlich geäußert und sie nicht im wissenschaftlichen Zusammenhang ausgeführt.

Ähnliches gilt von seinen pädagogischen Gedanken. Auch sie bilden kein System; aber sie sind mehr als ein solches, sie sind eine befruchtende Macht in der Entwicklung des europäischen Erziehungswesens geworden. Eine große Fülle von lose hingeworfenen Gedanken, enthalten sie die Grundzüge der pädagogischen Richtung, welche in Deutschland, weil sie hier wesentlich durch die Schriften Rousseaus bekannt wurden, unter dessen Namen geläufig sind. Der Gedanke einer freien Entwicklung des natürlichen Individuums bildet ihre Grundlage, und alle jene Forderungen der Ausbildung der Selbsttätigkeit, des spielenden Lernens, der freien Leibesübung, der anschaulichen Form des theoretischen Unterrichts, der Berücksichtigung der individuellen Eigentümlichkeiten, der Entwicklung des eigenen, selbständigen Charakters, alle jene Forderungen, welche die vorschreitende Pädagogik des XVIII. Jahrhunderts mit Begeisterung ergriff und teilweise mit wunderlichen Auswüchsen durchzuführen suchte, sind in Lockes kernigen

»Gedanken über Erziehung« zusammengedrängt. Sie erscheinen hier
sogar auf einer viel edleren und großartigeren Grundlage, als bei
Rousseau; denn sie beruhen alle auf dem sittlichen Gedanken der
Familie. Dabei läßt sich anderseits nicht verkennen, daß die Anlehnung an die spezifischen Verhältnisse des englischen Familien-
lebens und der englischen Sitten, wie manche Vorzüge, so auch eine
Anzahl von Nachteilen und Einseitigkeiten mit sich geführt hat,
die später von Rosseau abgestreift worden sind.

Ein ähnliches Geschick, wie die Lockesche Pädagogik, hat in
literarischer Beziehung seine Staatstheorie erfahren. Auch auf
diesem Gebiete pflegt in Frankreich und in Deutschland Montesquieu wenn nicht als Begründer, so doch als der Typus und der
vollendetste Vertreter des konstitutionellen Staatsrechts
angesehen zu werden, während doch in Wahrheit alles Wesentliche
und Bedeutende in seiner Theorie nur eine glückliche Reproduktion
der Lehren bildet, mit denen Locke in seinen »zwei Abhandlungen
über die Regierung« das von Wilhelm von Oranien inaugurierte politische System zu begründen und gegen die Angriffe des Absolutismus wie des Republikanismus zu verteidigen unternahm. In der
Tat gebührt der Nation und der Zeit, welche die erste konstitutionelle
Monarchie geschaffen hat, auch der Ruhm, ihre Theorie gefunden
zu haben. Gegen Filmer und Hobbes, die Vertreter teils des hierarchischen, teils des rein politischen Absolutismus, war schon Alger-
non Sidney in seinen »Discourses concerning government« siegreich
vorgegangen, und Locke vervollständigte nun diese Gedanken unter
dem Eindrucke der wirklichen Form, welche das System inzwischen
gefunden hatte. Er begriff den Charakter des modernen Staates
zunächst aus der völligen Trennung der politischen und der kirchlichen Macht, in deren Verquickung das Wesen des Mittelalters bestanden habe. Aber wenn er demgegenüber den Staat ganz im Sinne
von Hobbes auf einen Vertrag gründete, durch den alle Bürger ihr
Recht zu dessen besserem Schutze der Staatsgewalt übertragen
hätten, so deduzierte er gegen Hobbes, daß diese Macht nicht in
die Willkür eines einzelnen, sondern nur in den Willen der Majorität gelegt werden dürfe. Von diesem Gesichtspunkte aus entwarf er die Grundzüge der Repräsentativ-Verfassung, indem
er für die legislative Gewalt die Vertretung der Staatsbürger, ihrer
Stände, ihrer Interessen, ihrer historischen Rechte in den gesetz-

gebenden Körpern verlangte. Weiterhin war es die Schule der
Erfahrungen, welche die englische Nation in ihren Revolutionen gemacht hatte, auf Grund deren dieser Konstitutionalismus, in der
Theorie wie in der Praxis, die Trennung der ausführenden von der
gesetzgebenden Gewalt verlangte und die erstere sowohl in ihrer
Richtung nach innen (als exekutive Gewalt im engeren Sinne), als
in ihrer Beziehung auf die übrigen Staaten (nach Lockes Ausdruck
als föderative Gewalt) gemeinsam in die Hände der erblichen Monarchie legte. Die Versöhnung des revolutionären Freiheitsdranges
mit der Notwendigkeit der historischen Entwicklung hatte damit
auch ihren theoretischen Ausdruck gefunden. Aber diese Erfahrung,
welche die englische Revolution gemacht hatte, wurde in der Entwicklung des Aufklärungszeitalters um so mehr vergessen, je mehr
man die Fühlung mit dem historischen Bewußtsein verlor, und es
war dem Kontinente vorbehalten, in den Stürmen der französischen
Revolution diese Erfahrung mit umfassenderer und schwererer
Macht noch einmal zu machen.

So steht Locke auf allen Gebieten mitten in den geistigen Bewegungen seiner Zeit und an der Spitze der Gedankenbestrebungen,
welche das Jahrhundert nach ihm erfüllten. In der nüchternen
und verständigen Ruhe seiner Überlegung, in der beschränkenden
Klarheit seiner Betrachtungen ist er ein Vorbild des gesamten
Aufklärungszeitalters geworden, und seine Lehren bilden für die
große Ideensymphonie dieses Zeitalters gewissermaßen das Prä-
ludium, worin alle Strömungen, alle einzelnen Bewegungsformen
bald stärker, bald leiser angeschlagen werden. Speziell für die
englische Aufklärung ist Locke der bestimmende Geist, an dessen
Gedanken alle Richtungen bald ergänzend und weiterführend, bald
verändernd und bekämpfend sich anlehnen. Die Fäden der geistigen
Bewegung, die in seinem Denken zusammengefaßt waren, laufen teilweise gesondert von ihm aus, um nur noch einmal in David Hume
zu einer großen Gestalt sich zusammenzuschürzen, und es wird daher zunächst die Aufgabe sein, den Verlauf dieser einzelnen Fäden
zu verfolgen.

§ 29. Die Moralphilosophie.

Es empfiehlt sich dabei, von derjenigen Richtung auszugehen,
die bei Locke verhältnismäßig am wenigsten zu Worte gekommen
war, der Moralphilosophie, welche auch unabhängig von den

theologischen Überlegungen, mit denen sie vielfach verknüpft war, einen Gegenstand lebhafter Diskussionen bildete. Auf diesem Gebiete waren namentlich die Lehren von Hobbes fruchtbar, freilich zunächst in der Erzeugung mannigfachen Widerspruchs. Sein Versuch, die Moralphilosophie von allen Formeln der religiösen Begründung unabhängig zu machen, war im Grunde genommen eine Parallelerscheinung zu dem verwandten Bestreben der Rechtsphilosophen gewesen und fand daher gerade von dieser Seite seine prinzipielle Anerkennung. Neben dem System des Naturrechts begrüßte man dasjenige einer natürlichen Moral durchaus sympathisch. Allein mit der Ausführung, die Hobbes diesem Gedanken gegeben hatte, war man nicht einverstanden. Der Gedanke, daß man auch in den edelsten Formen des moralischen Lebens schließlich immer nur gewisse Endprodukte des an sich vollkommen und durchgehends selbstsüchtigen Mechanismus der individuellen Triebe sehen sollte, verletzte und erschreckte die Meinung der Zeitgenossen, die aus dem gleichen Grunde auch das Gebäude der Staatslehre von Hobbes verwarfen. Auch in dieser Hinsicht hatte er ja versucht, die Staatsordnung als ein Produkt der Selbstsucht zu begreifen, welche sich aus den Gefahren des allgemeinen Kriegszustandes durch abwägende Übereinkunft zu retten gesucht habe. Dieser Meinung gegenüber hielt man an den Lehren des Hugo Grotius fest, der im Anschluß an scholastische Lehren für das staatliche Leben ein eigenes, ursprüngliches Organ in der Natur des Menschen unter dem Namen des Geselligkeitsbedürfnisses angenommen hatte. Und in ganz verwandter Weise glaubte man nun auch auf dem allgemeineren Gebiete der Moralphilosophie verfahren zu sollen. Man blieb dabei, daß das moralische Leben aus der Natur des Menschen begriffen werden müsse; aber indem man sich scheute, es aus den egoistischen Triebfedern abzuleiten, schritt man zu der Annahme einer ursprünglichen moralischen Anlage im Menschen, die vollkommen selbständig sich zu der egoistischen Seite der menschlichen Natur von vornherein in einem gewissen Gegensatz und Streite befinde. Es ist klar, wie damit das Problem der Moralphilosophie auf das Gebiet psychologischer Untersuchungen oder Hypothesen hinübergespielt wurde. Denn es handelte sich von diesem Gesichtspunkte aus im wesentlichen nur um die Auffindung und Feststellung eines solchen moralischen Organs im Wesen des Menschen, und in der

immer schärferen Ausprägung dieser Begriffsbestimmung hat schließlich auch die ganze Entwicklung der englischen Moralphilosophie
bestanden. Sie knüpfte damit an die stoisch-ciceronianische Lehre
von den »eingeborenen Ideen« an, die von den Cambridger Neuplatonikern Hobbes gegenüber gerade nach der praktischen Seite
vertreten wurde und die Ursprünglichkeit sittlicher Prinzipien als
lex naturae im consensus gentium behauptete.

Den ersten Versuch dazu machte sehr bald nach Hobbes Cum-
berland (1632—1719) in seiner »De legibus naturae disquisitio
philosophica« (London 1671). Er nannte diese selbständige Grundlage der Moralität die wohlwollenden (wie man jetzt sagt,
altruistischen) Neigungen und betrachtete sie als das ursprünglich in der Menschennatur angelegte Gegengewicht gegen die selbstsüchtigen Neigungen: aus diesem Gegensatze suchte er dann durch
psychologische Gesetzmäßigkeit, wie es Bacon verlangt hatte, und
nach dem Mechanismus der Motivation, wie ihn Hobbes durchführte, den ganzen Zusammenhang des moralischen Lebens als einen
Kampf der beiden Triebmassen gegeneinander zu begreifen. Er fügte
dem überdies den Versuch hinzu, als eine der Entwicklungsformen
dieser altruistischen Neigungen auch die Begründung des Staatslebens in einer Weise darzustellen, welche der Zurückführung auf
das Geselligkeitsbedürfnis im Sinne von Hugo Grotius durchaus
entsprach, und dabei machte sich gewissermaßen die später so
wichtig gewordene und so weit ausgedehnte Tendenz geltend, die
philosophische Rechtslehre den allgemeinen Gesichtspunkten der
Moralphilosophie unterzuordnen.

Der bedeutendste aber und einflußreichste unter den englischen
Moralphilosophen ist der Enkel des Locke befreundeten Staatsmannes, welcher selbst noch den Umgang des Philosophen genossen
hatte, Anthony Ashley Cooper Graf von Shaftesbury (1671—1713).
Bei ihm sprach sich zunächst der allgemeine Grundgedanke einer
vollkommenen Selbständigkeit der Moralphilosophie mit einer
Schärfe aus, welche nach beiden Seiten hin zu gleich heftiger Polemik
führte. Der Versuch von Hobbes, die Moralphilosophie im materialistischen Sinne auf physikalische oder physiologische Grundlagen
zu stellen, erscheint ihm nicht minder verfehlt, als die theologischen
Bestrebungen, sie aus religiöser Offenbarung abzuleiten. In beiden
Fällen wird durch die Ableitung selbst den moralischen Ideen ihr

eigenster Wert geraubt. Wenn sie im religiösen Sinne als Ausflüsse
des göttlichen Willens betrachtet und mit Verheißungen der Belohnung und Drohungen der Strafe verquickt werden, so geht ihre
Würde ebenso verloren, wie wenn man sie als mechanische Natur-
produkte auffaßt. Das Gute, die Tugend und das Recht gelten
vielmehr als ein vollkommen in sich selbst Gegründetes, als das an
sich Vollkommene und unbedingt Wertvolle, welches deshalb nur
erfaßt und ergriffen und nicht von anderswoher deduziert werden
kann. Shaftesbury hat damit für die Moralphilosophie ein Ideal
aufgestellt, dem sie lange und am energischsten bei Kant nachgegangen ist; aber er selbst war weit davon entfernt, diese Aufgabe
zu lösen, und so kam es, daß er nicht ohne Berechtigung später von
Kant unter die typischen Vertreter einer heteronomischen Moral
gerechnet werden konnte. Was ihm im Wege stand, war auf der
einen Seite der psychologische Grundzug des Denkens, worin er
sich mit seinem ganzen Zeitalter bewegte, auf der andern Seite eine
Reihe von persönlichen Neigungen, deren Zusammenwirkung seiner
Moral einen ausgesprochen eudämonistischen Charakter auf-
prägte. Es war eine eingehende und kongeniale Beschäftigung mit
dem Leben des klassischen Altertums, der er den ästhetischen
Sinn verdankte, womit er in die Entwicklung der moralphilosophischen Untersuchungen eingegriffen hat. Schon der unbedingte Wert,
den er den moralischen Ideen zuschreibt, hat einen entschieden
ästhetischen Beigeschmack. Als an sich gut und wertvoll kann,
wie er meint, nur dasjenige gelten, was zugleich Ursache und Gegenstand der höchsten vernünftigen Lust ist, und in echt hellenischem
Geiste betrachtet er deshalb den Zustand der Tugend und des Rechts
als denjenigen der höchsten Glückseligkeit. Er führt in die moderne
Moralphilosophie den Grundgedanken der antiken Ethik ein, das
sokratische Problem der Identität von Tugend und Glückseligkeit,
aber damit auch den ganzen Schwarm von kasuistischen Schwierigkeiten und Zweideutigkeiten und die ganze Sophistik des menschlichen Herzens, welche dieser Gedanke schon bei den Alten in
seinem Gefolge gehabt hatte. Denn die Lehre, daß nur die Tugend
die wahre Glückseligkeit sei, hat sich noch immer unter den Händen
der Menschen in die andere verwandelt, daß die Tugend das Bestreben nach der Glückseligkeit sei, und niemand kann der un-
vermeidlichen Wirkung Einhalt tun, daß, sobald man einmal weiß,

daß die Tugend glücklich macht, man sie um dieses Glückes willen, das sie mit sich führt, zu lieben und zu erstreben anfängt. So hat sich denn auch die Shaftesburysche Lehre, zumal bei seinen Nachfolgern, zu einem vollkommenen Eudämonismus und zu der Glückseligkeitslehre ausgebildet, welche der gesamten Moralphilosophie der Aufklärung gemeinsam war, und der erst Kant entgegenzutreten versucht hat. Doch erscheint dieser Eudämonismus bei Shaftesbury noch keineswegs mit jener prosaischen Nüchternheit, die ihn später kennzeichnete, sondern vielmehr mit einer Art von poetischem Duft. Wenn die Tugend der Gegenstand eines höchsten Wohlgefallens ist, so muß sie etwas an sich tragen, was den Grund dieses Wohlgefallens enthält, und dadurch tritt sie für die Betrachtung Shaftesburys in die nächste Verwandtschaft mit dem Schönen. Alles Wohlgefallen ist im Grunde genommen ein Ausfluß des ästhetischen Verhaltens; alles, was uns wohlgefällt, muß in irgend einer Weise den Charakter des Schönen an sich tragen. Dieser Zusammenhang der moralischen mit der ästhetischen Beurteilung, den bei einer viel höheren und feineren Ausbildung der Begriffe erst die Herbartsche Philosophie zur vollen Klarheit gebracht hat, ist von Shaftesbury mit einer Art genialer Intuition ergriffen worden. Er selbst beschäftigte sich in eingehendster Weise mit der schönen Literatur und den bildenden Künsten theoretisch und kritisch, und es verknüpften sich ihm so die verschiedenen Interessen seines reichen und lebendigen Geistes unter dem Gesichtspunkte der griechischen Kalokagathie. Die Einheit des Schönen und des Guten ist für ihn der höchste und letzte Gedanke. Sein Eudämonismus ist ein ästhetischer, und es reproduziert sich darin die ganze Poesie hellenischer Lebensweisheit. Darin lag der Reiz, den seine Schriften auf die Geister des XVIII. Jahrhunderts und besonders auf die Dichter Deutschlands ausgeübt haben. Ihm tauchte sich die Welt in den Glanz der Schönheit, und auch die Tugend war ihm zuletzt nur die Erfassung des über das Universum ausgegossenen Geistes des Schönen. Diese Wirkung seiner Gedanken wurde durch seine Darstellung unterstützt. Schon seine Jugendschrift »Enquiry concerning virtue and merit« und alle weiteren Bestandteile der zuerst 1711 gedruckten Sammlung »Characteristics of men, manners, opinions, times« zeigen einen Glanz der Diktion und eine witzige Anmut der Sprache, womit der Geschmack in die Wissenschaft einzudringen und eine Fühlung zwischen der Gelehrsamkeit und der schönen Literatur herbeizuführen begann.

So ist es denn schließlich auch ein ästhetischer Gedanke, von dem aus Shaftesbury das Wesen der Tugend zu bestimmen unternimmt: alles Schöne beruht auf Harmonie, und deshalb muß auch die Tugend irgendwie den Charakter der Harmonie an sich tragen. Harmonie aber ist überall eine Verknüpfung des Verschiedenen, eine Versöhnung der Gegensätze. Die Tugend kann deshalb nur in einer Aussöhnung derjenigen Gegensätze gesucht werden, welche in dem natürlichen Wesen des menschlichen Willenslebens angelegt sind. Das ist der Punkt, wo Shaftesbury die Moraltheorien seiner Vorgänger zu vereinigen, den Streit zwischen ihnen auszugleichen und sich über sie zu erheben meint. Die Lehren des Materialismus haben im Menschen nur den Egoismus anerkannt und die Tugend für eine Art von raffinierter oder wenigstens künstlich umgebildeter Äußerung dieses Grundtriebes gehalten. Die Theorien des Geselligkeitsbedürfnisses und der wohlwollenden Neigungen haben neben dem Egoismus die Ursprünglichkeit einer moralischen Anlage des Menschen anerkannt; aber sie haben gelehrt, daß die Tugend in der Unterdrückung der egoistischen und in der Alleinherrschaft der wohlwollenden Motive beruhe: in der einen Lehre kommen die wohlwollenden, in der anderen die egoistischen Neigungen zu kurz. Und doch sind beide von der Natur selbst in uns gepflanzt und haben darum das gleiche Recht, von uns aufrecht erhalten zu werden. Die eine Theorie führt zu einer laxen und leichtsinnigen, die andere zu einer asketischen und trüben Moral. Die wahre Tugend kann nur in der Versöhnung beider Gegensätze bestehen, sie ist der Zustand einer Harmonie zwischen den selbstsüchtigen und den geselligen Neigungen. Sie unterdrückt weder das Recht der individuellen Triebe zugunsten der allgemeinen Glückseligkeit, noch setzt sie das Interesse des ganzen Geschlechts den Leidenschaften des einzelnen gegenüber zurück. Sie ist deshalb nur möglich in dem vollkommen entwickelten Individuum, welches in der harmonischen Entfaltung aller seiner Kräfte und Neigungen sich als ein lebendiges Glied des Universums fühlt. Ihre innerste Wurzel ist weder die kühle Überlegung einer selbstsüchtigen Klugheit, noch die sklavische Unterwerfung einer sich selbst vergessenden Demut, sondern vielmehr jener Schwung der Seele, vermöge dessen sie sich mit der

Vollentwicklung ihres eigenen Wesens in den schönen Organismus der Welt einfügt. Diese Grundlage aller Tugend nannte Shaftesbury Enthusiasmus, die männliche Begeisterung, die in stolzem Selbstbewußtsein das innerste Wesen des Menschen auslebt. Das Ideal dieser Ethik ist die Ausbildung des Individuums, und damit hat Shaftesbury das sittliche Geheimn isdes Zeitalters der Aufklärung enthüllt. Der Begriff der Bildung, den die moderne Kultur hervortrieb, nimmt hier schon eine ganz bestimmte Gestalt an. Es ist diejenige der vollkommenen Entfaltung einer bedeutenden Persönlichkeit. Dieses sittlichen Rechtes ihrer eigenartigen Natur sind sich alle großen Männer des XVIII. Jahrhunderts bewußt gewesen, und sie haben eben darin die Feinfühligkeit für die Auffassung fremder Individualitäten gewonnen, die ihnen allen in großartigstem Maße eigen gewesen ist. Und auch darin ist Shaftesbury ein Vorbild der folgenden Zeit, daß er diese Bildung des Individuums unter dem ästhetischen Gesichtspunkte begreift. Das sittliche Leben in der harmonischen Ausbildung aller individuellen Kräfte ist ihm eine Art von Kunstwerk, und die Tugend wird dadurch zu einer genialen Virtuosität in der Behandlung des eigenen Lebens. In diesem Keime lag die sittliche Größe des XVIII. Jahrhunderts neben seiner Schwäche und seinen Gefahren. Denn die Verknüpfung des ästhetischen mit dem moralischen Gesichtspunkt konnte leicht dazu führen, den letzteren dem ersteren unterzuordnen, und sie zeigte später die wachsende Neigung, die Moral des gewöhnlichen Lebens dem genialen Drange ästhetischer Interessen zu opfern. Gleichwohl bleibt diese Verschmelzung des sittlichen und des künstlerischen Lebens einer der bedeutsamsten Züge in dem Charakter der Aufklärung, und sie spiegelt sich vor allem auch in dem ästhetischen Optimismus, welcher die Weltanschauungen dieses Zeitalters zum größeren Teile durchdringt. Die Vorstellung von einer harmonischen Lebendigkeit des Weltalls, die alle Mängel und Widersprüche, alle Schäden und Gebrechen der einzelnen Dinge in den großen Ozean allgemeiner Vollkommenheit untertaucht und in den Disharmonien nur die unumgängliche Bedingung der Harmonien sieht, ist einer der besseren Lieblingsgedanken der Aufklärung, und wenn dieser in der Theodicee von Leibniz seine tiefste metaphysische Ausführung fand, so zeigt er seinen Ursprung aus der ästhetischen Auffassung nirgends deutlicher, als in der

begeisterten und schönen Darstellung, die ihm Shaftesbury gegeben
hat: auch in dieser Hinsicht hat er auf die deutschen Dichter, besonders der Sturm- und Drangperiode, einen sehr bedeutenden
Einfluß ausgeübt, der sich ¡am klarsten bei Herder und in Schillers
Philosophie des Julius zu erkennen gibt. Diese Ansicht erscheint
schon bei Shaftesbury in Verbindung mit religiösen Überzeugungen,
welche mit denen des englischen Deismus überhaupt sich decken
und deshalb an späterer Stelle uns dem Namen des großen Moralisten
noch einmal werden begegnen lassen.

Der prinzipielle Standpunkt von Shaftesburys Moral lief somit
darauf hinaus, die moralische Beurteilung mit der ästhetischen in
Parallele zu setzen, und es lag deshalb nahe, wie man von einem
künstlerischen Geschmacke als einer besonderen Seelenkraft sprach,
so auch zu der Annahme von ¯einer Art von moralischem Geschmack, einem ursprünglichen Beurteilungsvermögen für das
Gute fortzuschreiten. Je mehr man das tat, je stärker man die
Existenz einer moralischen Anlage des Menschen betonte, um so
weiter entfernte man sich offenbar von den Prinzipien der Lockeschen Psychologie, in denen die Eingeborenheit der praktischen
Prinzipien ebenso energisch abgelehnt worden war, wie diejenige
von theoretischen Gesetzen und Begriffen. Am stärksten trat dies
bei dem Irländer Francis Hutcheson (1694—1747) hervor. Schon
der Titel seines ersten Werkes »Inquiry into the original of our ideas
of beauty and virtue« (London 1720) zeigt die gemeinsame Behandlung der moralischen und der ästhetischen Fragen, und in
seinen späteren Schriften, vor allem in dem posthumen System
der Moralphilosophie, tritt die Lehre von der Ursprünglichkeit
des »moralischen Sinnes« in Parallele zu dem Schönheitssinne
mit voller Klarheit und Entschiedenheit auf. Er will die moralphilosophischen Untersuchungen auf die Betrachtung der Tatsache
gründen, daß wir bei der Prüfung der Motive unserer Handlungen
den prinzipiellen und nicht weiter ableitbaren Unterschied der
selbstsüchtigen und der wohlwollenden, der egoistischen und der
altruistischen Neigungen vorfinden, und daß wir nur den letzteren
und den aus ihnen hervorgegangenen Handlungen unsern moralischen Beifall geben. Diese Billigung kann, wie ¯er meint, nur
aus einem ursprünglichen Beurteilungsvermögen hervorgehen, das
somit für einen wesentlichen Bestandteil der menschlichen Natur

anzusehen sei. Von hier aus war, wie sich zeigen wird, nur noch
ein sehr kleiner Schritt zu der Opposition, welche die schottischen
Philosophen der Lockeschen Lehre machten. Diese ästhetisierende
Richtung zog ihre besondere Stärke aus dem nahen Verhältnis,
worin sie selbstverständlich zu der gleichzeitigen schönen Literatur
stand, und gerade in dieser herrschte — man denke nur an Männer
wie Richardson, Fielding, Hogarth, Goldsmith — die moralisierende
Tendenz in solchem Maße, daß sie die psychologischen Analysen
des ethischen Lebens, die sie bei den Philosophen fand, freudig sich
aneignete und weiterspann.

Von der ethischen Fundamentaltatsache aus, die in der Beurteilung von Handlungen und Gesinnungen nach den Prädikaten
gut und böse gegeben ist, verzweigen sich nun die Untersuchungen
der englischen Moralisten nach verschiedenen Richtungen. Wenn
als Gegenstand der sittlichen Billigung zunächst die altruistischen
Gesinnungen und Handlungen betrachtet wurden, so fragte es sich,
wie der Mensch mit seinem natürlichen Egoismus dazu komme, das
Wohl des Nächsten zum Inhalte seines Wollens zu machen. Der
Optimismus Shaftesburys und der ästhetische Sinn Hutchesons über-
hoben sich dieser Frage durch die Annahme einer psychologischen
Ursprünglichkeit des Altruismus. Weiter schon ging ein Anhänger
Shaftesburys, der Bischof Jos. Butler (1692—1752), der in seinen
»Sermons upon human nature« (1726) die moralischen Gefühle als
Affekte der Reflexion betrachten lehrte und die Motive für
die Befolgung des Sittengesetzes, das ihm als göttliches Gebot galt,
zum Teil in den Rückwirkungen unserer Voraussicht der Beurteilungen fand, die unser Wollen und Tun bei Gott und Menschen
finden werden.

Viel radikaler hatte schon das von Hobbes begründete »selfish system« die vermittelnden Vorgänge zu analysieren gesucht,
durch welche das moralische Handeln als ein zweckmäßiges Mittel
zur Verwirklichung des Egoismus selbst nachgewiesen werden sollte:
hier glaubte man die Annahme moralischer Gesinnungen und Anlagen im Menschen überhaupt entbehren zu können. Der empirische Zusammenhang des gesellschaftlichen Lebens schien zu genügen, um den scheinbaren Widerspruch zwischen dem Egoismus und dem altruistischen Handeln zu erklären. Das ergab
eine bequeme Moral. Je mehr es gerade die höheren Stände der

Gesellschaft waren, in denen diese Betrachtungen mit Vorliebe gelesen und besprochen wurden, um so mehr kam die Neigung auf,
den Lebensgenuß, dessen man sich hier erfreute, und die bald naive,
bald raffinierte Ausnutzung der Verhältnisse, die hier Sitte war,
unter der Form eines philosophischen Systems zu rechtfertigen,
ihm aber dabei eine geistreich spielende Darstellung zu geben und
sich über die Schwächen dieses großen Lebens mit mehr oder weniger
Frivolität hinwegzuscherzen. Die berühmten Briefe von Chesterfield (1694—1773) an seinen natürlichen Sohn, die uns das ganze
Bild der damaligen Gesellschaft entrollen, sind ein lebendiges Zeugnis dafür, welches jedoch in der Literaturgeschichte und in der
Sittengeschichte einen bedeutenderen Platz in Anspruch zu nehmen
hat, als in dem Zusammenhange dieser Darstellung.

Die Annahme aber, daß der Mensch von Natur durchweg
egoistisch angelegt sei, konnte auch in der entgegengesetzten Richtung verfolgt werden, indem das Bewußtsein des Sittengesetzes
auf Autorität begründet und seine Befolgung durch die an die
Autorität sich knüpfenden Motive erklärt wurde. Diese an Locke
sich lehnende Auffassung wurde viel gröber als von Butler später
von William Paley (1743—1805) in seinen »Principles of moral
and political philosophy« (1785) vertreten. Daß der Mensch gegen
seinen natürlichen Egoismus handelt, ist nur durch die Unterwerfung unter einen allmächtigen Willen zu begreifen, von dem
er Strafe zu fürchten und Belohnung zu hoffen hat. So beruht
für Paley das Sittengesetz auf dem geoffenbarten Willen Gottes
und seine Befolgung auf dem durch Furcht und Hoffnung begründeten Gehorsam des Menschen.

Den Inhalt des Sittengesetzes bildet aber auch hier nur das
Wohl des Nebenmenschen. Darin kommt der extreme Orthodoxismus mit den psychologischen Theorien seiner deistischen und
ebenso auch seiner sensualistischen Gegner überein. Es geht durch
die moralistische Literatur dieser Zeit in England ein breiter Strom
psychologischer Gemeinschaft, und dieser besteht in einer Grundannahme, die später als Utilismus oder Utilitarismus bezeichnet worden ist. Das menschliche Wollen, so meinte man,
kann nur Wohl und Wehe, Lust und Unlust zu seinem Gegenstande
haben, indem es die eine begehrt und die andere verabscheut: alles
übrige wird nur indirekt um der Lust oder der Unlust willen geliebt

oder gehaßt. Daraus schien sich zu ergeben, daß Wert und Miß-
wert der menschlichen Handlungen nur danach bemessen werden
könne, in welchem Maße sie Lust oder Unlust herbeizuführen geeignet sind. Die Assoziationspsychologen, von denen später
zu handeln sein wird, führten diese ihren Prinzipien durchaus entsprechende Theorie besonders aus, und sie glaubten damit sogar
ein objektives Kriterium der Moral gefunden zu haben. In
diesem Sinne einigte man sich auf die später üblich gewordene
Formel: »Das größte Wohl der größten Anzahl«.

Diesem Utilismus gegenüber fehlte es nicht an entgegenstehen-
den Theorien, die ein objektives Prinzip der Moral auf metaphysischem Wege zu finden hofften. Die Neuplatoniker von Cambridge,
die in psychologischer Hinsicht die moralischen Ideen als »eingeboren« betrachteten, sahen die Norm der Sittlichkeit in dem
vernünftigen, von Gott gegebenen Wesen des Menschen und seiner
immer höheren Vervollkommnung. Interessanter noch erscheinen
diejenigen Versuche, welche nicht ohne Abhängigkeit von der cartesianischen Philosophie die Gesetze des moralischen Lebens auf
rein theoretische Prinzipien zurückzuführen geneigt sind. Auf
dieser Seite steht in erster Linie Samuel Clarke (1675—1729), der,
ein Schüler Lockes und Newtons, der cartesianischen Philosophie aus
teilweise religiösen Gründen so weit huldigte, daß er die Lehre von
der menschlichen Willensfreiheit in seiner ausführlichen Korrespondenz mit Leibniz gegen den Determinismus des letzteren verteidigte und sie mit ausdrücklicher Bekämpfung Lockes auf den
Begriff der geistigen Substanz und der zu dieser gehörenden Fähigkeit selbständiger und ursprünglicher Handlungen stützte. In der
Moralphilosophie ist er dadurch wichtig, daß er, indem er ein objektives Prinzip der Moral suchte, ihre Gesetze als die Vorschriften auffaßte, welche der menschlichen Willkür durch die
natürliche Beschaffenheit der Dinge auferlegt werden. Es hängt
von unserer Willkür ab, ob wir ein Dreieck zeichnen wollen; sofern
wir aber ein richtiges Dreieck zeichnen wollen, müssen wir es so
einrichten, daß die Winkel zusammen weder mehr noch weniger als
zwei Rechte betragen. Auch die Eingriffe unserer Tätigkeit in den
Zusammenhang der Dinge hängen in ähnlicher Weise von unserer
Willkür ab. Aber diese Handlungen sind sogleich falsch, und zwar
nach Clarkes Meinung auch in moralischem Sinne falsch, wenn wir

sie nicht nach der natürlichen und selbst für die Gottheit unab-
änderlichen Beschaffenheit der Dinge eingerichtet haben. Was
Clarke vorschwebt, ist der immerhin bedeutsame Gedanke, daß der
menschlichen Willkür die großen Gesetze der Wirklichkeit als eine
moralisch bindende Macht gegenüberstehen, — ein Moralprinzip
freilich auf der anderen Seite, weit entfernt von jenem Idealismus,
mit dem andere Systeme die Umgestaltung der Realität für die
eigentliche Aufgabe des sittlichen Lebens erklärt haben, — eine
Moral der Praxis, die sich ihre Gesetze von der bestehenden Welt
diktieren läßt. Das philosophische Element darin ist das Streben
nach einer objektiven, in der Natur der Dinge selbst liegenden Begründung der Moral, und diesem gab gleichzeitig und vielleicht nicht
ohne Abhängigkeit von Clarke eine logische Wendung William
Wollaston (1659—1724). Er faßte die Sache von dem Gesichtspunkte, daß jede moralische Handlung einen theoretischen Satz
und damit ein Urteil über die Beschaffenheit des behandelten Dinges,
bzw. der vorliegenden Verhältnisse involviere. Er machte freilich
daneben darauf aufmerksam, daß man von diesem Urteil nicht nur
die Handlung, sondern auch die Willensentscheidung wohl zu unterscheiden habe, wie man auch bei Clarke einer sorgsamen Untersuchung über den Unterschied des Willens vom bejahenden Urteile
begegnet, — ein Problem, das die cartesianischen Untersuchungen
über den Irrtum nahegelegt hatten. Wenn nun auch Wollaston
die Handlung von dem Urteile verschieden dachte, so meinte er
doch, daß eben der Wert der Handlung mit dem Werte dieses
Urteils stehe und falle, und fand infolgedessen das moralische
Kriterium darin, daß dieses Urteil entweder wahr oder falsch sei.
Für ihn ist deshalb die moralische Handlung diejenige, bei der jenes
darin enthaltene Urteil den Gegenstand oder das Verhältnis, worauf
sich die Handlung bezieht, richtig und erschöpfend erkannt hat.
Es ist klar, daß diese logische Richtigkeit, im Grunde genommen,
eben nur dasselbe bedeutet, was Clarke handgreiflicher als Sach-
gemäßheit bezeichnet hatte. Wenn dann Wollaston schließlich
noch den Nachweis hinzufügt, daß die Handlungen, die sich in dieser
Weise eines logisch richtigen Inhaltes erfreuen, notwendig auch zur
Glückseligkeit führen, so kann er diesen Weg zu dem Shaftesburyschen Eudämonismus nur dadurch finden, daß er seiner logischen
Richtigkeit die Clarkesche Sachgemäßheit unterschiebt und aus-

führt, wie diejenige Behandlung der Verhältnisse, welche sich auf deren richtige Erkenntnis stützt, von selbst eine für den Handelnden ersprießliche Gestaltung herbeiführt. So kommt auch hier schließlich ein utilistisches Grundmotiv und jener Eudämonismus zutage, den Shaftesbury im Anschluß an die Antike vorbildlich verkündet hatte. Er hatte für das Aufklärungszeitalter um so mehr axiomatische Geltung, als er auch das adäquate Prinzip für die Wertbeurteilung der öffentlichen Einrichtungen zu bilden schien. Als ein negativer Beweis dafür kann die so verschieden beurteilte und so oft geschmähte Bienenfabel von Mandeville (1670—1733) angesehen werden. Ihr Verfasser, obwohl ein in Holland geborener Franzose, gehört doch seiner ganzen Bildung nach der Moralphilosophie und dem Deismus der Engländer an. So schwer es ist, die eigenste persönliche Meinung des Mannes aus seiner geistvollen »Fable of the bees or private vices made public benefits« (zuerst London 1714) mit voller Sicherheit herauszulesen, so stark ist das Licht, welches von ihr auf die Meinungen jener Zeit zurückfällt, und so charakteristisch ist die Stellung, die ihr in den moralischen Lehren des Aufklärungszeitalters zukommt. Diese Fabel stellt den Zustand der menschlichen Gesellschaft mit allen ihren moralischen Schwächen und Gebrechen unter dem Bilde eines Bienenstockes dar, und sie fügt die Fiktion hinzu, Zeus habe plötzlich, den Bienen nachgebend, alle Bienen gut, tugendhaft und ehrlich gemacht — und siehe da! die ganze Maschinerie des gesellschaftlichen Lebens und des staatlichen Zusammenhanges stand still. Niemand stahl und betrog mehr; jeder bezahlte seine Schulden, der Richter und die Polizei waren zur Untätigkeit verdammt; alle Konkurrenz in den Gewerben, aller Wettstreit des Ehrgeizes war aufgehoben, und die Gesellschaft fand sich zu traurigster Lethargie verdammt. Hier wurde den Moralisten gewissermaßen der Revers der Medaille gezeigt; es sollte ihnen klar werden, daß die menschliche Kultur nur in Verbindung mit den moralischen Schwächen denkbar, daß ein Staat von nur tugendhaften Menschen unmöglich sei, und das einzige, was die Bienenfabel predigte, war dieses: wollt ihr die Kultur, so bekreuzt euch nicht vor dem Egoismus, ohne den sie nicht möglich ist. Man kann annehmen, daß Mandeville damit lediglich eine Tatsache aussprechen wollte, und es ist nicht unbedingt nötig, in dieser

Darstellung des genauen Zusammenhanges zwischen der Kultur und
den moralischen Schäden, welche sie mit sich führt, eine Apologie des
Lasters oder eine Empfehlung der Immoralität zu sehen. Ebenso
falsch aber ist es auf der anderen Seite, die Bienenfabel unter den
Rousseauschen Gesichtspunkt zu stellen und zu meinen, Mandeville habe zeigen wollen, daß die Kultur um ihrer notwendigen
Immoralität willen verwerflich sei. Denn nichts liegt Mandeville
ferner, als von einer ursprünglichen Güte der menschlichen Natur,
etwa wie Rousseau, zu träumen. Der Staat von ehrlichen Leuten
gilt ihm deshalb für unmöglich, weil er unnatürlich ist, und der
natürliche Mensch ist ihm nicht der tugendhafte, sondern der
selbstsüchtige und von persönlichen Begierden und Leidenschaften
erfüllte. Die große Bedeutung seiner Fabel liegt vielmehr, wenn
auch vielleicht von ihm ungewollt, nach einer ganz anderen Richtung.
Er zeigt, wie die Kultur, auf welche das Glückseligkeitsbestreben
des Menschen hinausläuft, in einem inneren Widerspruche mit der
Moralität steht; er weist nach, daß wir durch die Tugend nicht
glücklich werden, und daß die Triebkraft in der großen Maschinerie
des gesellschaftlichen Lebens nicht die Tugend, sondern der Egoismus
ist. Seine Fabel ist — gewollt oder nicht gewollt — eine glänzende
Widerlegung des Eudämonismus. Sie läßt durchblicken, daß der
Mensch den Zustand einer glücklichen Kultur und einer Befriedigung seiner natürlichen Bedürfnisse nicht der Tugend, sondern der
Selbstsucht verdankt; sie läßt ahnen, was später Kant so fein und
so tiefsinnig gezeigt hat, daß die Natur, wenn sie den Menschen zur
Glückseligkeit hätte schaffen wollen, kein ungeeigneteres Mittel
hätte finden können, als indem sie ihm neben den selbstsüchtigen
Neigungen den moralischen Trieb einpflanzte; sie deutet darauf
hin, daß unter die Mittel zur Herbeiführung der menschlichen Glückseligkeit die Moral nicht gehört. Mandeville sagt selbst, wenn auch
vielleicht persönlich nicht ohne ironischen Anflug, die Tugend sei
gar nicht dazu da, uns glücklich zu machen, die christliche Moral
lehre ja überall, daß wir unser Fleisch zu kreuzigen hätten, und so
wenig auch er selbst sich im kantischen Geiste zu der Forderung hat
erheben können, die Tugend zu üben gerade trotz der Hemmnisse,
welche sie den menschlichen Glückseligkeitsbestrebungen bereitet,
so ist doch seine historische Kulturbedeutung die, daß er diese Anti-
nomie zwischen der Moralität und der psychologisch-natürlichen

Selbstsucht aufgedeckt und damit jenen Eudämonismus ad absurdum geführt hat, der entweder seicht genug war, an eine unausbleib- lich beglückende Kraft des tugendhaften Handelns zu glauben, oder raffiniert genug, um in der Tugend nur das sicherste oder anstän- digste Mittel zur Befriedigung der natürlichen Begierden zu ergreifen. Die Bienenfabel ist ein außerordentlich bedeutsames Moment in der kulturphilosophischen Dialektik des Aufklärungszeitalters, das im allgemeinen die moralischen und gesellschaftlichen Zustände an dem Maße der von ihnen herbeigeführten Glückseligkeit zu messen geneigt war. Je mehr später namentlich in Frankreich das Elend der öffentlichen Zustände das Nachdenken der wohlwollen- den Denker in Anspruch nahm, um so energischer tauchte das Ideal eines moralischen und politischen Zustandes auf, der zur all- gemeinen Glückseligkeit führe. Die französische Revolution ruhte auf diesem Ideal, und Rousseau ist sein Prophet. Mandevilles Be- deutung besteht darin, daß er dies Ideal als eine Illusion zu zer- stören suchte; aber sein Mangel liegt eben darin, daß er sich zu einer von dem Glückseligkeitsstreben unabhängigen Moral nicht zu erheben vermochte.

§ 30. Der Deismus.

Mannigfache Zusammenhänge persönlicher und gedanklicher Art verbinden die Entwicklung der englischen Moralphilosophie mit derjenigen der Religionsphilosophie, worin das Aufklärungszeitalter so sehr seine Hauptgedanken vereinigt zu haben glaubte, daß es den Namen des Freidenkertums speziell für diese Richtung in An- spruch nahm. Und in der Tat kam der Charakter jener Zeit, mit allen ihren Vorzügen so gut wie ihren Schwächen, in dieser Richtung zum vollendetsten Ausdruck, und auch in ihr haben die Engländer das Verdienst nicht nur der ersten und originalen, sondern auch der einfachsten und wirkungsvollsten Leistungen. Die geistige Revolu- tion Englands war wie seine politische: gewaltig, großartig, taten- und gedankenvoll, aber weder so blendend noch so verzehrend, weder so zündend noch so zerstörend wie die französische. Diese geistige Revolution aber, dem Gedanken der Freiheit ebenso nach- gehend wie die politische, mußte den Begriff der individuellen Frei- heit und das Bestreben einer natürlichen Begründung der Wissen- schaft vor allem auch auf dem religiösen Gebiete entwickeln, und

wenn das intellektuelle Leben Europas seit der Renaissance aus
den konfessionellen Formen und Formeln immer mehr heraus-
gewachsen war, wenn das Denken von allen Seiten her auf einen
überkonfessionellen Standpunkt hindrängte, so glaubte sich der
englische Deismus dazu berufen, das religiöse Leben von der
Enge konfessioneller Dogmen in der Tat zu befreien und den positiven Religionen eine natürliche, d. h. eine philosophische Religion
gegenüberzustellen. Wie die Rechtsphilosophie an die Stelle der
theologischen Ableitung das Naturrecht, wie die Moralphilosophie
an die Stelle der göttlichen Gebote die moralische Anlage der menschlichen Natur setzte, so entwarf der Deismus der kirchlichen Dogmatik gegenüber die Naturreligion. Die Identifizierung des Natürlichen und des Vernünftigen, welche durch die ganze Aufklärung
hindurchgeht, trat in diesem Falle nicht nur in der schärfsten Form,
sondern bereits von Anfang an mit jener polemischen Tendenz gegen
die historisch gewordenen Formen auf, die das XVIII. Jahrhundert
immer schroffer ausgebildet hat. Ja man kann sagen, daß durch
den Deismus die Unterscheidung des Natürlichen und des Historischen, vermöge deren das letztere als ein Verkünsteltes und Ver-
dorbenes erschien, und welche bald mit der Unterscheidung des
Vernünftigen und des Unvernünftigen für gleichbedeutend erklärt
wurde, dem Denken der Aufklärung geläufig gemacht worden ist.

Es ist klar, daß diese Religionsphilosophie mit ihrer Annahme
einer aus dem Wesen der menschlichen Natur überall gleichmäßig
sich ergebenden Religiosität sich zu der Lockeschen Psychologie von
Anfang an in einem verwandten Gegensatz befand, wie ihn die
Moralphilosophie zum Teil ausprägte. Wollte sie zeigen, daß das
religiöse Leben in den allgemeinsten Grundzügen, die sie in ihrem
Begriffe der Naturreligion zusammenfaßte, ein überall sich gleich-
bleibender, integrierender Bestandteil der menschlichen Natur sei,
so war sie zu der Annahme eines religiösen Sinnes ebenso genötigt wie die Moralphilosophie zu derjenigen eines moralischen
Sinnes. Beides aber stand in gleichem Widerspruch mit der Lehre
von Locke, wonach die Seele als eine »tabula rasa« aufgefaßt werden
sollte, auf die erst die Erfahrung ihre Züge schriebe. Die Religionsphilosophie war von der entgegengesetzten Strömung von vornherein getragen, und ihr Prinzip war schon weit vor Locke durch
den Vater des Deismus, Herbert von Cherbury (1581—1648),

ausgesprochen worden. Ihm war die Seele durchaus keine »tabula rasa«, sondern vielmehr ein verschlossenes Buch, von dem er lehrte, daß es sich auf die Veranlassungen der Natur öffne und seine inneren Schätze zeige. Sie trägt seiner Ansicht nach eine Anzahl allgemeiner, bei allen Menschen gleicher und deshalb auch allgemein anzuerkennender Wahrheiten in sich; sie besitzt darum auch einen natürlichen Instinkt in Rücksicht der religiösen Probleme, und aus diesem entwickelt sich eine Reihe eingeborener Erkenntnisse über das Wesen der Gottheit, welche den Inhalt der Vernunftreligion oder der natürlichen Religion bilden. Auf diesem Standpunkte erscheint Herbert im Gegensatze zu Hobbes; dieser war zwar der Annahme allgemein verbreiteter religiöser Vorstellungen nicht abgeneigt, wollte sie aber am liebsten als Aberglaube bezeichnet und ihre Erhebung zum Werte der Religion erst von der staatlichen Sanktionierung abhängig wissen; umgekehrt glaubte Herbert den wahrhaft religiösen Geist nur in den einfachen und natürlichen Wahrheiten suchen zu sollen und betrachtete alle in der Geschichte aufgetretenen Zusätze eher als Verirrungen und Verfälschungen. Auf der anderen Seite war es diese Lehre Herberts von einer eingeborenen religiösen Erkenntnis, gegen welche Locke seine schneidige Polemik ebenso energisch wie gegen die theoretischen Ideen des Neuplatonismus und des Cartesianismus richtete. Daß endlich diese Erhebung über alle kirchlichen und konfessionellen Einzeldogmen bei den Orthodoxen aller Richtungen auf den lebhaftesten Widerspruch stieß, ist selbstverständlich, und es widerfuhr Herbert bald die Ehre, von dem Kieler Kanzler Korthold neben Hobbes und Spinoza als einer der »drei großen Betrüger« angeklagt zu werden. Ehe er selbst noch eigentlich polemisch vorgegangen war, ahnte man die kritische Tendenz, welche die Vernunftreligion den positiven Dogmen gegenüber einnehmen mußte.

So sehr Locke den Standpunkt des religiösen Instinkts bekämpft hatte, so wenig erschien doch in der Folge seine Lehre damit unaussöhnlich. Konnte man doch auch bei ihm eine Art von Vernunftreligion nachweisen. Freilich hatte er das Christentum damit identifiziert, indem er nachzuweisen suchte, daß dessen Lehren der Vernunft nicht widersprächen. Für den größeren Teil der Glaubenslehren hatte er allerdings angenommen, daß sie trotz ihrer Vernünftigkeit von der Vernunft allein ohne Hilfe der Offenbarung

nicht gefunden werden könnten; aber bei einigen wenigstens, vor
allem bei dem Glauben an die Existenz der Gottheit, hatte auch
er die volle Rationalisierung vollzogen indem er sie aus bloßer
Vernunft, die Existenz Gottes z. B. auf dem Wege des kosmologischen
Beweises, darstellbar und begründbar erklärte. Hierin überwog
bei Locke das rationalistische, dem Cartesianismus verwandte
Moment. Indem nun die Religionsphilosophie die psychologische
Streitfrage, wie sie zwischen Herbert und Locke schwebte, fallen
ließ, zog sie sich mehr und mehr darauf zurück, die Ableitbarkeit
der religiösen Grundwahrheiten aus der bloßen Vernunft zu behaupten, infolgedessen aber auch das religiöse Leben auf diese rein
vernunftgemäßen Grundwahrheiten zu beschränken. Eine Vorbereitung zu dieser Ansicht war schon während der kirchenpolitischen
Streitigkeiten des englischen Revolutionszeitalters durch die Richtung der Latitudinarier gegeben, die alle zwischen den verschiedenen Konfessionen und Sekten des Christentums schweben-
den Streitfragen für unwesentlich erklärten und sich mit ihrer
Überzeugung auf die mit unzweifelhafter Klarheit in der hl. Schrift
niedergelegten »Grundwahrheiten« zurückziehen wollten.

Eine ähnliche Stellung über den Religionen überhaupt nimmt
nun die Philosophie bei John Toland (1670—1722) ein. Er ist in
gewissem Sinne der charakteristischste Vertreter der aufklärerischen
Religionsphilosophie und hat eine Reihe ihrer Grundprinzipien auf
den typischen Ausdruck gebracht. Zunächst betont er mit voller
Schärfe den Grundsatz des »Freidenkertums« und bespricht
in eindringlicher Weise das Recht der Denkfreiheit. Diese Freiheit
ist ihm zunächst die individuelle, sie besteht in der Abwerfung der
Autorität und in der Ausbildung des selbständigen Urteils für die
denkende Vernunft. So hoch er die großen Geister aller Zeiten
schätzt, so sehr er namentlich den Philosophen in dem phantastischen
Kultus seiner Freidenkergemeinde, den er im »Pantheistikon« (1710
mit dem Druckorte Kosmopolis) entwarf, eine analoge Stellung wie
den Heiligen und den Kirchenvätern des Christentums zuwies, so
wenig erkannte er doch irgend einem dieser Geister eine absolut
bindende Kraft zu, sondern hielt das Recht der Prüfung für die
Vernunft unter allen Umständen aufrecht. Es war nur eine Konsequenz dieser Gedanken, wenn Toland, wie die späteren Deisten,
zum eifrigen Vertreter der Toleranz wurde. Mit der Forderung

der Denkfreiheit nahm er dem Staate das Recht, sich um die Meinungen seiner Bürger zu kümmern und gar deren Ansichten zu bestrafen, und es war wesentlich dieser religionspolitische Gesichtspunkt, von dem aus das gesamte Aufklärungszeitalter zu einer Auffassung vom Wesen des Staates gelangte, welche dessen Tätigkeit nur auf den äußerlichen Zusammenhang der Gesellschaft beschränkte und ihm nicht die Gesinnungen, sondern nur die Handlungen des Menschen und auch von diesen nur solche, die zweifellos in die Sphäre von Rechtsverhältnissen fallen, unterworfen wissen wollte. Schon Toland predigte deshalb die Toleranz in einer Ausdehnung, vermöge deren sie auch den von Locke preisgegebenen Atheisten noch zugute kommen sollte.

Allein die Forderung der Denkfreiheit tritt bei Toland in einer anderen, ganz außerordentlich charakteristischen Beschränkung auf, einer Beschränkung, die von einer tiefen und überaus weittragenden Kulturbedeutung ist. Kaum einer der englischen Deisten hat sich die Gefahren verborgen, die mit der Ausbreitung des Freidenkertums über die große Masse und namentlich in die untersten Schichten des Volkes verknüpft sind; keiner von ihnen hat vergessen, daß die positiven Religionen zu allen Zeiten eines der kräftigsten Bindemittel in dem Gefüge der gesellschaftlichen Ordnung gewesen sind, und daß mit ihrer Aufhebung dieses Gefüge unmittelbar zusammenzustürzen droht. Der englische Deismus hat an dem theoretischen Werte der positiven Dogmen die schonungsloseste Kritik geübt, aber er hat mit dem eigentümlichen Instinkte dieser Nation ihre praktische Bedeutung in ihrer ganzen Ausdehnung begriffen, und wenn er dadurch wissenschaftlich in eine rettungslose Halbheit und Unentschiedenheit gedrängt worden ist, so hat er sich doch niemals zu einem revolutionären Agitationsmittel verwenden lassen, wie es den gleichen Gedanken in Frankreich widerfahren ist. Die englischen Denker machten mit ihrer Toleranzbewegung vor einer gesellschaftlichen Schranke Halt, und sie verlangten das Recht der Denkfreiheit nur für den engeren Kreis derjenigen, welche durch ihre soziale Stellung vor allen staatsgefährlichen Folgerungen bewahrt und durch ihre wissenschaftliche Bildung zu einer maßvollen und unbedenklichen Ausübung ihrer Überzeugungen befähigt erschienen. In diesem Zusammenhange gewann jener mächtige Klassenunterschied zwischen Gebildeten

und Ungebildeten, worauf die geistige Bewegung der Renaissance
hingedrängt hatte, eine religiöse Bedeutung. Die große Masse der
Ungebildeten wurde von den englischen Freidenkern, insbesondere
auch von Shaftesbury, der Herrschaft der positiven Religionen
anheimgegeben, und die letzteren fanden auf diese Weise eine ihnen
wenig schmeichelhafte Anerkennung als polizeiliche Mächte. Für
die Gebildeten dagegen verlangte der Deismus das schrankenlose
Recht der Denkfreiheit, ihnen sollten die Fesseln der konfessionellen
Dogmen abgenommen und die volle Durchführung der vernünftigen
Kulturreligion gestattet sein. In diesem Sinne machte Tòland den
Unterschied einer esoterischen und einer exoterischen
Lehre, einer Vernunftreligion für den Gebildeten und einer posi-
tiven Religion für die große Masse. Hierin lag das Geschick dieser
Lehre von vornherein besiegelt; eine religiöse Lehre, die sich aus-
drücklich nur auf wenige Bevorrechtete beschränkt, unterbindet sich
selbst die Lebensadern, und die Geschichte hat gezeigt, daß diese
Salonreligion des XVIII. Jahrhunderts nur ein künstliches und
schließlich lebensunfähiges Gebilde war. Diese Naturreligion, der
nach einem schlagenden Bonmot von Shaftesbury alle weisen
Männer angehören und von der diese weisen Männer niemals etwas
verraten, war ein Zwitterding, in welchem die großen Gegensätze
der Zeit zwar ausgesprochen, aber keineswegs überwunden waren.
Dennoch würde man irren, wenn man diesen verfehlten Versuch
einer Trennung des religiösen Lebens zwischen den Gebildeten und
den Ungebildeten lediglich etwa den persönlichen Neigungen der
englischen Deisten oder den Verhältnissen der englischen Gesellschaft, aus der sie stammten, zur Last legen wollte. Diese Exklusivität ist vielmehr eine allgemeine Eigentümlichkeit des gesamten
aufklärerischen Denkens, und sie zeigt sich selbst in Frankreich,
wo diese Schranken noch am meisten durchbrochen wurden. Das
Jahrhundert der Aufklärung übernahm von der Renaissance den
sozialen Gegensatz der Bildung und der Unbildung, und die gesamte
geistige Bewegung des XVIII. Jahrhunderts hat sich im wesentlichen in den höheren Gesellschaftskreisen abgespielt. Von den
bedeutsamen Fragen, welche dies Jahrhundert bewegten, war die
große Masse mehr oder minder ausgeschlossen, und erst die französische Revolution hat mit ihren Konsequenzen einen sozialen Zustand geschaffen, worin eine gleiche Exklusivität des geistigen

Lebens nicht mehr möglich erscheint. Die kulturgeschichtliche Betrachtung wird in dieser eigentümlichen Abgeschiedenheit des Bodens, auf dem sich die Ideen des XVIII. Jahrhunderts entwickelten, die Wurzeln ihrer Kraft ebensogut erblicken wie diejenigen ihrer Schwäche. Sie wird nicht das Zugeständnis verweigern können, daß die Entwicklung der großen und scharfgeschnittenen Individualitäten und die Ausbildung der ästhetischen Zartheit in den Beziehungen des geistigen Lebens nur in der Geschlossenheit dieser engen Kreise möglich war, — und sie wird anderseits niemals verkennen dürfen, daß aus eben dieser Abgeschlossenheit sich eine gefährliche Verständnislosigkeit für die schwersten Probleme der menschlichen Gesellschaft entwickeln konnte. Es war eine natürliche Folge, daß gerade über diese engen Kreise das erste soziale Wetter, die französische Revolution, hereinbrach; denn in eben dieser Exklusivität bestand der innere Widerspruch des Aufklärungszeitalters. Die Lehren der Aufklärung selbst, die trotz aller Absperrung leise und allmählich den ganzen Körper der Gesellschaft durchsickerten, erzogen jene sozialen Naturmächte, deren Sturm sich gegen nichts anderes richtete als gegen die gebildete Gesellschaft selbst. ·Und unter diesen Widersprüchen war einer der gefährlichsten eben der religiöse, in den sich der Deismus verwickelte; denn vor der Macht der Aufklärung mußte jene künstliche Scheidewand der esoterischen und der exoterischen Lehre in Staub zerfallen, und je mehr sich diese Gesellschaft den religiösen Bedürfnissen der Masse entfremdet hat, um so ratloser steht sie einmal ihren elementaren Wirkungen gegenüber.

Eine dritte charakteristische Eigentümlichkeit der Tolandschen Lehren ist die Verschmelzung, worin sich bei ihm der Deismus mit den naturwissenschaftlichen Richtungen der Zeit befindet; doch ist es hier noch weniger die exakte Naturforschung, als vielmehr die theosophische und mystische Naturauffassung, zu welcher der Deismus eine freundliche Stellung einnimmt, und damit hängt es zusammen, daß der letztere auf dieser Stufe seiner Entwicklung noch viel eher einem verschwommenen Pantheismus zuneigt, als der ausgesprochenen Lehre von der göttlichen Persönlichkeit, die er später hervorkehrte, und welche der ganzen Richtung schließlich auch den Namen gegeben hat. Der eigentümliche Kultus, den Tolands Pantheistikon darstellen soll, zeigt eine

Art phantasievoller Naturreligion in dem Sinne, daß das religiöse
Gemüt sich in den weihevollen Zusammenhang des Universums
versenkt und sein ganzes Heil von der Hingabe an die unendliche
Naturkraft erhofft. Als die Priesterin dieser Religion wird die
Wissenschaft gefeiert, die nur aus der menschlichen Vernunft und
aus den Offenbarungen der Natur selbst ihre Erkenntnisse schöpft.
Aber diese Wissenschaft scheint Toland mehr in der Art der italienischen Naturphilosophie, als in derjenigen der exakten Forschung
aufgefaßt zu haben, und seine an die Königin Sophie Charlotte von
Preußen gerichteten Briefe (»Letters to Serena«, 1704) preisen die
Zweckmäßigkeit, Schönheit und Harmonie des Universums, dessen
Begriff für den Verfasser mit demjenigen der Gottheit zusammen-
fällt. Wenn man anderwärts bei ihm liest, daß der Materie selbst
die seelische Lebenskraft und die zweckmäßige Gestaltungskraft
innewohne, so erscheint das Ganze in derselben Weise wie die Lehre
der italienischen Naturphilosophen als eine bewußte Erneuerung
des altionischen Hylozoismus, welche den Namen des Pantheismus, der vielleicht durch den Titel der Tolandschen Schrift geläufig
geworden ist, in voller Ausdehnung, aber auch in seiner ganzen Un-
bestimmtheit verdient.

Auch bei Toland zeigt sich nun die kritische Tendenz, welche
die natürliche Religion den positiven Dogmen gegenüber einnahm.
Toland knüpft dabei fein genug an Lockes Ausführungen über die
Vernunftgemäßheit des Christentums an, um ihnen unmerklich eine
kritische Zuspitzung zu geben. Wenn Locke gelehrt hatte, daß die
Offenbarung zwar auf einem anderen Wege als die Vernunft, aber
doch schließlich immer nur Vernunftgemäßes bringen könne, so
folgerte Toland daraus, daß die rechte Offenbarung immer nur
diejenige sein könne, die Vernünftiges enthalte, und daß eine Offenbarung, bei der das nicht der Fall sei, unmöglich als göttlich angesehen werden dürfe. Damit war die Vernunft in das Recht einer
Beurteilung der Offenbarung eingesetzt und der letzte Grund des
Glaubens aus der Offenbarung selbst in die Vernunft verlegt worden.
Toland selbst hatte in seiner anonymen Schrift: »Christianity not
mysterious« (London 1696) daran festhalten wollen, daß trotz
dieser Fortträumung des Offenbarungsgeheimnisses die wesentlichen
Grundlagen des Christentums vor der Vernunft bestehen bleiben.
Allein andere zogen schon um diese Zeit die Konsequenzen gegen

das Christentum offener und rücksichtsloser. Zu diesen gehörte in erster Linie Shaftesbury, dessen Bedeutung auf diesem Gebiete der historischen Wirkung nach nicht geringer ist, als auf demjenigen der Moralphilosophie. Die geistvolle Schärfe und der anschauliche Witz, mit dem seine Essays die religiösen Urkunden vom Standpunkte der Vernunftreligion beurteilen, hat auf die spätere Entwicklung der deutschen Bibelkritik, wie es sich namentlich an Lessing und Reimarus verfolgen läßt, einen viel anregenderen Einfluß ausgeübt, als der strenge Ernst, mit dem Spinoza die wissenschaftlichen Grundlagen für diese Kritik in seinem theologisch-politischen Traktate festgestellt hatte.

In dieser Richtung lag denn auch die Weiterentwicklung, welche die englische Religionsphilosophie zunächst fand. Sie gestaltete sich zu einer immer energischeren und radikaleren Kritik der positiven Religionen und im besonderen natürlich des Christentums. Nachdem Toland das Christentum der Mysterien der Offenbarung entkleidet haben wollte, begann man namentlich sich mit jenem scheinbar historischen Beweise zu beschäftigen, der aus der Erfüllung der Weissagungen des alten Testaments durch die Tatsachen des neuen von der Theologie entwickelt zu werden pflegt. Hier hat Whiston, um im Interesse der unbedingten Anerkennung des neuen Testaments die Widersprüche und Unerfülltheiten fortzuräumen, eine jüdische Fälschung des alten Testaments angenommen. Diese Meinung suchte Anthony Collins (1676—1727) zu widerlegen, indem er zeigte, daß jenen Weissagungen überhaupt nur ein allegorischer Charakter zugesprochen werden könne, sah sich jedoch eben dadurch genötigt, die Beweiskraft dieses Arguments erheblich herabzusetzen. Später versuchte Thomas Woolston (1659—1729) sich zwischen jene beiden Männer zu stellen, von welchen er dem einen zu großes Hangen am Buchstaben, dem andern zu willkürliche Zweifelsucht vorwarf. Er glaubte den allegorischen Weissagungsbeweis aufrecht erhalten zu können und wendete nun seinerseits die ganze Schärfe seiner Kritik gegen den Wunderbeweis, indem er ausführte, daß die Wundererzählungen des neuen Testaments weder den göttlichen Ursprung dieser Bücher noch die göttliche Natur des Heilands zu erhärten vermöchten.

So waren unter den Händen dieser Männer, die sich selbst als Freidenker bezeichneten (Collins: Discours of free-thinking, London

1713), Schritt für Schritt die historischen Beweise, mit denen man
das Christentum zu begründen pflegte, der Offenbarungs-, Weis-
sagungs- und Wunderbeweis, einer nach dem anderen abgeblättert,
und mit ihnen alle diejenigen Elemente der christlichen Lehre, die
damit im Zusammenhange stehen. Was übrig blieb, war das rein
moralische Christentum, die Lehre von der Gottheit und
der Unsterblichkeit der Menschenseele, welche durch reinen
Lebenswandel die Schlacken ihres irdischen Lebens abzustreifen
berufen sei, d. h. ein Christentum, das mit der Vernunftreligion, wie
Herbert und Shaftesbury sie gedacht hatten, sich vollkommen zu
identifizieren vermochte. Auf diesem Entwicklungsstadium nahm
die englische Religionsphilosophie vollständig die nüchterne und
moralisierende Form des Deismus an, in der sie die Aufklärung
auch in Frankreich und Deutschland beherrscht hat, eine Form
des religiösen Bewußtseins, worin der eigentliche Duft und Zauber
der Religiosität sich vollkommen verflüchtigt hatte, und in der es
im Grunde genommen nur als ein Vehikel der moralischen Ausbildung betrachtet und benutzt werden sollte. Es ist das jener
sterile Rationalismus, der in seiner prosaischen Vernunftgemäßheit sich gegen den innersten Kern des religiösen Lebens verschloß, und der mit seiner abstrakten Kritik eine öde Verständnislosigkeit für die tiefsten Regungen und die glühendsten Bedürfnisse
der Seele verband. Diese Gestalt der englischen Religionsphilosophie ist am klarsten und schärfsten durch Matthews Tindal
(1656—1733) vertreten. Seine Schrift: »Christianity as old as the
creation« (1730) beruht auf dem Grundgedanken, daß alle positiven
Religionen nur Entstellungen der ursprünglichen und allen Menschen gemeinsamen Naturreligion seien, Entstellungen, die zum
Teil durch historische Tatsachen, zum großen Teil aber auch durch
priesterliche Erfindung herbeigeführt worden seien. Diesen letzteren
Gedanken hat später die Aufklärungsphilosophie bis zum Über-
drusse ausgetreten und bis zur Lächerlichkeit gesteigert. Unfähig,
den völkerpsychologischen Ursprung religiöser Vorstellungen und
seine Naturnotwendigkeit zu begreifen oder auch nur zu ahnen, war
sie überall mit der seichten Erklärung bei der Hand, was mit ihrer
Naturreligion nicht übereinstimmen wollte, für eine auf den Betrug
der Masse angelegte Erfindung der Priester zu halten, und nichts
charakterisiert vielleicht besser ihre Unfähigkeit, die großen Probleme

zu lösen, mit denen sie sich beschäftigte. Das Christentum betrachtete Tindal als eine Wiederherstellung der Naturreligion, als
eine Reaktion gegen die Verzerrungen, welche sie in den früheren
positiven Religionen erfahren habe. Freilich sei diese Wiederherstellung nicht völlig geglückt, und es seien in der christlichen Lehre
eine Anzahl jener fälschlichen Zutaten stehen geblieben, deren Fort-
schaffung nunmehr die Aufgabe des Freidenkertums bilde. Der
Rest, der so herausgeschält werden soll, ist eine mit den Begriffen
der Gottheit und der Unsterblichkeit verbrämte Moralphilosophie,
deren Gedankengehalt mit der Shaftesburyschen Glückseligkeitslehre übereinstimmt. In dem Begriffe der allgütigen Gottheit liege
es, daß sie die Menschen zur Glückseligkeit geschaffen habe, und das
Streben nach einer möglichst großen Beglückung des gesamten
Menschengeschlechts erscheint danach nur als die Ausführung des
göttlichen Weltplans.

Auf diese Weise waren die englische Moralphilosophie und die
englische Religionsphilosophie in ein gemeinsames Fahrwasser geraten. Der Inhalt der Naturreligion, welche die letztere verkündete
und mit dem wahren Christentum für identisch hielt, war kein
anderer als die Lehre der ersteren, und die weitere Entwicklung
des englischen Deismus in Männern wie Chubb und Morgan hat
diese Verschmelzung der beiden Richtungen ohne neue Gesichtspunkte aufrecht erhalten und im einzelnen ausgeführt. Je mehr
nun aber dieser Deismus literarische Vertreter fand, und in je weitere Kreise der Gesellschaft seine Ansichten eindrangen, um so
mehr mußte man selbst schon in England auf die gefährlichen
Wirkungen, die solche Verbreitung mit sich führen konnte, aufmerksam werden. Und wenn das Freidenkertum sich anfangs den
Raum für seine eigene Entwicklung im Gegensatze gegen die kirchlichen Mächte hatte erkämpfen müssen, so wurden mit der Zeit
in ihm selbst die Stimmen derer bemerklich, welche einer unbe-
schränkten Geltung der Denkfreiheit entgegentraten: aus den Vor-
kämpfern der Toleranz wurden gelegentlich wieder solche der Intoleranz. Die esoterische Meinung entfernte sich immer mehr von
der positiven Religion, ja sie begann teilweise unter der Rück-
wirkung der französischen Literatur jenen weltmännischen Skeptizismus anzunehmen, der dieser eigen war. In der exoterischen Lehre
dagegen bequemte man sich wieder mehr und mehr zu der rein

politischen oder polizeilichen Auffassung der Religion, wie sie Hobbes ausgesprochen hatte. Gerade in den höchsten Kreisen der englischen Gesellschaft kam dieser innerlich widerspruchsvollste Zustand zur Geltung, und ein Mann von der umfassenden Bildung Bolingbrokes (1698—1751) gab ihm einen unverhohlenen und bis an die Grenze äußerster Frivolität streifenden Ausdruck. Dieser Mann stand mit feinsinniger Beurteilungsfähigkeit mitten in dem geistigen Leben der Zeit; er kam einem wesentlichen Bedürfnis entgegen, wenn er in seinen Briefen über Geschichtschreibung den bis dahin so gut wie völlig unbekannten Wert einer für die gebildete Welt mit literarischem Geschick abgefaßten Darstellung der Geschichte im Gegensatz zu den trockenen Chroniken betonte. Aber von einer historischen Auffassung des religiösen Lebens war auch er weit entfernt. In ihm tritt vielmehr jener tiefste soziale Widerspruch des Zeitalters in der Form bewußter Heuchelei hervor. Es ist das religionsphilosophische Gegenstück zu jener Rücksichtslosigkeit, womit auf moralphilosophischem Gebiete Chesterfield das Geheimnis des gesellschaftlichen Egoismus aufgedeckt hatte. Bei ihm kehrt sich der esoterische Deismus gegen den exoterischen und die weltmännische Skepsis gegen die überzeugungsvolle Aufrichtigkeit. Selbst so kritisch und so wenig bibelgläubig wie nur irgendeiner der Deisten, erklärt er die gesamte Literatur, welche diese Gedanken verbreitet, für revolutionär und für eine » Pest der Gesellschaft «; er verschweigt nicht die Meinung, daß die Denkfreiheit nur ein Recht der regierenden Klasse sei; er wendet den ganzen Egoismus gesellschaftlicher Exklusivität gegen die idealistische Popularisierung freiheitlicher Gedanken. In den Salons, meint er, dürfe man über die Beschränktheit und Ungereimtheit der Vorstellungen der positiven Religion lächeln, und er selbst hält nicht mit dem frivolsten Spotte zurück: in dem öffentlichen Leben ist die Religion eine unentbehrliche Macht, an der man nicht rütteln darf, wenn nicht die Grundlage des Staates, der Gehorsam der Massen, in die Brüche gehen soll. Es ist leicht, die Kurzsichtigkeit dieser Argumentation zu durchschauen, leichter, ihre Frivolität zu brandmarken: aber im Grunde genommen war Bolingbroke doch nur kühn genug, ein Geheimnis auszusprechen, das der höheren Gesellschaft seiner Zeit eigen war und dessen Existenz nicht auf diese Zeit allein beschränkt ist.

§ 31. Die mechanische Naturphilosophie.

Je mehr der Deismus die spezifisch religiösen Elemente aus dem System seiner Überzeugung herauslöste, um so weniger vermochte ihm die magere Moral der Glückseligkeitslehre auf die Dauer einen positiven Inhalt zu verleihen, und so mußte er sich namentlich nach einer theoretischen Ausfüllung der Lücken umsehen, welche durch die negative Kritik der positiven Dogmen entstanden waren. Schon bei Toland zeigte es sich, daß die Natur - erkenntnis an diese Stelle zu treten geeignet war; aber sie erschien dort noch in jener phantastischen und pantheistischen Form, worin sie einer großen Anzahl von Denkern bereits während der Renaissance den Inhalt des religiösen Bewußtseins gegeben hatte. Diese Form konnte vor dem gereiften Bewußtsein der modernen Wissenschaft nicht bestehen bleiben, und die exakte Naturforschung war während des XVII. Jahrhunderts bereits so glänzend gefördert worden und in den Besitz so sicherer Errungenschaften gelangt, daß sie mit ihren gereinigten Auffassungen an die Stelle jener unklaren Naturphilosophie sich in den Inhalt auch der deistischen Lehren hineindrängen mußte.

Gleichwohl war dieser Vorgang verhältnismäßig schwierig, und es standen ihm der Natur der Dinge gemäß eine Reihe von so bedeutenden Schwierigkeiten entgegen, daß es nur der Einfluß großer Persönlichkeiten war, unter dem sich diese Verbindung vollziehen konnte. Anfänglich nämlich mußten in der Tat die Anschauungen dieser neuen Naturwissenschaft jeder religiösen Betrachtungsweise gleich fremd erscheinen, und es trat deshalb auch zunächst eine entschiedene Abstoßung zwischen beiden ein. Der Punkt, wo sich beide feindlich begegneten, war die brennende Frage der Teleologie. Alle religiösen Überzeugungen waren in der Ansicht einig, daß das Universum einer zweckmäßig schöpfenden und erhaltenden Gotteskraft seinen Ursprung und seinen Bestand verdanke, und selbst der Pantheismus, wie ihn auch Toland aufgenommen hatte, hielt, sei es in dem Gedanken einer Weltseele, sei es mit größerer oder geringerer Anlehnung an die platonische oder neuplatonische Ideenlehre, sei es in irgend einer anderen Gestalt, an der teleologischen Naturbetrachtung fest. Die moderne Naturwissenschaft dagegen verdankt ihre Selbständigkeit und die Exaktheit ihrer

Untersuchungen, die Richtigkeit ihrer Hypothesen und die Brauchbarkeit ihrer Methoden am allermeisten der Abwerfung des teleologischen Vorurteils und der Beschränkung auf eine rein kausale
Betrachtung des natürlichen Geschehens. Die beiden großen Methoden der Naturerkenntnis, welche die Philosophie entworfen hatte,
sonst einander diametral entgegengesetzt, waren auf diesem Punkte
einig. Bacon hatte die teleologische Betrachtung als das gefährlichste aller Idole, Descartes dieselbe als das größte Hemmnis der
Naturforschung bezeichnet, und der schon während der Renaissance
hin und wieder laut gewordene Ruf: » vere scire est per causas scire «
galt ihnen beiden als die wichtigste Richtschnur der Naturforschung.
Was so methodisch ausgesprochen war, wurde von den Naturforschern praktisch überall angewendet; mehr und mehr gewöhnte
man sich daran, die Natur nur als einen selbständigen Zusammenhang von Bewegungen zu betrachten, worin jedes Geschehen eine
notwendige Folge aus seinen Ursachen und selbst der Ausgangspunkt gesetzlich folgender und unvermeidlicher Wirkungen sei.
Jeder Versuch, einen teleologischen Eingriff in diesen gesetzmäßigen
Zusammenhang der Naturerscheinungen zu statuieren, schien dieses
Axiom, worauf alle moderne Naturforschung beruht, umzustoßen
und alle Forschung illusorisch zu machen. Während so die Naturforscher die Erklärung aus einer zweckmäßigen Wirksamkeit der
Gottheit als einen Eingriff in ihre Rechte zurückwiesen, sah die
religiöse Auffassung in dieser Verselbständigung der Natur und
dieser Ablehnung eines unmittelbaren Waltens der Gottheit in dem
Ablaufe des Geschehens den Umsturz ihrer tiefsten und heiligsten
Überzeugung; und hieraus erklärt es sich, daß durch das gesamte
Zeitalter der Aufklärung hindurch keine Frage lebhafter diskutiert
wurde, keine mehr die Leidenschaften erhitzte, keine endlich eine
größere Fülle von Hypothesen zu ihrer Lösung hervorgerufen hat,
als diejenige, wie mit den kausalen Prinzipien der Naturwissenschaft die Annahme einer zweckmäßigen Weltleitung zu vereinigen sei. Damit war zunächst ein sehr bedeutender Schritt getan; der Gegensatz der wissenschaftlichen Denkfreiheit und der religiösen Überlieferung war aus den allgemeinen
Deklamationen auf eine reale Untersuchung konzentriert, worin ein
objektiver Kampf mit tatsächlichen Überlegungen und philosophischen Beweisen geführt werden konnte.

Auch diese Grundfrage aber hat in dem Verlaufe des XVII. und XVIII. Jahrhunderts eine interessante Entwicklung gefunden, vermöge deren sie sich immer mehr spezialisierte. Anfangs konnte man noch zweifelhaft darüber sein und waren die Ansichten der Männer der Wissenschaft in der Tat noch geteilt darüber, ob man den ganzen Verlauf des kosmischen Geschehens lediglich auf den gesetzmäßigen Zusammenhang von Ursache und Wirkung oder wenigstens z. T. auch auf zwecktätige und deshalb in letzter Instanz immer intelligente Kräfte zurückzuführen habe. Bald aber — und schon mit dem Beginn des XVIII. Jahrhunderts war diese Entscheidung eingetreten — hatte sich die wissenschaftliche Erkenntnis von dem ausnahmslos kausalen Zusammenhange des Geschehens in der unorganischen Welt so vollkommen befestigt, daß sich das Problem während des XVIII. Jahrhunderts immer mehr auf die Frage nach der Erklärung der organischen Natur zusammenzog. Die lebhaftesten Streitigkeiten des XVIII. Jahrhunderts beziehen sich auf dies Problem. In den Organismen erschien der Charakter der Zweckmäßigkeit so augenfällig, daß an seiner teleologischen Erklärung um so energischer festgehalten wurde, als die Vertreter der mechanischen Auffassung das allgemeine Axiom auf diesem Gebiete noch verhältnismäßig am wenigsten durch Tatsachen zu bestätigen imstande waren. Beide Parteien jedoch waren von der Gültigkeit des Axioms für die unorganische Natur gleichmäßig überzeugt, und die Streitfrage des XVIII. Jahrhunderts war eben nur die, ob das für die unorganische Natur gültige Prinzip auch für die Erklärung der organischen ausreiche.

Den Sieg des Prinzips der mechanischen Kausalität in der Wissenschaft von der unorganischen Natur verdankte das XVIII. Jahrhundert den großen Entdeckungen einer Spezialwissenschaft, von der man deshalb auch den Namen für diese Art der Naturbetrachtung entnommen hat — der Mechanik. Sie ist durch die Errungenschaften des XVII. Jahrhunderts zur Grundlage der gesamten theoretischen Naturwissenschaft geworden, und in ihr vor allem tritt der sie auszeichnende mathematische Charakter klar und zweifellos hervor. Es ist bekannt, wie die Entwicklung der mechanischen und diejenige der mathematischen Probleme sich gegenseitig forderten und förderten, und wie aus eben diesem Zusammenhange sich eine Reihe der glänzendsten Entdeckungen ergab.

Die Forscher aller Nationen wirkten in dieser Arbeit zusammen, und der große Triumphzug der modernen Mechanik ist ja am besten durch die vier Namen: Kepler, Galilei, Descartes, Newton bezeichnet. Die Versöhnung nun dieser mechanischen Naturbetrachtung mit dem religiösen Bewußtsein gelang zuerst den englischen Denkern, und sie vollzog sich bei ihnen schließlich durch eine eigentümliche Gedankenverbindung, die bei niemand so klar und sicher aufgetreten ist wie bei Newton. Doch neigten die englischen Denker schon vor ihm wenigstens zu einer allgemeinen Zusammenfassung der naturwissenschaftlichen und der religiösen Ideen hin. Einen charakteristischen Ausdruck dafür bilden die Lehren von Robert Boyle (1626 bis 1691), der, einer der Begründer der neueren Chemie, in seinen wertvollen Versuchen über verschiedene Arten des Oxydationsprozesses, sowie namentlich über die chemische Zusammensetzung der atmosphärischen Luft die strengste Nüchternheit und Klarheit experimenteller Forschung entwickelte. In seiner allgemeineren Naturtheorie schloß er sich der atomistischen Hypothese bedingungslos an und erklärte die mechanische Auffassung aller Tatsachen der unorganischen Natur für die einzige Aufgabe der Wissenschaft. Daneben jedoch beschäftigte er sich, durch grüblerische Gemütsanlage und fromme Erziehung beeinflußt, in umfassendster Weise mit den religiösen Problemen, und vielleicht in dem Bewußtsein einer sein ganzes Innere aufregenden, ungelösten Differenz zwischen diesen beiden Richtungen seines Denkens wünschte er seine Tätigkeit darauf zu konzentrieren, daß der Widerspruch zwischen dem Wissen und dem Glauben ausgesöhnt werde. Voller Abscheu vor den atheistischen Konsequenzen des Materialismus und dabei voller Bewunderung für die wissenschaftliche Folgerichtigkeit der Mechanik, stiftete er ein Institut, in welchem durch öffentliche Vorträge diese Forschungen erweitert und verbreitet, jene Konsequenzen als unrichtig und übereilt dargetan und dem Zeitalter bewiesen werden sollte, daß die neue Wissenschaft mit dem wertvollsten Inhalte des Glaubens nicht im Widerspruche, sondern vielmehr im notwendigen Zusammenhange stünde. An diesem Institut hielt hauptsächlich der oben bereits unter den Moralphilosophen berührte Prediger Samuel Clarke die religionsphilosophischen Vorträge, welche später unter dem Titel: »A discours concerning the being and attributs of God« (London 1705) gedruckt worden sind. Ihren Inhalt bildet eine Naturreligion, deren Ideen wesentlich den Lehren Newtons entnommen waren.

Dieser schöpferische Geist war es in der Tat, dem die Lösung des Problems einer Vereinigung des Deismus mit der exakten Naturwissenschaft in einer Weise gelang, mit welcher sich das Aufklärungszeitalter für den Zusammenhang dieser Ideen lange Zeit beruhigte. Isaac Newton (1642—1727) ist nicht nur der große Naturforscher, dessen Namen mit dem Ideale exakter Wissenschaftlichkeit auf das engste verschmolzen erscheint, sondern zugleich eines der wichtigsten Mittelglieder in dem so viel verketteten Denken der Aufklärung; und er wurde auf seine Auffassung jenes Problems eben dadurch geführt, daß er das Prinzip der mechanischen Kausalität in ganzer Ausdehnung anwandte und damit zu einem prinzipiellen Abschluß der Methode der modernen Naturwissenschaft fortschritt. Seine »Mathematischen Prinzipien der Naturphilosophie« (zuerst London 1687), vielleicht in einzelnen Wendungen vervollkommnungsfähig, sind doch im ganzen ein dauerndes und für alle Zeiten feststehendes Fundament der Naturwissenschaft geworden. Sie zeigen mit derjenigen Vollständigkeit, die für eine spezielle Wissenschaft möglich war, die innige und restlose Durchdringung der beiden großen Strömungen in der methodologischen Begründung der modernen Wissenschaft. In exakt formulierter Weise sprechen sie aus, was Hobbes gesucht, was Locke in den allgemeinsten Zügen bestimmt hatte, daß nämlich der letzte Punkt der menschlichen Gewißheit derjenige ist, wo die Erfahrung mit der Deduktion übereinstimmt. Die Beschränkung auf das einzelne Gebiet gestattet diese triumphierende Sicherheit; auf dem Gebiete der Mechanik kann kein Zweifel darüber bestehen, daß diese Deduktion die mathematische Berechnung sein muß, und der Gang der letzteren ist so felsenfest, daß dagegen die cartesianische Synthesis von Begriffen wie ein schwankes Spiel der Phantasie erscheint. Ein solches Spiel der Phantasie zeigt sich, wie Newton meint, vor allem in der Bildung falscher Hypothesen. Newton wirft es dem Cartesianismus vor, daß er die analytische Methode nur als eine untergeordnete Vorbereitung behandle und über sie mit geringschätzender Hast sogleich zu dem ersehnten Ausgangspunkte der Synthesis hindränge. Er ist der Überzeugung, daß für jedes einzelne Problem die vollständige Orientierung auf dem Wege der Induktion den wesentlichen Teil der Aufgabe ausmache, und daß sich aus ihr allein die richtige Erklärung der Tatsachen von selbst ergebe. Die rechte Analysis führt von den Wirkungen zu den Ursachen, vom Zusammengesetzten auf das Einfache, von den Erscheinungen auf die Gesetze. Erst wenn man so aus der Erfahrung selbst die Elemente gefunden hat, aus denen ihre Tatsachen hervorgegangen sind, empfiehlt es sich, umgekehrt in der synthetischen Methode die Rechenprobe zu machen, indem man durch Herstellung jener Elemente im Experimente die Erfahrung selbst herbeizuführen trachtet, und sobald dann das Resultat mit der im voraus angestellten Berechnung übereinstimmt, so ist die naturwissenschaftliche Gewißheit gewonnen. Wenn damit der methodologische Gedanke Galileis auf seinen schärfsten und brauchbarsten Ausdruck gebracht, der prinzipielle Grund für die moderne Naturwissenschaft gelegt war, so ist es der Mühe wert, daran zu erinnern, daß Newton gleich stark durch den Baconschen Empirismus, wie durch den Mathematizismus Descartes' angeregt und beeinflußt war, daß er mit einem Bestreben, das wir schon bei Hobbes und bei Locke lebendig finden, die Einseitigkeiten beider gegeneinander auszugleichen und dadurch zu überwinden suchte. Während den Philosophen in Rücksicht der allgemeinen erkenntnistheoretischen Betrachtungen dieses Bestreben nur unvollkommen gelang (und bis heute überhaupt gelungen ist), so lag für Newton in der Beschränkung auf ein der mathematischen Deduktion so offenbar zugängliches Gebiet das Geheimnis seines gewaltigen Erfolges.

Von allen einzelnen Fächern der Naturforschung war nun selbstverständlich die Mechanik dasjenige, innerhalb dessen sich die von Newton gestellte Aufgabe vollständig und zweifellos lösen ließ, und nicht zum wenigsten durch ihn wurde sie die beherrschende, den übrigen Ziel und Richtung gebende Naturwissenschaft. In ihr gelang es am ersten, die »qualitates occultae« der Scholastik zu entfernen und aus dem, wie man meinte, sonnenklaren Verhältnis von Stoß und Gegenstoß alle Bewegungen zu erklären. In der Gravitation hatte man ein allgemeinstes Prinzip für die Erklärung aller Bewegungen innerhalb unseres Sonnensystems erhalten. Wenn die gleiche Kraft und das gleiche Gesetz den Fall des Apfels und den Lauf der Planeten um die Sonne regieren, so ist damit der Einblick in den großen kausalen Zusammenhang der Natur gewonnen.

In der Zurückführung auf diese Grundkraft wird deshalb die Erklärung aller Erscheinungen zu suchen sein. Vor der Naturforschung erhebt sich das theoretische Ideal einer allgemeinen Weltkraft, die in tausendfachen Gestaltungen überall dieselbe bleibt und demselben Gesetze gehorcht. Alle Analysis der Erscheinungen wird immer nur die Aufgabe haben, den kausalen Mechanismus bloßzulegen, durch den sie entstanden sind, und die elementaren Vorgänge aufzuzeigen, aus denen sie sich zusammengesetzt haben. Folgt man diesem Prinzipe, so bedarf man der ganzen bunten Fülle von Hypothesen nicht, mit denen, wie Newton meint, nächst der Scholastik am meisten die Cartesianer die Naturforschung verwirrt haben. Das Verdienst dieser Untersuchungen Newtons besteht in Wahrheit nicht in der absoluten Aufhebung der Hypothese, sondern vielmehr in der großen Tendenz ihrer Vereinfachung. Sein berühmtes Wort: » hypotheses non fingo « ist dahin zu verstehen, daß er dem Mißbrauche ein Ende machen will, womit man jede Erscheinung oder auch jede kleine Gattung von Erscheinungen durch eine eigene, mehr oder minder willkürliche und komplizierte Annahme sich begreiflich zu machen suchte. An ihre Stelle setzt er vielmehr eine einzige große Hypothese, diejenige der Gravitation, um aus ihr den ganzen Ablauf des kosmischen und des terrestrischen Geschehens mit einem Schlage und nach einem Gesetze zu erklären.

Mit dieser Hypothese nun gewann jene Selbständigkeit des kausalen Zusammenhanges der Natur, welche das allgemeine Axiom der modernen Naturwissenschaft bildet, eine reale Gestalt. Die Welt der Gravitation lebt in sich. Als die notwendigen Folgen ihrer gesetzlichen Konstitution ergeben sich alle Bewegungen, die in ihr stattfinden, alle Erscheinungen ihrer einzelnen Gestaltung: nur der Anfang der Bewegung, den die Materie nicht aus sich selbst erzeugen kann, muß auf einen Anstoß von seiten des Schöpfers zurückgeführt werden; von da an aber bestimmten lediglich die mechanischen Gesetze den gesamten Verlauf der Bewegungen. Diese zu begreifen, sagt Newton, ist die Sache der Physik, und es ist im Geiste der Lockeschen Erkenntnistheorie, wenn er der Physik eindringlich die Mahnung entgegenhält, sich vor der Metaphysik zu hüten, die mit ihren willkürlichen Hypothesen die Erkenntnis der Dinge eher zu hindern als zu befördern imstande gewesen sei. Damit vollzieht sich auch im prinzipiellen Ausdruck eine in der Geschichte

der Wissenschaften überaus bemerkenswerte Tatsache: die Ablösung der Naturforschung von der allgemeinen Philosophie. Ursprünglich hatte die ganze menschliche Erkenntnis
nur die Gestalt einer einzigen Gesamtwissenschaft gehabt, welche
sich bei den Griechen den Namen der Philosophie gab. Erst allmählich griff der Prozeß der Differenzierung Platz, wodurch sich
mit Anpassung an die besonderen Aufgaben besondere Organe in
der Gestalt von einzelnen Wissenschaften herausbildeten, die der
Natur der Sache gemäß, indem sie mit dem Wachsen ihres Umfanges die Lebensarbeit eines einzelnen Mannes in Anspruch zu
nehmen in den Stand gesetzt wurden, sich auf eigene Füße zu
stellen strebten, ihre volle Selbständigkeit aber erst durch die
praktische Betätigung einer eigenen Methode erlangten und durch
deren prinzipielle Feststellung proklamierten. Schon von Anfang
an war die Mathematik ein selbständiger Wissenszweig neben den
übrigen »Philosophien« gewesen; die Medizin wahrte als »Kunst«
ihre Eigenart lange Zeit erfolgreich, und die historischen Untersuchungen und Darstellungen hatten früh sich unabhängig von der
Philosophie auszubilden gelernt. Das spätere Römertum gab der
Jurisprudenz die Gestalt einer eigenen, systematisch in sich selbst
ruhenden Wissenschaft, und die christliche Zeit trieb eine dogmatische Theologie lediglich auf Grund der religiösen Urkunden hervor.
Die Naturforschung dagegen war trotz der sorgfältigen Gliederung
ihrer Disziplinen, die bereits das aristotelische System angebahnt
hatte, gerade vermöge der methodologischen Prinzipien, die Aristoteles selbst vertrat und welche zwei Jahrtausende lang die herrschenden sein sollten, in dem Mutterschoße der Philosophie geblieben. Erst
die Renaissancezeit brachte für sie die Kämpfe um ihre Selbständigkeit mit sich. In dem Herumsuchen nach einer selbständigen
Methode der Naturforschung griff man zunächst nach dem bloßen
Sensualismus und Empirismus; aber die Einsicht in deren Unzulänglichkeit trieb die neue Forschung in die Arme der Mathematik,
und erst als diese beiden Elemente sich gegenseitig ergriffen und
durchdrangen, war das Ziel der Selbständigkeit erreicht. Mit den
Prinzipien der Newtonschen Forschung ist die moderne Naturwissenschaft ein eigener und selbständiger Organismus geworden,
der, von dem Geiste der Mechanik erfüllt, sein eigenes Leben unabhängig von der Philosophie zu führen imstande ist. Hierin liegt

die auf der Ausführung und Verdeutlichung der galileischen Prinzipien beruhende historische Bedeutung Newtons. Er hat durch
die methodische Zusammenfassung der Induktion und der mathematischen Deduktion das Fazit aus der naturwissenschaftlichen Bewegung des XVI. und XVII. Jahrhunderts gezogen und damit das
Fundament für alle weitere Naturforschung gelegt.

Aber gerade deshalb stand vor seinem Geiste, dem die religiöse
Grübelwelt persönlich sehr nahe lag, am klarsten auch das Problem
der teleologischen Naturauffassung. Daß er sie im einzelnen und als
Erklärung der besonderen Vorgänge in der Natur mit Bacon und
Descartes zurückweisen mußte, verstand sich für den Vollender der
Mechanik und den Schöpfer der Astrophysik von selbst. Allein das
schloß eine andere Auffassung des Ganzen nicht aus, und Newton
benutzte nun umgekehrt gerade den Mechanismus des natürlichen
Geschehens, um aus ihm den Vernunftbeweis für die Grundwahrheiten der Religion zu ziehen. Charakteristisch ist dabei, wie dieser
Beweis stets (z. B. auch schon von Boyle) in der Form eines Ver-
gleichs der Natur mit den von Menschen konstruierten Maschinen
angelegt wurde. Auch diese beweisen ja durch den relativ vollkommenen Verlauf der in ihnen und von ihnen ausgelösten Bewegungen und durch die Zweckmäßigkeit der auf rein mechanischem
Wege hervorgebrachten Wirkungen ihren Ursprung aus der menschlichen Intelligenz. Wenn sich in analoger Weise zeigen läßt, daß alle
Vorgänge in der Natur nur die gesetzmäßigen Auslösungen mechanischer Kräfte sind, und wenn man daneben bedenkt, wie vollkommen und zweckmäßig, wie gut und schön, wie weise und großartig die Wirkungen dieser größten aller Maschinen sind, so muß es
wie Wahnsinn erscheinen, wenn jemand den Ursprung dieser Welt
aus einer höchsten Intelligenz verkennen oder ableugnen wollte. So
ergibt die mechanische Auffassung der Natur in Verbindung mit
der Bewunderung für die Zweckmäßigkeit ihrer Leistungen einen
neuen und eigenartigen Beweis für das Dasein Gottes, welcher nach
einem schon von Samuel Parker angewendeten und um das Jahr
1700 immer häufiger auftretenden Ausdrucke der physiko-theologische genannt wird (vgl. z. B. Derham, Physico-theologia,
London 1713). Es schien dem Zeitalter in diesem Beweis eine
würdigere Betrachtung der Gottheit zu liegen, als in der gewöhnlichen und von der positiven Religion anerkannten Auffassung,

vermöge deren die zweckmäßigen Wirkungen des Naturgeschehens in
jedem einzelnen Falle auf eine unmittelbare Einwirkung der göttlichen Intelligenz zurückgeführt werden sollten. Darin kommt, wie
in der ganzen Anlage dieses Beweises, die Vorliebe des Zeitalters
für mechanische Untersuchungen und Erfindungen und besonders
auch das jugendliche Interesse an den aus der Überlegung des
Menschen konstruierten Maschinen klar und deutlich zutage. Eine
Maschine ist offenbar um so unvollkommener, je häufiger sie der
Eingriffe des Menschen bedarf, — um so vollkommener, je sicherer
sie, einmal in Bewegung, lediglich durch die ihr innewohnende
mechanische Triebkraft die zweckmäßigen Wirkungen erzeugt, um
derentwillen sie gebaut wurde. Nach dieser Analogie glaubte das
Aufklärungszeitalter das Verhältnis der Gottheit zur Natur sich
vorstellen zu sollen. Ist die Welt eine große Maschine aus der Hand
des höchsten Ingenieurs, so hätte dieser seine Aufgabe offenbar sehr
schlecht gelöst, wenn er ihrem Gange fortwährend durch neue Eingriffe nachhelfen müßte, damit sie seine Zwecke erfüllte, und so muß
man annehmen, daß die unendliche Weisheit Gottes diese große Welt-
maschine von Anfang an so geschaffen und so in Bewegung gesetzt
hat, daß er, ihrer zweckmäßigen Tätigkeit vollkommen sicher, sie
nun vollständig sich selbst überlassen kann.

Jener physiko-theologische Beweis für das Dasein Gottes war
bei Newton selbst, wie es scheint und wie seine Grübeleien über
die Apokalypse beweisen, mit einer entschieden positiven Gläubigkeit verbunden, die selbst vor der Annahme des Wunders nicht
zurückschreckte. Aber es leuchtet von selbst ein, daß diese persönliche Verknüpfung weder logisch noch psychologisch notwendig
war, und daß jene Betrachtungsweise gerade den Deisten sympathisch sein mußte, welche die Grundwahrheiten der Naturreligion auf Vernunftbeweise zu stützen suchten. Indem diese den
physiko-theologischen Beweis übernahmen, gewannen sie einerseits
die gesuchte Fühlung mit der triumphierenden Wissenschaft der
Zeit, der Naturforschung und speziell der Mechanik, anderseits
aber auch eine Anlehnung wenigstens an eine Art des religiösen
Gefühls, an das erhebende Gefühl nämlich der Bewunderung vor
den Werken der göttlichen Kraft. . Man brauchte sich in den
Kreisen des Deismus nicht auf die kahlen ontologischen und kosmologischen Demonstrationen zu beschränken, daß ein allerrealstes

Wesen notwendig gedacht werden müsse, oder daß die Zufälligkeit und Unvollkommenheit der einzelnen Dinge ein notwendiges
und vollkommenes Wesen, daß der kausale Abfluß des Geschehens
eine erste Ursache voraussetze: die Deisten konnten nun predigen,
sie konnten die Gemüter ergreifen durch den Nachweis der Schönheit, der Güte und Zweckmäßigkeit des Universums und sie von
dieser Betrachtung emporführen zur Verehrung der unendlichen
Güte, Weisheit und Allmacht, die dies Universum geschaffen habe.
So wurde die Vernunftreligion eine Gefühlsreligion, sie
tränkte sich mit der Bewunderung des Weltalls, und darin lag
das Geheimnis, weshalb sie trotz ihrer ursprünglichen inneren Kahl-
heit, trotz ihrer abstrakten Trockenheit auch die Herzen des
XVIII. Jahrhunderts ergriff.   Erst mit dieser Gedankenverbindung
ist das Bild des Deismus im Aufklärungszeitalter vollständig.   Nach
keiner Seite hin wurde er so lebhaft ausgebildet wie nach dieser,
und namentlich die Deutschen haben später durch den Nachweis der Vollkommenheit der mechanischen Schöpfungen der Natur
die Bewunderung der Gottheit so sehr zu begründen gesucht, daß
die Kleinlichkeit, mit der sie dabei vorgingen, den Humor der
Kritik gereizt hat.   Aber selbst noch Kant erklärte, während er
die theoretische Kraft aller Beweise für das Dasein Gottes zunichte
machte, den physiko-theologischen für den menschlich wirksamsten
und für denjenigen, welcher das »Gemüt« mit unwiderstehlicher
Gewalt ergreife.   Und in der Tat waren gerade in diesem Beweise
alle Lieblingsgedanken des Aufklärungszeitalters in glücklichster
Weise verknüpft.   Er schien die strengsten Anforderungen der
Wissenschaft zur kausalen Betrachtung der Natur mit dem Bedürfnis des religiösen Gefühls unter einem höheren Gesichtspunkte
zu versöhnen.   Er enthielt eine rein philosophische Auffassung
der Gotteslehre und wollte diese gerade auf die Naturbetrachtung
stützen, in welcher das Zeitalter die wesentliche Aufgabe seiner
Wissenschaft suchte.   Vernunfterkenntnis und Naturforschung vereinigten sich auf diesem Punkte zu einer religiösen Wahrheit, und
deshalb sah man darin den Kernpunkt der Vernunftreligion.   Diese
Auffassung eignete sich vor allen andern, um an die Stelle der
historischen Offenbarung die natürliche zu setzen und so die Konfessionen durch eine Überzeugung der wissenschaftlichen Vernunft
zu verdrängen.

Die allgemeine Anerkennung aber, welche diese Gedanken
fanden, hatte noch eine andere Voraussetzung, in der das gesamte
Aufklärungszeitalter lebte, und welche sich von diesem Zusammenhange aus am einfachsten übersehen läßt: das war die Überzeugung
von der Vollkommenheit der Natur und von der Zweckmäßigkeit
ihrer einzelnen Gebilde. Es war wirklich die Religion des Zeitalters der Aufklärung, an die Unfehlbarkeit der Natur zu glauben
und von der vollendeten Güte ihrer Schöpfungen von vornherein
durchdrungen zu sein. Alles, was aus der Hand der Natur hervorgeht, galt dieser Zeit als vollkommen und zweckmäßig, und früh
gewöhnte sie sich daran, in dem Natürlichen das Ideal des Vernünftigen zu erblicken. Der Naturalismus dieser Zeit war
identisch mit ihrem Rationalismus, und eben diese Identität
sprach sich in dem Optimismus aus, womit sie das Universum
als die Manifestation der göttlichen Vernunft betrachtete und ihre
Züge in jedem kleinsten Gebilde des Weltalls wiederzuerkennen
bestrebt war. Das war das gemeinsame Bett, worin die natur-
trunkene Gottesbegeisterung der Renaissance und der methodische
Ernst der abgeklärten Naturforschung sich vereinigten, um in
dem Drange wissenschaftlichen Denkens dem Ideale einer freien
Religiosität zuzuströmen. Bruno hatte gesagt: die Welt in ihrer
harmonischen Schönheit und in dem Einklange ihrer Gegensätze
ist ein Kunstwerk Gottes. Auf das Jahrhundert der Kunst folgte
dasjenige der Technik, und Newton sprach: die Welt in der vollendeten Zweckmäßigkeit ihrer Gebilde ist eine vollkommene Maschine
aus der Hand des göttlichen Meisters. An die Stelle des ästhetischen
ist der technische Optimismus getreten: aber jene Poesie und diese
Prosa ruhen auf dem gleichen Grunde einer Überzeugung von der
Vollkommenheit der Natur.

§ 32. Die Assoziationspsychologie.

So hatte der Fortgang der Naturforschung dazu geführt, daß
die ausnahmslose Geltung des Prinzips der mechanischen Kausalität für alle Erscheinungen der äußeren Natur teils zu einem Axiom
der Naturforschung, teils zu einem Gegenstande freireligiöser
Überzeugung wurde. Allein eben diese allgemeine Anerkennung
warf sehr bald ihre Wellen auch auf das Gebiet der psychischen
Erscheinungen. Hier konnte man sich in dieser Beziehung am

besten an das baconische Programm und an die prinzipiellen Auffassungen von Hobbes anschließen. Bei diesem waren Erkenntnistheorie und Ethik gleichmäßig von der psychologischen Voraussetzung beherrscht, daß sich aus den einfachen Elementen des Bewußtseins, der Empfindung und dem Selbsterhaltungstriebe, nach bestimmten Gesetzen alle diejenigen Verbindungen erzeugen, welche den Inhalt des Seelenlebens ausmachen: und je mehr man sich diesen Gedanken klar machte, um so weniger konnte man sich der Folgerung entziehen, die schon Bacon˙ vorahnend und andeutend ausgesprochen hatte, daß eine wissenschaftliche Psychologie nichts anderes sein dürfte, als eine Mechanik der Vorstellungen und der Triebe. Die Parallele zu der äußeren Naturwissenschaft erschien so schlagend, so einfach und selbstverständlich und so verlockend, daß die Psychologie als die »Naturwissenschaft des inneren Sinnes« sich auf diesem Grunde aufzubauen begann.

Auf dem theoretischen Gebiete machte Peter Brown (als Bischof von Cork 1735 gestorben) den Anfang. Sein Werk: »The procedure extent and limits of human understanding« (London 1729) lehnt sich an die Lockesche Erkenntnistheorie mit einer entschieden sensualistischen Wendung, indem es, wie später Condillac in Frankreich, namentlich den Gedanken ausführt, daß alle und selbst die abstraktesten Erzeugnisse des menschlichen Denkens nur die durch psychische Gesetzmäßigkeit herbeigeführten Umbildungen der ursprünglichen Sinnesempfindungen seien. Lockes Untersuchung war dabei wesentlich auf den Inhalt der Vorstellungen und auf den Nachweis gerichtet gewesen, daß dieser ausnahmslos aus den ursprünglichen Daten der Sensation oder der Reflexion stamme. Über den Prozeß der Verknüpfung dieser Elemente jedoch hatte Locke sich nur unbestimmt und schwankend geäußert: bald schien es bei ihm, als sollten diese Elemente von selbst, also rein mechanisch, im Bewußtsein zu den komplizierteren Gebilden zusammentreten, — bald anderseits als bedürfe es dazu der Kräfte und Vermögen (faculties) der Seele, und als müsse diesen eine eigene psychische Realität neben jenen Elementen zugeschrieben werden. So hat sich später die mechanistische Auffassung der Assoziationspsychologen ebenso auf Locke berufen können wie ihre Gegner. Peter Brown neigte schon stark zu der ersteren und zog daraus im wesentlichen die empiristischen Konsequenzen, indem er nur mit größerer

Einseitigkeit die Beschränkung des menschlichen Wissens auf die
sinnliche Erfahrung und die darin möglichen Vorstellungskombi-
nationen betonte. Von moralphilosophischer Seite scheint zuerst
ein Geistlicher namens Gay den Gedanken des Triebmechanismus
mit vollkommener Klarheit ausgesprochen zu haben. Er suchte
in einer Abhandlung über das Grundprinzip der Tugend den Begriff
der letzteren dadurch zu erfassen, daß er von der allgemeinen
Annahme aus, es seien alle Seelenvorgänge auf die gesetzmäßige
Kombination gewisser einfacher Bewegungen zurückzuführen, diejenige Form der Verknüpfung suchte, welche wir mit dem Namen
der Tugend bezeichnen. Die präzise Art und Weise, worin er
diese prinzipielle Grundlage seiner im übrigen nicht allzu bedeutenden Ausführungen dargelegt hatte, wurde namentlich durch die Anregung bedeutend, welche sie auf David Hartley (1704—1757)
nach dessen eigenem Eingeständnis ausgeübt hat. Durch ihn
namentlich wurde der schon von Locke angewandte Name »Assoziation« für alle diejenigen Vorgänge, durch welche aus den
Elementen neue Gebilde des psychischen Lebens entstehen, geläufig, und er ist durch die umfassende Ausdehnung, worin er das
Prinzip des psychischen Mechanismus durchzuführen suchte, der
Vater der englischen Assoziationspsychologie geworden. Er
hat ihr aber zu gleicher Zeit ihr charakteristisches Gepräge durch
die enge Verbindung aufgedrückt, die er zwischen den psychologischen und den physiologischen Vorgängen annahm. Zwar war
er weit davon entfernt, beide miteinander zu identifizieren; er hielt
vielmehr an der durchgängigen Verschiedenheit der leiblichen und
der seelischen Phänomene so energisch fest, daß er dem Materialismus
gegenüber immer wieder betonte, es könne weder aus Bewegungen
Empfindung noch aus Empfindung Bewegung erklärt und abgeleitet werden. Die Analyse seelischer Vorgänge führe immer
auf seelische und niemals auf leibliche Elemente. Allein Hartley
ließ diese Unterscheidung nur für die Erscheinungen, die Eigenschaften und Tätigkeiten gelten; hinsichtlich der Substanzen
dagegen bediente er sich der Lockeschen Ausflucht, daß sie überhaupt unbekannt seien, und daß deshalb die Frage, ob das
räumlich ausgedehnte Wesen zugleich zu denken imstande sei,
weder bejaht noch verneint werden könne. Daran jedoch glaubte
er unbedingt festhalten zu sollen, daß, wie auch das substantielle

Verhältnis sein möchte, zwischen den Erscheinungen beider
Sphären ein stetiger und unzerreißbarer Zusammenhang existiere. Es ist sicher nicht ohne den Einfluß der im
Occasionalismus und Spinozismus entwickelten Probleme und Begriffe gewesen, daß sich Hartley diesen stetigen Zusammenhang
als einen vollkommenen Parallelismus der seelischen und der
leiblichen Tätigkeit vorstellte. Er meinte, daß jedem psychischen
Vorgange eine bestimmte leibliche Bewegung entspreche, und suchte
die letztere nach dem damaligen Zustande der Physiologie in den
Vibrationen der Gehirn- und der Nervensubstanz. Einfachen
Schwingungen sollten auch einfache psychische Prozesse entsprechen, zusammengesetzten zusammengesetzte, und wenn somit
in den Assoziationen regelmäßig mehrere psychische Elemente zu
einer Einheit verknüpft sind, so muß dieser Theorie zufolge der
psychischen auch eine nervöse Synthesis, eine einheitliche Verknüpfung von Gehirnschwingungen entsprechen. Diese Lehre suchte
Hartley schon in der Schrift:»De sensus, motus et idearum gene-
ratione« (London 1746) durch eine Reihe weiterer, mehr oder
minder glücklicher Hypothesen über Sinneswahrnehmung, Gedächtnis, Abstraktion usw. zu begründen: sein berühmter gewordenes
Werk:»Observations on man, his frame, his duty and his expec-
tations« (London 1749) drang in die Schwierigkeiten der Sache und
namentlich in die gefährlichen Konsequenzen der Theorie noch
tiefer und grübelnder ein. Die Hauptschwierigkeit nämlich dabei
war eine ganz ähnliche, wie diejenige, vermöge deren auch der
Spinozismus in den Ruf des Materialismus hatte kommen können.
Die psychischen Assoziationen sollen nach dieser Lehre genau
parallel den Gehirnfunktionen verlaufen; die letzteren aber, als
offenbar rein materielle Vorgänge, sind lediglich durch mechanische
Kausalität, d. h. teils durch die peripherischen Reizungen, teils
durch deren gesetzmäßige Auslösung und Übertragung in den
zentralen Apparaten bedingt. Danach gewinnt es den Anschein, als
müßten die seelischen Vorgänge ausnahmslos von dem Mechanismus
der materiellen abhängig sein. So sehr sich also Hartley gegen eine
Identifikation beider Sphären im Sinne des Materialismus ge-
wehrt hatte, sowenig vermochte er doch die Konsequenz abzulehnen,
daß seine Theorie den Verlauf des seelischen Lebens in einer
Ausdehnung, welche der Lehre des Materialismus im sachlichen

Ergebnis so gut wie gleichkam, von der Gehirntätigkeit abhängig machte und damit jede Selbständigkeit der psychischen Aktion aufhob. Die mechanische Notwendigkeit der Gehirnfunktionen involviert auch eine gleiche Notwendigkeit der Vorstellungsassoziationen, und diese Folgerung, der sich der wissenschaftliche Geist Hartleys nicht zu entziehen vermochte, brachte in sein tief religiöses Gemüt eine Fülle von Zweifeln, namentlich in bezug auf die menschliche Willensfreiheit, aus denen er sich vergebens emporzuringen gesucht hat. Diese Schwierigkeiten häuften sich um so mehr, als er das Prinzip des Assoziationsmechanismus gerade auch auf dem Gebiete der Gefühle, Leidenschaften und Willensentschlüsse durchführte. Er ging dabei von der analogen Voraussetzung aus, daß, wie die abstraktesten Vorstellungen, so auch die verfeinertsten Triebe und Gefühle allmählich entstandene Produkte des seelischen Mechanismus aus den einfachen Grundzuständen seien. Der Versuch, den er zur Lösung dieser Aufgabe in seinen »Observations« machte, nimmt einen höchst bedeutenden Platz in der Entwicklung der englischen Moralphilosophie ein: aber er selbst vermochte den Determinismus dieser Untersuchungen mit seinen religiösen Vorstellungen von der Verantwortlichkeit nicht in rechten Einklang zu bringen und fürchtete, in die verrufenen Irrlehren des Materialismus hineingeraten zu sein. Es war eben nicht zu leugnen: dieser erste Versuch der Assoziationspsychologie, die Gesetzmäßigkeit des psychischen Lebens auf physiologischen Grundlagen aufzubauen, streifte so hart an den Materialismus, daß er ihm zum Verwechseln ähnlich sah, und es war im Grunde genommen nur die persönliche Religiosität Hartleys, welche einer vollkommen materialistischen Wendung dieser seiner Lehre von den Vibrationen entgegenstand.

Noch schroffer und unvermittelter ist das Nebeneinanderbestehen der religiösen Überzeugungen und der materialistischen Neigungen der Assoziationspsychologie bei Joseph Priestley (1733 bis 1804), dem berühmten Erforscher des Sauerstoffs, der neben seiner naturwissenschaftlichen Größe auch eine bemerkenswerte philosophische Bedeutung besitzt und über die brennenden Streitfragen der Zeit eine Anzahl außerordentlich lebhafter und geistvoller Schriften hinterlassen hat. Schon in seiner ersten Schrift kritisierte er die Werke der schottischen Philosophen zugunsten der Lehre David Humes, der ja den Grundgedanken der Assoziationspsychologie

angenommen hatte. Sein folgendes Buch: »Hartley's theory of
human mind on the principles of the association of ideas« (London
1775) trat direkt für Hartley ein und wurde zwei Jahre später durch
eine Schrift: »Disquisitions relating to matter and spirit« ergänzt,
die unter anderem auch durch eine geschichtliche Darstellung
der bisherigen Seelenlehre die Unzulänglichkeit der metaphysischen
Theorien darstellen wollte. Noch in demselben Jahre 1777 reizte
ihn der Angriff, den Richard Price, ein neuplatonisierender
Spiritualist, in seinen »Letters on materialism« gegen den gesamten
Empirismus und Sensualismus gerichtet hatte, zu einer schneidigen
Antwort in der Schrift: »The doctrine of philosophical necessity«,
der im folgenden Jahre die: »Free discussions of the doctrines of
materialism« folgten. Später hat er noch eine Anzahl religionsphilosophischer Werke drucken lassen, in denen er sich als ein
unerschrockener Verteidiger des Rationalismus, als Vertreter der
Toleranz und als ein begeisterter Anhänger des Deismus zeigt.
Dabei ist es ihm mit seinem Glauben völlig Ernst; er will etwa in
dem Geiste Tindals das Christentum von allen abergläubischen Entstellungen reinigen, damit es seine volle Kraft über die Gemüter
bewähren könne. Er greift deshalb mit aller Energie den französischen Materialismus an, der um diese Zeit bereits in dem »Système
de la nature« unverhohlen seine atheistischen Konsequenzen gezogen hatte, und er stellt sich bedingungslos auf den Standpunkt,
daß die Welt durch den vollendeten Mechanismus ihrer Bewegungen
sich als das Werk einer höchsten Intelligenz ausweise. Allein alle
diese Überzeugungen hindern Priestley nicht, die Hartleysche
Lehre bis zu rückhaltlos materialistischen Folgerungen durchzuführen. Hartley hatte in bezug auf die Willenslehre sich mit
sichtlichem Widerwillen und mit schweren Bedenken im Verfolg
seiner Theorie zu einer deterministischen Auffassung bequemt.
Priestley erkannte von vornherein den Determinismus in voller Ausdehnung an; er sah mit dem ganzen Zeitalter in den Willensentschlüssen lediglich die Wirkung von Vorstellungsassoziationen, und
er zögerte nicht zuzugeben, daß von diesem Standpunkt aus die
Handlungen des Menschen ebenso wie die ihnen zugrunde liegenden Vorstellungsassoziationen sich in bedingungsloser Abhängigkeit
lediglich von den Gehirnschwingungen befinden. War das einmal
zugestanden, so konnte es keine Schwierigkeit mehr machen, auch

den letzten Schritt zu tun. Die Annahme einer prinzipiellen Verschiedenheit des physischen und des psychischen Lebens mußte
wertlos erscheinen, sobald man so weit gegangen war, den gesamten
Verlauf des letzteren lediglich von demjenigen des ersteren abhängig zu machen. So gab denn Priestley jene von Hartley noch
entschieden festgehaltene Annahme preis und bekannte sich vollständig zu der Lehre von der Materialität der seelischen Vorgänge.
An die Stelle der Reflexion, wie sie Locke zur Grundlage der Psychologie gemacht hatte, an die Stelle der Analyse der psychischen
Tatsachen, welche die schottische Schule verlangte, will er eine
Physik des Nervensystems setzen und geht bereits vollständig bis
zu dem Extrem, die Psychologie für einen Teil der Physiologie zu
erklären. Denselben Materialismus, den er auf metaphysischem und religionsphilosophischem Gebiete mit aller Lebhaftigkeit bekämpfte, erkannte er auf dem psychologischen Gebiete in
einer Ausdehnung an, die prinzipiell kaum mehr überboten werden
konnte. Priestley zeigt damit in einer selten schroffen und naiven
Gestalt einen inneren Widerspruch, der bei den großen Naturforschern des XVIII. und XIX. Jahrhunderts, besonders in England
sich oft wiederholt hat. Zwei große Gedankenmassen, auf der einen
Seite diejenige der religiösen Erziehung und des metaphysischen Bedürfnisses, auf der andern Seite das wissenschaftliche System der
mechanischen Kausalität liegen in diesen Männern, wie es scheint,
gänzlich gesondert nebeneinander, ohne jede innere Verbindung, und
dabei doch jede von so starker subjektiver Gewißheit getragen, daß,
weil sie einander nicht zu verdrängen imstande sind, der innere
Widerspruch, worin sie stehen, vollständig erdrückt wird. Diese
innere Geteiltheit herrschte anfangs in Hinsicht der Frage nach
der teleologischen Betrachtung der gesamten Natur, und nachdem
hier das versöhnende Wort gefunden war, spitzte sie sich zu der
psychologischen Frage teils nach der Willensfreiheit, teils nach der
Abhängigkeit der Seelentätigkeiten von den mechanischen Funktionen des physischen Organismus zu: in dieser Hinsicht ist Priestley
mit seiner merkwürdigen Vereinigung von Deismus und Materialismus eine überaus charakteristische Erscheinung der widerspruchsvollen Unklarheit, die erst Kant aufzuhellen berufen war.

  Wie leicht zu erklären, konnte der Fortgang der Assoziationspsychologie nur dazu führen, daß ihre materialistische Seite noch

energischer betont wurde. Sobald sie die Fühlung mit dem Deismus,
die Priestley aufrecht erhalten hatte, verlor, blieb ihr nur der bare
Materialismus übrig. Aber gerade deshalb mußte sie zu einer ge-
wissen Unfruchtbarkeit verurteilt bleiben und sich genötigt sehen,
die Lücken ihres Wissens durch mehr oder minder willkürliche
Hypothesen auszufüllen. Am besten tritt dies bei Erasmus
Darwin (1731—1802) zutage, der für Hartleys »Vibrationen des
Gehirns« den Ausdruck »Bewegungen des Sensoriums« einführte und die Materialität der Seele in einer an die phantastischen
Hypothesen der ältesten griechischen Denker erinnernden Weise
daraus zu beweisen suchte, daß Seele und Leib nur infolge der
Gemeinsamkeit gewisser Eigenschaften miteinander in Verbindung
stehen könnten, und daß deshalb die Fähigkeit der Seele zu sehen,
zu hören, zu riechen usw., umgekehrt auch ihre Sichtbarkeit, Hör-
barkeit, Riechbarkeit usw., kurz ihre volle Materialität voraussetzte.
Darwin schreckte sogar in diesem Zusammenhange nicht vor der
wunderlichen Annahme zurück, die Seele müsse ein Wesen sein,
welches je nach Belieben gelegentlich alle Eigenschaften, Tätigkeiten und Zustände des Körpers anzunehmen imstande sei.

So ungeheuerlich und geradezu komisch solche Auswüchse der
Assoziationspsychologie, zumal im Lichte der modernen Physiologie
erscheinen, so darf doch die große historische Bedeutung nicht
verkannt werden, welche diese Richtung gehabt hat. Sie machte
mit rein wissenschaftlichem Ernste auf die Zusammenhänge aufmerksam, die zwischen dem psychischen und dem physischen
Organismus bestehen, und welche lange Zeit hindurch vergessen,
verkannt oder absichtlich geleugnet worden waren. Sie gewöhnte die
Wissenschaft wieder daran, in dem physischen Leben eine Grundlage des psychischen zu sehen; sie schüttete freilich das Kind mit
dem Bade aus, wenn sie alsbald diese Grundlage für die einzige
hielt, oder wenn sie gar voreilig genug war, diese Grundlage mit
dem psychischen Leben selbst zu verwechseln. Aber Einseitigkeit
ist der Mangel aller historischen Anfänge, und der Wert der Assoziationspsychologie des XVIII. Jahrhunderts wird dadurch, daß sie
diesen Mangel teilte, vielleicht geschmälert, aber nicht aufgehoben.
Es bleibt ihr das große Verdienst, die physiologische Grundlage, deren die Psychologie nicht entbehren kann, wieder aufgedeckt und damit der Aufnahme dieses wichtigen Teiles in das

psychologische System der Zukunft vorgearbeitet zu haben. Gerade
in der englischen Literatur, die einen so ausgeprägt psychologistischen
Charakter besitzt, mußte diese Richtung für das Verständnis des
Seelenlebens besonders bedeutsam werden.

§ 33. Der Spiritualismus Berkeleys.

Man kann die Breite der Anregungen, welche von der Lehre
Lockes ausgingen, und die Fülle der Keime, die in seinen Überlegungen enthalten, aber nicht zur Klarheit gelangt waren, kaum
besser übersehen, als wenn man bedenkt, daß neben den Lehren
der Assoziationspsychologie, die so dicht an den Materialismus
streiften und nur durch persönliche Überzeugungen oder durch erkenntnistheoretische Vorsicht von einem unmittelbaren Aufgehen
darin zurückgehalten wurden, auf demselben Boden die vollkommen
entgegengesetzte Weltanschauung, diejenige des Spiritualismus, erwuchs, und daß es dieselbe Neigung zu einer sensualistischen Färbung
der Lockeschen Lehre war, worin beide gediehen.

Der Vertreter dieses Spiritualismus, gleich bewundernswert als
Mensch wie als Philosoph, war George Berkeley. Ein Irländer
von Geburt, hatte er seine Bildung in Dublin und später in London
erhalten, brachte dann mehrere Jahre mit Reisen in Italien und
Frankreich zu und lernte bei dieser Gelegenheit 1715 auch Malebranche persönlich kennen. Nach einem mehrjährigen Aufenthalt
in London ging er 1728 als Leiter eines missionären Unternehmens
nach Amerika, sah sich jedoch bald von den versprochenen Unter-
stützungen verlassen und zur Rückkehr in die Heimat genötigt, in
der er dann als Bischof von Cloyne abwechselnd in London und in
seiner Diözese verweilte, bis er, 68 Jahre alt, 1753 starb.

Die ethischen und die religionsphilosophischen Doktrinen, so
wertvoll sie in ihrem Zusammenhang auf der einen Seite mit
den allgemeinen empiristischen Grundlagen der englischen Philosophie, auf der andern Seite mit dem gesamten Kulturzustande des
XVIII. Jahrhunderts erscheinen, bilden doch ebenso wie die Anfänge
der Assoziationspsychologie schließlich nur gewisse Nebentriebe,
die von dem Hauptstamme der philosophischen Entwicklung sich
abzweigen. Von ihnen kehrt man mitten in den großen Zug des
zentralen Wachstums der philosophischen Ideen zurück, wenn man

die Lehre Berkeleys betrachtet. In der umfassenden Allseitigkeit seiner Gesichtspunkte, in der eindringenden Schärfe seiner philosophischen Originalität ist er nach Locke wieder der erste Träger der Gesamtentwicklung, und er verdankt diese Bedeutung lediglich dem Umstande, daß er das erkenntnistheoretische Problem der Lockeschen Philosophie wieder aufnahm und in einer neuen und schöpferischen Weise behandelte.

Diese Weiterentwicklung knüpft sich zunächst an den Gegensatz, den Locke zwischen den beiden Sphären der menschlichen Erfahrung, dem äußeren und dem inneren Sinn, zwar prinzipiell statuiert, aber nicht vollständig durchgeführt hatte. Es waren vielmehr eine Reihe von Punkten, an denen diese Unterscheidung sich durchaus nicht mit Sicherheit anwenden ließ, und eine Anzahl von Zwischengliedern, welche man mit gleicher Berechtigung sowohl der Sensation als auch der Reflexion zuschreiben zu können und zu müssen schien. Die sinnlichen Empfindungen konnte man doch von dem äußeren Sinne nicht gut ausschließen: sofern sie aber sekundäre Qualitäten, d. h. lediglich Empfindungszustände des Subjekts enthalten, bilden sie eine Art von Selbsterfahrung und gehören als solche der Reflexion an. Das gleiche gilt fast noch augenscheinlicher von den sinnlichen Gefühlen, die vermöge ihrer organischen Vermittlung unbedingt dem äußeren, vermöge ihres Inhalts als Zustände des Subjekts nicht minder unbedingt dem inneren Sinne angehören. Besonders aber legte Lockes Ausführung, wonach die Anregung zu allen Tätigkeiten der Reflexion aus den ursprünglichen Funktionen der Sensation stammen sollte, den Gedanken nahe, daß diese beiden Arten der Erfahrung doch schließlich nicht prinzipiell, sondern nur graduell voneinander verschieden seien, und daß es eine aufsteigende Linie kontinuierlichen Zusammenhanges zwischen den niedrigsten Formen der Sensation und den höchsten und feinsten Gebilden der Reflexion geben müsse. Wenn man mit dem von Locke angeregten Prinzip, daß die Tatsachen des inneren Sinnes ursprünglich immer nur Verarbeitungen derjenigen des äußeren Sinnes seien, vollkommen Ernst machte, so hob man die qualitative Differenz zwischen jenen beiden Arten der Erfahrung wieder auf: wenn die eine sich in die andere verwandeln kann, so können sie nur verschiedene Formen einer und derselben Grundtätigkeit sein. Dies war nun in der Tat die Richtung, in welcher

sich infolge jener bei Locke mehr verdeckten als klar hervorge-
hobenen Schwierigkeiten seine Lehre weiter entwickelte. Es lag
in dem ganzen Zuge der Zeit, daß man die Zusammenhänge zwischen
der physischen und der psychischen Erfahrung mehr betonte und
stärker ins Auge faßte, als den Gegensatz zwischen beiden. In
metaphysischer Hinsicht hatte das die Lehre Descartes' erfahren:
aus seiner scharfen Sonderung der ausgedehnten und der bewußten
Substanzen hatten sich die Probleme des Occasionalismus und des
Spinozismus und die Lieblingsfrage nach dem Zusammenhange von
Leib und Seele ergeben. In erkenntnistheoretischer Hinsicht erlitt
der Lockesche Empirismus ein ähnliches Geschick, indem das
Problem der Beziehung zwischen innerer und äußerer Erfahrung,
deren scharfe Sonderung er gewünscht hatte, an die Spitze der
Untersuchung trat. Indem aber dabei die Andeutung des Zusammenhanges, die er selbst gegeben hatte, lebhafter und klarer entwickelt
wurde, erfuhr seine Lehre eine Umbildung zum entschie-
densten Sensualismus. Je mehr man die Schranken zwischen
Sensation und Reflexion niederrriß und die leisen Übergänge
zwischen beiden erforschte, um so mehr erschien die Sinnesempfindung als die einzige Grundlage des gesamten Vorstellungslebens.

Wenn man nun auf diese Weise die Tätigkeiten der Sensation
und der Reflexion in eine zusammenhängende Linie anzuordnen
suchte und sie damit alle für die verschiedenen Umformungen
einer und derselben Grundtätigkeit erklärte, so war es im Grunde
genommen zunächst gleichgültig, nach welchem der beiden Endpunkte man diese Grundtätigkeit zu bezeichnen für gut fand. Ob
man nun die Tätigkeiten der Reflexion als Umformungen und Höher-
bildungen der Sensationen bezeichnete, oder ob man die Sensationen
niedrigste Formen der Reflexion nannte — in beiden Fällen hatte
man jene prinzipielle Unterscheidung wieder umgestürzt. Allein
so irrelevant diese Verschiedenheit der Bezeichnung an sich erscheinen mochte, für die erkenntnistheoretischen und metaphysischen Folgerungen war es durchaus nicht gleichgültig, von welcher
Seite man die Sache auffaßte. Auf der einen Seite geriet man zu
dem reinen Sensualismus des äußeren Sinnes, dem auch die
Abstraktionen nur als Spuren von sinnlichen Wahrnehmungen
gelten, und der aus der Sinnlichkeit der psychischen Grundlagen

auch auf die Sinnlichkeit des vorstellenden Wesens zu schließen
geneigt sein mußte. Auf der andern Seite ergab sich ein Sensualis-
mus des inneren Sinnes, der, von dem Gedanken ausgehend,
daß auch die Sinnesempfindungen nur die untersten Stufen der
Selbstwahrnehmung sind, die materielle Welt in Vorstellungen der
Geister aufzulösen bereit war. So schieden sich die Wege sehr früh.
Der Sensualismus des äußeren Sinnes neigte dem Materialismus
zu, den er vorfand; derjenige des inneren Sinnes erzeugte den
Spiritualismus. Jene Entwicklung geschah in England durch die
Assoziationspsychologie und in Frankreich durch Condillac; diese
vollzog sich durch Berkeley.

Es ist nun überaus merkwürdig, wie sich Berkeley zu dieser Art
der Umbildung der Lockeschen Lehre durch die Konsequenzen
desselben Nominalismus gedrängt sah, welcher wie der Grundton durch die gesamte Entwicklung der englischen Philosophie
hindurchgeht. Diese Denkrichtung, die einen Bacon, einen Hobbes
und Locke bestimmt hatte, übte hier noch eine, und zwar die aller-
mächtigste Wirkung auf das englische Denken aus und gipfelte
in einem extremen Resultate. Locke nämlich hatte noch an der
Existenz abstrakter Allgemeinvorstellungen im Geiste des Menschen
festgehalten, wenn er auch in echt nominalistischer Weise ihre
objektive Realität leugnete. Berkeley schritt zu der kühneren
Auffassung, welche das Vorhandensein abstrakter Allgemeinvorstellungen nicht einmal im Geiste des Menschen zugeben wollte,
und darin besteht seine Originalität und der eigentliche Grundzug
seiner Lehre. Es war vom psychologischen Standpunkt aus ein
überaus tiefer Blick in das Wesen der menschlichen Vorstellungswelt,
wenn Berkeley den Nachweis zu führen suchte, daß es in Wirklichkeit abstrakte Begriffe gar nicht gibt, sondern, daß wir uns nur ein-
bilden, solche zu haben, daß die abstrakten Begriffe vielmehr nur
Aufgaben und Ideale sind, zu denen wir mit niemals vollständiger
Annäherung hinstreben. Man mag über die Richtigkeit dieser
Lehre denken, wie man will, — sie hätte jedenfalls in der Psychologie und besonders auch in der Logik mehr Beachtung verdient,
als sie gefunden hat; denn sie traf auf jeden Fall das tatsächliche
Verhältnis, wie es zum mindesten in einer großen Anzahl von Fällen
vorhanden ist. Berkeley sucht sie durch den Nachweis zu begründen,
daß, wo wir eine abstrakte Vorstellung zu haben glauben, uns in

der Tat doch jedesmal vermöge der sinnlichen Phantasie ein bestimmtes, einzelnes Exemplar vorschwebt. Wenn man vom Baum
im allgemeinen spricht, so denkt jeder doch heimlich, wenn auch
noch so leise und dunkel, dabei einen einzelnen, sinnlich bestimmten
Baum. Wenn man vom Dreieck spricht, so entwirft jeder sich das
Bild eines bestimmten einzelnen Dreiecks, und diese Vorstellung
ist, wie Berkeley meint, nur insofern allgemein, als sich aus ihr
einige Erkenntnisse ableiten lassen, welche für alle Dreiecke gültig
sind. Freilich versäumt es dabei Berkeley, sich klar zu machen, woher denn nun diese allgemeinere Gültigkeit stamme, und wodurch
man ihrer versichert sei: er glaubt daran festhalten zu können,
daß diese Vorstellung in Wahrheit nicht abstrakt, sondern nur
repräsentativ sei. Allgemeine Vorstellungen also, wie sie durch
die Wörter der menschlichen Sprache ausgedrückt werden, sind
in Wahrheit nicht von den sinnlichen Elementen befreite Abstraktionen, sondern vielmehr auch nur sinnliche Einzelvorstellungen,
aber solche, welche vermöge irgendwelcher Eigentümlichkeiten —
und diese eben vermag die Berkeleysche Theorie nicht anzugeben —
eine Reihe von anderen Einzelvorstellungen zu repräsentieren
imstande sind. Es gibt also nicht nur keine allgemeinen Dinge,
sondern nicht einmal allgemeine Vorstellungen. Diese sind, wie
Berkeley ausführt, nur eine unheilvolle Fiktion der Schule, und in
Wahrheit existieren nur sinnliche Einzelvorstellungen. Das ist die
höchste Stufe, welche der Nominalismus je erreicht hat und überhaupt zu erreichen imstande ist; es ist nicht mehr der metaphysische
oder erkenntnistheoretische, sondern der psychologische Nominalismus. In dieser Beziehung steht Berkeleys Lehre diametral
dem Spinozismus gegenüber: wie dieser in metaphysischer Hinsicht
der äußerste Ausläufer des mittelalterlichen Realismus, so ist
Berkeleys Psychologie des Abstrakten das letzte Wort des Nominalismus.

Die nächste Folgerung, welche Berkeley daraus zieht, ist die,
daß jene allgemeinen und abstrakten Attribute, mit denen bei Locke
so gut wie bei Descartes die Dinge selbst hatten ausgestattet
werden sollen, zurückgewiesen werden. Es gibt keine abstrakte
Ausdehnung, d. h. keinen Raum, es gibt keine allgemeinen Eigenschaften der Größe, der Gestalt, der Lage usw., es gibt vor allem
nicht jenes allgemeine Ding, das kein Mensch gesehen und das

man nur aus abstrakten Eigenschaften zusammengedichtet hat,
jenes Ding, welches die Philosophen die Materie nennen. Alle
materiellen Eigenschaften der Dinge sind nur Beziehungen, die
wir zu den ursprünglichen Eigenschaften, denjenigen, welche Loke
die sekundären Qualitäten genannt hat, hinzudenken. An dieser
Stelle benutzt Berkeley für sein Hauptwerk »A treatise concerning
the principles of human knowledge« (London 1710) die eingehenden Untersuchungen über den Vorgang des Sehens, die er schon
vorher eigens veröffentlicht hatte (»Essay towards a new theory
of vision«, London 1709). Man darf in diesen Untersuchungen
eine bedeutende Leistung der physiologischen Optik erblicken:
sie zielen auf nichts Geringeres hin, als auf eine Analyse der Seh-
tätigkeit, vermöge deren die reinen Bestandteile der unmittelbaren
Empfindung von den Formungen und Verarbeitungen gesondert
werden sollen, mit denen sie in dem Resultate der vollendeten
Wahrnehmung bereits untrennbar verquickt erscheinen. So unvollkommen diese Aufgabe bei Berkeley wegen des geringen Materials
von Tatsachen, das ihm vorlag, gelöst ist, so bewunderungswürdig
erscheint anderseits der Scharfsinn, mit welchem er bereits damals
die Mitwirkungen nachwies, vermöge deren die erinnerten Vorstellungen in einem unmerklich schnellen Prozeß den reinen Tatbestand der neuen Wahrnehmungen alterieren. Er machte auch
schon darauf aufmerksam, daß Größe und Entfernung eines Gegenstandes nicht sowohl unmittelbar empfunden, als vielmehr unter
Mitwirkung früherer Erfahrungen gedacht werden — wenn er auch
dieser Einsicht natürlich noch nicht die präzise Formulierung gegeben hat, die sie erst in späterer Zeit finden sollte. Was er aber
daraus in erkenntnistheoretischer Hinsicht schließt, ist die wichtige
Lehre, daß den wirklichen Inhalt der Empfindung nur die sekundären
Qualitäten bilden. Dinge in bestimmter Größe, Entfernung und
Gestalt empfinden wir nicht, sondern setzen wir vielmehr vermöge
des Denkens aus den sinnlichen Qualitäten zusammen. Was man
gewöhnlich Dinge nennt, sind nur Vorstellungskomplexe. Wenn
aber, wie Locke nachgewiesen hat, jene sinnlichen Qualitäten nichts
sind als unsere Empfindungszustände, so sind auch jene Dinge,
deren Existenz wir anzunehmen gewöhnt sind, nichts weiter als
komplizierte Vorstellungszustände. Wollte man annehmen, daß diese
Dinge noch etwas von den Vorstellungszuständen verschiedenes seien,

so käme man in die größten Absurditäten. Wenn man von einer Kirsche alle ihre sekundären Qualitäten, d. h. die Eindrücke, welche sie auf die einzelnen Sinne, auf das Gesicht, auf die tastende Hand, auf den Geschmack macht, nacheinander abzieht, — was bleibt übrig? Berkeley antwortet: nichts. Lockes Antwort war unentschieden gewesen: in der einen Richtung die, es bliebe eine bestimmte räumlich ausgedehnte Größe, in der andern Richtung die, es bliebe als Träger dieser Eigenschaften eine unbekannte Substanz übrig. Beides muß Berkeley in der Konsequenz seines nominalistischen Sensualismus verwerfen. Die räumlichen Eigenschaften gelten ihm als Abstraktionen, die man in Wahrheit nicht für sich allein, nicht ohne die sinnlichen Qualitäten denken kann; eine unbekannte Substanz aber gilt ihm selbstverständlich als ein vollkommen undenkbares Unding. Daraus ergibt sich, daß, was wir Dinge und ihre Eigenschaften nennen, nur Komplexe von Perzeptionen sind. Was wir in der Außenwelt als seiend betrachten, ist in Wahrheit immer nur ein Konglomerat von unseren Vorstellungszuständen. Sein ist nichts anderes als Empfundenwerden: »esse = percipi«.

In dieser extremen Durchführung des Sensualismus glaubt Berkeley die Meinung des gesunden Menschenverstandes den Spitzfindigkeiten der Philosophen gegenüber wieder zu Ehren zu bringen. Er macht — man könnte es fast eine witzige Wendung nennen — darauf aufmerksam, der natürliche Instinkt zwinge ja den Menschen, den Inhalt seiner Wahrnehmung eben als seiend zu betrachten, für ihn sei in der Tat Wahrgenommenwerden gleichbedeutend mit Existieren. Was wir sehen und fühlen, betrachten wir als seiend. Erst die Philosophen hätten einen Unterschied zwischen den Wahrnehmungen und den ihnen entsprechenden Gegenständen erdacht und wären auf diese Weise zu der Irrlehre gekommen, die Existenz der Dinge sei noch etwas anderes als ihr Wahrgenommenwerden. An dieser Bemerkung ist das richtig, daß das unbefangene Bewußtsein in der Tat jeden Wahrnehmungsinhalt zugleich als existierend betrachtet, offenbar unrichtig dagegen der weitere Zusatz, daß die Unterscheidung der Existenz und des Wahrgenommenwerdens erst eine Erfindung der Wissenschaft sei. Diese Unterscheidung ist vielmehr eine derjenigen Annahmen, welche durch die pragmatischen Notwendigkeiten des Denkens, wie sie gerade in den ältesten Ver-

suchen der griechischen Metaphysik deutlich zutage treten, unaus-
tilgbar in der menschlichen Vorstellungsweise angelegt sind: es
ist gerade die Tat Berkeleys, aufgezeigt zu haben, daß diese Annahme nicht unangreifbar und jedenfalls ein Gegenstand der erkenntnistheoretischen Prüfung ist. Aber das Resultat dieser seiner
Prüfung, daß die Existenz mit dem Wahrgenommenwerden identisch
und nichts davon verschiedenes sei, ist eben deshalb dem unbefangenen Bewußtsein auf das äußerste paradox; denn diesem ist
nichts geläufiger und erscheint nichts selbstverständlicher, als die
Annahme einer von der Vorstellungstätigkeit unabhängigen Welt
von Dingen.

In dem Sprachgebrauche seiner Zeit drückte Berkeley das Ergebnis dieser Untersuchungen dahin aus, daß alle sogenannten Dinge
und ihre Eigenschaften nichts weiter sind, als Ideen, d. h. Vorstellungen, und infolgedessen wurde seine Lehre als Idealismus
bezeichnet. Diese Terminologie ist nur richtig, solange man an
dem damaligen degradierenden Sprachgebrauche des Wortes Idee
festhält. Innerhalb der deutschen Philosophie hat jedoch das Wort
Idee und damit auch der Terminus Idealismus eine wesentlich
andere Bedeutung erhalten, und aus diesem Grunde empfiehlt es sich,
zur Vermeidung von Mißverständnissen diese Bezeichnung für die
Lehre Berkeleys aufzugeben und dies System vielmehr, wenn es
überhaupt metaphysisch rubriziert werden soll, nach der Ansicht
zu benennen, die Berkeley unmittelbar aus diesen erkenntnistheoretischen Prämissen folgerte.

Wenn es nämlich keine Substanzen außerhalb der Perzeption
im Sinne einer Welt von körperlichen Dingen geben kann, so setzt
doch, wie Berkeley meint, diese Tätigkeit der Perzeption auf alle
Fälle ein perzipierendes Wesen voraus, in welchem allein sie stattfinden kann. Sind die Dinge Ideen, so muß es doch immerhin
Wesen geben, welche Ideen haben. Ein Wesen aber, das Ideen
hat, ist ein Geist, und die Auflösung der Körper in Vorstellungen
zieht deshalb bei Berkeley unmittelbar die Konsequenz nach sich,
daß es keine anderen als vorstellende, »cogitative« Substanzen geben
kann. Die Weltanschauung Berkeleys ist danach sehr einfach: es
gibt in ihr nichts als Geister und deren Ideen, und damit charakterisiert sich diese Lehre ganz naiv als der schroffste Spiritualismus, der jemals aufgestellt worden ist. Darum steht Berkeley im

lebhaftesten Gegensatze zu den materialistischen Neigungen, die
sich in der englischen wie in der französischen Philosophie auf dem
gemeinsamen Boden des Lockeschen Empirismus zu entwickeln
drohten. Bedeutsam ist zugleich, daß bei Berkeley das Wesen des
»Geistes«, des endlichen ebenso wie des unendlichen, mindestens
ebenso in der freien Ursprünglichkeit des Willens wie in der Vorstellungstätigkeit gesucht wird.

Aber dieser Spiritualismus will nun weit davon entfernt sein, die
Körperwelt damit, daß er ihre unmittelbare Substantialität leugnet,
für Trug und Schein zu erklären. Auf den ersten Blick zwar gewinnt
es den Anschein, als müsse sich diese Folgerung ergeben. Wenn die
Sonne nichts ist als ein konstanter Komplex von Vorstellungen
eines gewissen Glanzes, einer gewissen Wärme, einer gewissen
Größe usw., so scheint es zunächst, als müsse, da die Gleichung
» esse = percipi« sich umkehren läßt, mit ihrem Vorgestelltwerden
auch ihre Existenz verschwinden. Danach existierten alle Körper
nur insofern und so lange, als sie wahrgenommen würden, und
ein Körper, den niemand mehr vorstellte, dürfte auch nicht mehr
als existierend gelten. Auf der anderen Seite schiene die bloße
Vorstellungtätigkeit irgend eines beliebigen Geistes zu genügen,
um jedem Inhalte, den er zufällig dächte, den Wert der Existenz
zu erteilen. Ein geträumter Tisch wäre danach gerade ebenso
wirklich wie derjenige, den man sonst für wirklich zu halten pflegt,
und zwischen wahren und falschen Vorstellungen schiene der Unterschied eben dadurch aufgehoben, daß eine Vergleichung der Vorstellung mit einem Gegenstande in diesem Systeme nicht möglich
ist. Aus diesem Grunde bedarf Berkeley eines anderen Kriteriums
der Objektivität, und dieses kann für den Spiritualismus kein anderes
sein, als dasjenige eines allbeherrschenden Geistes: seine Ideen
müssen an die Stelle der realen Welt treten, in deren Übereinstimmung mit den Vorstellungen man sonst die Wahrheit der letzteren
zu suchen pflegt. Dieser Geist ist natürlich die Gottheit. Die Wirklichkeit, welche dem Inhalte der Ideen, abgesehen von der Vorstellungstätigkeit der endlichen Geister, zukommt, besteht darin, daß
er von der Gottheit vorgestellt wird. Wahre Vorstellungen sind
diejenigen, welche mit den Vorstellungen der Gottheit übereinstimmen, Irrtümer und Halluzinationen solche, die nur in einzelnen
Geistern stattfinden. Diese müssen daher einen gewissen Spielraum

der Freiheit haben, innerhalb dessen sie imstande sind, die von
der Gottheit gegebenen Elemente in andre Verbindungen zu bringen,
als dies in der Gottheit geschieht. Hierin steht Berkeley vollständig
auf dem Boden der Assoziationspsychologie. Die ursprünglichen
Elemente der Vorstellungstätigkeit gelten ihm als unzweifelhaft
richtig, und in dieser Hinsicht glaubt er von seinem Standpunkt
aus den Akt der einfachen Perzeption als denjenigen der Mitteilung
elementarer Vorstellungen von der Gottheit an die endlichen Geister
auffassen zu sollen, von denen auch er überzeugt ist, daß sie einen
neuen Inhalt zu produzieren nicht imstande sind. Daß aller Irrtum
und alle Täuschung nur in einer unrichtigen Kombination der
einfachen Elemente bestehen, war seit Hobbes und Locke die
gemeinsame Meinung der gesamten englischen Philosophie. Die
wahre Idee bleibt also wirklich, auch wenn der einzelne Geist sie
nicht mehr vorstellt, zunächst in anderen Geistern und in letzter
Instanz lediglich in der Gottheit; sie ist diejenige, welche von Gott
den endlichen Geistern zur Perzeption gegeben wird. Die falsche
Idee ist in allen Fällen nur eine willkürliche, in einem oder mehreren
endlichen Geistern vollzogene Verknüpfung der ursprünglichen
Perzeption.

Von hier aus entscheidet Berkeley auch die Frage nach dem
Wesen der Natur und nach ihrer Erkenntnis. Wenn die Körper
nur Ideenkomplexe sind, so ist die nächste Folge, daß sie untereinander in keinem Kausalverhältnis stehen können, sondern daß
jeder von ihnen mit allen Veränderungen, die er im Laufe der Zeit
erleidet, seinen Ursprung nur in der göttlichen Vorstellungstätigkeit
haben kann. Es gibt deshalb nach Berkeley nichts Falscheres
als die mechanische Naturerklärung, welche die Bewegungen der
Körper aus denjenigen anderer Körper zu erklären unternimmt.
Die Kausalität der Dinge ist nur Schein; in Wahrheit ist der Ablauf der körperlichen Bewegungen nur die Reihenfolge der Vorstellungen, welche die Gottheit in sich erzeugt und den einzelnen
Geistern als Perzeptionen mitteilt. Die Aufgabe der Naturerkenntnis
ist daher nur die Reproduktion dieser Reihenfolge, und was der
Mensch von Naturgesetzen zu erkennen glaubt, ist lediglich die
Einsicht in die konstante Ordnung, nach welcher die Gottheit diese
ihre Vorstellungen zu produzieren pflegt. Ein Naturgesetz ist nur
eine von Gott hervorgerufene Ordnung der Vorstellungen.

Da aber die Gottheit vermöge ihrer Allmacht und Freiheit über
den Gang, den sie diesen ihren Vorstellungen geben will, vollkommen Herr ist, so befindet sie sich natürlich auch in der Lage,
wo es einmal zweckmäßig erscheint, von jener gewohnten Ordnung
der Vorstellungen abzuweichen und das, was wir ein Naturgesetz
nennen, zu durchbrechen. Auf diese Weise hat in dieser Weltauffassung das Wunder einen selbstverständlichen Platz. Ebenso
natürlich ist es aber auch, daß es von diesem Gesichtspunkte aus
statt der mechanischen nur eine teleologische Naturbetrachtung gibt, welche den Menschen darauf hinweist, in der gewöhnlichen wie in der ungewöhnlichen Reihenfolge der von Gott gegebenen
Vorstellungen die von diesem dabei verfolgten Absichten aufzusuchen und zu bewundern. In diesem Sinne steht Berkeley vollkommen auf dem Boden der Physikotheologie; aber indem er die
mechanische Grundlage, welche sie bei den Deisten besaß, seinerseits
ablehnt, vermag er mit seinem philosophischen System ohne
Schwierigkeit den orthodoxen Standpunkt der Hochkirche zu vereinigen, deren Bischof er war. Bei keinem Denker jener Zeit erscheint die oft gesuchte Übereinstimmung zwischen der Philosophie
und dem Christentum natürlicher, ungezwungener und vollständiger
als bei ihm.

Das Verhältnis Berkeleys zu der Lehre Lockes und zu der
beinahe entgegengesetzten Konsequenz, die gleichzeitig aus der
letzteren von der Assoziationspsychologie gezogen wurde, ist überaus
interessant und findet eine bedeutsame Parallele in der Entwicklungsgeschichte des Rationalismus. Wie Descartes zwischen denkenden und ausgedehnten Substanzen, so hatte Locke zwischen innerer
und äußerer Erfahrung unterschieden, und dasselbe Geschick,
welches jener auf metaphysischem Gebiete erfuhr, vollzog sich an
diesem auf erkenntnistheoretischem. Die Einsicht, daß, wenn der
Unterschied prinzipiell durchgeführt werden sollte, der scheinbare
Zusammenhang durch einen absoluten Parallelismus der geistigen
und der körperlichen Welt erklärt werden müsse, führte dort teils
zum Occasionalismus, teils zu der spinozistischen Attributenlehre,
führte hier zu Hartleys Assoziationspsychologie. In beiden Fällen
aber war eine Wendung möglich, durch welche die körperliche Welt
vollkommen in die geistige aufgelöst wurde. Der Rationalismus
nahm diese Wendung in Malebranche, der Empirismus in Berkeley.

So kam es, daß die Lehren dieser beiden Männer, auf gänzlich ver-
schiedenem Boden erwachsen und in vielen Beziehungen himmelweit voneinander verschieden, sich doch in Rücksicht ihrer Auffassung der körperlichen Welt zum Verwechseln ähnlich sahen.
Der konsequenteste der Nominalisten, der zugleich den Sensualismus
in seine letzten Ergebnisse verfolgte, und der extremste der Realisten, der zugleich durch und durch von der Überzeugung des
Rationalismus erfüllt war, vereinigten sich in der Lehre, daß die
körperliche Welt für unsere Erkenntnis keine andere Realität als
die des Vorgestelltwerdens besitze. Und wenn in dem Systeme
von Malebranche der Körperwelt noch ein Rest von Wirklichkeit
gegenüber ihrem Vorgestelltwerden im göttlichen Geiste übrig geblieben war, so bedurfte es nur eines Schrittes, um seine Lehre
vollständig mit der Berkeleys zu identifizieren.

Dieser Schritt geschah merkwürdigerweise auch in England.
Die Werke von Malebranche waren sehr früh von Levassor ins
Englische übersetzt worden, und seine Gedanken hatten in John
Norris einen energischen und gewandten Vertreter gefunden.
Durch dessen Schriften war Arthur Collier (1680—1732) angeregt worden, welcher in seiner Schrift: »Clavis universalis or a new
inquiry after truth being a demonstration of the non-existence or
impossibility of an external world« (London 1713) behauptete, schon
zehn Jahre vorher auf Grund der Ideen von Malebranche zu einer
der Berkeleyschen durchaus konformen Weltanschauung gekommen
zu sein. Er stellte in der Tat die Ableitung seiner Lehre aus Malebranches System in einer ebenso einfachen, wie schlagenden Weise
dar. Bei Malebranche war das erkenntnistheoretisch entscheidende
Moment dasjenige gewesen, daß vermöge der absoluten Ausschließlichkeit körperlicher und geistiger Substanzen der endliche Geist
seine richtigen Vorstellungen von der Körperwelt nur der Existenz
einer idealen Körperwelt in Gott verdanken könne. Die Körperwelt
hatte so in diesem Systeme gewissermaßen ihre Verdoppelung gefunden. Einmal existierte sie urbildlich als die Welt der intelligiblen
Ausdehnung im Geiste Gottes, und ein anderes Mal nachbildlich
als die Welt der wirklichen Körper in einer von Gott geschaffenen
Realität. Wozu, fragt Collier, diese Verdoppelung? Die Vorstellungen des endlichen Geistes von der Körperwelt bleiben geradeso
notwendig und geradeso richtig, wenn ihnen nichts weiter entspricht,

als jene urbildliche Körperwelt im Geiste Gottes. Die Annahme,
daß Gott nach diesem Urbilde noch eine nunmehr für sich bestehende
Körperwelt geschaffen habe, ist unnötig; denn sie erklärt nicht
mehr, als die entgegengesetzte Annahme, daß es bei jener urbild-
lichen Welt in Gott sein Bewenden habe: und sie ist falsch und
widersinnig, weil die Körper, wenn sie von Gott in metaphysischer
Realität geschaffen worden wären, eine sein unendliches Wesen
beschränkende Selbständigkeit gewonnen hätten. Wirklichsein
kann eben nichts anderes heißen, als von Gott vorgestellt werden,
und von einer Außenwelt darf man deshalb nur in dem akkom-
modativen Sinne sprechen, daß sie für den einzelnen endlichen
Geist außerhalb ist, insofern dieser nicht an dem ganzen Wesen
des göttlichen Geistes und deshalb nicht an allen Vorstellungen
desselben partizipiert. Daneben sucht Collier die Unmöglichkeit
einer selbständigen Existenz der Körper auch durch den Nachweis
darzutun, daß zwischen Perzeptionen und anderen Ideen nur ein
gradueller Unterschied obwalte, und daß deshalb alle unsere Vorstellungen von Dingen nur die Komplexe unserer eigenen inneren
Zustände seien. In dieser Beziehung bewegt er sich vollständig
in dem Gedankengange von Berkeley, und so stellt sich seine Lehre
in der Gestalt, wie sie in seinem Werke niedergelegt ist, jedenfalls
als eine Verschmelzung der Gedanken der beiden Männer dar, die
merkwürdig genug von so verschiedenen Ausgangspunkten her zu
demselben Resultate gekommen waren.

§ 34. David Hume.

Für das Verständnis der Fortentwicklung ist es namentlich
wichtig, das skeptische Element zu beachten, das in dieser Lehre
lag und sich von ihr aus besonders gegen die moderne Naturforschung
kehren mußte. Malebranche und Berkeley hatten sich mit gleicher
Intensität von ihrem spiritualistischen Gesichtspunkte aus gegen
die mechanische Naturerklärung gewendet, in der gerade die neue
Wissenschaft ihre Triumphe feierte. Beide hatten es für unchristlich
erklärt, den Dingen selbst Kausalität zuzuschreiben und von der
Wirkung eines Körpers auf den andern zu sprechen. Beide griffen
gleichmäßig das große Prinzip der Kausalität an, auf welchem
die gesamten Forschungen der Mechanik und der mehr und mehr
von ihr abhängig werdenden übrigen Naturwissenschaften beruhten.

Gibt es — und genau so hatten Malebranche und Berkeley gelehrt —
keinen reellen Kausalzusammenhang der Dinge, so ist auch alle
Erkenntnis, welche die Wissenschaft von ihrem Zusammenhang
erlangt zu haben glaubt, illusorisch. Diese Folgerung war um so
wichtiger, je mehr die neue Naturforschung schon bei den Italienern,
mit vollkommener Klarheit aber bei Bacon und Descartes, ihren
Schwerpunkt in die Erforschung der Kausalverhältnisse und ihrer
gesetzmäßigen Formen gelegt hatte, und je mehr durch die
Assoziationspsychologie dieses Axiom auch auf dem Gebiete des
psychischen Lebens Platz gegriffen hatte.

Doch waren es nicht erst diese Vermittlungen, durch welche
die Kausalität zu einem viel umfreiten Probleme der modernen Erkenntnistheorie gemacht wurde. Der Umstand, daß die Erkenntnis
ursächlicher Zusammenhänge von der modernen Wissenschaft für
ihre Hauptaufgabe erklärt wurde, hatte schon früh genügt, um die
Angriffe desjenigen Skeptizismus, der sich in den Dienst der Orthodoxie stellte, auf diesen Punkt zu richten. So hatte bereits Hobbes
einen skeptischen Gegner in Joseph Glanvil (1636—1680) gefunden. Auf diesen sind zwar, wie einige seiner Schriften beweisen,
die Gedanken Bacons über den Fortschritt der Wissenschaften
zugunsten der allgemeinen Kulturzwecke nicht ohne Eindruck geblieben; aber im Grunde genommen macht er doch mit dem Empirismus nur so weit gemeinschaftliche Sache, als es sich um die Bekämpfung der rationalen Philosophie handelt, für deren Typus auch
er noch den Aristotelismus hält. Um aber dabei die Unzulänglichkeit aller rationalen Philosophie darzutun, nimmt Glanvil sie gewissermaßen beim Wort, indem er sich darauf beruft, daß sie ja
überall die Erkenntnis kausaler Verhältnisse zu ihrer Aufgabe erkläre.
Sie will alles begreifen, und etwas begreifen soll heißen, es aus seinen
Ursachen ableiten. Allein das Verhältnis von Ursache und Wirkung
ist niemals aus der Anschauung zu gewinnen; es kann nicht gesehen noch gefühlt, noch irgendwie sinnlich wahrgenommen, sondern
immer nur auf dem Wege des Denkens erschlossen werden. Diese
Schlüsse aber haben zu ihrem Grunde nichts anderes, als die Beobachtung des stetigen Aufeinanderfolgens der beiden Ereignisse,
von denen wir das eine für die Ursache des andern halten. Daß
diese stetige Folge eine notwendige sei, daß dasjenige, was unserer
Beobachtung nach immer auf ein anderes folgt, darum auch die

Wirkung dieses anderen sei, diese Umdeutung des post hoc in ein
propter hoc kann niemals durch logische Schlüsse erwiesen werden.
Man sieht die Skepsis Glanvils bewegt sich bereits völlig in der
Tiefe des Kausalitätsproblems und berührt namentlich auch
alle diejenigen Momente darin, welche in bezug auf die logische
Unbegreiflichkeit des Verhältnisses von Ursache und Wirkung durch
die Occasionalisten aufgedeckt wurden. So kommen hier ebenfalls
alle die Schwierigkeiten zutage, die seitdem der Behandlung dieses
Problems eigen geblieben sind. Die Einsicht, daß der Begriff des
kausalen Verhältnisses nicht aus dem Inhalte der Wahrnehmung
stammt, sondern vom Denken hinzugefügt wird, und die Frage
nach der Beziehung der kausalen Notwendigkeit zu der Stetigkeit
der zeitlichen Sukzession sind seitdem nicht wieder aus dem Gesichts-
kreise der Erkenntnistheorie entschwunden: die große Bedeutung
freilich, welche sie gewonnen haben, verdanken sie nicht sowohl
diesen gleichsam präludierenden Andeutungen Glanvils, als vielmehr
der tiefsinnigen Energie, mit der sie betont und in den Mittelpunkt
der philosophischen Bewegung gerückt wurden durch den größten
Geist der englischen Philosophie, durch David Hume.

Wie Locke der beginnende und beherrschende, so ist Hume
der abschließende Geist der englischen Aufklärung. Wie bei Locke
alle die Ideengänge, welche sie später entwickelte, gewissermaßen
nur vorbedeutend angeschlagen wurden, so klangen sie in Humes
System zu einem gewaltigen Akkorde vereinigt aus. Er ist der
letzte große Träger der Entwicklung, welche der von Bacon angelegte Empirismus in England gefunden hat, und seine Lehre
das letzte große Wort, das dieser Empirismus in dem Kampfe der
modernen Erkenntnistheorie gesprochen hat; er ist zweifellos der
klarste und rücksichtsloseste, dabei aber der umfassendste und
philosophisch durchgebildetste Denker, den die englische Nation
hervorgebracht hat.

Sein Leben ist verhältnismäßig ruhig und einfach verlaufen.
1711 zu Edinburgh als der Sohn eines schottischen Landedelmannes
geboren, bezog er 1728 die dortige Universität, um sich den Studien
der klassischen Literatur und der Philosophie zu widmen. Doch
veranlaßte ihn, seines schwächlichen Körpers und auch der geringen Vermögensumstände halber, seine Familie, die kaufmännische
Laufbahn zu ergreifen. Dieser wurde er aber nach einem kurzen

Aufenthalt in Bristol schnell überdrüssig, und so ging er 1734, um unabhängig seiner wissenschaftlichen Ausbildung zu leben, nach Frankreich, wo er beinahe vier Jahre an mehreren Orten verweilte. Als er von dort in die Heimat zurückkehrte, brachte er das Manuskript seines genialen »Treatise upon human nature« (in drei Bänden London 1738—1740 gedruckt) mit: dies Werk machte aber bei seinen Landsleuten vollständig Fiasko und schadete ihm zunächst insofern, als er dadurch heterodoxer Ansichten verdächtig wurde und eine Professur an der Edinburgher Universität, um die er sich bewarb, infolgedessen nicht erhielt. Erst seine »Essays moral, political and literary« (Edinburgh 1742) begründeten vermöge ihres feinen und geistvollen Stils seinen literarischen Ruhm. Gleichwohl sah er sich zur Annahme einer Privatstellung genötigt, in der er eine mehrjährige Reise nach Holland, Deutschland, Frankreich, Norditalien und Österreich machte. Auf dieser Reise arbeitete er sein erstes Werk um und ließ es unter dem Titel: »Enquiry concerning the human understanding« als zweiten Band seiner Essays 1748 erscheinen. Nach seiner Rückkehr erhielt er 1752 die bescheidene Stellung eines Bibliothekars der Juristenfakultät zu Edinburgh, und das wertvolle Material, das er darin zu verwalten hatte, veranlaßte ihn zu historischen Forschungen. Es ist merkwürdig und zugleich bezeichnend für den politischen Geist der englischen Nation, daß zwei ihrer größten Philosophen zugleich zu ihren bedeutenden Historikern gehören. Wenn jedoch Bacon mit seiner Geschichte Heinrichs VII. nur einen Teil der ihm vorschwebenden Aufgabe löste, so ist Humes in verschiedenen Abschnitten erschienene und dann unter dem Titel: »History of England from the invasion of Julius Caesar to the revolution of 1688« (sechs Bände 1763) vereinigte Darstellung durch die Großartigkeit der Auffassung und die Anmut der Darstellung zu einem klassischen Werke nicht nur der englischen, sondern der historischen Literatur überhaupt geworden. Daneben fand Hume Zeit, seinen philosophischen Arbeiten ferner obzuliegen und neben der Fortsetzung der politischen und philosophischen Essays auch noch sein tiefsinniges Buch: »The natural history of religion« (London 1755) zu schreiben. Endlich sollte ihm, während seine Landsleute in der großen Masse vermöge ihrer kirchlichen Neigungen sich noch immer wenigstens zurückhaltend gegen ihn verhielten, im Auslande die

Genugtuung einer glänzenden Anerkennung zuteil werden. Als er im Jahre 1763 in der Begleitung des Grafen von Hertford als Gesandtschaftssekretär nach Paris kam, wurde er in den philosophischen Kreisen der dortigen Gelehrten und der großen Welt mit einem Enthusiasmus aufgenommen und mit einer Begeisterung gefeiert, welche ihm zeigen mußten, daß die Lehren des englischen Empirismus auf diesem Boden noch viel stärkere Wurzeln geschlagen hatten, als in ihrer Heimat. Vielleicht trugen diese Triumphe auch dazu bei, sein Ansehen bei seinen Landsleuten zu erhöhen; wenigstens wurde er bald nach seiner Rückkehr 1767 zum Unterstaatssekretär im Ministerium der auswärtigen Angelegenheiten ernannt, legte jedoch dieses Amt schon nach zwei Jahren nieder und starb nach einer behaglichen Muße zu Edinburgh am 25. August 1776.

Humes Lehre zeigt die größte spekulative Vertiefung, deren der englische Empirismus fähig war; aber sie erweist sich eben darin und besonders in ihren entscheidenden erkenntnistheoretischen Kriterien von den Einflüssen des mathematischen Rationalismus abhängig, der von Hobbes an mit immer größerer Intensität in die · Entwicklung der Baconschen Ideen eingeströmt war. Zunächst freilich scheint Humes Untersuchung wesentlich in der Richtung des von Berkeley auf die letzte Höhe geführten Sensualismus und Nominalismus zu liegen. Hume erklärt die Entdeckung Berkeleys von der Unmöglichkeit abstrakter Begriffe für eine der größten wissenschaftlichen Taten, die je geschehen seien. Auch er meint, daß die Lockesche Unterscheidung von Sensation und Reflexion nicht in dem Sinne zu verstehen sei, als ob beide gleich ursprüngliche und voneinander vollkommen geschiedene Gebiete der Erfahrung seien. Er sucht vielmehr jener Lockeschen Unterscheidung diejenige der ursprünglichen und der abgeleiteten Vorstellungen unterzuschieben und bezeichnet diese Gegensätze mit den Ausdrücken impressions und ideas. Er rechnet dabei zu den Impressionen alle einfachen und originalen Vorstellungszustände und will unter den Ideen nur die auf Grund der Impression eintretenden abgeschwächten Abbilder davon verstehen. Daraus ergibt sich die fundamentale Folgerung, daß, wenn die Ideen nur Kopien von Impressionen sind, wir keine Idee haben können, die nicht in irgend einer Impression ihr ursprüngliches

Vorbild besäße. Allein hierbei wird sogleich eine Korrektur notwendig. Wäre in unserem Bewußtsein jede Idee unmittelbar und notwendig in allen Fällen nur auf diejenige Impression bezogen, deren Kopie sie in Wahrheit ist, so bestände zwischen dem Urbilde und der, wenn auch noch so abgeblaßten Kopie doch noch immer so viel Übereinstimmung, daß alle Vorstellungen auf Wahrheit Anspruch hätten und der Irrtum unmöglich wäre. So entspringt vor David Hume, ebenso wie vor Descartes und Spinoza, das Problem der Möglichkeit des Irrtums, und es ist für ihn nicht minder wichtig, als für jene beiden; denn niemand hat so viele Irrtümer abzuweisen und zu widerlegen, niemand aber deshalb auch so sehr die Verpflichtung, ihre Möglichkeit durch die Aufdeckung ihres Ursprungs begreiflich zu machen, wie Hume.

Er hat diese Aufgabe in einer überaus tiefsinnigen Weise zu lösen gesucht, und zwar dadurch, daß er sich in der allgemeinen Entwicklung der Genesis des Irrtums nach der Analogie derjenigen Irrtümer richtete, welche im Gedächtnis auftreten. Die Verwandlung der Impressionen in Ideen geschieht ja in erster Linie durch das Gedächtnis, dessen Tätigkeit keine andere ist, als den Inhalt der ursprünglichen Vorstellungen zu reproduzieren, wobei natürlicherweise jene Abschwächung der sinnlichen Intensität und der ursprünglichen Frische eintritt, worin Hume das die Ideen von ihren Originalen unterscheidende Merkmal sieht. Eine falsche Erinnerung nun nennen wir diejenige, in der irgend eine Idee mit einer Impression in Beziehung gesetzt wird, von der sie in Wahrheit nicht das Abbild ist, oder in der umgekehrt irgend eine Impression auf eine Idee bezogen wird, deren wahres Urbild eine andere Impression war. Aller Irrtum also besteht darin, daß entweder den Impressionen fremde Ideen oder den Ideen fremde Impressionen untergeschoben werden, und die Aufgabe Humes wird deshalb überall die sein, bei den irrtümlichen Vorstellungen, die er bezweifelt, die Impressionen nachzuweisen, von denen sie in Wahrheit die Kopien sind.

Diese Vertauschung aber, vermöge deren im Irrtum Impressionen und Ideen, die eigentlich nichts miteinander zu tun haben, aufeinander bezogen werden, ist nicht mehr die Sache des Gedächtnisses, sondern vielmehr die der Phantasie, die zwar auch nur wie die Erinnerung mit der Reproduktion gegebener Elemente arbeiten kann, aber eine Verschiebung der zusammengehörigen Elemente herbeizuführen imstande ist. Doch würde man Hume sehr falsch verstehen, wenn man meinte, er habe unter dieser Einbildungskraft eine willkürliche, etwa auf irgend einer ursachlosen Freiheit beruhende Kombination der Impressionselemente verstanden, vielmehr glaubt er, daß diese Tätigkeit der Phantasie, wie überhaupt diejenige der Reproduktion, unter ganz bestimmten Gesetzen stehe, und erklärt es für die erste Aufgabe der Erkenntnistheorie, den Mechanismus dieses Vorganges aufzudecken. Er schließt sich damit vollständig der Tendenz der Assoziationspsychologie an, und seine Untersuchungen haben die wesentlichste Förderung in deren Entwicklung gebildet.

Er glaubt nämlich vier Grundgesetze entdeckt zu haben, auf die sich alle Assoziationsvorgänge zurückführen lassen, diejenigen der Ähnlichkeit, des Kontrastes, der räumlichen und zeitlichen Berührung oder »Kontiguität« und des kausalen Zusammenhanges. D. h. der Weg, welchen von einer gegebenen Vorstellung aus das Gedächtnis oder die Phantasie nehmen, ist entweder auf inhaltlich verwandte oder auf entgegenstehende Vorstellungen gerichtet, oder er ist durch diejenigen Elemente bedingt, welche mit der ersten Vorstellung in demselben räumlichen oder zeitlichen Zusammenhange erfahren worden sind, oder endlich er führt vorwärts oder rückwärts zu den Wirkungen oder zu den Ursachen, auf die wir jenen ersten Inhalt zu beziehen gewohnt sind. Die Aufstellung dieser Assoziationsgesetze, die zum Teil schon in der antiken Philosophie beobachtet worden waren, ist für den Fortgang der empirischen Psychologie von großer Bedeutung gewesen. Man hat sie in der Folge teils zu vermehren, teils zu vereinfachen gesucht, immer aber diese erste systematische Aufstellung im Auge behalten, und man wird kaum fehl gehen, wenn man sagt, daß dies in gewissem Sinne noch heute der Fall ist. Für die Humesche Erkenntnistheorie ist diese Aufstellung vor allem deshalb wertvoll, weil sich danach deren weitere Fragestellung gliedert. Zunächst aber wird von vornherein zu erwarten sein, daß, wie bei Locke und Berkeley, von einer Wahrheit, die in der Übereinstimmung des Vorstellungsinhaltes mit einer außerhalb der Vorstellung befindlichen Welt von Dingen bestünde, auch bei Hume nicht die Rede sein kann. Selbst die gesamte Existenz einer Körperwelt ist auch nach ihm nur als höchst wahrscheinlich anzunehmen; die Phantasie kann daran glauben, aber die Vernunft kann sie niemals demonstrieren. Der einzige Weg eines Beweises wäre derjenige vermittels der Kausalität, und dieser ist, wie sich weiterhin bei Hume zeigt, unsicher und zweifelhaft. Existieren soll nach Hume so gut wie nach Berkeley für den Menschen nur so viel bedeuten wie Wahrgenommenwerden. Die Existenz ist kein begriffliches Merkmal, das sich jemals erweisen ließe, sondern vielmehr eine mit dem Wahrnehmungsakte und nur mit diesem gegebene Überzeugung (belief). Die Wahrheit kann deshalb nur darin bestehen, daß die Perzeptionen richtig aufeinander bezogen werden, und da diese Beziehung sich bedingungslos nach den Assoziationsgesetzen vollzieht, so kann nur untersucht werden, welchen Grad von Richtigkeit die einzelnen Formen der Assoziation herbeizuführen imstande sind.

Was nun dabei zunächst die beiden ersten Assoziationsgesetze, diejenigen der Ähnlichkeit und des Kontrastes, anbelangt, so meint Hume hierin auf keine Schwierigkeiten zu stoßen. Er glaubt annehmen zu dürfen, daß die Einsicht in die Ähnlichkeit oder in die Verschiedenheit des Vorstellungsinhaltes und in den Grad dieser Ähnlichkeit oder Verschiedenheit unmittelbar mit dem bloßen gemeinschaftlichen Auftreten zweier Vorstellungen innerhalb desselben Bewußtseins gegeben sei. Er nimmt nach dem Prinzip der mechanischen Psychologie an, daß diese Einsicht keine weitere Kraft und keinen weiteren Vorgang als eben das gemeinsame tatsächliche Vorhandensein der zu vergleichenden Vorstellungen voraussetzt. Er ist, wie viele englische Psychologen, von der Richtigkeit dieses Prinzips so vollkommen durchdrungen, daß er die vor ihm von Leibniz und nach ihm von Kant aufgeworfene Frage, ob der Akt der Beziehung noch ein drittes Element neben den beiden aufeinander zu beziehenden Vorstellungen verlange, ebensowenig wie seine Vorgänger berührt. Er glaubt dann dartun zu können, daß nach diesem Prinzip zwei Vorstellungen gerade so ähnlich oder gerade so verschieden sind, wie sie in dem gemeinschaftlichen Bewußtsein für ähnlich gehalten oder unterschieden werden, und dieses Prinzip ist in dieser Beschränkung vollkommen richtig. Er folgert daraus, daß alle Urteile, welche diese Beziehungen der Verwandtschaft und der Verschiedenheit zwischen den Vorstellungsinhalten zum Gegenstande haben, richtig und gewiß sind. Die in ihnen behauptete

Beziehung ist mit ihren Gegenständen selbst, ihr Prädikat mit ihren
Subjekten entweder schon unmittelbar gegeben, oder kann mittelbar durch einen Schluß vermöge eines Mittelbegriffes aus ihnen gefunden werden. Was das Denken hierbei vollzieht, ist lediglich eine
Analysis seines eigenen Inhaltes, alle diese Urteile sind nach der
seit Kant üblich gewordenen Terminologie analytisch, und die
analytischen Urteile sind von zweifelloser Gewißheit.

Daraus ergibt sich zunächst, daß die Erkenntnisse, die der
Mensch von der Ähnlichkeit oder Verschiedenheit seiner eigenen
Vorstellungen besitzt, nicht angezweifelt werden können. Jedoch
damit allein kann man noch keine Wissenschaft begründen. Alle
realen Wissenschaften wollen eine Erkenntnis der außerhalb der
Vorstellung bestehenden Welt auf demonstrativem Wege gewinnen,
und dazu genügt die immanente Vergleichung unserer Vorstellungen
nicht. Nur eine einzige Wissenschaft ist auf diesem Wege der
Analysis und der Demonstration möglich. Es wurde schon erwähnt,
daß nach Humes Meinung die Erkenntnis der Ähnlichkeit und Verschiedenheit unserer Vorstellungen sich auch auf ihren Grad erstreckt. Dies aber geschieht in doppelter Beziehung: erstens vermögen wir die Gradverschiedenheit der Qualität in dem Inhalte
unserer Wahrnehmungen, also z. B. der Stärke der Lichtes und
des Tones oder der Heftigkeit der Freude und des Schmerzes, zweitens
aber die Maßverschiedenheit der Quantität, d. h. der räumlichen
Größe oder der Anzahl unserer Wahrnehmungsinhalte unmittelbar
aus dem Wahrnehmungsakte selbst zu erkennen oder mittelbar
durch den Verstand daraus zu finden. Beides aber ergibt die Einsicht in die mathematischen Verhältnisse unserer Vorstellungen.
Die mathematische Erkenntnis setzt nichts als die Erfahrung der
Grad- und Quantitätsverhältnisse unserer Vorstellungen und die
aus ihnen durch logische Operationen abzuleitenden Beziehungen
voraus. Die Mathematik ist deshalb die einzige rein analytische
und rein demonstrative Wissenschaft, und sie besitzt, die einzige von
allen, eben deshalb zweifellose Gewißheit und Richtigkeit. Hume
steht in der Auffassung der Mathematik ganz unter dem allgemeinen
Vorurteile der vorkantischen Philosophie: auch er hält sie mit Ver-
nachlässigung ihres anschaulichen Elementes für eine in rein logischer
Weise operierende Verstandeswissenschaft. Vermöge dieses Vorurteils wurde die Mathematik das wissenschaftliche Ideal der ge-

samten neueren Philosophie: vermöge desselben machte Descartes
die geometrische Methode zur Richtschnur aller Vernunfterkenntnis
und vor allem auch der Philosophie; vermöge desselben sah Hume
in der Mathematik die einzig zu Recht bestehende und vor den
Ansprüchen der Erkenntnistheorie standhaltende Wissenschaft. Er
konnte es um so mehr, als er sich auch in Hinsicht des Raumes und
der Zeit den Konsequenzen des Berkeleyschen Nominalismus anschloß. Der allgemeine Raum und die allgemeine Zeit galten auch
ihm nicht für etwas an sich Existierendes, ja nicht einmal für etwas
wahrhaft Vorstellbares; sie sind nur die Idee von der Impression
unserer Unfähigkeit, den Vorstellungen räumlicher und zeitlicher
Kontinuität jemals ein Ende zu setzen. Es gibt deshalb nach Humes
Lehre weder leeren Raum noch leere Zeit, sondern nur einzelne
Räume und einzelne Zeiten, und jeder Raum ist nur eine Ordnung
sichtbarer und fühlbarer Punkte, jede Zeit nur eine Reihenfolge
zusammenhängender Bewußtseinszustände. Je mehr in dieser Weise
Hume auf die objektive Gültigkeit des Raumes und der Zeit ver-
zichtet, um so mehr vermag er die Ansicht von der subjektiven
Richtigkeit der mathematischen Erkenntnisse aufrecht zu erhalten;
denn um so weniger bedarf er für die letzteren des gewöhnlichen
Kriteriums der Wahrheit, wonach ihre Übereinstimmung mit einer
von der Vorstellung unabhängigen Wirklichkeit erforderlich wäre.
Analytische Erkenntnisse betreffen nicht den Zusammenhang unserer
Vorstellungen mit einer äußeren Wirklichkeit, sondern nur ihre
inneren Beziehungen. Raum und Zeit sind bei Hume nur Beziehungen unserer Vorstellungen, und darum eben kann es von ihnen eine
analytische und demonstrative Wissenschaft wie die Mathematik
geben.

Wenn so Humes Anerkennung der Mathematik auf der Beschränkung beruht, daß ihr Erkenntniswert sich nur innerhalb der
Vorstellungswelt bewegt und diese nicht überschreitet, so leitet ihn
dasselbe Prinzip in der Bestimmung einer überaus wichtigen Grenze,
die er für die analytische Erkenntnis der Ähnlichkeit der Vorstellungen festzusetzen sucht. Die vollkommenste Ähnlichkeit zweier
Vorstellungen ist offenbar da vorhanden, wo ihr Inhalt sich vollständig deckt, und der Einsicht in diese ihre Gleichheit steht nach
den Humeschen Prinzipien nichts im Wege. Allein die menschliche
Vorstellungstätigkeit pflegt sich mit der Konstatierung dieser

vollkommenen Ähnlichkeit nicht zu begnügen; sie pflegt vielmehr
da, wo sie mitten in dem Wechsel verschiedenen Vorstellungsinhaltes
andauernd die gleichen Bestimmungen wahrgenommen hat, diese
konstante Gleichheit in eine metaphysische Identität umzudeuten
und diesen dem Wechsel gegenüber sich gleichbleibenden Inhalt
als eine Substanz aufzufassen, zu der sich das Wechselnde als Modi,
Zustände und Tätigkeiten verhalte. So gestaltet sich in diesem
Zusammenhange Humes Untersuchung des Begriffes der Identität
zu einer scharfsinnigen und genialen Kritik des Substanzbegriffes, dessen Bedeutung für die Entwicklung der rationalistischen Philosophie schon mehrfach hervorgehoben worden ist. Es
ist von vornherein klar, daß Hume die metaphysische Geltung
dieses Begriffes als eine Überschreitung der Grenzen der analytischen
Erkenntnis nur zurückweisen konnte; denn die Substantialität ist
in dem Inhalte der Wahrnehmung weder unmittelbar noch mittelbar gegeben. Alle Impressionen zeigen uns nur Eigenschaften,
Zustände und Tätigkeiten, und zieht man diese ab, so bleibt, wie
schon Berkeley gelehrt hatte, nichts übrig. Es gibt unter allen
Eindrücken keinen, welcher die Substantialität in sich enthielte;
sondern diese wird immer zu einem konstanten Eigenschaftskom-
plexe hinzugedacht. Aber hier muß sich Hume fragen, wie wir denn
hiernach überhaupt zu der Vorstellung von Substanzen und zu der
Idee der Substantialität gelangen. Seine Theorie, daß jede Idee die
Kopie einer Impression sei, legt ihm die Verpflichtung auf, die
Impression aufzuweisen, von der die Idee der Substanz in Wahrheit
die Kopie ist, und dieser Aufgabe hat er sich mit großem Scharf=
sinn entledigt. Offenbar kann es keine der unmittelbaren Inhaltsbestimmungen der einzelnen Wahrnehmungen sein, welche das Urbild
der Idee der Substanz bildet; aber indem die Vorstellungstätigkeit
mehrmals dieselbe Kombination von Wahrnehmungen zu vollziehen
hat, entsteht in der Phantasie die Impression einer konstanten
Gleichmäßigkeit ihres eigenen Tuns, und diese Impression ist das
eigentliche Urbild für die Idee der Substanz. Hume bedient sich
des heraklitischen Beispiels vom Fluß, um zu zeigen, wie die Sprache
und die gewöhnliche Anschauung der Menschen selbst da von einer
Substanz sprechen, wo genauere Überlegung sogleich davon überzeugt, daß man es mit einer metaphysischen Identität nicht zu tun
haben kann. Das, was den Fluß wirklich bildet, das in ihm strömende

Wasser, ist in jedem Augenblicke etwas anderes, als im vorhergehenden: aber die gleichförmige Nötigung zur Wahrnehmung desselben sinnlichen Bildes mit stets gleichen Formen und Farben
genügt, um nicht nur den sprachlichen Ausdruck des Substanti-
vums, sondern auch die Vorstellung eines mit sich selbst identischen
Dinges hervorzurufen. Die Impression, welche der Idee einer Substanz zugrunde liegt, ist diejenige einer konstanten Vorstel-
lungsverknüpfung. Nun bezieht aber das menschliche Denken
seine Ideen von Substanzen nicht auf diese konstanten Vorstellungsverknüpfungen, sondern vielmehr auf eine metaphysische Identität
der verknüpften Vorstellungsinhalte. Sie schiebt ihren Impressionen
eine Idee unter, welche die Kopie einer anderen Impression ist, und
dadurch wird diese Idee eine falsche. In Wahrheit dürfen wir nur
sagen, daß wir eine Anzahl konstant gleicher Vorstellungsverbindungen in uns vorfinden; die Annahme aber, daß diesen eine
mit sich selbst identische Substanz entspricht, ist ungerechtfertigt.
Vom Standpunkte der Assoziationspsychologie, welche die Verknüpfungen der Vorstellungen lediglich für mechanische Wirkungen
ihrer Elemente hält und von einer die letzteren nach eigenen Gesetzen verarbeitenden Funktion nichts wissen will, ist dies in der
Tat das letzte und das konsequenteste Wort über das Problem
der Substantialität, und es läßt sich die Entwicklung, welche dieses
von Descartes und Locke bis zu Hume gefunden hat, von hier aus
am klarsten übersehen. Descartes behauptete eine metaphysische
Erkennbarkeit der unendlichen Substanz und der endlichen, der
Körper und der Geister: Locke hielt an der Realität der Substanzen
fest und erklärte sie für unerkennbar, womit er die Metaphysik im
gewöhnlichen Sinne des Wortes aufhob. Berkeley verfolgte diesen
Gedanken einseitig nach der Seite der sinnlichen Erfahrung und
löste dadurch die materiellen Substanzen in Vorstellungskomplexe
auf, während er doch an der gewohnten Vorstellungsweise so weit
festhielt, daß er für die Vorstellungen selbst das Substrat der geistigen
Substanzen voraussetzen zu müssen glaubte und dadurch zum
Spiritualisten wurde. Hume war radikal genug, dieselbe Konsequenz
auch gegen die geistigen Substanzen zu kehren und auf Grund seiner
Untersuchungen den Substanzbegriff für eine zwar psychologisch
notwendige, aber erkenntnistheoretisch nicht zu rechtfertigende
Illusion zu erklären. Er erhob sich damit gleichweit über den

Spiritualismus wie über den Materialismus, den Locke durch seine
Lehre von der Unerkennbarkeit der Substanzen mehr zu umgehen,
als zu überwinden gewußt hatte. Denn Hume wendete in seinem
ersten und bedeutendsten Werke, dem Treatise, diese Kritik des
Substanzbegriffes wesentlich dazu an, um darzutun, daß auch die
Vorstellung von einer geistigen Substanz und im besonderen von
einer metaphysischen Identität der menschlichen Persönlichkeit
unbeweisbar, und daß das Ich nur eine Kollektividee der nach den
Assoziationsgesetzen konstant angeordneten Vorstellungsreihen sei.
Zwar ließ er diesen Gedankengang, dem er vielleicht nicht mit Unrecht den negativen Erfolg des Treatise bei seinen Landsleuten
zuschrieb, bei der Umarbeitung im Enquiry fort; allein er hat sein
Ergebnis niemals zurückgenommen, und es darf als ein wesentlicher
Bestandteil seiner Philosophie angesehen werden: das Ich ist nur
ein Bündel von Vorstellungen.

Das dritte der Assoziationsgesetze verknüpft die Vorstellungen
nach Maßgabe ihrer gegenseitigen räumlichen und zeitlichen
Berührung, mag das letztere Verhältnis Gleichzeitigkeit oder
Sukzession sein. Der Erkenntnis dieser Beziehungen stehen nun
ebensowenig Schwierigkeiten entgegen, wie der Einsicht in die
Verwandtschafts- und Verschiedenheitsgrade des Vorstellungsinhaltes. Denn da Raum und Zeit nach Humes Lehre die Ordnungs-
verhältnisse sind, nach denen sich die Vorstellungen in uns aneinander
reihen, so ist nicht abzusehen, wie wir darin einer Täuschung an-
heimfallen sollten. Wenn wir feststellen, daß zwei Vorstellungen in
uns aufeinander gefolgt sind, so ist das eben die Reihenfolge, in der
sie sich angeordnet haben; wenn wir zwei Körper nebeneinander
wahrnehmen, so ist das wirklich die Ordnung, in welche sich eben
unsere Vorstellungsinhalte gefügt haben. Auch hiervon also gibt
es eine Erkenntnis, und zwar eine völlig richtige und adäquate
Erkenntnis, aber freilich in diesem Falle kein demonstratives Wissen,
vermöge dessen wir die Notwendigkeit gerade dieser bestimmten
und keiner anderen Beziehungen nachzuweisen vermöchten, sondern
nur eine völlig sichere und genaue Konstatierung der Tatsachen,
daß gewisse Wahrnehmungsinhalte sich in bestimmten räumlichen
Gliederungen dargeboten haben, und daß gewisse Vorstellungen
gleichzeitig oder unmittelbar hintereinander oder durch einen gewissen Zwischenraum getrennt in uns eingetreten sind. Wir haben

es also hier mit der Konstatierung von Tatsachen zu tun,
und solange sich das Denken einfach darauf beschränkt, kann es
nicht fehl gehen. Hierin zeigt sich nun anderseits Hume als ent-
schiedenster Empirist; er erkennt eine vollkommen selbständige
und in sich durchaus wahre Region des menschlichen Wissens in
dieser Feststellung von Tatsachen an und sucht auf diese Weise
die rein empirische Forschung gegen die Mißachtung, welche sie
von rationalistischer Seite erfuhr, auch seinerseits sicherzu-
stellen.

Aber er zieht die Grenzen dieser tatsächlichen Erkenntnis überaus eng, und er schließt von ihr alle diejenigen Deutungen aus,
welche der Mensch gewöhnlich in den reinen Tatbestand der Erfahrung unwillkürlich und unmerklich hineinzulegen pflegt. Jedes
Hinausgehen über die reine Tatsächlichkeit besteht aber darin, daß
man jenen Zusammenhang, welchen man erfahren hat, als einen
notwendigen aufzufassen geneigt ist. Wo wir Körper im Raume
beieinander wahrnehmen, suchen wir dieses Verhältnis als ein notwendiges zu begreifen; wo wir zwei Vorgänge aufeinander folgen
sehen, gelüstet es uns stets, den einen als die Ursache des andern
zu betrachten. Alle diese über die reine Erfahrung hinausgehenden
Deutungen wurzeln in dem vierten Assoziationsgesetze, demjenigen
der Kausalität. Humes Untersuchung über dies Grundproblem
der modernen Wissenschaft ist von allen seinen Lehren am berühm-
testen geworden, einerseits weil sie auch den empirischen Wissenschaften den Boden unter den Füßen fortziehen zu wollen drohte
und deshalb überall großes Aufsehen erregte, anderseits weil Kant
ihr einen besonderen Wert beilegte und sie sogar als die Anregung
zu seiner eigenen Philosophie bezeichnete. Diese Untersuchung ist
jedoch nicht mehr und nicht weniger als ein Seitenstück zu derjenigen über die Substantialität, welcher sie vollständig parallel läuft,
und die letztere ist nur deshalb nicht ebenso berühmt geworden,
weil sie in dem überall gelesenen Enquiry fortgelassen worden war
und sich nur in dem verschmähten und vergessenen Treatise fand;
daher sie denn auch z. B. Kant fremd geblieben war. Der Parallelismus beider Argumentationen ist überaus einfach und deutlich. Sowenig wie es in der äußeren Wahrnehmung eine Impression gibt, deren
Kopie die Idee einer Substanz wäre, sowenig läßt sich darin auch
eine Impression aufweisen, welche das Urbild der Idee eines kausalen

Verhältnisses wäre. Wenn man den Vorgang a für die Ursache des
Vorganges b hält, so ist das ursächliche Verhältnis weder in der
Wahrnehmung a, noch in der Wahrnehmung b enthalten; ebensowenig aber in dem tatsächlichen Verhältnis beider, welches für die
intuitive Erkenntnis immer nur räumlichen oder zeitlichen Charakters sein kann. Das Wirken kann man sowenig sehen und fühlen,
wie das Sein. Die Kausalität wird wie die Substanz niemals wahrgenommen, sondern nur gedacht. Aber sie kann auch nicht erschlossen und deshalb auch nicht erwiesen werden; denn erschließen
und erweisen kann man nur, was in dem Inhalte der Vorstellungen
schon vorher enthalten war. Das Verhältnis von Ursache und
Wirkung steckt weder in der Vorstellung der einzelnen Ursache,
noch in der der einzelnen Wirkung als ein analytisch daraus zu ge-
winnender Bestandteil. Somit ist die Kausalität weder intuitiv noch
demonstrativ, d. h. also gar nicht erkennbar. Um so mehr aber entsteht hier, wie bei der Substantialität, die Frage, wie wir überhaupt
dazu kommen, sie vorzustellen und zu meinen, daß wir sie erkennen;
und auch die Antwort lautet jener ersten wegen der Substantialität
durchaus parallel. Wenn wir mehrmals denselben Vorgang b auf denselben Vorgang a haben folgen sehen, so entsteht in uns ein Gefühl
von der Gewohnheit dieses wiederum sich gleichbleibenden Tuns
unserer Phantasie, und die Idee dieser Impression ist diejenige
des kausalen Verhältnisses, welche wir nur wiederum in der Meinung,
eine metaphysische Notwendigkeit begriffen zu haben, dem Verhältnis jener wahrgenommenen Gegenstände unterschieben: wir betrachten das subjektive Verhältnis der Vorstellungen, von denen
eine die andere im Bewußtsein nach sich zieht, als ein objektives
Verhältnis der Vorstellungsinhalte zueinander. Hierin benutzt
Hume ganz die Untersuchungen Glanvils. Die Gewohnheit des
post hoc ist das Original für die Idee des propter hoc. Aber dieses
propter hoc und damit der ganze notwendige Zusammenhang der
Erscheinungen ist niemals zu beweisen, sondern nur zu glauben.

In der Anwendung dieser letzteren Lehre auf den ganzen Umfang der empirischen Wissenschaften liegt das eigentlich skeptische
Element der Humeschen Lehre. Denn alle diese Wissenschaften
wollen, sofern sie nicht bloß eine Tatsachensammlung, sondern
eine Theorie enthalten, die Einheit in den notwendigen Zusammenhang gewinnen, der zwischen den durch Wahrnehmung zu gewinnen-

den Tatsachen besteht. Diese Einsicht aber erklärt Hume für eine Sache nicht der wissenschaftlichen Beweisführung, sondern des ge - wohnheitsmäßigen Glaubens. Er nimmt damit im Grunde genommen nur den Empirismus beim Worte; er verbietet, daß aus der Wahrnehmung mehr gemacht werde, als wirklich in ihr liegt; und mit der rücksichtslosen Konsequenz, in der seine Größe besteht, führt er den Baconschen Gedanken ad absurdum, daß aus der bloßen Beobachtung der Tatsachen mit formal logischen Operatio- nen eine Wissenschaft von dem notwendigen Zusammenhange dieser Tatsachen gewonnen werden könne. Er deckt damit die geheimen Voraussetzungen auf, mit denen das menschliche Denken den reinen Inhalt seiner Wahrnehmungen überall durchsetzt, um sie zu einer Erkenntnis der Notwendigkeit umzuformen. Sein Skeptizismus ist die unmittelbare Konsequenz des Empirismus: es gibt für den Menschen zwar Erfahrung, aber keine Erfahrungs- wissenschaft. Hume selbst besaß in seinen empiristischen Vor- aussetzungen nicht die Mittel, um die hierin liegenden Probleme endgültig lösen zu können; aber gerade seine Verwerfung der An- sprüche, welche die empirischen Wissenschaften auf die Erkenntnis der Notwendigkeit in dem Zusammenhange der Erscheinungen machen, bereitete die Problemstellung vor, durch die Kant alle diese Fragen unter ein neues Licht zu stellen vermochte.

Das Gesamtresultat der Humeschen Erkenntnistheorie ist also dies: es gibt ein empirisches Wissen von der Verwandtschaft und Ver- schiedenheit, sowie von den räumlichen und zeitlichen Verhältnissen unseres Wahrnehmungsinhalts, denn es ist unmittelbar und intuitiv in den Wahrnehmungen selbst gegeben; aber es gibt nur eine demonstrative Wissenschaft, die daraus logisch zu entwickeln ist, die Mathematik, die sich mit der immanenten Gesetzmäßigkeit der räumlichen und zeitlichen Anordnung unserer Vorstellungen logisch zu beschäftigen hat. Alle übrigen Wissenschaften über- schreiten die Grenze der Beweisfähigkeit, wenn sie die von ihnen beobachteten Verhältnisse der Tatsachen als real und notwendig be- greifen und damit eine Theorie davon aufstellen wollen. Für eine Metaphysik endlich, die das Wesen einer unabhängig von den Vor- stellungen bestehenden Welt von Substanzen und deren notwendige Beziehungen erkennen will, ist selbstverständlich in dieser Lehre gar kein Raum. So endet der Empirismus, in dem er sich selbst negiert,

und er negiert sich auf Grund eines rationalistischen Prinzips. Will
sich der Empirismus überall mit der bloßen Feststellung von Tatsachen begnügen, so erkennt auch Hume bedingungslos dieses
Recht an. Er verweigert ihm nur den Übergang aus der Tatsächlichkeit in die Notwendigkeit, aus der Wahrnehmung in die Theorie.
Daß er der Mathematik diesen Übergang gestattet, beruht auf der
Meinung, daß diese ihre Erkenntnisse lediglich der Logik verdanke.
Aber wenn man so auch bei Hume die Mathematik als das Ideal
der demonstrativen Wissenschaft auftreten sieht, und wenn man
verfolgt, wie er sich den übrigen Wissenschaften gegenüber nur
deshalb skeptisch verhält, weil sie das gleiche nicht leisten können,
so springt es klar in die Augen, daß diese abschließende Selbstauf·
lösung des Empirismus sich direkt unter dem Einflusse des cartesianischen Rationalismus vollzogen hat. Die beiden großen Richtungen der vorkantischen Philosophie haben drei überaus merkwürdige Synthesen gefunden: Humes Lehre ist diejenige, in der sie
sich beide paralysieren; Leibniz' diejenige, in der sie sich beide
zu versöhnen suchen; und aus der gegenseitigen Durchdringung
beider entsprang Kants Kritik der reinen Vernunft.

Die Zeitgenossen haben Hume schlechtweg als Skeptiker bezeichnet, und die Geschichte der Philosophie hat diese Bezeichnung
meist adoptiert. Auch hier bewährt sich die Unangemessenheit so
allgemeiner Rubrizierungen für das originelle System eines großen
Geistes. Jene Bezeichnung entstand zunächst dadurch, daß Hume
die Möglichkeit einer Metaphysik leugnete und infolgedessen sogar
die Erkennbarkeit der Lieblingsgegenstände der Aufklärungsphilosophie, der Gottheit, der Willensfreiheit und der Unsterblichkeit,
bestritt. In diesem Sinne ist er in der Tat Skeptiker; er ist es nicht
für die Mathematik, rücksichts deren er vollständig auf dem Standpunkte des Rationalismus steht; er ist es ebensowenig hinsichtlich
der Wahrnehmungserkenntnis, welche er sogar für so richtig und
zweifellos hält, daß man ihn einen Sensualisten nennen dürfte: er
ist es nur wieder für die empirischen Wissenschaften, insofern
diese über die Feststellung der Tatsachen hinaus eine kausal erklärende Theorie beweisen zu können meinen. Deshalb bezeichnet
man seine Lehre am besten als empiristischen Skeptizismus.
In der Ausdrucksweise des XIX. Jahrhunderts pflegt hauptsächlich nach dem Vorgange Auguste Comtes, die Art der wissenschaft-

lichen Tätigkeit, welche sich mit der Feststellung von Tatsachen und deren stetiger Zeitfolge bescheiden zu können glaubt und auf erklärende Theorien Verzicht leisten will, meist als positiv oder positivistisch bezeichnet zu werden. In diesem Sinne ist Hume der wahre und der einzige Vater des Positivismus.

Denn auch die Skepsis, welche er den empirischen Wissenschaften entgegenhält, ist nicht so total abweisend, daß sie deren Arbeit für völlig nutzlos erklärte. Freilich hält Hume daran fest, daß alle kausalen Verhältnisse niemals strikte bewiesen werden können; aber sie dürfen geglaubt werden, und wir bedürfen dieses Glaubens behufs der praktischen Sicherheit, mit der wir bei bestimmten Vorgängen, die wir entweder erleben oder selbst herbeiführen können, bestimmte andere Vorgänge, die dann als deren Wirkungen bezeichnet werden, erwarten müssen. Je öfter eine solche Sukzession eingetreten ist, um so wahrscheinlicher wird ihre Wiederholung; und wenn sich die empirischen Wissenschaften damit bescheiden, diese Wahrscheinlichkeit festzustellen und womöglich ihren Grad mathematisch zu bestimmen, so können sie den unbeweisbaren Begriff der Kausalität entbehren und doch ihre Aufgabe, die relative Stetigkeit der Sukzession bestimmter Vorgänge zu konstatieren und in praktischer Hinsicht die Erwartung auf das Wahrscheinliche zu richten, durchaus erfüllen. Was wir ein Naturgesetz nennen, hat seine völlige Berechtigung, wenn es nichts weiter sein soll, als ein Gattungsbegriff beobachteter Tatsachen oder Tatsachenverhältnisse, deren Wiederholung höchst wahrscheinlich ist; es überschreitet die Grenzen der menschlichen Erkenntnisfähigkeit, sobald wir darin eine real bindende Macht zu erkennen glauben. In diesem Zusammenhange gestaltet sich die Humesche Lehre zu einem empiristischen Probabilismus, und er benutzt dafür die Ausbildung, die inzwischen die Mathematiker der Wahrscheinlichkeitstheorie gegeben hatten. Nur hinsichtlich der Metaphysik und aller auf die Erkenntnis des Übersinnlichen gerichteten Bestrebungen bleibt er unerbittlich und endet mit dem Rufe: »Ins Feuer mit allem, was nicht entweder mathematische Untersuchungen oder Beobachtungen über Tatsachen und über die Wirklichkeit enthält!«

Nicht minder auflösend verhält sich Humes Lehre der religionsphilosophischen Bewegung gegenüber, und auch hierin zerstört er jene Vertrauensseligkeit, mit welcher die Philosophie

der Aufklärung die »Vernunftwahrheiten« apodiktisch durch reines
Denken beweisen zu können meinte. Mitten aus der Bildung dieser
Zeit hervorgewachsen, erhebt sich Hume durch vollendete Handhabung ihrer Methoden und durch energische Ausbildung ihrer
Prinzipien weit über sie, und, ein Riese des Gedankens, zerschlägt
er jene Lieblingsgebilde, mit denen der Deismus vornehm tat. Wenn
seit Locke die englische Religionsphilosophie zuerst in der Form
eines Kompromisses und später in derjenigen einer beinahe vollständigen Versöhnung die Vernunfterkenntnis mit den Lehren der
Religion zu vereinigen geglaubt hatte, so sucht Hume auf Grund
seiner Prinzipien zu zeigen, daß diese Hoffnung von vornherein
illusorisch ist. Wenn es keine Metaphysik gibt, wenn nicht einmal
die Einsicht in den notwendigen Zusammenhang der erfahrenen Tatsachen beweisbar, geschweige denn ein Hinausschreiten der Wissenschaft über die Grenzen dieser Erfahrung gestattet ist, so kann es
natürlich auch keine wissenschaftliche Erkenntnis der Gottheit oder
ihres Verhältnisses zur erfahrungsmäßigen Welt geben. Alle Beweise für das Dasein Gottes suchen entweder die Notwendigkeit
seiner substantiellen Existenz darzutun, oder sie erschließen das
Dasein Gottes als einer Ursache, sei es für die endlichen Dinge
überhaupt, sei es für deren zweckmäßige Gestaltung. Sie operieren
also mit jenen beiden Grundbegriffen der Substantialität und der
Kausalität, deren Unbeweisbarkeit Hume dargetan zu haben glaubt.
Der kausale Schluß, d. h. der sogenannte kosmologische Beweis,
dessen sich z. B. auch Locke bedient hatte, und der in der Physikotheologie des Deismus doch schließlich auch die Hauptrolle spielte,
erscheint Hume in diesem Falle um so weniger ausreichend, als er
von endlichen Dingen auf eine unendliche Ursache schließen und
auf diese Weise inkommensurable Begriffe in eine syllogistische
Beziehung bringen will. Was aber die Tätigkeit anbetrifft, mit der
die Gottheit in den Gang der Dinge eingreifen soll, so ist diese als
ein kausales Verhältnis auch wiederum nicht beweisbar, sondern
kann nur geglaubt werden. Dabei macht Hume den Versuch, die
Glaubwürdigkeit der Wunder nach den Prinzipien der Wahrschein-
lichkeitslehre zu prüfen, und kommt zu dem Ergebnis, daß diese
ihre Glaubwürdigkeit lange nicht ausreiche, um darauf ein System
und eine wissenschaftliche Erkenntnis zu gründen, welche auch nur
den Wert der übrigen empirischen Wissenschaften hätte. So ergibt

sich für Hume, daß das, was man religiöse Wahrheit nennt, niemals gewußt, sondern immer nur geglaubt werden kann. Jene Übereinstimmung, welche die Freidenker zwischen Religion und Vernunft, zwischen Glauben und Wissen herbeizuführen gesucht hatten, hebt Hume wieder auf und erklärt, daß aus wissenschaftlicher Erkenntnis niemals eine Religion hervorgegangen sei und hervorgehen könne. Jene künstliche Religion, welche der rationalistische Deismus unter dem Namen der Naturreligion zu erzeugen gesucht hatte, wird von Hume für eine Unmöglichkeit erklärt. Religion ist deshalb niemals als Wissen möglich. Damit erneuert er den Standpunkt Bacons, der auch die Brücke zwischen Religion und Wissenschaft abzubrechen gewünscht hatte, und so läuft die Linie der religionsphilosophischen Entwicklung der Engländer, nachdem sie die Sphäre des Freidenkertums durchmessen hat, in ihren Anfangspunkt zurück. Mit Hume löst sich die versöhnungsvolle Verbindung von Wissen und Glauben, in der das Freidenkertum geschwelgt und mit der es das Aufklärungszeitalter beherrscht hatte, wieder auf.

Wie aber Hume die Unmöglichkeit der naturwissenschaftlichen Theorie praktisch durch das Vertrauen auf die Erfahrung wieder ausgeglichen hatte, so gibt er auch in bezug auf die Religion zu, daß im ganzen — trotz der theoretisch nicht abzuweisenden Einwürfe und Bedenken — das Weltall auf den verständigen Menschen den Eindruck mache, als ob in ihm eine einheitliche Intelligenz walte, deren Realität deshalb zu glauben praktisch erlaubt sei.

Wenn so die posthumen »Dialoge über die natürliche Religion« ein vielseitiges Abwägen ohne bestimmtes und eindeutiges Ergebnis darbieten, so hatte Hume in der »Natürlichen Geschichte der Religion« einen anderen Gedanken verfolgt. Seine Leistung darin ist die Einführung einer Betrachtungsweise der positiven Religionen, welche er zwar noch unvollkommen durchgeführt, aber doch mit prinzipieller Klarheit erfaßt hat, und von der die Aufklärung in dem stolzen Bewußtsein ihrer Superiorität keine Ahnung hatte. Auch dieser Gesichtspunkt ist in den Prinzipien der gesamten Humeschen Lehre begründet. Wenn die Religion keine Erkenntnis sein kann, so ist doch die Tatsache nicht zu leugnen, daß sie eine solche sein will und zu sein glaubt. Wie deshalb die Humesche Erkenntnistheorie überall, wo sie Irrtümer oder falsche Ansprüche des

Denkens aufdeckte, deren Entstehung zu begreifen suchte, so will
nun auch seine Religionsphilosophie die Entstehung des Glaubens
erklären. Diese Erklärung aber kann wiederum nur vom Standpunkte der Assoziationspsychologie in der Aufdeckung der psychischen Vorgänge bestehen, aus denen, wie dort die erkenntnistheoretischen Illusionen, so hier der religiöse Glaube entspringt. Dadurch
wird die Religionsphilosophie zu einer Psychologie der Religion, und das Bestreben Humes geht dahin, aufzuzeigen, daß alle
Religionen ein notwendiges Produkt des psychischen Mechanismus
gewesen sind. Damit erhebt er sich weit über die pedantische Einseitigkeit und Verständnislosigkeit, mit der sonst die Denker der
Aufklärung die Abweichungen der positiven Religionen von der in
ihrer Lehre als normal aufgestellten Vernunft- oder Naturreligion
sich nur aus willkürlicher und betrügerischer Priestererfindung erklären zu sollen meinten. Er stellt ihr den Gesichtspunkt entgegen,
daß eine Religion sich niemals machen läßt, sondern immer nur
wird, und daß ihre Wurzeln in der notwendigen Entwicklung des
menschlichen Geistes liegen. In dieser Lehre kommt bei Hume der
große Historiker zutage: denn der psychologische Gesichtspunkt ist
in der Erklärung der Religion identisch mit dem historischen.
Wenn die Religion ein notwendiges Produkt des menschlichen Geistes
ist, so sind die einzelnen Religionen in ihrer Verschiedenheit und
in ihrem Wechsel die notwendigen Produkte der Entwicklungsgeschichte des menschlichen Geistes. Gerade darin besteht
die Bedeutung Humes für die Geschichte der Religionsphilosophie,
daß er jener abstrakten Kritik des Freidenkertums gegenüber den
psychologisch-historischen Gesichtspunkt für die Erklärung und
Betrachtung der positiven Religion zur Geltung gebracht hat.

Freilich ist die Ausführung dieses Gedankens bei Hume nur
noch unvollkommen, und man kann auch nicht sagen, daß er sich
von dem Standpunkte der Naturreligion gänzlich frei gemacht hätte.
Denn er sucht zu zeigen, wie die Geschichte der religiösen Vorstellungen wesentlich darauf hinauslaufe, von dem ursprünglichen
Polytheismus durch fortschreitende Verschmelzung der Götter-
gestalten auf jenen Monotheismus hinzuführen, den er selbst für
die plausible Ansicht des gebildeten Menschen hielt. Im besonderen
führte er aus, daß das religiöse Gefühl, welches die Deisten seit
Herbert vorausgesetzt hatten, kein ursprüngliches, sondern vielmehr

ein aus den Elementen des menschlichen Triebmechanismus abzu-
leitendes sei; aber er versperrte sich eine genügende Lösung seiner
Aufgabe vor allem dadurch, daß er einseitig die praktischen und
sittlichen Triebfedern für die Erklärung des religiösen Gefühls zugrunde legte und deshalb die theoretischen Bedürfnisse, die sich
im religiösen Leben zu befriedigen suchen, mehr vernachlässigte.
Das ist ein begreiflicher Rückschlag gegen das Freidenkertum,
welches anfänglich in der Religion nur das hatte gelten lassen
wollen, was einer vernünftigen Erkenntnis fähig ist, und der gleiche
Rückschlag begegnet uns bei Voltaire, Lessing und Kant, so daß
danach in der Religionsphilosophie jenes moralische Element das
herrschende und einzig bestimmende wurde, welches schließlich auch
die englischen Deisten, um einen Inhalt für die natürliche Religion
übrig zu behalten, als das maßgebende betrachtet hatten. Die
Folge davon war, daß man von diesem Standpunkt aus den Wert
der Religionen lediglich nach der Förderung zu schätzen sich gewöhnte, welche sie dem moralischen Leben zu gewähren geeignet
sind, und das ist denn auch die Kritik, der Hume, hierin Bayle
folgend, rücksichtslos die positiven Religionen unterwarf. Bei dieser
Kritik kommen nun die monotheistischen Religionen schlechter
fort, als die polytheistischen, indem Hume nachzuweisen sucht,
daß die ersteren ihrem Wesen nach viel unduldsamer als die letzteren
sind. Wenn dann schließlich Hume sich ziemlich deutlich dahin
ausspricht, daß die religiösen Triebfedern für das Leben des wirklich sittlichen Menschen entbehrlich seien, so zeigt sich darin der
völlige Indifferentismus, der in bezug auf die Religion seine persönliche Überzeugung war. Er sieht auf alle positiven Religionen
etwa im Geiste von Hobbes herab; aber er behandelt seine ganze
Stellung zu diesen Fragen vollständig in dem aristokratischen
Sinne, den Bolingbroke so frivol ausgesprochen hatte. »Es heißt«,
schrieb Hume einmal, »dem Aberglauben der Menge zuviel Respekt
erweisen, wenn man sich ihm gegenüber mit Offenheit quält. Macht
man es zu einem Ehrenpunkte, Kindern und Narren die Wahrheit
zu sagen?« Deshalb wurde er in seinem antireligiösen Denken,
das er anfangs ziemlich unverhohlen gezeigt hatte, mit der Zeit
zwar nicht anderen Sinnes, aber vorsichtiger und zurückhalten-
der. Nachdem er sich gerade aus diesem Grunde mehrfach zurück-
gesetzt gefunden und die kühle Aufnahme seiner Schriften damit in

Zusammenhang gebracht hatte, paßte er, da er keine Lust zum
Märtyrertum fühlte, seine Ausdrucksweise den Wünschen des englischen Publikums an und änderte z. B. in der zweiten Ausgabe
seiner Geschichte Großbritanniens den Ausdruck »superstition«,
den er früher stets wie Hobbes angewendet hatte, durchgehends
in »religion«.

Der psychologische Grundcharakter, der Humes Lehre eigen
ist, zeigt sich auch in der eigenartigen und feinsinnigen Gestalt,
welche dieser allseitige Denker der Moralphilosophie gegeben
hat. Auch auf diesem Gebiete meint er, daß es sich nicht um die
abstrakte Aufstellung von Gesetzen und um das Pathos des Morali-
sierens handle, sondern vielmehr um die Einsicht in den psychologischen Zusammenhang des menschlichen Willenslebens. Alle
Moralphilosophie beruht auf einer gründlichen Untersuchung der
Affekte, Leidenschaften und Willensentscheidungen. Diese bilden
das andere Gebiet, welches die menschliche Erfahrung neben den
Impressionen und Ideen zwar in steter Verbundenheit damit, aber
doch in einer deutlich erkennbaren Verschiedenheit davon aufweist.
Auch hierin aber muß auf die einfachen Elemente zurückgegangen
und aus ihnen das Zusammengesetzte abgeleitet werden. Damit
betritt Hume unter den Prinzipien der Assoziationspsychologie den
Boden, welchen Bacon und Hobbes, Descartes und Spinoza be-
arbeitet haben, und auch er will eine Naturgeschichte der Affekte
und der Leidenschaften geben. Als deren Grundelemente betrachtet
er die Gefühle der Lust und der Unlust und entwickelt daraus mit
teilweise außerordentlich feiner Beobachtungsgabe die ganze Reihe
der Affekte und der Leidenschaften. Er benutzt dabei, wie die
großen Rationalisten, neben der Synthese der Gefühle und der Begierden auch die Mitwirkung der Vorstellungsreihen und zeigt, wie
lebhaft die Phantasie an der Entstehung der Gemütsbewegungen
beteiligt ist. Auch in dem Gesamtresultate dieser Untersuchung
begegnet sich Hume vollständig mit der Konsequenz des spinozistischen Denkens. Je mehr in einer solchen Naturgeschichte
der Gemütsbewegungen die psychologische Notwendigkeit erkannt wird, mit der sie entstehen, desto mehr verschwindet der
Gedanke einer ursachlosen Willensfreiheit, und merkwürdig genug,
vertritt der Mann, der die Erkenntnis kausaler Verhältnisse für ein
überall mißliches und höchstens wahrscheinliches Ding erklärte, in

der Psychologie des Willens den Determinismus durch eine Reihe glänzender Untersuchungen. Dennoch ist diese Art des Determinismus vollständig von derjenigen verschieden, welche sonst dem Aufklärungszeitalter geläufig war, und auch darin zeigt sich, wie an allen anderen Punkten, daß Hume aus den Vorurteilen seiner Zeit in großartiger Originalität herauswuchs. Der sonstige Determinismus der vorkantischen Philosophie bestand, wie mehrfach erwähnt, bei Empiristen so gut wie bei Rationalisten in der Meinung, daß die Willensentscheidung überall durch Vorstellungen bedingt sei. Hume setzte diesem Vorurteil eine scharfsinnige Untersuchung entgegen, worin er nachwies, daß die Vorstellung allein niemals über den Willen Kraft habe, und daß sie zum Motiv erst durch ein begleitendes Gefühl der Billigung oder Nichtbilligung werde. Wenn bloß die Vorstellungen entschieden, so brauchte man nur zu überlegen oder einem anderen nur Vorstellungen zu erwecken, um einer bestimmten Willensentscheidung sicher zu sein. Die Erfahrung lehrt das Gegenteil; jene Wirkung bleibt aus, wenn das Gefühl der Billigung fehlt oder durch ein stärkeres Gefühl verdrängt wird.

Damit widerlegt Hume die Theorien von Clarke und Wollaston, welche den Wert der moralischen Handlungen durch ihre theoretische Richtigkeit hatten bestimmt wissen wollen, und zeigt, daß die Moralphilosophie nur von der Tatsache des moralischen Gefühls ausgehen könne, auf dessen Bedeutung namentlich Hutcheson hingewiesen hatte. Aber er will nicht wie dieser das moralische Gefühl für ein besonderes, ursprünglich in sich bestimmtes Vermögen halten, sondern vielmehr auch hier die Prinzipien der Assoziationspsychologie anwenden und nur dasjenige Verhalten ausfindig machen, welches überall gleichmäßig bei verschiedenen einzelnen Veranlassungen das Wesen der sittlichen Gefühle und Beurteilungen ausmacht.

In der Entwicklung der moralischen Begriffe auf dieser Grundlage teilt nun Hume die Tugenden in natürliche oder individuelle und in soziale ein. In dem Begriffe der natürlichen Tugend schließt er sich zunächst dem antiken und dem spinozistischen Begriffe an, wonach als Tugend (virtus, virtue) alle diejenigen Eigenschaften des Individuums bezeichnet werden, welche diesem selbst förderlich sind, wie etwa: Klugheit, Fleiß, Geistesstärke, Vorsicht usw. Diese

gewinnen jedoch sogleich eine sittliche Bedeutung dadurch, daß
wir sie keineswegs nur an uns selbst, sondern auch an anderen
Menschen billigen und uns ihrer dabei sogar dann freuen, wenn
sie uns selber in keiner Weise zugute kommen oder gar hinder-
lich entgegenstehen. Das Gefühl der Zustimmung, das uns etwa
bei einer moralischen Erzählung ergreift, für deren Inhalt die Phantasie auch keine Spur von Beziehung auf unsere persönlichen Interessen zu entdecken vermag, und gar die vom Standpunkte des
bloßen Egoismus völlig paradoxe Erscheinung, daß wir solche
Eigenschaften auch an unseren Feinden bewundern, die uns gerade
damit schaden, alle diese Erfahrungen beweisen, daß unsere Tätigkeiten der Billigung und der Mißbilligung noch andere Wurzeln
als diejenige der Selbstsucht haben, und daß der Versuch, den
Egoismus zum Prinzip der Moral zu machen, an den Tatsachen
scheitert. Stellt man vielmehr die von Bacon geforderte Induktion
auf dem Gebiete der moralischen Erscheinungen an, so stößt man
auf die Grundtatsache der Sympathie, welche den Menschen
zwingt, nicht nur dasjenige, was sein eigenes Wohl fördert, sondern
auch dasjenige, was fremdes Wohl herbeizuführen geeignet erscheint,
zu billigen und das Entgegengesetzte zu mißbilligen. Gewiß ist
diese Tatsache unmittelbar in der Natur des Menschen angelegt,
aber wie der nominalistische Denker dartut, nicht als ein abstraktes
Prinzip der Mitfreude oder des Mitleids oder als ein besonderer
Instinkt, sondern vielmehr in jedem einzelnen Falle als eine Art
von naturnotwendigem Hinüberzittern der psychischen Bewegung
aus dem einen in den andern Organismus. Die Sympathie, welche
Hume an die Stelle von Cumberlands Wohlwollen setzt, ist nur
der gemeinsame Name für die verschiedenen Formen dieser Mit-
bewegung, vermöge deren die Billigung sich auf alles erstreckt,
was überhaupt das Wohl irgend eines Wesens zu befördern imstande ist. Wenn es dabei eine Mitwirkung der Vernunft gibt, so
besteht sie nur darin, daß die vernünftige Überlegung uns lehrt, was
in jedem einzelnen Falle das Förderliche oder das Hemmende sein
wird: die Billigung aber und die Mißbilligung, welche das eine und
das andere erfährt, ist aus dieser Überlegung allein nicht zu erklären,
sondern hat ihren Grund lediglich in jenen sympathischen Gefühlen.
    Die ursprünglichste moralische Tätigkeit ist somit nach Hume
diese Beurteilung der Eigenschaften anderer Menschen vom Stand-

punkte der Sympathie, und erst daraus ergibt sich rückwärts auch
eine Beurteilung unserer eigenen Tätigkeiten und Gesinnungen,
die denselben Gesichtspunkt des fremden Wohles zu ihrer Richtschnur nimmt. Wenn wir unter unseren eigenen Handlungen diejenigen zu mißbilligen anfangen, welche fremdes Wohl zu hemmen
oder zu stören geeignet sind, so geschieht das nur, weil wir durch
die sympathischen Gefühle gelernt haben, das fremde Wohl als
einen Gegenstand zu billigender Bestrebungen anzusehen. Das Gewissen also, das uns über den moralischen Wert unserer eigenen
Tätigkeiten belehrt, ist nichts ursprünglich im Individuum Ge-
gebenes, sondern vielmehr ein Produkt der in dem geselligen Zu-
sammensein entspringenden sympathischen Gefühle. Damit ist der
Standpunkt der moralischen Beurteilung aus dem Individuum in
die Gesellschaft, aus dem Gewissen in die gegenseitige Beobachtung
und Beurteilung verlegt; aber die Gesellschaft erscheint dabei nicht
als äußere Macht und Autorität, wie bei Hobbes und Locke, sondern
als ein gemeinsames inneres, seelisches Leben. Hierin besteht das
Eigentümliche der Humeschen Ethik, deren Untersuchungen sich
somit auf die Betrachtung der geselligen Tugenden zusammen-
drängen. Als den Grundbegriff bezeichnete Hume hier die Gerechtigkeit, die er dahin bestimmt, daß für gerecht auf dem Standpunkte
der Gesellschaft alle diejenigen Handlungen und Gesinnungen angesehen werden, welche das Wohl des Ganzen befördern: nur in
dieser Beziehung und Beschränkung kann Hume sich die Prinzipien
des englischen Utilismus zu eigen machen. Nicht auf dem individualistischen Wege der Umsetzung egoistischer Gefühle in ver-
standesmäßig erkannte Mittel erklärt er den Zusammenhang des
Altruismus mit dem Eigenwillen des auf sich gestellten Menschen,
sondern aus dem Gesamtleben der Gesellschaft, als deren Glied
das Individuum von vornherein nur existiert.

Auch hierbei gilt nun dasselbe Prinzip, daß zwar allein die Vernunft uns belehren kann, welche Handlungen und Gesinnungen
der Gesellschaft nützlich sind, daß aber unsere Billigung und die
eigene Ausführung dieses Nützlichen, selbst wo es unserer Selbstliebe indifferent oder entgegen ist, sich lediglich aus den sympathischen Gefühlen begreift, in denen wir das Wohl der Gesellschaft
zu einem Gegenstande unserer Wünsche machen. Was jedoch
nützlich ist, hängt jedesmal von den besonderen Bedingungen des

geselligen Zusammenlebens ab. Deshalb gibt es nach Humes Meinung auch kein abstraktes und allgemeingültiges Gerechtigkeits-
gefühl, deshalb auch kein abstraktes und in allen Fällen a priori
gültiges Recht. Aus diesem Grunde wendet sich Hume gegen die
Vertragstheorie, die aus allgemeinen Überlegungen heraus ein allgemeines Natur- oder Vernunftrecht konstruieren zu können und
den Staat aus einem solchen willkürlichen Vertrage erklären zu
sollen meinte. Die Gesellschaft ist früher als der Staat. In ihren
besonderen Verhältnissen erwachsen mit ihren Bedürfnissen die
einzelnen Bestimmungen ihres Gerechtigkeitsgefühls, und daraus
entsteht im notwendigen Verlaufe der gesellschaftlichen Gewohnheit
die besondere Form, welche sie sich jedesmal im Staate gibt. Auch
hierin steht Hume riesengroß über dem Zeitalter der Revolution.
Von jenem Wahn, daß man aus abstrakten Überlegungen und
durch einen willkürlichen Vertrag einen Staat machen könne, ist
der große Historiker weit entfernt. Wie er dem Deismus gegenüber begriff, daß man Religionen nicht macht, sondern daß sie mit
Notwendigkeit aus dem menschlichen Geiste entstehen, so weiß er,
daß die Staaten in der Geschichte wurzeln und daß das Recht aus
der Gesellschaft emporwächst.

Wenn somit Hume den Schwerpunkt der Ethik und der Politik
gleichmäßig in den Begriff der Gesellschaft verlegte, so ging er in
dieser Beziehung Hand in Hand mit einem intimen Freunde. Adam
Smith (1733—1790) hat das Prinzip der Sympathie und der gesellschaftlichen Moral im XVIII. Jahrhundert am vollkommensten
zum Ausdruck gebracht. Wir wissen angesichts des freundschaft-
lichen Verkehrs beider Männer nicht, wieviel von den ihnen gemeinschaftlichen Anschauungen auf den einen oder den andern
zurückzuführen ist. Wir können nur feststellen, daß in Smiths
umfassender »Theorie der moralischen Gefühle« (London 1759) der
Humesche Grundgedanke mit systematischer Allseitigkeit und teilweise mit feiner Berichtigung durchgeführt worden ist. Vor allem
wird dabei mit Ausbildung der Butlerschen Theorie der reflexiven
Affekte der Ursprung des moralischen Urteils wesentlich auf die
Billigung oder Mißbilligung, womit der Mensch vermöge der Sympathie die Tätigkeiten des Nebenmenschen beurteilt, und das Ge-
rechtigkeitsgefühl auf einen Grundtrieb der gesellschaftlichen Ausgleichung zurückgeführt. Dieser Begriff der gesellschaftlichen Aus-

gleichung spielt aber auch die Hauptrolle in dem berühmten Werke
»Über das Wesen und die Ursachen des Nationalreichtums« (1766),
durch welches Smith die Nationalökonomie zu einer selbständigen
Wissenschaft machte. Zwar scheint es, als ob das eine dieser Werke
den Menschen nur von dem Hobbes entlehnten Standpunkte des
Selbsterhaltungstriebes und das Leben der Gesellschaft nur als das
bellum omnium contra omnes betrachte, das andere dagegen in
der Sympathie eine beinahe entgegengesetzte Grundauffassung ver-
rate: allein wenn die Moralphilosophie bei Smith die innerliche
Ausgleichung der egoistischen Triebe durch das Gefühl der Sympathie zum Gegenstande hat, so entwickelt das nationalökonomische
Werk die äußerliche und naturnotwendige Ausgleichung, welche
der Mechanismus des Lebens zwischen ihnen vollzieht, und trotz
der scheinbaren Differenz ist der gemeinschaftliche Grundgedanke
beider Schriften der, daß die natürliche Sozialität die Wurzel wie
der Zivilisation, so auch der Moral ist. Die Theorien von Hume und
Smith bezeichnen in der Geschichte der menschlichen Gesellschaft
denjenigen Moment, wo sie zur vollen und klaren Erkenntnis ihres
Kulturwertes gelangt. Sie lehren das gesellschaftliche Leben als
einen großen Mechanismus begreifen, aber sie zeigen, daß eben
dieser Mechanismus zu seinen notwendigen und in seinem Wesen
angelegten Ergebnissen die äußere und die innerliche Kultur, die
Zivilisation und die Sittlichkeit hat.

§ 35. Die schottische Philosophie.

Den meisten Widerspruch fand die Lehre David Humes gerade
bei seinen Landsleuten, die während der zweiten Hälfte des
XVIII. Jahrhunderts mit großer Lebhaftigkeit in die philosophische
Bewegung eintraten. Doch entspricht dieser Lebhaftigkeit, der
Anzahl der Vertreter und dem Umfange der Schriften, welche diese
schottische Schule aufzuweisen hat, durchaus nicht eine ähnliche
Originalität oder Tiefe ihres Denkens. Sie haben sich vielmehr
wesentlich darauf beschränkt, den in der Moralphilosophie durch
Shaftesbury angebahnten und von Hutcheson in prinzipieller Klar-
heit ausgesprochenen Standpunkt eines ursprünglichen Beurteilungsvermögens für das Rechte auf andere Gebiete auszudehnen und in
einer breiten Anlage der empirischen Psychologie durchzuführen.
Sie beweisen ihre Abkunft von der englischen Philosophie durch

den psychologischen Charakter, den sie allen philosophischen
Untersuchungen aufprägen; aber sie treten aus dem Hauptzuge
jener Entwicklung mit der Annahme heraus, daß die menschliche
Seele von vornherein eine Fülle ursprünglicher Erkenntnisse in sich
besitze, die es nur herauszustellen gelte.

Die Vermittlung für die allgemeinere Anwendung dieses Prinzips
lag in der ästhetischen Analogie, welche Shaftesbury und Hutcheson
für die moralische Beurteilung in Anspruch genommen hatten. So
waren es zunächst eine Reihe von Ästhetikern, welche der Annahme ursprünglicher Beurteilungsvermögen der menschlichen Seele
zunächst für das Gute oder Schlechte und das Schöne oder Häßliche
allgemeinere Anerkennung verschafften.   Unter ihnen ist hauptsächlich Henry Home (Lord Kaimes) zu nennen, dessen Schriften
(besonders Elements of criticism, 1762) eine entschiedene Abhängigkeit von Shaftesbury verraten, und der sich der deistischen Moral-
und Religionsphilosophie mit anmutiger Darstellung anschloß. Er
hat manche feinsinnige Bemerkungen zur Analyse der ästhetischen
Gefühle und auch zur Lehre von der Verschiedenheit der einzelnen
Kunstgattungen beigebracht.   Wie seine Ausführungen sich wesentlich aus den Bedürfnissen literarischer und künstlerischer Kritik
entwickelten, so gilt das gleiche auch von den weit über die Grenzen
Englands hinaus viel gelesenen Untersuchungen von Alexander
Gerard (On genius, 1776), der das Vermögen der ästhetischen
Produktion psychologisch zu bestimmen suchte und dabei im Sinne
der literarischen Zeitströmung hauptsächlich auf die Ursprünglichkeit des Genies aufmerksam machte.   Nicht minder wirkungsvoll
endlich war auf diesem Gebiete Edmund Burke (1729—1797),
der, ehe er zu seiner ausgebreiteten staatsmännischen und publizistischen Tätigkeit überging, in seinem: »Philosophical enquiry
into the origin of our ideas of the sublime and the beautiful« (London
1756) eine grundlegende Untersuchung zur Psychologie des ästhetischen Lebens entwarf.   Er wendete dabei in ausgedehntem Maße
die Prinzipien der Assoziationspsychologie an und suchte die elementaren Gefühle auf, die sich in verfeinerter und umgebildeter
Form als die ästhetischen Zustände darstellen.   Indem er dabei
von dem so vielfach erörterten Gegensatze der altruistischen und
der egoistischen Triebe ausging, gelangte er zu dem für die Folgezeit
äußerst wichtigen und einflußreichen Ergebnis, daß er neben dem

Schönen das Erhabene als eine eigene, zweite Art des ästhetischen
Verhaltens erkannte: er dachte die Auffassung des Schönen durch
die Gattungsgefühle, durch Liebe und Wohlwollen, die des Erhabenen
durch die individuellen Gefühle von Furcht und Schrecken bestimmt:
dabei aber fand er den Unterschied zwischen den ästhetischen
Zuständen und diesen ihren elementaren Grundgefühlen darin, daß
im Anschauen des Schönen und Erhabenen nicht das unmittelbare persönliche Erlebnis, sondern nur die Vorstellung seiner
Möglichkeit die Gefühle auslöst. Die Wut des stürmenden Meeres
in eigener Gefahr zu erleben, ist schrecklich, — sie anzuschauen
ist erhaben. Das ist ein Element der ästhetischen Lehre, das auch
in Kant fortgewirkt hat.

Im allgemeinen jedoch rückten die ästhetisch-moralischen Untersuchungen der Engländer gerade deshalb nicht vorwärts, weil sie
sich mit der Annahme des Geschmacks als eines ursprünglichen,
nicht weiter abzuleitenden Beurteilungsvermögens begnügten. Hatte
man nun so einen ästhetischen, einen moralischen, einen religiösen
»Sinn« in der menschlichen Seele statuiert, so lag es nahe, dasselbe
Prinzip auch auf das erkenntnistheoretische Gebiet auszudehnen.
Denn die Prädikate »wahr« und »falsch« enthalten in der Tat Akte
der Billigung und Mißbilligung, ebenso wie diejenigen von »gut«
und »schlecht« oder »schön« und »häßlich«, und setzen deshalb,
so wie die letzteren, ein Beurteilungsprinzip voraus. Hat man
dies auf dem einen Gebiet in einem ursprünglichen und nicht weiter
ableitbaren Geschmacke gesucht, so muß es schließlich auch auf
dem andern geschehen. Und aus einer solchen Übertragung entsprang die schottische Philosophie oder die sogenannte Common-
sense-Lehre.

Ihr Hauptvertreter ist Thomas Reid. Er wurde 1710 zu
Strachan geboren und genoß seine Bildung in Aberdeen. Seit 1752
war er an dieser, von 1764—1780 an der Glasgower Universität als
Professor tätig und starb in der Zurückgezogenheit 1796. Seine
Lehre ist im wesentlichen in dem »Inquiry into the human mind
on the principles of common-sense« (Edinburgh 1764) niedergelegt
und in seinen späteren »Essays« nur mit größerer Ausführlichkeit
entwickelt. Sie geht von einer durchgängigen Bekämpfung des
großen Ganges aus, welchen die englische Philosophie von Locke
zu Berkeley und Hume genommen hatte. Sie erkennt an, daß die

letzteren Männer vollkommen richtige Konsequenzen aus den
Prämissen Lockes gezogen haben. Aber sowohl die Leugnung der
materiellen Welt, zu welcher der eine, als auch die Bestreitung der
Erkenntnis von Substantialität und Kausalität, wozu der andere
gekommen sei, erscheinen Reid so absurd, daß er dadurch jene
Prämissen für vollständig widerlegt und diese idealistischen und
skeptischen Folgerungen für einen apagogischen Beweis gegen die
Richtigkeit der Lockeschen Voraussetzungen hält. Die letzteren
aber konzentrieren sich in der Annahme, daß die Seele eine tabula
rasa sei, auf die erst die Erfahrung ihre Züge schreibe, und welche
von vornherein keinen selbständigen Besitz habe. Am meisten
bekämpft daher Reid und nach ihm die ganze Schule die Methode
der Assoziationspsychologie, die, auf jener Voraussetzung beruhend,
den Mechanismus klar machen will, wodurch aus den einfachen
Elementen die komplizierten Gebilde unserer inneren Erfahrung
entstehen. In der Tat liegt hier eine Prinzipienfrage ersten Ranges
vor, und Reid berührte den Kern der Sache, wenn er darauf aufmerksam machte, daß jene Grundvoraussetzung der Assoziationspsychologie erst noch einer Prüfung bedürfe. Das freilich sei nicht
zu leugnen, daß wir in unseren Urteilen Vorstellungsverknüpfungen
mannigfachen Inhaltes vorfinden und diese in ihre Bestandteile zu
zerlegen vermögen; aber damit sei noch nicht erwiesen, daß die
einfachen Elemente, auf welche man bei der Analyse stößt, auch die
ursprünglichen seien, aus denen sich die komplizierten erst zusammengesetzt haben. Diese Annahme habe die Assoziationspsychologie
gemacht, ohne ihre Allgemeingültigkeit zu erweisen. Gewiß lasse
sich feststellen, daß in manchen Fällen die komplizierteren Vorstellungen und namentlich die besonderen Urteile z. B. der Erfahrung
aus den einfachen Bestandteilen, in die man sie zerlegen kann,
auch wirklich hervorgegangen sind. Aber damit sei noch nicht
erwiesen, daß das immer so der Fall sei: es bleibe vielmehr denkbar,
daß es andere Urteile gebe, die mit der ganzen Mannigfaltigkeit
ihres Inhaltes ursprünglich in uns entstehen und deren künstliche
Zerlegung deshalb keine Erkenntnis ihrer Genesis zu sein beanspruchen darf. Dies ist der einzig originelle Grundgedanke, auf
dem Reid seine Lehre aufgebaut hat. Wenn es danach denkbar erscheint, daß in der Seele ursprüngliche Urteile vorhanden sind, so
glaubt Reid in der Tatsache des moralischen Gefühls, die er durch

Hutcheson für festgestellt erachtet, und des ästhetischen Geschmacks dem man allgemein denselben Wert zuschreibt, den Beweis für die Realität solcher ursprünglichen Urteile gefunden zu haben. Ist aber so Lockes Voraussetzung von der tabula rasa gefallen, so liegt auch kein Grund vor, sie für die Erklärung und Beurteilung des Erkenntnisprozesses aufrecht zu erhalten. Wie man vielmehr ohne die Annahme eines ursprünglichen Beurteilungsvermögens nicht zur sicheren Begründung der Moral kommt, so wird man auch nach Reids Meinung keine sichere Erkenntnistheorie finden, wenn man nicht die ursprünglichen Urteile aufsucht, nach denen wir Wahres und Falsches in derselben Weise, wie auf dem anderen Gebiete Gutes und Böses voneinander unterscheiden.

Es handelt sich deshalb für Reid nur um die Aufsuchung und Feststellung dieser ursprünglichen Urteile, und diese kann nicht anders erfolgen, als durch die innere Erfahrung; denn sie bilden die Grundtatsachen des Bewußtseins und damit den Inhalt des »gesunden Menschenverstandes« — des »Common-sense«. Mit diesem Ausdrucke bezeichnet Reid selbst die Grenze seiner philosophischen Untersuchung: er begnügt sich damit, die Voraussetzungen festzustellen, welche der Mensch, und zwar der Durchschnittsmensch, vermöge der natürlichen Einrichtung seiner Vorstellungstätigkeit — stamme diese nun, woher man wolle — über den Zusammenhang der Dinge macht und aller seiner Erkenntnistätigkeit zugrunde legt. Es fällt Reid nicht ein, sich diesen gegenüber kritisch zu verhalten und etwa zu fragen, ob diese Urteile nicht ebenso viele Vorurteile sind; sondern er betrachtet sie als Instinkte des Denkens, an deren Richtigkeit man ohne weitere Prüfung einfach glauben müsse, wenn man überhaupt irgendwie mit der Tätigkeit des Erkennens sich abgeben wolle. Es ist klar, daß es von diesem Standpunkt aus ebenso leicht wie kurzsichtig war, die tiefsinnigen Untersuchungen eines Berkeley und eines Hume mit einem Schlage über den Haufen zu werfen. Gehört es doch in erster Linie zu den Instinkten dieses gesunden Menschenverstandes, an die Existenz einer materiellen Welt, sowie daran, daß ihre Substanzen sich in kausalen Beziehungen zueinander befinden, zu glauben: was soll da noch der ganze Aufwand von Untersuchungen über die Möglichkeit und Nützlichkeit einer solchen Erkenntnis? Wie es ursprüngliche Grundsätze des Handelns gibt, so auch ursprüngliche Gesetze

des Denkens, und diese sind in ihrer ursprünglichen Gewißheit
unanfechtbar: was ihnen widerspricht, ist falsch und absurd, so
geistreich es vorgetragen sein mag. Wenn dies das Ende des englischen Empirismus bedeutet, so heißt es, daß er seine eigenen Untersuchungen für unnötig erklärt, weil der gesunde Menschenverstand,
dies bequeme Ruhekissen der Forschung, schon vorher sich im Besitze aller Wahrheit befindet. Die Probleme werden hier nicht gelöst,
sondern einfach beiseite geschoben, und das gewaltige Ringen Humes
erscheint als eine Kaprice. Es zeugt von einer entschiedenen Er-
schlaffung des philosophischen Denkens, daß diese Ansicht ein
halbes Jahrhundert in der Nation, aus der Hume hervorgegangen
war, eine fast unumschränkte Herrschaft ausüben konnte.

Doch wäre es ungerecht, die Förderungen zu vergessen, welche
die Wissenschaft trotzdem der schottischen Schule zu verdanken
hat. Auch in ihr herrschte schließlich der Geist Bacons und Lockes,
so sehr sie sich namentlich gegen den letzteren sträubte. Denn
die Art und Weise, wie Reid zu der Erkenntnis jener ursprünglichen
Urteile zu gelangen hoffte, war wesentlich durch das Prinzip des
Empirismus bedingt. Die ursprünglichen Tatsachen des Bewußtseins können nur aus der Erfahrung gewonnen werden. Deshalb
erklärt Reid die Selbstbeobachtung für die Methode der Philosophie
und sucht damit die letztere gänzlich auf den Standpunkt der
empirischen Psychologie zurückzuführen. Aber weit davon entfernt, im Sinne der Assoziationspsychologie die physiologischen Vermittlungen des seelischen Lebens aufzusuchen, will er vielmehr die
Psychologie zu einer selbständigen Wissenschaft erheben, indem er
sie lediglich auf innere Erfahrung und Beobachtung gründet. Hier
gewinnt Lockes Begriff der Reflexion eine methodische Bedeutung.
Reid ist sich vollkommen bewußt, daß seine Untersuchungen ein
Gegenstück zur Naturwissenschaft bilden sollen, und daß sie sich,
ebenso wie die Naturwissenschaft auf sinnliche Wahrnehmung und
Beobachtung, so ihrerseits auf innere Wahrnehmung und Beobachtung stützen sollen. Er wendet daher lediglich die Methode der
Induktion an und sucht aus einer umfassenden und sorgfältigen
Beobachtung der seelischen Tatsachen durch Aufzählung, Zergliederung und Verallgemeinerung zu jenen ursprünglichen Urteilen
aufzusteigen, welche den Besitzstand des gesunden Menschenverstandes bilden. Er und seine Schule haben auf diese Weise für

die Förderung der empirischen Psychologie, ganz wie es Bacon verlangt hatte, zahlreiche und wertvolle Beiträge geliefert. Auch das ist hervorzuheben, daß er von vornherein davon Abstand nahm, zu einem zentralen Satze zu gelangen, der etwa den ganzen Inhalt dieses »Common-sense« unter sich enthalten könnte, sondern sich vielmehr in echt empiristischer Weise damit begnügte, die Tatsachen festzustellen, die er für nicht weiter ableitbar hielt, wie er denn z. B. zwölf Grundsätze aufstellte, welche die Richtschnur der Erkenntnistätigkeit enthalten sollten. Freilich blieb er damit weit hinter einer wirklich systematischen Auffassung zurück; freilich vermochten weder er noch seine Schule den Mangel einer physiologischen Grundlage für die Psychologie auch nur im entferntesten zu ersetzen: aber ihre Bestrebungen bildeten auf der anderen Seite ein wertvolles Gegengewicht gegen die Versuche der französischen Psychologen, die Wissenschaft des Seelenlebens lediglich zu einem Zweige der äußeren Naturwissenschaft zu machen und sie gänzlich in die Nervenphysiologie aufzulösen, und sie haben in ihren eingehenden Analysen wichtige Vorarbeiten für die Psychologie der Zukunft geschaffen.

Von den weiteren Vertretern dieser Richtung ist hier wenig zu bemerken. Sie war überhaupt nicht auf die Entwicklung bedeutender Prinzipien angelegt, sondern mehr auf eine behagliche Ausbreitung in die Mannigfaltigkeit der psychischen Tatsachen. Es ist daher eingetroffen, was schon Priestley in seiner ersten Schrift, mit der er zwischen den Schotten und Hume zugunsten des letzteren Stellung nahm, weissagte, daß nämlich diese Schule es zu keinen bedeutenden Leistungen bringen werde, und daß die Berufung auf den gesunden Menschenverstand einer kritiklosen Gewohnheit in die Hände arbeite. Ohne die Aussagen des gemeinen Denkens zu prüfen, nahm man sie als unmittelbare Wahrheit und schob damit gerade die schwierigsten Probleme ungelöst zurück, indem man das, was sich nicht weiter erklären ließ, für eine Tatsache des gesunden Menschenverstandes ansah. Anderseits aber vervollständigte man die Untersuchungen Reids, dessen prinzipieller Standpunkt nicht überschritten wurde, durch umfangreiche, zum Teil geschmackvolle Ausführungen und durch feinsinnige allgemeine Beobachtungen. Nach der moralphilosophischen Seite suchte in dieser Weise Adam

Ferguson (1724—1816) das Gesetz der aufsteigenden geistigen Vervollkommnung des Menschen als das Prinzip des sittlichen Lebens
aufzuweisen. In der Ästhetik arbeitete James Beattie (1735
bis 1803) an einer systematischen Ausbildung des Prinzips des gesunden Menschenverstandes für die Theorie der Kunst. In erkenntnistheoretischer und religionsphilosophischer Hinsicht suchte
James Oswald (gest. 1793) den Meister womöglich durch die Beschränkung auf die Trivialität des gewöhnlichen Denkens noch zu
überbieten, und in allseitiger Zusammenfassung dieser Bestrebungen
ist Dugald Stewart (1753—1828) als der akademische Träger
dieser Schulmeinung zu betrachten, für die er eine kritischere und
systematischere Gestalt zu finden suchte. Durch ihn und seine
zahlreichen Schüler haben sich dann diese Gedanken in die ersten
Jahrzehnte des XIX. Jahrhunderts hinein verbreitet.

Mit den Lehren der schottischen Schule verläuft die Bewegung
der englischen Philosophie. Die Rückkehr zum gesunden Menschenverstande enthielt die Aufgebung ihrer spekulativen Energie und
war der Ausdruck ihrer erkenntnistheoretischen Erschöpfung. Die
Gedanken Bacons und Lockes hatten in ihr eine allseitige Ausbildung gefunden, und nachdem sie in Hume sich zu ihrer größten
Leistung zusammengefaßt hatte, war ihre Mission erfüllt. Die zahlreichen Gedankenkeime aber, welche sie erzeugt, hatten inzwischen
schon einen fruchtbaren Boden ihrer weiteren Entwicklung gefunden
in Frankreich und in Deutschland.

VI. Kapitel.

Die französische Aufklärung.

Die Geschichte des französischen Denkens im Zeitalter der Aufklärung zeigt ein Bild von reichster Mannigfaltigkeit und einer so
lebendigen Entwicklung, daß sie sich schließlich in der Mitte des
XVIII. Jahrhunderts gewissermaßen Schlag auf Schlag drängt. Es
ist in ihr ein stetiger und in der einmal begonnenen Richtung notwendiger Fortschritt klar zu erkennen, und indem dieser beinahe

von Jahr zu Jahr und von Werk zu Werk immer energischer vordringt, führt er schließlich zu einem Ergebnis, das sich der Weltanschauung des Mittelalters als ein geschlossenes System mit nicht minder einseitigem Dogmatismus entgegenstellt. Wenn deshalb in Frankreich die extremsten und radikalsten Konsequenzen der neueren Philosophie gezogen worden sind, so bilden sie auf diesem Boden doch durchaus nicht allein gelehrte Folgerungen aus den abstrakten Systemen; sondern der Radikalismus, der sich darin aussprach, war in gewissem Sinne nur der Reflex der politischen und der sozialen Verhältnisse. Die französische Philosophie und ihre Aufklärung enthielt ein wesentliches Moment, das der englischen nicht zu ihrem Schaden fehlte: sie war agitatorisch, sie wurde stets in die lebendigste Beziehung mit den Problemen des öffentlichen Lebens gebracht, und je schärfer sich mit der Zeit die Gegensätze des letzteren zuspitzten, um so radikaler wurden auch die Theorien, mit denen die Wissenschaft darin einzugreifen suchte, bis schließlich unmittelbar vor dem wirklichen Ausbruch des Völkersturmes die Philosophie nach allen Seiten hin das gefährliche Wort aussprach, welches ihn weissagte. In der französischen Revolution konzentrieren sich die negativen Elemente, die bereits dem Ringen der Renaissance zugrunde lagen. Die neue politische und soziale Ordnung, welche sie anstrebte, war mit vollem Bewußtsein der äußerste Gegensatz gegen den von der Kirche beherrschten Zustand der mittelalterlichen Gesellschaft, und auch die französische Aufklärungsphilosophie entwickelte sich wesentlich in der polemischen Tendenz gegen diejenige Weltanschauung, welche sie in der Kirchenlehre niedergelegt fand. Deshalb ist der Grundcharakter der französischen Aufklärungsphilosophie nicht wie derjenige der englischen die ruhige wissenschaftliche Forschung, sondern vielmehr der mehr oder minder leidenschaftliche Kampf. Ihre Energie ist diejenige der Verneinung. Während sie mit rastloser Agitation in allen Schichten der Gesellschaft die bisherigen Vorstellungen zu untergraben suchte, ist sie selbst mit all ihrer vielverschlungenen Durcharbeitung des neuen Wissensstoffes nicht zu einem großen und originellen Systeme der Philosophie gelangt. Und jenes abschließende System des äußersten Materialismus, das sie in dieser Hinsicht allein noch zu bieten wußte, war nur eine trockene Reproduktion langbestehender Gedanken.

Auf diese Weise wurzelt die französische Aufklärung noch viel
tiefer in dem historischen Leben der Nation, als es bei den Engländern der Fall war. Zwar spielt, dem allgemeinen Charakter der
Zeit gemäß, auch deren philosophische Abklärung sich in den
aristokratischen Zirkeln, in den Pariser Salons ab. Aber ihre Denker
fassen mit wenigen Ausnahmen die wissenschaftliche Erkenntnis
nicht als ein exklusives Vorrecht auf; sondern mit jenem demokratischen Bewußtsein, das die absolute Monarchie erzogen
hatte und das tief in das Wesen des französischen Volkes eingedrungen ist, predigten sie ihre Gedanken dem Volke und warfen diese
als zündende Ideen mitten in die Bewegung hinein, welche bereits
den Boden der Gesellschaft zu unterwühlen begonnen hatte. Oft
ohne selbst die Tragweite ihres Wortes zu ahnen oder zu bedenken,
hielten sie es in allen Fällen für die erste Pflicht der Wissenschaft,
rückhaltlos mit ihren Resultaten und ihren Urteilen vor die Öffentlichkeit zu treten und an der Förderung des allgemeinen Wohles
mitzuarbeiten. Diese französischen Denker haben damit zuerst die
Aufgabe der Wissenschaft, das Volk aufzuklären, ergriffen, ausgesprochen und an ihrem Teile zu lösen gesucht. In diesem Sinne
sind sie die wahren Typen des Aufklärungszeitalters. Auch die
wohlwollendsten und rücksichtslosesten unter den englischen Denkern standen unter den eigentümlichen sozialen Verhältnissen ihrer
Nation in dem Grade, daß sie dieser Tendenz, wo sie ihr nicht unmittelbar entgegentraten, doch gewiß nicht absichtlich in die Hände
arbeiteten. Es gibt in dieser Hinsicht kaum einen charakteristi-
scheren Gegensatz, als er in der Tatsache ausgesprochen liegt, daß
Voltaire die Gedanken, welche Bolingbroke als ein Geheimnis der
höheren Klassen sorgfältig innerhalb ihrer Kreise beschränkt wissen
wollte, ausdrücklich zu popularisieren unternahm.

Eine vollkommene Geschichte dieser Bewegung ist noch nicht
geschrieben, und es ist überaus schwer, auch nur im entferntesten
eine Darstellung von dem reichen Leben dieser Zeit zu geben. Die
Schwierigkeit liegt vor allem darin, daß die eigentlichen Träger
dieser Entwicklung nicht die einzelnen Persönlichkeiten sind, sondern daß sie sich in der Gesamtheit vollzog. Es ist eine Geschichte
mehr der allgemeinen Gedanken und der Bücher, in denen sie sich
aussprechen, als der Menschen, welche sie schaffen. Mehr als sonst
tritt in dem allgemeinen Zuge dieser Entwicklung die Eigentümlich-

keit der Persönlichkeiten, so sehr sie an sich vorhanden ist, zurück. Sobald man es versucht, ein einzelnes dieser Bilder zu zeichnen, sprengt es seinen Rahmen und leitet in die übrigen hinüber; denn im Grunde genommen machte jeder dieser Männer die Entwicklung des Ganzen auf seine eigene Weise in sich selber durch. Das geistige Leben, das sie führten, war ein gemeinsames. In Paris vereinigt und in stetigem geselligen Kontakte, bildeten sie eigentlich nur ein einziges philosophierendes Individuum. Die neuen Gedanken oder auch nur Gedankenkeime, bei dem einen erwachsen, schlugen sogleich in den übrigen Wurzel und traten dann gleichzeitig oder unmittelbar hintereinander, wenn auch in verschiedener Ausgestaltung und mit verschiedener Anwendung, in den Werken der einzelnen hervor. So ist es häufig schwierig und manchmal sogar durchaus unmöglich, den besonderen Urheber einzelner Gedanken oder Gedankenwendungen genau zu bezeichnen. Eine eingehende Darstellung würde dem eigentümlichen Wesen dieser Periode nur in der Weise gerecht werden können, daß sie dieselbe wie die Geschichte der geistigen Entwicklung eines einzigen Individuums, die sich bekämpfenden Gegensätze als die darin ringenden Gedankenmassen und die einzelnen Werke ohne einseitige Beziehung auf ihre Verfasser als die Phasen der Entwicklung dieses einen Individuums behandelte.

Wenn es trotzdem möglich erscheint, die Übersicht über diese Zeit nach üblicher Weise im Anschluß an die Darstellung ihrer einzelnen Denker zu geben, so beruht dies darauf, daß in jener allgemeinen Bewegung sich eine Anzahl von Elementen mischt, die man wenigstens annähernd zu isolieren imstande ist, so daß die einzelnen Männer, je nachdem, sei es in ihrer Bildung, sei es in ihrer Wirksamkeit, das eine oder das andere dieser Elemente überwiegt, nach ihrer größeren oder geringeren Verwandtschaft sich anordnen lassen. Es wird sich also im folgenden darum handeln, jeden der einzelnen Fäden, aus denen sich das bunte Gewebe zusammensetzt, gesondert zu verfolgen und dabei an den geeigneten Stellen die Punkte aufzuweisen, wo sie sich untereinander verschlingen.

Diese Elemente sind nun freilich sehr mannigfacher Natur. In der französischen Gesellschaft selbst herrschte zunächst jene skeptische Grundstimmung, die, von Montaigne begonnen, sich der allgemeinen geistigen Atmosphäre mitgeteilt hatte. Wie dem Ortho-

doxismus, so war sie auf der anderen Seite auch dem Mystizismus
günstig, der im Anfang hie und da seine Stimme erhob, aber bald
vor den lauteren Theorien verstummte. Daneben stand der wissenschaftliche Geist der Franzosen unter dem Zauber der Mathematik.
In ihr lag die siegreiche Kraft, die der Cartesianismus mehr und
mehr ausübte; sie war auch, wie man sehr richtig gesagt hat, das
Zeichen, unter welchem in Frankreich Newtons mechanische Naturphilosophie siegte. Neben diesen autochthonen Einflüssen aber
übten diejenigen der gesamten englischen Philosophie eine von
Jahrzehnt zu Jahrzehnt steigende Wirkung aus. Seit dem Tode
Ludwigs XIV. begann, teilweise infolge der Verschiebung der politischen Verhältnisse, ein intensiver Geistesverkehr zwischen Frankreich und England. Die Franzosen vergaßen die Einseitigkeit, womit sie sich in dem Rausche politischer Größe und in dem Glanze
ihrer schönen Literatur während der Zeiten des großen Königs gegen
das Ausland abgeschlossen hatten, und während ein Jahrhundert
vorher Männer wie Bacon und Hobbes ihre Studien in Paris vollendet hatten, fingen nun die Franzosen an, in London zu lernen.
Man darf sagen, daß einzig schon der Aufenthalt Voltaires in England unermeßliche Folgen für das geistige Leben der Franzosen
gehabt hat. So strömten die Ideen der Engländer nach Frankreich
hinüber, vor allem die Lehre Lockes, der Deismus, die Moralphilosophie, die Assoziationspsychologie, die Gedanken Humes und
schließlich sogar die Lehre der Schotten. Aber sie alle fanden in
Frankreich eine eigentümliche Gestaltung. Die Franzosen verhielten
sich in dieser Bewegung nicht nur lernend, sondern sie faßten das
Aufgenommene sogleich in einer bestimmten Richtung auf. Bei
der großen Mehrzahl der Engländer war neben aller Energie des
wissenschaftlichen Denkens ein tief religiöses Bedürfnis herrschend
geblieben, welches direkt oder indirekt, bewußt oder unbewußt auf
die Gestalt der philosophischen Lehren zurückwirkte und ihnen,
wie dies z. B. Hartley und Priestley zeigen, die extremsten Spitzen
abbrach. In Frankreich war dies Interesse lange nicht in gleichem
Grade vorhanden, und so kam es, daß hier alle Lehren, zumal unter
dem Einflusse der sozialen und politischen Tendenzen, einen radikaleren Charakter annahmen. Nimmt man dazu die durchsichtige
Klarheit des französischen Geistes, die in dem Stile der französischen
Sprache liegende Nötigung zu scharfer und lebendiger Formulierung

der Ansichten und die Vorliebe für einen frappierenden und antithetischen Ausdruck, so begreift es sich, weshalb die in der englischen Philosophie angelegten Gedanken in der französischen Literatur so viel kühner, schroffer und gewaltsamer hervorgetreten sind, als in ihren Originalen.

§ 36. Der Mystizismus.

In der Ablösung der einzelnen Fäden dieser Bewegung scheint es geraten, mit demjenigen zu beginnen, welcher die geringste Bedeutung darin besitzt, dem schließlichen Resultate am fernsten liegt und, nur anfänglich angesponnen, sich früh verläuft. Das sind die mystischen Theorien, welche, auf religiösem Interesse beruhend, aus der Unbefriedigung erwuchsen, die man von diesem aus der Entwicklung des Cartesianismus gegenüber empfand. Die größere Mehrzahl der Cartesianer, von der mathematischen Seite her für diese Philosophie gewonnen, verfolgte den Cartesianismus am liebsten in die Konsequenzen seiner mechanischen Naturphilosophie. Es war gewissermaßen als eine Reaktion gegen diese Richtung zu betrachten, daß Malebranche aus dem Cartesianismus selbst mit Hilfe des Augustinismus sich auf den mystischen Standpunkt zu retten suchte. Aber schon vor ihm hatte ein großer Mathematiker sich durch die Intensität seines religiösen Gefühls aus den mathematischen und naturphilosophischen Untersuchungen, die er mit seltener Kraft beherrschte, herausgedrängt gesehen.

Blaise Pascal, 1623 geboren und schon von seinem zwölften Jahre an in vollkommen selbständiger Weise mit mathematischen Studien beschäftigt, fühlte sich doch von seinen großen wissenschaftlichen Entdeckungen und von dem Ruhme, den ihm seine »Lettres provinciales« über den Kreis der cartesianischen Schule hinaus verschafft hatten, so wenig befriedigt, daß er mit bewunderungswürdigem Eifer von seinem 20. Lebensjahre an ein asketisches und kontemplatives Leben führte, aus welchem ihn ein früher Tod 1662 abrief. Seinen philosophischen Ruhm haben die »Pensées sur la religion« begründet, die, von ihm während seines Lebens mehrfach umgearbeitet und niemals systematisch vollendet, erst aus seinen Papieren 1669 herausgegeben wurden. Sie bilden das Denkmal, zwar nicht einer philosophischen Größe, aber einer Reinheit des Herzens und einer Tiefe der Überzeugung, wie sie nur selten in der Geschichte

aufgetreten sind. Aus der Einsamkeit seiner religiösen Betrachtungen schaut Pascal ruhigen Blickes ebenso auf die bewegte Menschenwelt, aus der er geschieden, wie auf die wissenschaftliche Arbeit,
von der er sich losgerissen, zurück. Wohl erkennt er an, daß in
beiden ein Schatz von Weisheit enthalten sei; aber für das Höchste,
das er sucht, genügen sie nicht. Im praktischen Leben gilt es einen
»esprit de finesse«, eine intuitive Klarheit und eine Sicherheit des
geistigen Blickes, welche die Verhältnisse der Dinge zu durchdringen
und sich zwischen ihnen zurechtzufinden weiß. In der Wissenschaft
arbeitet die Vernunft methodisch an der zweifellosen Klarlegung
dieser Verhältnisse, sie sucht zu beweisen, was jener esprit de finesse gewissermaßen ahnungsvoll ergriffen hat, und methodisch
erforschen und beweisen — hier kommt der Schüler Descartes'
zutage — kann sie nur, wenn sie überall so verfährt wie die Mathematik. Der wissenschaftliche Geist ist der mathematische. Aber
diese beiden Erkenntnisarten, so berechtigt sie in Rücksicht auf
ihren besonderen Zweck sind, reichen doch nicht aus, die Bedürfnisse des Herzens zu befriedigen. Denn das Herz will mehr als
das, was es unmittelbar in der Wirklichkeit auffinden kann, und
mehr als das, was sich mathematisch beweisen läßt. Es will die
Erlösung von seiner eigenen Sündhaftigkeit und die Seligkeit des
Ausruhens in einem unbewegten Mittelpunkte. Dieses Bedürfnis
zu befriedigen, meint Pascal, hat das Herz seine eigene Erkenntnis,
an welche die Vernunft nicht heranreicht. Es ist eine Überhebung
der Wissenschaft, wenn sie ihren Weg für den einzigen, es ist schon
eine Überhebung, wenn sie ihn für den wertvollsten hält, der zur
Erkenntnis führt. Das Beste, was der Mensch erkennen kann,
ist die Gottheit und die Gnade, mit der sie den Menschen erlöst,
und diese Erkenntnis gewährt nicht die Vernunft, sondern nur das
reine und demütige Herz. Der Mystizismus, den Pascal vertritt,
ist durchaus originell; es ist nicht derjenige einer intellektuellen
Gottesanschauung, sondern er legt den Schwerpunkt seines inneren
Lebens lediglich in das religiöse Gefühl. Vielleicht niemand
hat so unverhüllt, wie Pascal, das Geheimnis der religiösen Stimmung ausgesprochen, wenn er für den Inhalt des Gefühls die höchste
erkenntnistheoretische Bedeutung in Anspruch nimmt. In jener
scharfen antithetischen Weise, die dem Stile seiner Nation entspricht,
drückte er das so aus: »Le coeur a ses raisons, que la raison ne con-

nait pas« — ein Satz, der in seiner Paradoxie selbst seine eigene
Widerlegung enthält. ·Aber das Gefühl ist bei Pascal von einer
unendlichen Tiefe und von einer heiligen Lauterkeit: die Gotteserkenntnis des Herzens, die er predigt, ist eine Religion der Liebe,
welche ihre Erkenntnis niemals durch den Schrecken oder die
äußere Gewalt verbreiten will, sondern nur zu Herzen geht, weil
sie von Herzen kommt. Und so steht Pascal, einer der echtesten
Christen, die je gelebt haben, mit seiner nie übertroffenen Gläubigkeit mitten unter den Vorfechtern der Toleranz. Das religiöse Leben
besteht auch diesem Mystiker niemals in äußerlichem Tun oder in
dogmatischem Fürwahrhalten, aber es besteht ihm auch nicht allein
in der Seligkeit der Kontemplation der Gottheit. Wohl ist es ihm
das Ideal, daß der Mensch einmal nichts anderes sein soll, als ein
gottrunkener Gedanke, und diese Bestimmung zeigt sich auch
darin, daß alle Macht des Menschen in der Wirklichkeit nur auf
seinen Gedanken beruht. Aber der Mensch, wie er jetzt ist, kann
nicht reiner Gedanke sein, er lebt in natürlicher Vermittlung, und
er bedarf in dieser der Leidenschaft. Zwei Grundformen dieser
Leidenschaft gibt es: die eine ist der Ehrgeiz, der den Menschen
in die Welt der Geschäfte oder in die Arbeit der Wissenschaft treibt,
Macht und Ruhm zu gewinnen, die andere die Liebe, welche die
Selbstsucht in ihm erstickt und sich in der Gottesliebe vollendet.
Es ist eine ganze Geschichte, die Geschichte eines mit sich selbst
ringenden Herzens, die sich in diesen Lehren Pascals ausspricht.
Und darin liegt auch der wesentliche Reiz seines Werkes; es ergreift
nicht als Philosophie, sondern als Selbstbekenntnis, und sein Eindruck ist nicht der einer großen Gedankenarbeit, sondern der einer
großen Persönlichkeit, — einer Persönlichkeit, deren Bild um so
wirksamer ist, je fremdartiger sie sich von dem Hintergrunde ihrer
Zeit abhebt.

Pascals Mystizismus hatte sich, seiner weichen, liebevollen
Natur gemäß, der wissenschaftlichen Erkenntnis gegenüber mit
einer Art von schonender Anerkennung verhalten. Viel schroffer
und rücksichtsloser verfuhr in dieser Hinsicht Pierre Poiret
(1646—1719). Bei ihm sind direkte Einflüsse nicht nur von Tauler
und von Thomas a Kempis, sondern auch von Jacob Böhme zu
konstatieren: seine »Censura philosophiae teutonicae« ist in seinem
Briefwechsel mit dem englischen Religionsphilosophen Henry More

(vgl. § 22) bei des letzteren Werken gedruckt. Da aus seinen Schriften hervorgeht, daß er ursprünglich Cartesianer war, so ist zu vermuten, daß er durch jene Einflüsse bekehrt und zum Gegner der rationalen Philosophie gemacht worden ist. Dabei wirkte zugleich der Eindruck des Spinozismus mit, welchen er für die letzte Konsequenz des Rationalismus hielt. Es ist merkwürdig genug, daß auch die Mystiker das verwandte Element in Spinoza nicht herausfühlten, sondern in seiner Lehre den baren Atheismus sahen, den sie dann, wie es Poiret tat, mit gleicher Leidenschaft wie der Orthodoxismus bekämpften. Diese Meinung mag Poiret veranlaßt haben, die rationale Erkenntnis überhaupt für notwendig irreligiös zu halten, und er verwendete in geistreicher Weise einige cartesianische Gedanken, um den Beweis für diese Ansichten in seiner bedeutendsten Schrift: »De eruditione triplici: solida, superficiaria et falsa« (Amsterdam 1692) zu führen. Er geht dabei von dem cartesianischen Unterschiede des aktiven und des passiven Verstandes aus, indem er das von Descartes festgesetzte Wertverhältnis umkehrt. Der aktive Verstand, dessen höchste Leistung die Mathematik ist, kann nur die leeren Formen, den Schatten der Wirklichkeit, den Leichnam der Natur, nicht ihr inneres, zweckvolles Wesen begreifen. Wenn die Vernunft selbständig und nur aktiv verfahren will, ohne sich den wahren Inhalt geben zu lassen, so ist sie zu trostloser Öde verurteilt. Die wahre Erkenntnis — das ist ein echt mystischer Gedanke — ist Empfänglichkeit und daher nur durch den passiven Verstand zu gewinnen. Dieser passive Verstand aber empfängt seine Erkenntnisse teils durch die sinnliche Erfahrung, teils durch die offenbarende Einwirkung Gottes. Hier macht in höchst charakteristischer Weise der Mystizismus mit dem Sensualismus gemeinschaftliche Sache gegen den Rationalismus. Um nur nicht die Selbständigkeit der menschlichen Vernunft anerkennen zu müssen, sucht Poiret in seiner Polemik gegen Descartes darzutun, daß die auf Sinneserfahrung gegründete Erkenntnis der Körper reeller und gewisser sei, als alle Vernunfterkenntnis. Es verdient bemerkt zu werden, daß in einer ganz ähnlichen Weise die Jesuiten den Cartesianismus auf sensualistischer Grundlage bekämpft hatten. Doch wendet Poiret diese Anerkennung der sinnlichen Erfahrung nicht weiter an, sondern zieht die Folgerungen dieser Auseinandersetzung nur für die Erkenntnis der religiösen Wahrheiten. Gewiß ist darin,

führt er aus, nur die Erkenntnis des gläubigen Gemütes. Wenn
die Vernunft hinzutreten will, so kann sie entweder nur dasselbe
sagen, und dann ist sie überflüssig, oder etwas anderes, und dann
ist sie falsch. Von diesem Gesichtspunkte hat Poiret dann auch
Lockes Versuch, die Vernunftgemäßheit des Christentums zu erweisen, in einer eigenen Schrift bekämpft; und aus demselben Gesichtspunkte ist mit noch innigerem Anschluß an Jacob Böhme
später St. Martin als der temperamentvolle Gegner der gesamten
Verstandesaufklärung aufgetreten.

Poirets Bestreitung des Rationalismus zeigt noch mehr als die
Grenzen, welche Pascal der mathematischen Erkenntnis ziehen
wollte, die notwendige Verknüpfung, in welche der Mystizismus mit
skeptischen Theorien treten mußte, um seinem Prinzip des
Glaubens Bahn zu brechen. Es ist jedoch klar, daß dieselben Gedankengänge, welche auf diese Weise der außerkonfessionellen oder
überkonfessionellen Mystik dienten, auch für die Orthodoxie sich
in derselben Weise verwenden ließen. Und in dieser Richtung bewegte sich auch in der Tat die größere Mehrzahl der französischen
Skeptiker.

§ 37. Der Skeptizismus.

Schon die ersten Nachfolger Montaignes, Charron und Sanchez
(vgl. § 3), hatten den von jenem erneuerten skeptischen Elementen
der alten Philosophie eine orthodoxe Wendung zu geben versucht,
und diese Auffassung fand auch noch gegen Ende des XVII. Jahrhunderts mannigfache Vertreter. François de la Mothe le
Vayer (1586—1672) ließ sich durch historische und ethnographi-
sche Studien von der Relativität und Wandelbarkeit der menschlichen Meinungen so tief überzeugen, daß er die Geltung aller Ver-
nunftprinzipien für die Religion leugnete und ein über die Vernunft
erhabenes, nur durch Gnade mitteilbares Prinzip des Glaubens an
deren Stelle zu setzen suchte. Von seinen Schülern wirkten Samuel Sorbière durch eine Übersetzung der »Hypotheses Pyrrho-
neae« des Sextus Empiricus und Simon Foucher durch eine
»Geschichte der platonischen Akademie«, sowie durch eine Kritik
der Malebrancheschen Lehre für die Ausbreitung skeptischer Gedanken. Zu gleicher Zeit benutzte Bossuet, der berühmte Redner
der gallikanischen Kirche, den Skeptizismus als ein Propagations-

und Agitationsmittel gegen die Protestanten, denen er den Versuch,
den Glauben mit der Vernunfterkenntnis zu identifizieren, als einen
absurden und von vornherein verfehlten vorwarf. Die umfassendste
Vertretung aber fanden diese Gedanken durch den Bischof von
Avranches, Pierre Daniel Huet (1630—1721), dessen interessante
Autobiographie über die Gegensätze der religiösen und der wissenschaftlichen Bewegung in Frankreich wichtige Aufschlüsse enthält.

Auch er war anfangs Cartesianer gewesen und legte seine Lehre,
als er diesem Systeme durch die Bekanntschaft mit Sextus Empiricus entfremdet war, in einer »Censura philosophiae Cartesianae«
(Paris 1689) und in dem nach seinem Tode gedruckten »Traité de
la faiblesse de l'esprit humain« (Amsterdam 1728) nieder. Diese
Darstellung gestaltete sich jedoch zu einer umfassenden und de-
struktiven Kritik der gesamten gleichzeitigen Philosophie, die besonders eindrucksvoll deshalb war, weil der als Polyhistor berühmte
Bischof eine reiche Fülle mannigfachsten Wissens in ihre Entwicklung hineinzuarbeiten wußte. Diese Kritik zeigt wiederum eine
interessante Kombination der verschiedensten Denkrichtungen.
Ähnlich wie Poiret will Huet lieber sensualistisch als rationalistisch
sein. Wenn man irgend einem Teile der menschlichen Erkenntnis
trauen darf, so ist es die sinnliche Wahrnehmung, in der der Mensch
sich des Übermutes der eigenen Denkwillkür entschlägt und aufnimmt, was die Welt ihm gibt. Huet verfolgt diese sensualistischen
Prinzipien so weit, daß er — vielleicht schon nicht ohne Abhängigkeit von den aus England herüber verlautenden Gedanken — alle
menschliche Erkenntnis aus der Tätigkeit der Sinne ableitet und
die Abhängigkeit des Denkens von den Funktionen des Gehirns
in einem Grade gelten läßt, der bei einem weniger gläubigen Gemüte unbedingt zum Materialismus geführt hätte. So jedoch gibt
Huet diesen Untersuchungen eine ganz andere Tendenz. Er erkennt mit entschiedener Abneigung gegen den Rationalismus an,
daß der von Gassendi erneuerte Materialismus Demokrits und
Epikurs die folgerichtige Konsequenz des lediglich auf sinnliche
Erfahrung zu stützenden menschlichen Denkens sei. Der Rationalismus sei eine völlig wertlose Träumerei; das verhältnismäßig
Beste, was der natürliche Mensch in seinen Vorstellungen habe,
seien seine sinnlichen Wahrnehmungen; deren Konsequenz aber
führe notwendig zu den unsittlichen und irreligiösen Theorien des

Materialismus und Atheismus. Es ist in verhältnismäßig origineller
Form der jesuitische Skeptizismus, zu dem sich Huet bekennt,
indem er der selbständigen Erkenntnis des Menschen einen möglichst niedrigen Ursprung und Wert zu geben sucht, um sie dann
desto sicherer vor der Offenbarungserkenntnis und dem dogmatischen
Systeme zurücktreten zu lassen. Er greift zu diesem Zwecke zu
allen ihm von der Philosophie der Zeit dargebotenen Mitteln und
reproduziert alle Formen des Angriffs auf die Erkenntniskraft des
Syllogismus in der Meinung, dadurch den Rationalismus überhaupt
zu widerlegen, und er schreckt vor der Konsequenz nicht zurück,
zu erklären, daß die höchsten Axiome, welche die Vernunft als
Kriterien bei der Beurteilung des Wahren und des Falschen verwendet, ihre Gültigkeit nicht der Vernunft selbst, sondern vielmehr
dem Willen der Gottheit verdanken, welche sie daher jeden Augenblick umzustoßen imstande und berechtigt sei.

So führte die Kirche sehr stolz und sicher das Schwert des Skeptizismus. Aber wenn irgend eine, so ist diese Waffe zweischneidig,
und wie sehr sie es ist, sollte gerade die französische Orthodoxie
durch den charaktervollsten und tiefsten der Skeptiker erfahren,
durch Pierre Bayle.

Sein Leben zeigt innerlich wie äußerlich ein ruheloses Hin- und
Hergeworfenwerden zwischen den großen Gegensätzen der Zeit,
und je weniger diese Gegensätze in ihm eine Versöhnung gefunden
haben, um so mehr ist er mit seiner edlen und unerschrockenen
Offenherzigkeit ein charakteristischer Ausdruck des geistigen Lebens
seiner Tage gewesen. Er war 1647 zu Carlat als Sohn eines reformierten Predigers geboren. Von tief innerlicher Gläubigkeit erfüllt,
mit einer seltenen Vielseitigkeit das reale Wissen seiner Zeit um-
spannend und mit scharfsinniger Empfänglichkeit in die philosophischen Theorien eingelebt, durchschaute er bald das Trügerische
an der Hoffnung, die Lehren der positiven Religion mit der menschlichen Vernunfterkenntnis zur Deckung zu bringen, dieser Hoffnung, welche in keiner der christlichen Konfessionen so lebendig
war wie in der unter dem Einflusse Calvins stehenden reformierten;
und diese Zweifel führten sein glaubensbedürftiges Gemüt in den
Schoß der römischen Kirche. Allein hier war es nun wieder umgekehrt das zu große Opfer der selbstdenkenden Vernunft, welches
ihn bald zurückschreckte und schon in seinem 23. Jahre wiederum

zu seiner ursprünglichen Konfession zurückführte. Infolge dieses Abfalles sah er sich genötigt, seine Heimat zu verlassen und nach Genf zu flüchten, und er fand erst eine äußere Ruhe, als er in Sedan und später in Rotterdam Professor geworden war. An letzterem Orte starb er 1706. Seine wissenschaftliche Tätigkeit ist in einer Ausdehnung einflußreich gewesen, wie sich einer ähnlichen nach ihm nur einerseits Voltaire und anderseits die Enzyklopädisten haben rühmen können. Bayle ist der Pionier der Aufklärung. Er hat zuerst und in systematischer Weise daran gearbeitet, das allgemeine Denken der Gesellschaft mit der wissenschaftlichen Erkenntnis zu tränken und die Resultate der Philosophie für die Überzeugung der gesamten gebildeten Welt flüssig zu machen. Er suchte nicht nur in den von ihm begründeten »Nouvelles de la république des lettres« die Arbeit der verschiedenen Gelehrten in gegenseitiger Ergänzung zu konzentrieren, sondern er machte in seinem »Dictionnaire historique et critique« (zuerst 1695 und 1697 in zwei Bänden erschienen) den ersten Versuch, dem gebildeten Publikum in einer zugleich präzisen und geschmackvollen Form den gesamten Stoff der wissenschaftlichen Erkenntnis vorzuführen. Mit einer Vielseitigkeit des Wissens, die kaum von Leibniz übertroffen worden ist, arbeitete dieser Mann allein an einer Aufgabe, der sich nach ihm nur Vereinigungen von Gelehrten unterzogen haben. Sein Dictionnaire fand eine rapide Verbreitung. Es wurde nicht nur in Frankreich, sondern in der ganzen Welt der europäischen Bildung auf das eifrigste gelesen und gestaltete sich damit zum ersten großen Träger der wissenschaftlichen Aufklärung. Seine Wirkung war jedoch in ihren Resultaten auf das entschiedenste durch den Geist seines Urhebers mitbedingt; ja die Ausbreitung wissenschaftlicher Kenntnisse, die es mit sich brachte, trat fast zurück hinter der Förderung des skeptischen Geistes, der darin wehte, und hinter der Befestigung des moralischen Standpunktes, welchen es atmete.

Die negative Bedeutung Bayles liegt wesentlich darin, daß er den Widerspruch zwischen Vernunfterkenntnis und Offenbarung auf die schärfste Spitze brachte, in der schroffsten Weise formulierte und ihre völlige Unvereinbarkeit nachzuweisen bestrebt war. In entschiedener Abhängigkeit von Bacon, aber mit prinzipieller Zuspitzung der von diesem sehr viel vorsichtiger ausgesprochenen Gedanken suchte er darzutun, daß die Dogmen der positiven Reli-

gion den einfachsten und einleuchtendsten Grundsätzen der natürlichen Vernunft widersprechen, und daß deshalb von einer Vernunftreligion, d. h. einer durch die Vernunft zu gewinnenden oder
auch nur mit der Vernunft zu vereinbarenden Glaubenslehre nun und
nimmermehr die Rede sein könne. Mit durchdringendem Scharfsinn
zergliedert er die theologischen Grundbegriffe und zerstört jede Hoffnung, sie der vernünftigen Erkenntnis zugänglich zu machen. Darauf
beruhte die mächtige und erschütternde Wirkung, die seine Schriften
auf seine Zeit und auf deren bedeutendste Männer, wie z. B. auf
Leibniz ausübten. Wenn Locke in der schon dem Mittelalter geläufigen Weise den Schwerpunkt seiner religionsphilosophischen Betrachtung auf den Begriff der Übervernünftigkeit der Dogmen
gelegt hatte, wonach diese für die menschliche Vernunft nicht auf-
findbar, wohl aber begreifbar sein sollten, so richtete Bayle seine
ganzen Untersuchungen darauf, zu zeigen, daß sie widervernünftig sind. So radikal, wie nur jemals, sprach er es aus, daß
zwischen Glaube und Vernunft kein anderes Verhältnis existiere als
dasjenige des Widerspruchs. Schon seine »Pensées diverses sur la
comète de 1680« suchten zu zeigen, daß die Lehren von der Schöpfung
der Welt durch einen gütigen Gott und von der Vorsehung mit den
zahllosen physischen und moralischen Übeln der Welt, die Lehre
von der Erbsünde mit dem Bewußtsein der Verantwortlichkeit usw.
in einem niemals zu versöhnenden Widerspruche stehen. Aber
Bayle ist weit entfernt, um dieser Widervernünftigkeit willen an der
Wahrheit der religiösen Lehren zu zweifeln. In einem viel ehrliche-
ren und tieferen Sinne, als Bacon, wiederholt er das tertullianische
»credo, quia absurdum«. Er verneint, daß die menschliche Vernunft in den höchsten und wertvollsten Dingen irgend eine positive
und adäquate Erkenntnis gewinnen könne. Sein ungewöhnlich
umfassendes Wissen erlaubte ihm, alle Theorien einer umsichtigen
historischen Kritik zu unterwerfen und die verschiedenen Ansichten
durcheinander zu paralysieren. Er zweifelte mit Descartes an der
Richtigkeit der sinnlichen Erfahrung und an der Realität der Körperwelt, er zweifelte gegen Descartes an der Gewißheit des Selbstbewußtseins, er erlaubte sich sogar — zu seiner Zeit die größte
Kühnheit — an der Unumstößlichkeit der mathematischen Axiome
zu zweifeln und zu meinen, daß diese vielleicht nur aus einer Erfahrung abstrahiert seien, welche, so konstant sie bisher gewesen

sei, doch keine absolute Gewähr biete, in alle Zukunft nicht wieder
umgeworfen werden zu können. So suchte er zu zeigen, daß der
menschlichen Erkenntnis nirgends eine zweifellose Gewißheit innewohne. Die menschliche Vernunft sei darin stark, Irrtümer zu
entdecken, aber zu schwach, um ohne fremde Unterstützung selbst
die Wahrheit zu finden — ein Aperçu, von dem man sehr richtig
gesagt hat, daß Bayle es von der Natur seines eigenen Geistes abstrahiert hatte. Aber in dieser Unfähigkeit der Vernunft, zu ab-
schließender Erkenntnis zu gelangen, sieht Bayle im Geiste des alten
Kirchenvaters eine überaus weise Einrichtung. Denn nur durch
sie wird der Glaube zum Verdienst. Das Vernünftige zu glauben,
sagt er, ist so selbstverständlich, daß es niemandem als Verdienst
angerechnet werden kann: erst der Glaube an das Widervernünftige
zeigt jene Selbstüberwindung, welche den Wert der Religiosität
ausmacht.

Das ist der höchste Gipfel, den die »Lehre von der zweifachen
Wahrheit« erreicht hat. Bayle gibt nicht nur zu, daß die religiöse
Wahrheit vor dem Standpunkte der Vernunft falsch sein könne,
sondern er verlangt, daß sie es sein müsse, wenn der Glaube ein
Verdienst sein solle. In ihm stehen sich Wissen und Glauben so
schroff gegenüber, daß sie nicht mehr, wie es in dem religiös indifferenten Geiste Descartes' der Fall gewesen war, ohne Beziehung
zueinander sind, sondern vielmehr einander ausdrücklich und im
ganzen Umfange widersprechen. Der Baylesche Skeptizismus
machte in seiner absoluten Ehrlichkeit den Tatbestand klar, daß
die Philosophie mit der Religion zerfallen war, und statt des Ver-
suches einer scheinbaren Versöhnung hielt er es vielmehr für seine
Aufgabe, diese Tatsache, die er in den Geistern seiner Zeit vorfand,
mit aller Aufrichtigkeit auszusprechen. Daraus ist zu gleicher
Zeit die Stellung klar, die Bayle in der Entwicklung dieser Frage
historisch einnahm. Nachdem er die Widervernünftigkeit der
Dogmen erwiesen zu haben glaubte, war nur noch ein Schritt nötig,
damit diejenigen, welche diesen seinen Beweis annahmen, das dogmatische System um seiner Widervernünftigkeit willen verwarfen.
Es gehörte dazu nur, daß sie, sei es im Geiste des Rationalismus,
sei es in demjenigen des Empirismus, unter Verwerfung des Skeptizismus von der Erkenntniskraft der menschlichen Vernunft überzeugt waren. Diesen Schritt taten die Enzyklopädisten und mit

ihnen die gesamte französische Aufklärung. Bayle selbst tat ihn nicht, und was ihn davor bewahrte, war eben sein Skeptizismus: er blieb gläubig, weil er ein Skeptiker war.

Um so schärfer aber tritt der innere Gegensatz seines Denkens hervor. Mit einschneidendem Scharfsinn zersetzt er vom Standpunkte der menschlichen Vernunft alle die Lehren des Glaubens, von deren Richtigkeit er überzeugt bleibt, und es ist daraus begreiflich, wie man hat meinen können, es sei diese von ihm stets betonte Gläubigkeit nur der Deckmantel seiner Ungläubigkeit gewesen. In Wahrheit ist das nicht der Fall, man müßte denn annehmen, daß er der vollendetste Heuchler war, der je existiert hat. Man hat darauf hingewiesen, daß der Text in den Artikeln seines Dictionnaires häufig vom Standpunkte des Glaubens aus geschrieben ist, während die Noten mit breiter Ausführlichkeit sich in der Entwicklung der vernünftigen Einwürfe dagegen ergehen. Auch dieser Gegensatz ist in der Tat vorhanden; allein er ist, wie zuerst Feuerbach gezeigt hat, der vollkommene Ausdruck eben des Widerspruchs, in welchem Bayle mit sich selber rang. Er war im Innersten gläubig und dabei doch von der Philosophie seiner Zeit so tief ergriffen, daß er den Widerspruch, worin sie mit dem Dogma stand, klar durchschaute: und er war zu ehrlich, um diesen Widerspruch zu verschweigen oder zu verhüllen. Er selbst hatte jenes Verdienst des widervernünftigen Glaubens, und wie schon die ersten Lehrer der zweifachen Wahrheit, sprach er in diesem Widerspruche das Geheimnis seines inneren Zustandes aus. Daß er dies Verdienst des widervernünftigen Glaubens seiner Zeit nicht mitzuteilen vermochte, lag nicht an ihm. In der Tat freilich wirkte aus seinen Schriften auf die Masse der Gebildeten Frankreichs und Europas nicht der Glaube, von dem er überzeugt war, sondern vielmehr die zersetzende Kritik, welche er an dessen Inhalt in Rücksicht auf sein Verhältnis zur vernünftigen Erkenntnis übte: denn diese Masse der Gebildeten stand nicht mehr auf dem Standpunkte des Glaubens, sondern, wie sie meinte, auf demjenigen der Vernunft, und sie sog deshalb aus den glänzenden Blüten von Bayles Darstellung nur den Saft des Unglaubens. So konnte seine persönliche Frömmigkeit den großen Skeptiker nicht davor schützen, daß die Wirkung seiner Lehren nur die negative war, und daß seine Schriften unter denjenigen, welche die Gläubigkeit untergruben, in erster Linie standen.

Aber neben dieser negativen Wirksamkeit gab es eine positive Erkenntnis von großer Bedeutung, die Bayle erfaßte, in zahllosen Wendungen ausarbeitete und durch seine Werke als fruchtbare Keime in das Zeitalter der Aufklärung streute. Je leichter bei ihm die Schale der theoretischen Vernunft stieg, um so tiefer und inhaltsschwerer senkte sich diejenige der praktischen Vernunft, und dadurch kam eine höchst eigentümliche Gedankenverbindung zustande. Die religiösen Dogmen, lehrte er, sind widervernünftig, aber das moralische Handeln ist rein vernünftig. Aus diesen beiden Sätzen erwuchs der dritte, daß die Moralität von religiösen Überzeugungen durchaus unabhängig sei. Der Mann, der in dem Gewirre theoretischer Zweifel zweimal die Konfession gewechselt hatte, war sich bewußt, daß er moralisch dabei derselbe geblieben war, und diese Selbsterfahrung machte ihn zu dem wirkungsvollsten Vorkämpfer der Toleranz. Er suchte zu zeigen, daß die moralischen Gebote ihre Würde nur in sich selbst und in ihrer Abstammung aus der menschlichen Vernunft haben, daß ihre Beziehung auf eine göttliche Gesetzgebung ihren moralischen Wert nicht vergrößern, sondern nur durch die Einmischung von Wünschen, Hoffnungen und Befürchtungen beeinträchtigen könne. Er wies mit historisch offenem Sinne bei jeder Gelegenheit darauf hin, wie herrliche sittliche Erscheinungen das Heidentum aufzuweisen und zu welchen Greueltaten auf der anderen Seite der christliche Fanatismus Veranlassung geboten habe; und dem Einwurfe, daß man für diese unsittlichen Auswüchse die Religion nicht verantwortlich machen dürfe, begegnet er mit dem schlagenden Worte, daß, wenn das sittlich Schlechte nicht ihre Frucht sei, man sie auch nicht für den Ursprung des sittlich Guten halten dürfe. Die religiöse Meinung sei an sich moralisch indifferent; ob sie zu Gutem oder zu Bösem führe, hänge von der moralischen Richtung ab, mit der sie sich in den Individuen verbinde, und welche durchaus selbständig in sich bestehe. Bayle will daher die Religion ebenso weit von der Moralität wie von der Wissenschaft getrennt wissen. Der große Einfluß, den diese seine Lehre ausgeübt hat, bestand darin, daß sie die Unabhängigkeit des moralischen Wertes des Menschen von der positiven Religion, der er angehört, zu einer Überzeugung der weitesten Kreise machte. Wenn dann der Deismus und die Religionsphilosophie in Voltaire, Hume, Lessing und Kant die

Moralität zum wesentlichen Inhalte der Vernunftreligion zu machen
suchten, so war das nicht mehr im Geiste Bayles, welcher die Existenz einer Vernunftreligion überhaupt leugnete. Aber er hatte
diese Möglichkeit eben dadurch vorbereitet, daß er die Welt daran
gewöhnt hatte, den moralischen Wert eines Menschen als etwas
von seiner positiven Religion Unabhängiges zu betrachten. Mit
der moralischen ging notwendig die bürgerliche Wertschätzung Hand
in Hand, und Bayle wurde nicht müde, in den verschiedensten
Richtungen darzutun, wie falsch es sei, jemanden um irgend einer
religiösen Ansicht willen bürgerlich zu verketzern und öffentlich
zu proskribieren. Mit einer Lebhaftigkeit, die nur aus den Zuständen
seiner Zeit und Frankreichs im besonderen begreiflich ist, plädiert
er für die bürgerliche Gleichstellung aller Konfessionen und tritt
in der Verteidigung der Toleranz so radikal auf, daß er, der Meinung selbst wohlwollender Männer entgegen, die Duldung auch
den Atheisten zugute kommen lassen will. Er kleidet das in die
berühmt gewordene und später vielfach diskutierte Beweisführung,
daß ein Staat von Atheisten sehr gut denkbar sei. Bayle dachte
zu edel und persönlich zu hoch von der Religion, um sie etwa im
Sinne von Hobbes oder des esoterischen Deismus der englischen
Moralisten zu einem Polizeimittel in der Hand der Machthaber
herabzuwürdigen, und da er überzeugt war, daß ebenso das moralische Wesen wie der egoistische Triebmechanismus des Menschen
von dem besonderen Inhalte seiner religiösen Meinung unberührt
bleibe, so glaubte er das staatliche Leben in derselben Weise wie
das wissenschaftliche und das moralische von dem religiösen trennen
zu können und zu sollen. Ja er betont viel eher sogar die negative
Kehrseite. Statt einer fördernden, fürchtet er vielmehr eine hemmende Einwirkung der Religiosität auf das Staatsleben; er macht
darauf aufmerksam, daß das nur auf den Himmel gerichtete Streben
den Christen viel eher zu einem schlechten und indifferenten, als
zu einem guten und begeisterten Staatsbürger mache. Allein er
schwächt diese Bemerkung durch den vernichtenden Zusatz ab,
daß darin keine Gefahr läge: denn wirklich für den Himmel und
in reiner Religiosität habe wohl fast noch nie einer gelebt, und die
Natur sorge jedenfalls dafür, daß die große Masse es niemals tue.

§ 38. Die mechanische Naturphilosophie.

Wenn dem Mystizismus in der Entwicklung des französischen
Denkens der Aufklärung überhaupt nur eine geringe und schnell
verklingende Bedeutung zukommt, so war der Skeptizismus zwar
ungleich verbreiteter und wirkungsvoller, aber in letzter Instanz
doch nur ein negatives Element, dessen Wirkung im wesentlichen
darin bestand, für die positiven iEnflüsse der englischen Philosophie
Raum zu schaffen. Denn obwohl die Vertreter des Skeptizismus
und unter ihnen selbst Bayle die skeptischen Gedankengänge wesentlich zur Bestreitung jeglicher Vernunfterkenntnis der religiösen
Wahrheit angewendet hatten, so wurde es doch in Frankreich
immer mehr Sitte, durch eine Verbindung dieses Skeptizismus mit
dem Cartesianismus die Vernunfterkenntnis für das Entscheidende
zu halten und den Skeptikern nur so weit zu folgen, als sie lehrten,
daß mit dieser Vernunfterkenntnis das Dogma der positiven Religion unvereinbar sei. So wirkte der Skeptizismus negativ und zerstörend nur in bezug auf den Glauben, und gerade in Frankreich
hatte es seinen Ursprung, daß man einen Skeptiker während des
ganzen Aufklärungszeitalters hauptsächlich denjenigen nannte, der
an der Vernünftigkeit der kirchlichen Dogmen zweifelte.

Auf diese Weise hatte der Skeptizismus trotz aller orthodoxen
Neigungen seiner Vertreter in Frankreich schließlich nur daran gearbeitet, die freie Entwicklung der selbständigen Elemente der
modernen Wissenschaft zu befördern. Unter diesen aber stand in
erster Linie jene mechanische Naturphilosophie, die von Galilei,
Hobbes und Descartes prinzipiell begründet und inzwischen zur
herrschenden Auffassung in allen eigentlich wissenschaftlichen Kreisen geworden war. Gerade in der durch den Skeptizismus errunge-
nen Freiheit des Denkens gewann dies Prinzip schnell eine über-
raschende Tragweite. Descartes hatte in seiner vorsichtigen Weise,
um alle Konflikte mit den kirchlichen Mächten zu meiden, sich niemals offen zu den großen Entdeckungen der neueren Naturwissenschaft bekannt. Aber je mehr es auf der Hand lag, daß seine ganze
Lehre von demselben Geiste getränkt war und notwendig auf dieselben Resultate hindrängte, um so kühner wurden allmählich mit
der allgemeineren Rücksichtslosigkeit des Denkens auch seine Anhänger. Als der offene Durchbruch dieser Konsequenz müssen

Fontenelles (1657—1717) »Entretiens sur la pluralité des mondes« (Paris 1686) angesehen werden, die sich vollständig auf den durch Kopernikus und Galilei gewonnenen Standpunkt der Mechanik und der Astrophysik stellen. Schon sein Werk ist der Beweis davon, mit welcher Vorliebe man sich um jene Zeit namentlich mit astronomischen und astrophysischen Problemen beschäftigte. In dieser Hinsicht versuchte Fontenelle die von der exakten Forschung gefundenen Tatsachen und speziell die Keplerschen Gesetze mit der Wirbeltheorie des Descartes in erklärende Verbindung zu bringen. Schon seine Darstellung aber zeigte in ihrer eleganten Popularität die Richtung, welche die gesamte französische Aufklärung nahm: sein Buch lag in kurzer Zeit auf den Tischen aller Salons und machte den Gedanken des allgemeinen Naturmechanismus und der mathematischen Gesetzmäßigkeit in allen Köpfen des gebildeten Frankreich heimisch. Von nun an wurde es der Ehrgeiz der französischen Mathematiker, die allgemeine Meinung mit ihren Theorien zu beherrschen. Man war darüber einig, daß man nur mit der Mathematik der Natur zu Leibe gehen könne, und die große Entwicklung, welche die französische Mathematik von einem Pascal und Fermat bis zu einem Lagrange und Laplace gefunden hat, stand wesentlich unter den Bedürfnissen der Naturerkenntnis. Anderseits aber hielten es gerade diese Mathematiker für ihre Aufgabe, über die so gewonnenen Fortschritte der Naturerkenntnis in allgemein verständlicher Weise ein Publikum zu unterrichten, das diesen Fragen das lebhafteste Interesse entgegentrug.

Je weiter aber diese Entwicklung ging, um so entscheidender wurde selbstverständlich von dem Augenblick an, wo er bekannt geworden war, der Einfluß Newtons. Der mathematisch klare Geist der Franzosen mußte bald einsehen, daß dessen »Prinzipien« die Höhe dieser Geistesrichtung bedeuteten. Und so verdrängte während der ersten Hälfte des XVIII. Jahrhunderts in immer stärkerem Maße die Newtonsche Naturpnilosophie diejenige Descartes'. Auf dem spezifisch wissenschaftlichen Gebiete geschah das wesentlich durch Maupertuis (1698—1759), der, seitdem er in Berlin lebte und dort Präsident der Akademie geworden war, in mannigfache Streitigkeiten mit den dortigen Anhängern von Wolff geriet. Gegen diese verteidigte er namentlich den Gesichtspunkt der mechanischen Erklärung der einzelnen Naturerscheinungen, und es wurde ihm

verhältnismäßig leicht, mit den Waffen Newtons das beschränkte
Nützlichkeitssystem zu bekämpfen, das damals in der Naturauffassung der deutschen Philosophen landläufig war. Auf der anderen
Seite aber ging er durchaus auf Newtons teleologische Grundanschauung ein, den gesamten Mechanismus der Natur mit seinen
zweckmäßigen Konsequenzen aus einer göttlichen Zwecktätigkeit
abzuleiten. Allein auch darin war er weit von jener Felsenfestigkeit
der persönlichen Überzeugung entfernt, mit der Newton diese Verbindung gesucht hatte. Er betrachtete vielmehr die Frage nach
der Zweckmäßigkeit der Natur vorwiegend unter einem skeptischen
Gesichtspunkte. Die Naturforschung, meinte er, habe sich auf die
Erkenntnis der nächsten Ursachen der einzelnen Phänomene zu
beschränken und diese möglichst auf die mathematische Formel
zu bringen. Zur Erkenntnis der ersten Ursache und des Zusammenhanges, womit aus ihr alle übrigen folgen, vermöge der Mensch doch
nicht zu gelangen. »Point de système« ist sein Lieblingsausspruch,
und er meint damit ganz die Bescheidung des skeptischen Empirismus, der, an einer abschließenden Erkenntnis des Universums ver-
zweifelnd, sich mit einer Einsicht in die mathematische Notwendigkeit der faktischen Verhältnisse begnügen will.

Zu einem Gemeingut der französischen Bildung aber war die
Newtonsche Naturphilosophie schon vor ihm durch Voltaire geworden. Dessen Übersetzungen und Bearbeitungen der Newtonschen Lehre gewannen mit einem Schlage die ganze gebildete Welt
Frankreichs für diese Lehre, verdrängten die Schriften Fontenelles
aus dem Gedächtnis der Zeit und wurden eines der allerstärksten
Mittel für die Untergrabung des orthodoxen Glaubens. Bereits
seine »Lettres sur les Anglais« (Paris 1734) hatten auf die Bedeutung der englischen Wissenschaft, von der er sich bei persönlichem Aufenthalt in London überzeugt hatte, sehr energisch aufmerksam gemacht. Einige Jahre darauf schrieb er die »Eléments
de la philosophie de Newton«, welche jedoch, durch die von den
Cartesianern beherrschte Zensur lange zurückgehalten, erst 1741 erschienen, so daß die etwas milder gefaßte »Métaphysique de Newton«
bereits ein Jahr früher gedruckt wurde. Allein bei Voltaire verband
sich die mechanische Naturauffassung Newtons nicht nur mit dessen
allgemeiner teleologischer Anlehnung an religiöse Überzeugungen,
sondern vielmehr mit dem ganzen kritischen Gedankenkreis des

englischen Deismus. Er ist das wichtigste Mittelglied in der so
überaus fruchtbaren Verschmelzung der englischen mit den französischen Ideen, und seine gesamte Weltanschauung, welche vielleicht mehr als die irgend eines anderen Menschen in die allgemeine
Bildung durchgesickert ist, entlehnte ihre Grundzüge allen Größen
der englischen Philosophie, die bis dahin deren Gang bestimmt
hatten. Es konzentrierten sich alle diese Einflüsse bei Voltaire
vermöge der umfassenden Rezeptivität seines Geistes und der
glänzenden Gestaltungskraft seines Stiles zu einer Vereinigung,
welche mit Recht als der Typus der gesamten Aufklärung gilt.
Der innerste Kern davon besteht darin, daß Voltaire es verstand,
Newtons mechanische Naturphilosophie, Lockes erkenntnistheoretischen Empirismus und Shaftesburys Moralphilosophie unter
dem Gesichtspunkt eines Deismus zu vereinigen, welcher mit der
Tendenz der Volksaufklärung eine propagatorische Wirkung ohne-
gleichen ausübte.

§ 39. Voltaires Philosophie der deistischen Aufklärung.

Freilich war Voltaire durchaus nicht der erste, welcher sich
in Frankreich offen zum Deismus bekannte. Der Gedanke der Vernunftreligion war schon vorher mehrfach hervorgetreten; doch
lagen auch hier Einflüsse der Lockeschen Lehre zugrunde. Namentlich Jean Leclerc, der einflußreiche Herausgeber mehrerer
wissenschaftlicher Zeitschriften um die Wende des XVII. und XVIII.
Jahrhunderts, war durch den persönlichen Verkehr mit Locke für
den Gedanken der Vernunftreligion gewonnen und trat dafür lebhaft ein. Doch geschah dies den positiven Religionen gegenüber
schon in einer kritischen Weise, die Locke ferner gelegen hatte,
und in der Leclerc vielleicht unter dem Einfluß von Bayle gestanden hat. Jedenfalls begann mit ihm für Frankreich dieselbe
Wendung, welche die englischen Deisten ihrerseits der Lockeschen
Religionsphilosophie gaben. Vollendet aber und besiegelt wurde
diese Wendung durch Voltaire, der nun freilich schon aus den
fertigen und reich strömenden Quellen des englischen Deismus
schöpfen konnte.

François Marie Arouet le Jeune, 1694 geboren, war einer
der Schüler der französischen Jesuiten, welche den Lehrern nachher
am unbequemsten werden sollten. In allen Künsten und Wissen-

schaften unterrichtet, mit einer unglaublichen Aneignungsfähigkeit ausgestattet, stand er schon in früher Jugend auf der Höhe der Bildung seiner Zeit. Der spielende Reichtum seiner dichterischen Phantasie und die anmutige, sonnenklare Eleganz seines Stiles, die ihn zu einem der ersten, wenn nicht zu dem ersten Schriftsteller Frankreichs machten, kamen auch seiner wissenschaftlichen Wirksamkeit zugute. Er ist nie ein großer Forscher noch ein tiefsinniger Grübler gewesen, aber er wußte mit seltener Feinfühligkeit dasjenige, was dem geistigen Zuge der Zeit entgegenkam, herauszufinden und ihm die Form zu geben, in der es die Gemüter packte und beherrschte. Der große Eindruck aber, den auch seine philosophischen Schriften, und diese beinahe am meisten, auf das Zeitalter machten, beruhte fast noch mehr auf der Wärme des sittlichen Gefühls, das sie durchwehte. Freilich war Voltaire weit davon entfernt, in diesem Gefühl eine feste und unerschütterliche Überzeugung zu besitzen, die ihn sicher durch die Wechselfälle des Lebens geführt hätte. Es ist unverkennbar und ihm oft genug vorgeworfen, wie sein maßloser Ehrgeiz, seine bis ans Komische grenzende Eitelkeit, seine Neigung zur Intrigue und zuletzt selbst eine wunderliche Habgier ihn zu Handlungen führten, die des Philosophen wenig würdig waren. Aber das gibt noch kein Recht, ihn einen Schauspieler zu nennen, der mit jenen Gefühlen nur gespielt und die Mache ihrer rhetorischen Verwendung meisterlich verstanden habe. Wir haben vielmehr aus zahlreichen Tatsachen seines Lebens alle Veranlassung, an die volle Wahrheit seiner Begeisterung für das Recht und die Sittlichkeit zu glauben. Aber er war moralisch wie geistig eine weiche Natur, und wenn ihn das geistig groß gemacht hat, so hat es seinem Charakter geschadet. Er war nicht dazu angetan, still und unentwegt durch das Leben zu gehen, sondern stürzte wie ein Falter dem Glanze des äußeren Lebens zu, ohne ihn ertragen zu können. Schon im Anfange verdarb er sich eine glänzende Stellung in der Pariser Gesellschaft durch Unvorsichtigkeiten und Rücksichtslosigkeiten. Aber diese Konflikte wurden für ihn wertvoll und fruchtbar dadurch, daß sie ihn nötigten, ihnen in den Jahren 1726—29 nach London auszuweichen, wo er sich, ernster und tiefer geworden, mit den Gedanken der englischen Wissenschaft tränkte. Nach seiner Rückkehr begann er, von den Idealen der Aufklärung begeistert, jenen unerschrockenen Kampf gegen die Vorurteile,

gegen die Mißstände des politischen und des kirchlichen Lebens,
gegen die Unbildung und Gedankenlosigkeit der Menschen, welcher
sein Leben ausgefüllt hat. Er hat diesen Kampf nicht immer mit
den zartesten Waffen geführt, er hat in der Not des Streites zu den
Mitteln des Hohnes und der Satire, die ihm so wunderbar zu Gebote
standen, so reichlich gegriffen, daß gegen ihn der Vorwurf der
Frivolität üblich geworden ist. Aber frivol ist nichts, als der Nihilis-
mus, der alles begeifert; Voltaire jedoch handelte und schrieb aus
einem Glauben an das Recht der Vernunft, der sein innerstes Wesen
ausmachte. Er sah in der blinden Hingabe an die bestehenden
Autoritäten nicht nur eine Dummheit, sondern auch etwas dem
Wohle der Menschheit wie des einzelnen Schädliches, und in dem
redlichen Streben, dieses Wohl seinerseits zu befördern, war sein
ganzes Leben ein ununterbrochener Kampf gegen das Unrecht der
Autorität, ein Kampf, der um die großen Güter der Duldung und
der Geistesfreiheit von ihm mit überlegener und siegreicher Kraft
geführt wurde — so siegreich, daß seine Gedanken in die allgemeine Bildung als ein für das spätere Bewußtsein selbstverständlicher Besitz eingedrungen sind. Aber natürlich trugen ihm diese
Lehren zahlreiche Verfolgungen ein, und mit Schmerz empfand er,
daß er am französischen Hofe unmöglich war. Bekanntlich war
es zuerst seine gelehrte Freundin, die Marquise du Châtelet, die
ihm auf ihrem Landgute Cirey in der Champagne eine Zuflucht
anbot, und später sein geistvoller Schüler, der Philosoph von
Sanssouci, der ihn zur Zierde seines Hofes machte. Aber hier
traten nur zu bald die Schattenseiten seines Charakters hervor, die
ihn mit dem König entzweiten und das Verhältnis auflösten. Von
1755 an hat er dann, im wesentlichen nur mit seinen Werken beschäftigt, auf seinem Landsitze Ferney bei Genf gelebt; von hier
aus war es, wo er in einigen eklatanten Fällen als eine europäische
Autorität gegen offene Verletzungen des Rechts und der Gewissensfreiheit mit einer Energie eintrat, die seinen Namen, wenn es möglich war, noch gefeierter machte als zuvor. Was ihm fehlte, war
nur die äußerliche Anerkennung, und in dem Streben nach ihr ist
sein Leben zu Ende gegangen. Als er es wagen konnte, den ersehnten Boden von Paris wieder zu betreten, begab er sich dorthin,
wo schon die revolutionäre Frucht seiner Ideen gezeitigt war. Mit
einem ungeheuren Enthusiasmus aufgenommen, erlag der Greis

den Aufregungen dieser Reise und starb, unter den Lorbeerkränzen
fast erstickt, am 30. Mai 1778.

Unter den Einflüssen, die in Voltaires philosophischer Schrift-
stellertätigkeit zunächst nach der negativen Seite hin hervortreten,
steht derjenige des englischen Deismus in seinem »Examen im-
portant de Mylord Bolingbroke« (Paris 1736) obenan. Er entnimmt
ihm die einschneidende Kritik der positiven Religionsbegriffe und,
von ihrer Unvernünftigkeit und Schädlichkeit überzeugt, begnügt
er sich nicht damit, sie wie der Weltmann, dem er jene Schrift
unterschob, mit vornehmem Achselzucken zu belächeln und für die
blöde Masse des Volkes gerade gut genug zu finden, sondern er
übernimmt ausdrücklich die Mission, diese zersetzende Kritik der
Dogmen zu popularisieren. Der Widerspruch, den Bayles mit
sich selbst ringender Geist zwischen Vernunft und Offenbarung
statuiert hatte, war Voltaire bei seinem unerschütterlichen Glauben
an das Recht der Vernunft gerade bequem, um die ätzende Lauge
der Kritik schonungslos über den Autoritätsglauben auszugießen.
In dieser Hinsicht steht er auf den Schultern des Skeptikers. Aber
wenn dieser in sich selbst widerspruchsvoll gewesen war, so glaubte
Voltaire viel zu fest an die Kraft des eigenen Denkens, um nicht
mit sich einig zu sein. Wenn man von ihm gesagt hat, er habe nichts
geleugnet, aber alles untergraben, so gilt das letztere nur von dem
dogmatischen Apparate der Kirchenlehre. Er führte den Kampf
nicht aus der Freude am Streit und aus der Sucht zur Zerstörung,
sondern von einer gegenteiligen Überzeugung aus und in der Hoffnung, diese zum Siege zu führen. Der Deismus war ihm wirklich
Religion, und wir haben keinen Grund, an der Wahrhaftigkeit
seiner Überzeugung, die er sein Leben lang gegen die extremen
Richtungen beider Seiten und mit gleicher Energie gegen den
Atheismus wie gegen den Orthodoxismus verteidigt hat, Zweifel
zu erheben.

Die positiven Lehren, in denen Voltaires Bedeutung für die Geschichte der Philosophie liegt, sind in erster Linie durch Locke
bedingt. Er hat dessen Lehre auf den Boden Frankreichs verpflanzt, und wenn sie später auf diesem Boden neben Voltaire
eigenartigere Früchte getragen hat, so stammte doch eben von ihm
der Hinweis auf diese gemeinsame Grundlage. Aber selbst jene
späteren Konsequenzen des Lockeschen Empirismus finden sich

bei ihm schon angedeutet; er betont noch energischer als das Original, daß der Inhalt aller Vorstellungen, auch derjenige der Reflexion lediglich aus der Tätigkeit der äußeren Sinne stamme, und nähert sich dadurch der sensualistischen Umbildung, welche die Lockesche Theorie in England durch die Assoziationspsychologie, in Frankreich durch Condillac fand. Mit solchen erkenntnistheoretischen Neigungen gehen entsprechend metaphysische Hand in Hand. Wenn Locke den Materialismus durch die Lehre von der Unerkennbarkeit der Substanzen umgangen hatte, so nahm Voltaire die danach immerhin stehen gebliebene Möglichkeit schärfer aufs Korn. Daß die Substanz, welche ausgedehnt ist, auch dieselbe ist, welche denkt, erscheint ihm nicht nur nicht ausgeschlossen, sondern sogar wahrscheinlich. Neben dem cartesianischen Satze » ich denke« sei derjenige » ich bin Körper« mit mindestens gleicher Selbstgewißheit in dem nämlichen Bewußtsein enthalten, und so sei es im Grunde genommen überflüssig, für diese beiden verschiedenen Attribute, die unser Bewußtsein in sich finde, verschiedene Substanzen anzunehmen. So gut wie in demselben Bewußtsein, müßten sie auch in demselben realen Wesen vereinbar sein. Von diesem Gesichtspunkt aus bekämpft Voltaire namentlich die Annahme einer substantiellen Selbständigkeit der Seele, welche diese mit ihrem Leibe nur als zufällig verbunden und als unabhängig davon betrachtet. Diese Annahme sei eine Abstraktion, welche die verschiedenen Glieder aus dem Zusammenhange der Wirklichkeit herausreiße, um ihnen willkürlich eine gesonderte Existenz zuzuschreiben. Aber Voltaire ist weit entfernt, damit in den eigentlichen Materialismus zu verfallen; er denkt zu klar, um zu übersehen, daß die Anerkennung der Abhängigkeit der seelischen Funktionen von den körperlichen noch keine Gleichsetzung und Verwechslung beider notwendig macht. Er dringt darauf, daß man zugebe, die Seelentätigkeiten seien durchaus von dem physiologischen Organismus abhängig; aber er verlangt nicht minder, daß man sie trotz dieser Abhängigkeit für etwas davon wesentlich Verschiedenes halte. Aus diesem Grunde kam er zu der Lehre, daß Materialität und Intellektualität die beiden Ureigenschaften alles Bestehenden bilden, — eine Lehre, die später von Robinet in umfassendster Weise durchgeführt wurde. Es ist die hylozoistische Grundansicht, welche mit der Substanz der Materie unmittelbar das

Prinzip des Lebens und der Seelentätigkeit gegeben erachtet, ohne
es darum gleich für eine Art der körperlichen Bewegung zu erklären.
Aus demselben Grunde aber kehrte sich Voltaire mit lebhaftester
Polemik gegen den Materialismus, der diese Verwechslung beging.
Er war der scharfe Gegner von Lamettrie und schließlich auch des
»Système de la nature«, mit dem er seine eigene Ansicht nicht auf
gleiche Linie gestellt wissen wollte.

Seine Bekämpfung des Materialismus richtet sich hauptsächlich
gegen dessen atheistische Konsequenzen. So sehr er die positiven
Dogmen angreift, so sehr ist er anderseits von der Notwendigkeit
der Vernunftreligion überzeugt. Schon theoretisch betrachtet
er die Vorstellung von der Gottheit als den notwendigen Abschluß
der Weltanschauung. Er hält im Anschluß an Locke den kosmologischen Beweis für das Dasein Gottes aufrecht, führt aber mit
jener Vorliebe, welche das Aufklärungszeitalter mehrfach zeigt,
besonders den physiko-theologischen aus. Doch hat er darin eine
bemerkenswerte Wandlung seiner Überzeugungen durchgemacht.
Anfangs war er durchaus optimistisch gesinnt und führte in Newton-
scher Weise den Beweis, daß der vollendete Mechanismus dieser
durch und durch zweckmäßigen Welt einen intelligenten Urheber
voraussetzte. Später jedoch regte sich in ihm gegen diese Zweckmäßigkeit der Welt der Zweifel so stark, daß er auf die pessimistische
Seite übertrat und bekanntlich in seinem »Candide« die optimistische
Lehre von der »besten der möglichen Welten«, die Leibniz aufgestellt
hatte, mit allen Waffen der Ironie geißelte. Man hat darauf aufmerksam gemacht, daß diese Wendung hauptsächlich durch das
Erdbeben von Lissabon 1755 herbeigeführt worden sei. Möglich,
daß diese Katastrophe, die bekanntlich ganz Europa auf das äußerste
erschütterte, auch Voltaire, wie andere bedeutende Männer zu
erneuter Betrachtung dieser Fragen veranlaßte: aber die Gründe
für die Antwort, die er jetzt darauf gab, lagen offenbar tiefer; sie
beruhten auf den trüben Erfahrungen seines eigenen Lebens und
in der Reife des Alters, dem die rosenfarbene Stimmung der Jugend
abhanden gekommen war. Dennoch bekämpfte Voltaire auch in
dieser Hinsicht mehr die kleinliche Nützlichkeitstheorie, zu welcher
die teleologische Auffassung namentlich bei den deutschen Schülern
von Leibniz ausgeartet war. Im ganzen hielt er an dem Gedanken
einer geläuterten Teleologie fest, und in dem lebendigen Organismus

des Universums hat er nie etwas anderes gesehen, als das volkom-
mene Kunstwerk der Gottheit.

Der deistische Gottesbegriff hat aber für ihn noch die weit höhere
Bedeutung, daß er den Mittelpunkt und den einzig sicheren Stütz-
punkt für das moralische Leben bildet. Der Wert der religiösen
Überzeugung besteht für Voltaire hauptsächlich darin, daß sie den
moralischen Zusammenhang des Menschenlebens trägt.
Es wirkt darin bei Voltaire zum Teil der Gedanke von Hobbes,
nur mit dem Unterschiede, daß er persönlich der religiösen Überzeugung ungleich näher steht, als dieser. Aber auch bei Hobbes
könnte jener berühmte Ausspruch von Voltaire stehen: »Si Dieu
n'existait pas, il faudrait l'inventer«, wenn auch nicht der Voltairesche
Zusatz »mais toute la nature nous crie qu'il existe«. Es ist wesentlich im Geiste von Hobbes gedacht, wenn Voltaire ausführt, ohne
den Glauben an Gott und Unsterblichkeit würde die menschliche
Gesellschaft bald aus den Fugen gehen. Bayle, sagt er, würde seinen
atheistischen Bauern, aus denen er einen Staat zu bilden sich ver-
pflichtet hat, bald genug Gott und Unsterblichkeit predigen lassen
müssen. In bezug auf die Unsterblichkeit ist bei Voltaire ein
ähnliches Schwanken wie bei der Vorsehungslehre zu konstatieren.
Anfangs auch theoretisch vollkommen von ihr überzeugt, fängt er
in dem Maße an, daran zweifelhaft zu werden, als er die Abhängigkeit der Seelentätigkeiten von den physiologischen Funktionen auf
Grund der englischen Einflüsse in den Vordergrund stellt. Aber
während er sich dieser theoretischen Zweifel nicht entschlagen kann,
hält er um so mehr an dem moralischen Glauben fest. Das Streben
nach der moralischen Vervollkommnung scheint ihm sinnlos, wenn
ihm nicht die Hoffnung auf Erfüllung jenseits des Erdenlebens zu
Hilfe kommt. Die Unsterblichkeit zu leugnen ist, als ob man
jemand, der mit den Wellen des Ozeans ringt, zurufen wollte: es
gibt kein Festland. So zersetzen sich in der Entwicklung Voltaires
allmählich die theoretischen Grundlagen seiner Weltanschauung;
immer mächtiger greifen die skeptischen Konsequenzen des Sensualismus und des Materialismus darin ein: aber nur um so energischer
hält er an der moralischen Grundlage der deistischen Überzeugung
fest. Immer stärker tritt bei ihm eine Vorstellungsweise hervor, die,
der von Bayle verwandt, als eine Vorstufe der kantischen Lehre angesehen werden darf. Wenn wir mit unseren Gedanken keine Gewiß-

heit über die Rätsel finden können, die uns umgeben, so ist die einzige Befriedigung die, daß wir in der sittlichen Arbeit unsere Schuldigkeit tun und darin unser Glück suchen. Und so enden die Spekulationen des »Candide« über die beste der Welten mit dem Rate: »laßt uns unser Glück besorgen, in den Garten gehen und arbeiten«.

Während also Voltaire in sich den Wechsel und die Unbefriedigung der Erkenntnistätigkeit erlebte, glaubte er das moralische Bewußtsein als ein unerschütterliches Gut in der menschlichen Seele annehmen zu dürfen. Deshalb bekannte er sich in der Moralphilosophie nicht zu Locke, sondern zu Bayle und Shaftesbury. Die moralischen Ideen, meint er, sind ursprünglich und notwendig in der menschlichen Natur angelegt; sie sind nicht Produkte der Entwicklung, nicht konventionell, sondern allgemein und unveränderlich und deshalb von absoluter Sicherheit. Der Mensch, sagt er, bringt die Überzeugung von Recht und Unrecht ebensogut mit auf die Welt wie seine Beine, wenn er auch ihre Anwendung nicht minder als das Gehen lernen muß. In Rücksicht auf die Theorie der Willensentscheidung hat er seine Ansicht in ähnlicher Weise wie auf den übrigen Gebieten geändert. Anfangs war er durchaus Indeterminist. Später war es namentlich der Einfluß Lamettries, der ihn zum Deterministen machte und ihm die ausnahmslose Abhängigkeit des Willens von den Motiven als die einzig wissenschaftliche Auffassung erscheinen ließ. Er lobte in dieser Hinsicht besonders die Konsequenz von Leibniz, der auch die Betrachtung des göttlichen Willens unter diesen Gesichtspunkt gestellt habe. Es sei eine Absurdität, unter Freiheit die Fähigkeit zu verstehen, daß man wollen könne, was man will: sie bestehe nur darin, tun zu können, was man will, und ihr Gegensatz sei nicht die kausale Notwendigkeit, sondern die Gezwungenheit.

Das Wesentliche bleibt, daß Voltaire die eingeborenen Ideen von Recht und Gerechtigkeit für den innersten Charakter der menschlichen Gattung erklärte und rastlos an ihrer Realisierung im öffentlichen Leben arbeitete: auf kirchlichem, politischem und sozialem Gebiete trat er, wo es nötig schien, mit schonungsloser Schärfe für die Menschenwürde und die Gerechtigkeit ein. In England hatte er die Gleichheit vor dem Gesetz als die Grundlage des staatlichen Lebens kennen gelernt, und dieser Zustand wurde durch ihn zu dem Ideal für die Umbildung der französischen Zustände gemacht. Er erhob mit lauter und eindringlicher Stimme den Gedanken des Menschenrechtes und zeigte, daß er allen Sphären des Lebens und allen Schichten des Volkes zugute kommen müsse. Es ist keins der geringsten unter seinen Verdiensten, daß er in die Geschichtschreibung, wie es teilweise schon Bolingbroke verlangt hatte, die Berücksichtigung der Sitten und Gebräuche, der Bildung und des geistigen Zustandes, kurz, der allgemeinen Kultur der Nationen eingeführt und ihr die Aufgabe gestellt hat, die in die Augen springenden Taten und Begebenheiten in ihrer Beziehung auf den Hintergrund des Volkslebens zu schildern. Aber es zeigt sich bei ihm auch darin nur der Reflex seiner politischen Überzeugung, welche das Volk in seiner ganzen Ausdehnung für den Träger des Staatslebens erklärt. Damit hing es zusammen, daß er im Geiste der englischen Verfassung an Stelle der persönlichen Willkür, wie sie damals in Frankreich auf das schlimmste herrschte, und wie er selbst sie erfahren hatte, die Herrschaft des Gesetzes für das praktische Ideal des Staatslebens erklärte. Auch hier war die Freiheit in der Form des Gehorsams gegen das Gesetz der immer wiederholte Gedanke, den er der Verworrenheit und Verdorbenheit des öffentlichen Lebens entgegenhielt. Wenn Voltaire diesen Gedanken, mit dem er der Revolution vorarbeitet, in England eingesogen hatte, so zeigt sich darin am klarsten, daß, während die negativen Bedingungen der französischen Revolution in den bodenlos verrotteten Zuständen dieses Landes lagen, die Wurzel ihrer positiven Ideen in dem englischen Vorbilde zu suchen ist.

§ 40. Der Naturalismus.

In der persönlichen Weltanschauung Voltaires findet sich die deistische Aufklärung mit der mechanischen Betrachtungsweise verknüpft. Die Vereinbarkeit beider Elemente, durch Locke angebahnt, galt seit Bayle und Newton für festgestellt, und Voltaire gebührt nur das Verdienst, sie durch seine Werke zur Überzeugung des Zeitalters gemacht und so in weiteren Kreisen wenigstens für einige Zeit die Versöhnung des wissenschaftlichen Denkens mit dem deistischen Reste des religiösen Lebens zur Anerkennung gebracht zu haben. Aber diese beiden vereinbaren Elemente sind nicht notwendig zusammengehörig, sie geraten sogar in die teleo-

logischen Frage gar leicht miteinander in Konflikt. Die Geschichte
des französischen Denkens zeigt deshalb noch mehr als diejenige
des englischen ihre Trennbarkeit. Wenn die skeptische Kritik
auch die deistischen Begriffe zersetzt, und wenn den letzteren der
moralische Rückhalt, den sie bei Voltaire in diesem Falle gefunden
hatten, entzogen wird, so bleibt als der Inhalt des wissenschaftlichen Denkens nur der Naturmechanismus übrig. Diese Trennung
liegt um so näher, je selbständiger in der mechanischen Naturphilosophie selbst bei Newton und bei Voltaire die Natur erschien.
Die Welt der Gravitation lebt in sich. Einmal vorhanden, erzeugt
sie alle ihre Gestalten mit der ihr selbst innewohnenden Notwendigkeit. Wenn man daher die Vorfrage nach dem Ursprunge dieser
Natur selbst und ihrer mechanischen Gesetzmäßigkeit aus irgendwelchen Gründen niederschlägt und sie lediglich als gegeben betrachtet, so beginnt das wissenschaftliche Denken gegen den Deismus
indifferent zu werden, es erkennt nur noch die Natur in ihrer
gesetzmäßigen Wirksamkeit an und muß bei jener Antwort von
Laplace enden, welcher sagte, er habe der Hypothese der Gottheit
nicht bedurft. Die nächste Etappe auf diesem Wege ist deshalb
ein Standpunkt, welcher die Frage nach der Gottheit mit gleichgültiger Skepsis behandelt und nur die Natur als das Objekt der
wissenschaftlichen Forschung ansieht. Er ist kein ausdrücklicher
Materialismus, aber er treibt notwendig auf diesen zu. Er bezeichnet sich am besten als Naturalismus.

Seine Vertreter sind selbstverständlich hauptsächlich unter den
Naturforschern zu suchen. In erster Linie ist hier Buffon (1708
bis 1788) zu nennen. Seine »Histoire naturelle générale et parti-
culière« (Paris seit 1749) spricht zwar offiziell und vorsichtiger-
weise von der Gottheit, aber etwa in dem Sinne Spinozas, dessen
» deus sive natura« er durchaus unterschreiben könnte. Aber für
ihn ist die Natur nicht eine leere Substanz, sondern eine tätige
Kraft, welche die ganze Fülle der einzelnen Erscheinungen aus sich
erzeugt. Den Schwerpunkt der Betrachtung verlegt Buffon deshalb
notwendig in die organische Welt. Sobald die Natur selbständig
gemacht ist, so verwandelt sich die kunstvolle Maschine, von der
Newton und Voltaire gesprochen hatten, in einen lebendigen Organismus. Buffon bekennt sich zwar zu der cartesianischen Forderung,
daß das Zusammenspiel der physiologischen Funktionen namentlich

bei den Tieren lediglich auf dem Wege mechanischer Notwendigkeit
zustande komme und zu begreifen sei; aber er will nicht, daß man
die physischen Organismen, wie es Descartes getan hatte, für tote
Maschinen halte, welche, wie alle Körper, ihre Kraft erst borgen
müssen, sondern er betrachtet den Organismus als eine selbständige
Gestaltungskraft, als eine Maschine, die mit höchster Vollendung
sich selbst baue und wieder zerstöre. Er stützt diese Theorie durch
die Hypothese der organischen Moleküle, durch welche er in
einer noch unklaren Weise der modernen Zellentheorie vorgriff.
Der Gedanke, daß durch das gesamte Universum solche organische
Teilchen verstreut seien, aus deren Wirksamkeit die in der Erfahrung
auftretenden Organismen hervorgehen, tritt kurz vor der Mitte des
XVIII. Jahrhunderts mehrfach hervor: vielleicht stammt er von
Lamettrie; aber auch Diderot und Maupertuis haben ihn früh
geäußert. Jedenfalls hat Buffon das Verdienst, das flüchtig Hin-
geworfene prinzipiell durchgebildet und darauf ein System gegründet zu haben, das einen mächtigen Eindruck hervorrief. Wenn
diese Hypothese richtig war, wenn die Eigentümlichkeiten des
organischen Lebens sich aus den besonderen Eigenschaften und
Tätigkeitsformen gewisser Moleküle auf dem mechanischen Wege
erklären ließen, so schien auf der einen Seite die verwickelte Streitfrage der Teleologie auf die einfachste Weise gelöst und dabei die
Einheit des gesamten Naturprozesses gewahrt; man hatte den
Gegensatz des mechanischen Geschehens und des organischen Lebens
überwunden, indem man ihn in die Natur der Moleküle zurück-
schob. Auf der andern Seite aber war erst dadurch die Natur vollkommen selbständig geworden. Die zweckmäßigen Wirkungen,
welche sie in den Organismen hervorbringt, brauchten nicht mehr
auf einen Maschinisten zurückgeführt zu werden, die Maschine
selbst war eine lebendige, und schon Buffon ahnte die Aufgabe,
daß man die Einheit aller Organismen auf dieses Prinzip werde
zurückführen können. Die ganze Fülle der organischen Gestalten
erschien ja schon hier als eine Reihenfolge von Produkten, die aus
der prinzipiell einheitlichen Tätigkeit der organischen Moleküle
infolge der Verschiedenheit der mechanischen Umstände hervorgegangen seien. Diese Theorie Buffons war es, auf Grund deren
später La marck (Philosophie zoologique 1809) die ersten Versuche
für den empirischen Nachweis der Umänderung der Arten durch

mechanische Einflüsse machte und damit nicht nur die erste, sondern
auch eine der dauernd wertvollen Formen der Deszendenztheorie
aufstellte. Zunächst wurde dieser organische Naturalismus Buffons
in Frankreich zu einem Lieblingsthema des philosophischen Ge-
sprächs; die Naturgeschichte wurde ebenso eifrig gelesen wie Voltaires
Elemente der Naturphilosophie und verdrängte den Deismus der
letzteren. Ein allgemeiner Naturkultus, in mehr oder minder unklarem Pantheismus sich aussprechend, bemächtigte sich der Geister.
Man begeisterte sich für den großen Lebenszusammenhang der Natur,
der, in sich selbst begründet, das ganze Reich des Organischen
umspanne.

Von solchen Anschauungen aus konnte die Weiterentwicklung
zwei Wege einschlagen. Der Gegensatz des Organischen und des
Unorganischen war noch nicht vollständig überwunden, sondern in
der verschiedenen Konstitution der Moleküle, die für ursprünglich
angesehen wurde, stehen geblieben. Aber der pantheistische Gedanke der Natureinheit mußte auch darüber hinausstreben. Er
konnte sich nicht damit begnügen, den Mechanismus für die allgemein gleiche Form des Geschehens anzusehen, sondern mußte
auch eine Gleichartigkeit der Substanz verlangen. Je nachdem er
die letztere unter dem Gesichtspunkte des Unorganischen oder des
Organischen ansah, nahm er sehr verschiedene Gestalten an. In
dem einen Falle setzte er schließlich nur die Atome voraus und erklärte Buffons organische Moleküle für mechanisch zustande gekommene Komplexe von Atomen; dann war der Mechanismus vollständig und ganz konsequent, aber dann war er auch gleichbedeutend
mit Materialismus. In dem andern Falle erklärte man das organische
Leben für das geheime Wesen auch der unorganischen Natur, und
in diesem Falle gelangte man zu einem universalen Vitalismus.
Den ersten Weg ging, vom Glanze der Mechanik gelockt, der größte
Teil der französischen Denker, auf dem zweiten begegnen wir nur
einem bedeutenden Manne: Jean Battiste Robinet (1735
bis 1820).

Seine Werke, unter denen die Schrift: »De la nature« (Amsterdam 1761) und die »Considérations philosophiques de la gradation
naturelle des formes d'être« (Amsterdam 1767) die wichtigsten sind,
fallen mehr als ein Jahrzehnt nach dem Erscheinen aller derjenigen
Bücher, in denen der Materialismus zuerst sein Haupt erhob, und

wenn sie eine gewisse Reaktion dagegen enthalten, so verdankt Robinet dies in erster Linie den Einflüssen, die seine Ansichten von den Gedankengängen der großen Rationalisten, Spinoza und Leibniz, erfahren hatten. Er ist fast der einzige unter den französischen Denkern, auf den namentlich die Lehren des letzteren einen positiven Eindruck gemacht haben, und gerade das Prinzip des Vitalismus war ja das Prinzip der Leibnizschen Philosophie (vgl. unten § 48). Darin jedoch unterscheidet sich Robinet sehr stark von Leibniz, daß er dessen deistische Ansichten in keiner Weise teilt. Wenn es eine höchste Ursache gibt, sagt er, so ist sie unerkennbar. Aber es ist auch nicht nötig, sie anzunehmen; denn das Universum, mit dessen Betrachtung wir uns allein beschäftigen können, zeigt überall eine immanente Lebendigkeit und eine großartige Selbständigkeit der Kraftwirkung. Robinets System ist ein monadologischer und hylozoistischer Pantheismus, und seine Lehre gründet sich hauptsächlich darauf und hat ihre Bedeutung wesentlich darin, daß Robinet die Hypothese der Empfindungsfähigkeit der kleinsten Stoffteile durchführte, welche bei den Denkern jener Zeit in der mannigfachsten Weise variiert erscheint. Zwei Gedankenreihen wurden dabei besonders wichtig. Erstens war es die spinozistische Attributenlehre, die ihm dabei vorschwebte. Dem naturalistischen Forscher zersplitterte sich gleichsam die eine Substanz des großen Metaphysikers in die unendliche Masse der Teilchen, von denen dann jedes die beiden Attribute der Substanz, Ausdehnung und Bewußtsein, Materialität und Intellektualität, in sich vereinigen sollte. Zweitens aber führte ihn auf diese Hypothese die Leibnizsche Monadenlehre, die an die Stelle der körperlichen Atome vorstellende Kräfte gesetzt hatte. Diese ursprüngliche Verbundenheit von Raumbehauptung und Empfindung in jedem kleinsten Stoffteilchen galt Robinet als eine Urtatsache, ebenso unbegreiflich wie die erste Ursache der Welt selbst. Seine ganze Lehre läuft darauf hinaus, zu zeigen, daß das Universum mit seinem unendlichen Leben gegeben sei, und daß man nicht fragen könne, woher es komme, und warum es gerade so lebendig sei, wie es ist.

Auf diese Weise erweitert Robinet die Buffonsche Theorie der organischen Moleküle zu der Annahme einer allgemeinen Beseeltheit der gesamten Materie. Er betrachtet deshalb das Organische nicht

sowohl als ein Produkt des unorganischen Mechanismus, sondern
vielmehr als den natürlichen und ursprünglichen Zustand der Materie.
Im Verfolg dieser Gedanken erklärt er nicht nur die Pflanzen,
sondern auch die Mineralien für beseelt und glaubt auch in den
Weltkörpern organisierte, empfindungs- und gedankenfähige Wesen
sehen zu dürfen. Weiterhin aber stützt sich auf diese Annahme
seine Theorie der allgemeinen Entwicklung. Von dem scheinbar
leblosesten Gestein bis zum Menschen herauf haben wir nur eine
zusammenhängende Entwicklungsreihe von organischen Wesen und
ein Stufenreich des organischen Lebens, dessen Glieder selber durch
immer höhere Organisation der primitiven Moleküle entstanden
sind. So ist also auch der Mensch ein zugleich physischer und
psychischer Organismus. Diese beiden verschiedenen Seiten seines
Seins und seiner Tätigkeit können bei ihm sowenig wie irgendwo
anders auf verschiedene Substanzen verteilt werden. Die Unterscheidung von Seele und Leib ist eine Täuschung. Wie jedes kleinste
Stoffteilchen zugleich Empfindungen besitzt, so ist im Menschen
dieselbe unbekannte Grundkraft, welche sein körperliches Leben
gestaltet, auch die Ursache seiner geistigen Tätigkeiten. Hier
erinnert Robinet an Voltaire und noch mehr an Locke. Das Wesen
der gemeinsamen Kraft gilt als unbekannt, und nur ihre Erscheinungen treten teils als physische, teils als psychische Eigenschaften
und Tätigkeiten in unsere Erfahrung. Von hier aus macht Robinet
eine eigentümliche und interessante Anwendung des Prinzips der
Erhaltung der Kraft. Da, wie er annimmt, die Grundkraft jedes
Organismus sich stets gleichbleibt, so muß auch die Summe der
von ihr ausgehenden Wirkungen immer dieselbe bleiben. Wenn
somit eine Kraftäußerung im physischen Organismus verschwindet,
so muß eine entsprechende im psychischen auftreten, und umgekehrt. Die wertvollste Anwendung, die von diesem Gedanken
zu machen wäre, deutet Robinet nur an; es ist diejenige, welche
noch heute ein bisher nicht zu lösendes Problem der physiologischen
Psychologie bildet, ob nämlich in dieser Weise die Umsetzung der
Reize in Empfindungen und der Willensentschlüsse in Bewegungen
sich dem großen Axiom der Naturwissenschaft von der Erhaltung
der Energie unterordnen läßt, wonach freilich dessen bisher rein
physikalische Geltung zugunsten einer metaphysischen abgeändert
werden müßte. Die Richtung, in der Robinet seine Hypothese

verfolgt, ist vielmehr darauf angelegt, die Entwicklungsreihe der
Organismen aus diesem Prinzip zu konstruieren. Danach werden
sich diese wesentlich dadurch voneinander unterscheiden, daß die
Kraftwirkung der einen mehr auf dem physischen, diejenige der
andern mehr auf dem psychischen Gebiete liegt. Die niedrigsten
Organismen zeigen nur ein Minimum von dumpfem psychischen
Dasein und betätigen ihr Leben fast nur durch physische Wirkungen;
die höchsten, vor allen natürlich der Mensch, benutzen dagegen
die physischen Funktionen nur als Grundlagen, um sie in psychische
umzusetzen. Die Ähnlichkeit dieser Entwicklungsreihe mit der
von Leibniz aufgestellten Stufenfolge der Monaden ist evident.
Für den menschlichen Organismus nimmt somit Robinet an, daß
seine wesentliche Aufgabe darin bestehe, physische Tätigkeiten
in psychische zu verwandeln. Damit aber betritt er den Standpunkt des Sensualismus, auf dem auch er die abstrakten Vorstellungen
für Umbildungen der Sinnesempfindungen erklärt. Durch ein gewisses Spiel mit dem Worte »Sinn« fügt er sodann den gewöhnlichen
fünf Sinnen des Menschen noch einen sechsten bei, den moralischen
Sinn, wie ihn Shaftesbury aufgestellt hatte, und so schmilzt er die
psychologischen Theorien der englischen Moralphilosophie in sein
System der anthropologischen Entwicklung ein.

Den höchsten und phantasievollsten Schwung aber nimmt das
Denken von Robinet, indem er das Gesetz der Erhaltung der organischen Kraft auf das Universum anwendet. Man muß dabei die
Inkonsequenz in den Kauf nehmen, daß die Kraft des einzelnen
Organismus, welche oben als annähernd konstant gelten sollte, hier
als vermehrbar und verminderbar gilt. Die Erhaltung der Kraft ist
danach bei den einzelnen Organismen nur relativ; zur vollen Geltung
kommt sie erst in dem ganzen Organismus der Natur, dessen zusammenhängende Glieder die einzelnen sind. Geht deshalb in einem
Teile Kraft verloren, so muß sie anderswo als Vermehrung auftreten und umgekehrt. Da nun Vermehrung der Kraft Lust und
Verminderung derselben Unlust ist, so wird im ganzen Weltall
jeden Augenblick der Zuschuß von Lust durch einen entsprechenden
Zuschuß von Unlust aufgehoben, und beide, Lust und Unlust,
bleiben sich stets gleich. Der Schmerz des einen ist die Freude
des andern und umgekehrt. Das nennt Robinet eine harmonische
Auflösung der Naturtätigkeiten, die den Schmerz und die Trübsal

versöhne. Diese Welt ist die beste; denn hätte sie mehr Glück, so
hätte sie auch mehr Schmerz, und hätte sie weniger Schmerz, so
hätte sie auch weniger Glück — eine Argumentation, die freilich
für jeden beliebigen Grad von Glück und Schmerz gilt. Auch hier
ist ohne weitere Ausführung klar, wie stark diese Wendung nach der
Theodicee von Leibniz schmeckt.

§ 41. Der Materialismus.

Robinet bildet mit seinem lebhaften und phantasievollen Denken
den Höhepunkt des pantheistischen Naturalismus, und es ist nicht
unwahrscheinlich, daß in dieser Hinsicht die frühesten Werke von
Diderot, die einen ähnlichen Aufschwung nahmen, auf ihn eingewirkt haben. Daß diese Denkart sich auf die Dauer nicht in Frankreich halten konnte, sondern vielmehr von der oben angedeuteten
materialistischen Wendung verdrängt wurde, lag darin, daß der
Materialismus schon vorher in ursprünglicherer Weise sich im
Denken der Franzosen festgesetzt hatte. Er war zuerst durch
Gassendis Erneuerung des demokritischen und epikureischen Atomismus eingeführt worden, und wenn bei der allgemeinen Beschäftigung mit der englischen Philosophie, die nun in Frankreich
Sitte wurde, die scharfe Ausbildung, die der Materialismus bei Hobbes
gefunden hatte, einen mächtigen Eindruck hervorrief, so durfte
man darin gewissermaßen ein Zurückströmen des Gassendischen
Einflusses sehen, insofern als auch Hobbes in gewissem Sinne
darunter gestanden hatte. Allein dieser Einfluß hatte inzwischen
eben durch Hobbes den skeptisch gefärbten Orthodoxismus abgestreift, womit Gassendi die atomistische Theorie naiv genug zu
verbinden gewußt hatte, und trat nun unverhüllt als reiner Materialismus um so mehr hervor, als er an der mechanischen Naturphilosophie eine Stütze fand. Außerdem aber erwuchs ihm eine
wesentliche Förderung und gewann er seine eindrucksvollste Gestaltung erst durch die anthropologische Begründung, die man ihm
in Frankreich, ähnlich wie es die englischen Assoziationspsychologen
taten, aber zunächst durchaus selbständig und unabhängig von
ihnen gab. Die Vereinigung aller dieser Elemente findet sich zum
ersten Male bei Julien Offrai de Lamettrie.

Er war 1709 zu St. Malo geboren und nach einer umfassenden
Schulbildung zuerst zum eifrigen Jansenisten geworden, vertauschte

jedoch später das theologische mit dem medizinischen Studium und betrieb das letztere seit 1733 in Leyden unter Boerhaeve. Dieser bedeutende Mann hatte damals eine große Schule der ärztlichen Wissenschaft um sich versammelt; er selbst, durchaus philosophisch gebildet und namentlich mit den Problemen der cartesianischen Schule wohl bekannt, war seiner allgemeinen Ansicht nach Spinozist, und durch ihn übte der in philosophischen Kreisen totgeschwiegene Spinozismus eine außerordentlich wertvolle Wirkung auf die empirischen Wissenschaften aus. Überzeugt, daß die materiellen und die seelischen Tätigkeiten nicht verschiedenartigen Substanzen zugeschrieben werden dürften, sondern vielmehr als parallele Phänomene derselben Grundkraft aufzufassen seien, hielt er es für die Aufgabe der Physiologie, diesen Parallelismus aufzuzeigen, und gab, dem Wesen dieser Wissenschaft zufolge, diesen Untersuchungen die Wendung festzustellen, wie sich mit der Abänderung des physischen auch das psychische Leben ändert. Er hat dadurch für die Medizin äußerst segensreich gewirkt, in Lamettrie aber jene anthropologische Richtung angelegt, welche dieser später zur Begründung des Materialismus verwendete. Nach Beendigung seiner Studien wurde Lamettrie zunächst in Paris Militärarzt und nahm in dieser Funktion auch an einem Feldzuge nach Deutschland teil. Allein bald machte er sich diese Position unmöglich. In dem Bewußtsein, als Schüler Boerhaeves auf der Höhe der wissenschaftlichen Medizin seiner Zeit zu stehen, schrieb er mit dem boshaften Stil, der ihm eigen war, eine Anzahl übermütiger Pamphlete gegen die rohen Empiriker und Scharlatane, die sich als Ärzte in der Pariser Gesellschaft breit machten. Seine erste philosophische Schrift »Histoire naturelle de l'âme« (La Haye 1745) führte zu Zwistigkeiten mit dem Regimentsprediger, und nach allen diesen Verfeindungen mußte er, als der Tod ihm seinen Gönner raubte, zunächst nach Leyden flüchten, sah sich aber nach kurzer Zeit, als er neben weiteren Satiren gegen die Pariser Ärzte auch noch sein materialistisches Hauptwerk: »L'homme machine« (Leyden 1748) veröffentlicht hatte, auch aus Holland vertrieben und wurde nun von Friedrich dem Großen an dessen Hof gezogen, wo er bis zu seinem Tode im Jahre 1751 ein Asyl genoß.

Albert Lange hat ihn mit Recht den Prügeljungen des französischen Materialismus genannt. Lamettrie hat es selbst

verschuldet; er zog aus seiner Theorie auf moralischem Gebiete so
rücksichtslose und so absichtlich freche Konsequenzen, daß sich
vor ihm selbst diejenigen bekreuzten, welche seine Theorie offen
unterschrieben und jene Konsequenzen im stillen billigten und ausübten. In Wahrheit ist er für das XVIII. Jahrhundert der Urheber
des Materialismus, dessen Werke die Nachfolger geplündert haben,
ohne den Verrufenen zu nennen, und zu dessen Gedanken sie nur
noch weniges hinzufügen konnten. Wenn er sich selbst einmal
einen Pyrrhonianer nannte, so ist das nur dahin zu verstehen, daß
er alle Glaubenslehren in Bausch und Bogen verwarf. Im übrigen
war er von der Fähigkeit der menschlichen Vernunft, die Welt
zu erkennen, vollständig durchdrungen. Er nannte Montaigne den
ersten Franzosen, der zu denken gewagt habe, indem er der Autorität
gegenüber sich auf das eigene Urteil verließ. Seine eigene Lehre
wurzelt zunächst in der mechanischen Naturphilosophie Descartes'.
Er sagt, wenn man diese rücksichtslos zu Ende denke, alle Teleologie
wirklich ausschließe und alle Bewegungen nur auf Stoß und Gegenstoß zurückführe, so bleibe eben nichts übrig, als die Materie und
ihre Bewegung. Die »mechanici« müssen notwendig »materialistici«
werden. Er nennt sich boshaft genug einen Cartesianer und behauptet (nicht ohne eine gewisse Berechtigung), er sei ein Schüler,
der die Gedanken auszusprechen wage, welche der Meister aus
Furcht vor den Pfaffen verschwiegen habe. Er rühmt es, daß
Descartes die Tiere für Automaten erklärt habe; allein die Gründe,
die dafür sprechen, gelten ebensogut beim Menschen, und es sei
kein Grund, diese Konsequenz zu verhüllen. Lamettrie sucht
deshalb vor allem nachzuweisen, daß zwischen Mensch und Tier
kein qualitativer, sondern nur ein quantitativer und gradueller
Unterschied ist, und lenkt damit den Materialismus aus dem naturphilosophischen Fahrwasser in dasjenige der physiologischen
Psychologie. Er selbst behauptet, durch die Beobachtung der
Fieberwallungen seines Gehirns zuerst auf den Gedanken dieser
Abhängigkeit der Seele vom physischen Organismus gekommen
zu sein, und knüpft daran die Forderung, daß man die bisher unbekannte und für sich allein unerkennbare Seele aus dem Körper
zu studieren anfangen sollte. Alles, was in der Seele sich findet,
ist irgendwie durch den Körper hindurchgegangen. Man mache
einmal — damit warf Lamettrie unter Bezugnahme auf den Kirchen-

lehrer Arnobius einen später vielfach variierten Gedanken hin --
das Experiment: man lasse einen Menschen von frühester Jugend
an in voller Einsamkeit ohne jede Gedankenmitteilung von anderen
aufwachsen, und man sehe zu, was in ihm von Vorstellungen zu
finden sein wird. Es wird alles noch seinen Ursprung aus den
Sinnen erkennen lassen. Folgt man aber dieser sinnlichen Erkenntnis
und entschlägt man sich aller künstlichen Abstraktionen, so zeigen
die Sinne uns niemals jene tote oder formlose Materie, von der die
Naturphilosophen gesprochen haben, sondern wir kennen die
Materie nicht anders als in Bewegung und in bestimmten Formen.
Was berechtigt uns, die Abstraktion, die wir selbst vollziehen können,
in die Welt hineinzudeuten? Wir haben keinen Grund, noch etwas
anderes zu erdichten, woher die Bewegung und die Form stamme;
die Materie trägt vielmehr das Prinzip der Lebendigkeit und ihrer
Bewegung in sich selbst. Sie tut es nicht nur in den großen Organismen, sondern schon in deren einzelnen Teilen. In dieser Hinsicht
hat Lamettrie wertvolle Untersuchungen und Experimente angestellt und veranlaßt. Er verfolgte mit Vorliebe die Selbständigkeit des Lebens, die den einzelnen Organen nach ihrer Ablösung vom Ganzen oder aber dem Ganzen nach Fortnahme wesentlicher Teile übrig bleibt, die Bewegungen enthaupteter Tiere usw.,
und benutzte auch diese Gelegenheit durchaus korrekt, um den
mechanischen Charakter auch des organischen Lebens darzulegen.
Alles in allem kommt er darauf hinaus, daß dasjenige, was empfindet,
denkt und will, nichts anderes sein kann, als die materiellen Stoffteilchen. Er führt diesen Beweis in der Naturgeschichte der Seele
mit fein andeutender Verhüllung durch die Schulbegriffe von
Substanz, Akzidenz usw. »L'homme machine« dagegen spricht
ihn in populärer Darstellung ganz offen und rückhaltlos aus. Der
Geist ist also nichts anderes als eine gewisse Funktion, welche der
Körper so wie die übrigen ausübt. Das Organ dafür ist das Gehirn,
mit dessen Bewegungen sich Lamettrie relativ vertraut erweist. Die
hohe Entwicklung, welche das menschliche Denken den Tieren
gegenüber zeigt, führt er bereits auf die feinere Anlage der Gehirn-
windungen des Menschen, auf die damit gegebene ausgedehntere
Erinnerungsfähigkeit und die dadurch möglich gewordene, mit
Hilfe der Gewöhnung immer weiter bildende Erziehung zurück.
Wenn man es nur recht verstünde, meint Lamettrie, so müßten

sich auch die niederen Organismen heranbilden lassen, und er verfolgte in dieser Hinsicht den Gedanken, den Affen zum Sprechen zu
erziehen, was nun freilich die ganze Kurzsichtigkeit der damaligen
Auffassung charakterisiert.

Die Grundzüge des Materialismus sind damit festgestellt, und
Lamettrie findet eine Freude daran, ihre negativen Folgerungen so
schroff wie möglich auszusprechen. Ist der Geist nichts als ein
Gehirnsekret, so geht er auch mit dem Gehirn zugrunde, und die
Unsterblichkeit ist eine Absurdität. Und wo hat das Universum
ein Gehirn, welches den göttlichen Geist erzeugte? Ein solcher
ist absolut unvorstellbar, und der Atheismus erscheint als der
Zwillingsbruder des Materialismus. Zwar stellt Lamettrie gelegentlich die Existenz Gottes als eine wissenschaftlich unentscheidbare
Frage hin, allein er läßt klar durchblicken, daß alles gegen die
positive und alles für die negative Antwort spreche. In theoretischer
Hinsicht ist die Hypothese der Gottheit unnötig, wenn die Materie
die eigentliche Substanz und das Prinzip ihrer eigenen Bewegung
ist, und man kann von ihr höchstens einen Gebrauch machen,
welcher der Methode der mechanischen Naturbetrachtung hindernd
oder störend im Wege steht. Am meisten aber nimmt der Atheismus
Lamettries seine polemische Tendenz nach der moralischen Richtung.
Er erneuert in dieser Hinsicht die epikureische Lehre und betont an
ihr gerade diejenigen Seiten, welche Gassendi mehr hatte zurücktreten lassen. Der Gottesbegriff sei für das Wohl der Menschheit
auf das äußerste gefährlich: aus dem religiösen Fanatismus seien
mehr Störungen des Einzelglücks, der staatlichen Ruhe und des
Völkerfriedens hervorgegangen, als aus allen menschlichen Lastern
zusammengenommen, und die Welt werde nicht glücklich werden,
ehe sie Bayles Staat von Atheisten realisiert habe.

Noch radikaler wurde Lamettrie in Rücksicht sittlicher Fragen,
und seine Schriften enthalten auch hier die Quintessenz von allem,
was der spätere französische Materialismus breitgetreten hat. Man
stellt das gewöhnlich so dar, als habe Lamettrie unmittelbar aus
der materialistischen Leugnung der Unsterblichkeit die billige Folgerung gezogen: genieße so lange du kannst — nachher ist's aus:
» la farce est jouée«. Gewiß findet sich bei ihm auch diese Wendung; wenn man aber infolgedessen meint, das sei eine notwendige
Konsequenz des Materialismus, so muß dieser als eine rein theo-

retische und metaphysische Hypothese gegen solche Ungerechtigkeit in Schutz genommen werden. Von Demokrit an haben zahlreiche Denker in der Geschichte bewiesen, daß der Materialismus auch mit der edelsten und reinsten Gesinnung Hand in Hand gehen kann. Daß er es bei Lamettrie nicht tat, lag teils an dessen Persönlichkeit, teils an der Verknüpfung des Materialismus mit dem Eudämonis - mus. Denn erst durch diese wird der Materialismus moralisch destruktiv. Erst wenn alles ethische Leben auf das Prinzip des Glückseligkeitstriebes gegründet wird, erklärt der Materialismus: die Glückseligkeit besteht in der sinnlichen Lust. Genau so verfährt Lamettrie und zeigt damit nur die materialistischen Konsequenzen des Eudämonismus, der die gesamte Ethik des XVIII. Jahrhunderts beherrschte. Von der Annahme aus, daß der Zweck des Menschen- lebens in nichts anderem als in der Glückseligkeit zu finden sei, sucht er zu beweisen, daß, da wir sinnliche Wesen sind, auch der Sinnengenuß das höchste Ziel des Handelns bilden müsse. An die Stelle eines absoluten tritt damit ein relatives Prinzip der Moral, indem für jeden das gut sein soll, was ihm die meiste Lust gibt. Von diesem Standpunkte aus entwickelt er sodann eine aristippische Lusttheorie, die sich, völlig wie die antike, um die Vorzüge körper- licher und geistiger Lüste dreht und sich für die ersteren entscheidet. Wenn er. z. B. gelegentlich der Freude an der wissenschaftlichen Arbeit mit einer Art von Begeisterung gedenkt, so fragt er auf der anderen Seite, ob nicht die ganze Gelehrsamkeit vielleicht schließ- lich nur als eine Depravation der natürlichen Anlage des Menschen anzusehen sei — dieselbe Frage, welche später Rousseau, freilich in ganz anderem Sinne, bedingungslos bejahte. Jedenfalls, meinte Lamettrie, gründe sich das Glück des Menschen nicht auf seine geistige Bildung, sondern auf seine körperliche Genußfähig - keit. Das geistige Leben hat für den Genuß nur den Wert, die sinnliche Lust zu zügeln und zu ordnen, den Unterschied grober und feiner, kurzer und dauernder Lust einzusehen und richtig zu ver- werten. Besonders aber verfolgt Lamettrie den epikureischen Ge- danken, der Wert der Bildung bestehe in der Untergrabung der Vorurteile, die das Glück hemmen und stören, und diese Vorurteile sind auch für ihn wesentlich die religiösen. Namentlich rechnet er dazu die Gewissensbisse, welche er auf das lebhafteste verwirft. Die Reue habe nur auf einen vergangenen Zustand Bezug, sie

beeinflusse die Zukunft nicht, und ihre einzige Wirkung sei eine
selbstquälerische Verderbung und Vergiftung der gegenwärtigen
Lust. Diese Behauptungen sind gewiß selbst auf dem Standpunkte
Lamettries unglaublich oberflächlich und kurzsichtig: aber es ist
anderseits lächerlich, wenn man gemeint hat, er habe diese Theorie
nur ersonnen, sein eigenes Gewissen zu betäuben und sein Lust-
leben zu beschönigen. Freilich war er kein Asket, aber wir wissen
auch durchaus nichts von ihm, was ihn sittlich tiefer stellte, als
durchschnittlich die ganze Gesellschaft, aus der er hervorging,
und als die große Masse der Menschen zu allen Zeiten war. Mit
Recht ist sogar hervorgehoben worden, daß das Widerwärtige in
dem rücksichtslosen Zynismus, mit dem er namentlich das Ge-
schlechtliche behandelt, gerade in der Gemachtheit und Affektiert-
heit besteht. Während Gassendi aus der epikureischen Ethik nur
die edleren Seiten entnahm, bleibt Lamettrie ganz absichtlich bei
den niedrigeren stehen, und auch diese Absicht ist durchsichtig
genug. Mit einem fast borniertem Haß gegen das Christentum
hebt er gerade diejenigen Seiten hervor, welche diesem am ärger-
lichsten sind. Der mönchischen Enthaltsamkeit gegenüber predigt
er den vollen Sinnengenuß, und das Problem, womit sich das christliche Gemüt und das christliche Denken wie mit keinem anderen
beschäftigt hat, das Bewußtsein der Sünde, die Reue, erklärt er
für eine nutz- und grundlose Selbstquälerei. Diese Spitze seiner
Expektorationen erklärt sie, ohne sie zu entschuldigen. Lamettrie
gehört zu jenen blinden Parteigängern, ja er figuriert mit in erster
Linie darunter, welche in der berechtigten Auflehnung gegen die
kirchliche Bevormundung wahllos zu den schärfsten Waffen griffen:
es ist charakteristisch genug für diese ganze Richtung, daß er
lieber liederlich, als fromm erscheinen wollte. Um endlich aus
den individuellen Tugenden der Genußfähigkeit die sozialen abzuleiten, begnügte er sich mit einer oberflächlichen Benutzung des
englischen Prinzips der wohlwollenden Neigungen. Was man im
sozialen Sinne gut nenne, sei das Übergewicht der Rücksicht auf
das allgemeine über diejenige auf das private Wohlsein. Die psychologische Möglichkeit dieses Übergewichts in dem nach der eigenen
Lust strebenden Menschen sucht er auf eine höchst interessante
Weise zu begründen: er führt in die Moralphilosophie ein spezifisch
französisches Element ein, das Ehrgefühl, welches, an sich nur

eine verfeinerte Form des Egoismus, seinen moralischen Wert
eben dadurch erhalte, daß es sich nur in einem Streben für das
allgemeine Wohl realisieren kann. Daneben hat Lamettrie den
Blick der Zeit in höchst bemerkenswerter Weise auf gewisse Mißstände der Gesellschaft geleitet und namentlich außerordentlich
glücklich gegen die Barbarei der Strafen von seinem Standpunkt
aus polemisiert, indem er sie als nutzlose und deshalb ungerecht-
fertigte Vermehrung der menschlichen Unlust bezeichnete. So sehr
er damit der unvernünftigen Praxis seiner Zeit gegenüber im Rechte
war, so gefährlich wurde es auf der anderen Seite, daß er auch
hierin kein Maß zu halten vermochte. Er behandelte diese Frage
gewissermaßen in Parallele zu derjenigen der Reue. Die Bestrafung
des Verbrechers ist ja eine Art von Reueakt der Gesellschaft, und
auch hierin führt ihn eine ähnliche Kurzsichtigkeit zu dem Extreme
gänzlicher Verwerfung. Er benutzt den an sich wertvollen Gedanken der Verwandtschaft von Verbrechen und Wahnsinn, um
der Gesellschaft das Recht zur Strafe im Prinzip abzustreiten.
Überall tritt uns bei ihm ein forcierter Radikalismus entgegen, eine unreife Freude an der Paradoxie, und dadurch verdiente
er das Geschick der maßlosen Verketzerung, das sein Andenken
überall erfahren hat.

§ 42. Der Sensualismus.

Die Begründung des Materialismus geschieht bei Lamettrie
zweifellos durch eine Anlehnung an die sensualistische Erkenntnistheorie, und in der Tat ist der Sensualismus die einzige Erkenntnistheorie, die der Materialismus gebrauchen kann. Aber
wenn man gewöhnlich meint, in der historischen Entwicklung sei
der Materialismus die notwendige Konsequenz des Sensualismus,
so ist das ein Irrtum. Weltanschauungen wachsen überhaupt in
den seltensten Fällen aus Methoden hervor; sie ziehen vielmehr
diese nach sich, wenn sie selbst aus irgendwelchen sachlichen Überlegungen oder Interessen entstanden sind. So hat im Altertum
der naive Materialismus der frühesten kosmologischen Metaphysik
trotz rationalistischer Postulate eine durchweg sensualistische
Psychologie erzeugt. Für die verwandten Verhältnisse in Frankreich
ist es ein entschiedenes Verdienst Albert Langes, der Hegelschen
Konstruktion gegenüber, wonach der Sensualismus, von Locke

aus durch Condillac nach Frankreich verpflanzt, hier den Materialismus erzeugt haben sollte, an der Hand der Tatsachen nachgewiesen zu haben, daß Lamettries Materialismus nach dieser Seite
hin durchaus unabhängig entstanden ist, daß vielmehr der französische Materialismus den Sensualismus erst ergriffen und zu seiner
systematischen Ausbildung benutzt hat. Aber er brauchte ihn in
diesem Falle nicht erst zu erzeugen, sondern fand ihn vor. Der
Sensualismus entwickelte sich aus der Lockeschen Lehre mit einer
Notwendigkeit, die am klarsten bei Berkeley hervortrat. Aber
anderseits beweist gerade dieser Schöpfer des Spiritualismus deutlich, wie wenig der Materialismus die notwendige Konsequenz des
Sensualismus ist. Das gleiche bewies Voltaire, der trotz aller
Neigung zu einer sensualistischen Auffassung der Lockeschen Lehre
sich dem Materialismus stets gegenüberstellte, und das gleiche
lehrt in gewissem Sinne auch der bedeutendste unter den französischen Sensualisten, Etienne Bonnot de Condillac (1715
bis 1780).

Dieser war anfangs, wie Voltaire, lediglich ein Verbreiter der
Lockeschen Ansichten. Sein »Essai sur l'origine de la connais-
sance humaine« (Amsterdam 1746) brachte den Lockeschen Empirismus in systematischer Durchführung zur Kenntnis seiner Landsleute, und der drei Jahre darauf erschienene »Traité des systèmes«
verteidigte ihn gegen Malebranche, Spinoza und Leibniz. Erst
durch den »Traité des sensations« (London 1754) begründete Condillac im Unterschiede von Locke seinen eigenen, überaus einflußreich
gewordenen Standpunkt. Hatte er früher Sensation und Reflektion
als die beiden gleich ursprünglichen Quellen der Erfahrung angesehen, so tat er nun denselben Schritt wie Berkeley, daß er beide
in einer Linie als nur graduell verschieden behandelte, und im Gegensatz zu Berkeley gab er dieser Ansicht die Fassung, daß die innere
Wahrnehmung nur eine umgeformte Art der äußeren sei. Deshalb ging er darauf aus, alle Tatsachen des Denkens bis zum Selbstbewußtsein und alle Tatsachen des Gefühls- und Trieblebens bis zum
bewußten Willen durch das Prinzip der Umformung aus der sinnlichen Empfindung genetisch abzuleiten und zu zeigen, daß alle
geistigen Vorgänge nur modifizierte Empfindungen seien. Dabei
ist er sich des Gegensatzes gegen Berkeley ebenso bewußt, wie
der Verwandtschaft mit ihm. Er erklärte, dessen Lehre sei Wahn-

sinn; aber von allen Systemen sei keines so schwer zu widerlegen,
wie dieses. In der besonderen Begründung geht er auf den Gedanken Lamettries ein, das menschliche Seelenleben als eine graduelle
Steigerung des tierischen zu betrachten und den Unterschied beider
nur aus dem Umfange der Empfindungen abzuleiten, die zur geistigen
Umformung gelangen. Er machte dabei, einem Winke Lamettries
folgend, die berühmte Fiktion einer Bildsäule, der man sukzessive
die Empfindlichkeit der einzelnen Organe, der Nase, des Ohres,
des Gesichts, der Haut, mitteile, um zu zeigen, in welchem Umfange diese sukzessive Zufuhr der Empfindungen die Gestalt des
geistigen Lebens verändern würde. Da in der Empfindung jedesmal eine doppelte Beziehung gegeben ist, einerseits ein Vorstellen,
anderseits ein Gefühl und das daraus erwachsende Verlangen, so
sollen sich nach Condillac aus den Empfindungen zwei Reihen
seelischer Zustände entwickeln: auf der theoretischen Linie durch
allmähliche Umbildung Aufmerksamkeit, Erinnerung, Unterscheidung, Vergleichung, Schlußtätigkeit, Einbildung, Verwunderung,
Abstraktion und zuletzt Erkenntnis allgemeiner Wahrheiten, —
auf der praktischen Linie Begierde, Liebe, Haß, Hoffnung, Furcht
und zuletzt der moralische Wille. Das ist genau die Richtung der
Assoziationspsychologie und genau derselbe Versuch, die Umbildungen, welche der Empfindungsinhalt erfährt, als bloße Produkte des verschiedenen Empfindungsinhaltes selbst aufzufassen
oder aus dem Inhalt auch die Form zu erklären, die nach rationa-
listischem Prinzip aus dem Wesen des Geistes stammt. Die Einseitigkeit des Empirismus bestand darin, die Form für ein Produkt
des Inhaltes zu halten, diejenige des Rationalismus darin, den
Inhalt aus der Form ableiten zu wollen; die Überwindung beider
durch Kant führte deshalb zunächst notwendig auf den Dualismus
von Form und Inhalt. Nebenbei wird in dieser Untersuchung
von Condillac mit entschiedener Anlehnung an Locke ein Hauptgewicht auf die Mitwirkung der Sprache gelegt, welche, ursprünglich nur der natürliche Ausdruck der Empfindung, vermöge der
lautlichen Assoziation die Tätigkeiten der Reproduktion und der
Abstraktion ermöglicht und erleichtert.

Später ist Condillac in immer einseitigerer Verfolgung der
nominalistischen Theorien und namentlich der Humeschen Lehren
zu den letzten Konsequenzen des Terminismus und Positivismus

fortgeschritten. Er bildete die Lockesche Sprachphilosophie zu einer
allgemeinen »Theorie der Zeichen« aus. Nach dem Prinzip der
»Semeiotik« sind die Empfindungen des Menschen nur Zeichen
für Dinge und nicht deren Abbilder, und besteht das Denken nur
in der korrekten, widerspruchslosen Verbindung solcher Zeichen.
Die übliche und vornehmste Art dieser Zeichen bietet die Laut-
sprache dar; aber neben ihr gibt es zu gleichem Zwecke auch die
Gebärdensprache, die Ziffern, die Buchstaben und die Infinitesimalrechnung. Jede solche »Sprache« hat die Aufgabe, die Erscheinungen
zu zerlegen und ihre Elemente, die Ideen, zu neuen Bildungen zu-
sammenzufügen. Doch ist diese spätere Lehre Condillacs, angedeutet in seiner Logik (1780), erst in der posthumen Schrift »Langue
des calculs« ausgeführt worden: ihr Erscheinen im Jahre 1798 ist
für die Philosophie der französischen Revolution positiv und negativ
bestimmend geworden.

Wie wenig aber dieser Sensualismus und Positivismus an sich
materialistisch ist oder sein will, beweist die Condillacsche Erkenntnistheorie. Er macht daraus nicht den falschen Schluß,
daß, weil wir nur aus den Sinnen Erkenntnis haben, auch die wirklichen Dinge sinnlich seien. Zwar meint er, daß von allen Sinnen
der Tastsinn uns die Wirklichkeit am ersten und besten erkennen
läßt; aber auch dies ist nur im Lockeschen Geiste gedacht. Die
Ideen gelten ihm für Einwirkungen der Dinge auf uns, die sinnlichen Qualitäten nur als subjektive oder sekundäre Eigenschaften.
Lediglich die räumlichen und zeitlichen Bestimmungen sollen den
Dingen selbst zukommen, und der Vorzug des Tastsinns besteht
nach ihm wesentlich darin, daß er uns am reinsten die räumliche
Wirklichkeit und Konfiguration eines Dinges zur Empfindung
bringt. Von den wahren inneren Eigenschaften der Dinge dagegen meint er, daß sie uns seit dem Sündenfalle unerkennbar
geworden seien. Der Schluß auf die Materialität der Seele ist in
seinem Sinne nicht nur unerlaubt, sondern geradezu falsch. Zwar
besteht das Ich seinem Inhalte nach nur aus der Gesamtheit der
Sensationen, wie er sehr sorgfältig darzutun sucht; aber die Einheit
des zusammenfassenden Bewußtseins setzt ein einfaches Substrat
voraus, in welchem alle jene Umformungen vonstatten gehen.
Da nun alles Materielle ins Unendliche teilbar sei, so könne das
Denkende keine Materie sein. Ebensowenig negativ verhält sich

dieser Sensualismus in theologischer und moralischer Beziehung.
Zwar leugnet er Locke gegenüber die Möglichkeit einer Naturreligion und namentlich, daß sich auf sensualistischen Grundlagen
ein Beweis für das Dasein Gottes finden lasse; aber demgegenüber
behauptet er die Möglichkeit einer auf sinnlichem Wege stattfindenden Offenbarung und des darauf gebauten Glaubens. Sowenig er endlich daran zweifelt, daß Lust und Unlust die Triebfedern aller menschlichen Handlungen bilden, so ist er doch anderseits überzeugt, daß die moralischen Gesetze eine davon unabhängige
Geltung haben. Er ist nicht Eudämonist und darum auch kein
Vertreter des praktischen Materialismus.

Noch weniger zeigen sich solche materialistische Neigungen bei
Charles Bonnet (1720—1793), einem französischen Schweizer,
dessen »Essai de psychologie« (London 1755), »Essai analytique
sur les facultés de l'âme« (Genf 1759) ebenso wie seine »Con-
templation de la nature« namentlich in Deutschland von Einfluß
wurden. Auf Grund einer der Condillacschen ganz ähnlichen
Fiktion der sukzessiven Empfindungszufuhr weist er nach, daß alle
psychischen Bewegungen des Menschen nur aus der Sinnesempfindung stammen. In eingehendster Weise betrachtet er die Abhängigkeit der Vorstellungen von den Bewegungen des Gehirns
und behauptet, man müsse, da wir von dem eigentlichen Wesen
der Seele nichts wissen, sich auf die Untersuchung der physiologischen
Bedingungen ihrer Tätigkeit beschränken. So arbeitet er daran,
für die einzelnen Stufen der Geistestätigkeit eine aufsteigende
Reihe von Gehirnzuständen aufzufinden, und macht namentlich
die Hypothese, daß das Gedächtnis und überhaupt alles Beharren
der Vorstellungen auf einer gewissen Einübung des Gehirns und
seiner Gewöhnung an bestimmte Bewegungsformen beruhe. Für die
Begriffsbildung wird es schon schwieriger, den physiologischen Zustand auch nur hypothetisch näher zu bestimmen: doch benutzt
Bonnet dazu feinsinnig in einer gleichfalls an Condillac erinnernden
Weise die Mitwirkung der sprachlichen Vorgänge und zeigt dann,
wie sich aus diesen konstanten Begriffen die vernünftige Persönlichkeit bilde. Ähnlich verfährt er auf dem praktischen Gebiete.
Als das Grundbestreben bezeichnet er hier die Selbstliebe und entwickelt daraus mit prinzipieller Durchführung des Determinismus
in letzter Instanz auch das sittliche Leben.

Trotz dieser weitgehenden Konzessionen an die physiologische
Psychologie unterscheidet sich der Sensualismus Bonnets von demjenigen Condillacs durch die Betonung der selbständigen Funktion,
die hier den »Vermögen« (Facultés) der Seele zugeschrieben wird.
Die Umbildung, welche die Data der Sinnesempfindung in den
höheren Seelentätigkeiten durch Verknüpfung, Trennung und Neu-
verbindung erfahren, werden von Bonnet nicht bloß als assoziations-
mechanische Produkte jener Elemente, sondern als Leistungen
der Kräfte der Seele betrachtet. Ist diese selbst ihrem substantiellen Wesen nach unbekannt, so geben sich doch ihre Kräfte in
eben diesen Tätigkeiten zu erkennen. Das Seelenleben ist kein
passives Geschehen, sondern eine Tätigkeit der Kräfte. Wenn
bei Locke die Stellung und Bedeutung der Seelenvermögen in un-
bestimmter Unklarheit geblieben war, so hat Bonnet ihre Realität
und Aktivität ebenso bestimmt behauptet, wie Condillac sie beiseite schob und in seiner Assoziationspsychologie entbehren zu
können glaubte.

Eben deshalb aber erblickt nun Bonnet noch viel sicherer und
ausdrücklicher als Condillac in der Einheitlichkeit des Bewußtseins die entscheidende Instanz gegen den Materialismus.
Sie hindere absolut daran, die seelischen Vorgänge mit den physiologischen zu verwechseln, die ihre Bedingungen sind; man müsse
beide Prinzipien, Seele und Leib, für gleich ursprünglich halten
und zwischen beiden nur das Verhältnis annehmen, daß sie aneinander gebunden sind und ihre Tätigkeiten sich gegenseitig anregen. Sie verhalten sich zueinander nicht als »causae efficientes«,
sondern als »causae occasionales«; der sinnliche Eindruck ist nur
der Reiz für die auffassende Seele und der Willensentschluß nur
die Veranlassung für die Auslösung der körperlichen Bewegung.
So verknüpft sich der Occasionalismus ein Jahrhundert nach seiner
rationalistischen Entstehung mit dem Sensualismus. Zur Durchführung dieser Ansicht bedient sich Bonnet der Buffonschen Theorie
von den organischen Molekülen und verbindet damit ähnlich wie
Robinet die Annahme, daß in ihnen das materielle und das immaterielle Prinzip gleichmäßig angelegt seien und einander zur
Tätigkeit anregen. Auch der Mensch ist danach solch ein ge-
mischtes Wesen, und so unkörperlich seine Seele an sich sein mag,
so ist sie doch stets an seinen Körper gebunden, ohne dessen Ver-

mittlung sie nicht in Tätigkeit treten könnte. Diese Ansicht bekommt nun eine eigentümliche Konsequenz in der Unsterblichkeitslehre, von der Bonnet bei seinem allgemeinen Festhalten am Orthodoxismus um so mehr überzeugt ist, als er für den Eudämonismus seiner Moral nur in der jenseitigen Belohnung den Abschluß des Systems finden kann. Die Seele bedarf aber nicht nur überhaupt eines Körpers, sondern, da ihre Tätigkeiten von ihm abhängig sind, so bleibt sie nur so lange dieselbe, als sie auch denselben Leib hat. Aus diesem Grunde behauptet Bonnet die völlige leibliche Auferstehung des Menschen. Da jedoch auch im Momente des Überganges die Seele nicht leiblos sein kann, so glaubt er alles durch die Annahme zu erklären, daß sie von vornherein und unabtrennbar mit einer Art von ätherischem Leibe verknüpft sei, der sich den irdischen Leib gestalte und nach dessen Verfall aus den materiellen Stoffen einen gleichen wiederbaue. Diese Theorie, in den »Palingénésies philosophiques« (Genf 1769) niedergelegt, imponierte namentlich Lavater, weil sie die Abhängigkeit des materiellen Leibes von einem dem Charakter des Menschen noch näher stehenden Prinzip behauptete und dadurch sich seinen physiognomischen Theorien einfügte. Er übersetzte sie deshalb mit enthusiastischer Empfehlung.

Den Franzosen selbst lagen solche Phantasien ferner. Bei ihnen gewann der Sensualismus immer mehr die materialistische Färbung. Er selbst konnte prinzipiell nicht gut weitergeführt werden, ehe nicht die Physiologie, von deren Erkenntnisstand er abhängt, entschiedene Fortschritte gemacht hatte. Dies geschah jedoch erst später. Es gehörten die großen Fortschritte der Chemie dazu, um der Ansicht Bahn zu brechen, daß man die Tätigkeiten des Gehirns nicht als mechanische Bewegungen, sondern als chemische Vorgänge aufzufassen habe. Die neue Gestalt aber, welche der Sensualismus dadurch in der Lehre von Cabanis erhielt, steht bereits an der Schwelle des XIX. Jahrhunderts. Die von Condillac und Bonnet vertretene Phase des Sensualismus genügte jedoch den erkenntnistheoretischen Ansprüchen der französischen Aufklärung um so vollständiger, als sie sich mit der naturphilosophischen Grundlage vollkommen im Einklange befand. Der Sensualismus wurde, vielleicht gerade weil er sich so bequem mit dem Skeptizismus hinsichtlich der religiösen Überzeugung verknüpfen ließ, von Anfang bis zu Ende die beherrschende Theorie bei denFranzosen des XVIII. Jahrhunderts. Dies tritt unter anderem auch in ihrer Kunsttheorie hervor. In dieser hatte schon Dubos (1670—1742) in seinen »Réflexions critiques sur la poésie, la peinture et la musique« (Paris 1729) durch die Annahme eines sechsten, des ästhetischen Sinnes der Auffassung vom Wesen der Kunst eine ähnliche Grundlage wie später die Schotten gegeben. Noch mehr aber trat diese Tendenz hervor, als Batteux (1713—1780) in seinem einflußreichen Hauptwerke »Les beaux arts réduits à un même principe« (Paris 1746) die Nachahmung der schönen Natur als das Wesen aller Kunst bezeichnete. Von ihm an hat der Empirismus in der Ästhetik der Franzosen die bestimmende Rolle gespielt und damit auch die deutsche Literatur beherrscht, bis in dieser durch die gemeinsame Entwicklung von Dichtung und Philosophie die idealistische Auffassung zum Durchbruch gelangte.

§ 43. Die Moral-, Rechts- und Gesellschaftsphilosophie.

Auch die Moralphilosophie der Franzosen stand unter dem Einfluß jener skeptischen Grundstimmung, mit der Montaigne sie gelehrt hatte, mehr die Schwächen als die Vorzüge der Menschen zu betrachten und sich bewußt zu werden, daß der natürliche Charakter des Menschen die Selbstsucht ist. Zahlreiche Schriftsteller verfolgten diesen Gedanken namentlich in der Richtung, zu zeigen, daß auch der Kulturzustand nur eine Verfeinerung dieses ursprünglichen Egoismus mit sich bringe. Als ein Ausdruck dieser dem Leben der Gesellschaft durchaus entsprechenden Meinung müssen einerseits schon Larochefoucaulds »Réflexions ou sentences et maximes morales« (Paris 1665), anderseits La Bruyères »Caractères ou les mœurs de ce siècle« (Paris 1687) angesehen werden. Mit dieser Auffassung kreuzten sich nun diejenigen Einflüsse der englischen Moralphilosophie, welche darauf hinzielten, die moralischen Eigenschaften des Menschen aus seiner selbstsüchtigen Naturanlage abzuleiten. Außerdem aber verknüpften sich damit die sensualistischen Theorien, um dieser Anschauung eine theoretische Grundlage zu geben. Als der Typus dieser Vereinigung und der schärfste Ausdruck dieser auf den Egoismus zu gründenden Moral gelten mit Recht die Schriften von Claude Adrien Helvétius

(1715—1771), von denen schon die erste und berühmteste »De l'esprit« (Paris 1758) die wesentlichen Gedanken enthält. Er benutzt hauptsächlich Locke, Mandeville und teilweise auch in bezug auf den Sensualismus Voltaire, zeigt aber zugleich auch bereits Einflüsse von Hume: Er spricht wie dieser davon, daß der geistige Inhalt des Menschen nur aus den Impressionen und den Ideen, welche die Kopien davon sind, bestehe, und daß deshalb die innere Gestalt des Menschen ursprünglich nur durch die zufälligen Eindrücke, die er von außen empfängt, bedingt ist. Auf diesem Naturzustande kennt der Mensch nur den Egoismus, und was seinen Willen ausfüllt, ist allein das Streben nach möglichst großer und häufiger sinnlicher Lust. Dieses bildet deshalb die Grundlage alles praktischen Lebens; selbst in der Betätigung der geistigen Kräfte erweist es sich als entscheidend. Der Mensch denkt ursprünglich entweder nur, wo es sich um unmittelbar praktische Zwecke handelt, oder um sich die Langeweile zu vertreiben, also immer aus Selbstsucht und zur Befriedigung seiner Bedürfnisse. Wenn das aber ein Naturgebot ist, so, sagt Helvétius mit echtem Naturalismus, ist es auch absolut zu achten. Die Sittlichkeit kann nichts anderes verlangen als die Natur, und der Egoismus ist die Norm alles Handelns. Von einer Tugend kann deshalb auf dem Standpunkte des Individuums gar nicht die Rede sein. Sie ist nur eine Bezeichnung für gewisse, an sich gleichfalls egoistische Handlungsweisen, die innerhalb des menschlichen Zusammenseins hervortreten. Die Gesellschaft nennt diejenigen Handlungen tugendhaft, welche für die Gesamtheit nutzbringend sind. Diese Tugend kann deshalb, wie Helvétius mit merkwürdiger Kurzsichtigkeit ausführt, niemals in einem Widerstreite mit dem Egoismus stehen. Denn die Glückseligkeit der Gesamtheit ist nur die Summe der Glückseligkeit der einzelnen. Tugend ist also eine besondere Art des Egoismus, und zwar diejenige, welche mit dem Wohle des einzelnen auch das der Allgemeinheit fördert oder wenigstens nicht hemmt. An dieser Art des Egoismus hat freilich der einzelne kein Interesse, desto größeres aber die Gesellschaft, und ihr erwächst daraus die Aufgabe, ihn heranzubilden. Das Mittel dazu ist die Erziehung; sie ist dazu da, den Egoismus des Individuums zum Wohle des Ganzen zu korrigieren, aber sie kann dazu natürlich nur wieder die selbstsüchtigen Interessen benutzen, indem sie diejenigen befördert, welche nach

dieser Richtung hin ausschlagen. Unter sie rechnet Helvétius,
wie Lamettrie, in erster Linie das Ehrgefühl, auf dessen Ausbildung
er daher das größte Gewicht legt. Er bezeichnete damit denjenigen
Trieb, welcher in dem öffentlichen Leben der Franzosen in der Tat
die bedeutendste Rolle spielte, und welchen mit feinsinniger Beobachtung schon Montesquieu als die Tugend der Monarchien charakterisiert hatte.

So lief auch diese extrem egoistische Moralphilosophie auf das
große Problem hinaus, dessen Umrisse Mandeville mit kecker Hand
gezeichnet hatte, und welches mit so realer Macht die französische
Gesellschaft bewegte: wie mit dem Wohle des einzelnen dasjenige
der Gesellschaft verbunden oder vereinbar sei, und welche Rolle
dabei die Moralität spiele. Der Zustand des öffentlichen Lebens
drängte diese Frage dem Beobachter überall auf. Nach dem Tode
Ludwigs XIV. trat die Unhaltbarkeit des politischen und des sozialen
Zustandes, die durch den Glanz seiner Regierung verdeckt worden
war, immer deutlicher hervor, und die ungeheure Kluft zwischen
dem Genußleben der regierenden Klassen und dem rechtlosen Elende
der regierten klaffte immer düsterer auf. Es war natürlich, daß
man die Ursachen dieser Verworrenheit zunächst in den politischen
Einrichtungen suchte. Die Staatsverfassung fing an, das Problem der Gesellschaft zu werden, und in Paris bildeten sich die Klubs,
in denen man die politischen Fragen von allgemeineren Gesichtspunkten aus zu diskutieren begann. Das Gefühl, daß die bestehenden Verhältnisse einer Abänderung bedürften, wurde immer allgemeiner, intensiver und kühner. Schon fing es an, auch am Hofe
seine Stimme zu erheben. Bereits Fénelon hatte als Erzieher der
Enkel Ludwigs XIV. mit der Wahrheit nicht zurückgehalten und
infolgedessen sich selbst wie seinen »Télémaque« vom Hofe verbannt und unterdrückt gesehen. Jetzt nahm sich auch der gefeierte
Massillon in seinen Predigten vor dem jungen Könige der Unterdrückten an, und zahlreiche andere stimmten ihm, die einen leiser,
die andern lauter, bei. Eine bestimmte Richtung und einen positiven Wert erhielten aber diese humanen Tendenzen erst dadurch,
daß man ein Ideal der politischen Gestaltung fand, an welchem
man das eigene Elend messen konnte, und dessen Einführung im
eigenen Lande man zu seiner Aufgabe machte. Dies Ideal war
England und die repräsentative Verfassung, die das Er-

gebnis seiner Revolution gewesen war. In dieser Richtung wirkte Voltaire durch seine » Lettres sur les Anglais « und durch sein niemals aufgegebenes Bestreben, für die Herrschaft des Gesetzes und die darin allein begründete Freiheit einzutreten. Nicht minder wirkungsvoll aber war es, daß den Franzosen dieser Geist der englischen Gesetzgebung durch Montesquieu in systematischer Gestalt entgegentrat.

Charles de Secondat Baron de la Brède et de Montesquieu (1689—1755) hatte schon durch seine » Lettres persanes « (Paris 1721) eine gewaltige Aufregung hervorgerufen und dann in den » Considérations sur la cause de la grandeur des Romains et de leur décadence « (Paris 1734) seine Landsleute an eine Betrachtung der Geschichte unter großen politischen Gesichtspunkten gewöhnt, von denen der vornehmste die rücksichtslose Betonung von Recht und Gesetz war. Aber erst sein Hauptwerk » De l'esprit des lois « (Genf 1748) gab die abgerundete Theorie des Ideals der politischen Freiheit, das er wie Voltaire dem Vorgange der englischen Theorie und der englischen Praxis entnahm. Den Geist der Gesetze sucht er in ihrer Zusammengehörigkeit mit den natürlichen und den historischen Bedingungen der Völker. Daher ist er ein Gegner aller abstrakten und doktrinären Schematisierungen, und er sucht in das Naturrecht, dessen philosophische Tendenz sich allzu weit von der Wirklichkeit entfernt zu haben schien, wieder jenes historische Element einzuführen, das vor ihm Bodin vertreten hatte. Der nivellierenden Tendenz gegenüber, welche in dem Ideal des ein für allemal besten Staates lag, betonte er die Notwendigkeit einer nationalen Staatenbildung, die sich an die historischen Bedingungen anzuschließen habe. Deshalb sah er den Ursprung des Rechtes nicht, wie Hobbes oder Spinoza, in einem willkürlichen oder bewußten Akte des Staatsvertrages, sondern suchte vielmehr darzutun, daß das Recht in dem natürlichen Wesen des Menschen begründet sei und nach der verschiedenen Gestaltung der menschlichen Bedürfnisse sich notwendig zu ändern habe. Als die systematische Grundlage der gesamten Jurisprudenz behandelt er die genaue Sonderung der drei Grundformen: des Zivilrechts, des Staatsrechts und des Völkerrechts. Seine eigenen Untersuchungen beziehen sich wesentlich auf das Staatsrecht. Er nahm vier Hauptformen der Verfassung an: Demokratie, Aristokratie, Monarchie und Despotie,

und zeigte, wie der Mechanismus des politischen Lebens in jeder
von ihnen verschiedene psychische Zustände als treibende Elemente
voraussetzt. Die Demokratie kann nicht ohne die Bürgertugend
bestehen, mit der jeder sein Wohl demjenigen des Ganzen hintan-
setzt. Der Bestand der Aristokratie setzt eine weise Mäßigung der
regierenden Klassen voraus. Die Monarchie muß in den Untertanen das Gefühl für die Ehre entwickeln, mit der sie den tätigen
Staatsdiener für den Mangel an ursprünglicher Rechtsausübung
entschädigt. Für die Despotie endlich gibt es keine andere Grundlage, als die Furcht und den Schrecken. Weiterhin zeigt sich an
der Hand der Geschichte, daß, während große Reiche notwendig
die Tendenz zur despotischen Gestaltung haben, kleine Staaten sich
eine republikanische Verfassung zu geben geneigt sind, in der je
nach den sozialen Verhältnissen das demokratische oder das aristokratische Element vorherrscht. Nur die Staaten mittlerer Größe
sind dauernd für monarchische Zustände geeignet, in denen nach
der Meinung Montesquieus die Extreme der Republik und der
Despotie gleichmäßig vermieden werden. In der Schilderung dieser
Monarchie tritt jedoch bei ihm die historische und psychologische
Betrachtung fast hinter einer apriorischen Konstruktion zurück,
und er zeichnet mit einer hohen und lauteren Begeisterung für die
auf der Herrschaft der Gesetze beruhende Freiheit die Grundlinien
der englischen Verfassung. Die Versöhnung der Gegensätze, die er
in dieser findet, beruht namentlich auf der Trennung der drei
Staatsgewalten. Die gesetzgebende Gewalt, im Parlamente
repräsentiert, enthält im Unterhause das demokratische, im Ober-
hause das aristokratische Element. Die exekutive Gewalt, vermöge
deren die Regierung die innere Verwaltung und die äußere Vertretung des Staates in der Hand hat, ist die Rechtsform für die
Macht des Monarchen. Aber unabhängig von beiden — das ist die
lebhafteste Forderung Montesquieus und zugleich diejenige, welche
ihn den französischen Zuständen gegenüber zunächst am populärsten
machte — soll der Stand sein, der darüber zu wachen hat, daß die
Gesetze, in deren unbedingter Herrschaft das einzige Heil des Staatslebens liegt, treu und streng erfüllt werden, der Richterstand.

		Das waren mit wenigen Veränderungen die Grundzüge der
englischen Repräsentativverfassung, welche die dortige Revolution
erzeugt hatte, und der konstitutionellen Monarchie, deren

Theoretiker Locke gewesen war. Montesquieu hatte wenig Eigenes hinzugefügt; aber die von aufrichtiger Begeisterung getragene Darstellung dieses Ideals wirkte auf dem dunklen Hintergrunde der französischen Zustände wie ein blendendes Licht. Sie erschreckte die einen, und sie enthusiasmierte die andern. Sie gab dem unklaren Gefühle des politischen Elends das klare Bewußtsein einer bestimmten Aufgabe und eines zu erreichenden Ziels. Sie trug am meisten dazu bei, in den französischen Geistern das Streben nach einer Umgestaltung der öffentlichen Verhältnisse zu nähren: denn sie zeichnete eine bestimmte Bahn vor. Freilich erfuhr auch Montesquieu das Geschick, welches tief im Wesen dieser ganzen Bewegung begründet war, daß er radikaler wirkte, als er gewollt hatte. Umsonst hatte er auf die historischen Bedingungen hingewiesen, ohne die kein dauerndes Staatsleben besteht, umsonst gezeigt, daß sich eine lebensfähige Verfassung nicht lediglich aus abstrakten Theorien bauen läßt. Diese Stimme der historischen Betrachtung verhallte, und wie er selbst schließlich doch auch ein Ideal der Staatsverfassung gezeichnet hatte, so wirkte aus seinen Schriften nur dieses Bestreben, die politische Freiheit unter allen Bedingungen zu realisieren. Wenn er gezeigt hatte, daß es ein Recht gibt, das der Staatenbildung vorangeht und in ihr nur nach den besonderen Bedürfnissen modifiziert wird, so lag gerade darin die Möglichkeit der revolutionären Wendung, daß man auf Grund dieses ursprünglichen Rechtes den bestehenden Staat verdammte und einen neuen an seine Stelle setzte.

Gleichwohl würde die französische Revolution nicht mit so elementarer Gewalt aufgetreten sein, wie es wirklich geschah, wenn ihr nur politische Interessen zugrunde gelegen hätten, und wenn nicht in ihrem Hintergrunde die soziale Bewegung gestanden hätte. Das Elend der niederen Schichten der Bevölkerung war ihre mächtigste Triebfeder, welche sich nur in dem Rufe nach politischen Rechten zuerst Luft machte. Diese Frage war die brennendste, und mit ihr beschäftigten sich in Frankreich Tausende von Geistern. Die Vorschläge zu ihrer Lösung und zur Herbeiführung eines anderen Zustandes der Gesellschaft wuchsen wie Pilze aus dem Boden. Hier galt es, praktisch jenes moralphilosophische Problem zu bearbeiten, wie das Wohl des einzelnen mit dem Wohle der Gesellschaft vereinbar sei. Es ist bekannt, wie aus diesen

Bestrebungen die Anfänge der Nationalökonomie erwuchsen, wie die
Physiokraten, an ihrer Spitze Quesnay, dessen epochemachen-
der »Tableau économique« 1758 erschien, und Turgot in wohlwollender Meinung die Beförderung der natürlichen Produktions-
kraft des Landes und der damit verknüpften Industrie befürworteten,
bis ihre einseitige und unhaltbare Theorie durch Adam Smith ge-
stürzt wurde. Aber je schamloser von den sensualistischen Prinzipien
aus die Moral der Selbstsucht, welche diejenige der öffentlichen
Zustände war, verkündet wurde, um so mehr traten auch die Gedanken der Männer hervor, die, indem sie das Übel an der Wurzel
zu packen meinten, vor den extremsten Folgerungen nicht zurück-
scheuten. Wenn sie die Ausrottung der Selbstsucht in lauterster
Absicht als die erste moralische und politische Pflicht ansahen, so
glaubten sie in dem Privatbesitz, in dem »désir d'avoir pour soi«,
den Grund des gesamten gesellschaftlichen Unglücks zu erblicken,
und mit rücksichtsloser Konsequenz lehrten sie, daß seine Abschaf-
fung die kranke Gesellschaft heilen würde. So entwickelten sich,
getragen von dem sozialen Gegensatze der rechtlosen Armut und
der Willkürherrschaft des Reichtums, schon damals die kommu-
nistischen Theorien. Morelly, dessen 1755 geschriebener »Code
de la nature« fälschlich unter Diderots Werken steht, ging voran,
und Mably folgte ihm in der Schrift »De la législation ou principes
des lois« (Paris 1776) nach. So drängte auch die Theorie auf den
Ausbruch der wühlenden Kräfte hin, die unter dem hohlen Boden
der Gesellschaft ihr Spiel trieben.

§ 44. Die Enzyklopädisten.

Wenn sich alle die bisher betrachteten Elemente der französischen Aufklärungsphilosophie mannigfach ineinander verzweigten
und auf diese Weise eine buntschillernde Fülle von Gedanken erzeugten, wenn jedes davon auf seinem Gebiete seine notwendige
Wirkung auf die Geister ausübte, so haben sie ihre zündende Macht
doch erst durch die Vereinigung erhalten, welche sie in der Enzyklopädie fanden. Diese schöpfte von all den gärenden Gedankenmassen gewissermaßen den Schaum, aber ihre Leiter hatten es
vorzüglich verstanden, darin die ganze agitatorische Kraft der
Ideen zu konzentrieren. Im Jahre 1751 erschien der erste Band

unter dem Titel: »Encyclopédie ou dictionnaire raisonné des sciences, des arts et des métiers«, und bis 1772 folgten ihm 27 andere Bände, außerdem 5 Supplementbände (Amsterdam 1776 und 1777) und zwei Bände »Tables analytiques« (Paris 1780). Es war das Reallexikon des Zeitalters der Aufklärung. Seine Wirkung war eine unermeßliche. Es verbreitete die realen Erkenntnisse der neueren Wissenschaft durch alle europäischen Kulturvölker, es vermittelte die Anschauungen der verschiedenen Schichten der Gesellschaft, indem es die einen mit den Ideen und Erkenntnissen der andern bekannt machte, und legte so den Grund zu einer allgemeinen sachlichen Bildung. Es beruhte, seinem philosophischen Standpunkte nach, auf den Prinzipien des Empirismus und der sensualistischen Umbildung, welche dieser in Frankreich erfahren hatte. Es neigte seinen metaphysischen Ansichten nach, wenn auch mit großer Vorsicht des Ausdrucks, anfangs dem skeptischen, später dem materialistischen Denken zu, und seine kolossale Ausbreitung untergrub in der wirksamsten Weise die kirchlichen Lehren. Verständiges, durchsichtiges und aufklärendes Räsonnement war der Charakter seiner metaphysischen Betrachtungsweise, Zersetzung des Glaubens sein vorsichtig und verhüllt verfolgter, aber desto sicherer erreichter Zweck. Es leugnete kein Dogma, aber es bezweifelte alle.

Eine große Anzahl von Männern hatte sich zu diesem gemeinsamen Zwecke vereinigt. Wir finden darunter Größen ersten Ranges neben Männern, die nur an dieser Stelle zu nennen sind. Da sind Artikel von Voltaire, der eine Zeitlang an dem Werke mitarbeitete, bis er den Plan seines eigenen »Dictionnaire philosophique« gefaßt hatte, und von Rousseau, der sich jedoch seit 1757 zurückzog und als offener Gegner auftrat. Daneben erscheinen Grimm, Holbach, Turgot, Jaucourt, Daubenton, Marmontel, Duclos und andere. Allein das Beste davon war die Mitarbeiterschaft der Herausgeber: d'Alembert, der sich jedoch, als das Unternehmen wachsendes Ärgernis erregte, auch bereits 1757 zurückzog, und Diderot der seitdem die Enzyklopädie allein redigierte.

Jean d'Alembert (1717—1783) ist, abgesehen von seinen großen Leistungen auf mathematischem Gebiete, für die Philosophie vor allem wichtig durch den »Discours préliminaire«, worin er den allgemeinen Standpunkt der Enzyklopädie festlegte. Er entwirft darin den »globus intellectualis« mit vollkommenem Anschluß an

die Baconsche Einteilung und Methodik. Es ist das eine höchst
interessante und bedeutsame Nachwirkung Bacons; es ist zugleich
einer der schlagendsten Beweise für die durchgängige Abhängigkeit
des französischen Denkens von dem englischen; es charakterisiert
die Hauptrichtung dieser Zusammenfassung der französischen Aufklärung als empiristisch. Aber d'Alembert vollzieht zugleich die
Schwenkung zu Locke, indem er den Standpunkt der Enzyklopädie
auf die Erfahrungserkenntnis zu beschränken sucht. In allen Fragen,
die über die Erfahrung hinausgehen, will er sich und das Werk
— und zwar nicht nur aus den naheliegenden taktischen Gründen,
sondern wie aus seinen »Mélanges de littérature, d'histoire et de
philosophie« (Paris 1752) hervorgeht, aus innerer Überzeugung —
auf den skeptischen Standpunkt stellen. Zwar gibt er dem
Deismus zu, daß die zweckmäßige Zusammengehörigkeit der organischen Tätigkeiten insbesondere und auch der ganze Naturlauf im
allgemeinen auf einen intelligenten Urheber hinzudeuten scheine:
aber in welchem Verhältnis diese Intelligenz zu der Materie stehe,
die jede mathematische Naturphilosophie als selbständig denken
muß, darüber, sagte er, können wir nie etwas wissen. Weder vom
Geiste noch von der Materie haben wir eine deutliche Erkenntnis,
das Wesen der Dinge ist uns unerforschlich, und es ist höchst wahrscheinlich, daß in Wirklichkeit nichts so existiert, wie die auf die
Sinnestätigkeit angewiesene Natur unseres Geistes uns zwingt, die
Welt uns vorzustellen. Als daher die Enzyklopädie wesentlich
unter dem Einflusse der Wandlung, die Diderot selbst durchgemacht
hatte, diesen skeptischen Standpunkt überschritt und sich immer
rückhaltloser zum Materialismus zu bekennen anfing, mußte d'Alembert mit innerer Notwendigkeit sich von ihr lossagen.

Weitaus der Interessanteste aus diesem Kreise ist das Genie
darin, Denis Diderot (1713—1784), eine geistig tief und noch
mehr reich angelegte Natur. Ursprünglich zum Geistlichen bestimmt, dann zum Rechtsstudium übergegangen, wählte er endlich
die adäquate Lebensform eines unabhängigen Schriftstellers und
machte bis zum Tode alle Leiden und Freuden dieser Stellung
durch. Tief versenkt in die geistige Bewegung der Zeit, durch
Fäden wissenschaftlichen Interesses mit allen bedeutenden literarischen Erscheinungen Frankreichs und Englands, durch zahllose Bekanntschaften und Beziehungen mit fast allen gleichzeitigen Denkern

verbunden, stellt er den Entwicklungsprozeß der französischen Aufklärungsphilosophie in sich mit einer Vollständigkeit dar, wie kein
anderer. Daher ist es durchaus kein gleichbleibendes oder einheitliches Denken, was man bei ihm findet. Er schreitet vom
gläubigen Theismus zum skeptischen Deismus und von da zum
naturalistischen und schließlich zu einem hart an der Grenze des
Materialismus stehenden Pantheismus fort. Er ist der Mikrokosmos
der französischen Aufklärung oder, mit Leibniz zu reden, ihre
Zentralmonade. Daher ist es leicht, in seinen verschiedenen Schriften häufig sogar in einer und derselben, wenn sie gerade ein Über-
gangsstadium darstellt, wie z. B. die »Pensées philosophiques«,
mehr oder minder starke Widersprüche nachzuweisen. Dieser Eindruck des Widerspruchsvollen in seiner Gesamtpersönlichkeit wird
noch durch einen ursprünglichen Gegensatz erhöht, der den Menschen so gut wie den Schriftsteller trifft. Von einer tief idealen
Anlage, ist er zugleich mit einer kräftigen und lebendigen Sinnlichkeit ausgestattet, und durch deren Vermittlung gewinnen mit der
Zeit die sensualistischen, eudämonistischen und materialistischen
Theorien seiner Umgebung einen immer mächtigeren Einfluß auf
ihn, während doch stets der ideale Grundzug seiner Natur im Kampfe
damit liegt. Diesen Eindruck des Einheitlosen vollendet endlich
die massenhafte Vielseitigkeit seines Denkens und Schreibens, die
agitatorische Rührigkeit seines literarischen Treibens und die damit
notwendig verbundene stetige Zersplitterung seiner Geistestätigkeit.
Wir sehen das Licht dieses Geistes niemals rein, sondern immer
durch ein vielfarbiges Prisma.

Aber solch ein chamäleonartiges Genie war dazu nötig, um alle
Bildungselemente der Zeit in einer Person zu vollständiger Durchdringung zu vereinigen und sie als die Entwicklungsphasen eines
Individuums zu durchleben. Es findet sich deshalb auch in Diderot
nur ein verhältnismäßig geringes Maß von schöpferischer Originalität in Hinsicht philosophischer Prinzipien. Aber er besitzt eine
unglaubliche Fähigkeit, das Entscheidende zu sehen, aufzufassen,
zu verarbeiten und darzustellen. Es ist kaum einer der Gedanken
der französischen Aufklärung, der sich mit Sicherheit auf ihn allein
zurückführen ließe, und doch ist er der bedeutendste Denker jener
Tage, weil seine rastlose Entwicklung alle die um ihn zerstreuten
Elemente umspannt. Man kann in ihm die ganze französische

Philosophie des vorigen Jahrhunderts in nuce studieren: aber man
hätte alle ihre Teile fast ebenso auch ohne ihn. Nur findet einerseits alles bei ihm den glücklichsten Ausdruck, und anderseits ist es
fraglich, ob jene Teile ohne ihn jemals die innige Verknüpfung
gefunden hätten, worin sie wirklich geraten sind. Wenn die Eigentümlichkeit jener Epoche in der Gemeinsamkeit des Denkens der
Pariser Gesellschaft beruhte, so ist es keine Frage, daß es in ihrem
geistigen Konnexe kein lebendigeres Bindeglied gegeben hat als
ihn. Er war wie der befruchtende Wind, der den Samen der Idee
von Staude zu Staude trug. Und diese Wirkung beruhte darauf,
daß er im besten Sinne des Wortes eine bedeutende Persönlichkeit
war. Sein ganzes Wesen ging auf in zündender Genialität: diese
aber wurzelte in jenem idealen Schwunge seines innersten Lebens,
den er niemals verloren hat. Seine Schriften freilich zeigen ihn selten
auf dieser dithyrambischen Höhe seiner Genialität; allein alle Schil-
derungen seiner Zeitgenossen lassen erkennen, daß er sich im persönlichen Verkehre viel häufiger darauf befand. Seine mündliche
Wirkung ist noch packender als seine schriftliche gewesen; er besaß
nach dem Zeugnis auch seiner Neider eine wahrhaft hinreißende
Beredsamkeit, jene Beredsamkeit, die » aus der Seele dringt und mit
urkräftigem Behagen die Herzen aller Hörer zwingt«. Solche Wirkung aber hatte ihren Grund in letzter Instanz darin, daß er trotz
aller metaphysischen Wandlungen unwandelbar den Glauben an
die Tugend in sich trug. Was bei Bayle und Voltaire eine ernste
und fast nüchterne Ansicht war, daß die Wurzeln der Moral unerschütterlich tief in der menschlichen Natur liegen, das war bei
Diderot eine enthusiastische Überzeugung. Er war das Urbild des
Tugendenthusiasten, wie ihn Shaftesbury gezeichnet hatte.

So war es denn begreiflich, daß seine erste Schrift: » Principes
de la philosophie morale ou essai sur le mérite et la vertu« (Paris
1747) wesentlich eine Bearbeitung der entsprechenden Schrift von
Shaftesbury war. Aus der Ordnung der Natur geht ihm das Bild
der Wahrheit, Schönheit und Güte Gottes in leuchtenden Farben
auf. Aber er beschränkt seinen Gottesglauben nicht auf diese
rationalistische Basis. Er zeigt sich zugleich als einen gläubigen
Christen und einen Anhänger der Offenbarung, strebt jedoch dabei
mit fast mystischen Wendungen über die konfessionellen Formen
hinaus. Wo Shaftesburys Kritik sich gegen den christlichen Theis-

mus wendet, sucht er sie sichtlich zu mildern und abzuschwächen, und das moralische Leben erscheint ihm auf dieser Anfangsstufe noch als ein Ausfluß des religiösen. Aber gerade an dem letzteren Punkte erweist sich bald der Einfluß Shaftesburys als überwiegend. Bereits in den »Pensées philosophiques« (La Haye 1746) ist die Verbindung gelöst. Diderot sucht nunmehr die Wurzel der Moral wie Shaftesbury in dem eigenen Wesen der menschlichen Natur, er sieht sie darin aus jener Leidenschaft für das Gute erwachsen, ohne welche nach dem englischen Denker nichts Großes geschehen ist und geschehen kann, und er wendet sich mit großer Bitterkeit gegen Lamettries Ableitung der Moral aus der Selbstsucht, wie er später an demselben Punkte die Grenze zwischen sich und Holbach zog. Vor allem aber wichtig ist es, daß er die Ansicht von der Unabhängigkeit der Moralität von den metaphysischen Anschauungen der Religion gewonnen hat. Neben der skeptischen Kritik des englischen Deisten ist diejenige von Bayle in ihm mächtig geworden, damit aber auch die große positive Lehre, welche dieser verkündet hatte. So gewinnt er einen Standpunkt, auf dem sich der Skeptizismus mit dem Deismus noch unklar verschmilzt. Er polemisiert auf das heftigste gegen den Atheismus, den jeder Schmetterlingsflügel widerlege, während man doch den ganzen, schönen und zweckvollen Zusammenhang der Natur habe, um ihn zu zermalmen. Aber nachdem sie den teleologischen Beweis für das Dasein Gottes in aller Breite ausgeführt haben, fügen die Pensées ein Kapitel hinzu, worin sie die wissenschaftliche Beweiskraft dieses Arguments nach den Prinzipien der Wahrscheinlichkeit auf das einschneidendste zersetzen. Während er an dem Beweis aus Überzeugung festhält, zweifelt er an seinem wissenschaftlichen Werte. Aber freilich, der Gott, an welchen Diderot hier glaubt, ist ein anderer als derjenige des gewöhnlichen Glaubens. Er steht dem positiven Dogma bereits so schroff gegenüber, daß er den kühnen Ausspruch wagt, wenn Gott so sei, wie ihn die Gläubigen sich vorstellen, so müsse man wünschen, er existiere nicht. Darum nimmt sein Denken nun eine von demselben moralischen Enthusiasmus erfüllte Wendung zur Polemik gegen die kirchlichen Formen des religiösen Lebens. Er tritt in den skeptischen Kampf gegen die kirchliche Autorität mit aller Energie ein, und wesentlich aus diesem Zweck entsprang der Gedanke der Enzyklopädie. Schon ihre Anfänge, mehr aber

noch die seit dem siebenten Bande von ihm allein redigierten Artikel
stehen auf diesem Standpunkte. Allerdings legten auch ihm die
heftigen Angriffe, welche die Enzyklopädie von den staatlichen
und den kirchlichen Gewalten erfuhr, und welche mehr als einmal
die Fortsetzung des Werkes in Frage stellten, eine gewisse Zurückhaltung und Akkommodation auf: aber seine eigene Auffassung war
doch für denjenigen, der lesen wollte, immer nur sehr durchsichtig
verhüllt.

Allein auch dabei konnte Diderot nicht stehen bleiben. Die
radikaleren Elemente des französischen Denkens, die Schriften eines
Lamettrie, Condillac, Robinet, der Umgang mit Grimm, Holbach usw.
zogen ihn unwiderstehlich gegen den idealistischen Drang seiner
Anlage in naturalistische Anschauungen hinein und bis an materialistische heran, und so wurde der Widerspruch in seinem
Wesen mit seiner fortschreitenden Entwicklung immer schroffer.
Schon in den »Pensées sur l'interprétation de la nature« (Paris 1754)
hat auch er die Hypothese der Gottheit fallen lassen*). Die Natur
gilt ihm jetzt als ein großes Instrument, das sich selbst spielt. Er
ist Pantheist geworden. Er übernimmt die Buffonsche Theorie der
organischen Moleküle und verbindet damit schon vor Robinet eine
Hypothese von der Empfindungsfähigkeit der Atome, die er zu
diesem Behufe mehr im dynamischen als im materialistischen Sinne
aufgefaßt wissen will. Die Empfindung gilt ihm gewissermaßen als
in den Atomen gebunden, und er meint, daß sie in deren unmittelbarem Kontakte frei wird, und daß dadurch die Empfindungen der
verschiedenen Atome die Fähigkeit des Verschmelzens gewinnen.
Von dieser Grundlage aus bemächtigt er sich sodann der sensualistischen Theorien und sucht nach dem Prinzip der Assoziationspsychologie aus dem Doppelinhalte der Empfindungen teils die Reihe
des Denkens, teils diejenige des Wollens abzuleiten, was natürlich
zu einer Leugnung sowohl der Freiheit als auch der Unsterblichkeit
führt. An die Stelle der Psychologie tritt der Mechanismus der
Nervenphysiologie, und in diesem Sinne konnte Diderot bei dem

---

*) Noch klarer und unverhüllter tritt diese Wendung Diderots in den
während seines Lebens nicht gedruckten und erst 1830 zutage getretenen
Schriften hervor, besonders in dem »Entretien d'Alembert et de Diderot« und
in dem »Rêve d'Alembert«. Doch ist in neuester Zeit die Echtheit dieses
Nachlasses angezweifelt worden.

»Système de la nature« mitwirken. Aber selbst auf diesem äußersten
Standpunkte wahrt er den idealen Schwung seines Denkens. Er ist
niemals ganz Materialist geworden, sondern immer Pantheist geblieben, selbst wo er den Namen der Gottheit aufgab und an seine
Stelle denjenigen der Natur setzte. Das »Abrégé du code de la
nature«, welches das Schlußkapitel des »Système de la nature«
bildet, verrät, worauf zuerst Alb. Lange aufmerksam gemacht hat,
unverkennbar den Stil Diderots, und es weht in ihm ein religiöser
Geist. Er weist den Menschen in allen Dingen darauf hin, sich in
den großen Gang des Naturmechanismus einzufügen und in den
gesetzmäßigen Strom der Dinge auszumünden. Aber er stellt diesen
mächtigen Zusammenhang mit so großartigen und so ergreifenden
Zügen dar, wie es dem bloßen Materialismus niemals möglich gewesen wäre. Und so schließt dies trockenste aller Werke mit einem
Dithyrambus.

In diesen letzten naturalistischen Überzeugungen Diderots wurzelt auch seine ästhetische Wirksamkeit. Hatte er anfangs die
zweckvolle Ordnung der Natur anerkannt und zu dem teleologischen
Beweise für das Dasein Gottes benutzt, so leugnete er diese jetzt
mit dem »Système de la nature«. Gibt es aber in der Natur keine
von Zwecken regierte Gestaltung, und ist alles gleichmäßig ein
Produkt ihrer unentfliehbaren Notwendigkeit, so gibt es auch
keine Norm mehr für die Beurteilung ihrer Bildungen, und wenn
nach dem empiristischen Prinzip der französischen Kunstphilosophie
die bildende Kunst auf der Nachahmung der Natur beruht, so
existieren auch für sie keine Ideale mehr. Dann ist der Buckelige
ebensoviel wert wie der Apoll, dann ist das Ideal der Kunst nur noch
eine Beschränktheit der menschlichen Betrachtung, die am teleologischen Vorurteile hängt, und dann sollte an die Stelle dieses
Ideals das Prinzip der Konsequenz der Natur treten oder die
Nachahmung der mechanischen Notwendigkeit, mit der diese, auch·
wo sie einmal von dem gewohnten Wege abgegangen ist, vor keiner
Folgerung der natürlichen Bildung zurückschreckt. Dann gibt es
kein Sollen mehr, sondern nur noch ein Müssen. Wenn so das
Schöne dem Konsequent-Wahren untergeordnet wird, so ist damit
aller Schönheitsunterschied aufgehoben; denn in der Wirklichkeit
ist alles konsequent wahr. In diesem Sinne vertritt Diderot in seiner
scharfen und glänzenden Weise den ästhetischen Naturalismus,

der zwischen den Aufgaben der Kunst und denen der Wissenschaft
keinen prinzipiellen Unterschied mehr macht und die Kunst zu einer
ideallosen Kopie jedes beliebigen Wirklichen herabsetzt. Das war
der Grund, woraus Goethe gegen Diderots »Essai sur la peinture«
in seinen Bemerkungen zu dessen Übersetzung den ganzen Idealismus
seines Künstlerbewußtseins geltend machte.

Die gärenden Elemente des französischen Denkens sind in
Diderot mit wunderbarer Allseitigkeit vereinigt; aber man darf
nicht sagen, daß sie bei ihm eine gleiche Abklärung und Abrundung
gefunden hätten. Auch darin ist er der wahre Typus für das Denken
des revolutionären Frankreich. Er zeigt in seiner reichen Entwicklung die ganzen Gedankenmassen, von denen jenes erfüllt war:
aber ein Schwanken und Hin- und Hergezogenwerden bleibt bei
ihm bis zu Ende, wie es in der Gesamtheit bestehen blieb. Wenn
man es versuchte, dieser ganzen Bewegung einen radikalen und
einseitigen Abschluß zu geben, so konnte Diderot sich dazu niemals
völlig bekennen, obwohl er in nächster geistiger Verbindung mit
den Männern stand, die, beschränkter als er, das Ende der Wissenschaft gefunden zu haben meinten.

§ 45. Das Système de la nature.

Diese Männer nannten sich selbst die Philosophen. Sie verdankten diesen Titel zuerst spottweise einem an sich herzlich schlechten Lustspiele von Palissot und nahmen ihn dann allen Ernstes für
sich in Anspruch. Zu ihnen gehörte ein großer Teil der an der
Enzyklopädie mitarbeitenden Gelehrten, außerdem Naigeon, Ga-
liani und andere. Den Ton aber in diesem Kreise gaben zwei
Deutsche an, Grimm (1723—1807), der neben der Rolle des Philosophen die zweifelhaftere eines politischen Agenten spielte, und
dessen im XIX. Jahrhundert veröffentlichte literarische Korrespondenz neben Diderots Briefwechsel den umfassendsten Aufschluß
über das Wesen und Treiben dieser Männer gegeben hat, und neben
ihm vor allem Dietrich Baron von Holbach (1723—1789), der,
zu Heidelsheim in der Pfalz geboren, in Paris von seinen großen
Reichtümern lebte, und dessen gastfreies Haus den geselligen Ver-
einigungspunkt dieser Männer bildete. Aus diesem Kreise ging das
Werk hervor, das sich rühmte, der Abschluß der Philosophie zu

sein, und das mit Recht die Bibel des Materialismus genannt worden ist. Es erschien 1770 angeblich in London, in Wahrheit in Amsterdam unter dem Titel: »Système de la nature ou des lois du monde physique et du monde moral par feu Mr. Mirabaud«. Die Pseudonymität, als solche trotz der vorangeschickten Lebensbeschreibung des 1760 als Sekretär der französischen Akademie gestorbenen Mirabaud vollkommen durchsichtig, ließ doch lange Zeit den wirklichen Verfasser nicht feststellen. Diderot, der Mathematiker Lagrange und andere wurden dafür gehalten. Nach dem Erscheinen des Grimmschen Briefwechsels ist kein Zweifel mehr, daß der wahre Verfasser in der Hauptsache Holbach ist, wenn auch bei einzelnen Teilen Grimm, Diderot, Lagrange und Naigeon mitgewirkt haben.

Auch sind die Züge Holbachs deutlich genug zu erkennen, und zwar nicht nur in der doktrinären und systematischen Gliederung des Ganzen, sondern auch in der trockenen Ausführung des Einzelnen. An die Stelle des leichten, beweglichen Kampfes, den die Franzosen überall geführt hatten, ist eine gepanzerte Pedanterie getreten. Der Schmetterling der französischen Aufklärung ist in diesem Werke aufgespießt. Statt der pikant verdeckenden und sophistisch versteckenden Darstellung herrscht hier eine grunddeutsche Ehrlichkeit und Offenheit. In diesem Buche fließt das schwere Blut eines Deutschen. Der Materialismus ist trocken und langweilig geworden und hat in der Hauptsache jede Spur des poetischen Naturalismus abgestreift. Deshalb konnte Goethe sagen, dies Werk sei der jungen Generation in Deutschland »so greisenhaft, so grau, so cimmerisch, so totenhaft« vorgekommen, daß es niemandem gefährlich wurde. Es hatte sich eben die systemsuchende Schwerfälligkeit der alten deutschen Gelehrsamkeit hier der französischen Gedanken bemächtigt, und wo die echten Franzosen ein halb frivoles und halb überzeugtes, aber immer geistreiches Geplänkel gegen die kirchliche Autorität und ihre Weltanschauung geführt hatten, da stellte das »Système de la nature« mit vollem, tiefem Ernst ein festes Gebäude geschlossener Doktrinen diametral allem gläubigen Denken gegenüber: Dogma gegen Dogma und Verketzerung gegen Verketzerung.

Holbach tat es, weil er von der moralischen Gefährlichkeit und der sozialen Schädlichkeit der Religion im allgemeinen und des

Christentums im besonderen überzeugt sein zu dürfen glaubte und
es für ein gutes Werk im Interesse der menschlichen Gesellschaft
hielt, an der Zerstörung dieses Gegners zu arbeiten. Alle die von
Lamettrie aufgewärmten Gedanken des Epikureismus werden in
dem »Système de la nature« breitgetreten. Der Glaube an das
Übersinnliche soll die Wurzel aller moralischen und sozialen Übel
sein. Aber aller Aberglauben, alle törichte Furcht und Unseligkeit
den unfaßbaren, selbstgedichteten Mächten gegenüber und in ihrem
Gefolge alle hierarchischen Fesseln, welche die Menschheit im
geistigen und sozialen Leben trägt, ergeben sich, wie Holbach mit
Epikur und Lamettrie lehrt, aus der Unwissenheit über die Natur.
Wer sie kennt und versteht, von dem fallen die Ketten ab. Deshalb will das »Système de la nature« ehrlich und rückhaltlos diesen
Erfindungen, wie es sagt, die Wahrheit der Naturerkenntnis ent-
gegenhalten. Freilich bleibt Holbach überzeugt, daß diese Wahrheit
durch die schon tief in den Menschenseelen haftenden Vorurteile
sich nur spät und mühsam Bahn brechen werde, so daß die neue
Lehre fürs erste nur in einem kleinen Kreise Anerkennung finden
wird. Aber um so schärfer und wuchtiger tritt er denen gegenüber,
die aus irgend einem Klasseninteresse die Ausbreitung der Wahrheit
beschränken wollen. Hier wendet sich die französische Aufklärung
mit vollem Bewußtsein gegen den sozialen Charakter der englischen.
Die Meinung der Leute, welche die religiösen Vorstellungen und
Einrichtungen als unentbehrliche Polizeimittel für die soziale Ordnung ansehen, sei ungefähr so weise, als wollte man der Gesellschaft
zur Stärkung ihrer Kräfte Gift geben. Die Wahrheit muß laut verkündet werden, und ihre Zeit wird kommen, sei es auch noch so spät.

Diese neue Wahrheit nun kündigt sich mit verhältnismäßig
rohem Dogmatismus als eine rein materialistische Naturlehre an.
In diesem System der Natur gibt es nichts als die Materie und die
in ihr selbst liegende und ihr von Anfang an inhärierende Bewegungskraft. Der Gedanke einer Materie, die, an sich bewegungslos, einer
unabhängig von ihr bestehenden Kraft bedarf, erscheint Holbach
wie Lamettrie als eine falsche Abstraktion. Die Materie ist immer
und von selbst bewegt. Was die Veranlassung zu jener falschen
Abstraktion gab, ist der Schein von Ruhe, den einzelne Teile der
Materie hin und wieder erregen. Aber dieser Schein entsteht nur
daraus, daß der Erfolg der bewegenden Kraft durch die Gegen-

wirkung einer anderen gehemmt ist. Wenn der Stein in deiner
Hand ruht, so wirst du schon fühlen, daß er sich zu bewegen strebt,
und wissen, daß es nur deine Muskelkraft ist, die ihn daran hindert.
Die Ruhe ist ein Spezialfall der Bewegung. So wird die Mechanik
für den Materialismus ausgenutzt. Dabei statuiert das System
drei Grundformen dieser Bewegung. Die eine beruht auf der Tendenz der Natur, den jedesmal vorhandenen Bewegungszustatnd
aufrecht zu erhalten, d. h. auf der Trägheit. Diese Bewegungsform
kommt jedem einzelnen Atome zu. Die beiden anderen entwickeln
sich aus der Beziehung der Atome aufeinander; teils streben sie
aufeinander zu, teils voneinander fort. Die Beziehungsbewegung
ist entweder Attraktion oder Repulsion. Als Substrate aller Bewegung gelten also die Atome. Möglich, sagt Holbach, daß deren
wahres Wesen für uns unerkennbar ist; aber was wir von ihnen
wissen, ist auch dasjenige, was uns allein interessieren kann, diejenigen nämlich unter ihren Eigenschaften, welche auf unsere Sinne
wirken und sich diesen zu erkennen geben.

Alle Bewegung ist Ortsveränderung der Atome: aber diese
Ortsveränderung ist entweder sichtbar als diejenige größerer Atom-
komplexe, die wir Körper nennen, oder sie ist unsichtbar als die
molekulare Veränderung im Innern dieser Körper. Die letzteren
nennen wir organisch, solange wir sie mechanisch nicht begreifen
können, und nennen sie geistig, sofern wir die Bewegung selbst gar
nicht wahrnehmen können und sie deshalb für andersartig halten.
Mit dieser Deduktion ist die immaterielle Welt abgetan. Dasjenige,
was man als das psychische oder »moralische« Wesen des Menschen
annimmt, besteht deshalb nur aus den unsichtbaren Bewegungen,
die in seinen Nerven und in seinem Gehirn vonstatten gehen. Die
Verwechslung von veranlassendem Reiz und psychischer Folgeer-
scheinung, die jeden modernen Materialismus charakterisiert, macht
sich hier ganz naiv breit. In der Ausführung dieser Meinung fügt
das »Système de la nature« den Gründen Lamettries noch die Ausführung eines anderen Arguments hinzu. Es fragt, was man denn
eigentlich unter all den geistigen Wesen verstehe, mit denen die
Metaphysik und die Kirchenlehre so verschwenderisch umgehen,
und es findet darin nur eine unnütze und abstrakte Verdoppelung
der materiellen Wirklichkeit. Man begnügt sich nicht, von der
Gehirntätigkeit des menschlichen Körpers zu sprechen, sondern

denkt sie noch einmal, verfeinert sie und nennt sie Seele. Man begnügt sich nicht, von dem großen Zusammenhange der in den Atomen wirkenden Kräfte zu sprechen, sondern man denkt ihn noch einmal, verfeinert ihn und nennt ihn Gott. Aber diese Verdoppelung, meint Holbach, erklärt nicht mehr, als die bloße Annahme der Materie und ihrer Kräfte, sie ist eine unnütze und darum schädliche Hypothese. So ist mit wenigen Zügen in einem Atem der Materialismus und der Atheismus gewonnen.

Auch was das Système die »Natur« nennt, ist nicht eine Grundkraft — denn das würde zum Pantheismus führen —, sondern vielmehr nur die Summe aller Körper in dem (von diesem Standpunkt aus freilich unerklärlichen) Zusammenhange ihrer Bewegungen. In diesem Zusammenhange aber wirken die Körper, fährt Holbach fort, nur nach der unausweichlichen Notwendigkeit des Kausalgesetzes. Die Wirkung aller Atomkräfte bleibt stets dieselbe, und in einem ewigen Kreislaufe lösen sie sich nach bestimmten Gesetzen gegenseitig aus. Woher diese Gesetze stammen, darüber gibt sich Holbach keine Rechenschaft, er nimmt sie mit dem Zusammenhange der Atome, der unbegreiflich, aber gegeben ist, an. Aus zerstreuten Körperstücken baut jene dreifache Bewegungsnotwendigkeit der Trägheit, der Attraktion und der Repulsion Sonnensystem nach Sonnensystem auf, um sie dereinst wieder in die Atome zu zerstreuen. In großen Zügen und ohne spezielle Durchführung, mehr noch in Anlehnung an die alte demokritische Weltvorstellung, wird hier jene Hypothese der Astrophysik aufgeworfen, welche von einem großen Mathematiker, Laplace, und einem großen Philosophen, Kant, ihren Namen erhalten hat. Das »Système de la nature« verfolgt diesen Kreislauf der physischen Notwendigkeit auch im terrestrischen Leben und zeigt, wie die drei Reiche der Natur sich einander in die Hände arbeiten, indem die sogenannten unorganischen Körper in das pflanzliche Leben, die Vegetabilien in den Ernährungsprozeß der Animalien aufgenommen werden, und der zerstörte tierische Organismus wieder in die unorganische Grundform zurücksinkt.

Aber dieser Kreislauf des Zusammenwirkens ist nur durch streng kausale Notwendigkeit bedingt. Von Zweck und Ordnung ist in der Natur keine Rede. Gleichwertig, aus gleicher absichtsloser Notwendigkeit hervorgegangen, steht nebeneinander das Größte und das Kleinste, das Alltäglichste und das Ungeheuerlichste. Eine Ordnung und eine Wertbeurteilung der Dinge, die nur in Rücksicht auf irgend eine Norm gedacht werden könnte, träumt nur der beschränkte Menschenverstand, der seine Zwecke in die Natur hineindichtet. Hier wurde ein spinozistisches Moment in das materialistische System aufgenommen. Das war der Punkt, wo sich Materialismus und Deismus schieden. Den Mechanismus aller Naturerscheinungen proklamieren beide. Aber in diesem Mechanismus erkennt der Deismus eine Ordnung an, die auf einen intelligenten Werkmeister hinweist. Auch diesen letzten Rest von Anthropomorphismus und Kirchentum, wie er es nennt, will der Holbachsche Materialismus beseitigen. An die Stelle der Vorsehung, die der Deismus unter dem Namen eines Gesamtzwecks des materiellen Mechanismus stehen gelassen hatte, setzt er nur die absolute Notwendigkeit des Naturgesetzes. Daher entbrannte an diesem Punkte die scharfe Polemik Voltaires gegen das »Système de la nature«.

Dieses hingegen erklärt seine Auflösung aller Dinge in Materie und die ihr notwendige Bewegung für das einzig konsequente System. Der Dualismus, welcher jene systematische Verdoppelung enthält, sei eine unbegreifliche Absurdität. Darum aber empfindet Holbach es sehr lebhaft, daß ihm das entgegengesetzte Extrem, der Berkeleysche Spiritualismus, am schwersten zu widerlegen ist, und er hilft sich nur dadurch, daß er, wie Condillac in erkenntnistheoretischer Hinsicht, dies System für konsequent, aber für konsequenten Wahnsinn erklärt.

Die negativen Folgerungen liegen auf der Hand. Die nächste ist der systematische Atheismus; der ganze zweite Teil beschäftigt sich mit einer den früheren Ausführungen gegenüber wenig originellen Kritik des Gottesbegriffs. Er entwickelt, wie diese abergläubische Verdoppelung des Naturbegriffs aus Furcht und Unwissenheit über außergewöhnliche Naturerscheinungen entsprungen sei. In Wahrheit sei der Inhalt dieses Begriffes rein negativ, die Hypostasierung der Negation der Materie. Alle Wesen, die man jenseits der Materie setzt, sind eingebildet. In diesem Sinne bekämpft das System nicht nur den Kirchenglauben, sondern auch den Deismus, indem es zu zeigen sucht, daß dieser sich doch irgendwie immer mit abergläubischen Vorstellungen verquicken müsse, aber sogar den Pantheismus, weil er mit dem Namen auch noch einen Rest religiöser Ansicht aufrecht erhalte. Es polemisiert gegen alle Religion, nicht nur ihrer theoretischen Unwahrheit halber, sondern auch aus moralischen und sozialen Gründen. Es sieht in dem Gottesglauben den Hauptquell menschlicher Verdorbenheit und menschlichen Elends. Der Atheismus dagegen befreit, lehrt es, von der törichten Dämonenfurcht, er schützt vor den unnützen Gewissensbissen — und da schilt Holbach vornehm über Lamettrie! — und er opfert nicht wie alle Religionen den Genuß des Erdenlebens der wertlosen Schimäre des Jenseits.

In diesen letzten Wendungen erkennt man den materialistischen Eudämonismus wieder. Die Verschmelzung, welche in Lamettrie angelegt war, ist vollständig gelungen. Denn auch der Mensch ist im » Système « natürlich nur ein Körper wie die übrigen. Sein Denken ist Gehirnfunktion, sein Wille die Tätigkeit motorischer Nerven, unter Seele kann man nur etwas Negatives verstehen. Sie ist ein Unding, und Freiheit und Unsterblichkeit sind Illusionen. An die Stelle der Psychologie tritt die Nervenphysik, und nur von diesem physiologischen Gesichtspunkt aus ist die Umbildung der Empfindungen zum Denken und diejenige der Triebe zum Willen zu begreifen. Daß hier eine sensualistische Erkenntnistheorie eingefügt wird, ist selbstverständlich; ebenso selbstverständlich ein rücksichtsloser Eudämonismus der Moral. Die drei Grundformen der materiellen Bewegung, Trägheit, Attraktion und Repulsion, kehren als molekulare und unsichtbare Formen in der Gestalt von Selbstliebe, Liebe und Haß wieder, und aus diesen Elementen baut sich, wie das physische, so auch das psychische Leben auf. Aber es ist nur ein Mißverständnis, wenn man diese Bewegungsformen für immateriell hält, und so wird man in allen Fällen besser tun, den Arzt als den Seelsorger zu Rate zu ziehen. Fragt es sich aber bei allen Willensentschließungen nur, wie man am besten für sein Wohl sorgt, so antwortet das » Système «, daß das wohlverstandene Interesse des Menschen stets im Zusammenhange mit demjenigen der Gesellschaft stehe. So nimmt Holbachs Moral die soziale Wendung des assoziationspsychologischen Utilismus, und sie betont hauptsächlich die Bürgertugend als die Grundlage aller übrigen. Zugleich aber zeigt seine Auffassung des gesamten gesellschaftlichen und historischen Lebens einen weitschauenden und großen Blick. Er betrachtet die Geschichte unter dem Gesichtspunkt eines mächtigen Mechanismus komplizierter Bewegungen, er sieht in den Umwälzungen des Staatslebens etwas von der Art der Orkane und Erdbeben, er deduziert, wie beide als Auslösung elementarer Kräfte naturnotwendig und deshalb berechtigt sind, und, ein persönlicher Anhänger der Volkssouveränität, weissagt er den Sturm der Revolution, deren Beginn in sein Todesjahr fiel.

Die Entwicklung des französischen Denkens verlangte es, daß alle seine Elemente in scharf geschliffener Form vor die Öffentlichkeit traten. Aber diese extremste seiner Konsequenzen behagte in ihrer trockenen Systematik und in ihrer prosaischen Nüchternheit dem Bedürfnisse des Zeitalters nicht. Das »Système de la nature« schlug nicht durch. Vergebens machte Holbach in seiner Schrift »Le bon sens ou idées naturelles opposées aux idées surnaturelles« (Paris 1772), wie es Grimm treffend bezeichnete, den Materialismus für Kammerzofen und Friseure zurecht; vergebens gab neben anderen populären Darstellungen Helvétius durch seinen »Vrai sens du système de la nature« (London 1774) einen geschmackvollen Auszug daraus: das Publikum blieb kühl, und die Gegenschriften hagelten dicht. Das Frankreich, das mit aller Leidenschaft nach einer Erlösung von seinem Elende strebte, konnte sich für das kahle Gesetz der Naturnotwendigkeit, vor dem alles gleichwertig erschien, nicht begeistern und darin nicht beruhigen. Die Revolution verlangte einen anderen Propheten, als den vornehmen Systematiker des Materialismus. Dieser wahre Prophet war Rousseau.

§ 46. Jean Jacques Rousseau.

Von der Mehrzahl der Denker der französischen Aufklärung gilt es, daß sie als Persönlichkeiten interessanter waren, denn als Philosophen; es gilt auch von Voltaire und von Diderot, aber von keinem in höherem Grade als von Jean Jacques Rousseau. Die vielverschlungenen, zwischen Licht und Schatten scharf kontrastierenden Wege seines äußeren wie seines inneren Lebens sind durch die »Confessions« bekannt, in denen er es nicht unterlassen konnte, mit seinen Schwächen ebenso wie mit seinen Vorzügen zu kokettieren. Er war 1712 zu Genf geboren und arbeitete sich, von tiefem Bildungsbedürfnis getrieben, auf wunderlichen Umwegen herauf. Aus der Lehre fortgelaufen, wurde er eine Zeitlang der Bediente einer reichen Dame, später eines Grafen. Nachdem er diesem Verhältnis

entflohen war, suchte er mit abenteuerlichem Wechsel auf den verschiedensten Feldern ein Unterkommen — bis er schließlich bei
einer Gönnerin in wenig beneidenswerter Gunst eine Zuflucht fand.
Als er später in Paris sein Heil versuchte, war er durch ein vielseitiges, wenn auch autodidaktisches und unmethodisches Studium
und durch die glänzenden Eigenschaften seines Geistes berechtigt,
mitten in den Kreis der dortigen Bildung einzutreten. Während
er persönlich ein unbegreifliches Verhältnis anknüpfte, das ihm bis
zum Tode hemmend anhing, lebte er im Kreise der Enzyklopädisten
und nannte einen Diderot seinen Freund. Inzwischen regte ihn
eine Preisfrage der Akademie von Dijon zu dem 1750 erschienenen
»Discours sur les sciences et les arts« an, der mit einem Schlage
seinen europäischen Ruhm begründete und ihn unter die gefeiertsten
und gelesensten Schriftsteller Frankreichs rückte. Seine wissenschaftliche Bildung war mangelhaft, sein philosophisches Denken
oberflächlich und seine Logik sehr ungeschult. Allein sein Stil war
glänzend und packend, wie Voltaires, und er überragte dessen
Schreibweise durch einen berauschenden Zug von Begeisterung, der
alle Schriften Rousseaus erfüllt. So war seine Wirkung eine immense;
fast mehr als Voltaire hat er innerhalb und außerhalb Frankreichs
Bewunderer und Anhänger gefunden, und der Jugend des literarischen Deutschland war er unverhältnismäßig viel sympathischer als
jener. Aber der Zwiespalt zwischen ihm und der Gesellschaft, den
seine Schriften zeigen, war ein persönlicher. Bei aller Sympathie,
die seine Werke weckten, stand er allein. Sein urwüchsiges Denken
hatte ihn allen Parteien gegenübergestellt. Dazu kamen in diesem
Manne, dessen vornehmstes Dogma die unverwüstliche und ursprüngliche Güte der menschlichen Natur war, ein krankhaftes
Mißtrauen gegen alle übrigen, das in einer maßlosen Eitelkeit wurzelte
und sich bis zu deutlichen Spuren des Verfolgungswahns steigerte.
Wilde Leidenschaften und trübe Erfahrungen taten das übrige, sein
Gemüt zu verdüstern, und diese seine Stimmung charakterisiert
sich am besten darin, daß, nachdem ihn Hume mit zu sich nach
England genommen hatte, er sich dort sehr bald mit ihm in dem
Wahne entzweite, sein Wohltäter handle gegen ihn im Einverständnis
mit seinen Feinden. Nach seiner Rückkehr lebte er, gesellig unzu-
gänglich, an verschiedenen Stätten, die ihm vornehme Bewunderer
eröffneten, und starb einsam und verbittert 1778 zu Ermenonville.

Er erlebte die Revolution nicht mehr, und es war seine ehrliche Meinung gewesen, wenn er persönlich stets jede gewaltsame Umwälzung perhorresziert hatte, und doch haben seine Schriften wie diejenigen keines anderen Menschen die französische Revolution vorbereitet. Rousseau ist der Philosoph der Revolution. Sie war nichts als die Ausführung seiner Lehren. Darin liegt seine kulturphilosophische Bedeutung. Der Grund davon ist vor allem der, daß er wie kein anderer das Kulturproblem der modernen Welt philosophisch formuliert hat. Durch die Renaissance war die wissenschaftliche und künstlerische Bildung zu einer sozialen Macht erhoben, und wie schon die Denker jener Zeit, so rangen nachher diejenigen der Aufklärung um das soziale Problem der Bildung: je mehr die französische Aufklärung demokratisch war, je mehr sie verlangte, daß die Vernunft das entscheidende Wort in der Gestaltung des menschlichen Lebens sprechen solle, um so bedeutsamer wurde ihr die Frage, in welchem Verhältnis die geistige Kultur zur Glückseligkeit der Menschheit stehe. In dieser Frage liegt auch der Schwerpunkt von Rousseaus Denken. Gerade in ihrer Beantwortung aber zeigt sich das tief Widerspruchsvolle seiner Natur. Der edelste Zug in seiner verworrenen Jugendentwicklung war der Drang nach Bildung, und das Werk, das ihn berühmt machte, enthielt den Beweis, daß die Bildung eine Abirrung von dem natürlichen und deshalb normalen Zustande der Menschheit sei. Ein gelehriger Schüler der Aufklärung, war er auf der einen Seite ihr radikalster Vertreter und auf der andern einer ihrer schärfsten Gegner. Die Beschäftigung mit den Problemen der Gesellschaft und vor allem die Diskussion der, Frage nach der Stellung, welche die Bildung und die gebildeten Klassen darin einnehmen, war damals Modesache in Frankreich. Aber die Paradoxie, die, wenn man von gelegentlichen Andeutungen Mandevilles und Lamettries absieht, in vollkommener Originalität von Rousseau aufgestellt wurde, war darum so überaus eindrucksvoll, weil sie den Zustand Frankreichs ins Herz traf. Jene Kreise der Pariser Gesellschaft, in denen die aufklärerische Bildung ihren Sitz aufgeschlagen hatte, führten auf dem dunklen Hintergrunde eines unterdrückten und ins Elend gestoßenen Volkes eine Existenz, deren tiefe Unsittlichkeit wohl an dem sozialen Werte der geistigen Kultur zweifelhaft machen durfte, und indem Rousseau aus tiefem

Mitgefühle für das Volk, dem er entstammte, diese Tatsache verallge-
meinerte, kam er zu dem Schlusse, daß die Kultur mit allen ihren
Umwälzungen des wissenschaftlichen, des künstlerischen und des
sozialen Lebens nur immer mehr von dem Zustand abgeführt habe,
welcher das Ideal der Gesellschaft bilden müsse. Durch ihre
Leistungen führte er die geistige Kultur ad absurdum. Er zeigte,
daß sie die Wurzel der Übel sei, an denen die Gesellschaft kranke,
und der ganzen künstlerischen Maschinerie des menschlichen Kulturlebens mit allen den moralischen und physischen Gebrechen, die
Mandeville als seine notwendigen Voraussetzungen dargestellt hatte,
stellte er ein Ideal des goldenen Zeitalters gegenüber. Er schilderte
den Menschen, wie er aus der Hand der Natur hervorgegangen sei,
als ein glückseliges Kind, das am Busen der Mutter ruhte und in ihr
alle seine Bedürfnisse befriedigt fand, und meinte, die Kultur habe
ihn aus dieser Seligkeit herausgerissen und damit sein ganzes Wesen,
sein Denken und sein Wollen verdorben. Es spricht in diesen
Äußerungen Rousseaus und noch mehr in der poetischen Darstellung seines 1761 erschienenen Romans »La nouvelle Héloise«
ein persönliches Heimweh, ein Heimweh nach den Bergen seiner
schweizerischen Heimat, in denen er die schönsten Tage seiner
Kindheit verträumt hatte, ein Heimweh nach dem Idyll eines
Lebens, welches genügsam überall an die Natur sich anschmiegt.
Aber es spricht darin zugleich das tiefere Heimweh, das den Kultur-
menschen in den Zeiten des Elends und der Verworrenheit noch
immer ergriffen hat, das Heimweh nach einer natürlichen Gestaltung des menschlichen Lebens. Jener faustische Drang,
der die Renaissance belebte, war nun zum geringsten Teile befriedigt worden, und die Entwicklung der modernen Kultur hatte
zumal in Frankreich Zustände herbeigeführt, welche dies Gefühl
des Heimwehs nach der Natur noch intensiver machten. Trotz
aller Kunst und aller Wissenschaft war es in der Welt nicht besser
geworden; geschraubter und verworrener denn je, hielt sich die
Gesellschaft nur noch durch eine künstliche Täuschung über ihr
Gleichgewicht, das längst gestört war. Es ist das Verdienst
Rousseaus, diese Täuschung enthüllt zu haben. Hierin lag sein
ursprünglicher Gegensatz gegen die Aufklärung. Schonungslos zeigt
er, wie alle Errungenschaften der Wissenschaft spurlos an den
sozialen Bedürfnissen vorübergegangen seien und wie das Raffine-

ment des Lebens, welches sich aus der Kultur ergibt, die Menschheit nicht glücklicher, sondern elender gemacht habe.

Aber er begnügt sich nicht damit. Er will die tiefste Wurzel dieses Elends aufdecken, und er fragt sich, worin diese schädliche Wirkung der Kultur beruht. Alle Kultur ist Arbeitsteilung, sie entwickelt notwendig eine Ungleichheit der Menschen, und in dieser Ungleichheit, meint er, liegt der Ursprung alles Übels. Begreiflich sind diese Betrachtungen seines »Discours sur l'origine et les fondemens de l'inégalité parmi les hommes« (1753) nur auf dem Hintergrunde von Zuständen, in denen tatsächlich diese Ungleichheit der Menschen auf das schreiendste entwickelt war, und begreiflich ist dieser Gedankenzusammenhang nur durch die Einsicht, daß seit der Renaissance zum kräftigsten Hebel der sozialen Ungleichheit der Menschen eben die Bildung geworden war. Das ist der Punkt, wo Rousseau unmittelbar vor dem Geheimnis der modernen Kultur steht. Ihre immer brennender werdende Frage ist diejenige nach dem Maße der Ausbreitung, die das höchste Kulturgut, die Bildung, unter den Menschen finden kann, ohne den Bestand der Gesellschaft zu gefährden. Rousseau zeigt nun, wie schon die ersten Stufen des Kulturfortschritts jene Ungleichheit, aus der das Unglück hervorgeht, gefördert haben. Jeder Schritt, mit dem die Menschheit sich über den Naturzustand erhob, machte die Ungleichheit größer und drückender. Mit der Institution des Eigentums wurde der Gegensatz des Reichtums und der Armut geschaffen, die Einsetzung der Obrigkeit teilte die Menschen in Stärkere und Schwächere, und die willkürliche Ausbeutung der obrigkeitlichen Macht gab schließlich den Knecht in die Hände des Herrn. Im diametralen Gegensatze zu Hobbes sucht Rousseau darzutun, daß das Staatsleben und überhaupt der gesamte Kulturzustand das »bellum omnium contra omnes« sei. Das menschliche Kulturleben sei die wüsteste und raffinierteste Form des Kampfes ums Dasein. Der wahre Naturzustand, wie ihn Rousseau sich ausmalt, ist derjenige des idyllischen Friedens, in welchem der Mensch ohne gesellschaftliche Vereinigung, auf die natürlichen Bedürfnisse beschränkt, nach dem Naturgesetze lebte, — ein Ideal, von dem Voltaire sehr richtig erwiderte, daß es dem Menschen Lust mache, wieder auf allen Vieren zu gehen. Es entsprang bei Rousseau nicht ohne literarischen Zusammenhang mit den Robinsonaden, in die sich zuerst

die englische wie die deutsche Dichtung aus der Übersättigung am
Kulturleben geflüchtet hatte.

Dennoch ist Rousseau nicht der Träumer, der jenen Naturzustand unmittelbar wieder herbeiführen zu können glaubte. Die
Kultur mit ihren Übeln ist eine Tatsache. Der Mensch, der in
die Gesellschaft hineingeboren wird, kann nicht mehr als Wilder
aufwachsen. Der Naturzustand ist ein für allemal verloren: ja
er ist überhaupt nicht das Höchste, was der Mensch zu erreichen
vermag; in dem Fortschritt über ihn hinaus ist wohl eine Steigerung
des menschlichen Wesens möglich: nur liegt sie nicht in der Richtung,
welche die Geschichte bisher eingeschlagen hat. Zunächst aber
wird es sich darum handeln, die schädlichen Folgen der bisherigen
Entwicklung soweit wie möglich wieder aufzuheben. Unter diesen
Umständen erwächst dem Elende der Gegenwart gegenüber nur
die eine Aufgabe, diesem Kulturleben eine Richtung zu geben,
worin es sich dem Naturzustande wieder nähert. Es muß diese
Richtung sowohl in dem Individuum, als auch in der Gesellschaft
nehmen. Der moderne Kulturmensch kann nicht mehr wild aufwachsen, sondern er bedarf einer Erziehung, aber einer solchen,
die ihn nicht verbildet, sondern ihn natürlich entwickelt. Die
moderne Gesellschaft ist nicht mehr bloß eine Summe natürlicher
Individuen, sondern sie bedarf einer gesetzlichen Form ihrer Gemeinschaft, aber nicht einer solchen, welche die Ungleichheit zum Prinzip
macht, sondern einer solchen, welche auf der natürlichen Gleichheit
aller beruht und jedem die Wahrung seines ursprünglichen Rechts
garantiert. So entwickeln sich die positiven Vorschläge Rousseaus
in einer Erziehungslehre und einer Staatslehre.

Das pädagogische Werk »Emile ou de l'éducation« (1762 erschienen) ist in seinen einzelnen Bestimmungen vielfach von Locke
abhängig. Es betont aber keine Richtung der Lockeschen Erziehungslehre mehr als diejenige des Individualismus. Die Entwicklung der natürlichen Individualität ist ihm die höchste
Richtschnur. Die bisherige Erziehung hat sie körperlich und
geistig gehemmt, körperlich durch ein System von Verkünstelung
und durch Unterdrückung der natürlichen Bewegungsbedürfnisse,
geistig durch ein rein autoritatives Lernen und durch eine einseitig
theoretische Ausbildung. In ersterer Beziehung macht Rousseau
den ganzen Naturalismus seines Wesens geltend; er verlangt, daß

das Kind in der Natur und in vollkommen freier Entfaltung seiner
Bedürfnisse aufwachsen soll, und er überbietet Lockes Verlangen
nach einer Berücksichtigung der körperlichen Ausbildung derartig,
daß er sie in die allererste Linie stellt. Gab er damit zu den Über-
treibungen des deutschen Philanthropinismus Anlaß, so darf doch
nicht vergessen werden, daß auch der große Reformator der modernen
Pädagogik, Pestalozzi, auf den Schultern Rousseaus stand. Die anschauliche Ausbildung des persönlichen Denkens und die selbständige
Entwicklung des individuellen Charakters, mit deren systematischer
Ausführung dieser die Einseitigkeiten des Philanthropinismus be-
siegte, waren auch von Rousseau nicht vergessen worden, wenn auch
nicht zu leugnen ist, daß die Geringschätzung, die er namentlich
dem theoretischen Unterricht bezeigte, jenen Einseitigkeiten entschieden Vorschub gab. Hinsichtlich der psychischen Ausbildung
aber machte Rousseau dadurch Epoche, daß er den Schwerpunkt
dafür in dem Elemente suchte, das den natürlichen Untergrund
aller Seelentätigkeiten bildet: im Gefühl. Die Verschränktheit
des Kulturlebens führt er vor allem darauf zurück, daß auf allen
Gebieten das ursprüngliche Gefühl sein natürliches Recht verloren
hat, daß man auf diese innere Stimme der Natur nichts mehr gibt,
sondern sich durchgehends von verstandesmäßigen Überlegungen
leiten läßt. Mit diesem Grundgedanken erhebt sich Rousseau
gegen den rationalistischen Charakter der Aufklärung, und er bezeichnet in schärfster Weise die Grenze dieses Bildungssystems.
Alles von der Vernunft abhängig zu machen, alles nach abstrakten
Prinzipien zu regeln — das war die wesentliche Tendenz der Aufklärung, und eine trockene, poesielose Überlegtheit, eine unnatür-
liche Kühlheit war die unausweichliche Folge. Demgegenüber
machte Rousseau die elementare Energie der menschlichen Natur
geltend. Es war ein Evangelium des Gefühls, das er verkündigte.
Er hatte sich zum Sprecher für das Elendsgefühl des bedrückten
Volkes gemacht, und er bekämpfte mit Erbitterung diejenigen Kreise,
welche im Hochmut ihrer wissenschaftlichen Bildung die Fühlung
mit den natürlichen Empfindungen ihres eigenen Herzens und der
großen Masse der Menschen verloren hatten. Aus jener trockenen
Verstandesaufklärung strebte er hinaus, und diesem durch und durch
gesunden Bestreben hatte er keine andere Form zu geben, als diejenige der Proklamation des Urrechts des Gefühls.

Von diesem Standpunkt aus bekämpfte Rousseau die radikalen Konsequenzen, welche die französische Wissenschaft gezogen hatte. Er schied sich von ihr, wie es sein Rücktritt von der Enzyklopädie äußerlich betätigte, an der religiösen Frage. Er nannte es einen Übermut, in diesen höchsten und letzten Dingen des menschlichen Lebens nur das gelten zu lassen, was die Wissenschaft erkennen kann. Dieser Angriff richtete sich nicht nur gegen den Materialismus, dessen kahle Gefühllosigkeit das warme Herz Rousseaus auf das äußerste empörte, sondern vor allem gegen den Deismus, der seinen Glauben auf diejenigen Bestimmungen beschränken wollte, welche er für die wissenschaftliche Erkenntnis durchsichtig machen zu können meinte. Ihnen gegenüber lehrt das berühmte »Glaubensbekenntnis des savoyischen Vikars« eine Religion des Gefühls. Es erinnert an Pascal, wenn Rousseau nicht müde wird, darzutun, daß die Religion nicht im Kopfe, sondern im Herzen liege, und der blutlosen Wissenschaft zuzurufen, daß sie an dem heiligen Inhalte der Gefühle nicht rühren dürfe. Mit flammender Begeisterung predigte er diese Religion des Gefühls. Er verwarf den Sensualismus, der über seiner Betrachtung der Verbindungen, welche die Vorstellungselemente miteinander eingehen, die verbindende Seele vergißt, die ihnen ihren eigenen Inhalt hinzufügt. Man hat diese Kritik mit derjenigen der Schotten verglichen, aber sie bewegt sich auf einem ganz anderen Boden als diese. An die Stelle eines theoretischen Gemeinsinns, wie ihn die Schotten auf dem Wege der Selbstbeobachtung finden wollten, setzt sie das natürliche Gefühl, und die trockenen, wenn auch noch so feinen Untersuchungen, die jene ausführten, waren himmelweit von dem Feuer der Begeisterung verschieden, das in Rousseaus Gefühl loderte. Nur in der Bestreitung der Assoziationspsychologie besteht die Gemeinschaft: wie die Schotten, so leugnet auch Rousseau, daß die Ideen ihre Verbindungen in der Seele vollziehen, ohne daß diese Seele selbst dabei tätig wäre.

Wie alle Gefühlsreligion, stand auch diejenige von Rousseau dem positiven Dogma kritisch und polemisch gegenüber. Das Dogma galt ihm als eine gelehrte Verunstaltung des natürlichen Religionsgefühls, und mit Benutzung der deistischen Kritik suchte er es als überflüssig und schädlich darzustellen. Damit erging es ihm wie den Mystikern, auf die seine religiösen Überzeugungen

entschieden zurückweisen, wenn er auch seinerseits das religiöse
Gefühl in durchaus origineller Weise mit dem Naturgefühl zu verschmelzen suchte. Er verdarb es mit allen Parteien: den einen
war er zu gläubig, den andern nicht gläubig genug. Die Enzyklopädisten, die anfangs gemeint hatten, ihn als einen der ihrigen
betrachten zu dürfen, bekämpften ihn, je mehr er bekannte, daß
er wirklich eine tiefe, wahre Religiosität besaß: die Orthodoxen
verdammten ihn, weil er diejenige Form, worin sie das religiöse
Leben ausgeprägt hatten, für unwesentlich erklärte. So stand er
allein: aber allein nur in der Gelehrtenwelt, in deren einander gegen-
überstehenden Meinungen er nur den Hochmut der Bildung sah.
Hinter ihm aber stand die Masse des Volkes, für deren Gefühl er den
Ausdruck suchte und fand. Das ist die wahre Kulturposition
Rousseaus: er ist der Sprecher des Volkes gegen die Gelehrten, des
Gefühls gegen die intellektualistische Bildung.

 Genau die gleiche Stellung bezeichnet in politischer Beziehung
der »Contrat social«. Auch dieser fußt durchgängig auf den Errungenschaften der Rechtsphilosophie der Renaissance und der Aufklärung. Aber den historischen Begrenzungen gegenüber, die zu
dem Begriffe des konstitutionellen Staates geführt hatten, gründet
er seine Lehre vom besten Staate auf das Gefühl der Freiheit
und der rechtlichen Gleichheit, welches er als mit dem Wesen
des Menschen selbst gegeben betrachtet. Dieses Werk bildet
die Ergänzung der Schrift über die Ungleichheit der Menschen.
Es erkennt die soziale Ungleichheit, diejenige des Besitzes und des
Berufs, als eine unabänderlich gewordene Tatsache der Kultur an,
und es sucht nachzuweisen, daß das einzige Korrektiv dafür in
einer absoluten Rechtsgleichheit bestehe, vor der alle Standesunterschiede verschwinden. Der Staat soll in der Kultur die Forderung
der Natur wieder zur Geltung bringen. Darum ist Rousseaus
Staatsideal absolut republikanisch und demokratisch. Er bekämpft
Lockes und Montesquieus Repräsentativsystem nicht nur, weil es
die verschiedenen Gesellschaftsklassen mit verschiedenen staatlichen
Rechten ausstattet, sondern auch, weil es überhaupt eine Ent-
äußerung des Stimmrechts des einzelnen an den Repräsentanten
enthält und dadurch der Persönlichkeit des letzteren ein über das
gewöhnliche Maß hinausgehendes Recht verleiht. Er bekämpft die
Trennung der Gewalten, die das Wesen des Konstitutionalismus

ausmacht. Nur der Volkswille ist souverän, und seine Souveränität ist unteilbar. Wenn daher Rousseau in der besonderen Ausführung dieses Ideals auf Grund des allgemeinen Wahlsystems eine aristokratische Tendenz in dem Sinne zeigt, daß immer die Besten und Einsichtigsten zu Staatsbeamten gewählt werden sollen, so macht sich doch sein ganzer Demokratismus darin geltend, daß er durch stetige und von selbst zusammentretende Volksversammlungen die Tätigkeit der Regierung und den ganzen Mechanismus des Staatslebens kontrolliert und reguliert wissen will. Diesem direkt geäußerten Volkswillen soll, weil er nie etwas anderes im Auge haben kann als den allgemeinen Nutzen, jeden Augenblick sowohl die Beseitigung der Regierung, als auch die Abänderung der Verfassung zu Gebote stehen. Zweifellos waren diese Theorien von Rousseau aus den Zuständen seiner schweizerischen Heimat abstrahiert, und er verbarg sich vollständig ihre gefährliche Kehrseite. Er machte stillschweigend die bekanntlich nicht immer zutreffende Voraussetzung, daß der Republikaner eo ipso der gute Mensch sei, der das Gesamtwohl bei der Ausübung seines politischen Stimmrechts auch da im Auge habe, wo es dem eigenen Wohle zuwider ist, und daß er zugleich der einsichtige Mensch sei, der stets das Volkswohl in der rechten Richtung suche. Seine Theorie vergißt nicht mehr und nicht weniger als die Durchschnittsnatur des Menschen, und sie arbeitet jenem Massendespotismus in die Hände, den die französische Revolution in großen und andere Republiken in kleineren Verhältnissen entwickelt haben. Dieser despotische Charakter, welcher der demokratischen Republik unvermeidlich innewohnt, tritt am klarsten in Rousseaus kirchenpolitischen Ansichten hervor. Es ist nicht zufällig, daß er sich dabei in genauer Übereinstimmung mit Hobbes befindet, denn es gibt nur zwei Formen des Despotismus: die absolute Monarchie und die demokratische Republik; und wenn Hobbes mit dem ganzen Staatsleben auch die Religion von der Willkür des Herrschers abhängig gemacht hatte, so verlangte Rousseau dasselbe für die Willkür der Majorität. Der reinen Gefühlsreligion gegenüber galten ihm alle Formen des Dogmas und des äußerlichen Kultus als gleich wenig wert. Wenn deshalb das gemeinsame Leben der Gesellschaft einer äußeren Gestaltung und Bestimmung des religiösen Lebens bedarf, so ist im rein religiösen Sinne ganz gleichgültig,

welche der äußeren Formen dazu gewählt wird, und dann kann
die Wahl zwischen ihnen natürlich nur dem Souverän, d. h. bei
Rousseau dem allmächtigen Willen des Volkes, der sich in seinem
Majoritätsbeschlusse ausspricht, zufallen. Der Staat kann in sich
keine Gemeinschaften dulden, die er nicht geschaffen hat, er ist
daher auch die einzige Instanz für die positive Religion, welche
in ihm gelten soll.

Sowenig Rousseau selbst daran dachte, seine Ideale auf dem
Wege der Gewalt zu realisieren, so mächtig war doch die revolutionäre
Kraft seiner Schriften. Das Zeitalter war gewöhnt, vom Standpunkte der überlegenen Vernunft aus die bestehenden Verhältnisse des öffentlichen Lebens auf allen Gebieten zu kritisieren. Es
war gewöhnt, das Ideal der Vernunft zugleich als dasjenige aufzufassen, welches in der Natur der Dinge seine Begründung habe. Aber
noch niemals war in so beredter Weise und in so großen Zügen über
die Vernunft und die Überlegung hinweg an das natürliche Gefühl
appelliert worden, wie es Rousseau tat. Die Renaissance hatte
begonnen, mit unklarem Gefühle der Natur und dem natürlichen
Wesen zuzustreben; das Jahrhundert der Aufklärung hatte mit
ernster Arbeit sich gemüht, in die Erkenntnis der Natur und des
natürlichen Wesens der Dinge einzudringen, und nun an ihrem Ab-
schlusse erschienen die Resultate dieser Erkenntnis, insoweit sie
den Zustand der menschlichen Gesellschaft angehen, als das Bild
eines idealen Zustandes von Freiheit und Gleichheit und getragen
von einem tiefen und begeisterten Gefühle. Aber es war nicht
das Gefühl eines einzelnen Menschen: Rousseau sprach das Wort,
das Tausenden und Abertausenden auf der Zunge schwebte, und
die Stichworte seiner Werke hallten durch Europa als die Losungsworte einer Bewegung, deren Wellen immer höher schlugen und
schließlich die alten Zustände hinwegschwemmten. Wenn Rousseau
diese Wirkung mehr als die zum großen Teile viel extremer Denkenden ausgeübt hat, so liegt das in der ausdrücklichen Behandlung,
die er dem Problem der geistigen Kultur selbst zuteil werden ließ.
Sein Nachweis von den schädlichen Wirkungen der Kultur hat bei
der elementaren Gewalt der Gefühlstöne, die er damit im Herzen
des Volkes anschlug, mehr als irgend etwas anderes dazu beigetragen,

die Achtung vor dem historisch Gewordenen zu untergraben.
Rousseaus Schriften bezeichnen in der geistigen Bewegung den
Bruch mit der Geschichte, der sich im politischen Leben durch
die Revolution vollzog. Denn die Geschichte des Menschengeschlechts
ist nichts als die Entwicklung der Kultur, und wer wie Rousseau
leugnet, daß die Kultur einen Wert für den Menschen habe, der verwirft auch die Geschichte. Wer die Errungenschaften dieser Kultur
erst zu mißbilligen und dann zu verachten gelernt hat, der bedarf
nur noch eines Schrittes, um, wenn sie ihm unbequem sind, sie zu
beseitigen. Und wer auf der anderen Seite von dem Traume eines
glückseligen Naturzustandes berauscht ist, der durch die Geschichte
zum Elende der Menschheit zerstört worden sei, — warum sollte
der nicht einmal versuchen, mit dieser Geschichte tabula rasa zu
machen und jenen Naturzustand zurückzuführen?

In dieser Richtung, welche die Wirkung der Rousseauschen
Ideen einschlug, und in ihrem Ziele, in der Revolution, gipfelte
die unhistorische Denkart, die den wesentlichen Mangel der
Philosophie des Aufklärungszeitalters bildete. Ihre Überzeugungen
keimten aus methodischen Bestrebungen, welche die wahre Erkenntnis der Natur zum Richtpunkte nahmen, und sie vollendeten
sich durch die großen Errungenschaften der Naturwissenschaft.
Die Philosophie vertiefte sich in die ewig gleichbleibenden Gesetze
des Naturlebens, und sie verlor das Verständnis für das Gesetz der
Entwicklung, das alles historische Leben beherrscht. Das Zeitalter
der Aufklärung wußte mit den Erzeugnissen der Geschichte nichts
anderes zu machen, als ihren Wert nach dem Maßstabe der Ver-
nunftwahrheit zu messen, die es aus den Naturgesetzen schöpfen
zu können meinte. Und als dann aus dem Elende der wirklichen
Zustände heraus das leidenschaftliche Gefühl sich eines idealen
Bildes vom natürlichen Zustande der Gesellschaft bemächtigte, da
glaubte man die historischen Formen nur abschaffen zu müssen, um
an ihre Stelle den Zustand der Vernunft zu setzen. Diese Leidenschaft impften Rousseaus Schriften der Masse ein, und sie vollzog,
was er selbst zwar gedacht, aber nie gewollt hatte. Der Vulkan,
dessen bedeutendster Seismograph er war, brach aus und schüttete
die verheerende Glut seiner Ströme über die Städte der Menschen.
Man proklamierte die Menschenrechte, deren ewige und unantastbare Geltung er verkündet hatte. Der Naturzustand war da. Aber

es war nicht das Idyll Rousseaus, sondern die Tragödie des Terroris-
mus: es war das »bellum omnium contra omnes«. Hobbes hatte
recht behalten gegen Rousseau.

————

VII. Kapitel.

Die deutsche Aufklärung.

Das Jahrhundert der Aufklärung ist in seinem geistigen und
besonders in seinem philosophischen Leben ein wesentlich genießen-
des Zeitalter. Im Vollbesitz der geistigen Freiheit, welche die
Renaissance errungen hatte, und in unbeschränkter Verfügung über
die großen Prinzipien des Denkens, die das XVI. und XVII. Jahrhundert erarbeitet hatten, bereichert von den Schätzen eines neuen
Wissens, das mühelos' auf den Wegen der festgestellten Methoden
sich erweiterte, schwelgte diese Zeit in dem stolzen Bewußtsein
ihrer Überlegenheit und ihres inneren Gehaltes. Berauscht von
der Größe des eigenen Denkens, glaubte die Philosophie dieses
Jahrhunderts, auf die Leistungen früherer Zeiten wie auf schwache
Vorahnungen ihrer eigenen Vollkommenheit zurückblicken zu dürfen,
und fühlte auf der anderen Seite sich kräftig genug, um die reale
Welt mit den eigenen Ideen meistern zu wollen. Was sie selbst
den großen Gedanken, deren Erbschaft sie antrat, hinzufügte, bestand hauptsächlich in deren energischer und rücksichtsloser Ausbildung, vermöge deren die allgemeinen Prinzipien sich allmählich
auch in die entlegensten Winkel der wissenschaftlichen Betrachtung
verzweigten, und außerdem in der geistreichen, die nationalen
Literaturen durchsetzenden Formulierung dieser Ansichten.

Dieser Charakter des vorwiegenden Genießens trat nirgends
lebhafter und handgreiflicher hervor, als in der Bewegung der
deutschen Aufklärung. Diese war darauf schon dadurch angewiesen, daß an der Ausbildung jener großen Prinzipien des wissenschaftlichen Denkens, die sich im XVII. Jahrhundert vollzogen
hatte, die deutsche Nation keinen Anteil genommen hatte. Sie
verhielt sich deshalb dem Empirismus und dem Rationalismus
gegenüber zunächst nur aufnehmend und versuchte in Leibniz
zuerst eine Vereinigung der beiden großen Gegensätze, an der sie

während des ganzen XVIII. Jahrhunderts gearbeitet hat. Auf diese
Weise wurde Leibniz der beherrschende Geist der deutschen
Aufklärung: aber die eigentümliche Gestalt, in der seine Lehre
öffentlich erschienen war, brachte es mit sich, daß zunächst der
sachliche Ideengehalt der deutschen Aufklärung wesentlich durch
das Bekanntwerden zuerst der französischen und dann immer mehr
auch der englischen Literatur bedingt war. Von jeher ist deshalb
der Beginn der neueren deutschen Philosophie erst mit dem Auftreten von Leibniz datiert worden, und seine Erscheinung ist in der
Tat so bedeutend, daß sie von dem Ende des XVII. Jahrhunderts
an alles rückwärts Gelegene zu verdunkeln geeignet ist. Gleichwohl waren auch im Verlaufe des XVII. Jahrhunderts wenigstens
hie und da schwache Sterne in dem Dunkel aufgetaucht, welche freilich ihr Licht fast ausnahmslos den großen Geistern des Auslandes
verdankten, dabei aber doch so viel leisteten, daß der Geist einer
freieren Forschung nicht ganz verloren ging, und daß unter ihrem
eingestandenen Einflusse Leibniz selbst imstande war, die zerstreuten
Strahlen zu lebendigster Wirkung zu vereinigen.

§ 47. Deutschland im XVII. Jahrhundert.

Es ist schon oben erwähnt worden, wie das große allgemeine
Kulturunglück der deutschen Nation, der dreißigjährige Religions-
krieg, auch die frische Bewegung der deutschen Philosophie hemmte.
Als die Nation ihren Boden von den fremden Heeren gereinigt sah
und, zu ruhigeren, wenn auch unsäglich traurigen Zuständen zurück-
gekehrt, wieder aufzuatmen begann, fand sie ihre katholischen
Universitäten von der alten, ihre protestantischen von der neuen
Scholastik beherrscht, und auch die mystische Bewegung, die
vorher noch im Volke weiter gewühlt hatte, war mit der geistigen
Regsamkeit unter dem Druck der äußeren Sorge verloren gegangen.
Nur hie und da lebte die letztere ohne innere Fortbildung weiter
und suchte sich z. B. einen wehmütig poetischen Ausdruck in den
Gedichten von Johann Scheffler, dem Angelus Silesius.
Die Gelehrtenwelt war in einer fast unbedingten Weise von dem
Orthodoxismus beherrscht und entschädigte sich für den Mangel
freiheitlicher Bewegung teils durch dialektische Spitzfindigkeiten,
teils durch eine gedankenlose Anhäufung von gelehrtem Wissen.
Die Verzweiflung an sich selbst, die unter diesen Umständen die

Wissenschaft einer außerhalb ihrer selbst festgestellten Lehre gegenüber ergriff, spiegelt sich am besten in dem orthodoxen Skeptizismus des Prager Prämonstratenser-Abtes Hieronymus Hirnhaym (1637—1679), dessen Schrift ihres bezeichnenden Titels »de typho generis humani sive scientiarum humanarum inani ac ventoso tumore« (Prag 1676) durchaus würdig ist. Statt wie die englischen und französischen Skeptiker aus einer erkenntnistheoretischen Untersuchung das negative Resultat zu ziehen und daraus zu folgern, daß nur bei der Kirchenlehre das Heil sei, gründet er vielmehr umgekehrt ganz klar und offen den Skeptizismus auf den Orthodoxismus. Er zeigt, wie der Grundsatz der Kausalität durch die Schöpfung der Welt aus nichts und der Grundsatz der Identität durch die Dreieinigkeit widerlegt werde, und weiß aus diesem Widerspruche nur die Konsequenz zu ziehen, daß ein Wissen, das auf so falschen Grundsätzen beruhe, unmöglich das richtige sein könne. Er gibt zugleich dieser Lehre eine ähnlich sensualistische Grundlage, wie es die Jesuiten zu tun pflegten. Die menschliche Vernunft sei an die Sinnlichkeit gebunden und könne deshalb das Übersinnliche nicht begreifen. Daneben konnte sich dieser schwache Denker dem bestechenden Eindrucke der paracelsischen Naturphilosophie nicht entziehen, die ihm hauptsächlich durch den in Prag lehrenden Marcus Marci von Kronland († 1655) in einer unklaren Verschmelzung mit der platonischen Ideenlehre und der aristotelischen Theorie der Entelechie vermittelt worden war.

Trotz dieser allgemeinen Gebundenheit fanden sich aber doch Denker, welche den Wert der wissenschaftlichen Neubegründung, die inzwischen die Philosophie bei den westlichen Nationen gefunden hatte, zu würdigen und zu vertreten verstanden. Unter diesen nimmt die erste Stelle Joachim Jungius ein (1587—1657), ein tüchtiger Naturforscher, der sich die Lehren und den Standpunkt des baconischen Empirismus aneignete, dabei aber doch derartig mathematisch geschult war, daß er darin ein glückliches Gegengewicht gegen die Einseitigkeiten Bacons besaß. Seine »Logica hamburgiensis« (seit 1638 erschienen) zeigt eine scharfsinnige Verknüpfung beider Richtungen und hat auf Leibniz einen entschiedenen Einfluß ausgeübt, den dieser selbst in seinen logischen Jugendschriften mehrfach hervorgehoben hat.

Seine Lehren können als ein Beweis dafür angesehen werden, daß die Bestrebungen Johann Keplers, so vereinsamt dieser zunächst in seiner Heimat geblieben war, doch auch in Deutschland nicht ganz ohne Anerkennung und Wirkung gewesen sind. In der gleichen Richtung und zu dem gleichen Ziele führte auch der wachsende Einfuß, den während der zweiten Hälfte des XVII. Jahrhunderts der Cartesianismus gewann. Der Weg, auf dem dieser nach Deutschland gelangte, ging zunächst über Holland, und unter den Häuptern der cartesianischen Schule nahm bei Gelegenheit der occasionalistischen Probleme schon der in Duisburg wirkende Clauberg eine bedeutende Stelle ein. Später wanderte der Cartesianismus in Deutschland hauptsächlich durch die Hugenotten ein, welche infolge der ungünstigen Wendung, die der religiöse Kampf für sie in Frankreich nahm, in immer größeren Scharen ihre Heimat verließen und in Deutschland mit offenen Armen aufgenommen wurden. Die reformierten Prediger, die an ihrer Spitze zogen, waren zum großen Teil Anhänger dieser Philosophie und wirkten in der neuen Heimat energisch für ihre Ausbreitung. In dieser Hinsicht ist namentlich die Tätigkeit des Predigers Chauvain in Berlin hervorzuheben. So kam es, daß der Cartesianismus auch auf den deutschen Universitäten seinen Einzug hielt. Der bedeutendste Vertreter war hier Joh. Christoph Sturm (1635—1703), der schließlich Professor in Altdorf war und in seinem »Compendium universalium seu metaphysica Euclidea« nicht nur eine vollkommene Durchführung der geometrischen Methode versuchte, sondern auch sich in den Problemen der cartesianischen Schule durchaus heimisch zeigte. Er schwankte, wie sein Briefwechsel mit Leibniz beweist, zwischen dem Standpunkte des Occasionalismus und einer Hinneigung zu den Lehren von Malebranche, suchte aber namentlich das Prinzip der mathematischen Gewißheit im Geiste Descartes' weiter auszubauen. Die Einführung der geometrischen Methode wurde besonders von seiten der Mathematiker befördert, und unter diesen ist in erster Linie Erhard Weigel zu nennen, der in Jena gerade nach dieser Richtung hin eine vielfach anregende Tätigkeit entwickelte.

Der Einfluß, den die geometrische Methode auf die Behandlung der philosophischen Probleme auch in den besonderen Disziplinen erhielt, ist fast am klarsten in den rechtsphilosophischen Untersuchungen von Samuel Pufendorf, der, 1632 geboren, in

Leipzig und Jena gebildet, als Erzieher im Hause des schwedischen Gesandten zu Kopenhagen bei gelegentlicher Gefangenschaft die Lehren von Hugo Grotius und Hobbes studierte, 1669 infolge seines großen Werkes: »Elementa juris universalis« (1660) auf den ersten Lehrstuhl des Natur- und Völkerrechts an der Universität Heidelberg berufen wurde, später an der schwedischen Universität zu Lund dozierte, darauf als Staatshistoriograph nach Stockholm und in gleicher Stellung 1686 nach Berlin übersiedelte und in letzterer Stadt im Jahre 1694 starb. Er hat nicht nur die wissenschaftliche Seite der Rechtsphilosophie ausgebildet, sondern auch mit den allgemeineren Problemen des öffentlichen Lebens sich eingehend beschäftigt, vor allem aber in die brennenden Rechtsfragen des schon damals in innerer Auflösung begriffenen deutschen Reiches durch seine unter dem Pseudonym Severinus de Monzambano 1667 erschienene Schrift »De statu imperii germanici« auf das glänzendste eingegriffen. Seine wissenschaftliche Bedeutung liegt vor allem darin, daß er zuerst den Versuch machte, das System der Rechtsphilosophie von einem Grundprinzip aus nach geometrischer Methode in derselben Weise deduktiv zu entwickeln, wie Descartes dies für die gesamte Philosophie verlangt hatte. Als Ausgangspunkt dieser Deduktion behandelt er den Grundsatz, daß das egoistische Interesse des Individuums nur durch die Gesellschaft zu erfüllen sei, und sucht dann nachzuweisen, daß auch die Gesellschaft dies nur vermittels der staatlichen Ordnung zu leisten vermöge. Er glaubt in diesem Prinzip diejenigen von Hobbes und von Hugo Grotius miteinander kombiniert zu haben. Die geschlossene Form streng mathematischer Beweisführung, die er seiner Lehre gab, wurde für lange Zeit ein Vorbild der rechtsphilosophischen Untersuchungen: die wissenschaftliche Selbständigkeit, welche die Renaissance für die Jurisprudenz nach verschiedenen Seiten hin erstrebt hatte, schien damit vollkommen gewonnen, und das Ideal von Hobbes, wonach die Lehre vom Staat eine rein demonstrative Wissenschaft sein sollte, hatte seine Erfüllung gefunden.

In dieser Weise befreundete man sich in Deutschland immer mehr mit der geometrischen Methode, und es blieb schließlich nicht aus, daß man sie mit pedantischem Schematismus überall anzuwenden trachtete. Eine weitere Folge aber war die, daß auf diese Weise die Geister für die großartigste Leistung, die aus dieser

Methode hervorgegangen war, eher eingenommen werden konnten, als es sonst der Fall gewesen wäre. Der Spinozismus wurde zwar auch in Deutschland als eine unchristliche und unsittliche Lehre auf das leidenschaftlichste verworfen und, wie es zu geschehen pflegt, gerade von denjenigen geschmäht, die ihn zu begreifen nicht imstande waren. Er blieb im allgemeinen auch hier mehr verrufen als gekannt, bis die großen Geister des XVIII. Jahrhunderts nach Lessings Vorgange ihn wieder entdeckten. Dennoch fand sich hie und da schon im XVII. Jahrhundert ein Mann, der, durch die exakte Handhabung der geometrischen Methode gefesselt, vorurteilslos genug war, um den Wert dieses Systems zu würdigen, und unerschrocken genug, dafür einzutreten. Eine Anzahl von Anhängern Spinozas wählte freilich bis tief in das XVIII. Jahrhundert hinein für die Verbreitung der Lehre des großen Philosophen die vorsichtig versteckte Form einer scheinbaren Widerlegung: so veröffentlichte noch Lorenz Schmidt, der Herausgeber der Wertheimer Bibelübersetzung, 1744 eine vortreffliche deutsche Übersetzung der »Ethik« mit dem Anhange von ein paar unbedeutenden Paragraphen aus Wolffs »Natürlicher Theologie« als »Widerlegung Spinozas«. Andere dagegen traten offen für ihn ein: unter diesen ist hauptsächlich Fr. Wilh. Stosch zu nennen, der in seiner Schrift »Concordia rationis et fidei« (1692) den Spinozismus als ein willkommenes Mittel in dem Kampfe gegen den Orthodoxismus anwendete. Dabei zeigt er eine entschiedene Neigung, die Lehre Spinozas in einem dem Materialismus nahestehenden Sinne aufzufassen. Sowenig das dem ursprünglichen Geiste des Spinozismus entsprach, so wurde doch selbstverständlich dem großen Ketzer auch diese Folgerung in die Schuhe geschoben, und diese materialistische Tendenz war natürlich ein Vorwand mehr, um seine Lehre so verwerflich wie möglich erscheinen zu lassen.

Gegen den Materialismus mußten sich jedoch die übrigen philosophischen Ansichten schon zu Ende des XVII. Jahrhunderts auch direkt rüsten; die Einflüsse der französischen und der englischen Literatur, namentlich der Lehren von Gassendi und Hobbes, machten sich auch in dieser Richtung fühlbar. Pancratius Wolff erklärte in seinen »Cogitationes medico-legales« (1697) die Gedanken für Wirkungen des körperlichen Mechanismus, welche aus diesem mit der gleichen Notwendigkeit hervorgingen, wie alle seine übrigen

Leistungen. Den schärfsten Ausdruck aber hat die materialistische Ansicht in offenbarer Abhängigkeit von Hobbes durch den berüchtigten »Briefwechsel vom Wesen der Seele« erhalten, welcher 1713 anonym erschien, für dessen Urheber fälschlicher-, vielleicht ironischerweise zwei Theologen ausgegeben wurden, und dessen Autorschaft nicht mehr mit völliger Sicherheit festgestellt werden kann. Mit kaustischem Witz, wenn auch in der höchst geschmacklosen Sprache jener Zeit geschrieben, plädiert dieses interessante Schriftchen in· erster Linie für die völlige Unabhängigkeit aller philosophischen Forschung von jeglicher Autorität und will namentlich die Geister auch von dem Banne der Methode und der Lehren Descartes' befreit wissen. Es betrit sodann den baconischen Standpunkt der experimentellen Forschung und sucht auch die psychischen Probleme unter diesen Gesichtspunkt zu stellen. Der Schwerpunkt seiner materialistischen Beweisführung liegt (wie mehr als vierzig Jahre später bei Lamettrie) in einer Vergleichung des menschlichen und des tierischen Seelenlebens, die darauf hinausführt, zwischen beiden keinen qualitativen, sondern nur einen graduellen Unterschied zu setzen. Kommt man deshalb bei der Erklärung des tierischen Seelenlebens ohne die Annahme einer unsterblichen Seelensubstanz aus, so bedarf man ihrer auch bei dem Menschen nicht, so muß man auch bei ihm den gesamten Vorgang seines seelischen Lebens auf die mechanischen Kraftauslösungen in der Tätigkeit der Gehirnfasern zurückführen. In diesem Zusammenhange kann natürlich von einer Willensfreiheit nicht mehr die Rede sein, und es wird deshalb auf dem Boden eines vollkommenen Determinismus namentlich der Wert hervorgehoben, den auf dem Wege des rein mechanischen Einflusses Übung und Erziehung für die Ausbildung der Kräfte des Denkens so gut wie des Wollens besitzen. Es ist offenbar nur ironisch gemeint, wenn diese Lehre in dem »Briefwechsel« schließlich von dem orthodoxen Standpunkte des aristotelisierenden Melanchthonianismus mit Berufung auf die Lehren von der Schöpfung, der Auferstehung usw. widerlegt wird.

So mannigfach zerstreut und so unzusammenhängend waren die Regungen des philosophischen Denkens während des XVII. Jahrhunderts in Deutschland. Es bedurfte eines großen Genies, um diesem traurigen Zustande ein Ende zu machen und die geistigen

Kräfte zu einer systematischen Lösung der Probleme zusammen-
zuraffen. Dieses Genie, der Vater der neueren deutschen Philosophie, war Leibniz.

§ 48. Leibniz.

Es könnte eigentümlich erscheinen, daß Leibniz erst an dieser
Stelle seine Darstellung findet, nachdem die Entwicklung der englischen und der französischen Philosophie des XVIII. Jahrhunderts,
der sein Leben und seine Lehre chronologisch weit vorausgehen,
berichtet worden ist. Allein diese Anordnung erschien gestattet,
weil die Gedanken dieses Mannes vermöge der sporadischen Form,
in der sie aufgetreten waren, wenn überhaupt, so nur einen geringen,
meist in die Grenzen persönlichen Austausches durch den Briefwechsel eingeschlossenen Einfluß auf jene Entwicklung ausgeübt
haben. Die englische so gut wie die französische Philosophie lag
der Gedankenwelt Leibniz' so fern, daß man den »Schöpfer der
Lehre von der prästabilierten Harmonie« höchstens einmal gelegentlich wie eine Kuriosität erwähnte. Von einer entschiedenen
Einwirkung kann nur bei dem einzigen Robinet die Rede sein, und
diese ist dort bereits verzeichnet worden. Auf der anderen Seite
aber erschien diese Anordnung dadurch geboten, daß von Leibniz
zweifellos der bestimmende Einfluß auf die gesamte Entwicklung
der deutschen Aufklärung ausgegangen ist, und deshalb die Darstellung seiner Lehre die Geschichte dieser Bewegungen, die ihrerseits
den Abschluß der vorkantischen Philosophie bilden, notwendig
eröffnen muß.

Gottfried Wilhelm Leibniz war als der Sohn eines Leipziger
Professors der Moral am 21. Juni 1646 geboren. Begabung und
Lernbegier gaben ihm früh eine solche Belesenheit, daß er mit
fünfzehn Jahren in der antiken und neueren Philosophie gleich
heimisch war und die Systeme von Aristoteles, Platon, Bacon,
Hobbes, Gassendi und Descartes vollkommen beherrschte, aber auch
in der Scholastik mehr bewandert war als die meisten seiner philo-
sophierenden Zeitgenossen. Seit 1661 studierte er an der Leipziger
Universität, bildete sich sodann in Jena unter Weigel weiterhin
methodisch aus und habilitierte sich bei der Leipziger philosophischen Fakultät mit einer Abhandlung über den Zusammenhang
der Jurisprudenz mit der Philosophie. Persönlichen Abneigungen .

ausweichend, erwarb er den juristischen Doktorgrad an der Universität Altdorf, an welcher ihm die Nürnberger sofort eine Professur anboten. Er schlug jedoch die akademische Laufbahn für immer aus und lebte eine Zeitlang in Nürnberg, mit verschiedenen Studien beschäftigt, bis er durch die Bekanntschaft mit Boineburg, dem Minister des Mainzer Kurfürsten Joseph Philipp von Schoenborn, sich veranlaßt sah, 1668 in des letzteren Dienste zu treten. In dieser Stellung entwickelte Leibniz eine außerordentlich lebhafte politische und publizistische Tätigkeit, worin er namentlich die von Ludwig XIV. dem zerbröckelnden Deutschen Reiche drohenden Gefahren ins Auge faßte. Er begriff durchaus die unheilvollen Folgen der religiösen Zersplitterung Deutschlands und wurde nicht müde, in echt nationaler und patriotischer Begeisterung zur Einigung dem äußeren Feinde gegenüber zu mahnen, der damals schon sich anschickte, ein Stück nach dem anderen aus dem Reichskörper an sich zu reißen. Er verfiel sogar auf den abenteuerlichen Gedanken, die Eroberungslust des französischen Königs nach Ägypten abzulenken, entwarf ein Mémoire, worin er diesen Plan im Zusammenhange mit demjenigen eines allgemeinen Kreuzzuges gegen die Türken dem König zu unterbreiten dachte, und ließ sich in dieser Absicht einer Gesandtschaft nach Paris als Erzieher des jungen Boineburg attachieren. Wenn auch dieser Plan scheiterte, so war doch diese Reise für Leibniz' wissenschaftliche Verbindungen von außerordentlicher Bedeutung. Es war die beste Zeit der französischen Literatur, und die Pariser Gesellschaft hatte eben angefangen, die Heimstätte der geistigen Bewegung zu werden, an der damals auch die englischen Gelehrten ihre Nahrung suchten. In dem Glanze der Regierung des großen Ludwig sonnten sich Kunst und Wissenschaft. Damals feierten Racine und Molière ihre Triumphe, damals bildeten die cartesianische Philosophie und die Probleme der Mechanik einen Lieblingsgegenstand der Unterhaltung in allen Kreisen der Gesellschaft. Mit der Gewandtheit und Lebendigkeit, die ihn auszeichnete, lebte sich Leibniz in diese Bewegung der Geister ein. Die gleichen Vorteile gewährte ihm sodann ein Aufenthalt in London, wohin sich die Gesandtschaft 1673 begab, und wo Leibniz unter anderem der Akademie eine von ihm erfundene Rechenmaschine vorstellte. Ein weiterer Aufenthalt in Paris führte ihn namentlich mit Tschirnhaus zusammen, und er fühlte sich in den dortigen Verhältnissen so wohl, daß er daran dachte, sich in Paris dauernd niederzulassen. Inzwischen entschied sein Geschick sich anders, indem er der Berufung des Herzogs von Hannover in eine Stelle als Rat und Bibliothekar Folge leistete. In dieser neuen Stellung nun war es, wo Leibniz eine Tätigkeit von großartigster Vielseitigkeit entfaltete. Er war ein Universalgenie, wie es kein zweites gegeben hat, und ein Gelehrter von vielleicht nie wieder erreichter Ausdehnung des Wissens; seine wissenschaftliche Tätigkeit erstreckte sich, überall anregend, überall in die Tiefe gehend und vielfach Epoche machend, auf alle Gebiete des menschlichen Wissens. In der allgemeinen Richtung der Zeit legte er selbst fast das Hauptgewicht auf die Mathematik und veröffentlichte 1684 in den Leipziger »Acta eruditorum« seine geniale Methode der Differentialrechnung (Nova methodus pro maximis et minimis.) In ihrer Anwendung auf die Mechanik gestaltete er die von Cartesius aufgestellten Prinzipien wesentlich um und stellte eine dem Newtonschen Gravitationsgesetz sich annähernde Grundformel dafür auf, wodurch ein während des ganzen XVIII. Jahrhunderts zwischen seinen Anhängern und denjenigen des Cartesius lebhaft geführter Streit sich entspann. Auch in der Chemie war er nach dem damaligen Standpunkte der Forschungen tätig und glücklich, er beschäftigte sich hauptsächlich mit der Darstellung des Phosphors. Daneben regte er im Herzogtum Hannover zahlreiche geognostische Untersuchungen an und wirkte nach wissenschaftlichen Grundsätzen für die Ausbreitung und die Fortschritte des Bergbaues und für die Verbesserung des Münzwesens. Auf dem Gebiete der Jurisprudenz schuf er eine Reihe umfangreicher und wertvoller Sammelwerke, und unter die Historiker gesellte er sich durch eine im Auftrage der Regierung unternommene und durch eine mehrjährige Studienreise durch Deutschland und Italien beförderte Geschichte des Hauses Braunschweig-Lüneburg, wobei ihm auch die seit 1691 ihm übertragene Verwaltung der Wolfenbütteler Bibliothek zu Hilfe kam. Besonders regsam aber war er in der politischen Tätigkeit. Als persönlicher Ratgeber und Freund zweier im Herzogtum aufeinanderfolgenden Brüder nahm er an den verwickelten Verhandlungen der politischen und der kirchenpolitischen Zeitgeschichte teil. Es gelang ihm, zugunsten der Reichseinheit die immer drohender werdende Eifersucht zwischen den beiden norddeutschen

Hauptmächten, Brandenburg und Hannover, zu beschwichtigen und die Heirat des späteren ersten preußischen Königs mit der Tochter des Hannoverschen Herzogs, seiner philosophischen Schülerin Sophie Charlotte, herbeizuführen. Diese Beziehungen suchte er dann hauptsächlich für seine kirchenpolitischen Pläne auszunutzen. Im Anschluß an Spinozas Bestrebungen für eine allgemeine Vereinigung aller christlichen Konfessionen, korrespondierte er nicht nur mit Pellisson und Bossuet, sondern entwarf auch als Grundlage dazu ein »Systema theologicum«. Als sich dieser Plan schließlich zerschlagen hatte, faßte er eine Union der lutherischen und der reformierten Kirche ins Auge, deren mächtigste Vertreter gerade das hannoversche und das brandenburgische Haus waren. Dabei sah er sich in der lebhaftesten Weise, obwohl schließlich ohne Erfolg, von Sophie Charlotte unterstützt. Diese geistvolle Frau — die Nichte jener Prinzessin Elisabeth von der Pfalz, welche die Freundin Descartes' war, und jenes Kurfürsten Karl Ludwig, der Spinoza nach Heidelberg hatte berufen wollen — hielt von Berlin aus die Beziehungen zu dem Philosophen aufrecht, und je unerquicklicher für ihn während der letzten Regierungsjahre des Herzogs Ernst August von Hannover die Vermittlung in schwierigen und traurigen Familienverhältnissen gewesen war, je kälter sich seine Beziehung zu dessen seit 1698 regierendem Sohne Georg Ludwig gestaltete, desto lieber ergriff er die Gelegenheit, für jene Unionspläne in Berlin selbst zu wirken, wo er an dem Hofe der Kurfürstin mannigfache geistige Anregung fand und auch unter anderem mit dem englischen Freidenker Toland zusammentraf. Seine Anwesenheit führte hier außerdem im Jahre 1700 zur Stiftung der Berliner Akademie der Wissenschaften, deren erster Präsident Leibniz wurde, und in deren erstem Berichte er zu gleicher Zeit mit historischen, antiquarischen, etymologischen, mathematischen und physikalischen Abhandlungen auftrat. Dabei war er auch hier unermüdlich für allgemeine praktische Interessen tätig; er beförderte die Einführung des Seidenbaues, arbeitete an einer zeitgemäßen Reform des Schulwesens und lieh seine publizistische Gewandtheit den politischen Interessen des brandenburgischen und des hannoverschen Hauses. In der Folgezeit lockerten sich seine Beziehungen zu dem hannoverschen Hofe immer mehr, und seine Vorliebe für äußere Ehren ließ ihn Anknüpfungen mit anderen

Regenten suchen. Dabei unterließ er es jedoch nicht, für das
Interesse der Wissenschaft gerade an diesen Stellen tätig zu sein.
In der Hoffnung, einen allgemeinen Bund von Akademien herbeizuführen, versuchte er, wenn auch nicht mit unmittelbarem Erfolge,
in Dresden und Wien die Stiftung wissenschaftlicher Sozietäten an-
zuregen. Namentlich aber benutzte er die Gunst, die ihm Peter
der Große zuwandte, um diesen zur Gründung der Petersburger
Akademie zu bewegen und durch seine Vermittlung an zahlreichen
Punkten des großen Reiches magnetische Beobachtungen anordnen
zu lassen. Doch fand dies bewegte und glänzende Leben einen
einsamen und traurigen Abschluß. Als Georg Ludwig den englischen
Thron bestiegen hatte, suchte Leibniz vergebens an den Londoner
Hof berufen zu werden, und seine Bemühungen darum scheiterten
hauptsächlich am Widerstande der dortigen Akademie. Diese hatte
in dem trübseligen Prioritätsstreit, der sich zwischen Leibniz und
Newton wegen der Erfindung der Differentialrechnung nicht ohne
beiderseitige Schuld entspann und mit Bitterkeit jahrelang geführt
worden war, wobei schließlich Leibniz auch zu entschieden un-
gerechtfertigten und gehässigen Mitteln gegriffen hatte, ihr Verdikt
gegen Leibniz ausgesprochen. Die Zurückweisung, die er jetzt
erfuhr, schmerzte ihn tief, so daß er den Gedanken einer Über-
siedelung nach Paris wieder erwog. Kränklichkeit und anderseits
die Hoffnung, den 1716 in Pyrmont weilenden König Georg für sich
einzunehmen, hinderten ihn an der Ausführung. Allein der inzwischen selbst in die Intrigen der Hofparteien hineingespielte
Streit entschied sich auch hier zu seinen Ungunsten, und so bemächtigte sich seiner eine tiefe Verstimmung, welche durch die
Angriffe der hannoverschen Geistlichkeit und die Mißachtung der
Hofleute nur noch gesteigert wurde. So starb er am 14. November
1716 verbittert und einsam zu Hannover.

Die geradezu kolossale Vielseitigkeit und rastlose Lebendigkeit,
welche man von jeher an dem Wesen von Leibniz bewundert hat,
ist doch gerade für seine philosophische Tätigkeit nicht ohne Nachteil gewesen. Zwar von der Oberflächlichkeit, die der Vielseitigkeit als ihr Schatten zu folgen pflegt, ist bei ihm keine Spur; mit
einer ungeheuren Arbeitskraft verband er einen so durchdringenden
Scharfsinn und einen so in die Tiefe wühlenden Geist, daß er allen
Dingen, mit denen er sich beschäftigte, auf den Grund und Kern

kam. Allein die große Ausdehnung seiner wissenschaftlichen Interessen und daneben die Vielgeschäftigkeit seines diplomatischen Lebens mußten selbst bei seiner Arbeitskraft eine einheitliche und streng wissenschaftliche Ausbildung, vor allem aber eine geschlossene literarische Formulierung seiner philosophischen Errungenschaften verhindern. So stark deshalb auf der einen Seite die belebenden Wurzeln sind, welche die Philosophie dieses Mannes gerade in dem Reichtum seiner großartigen Individualität fand, so ungünstig wirkte eben diese Zersplitterung auf die literarische Gestalt, in der seine Lehre auftrat. Leibniz war weit davon entfernt, ein Gelehrter zu sein in dem Sinne der einsamen Forschung, wie es Descartes und Spinoza jeder in seiner Weise gewesen waren. In ihm floß ein Tropfen baconischen Blutes, etwas von jener Gewandtheit, die sich auf glattem Parkett zwischen Intrigen bewegt und dabei doch die großen Pläne des geistigen Lebens mitten in der politischen und sozialen Welt zu realisieren trachtet, zugleich aber auch etwas von jenem brennenden Ehrgeiz, der Bacon zu Fall gebracht hatte, und von der Sucht, auf den Höhen des Lebens zu glänzen. Schon aus dem äußeren Rahmen dieses Lebens kann man abnehmen, daß es zu einer ruhigen Ausarbeitung wissenschaftlicher Werke nur im geringsten Maße Raum gegeben hat. Es gibt daher kein Werk, in welchem das Ganze der Leibnizschen Philosophie eine ausführliche und umfassende Darstellung gefunden hätte. Die große Mehrzahl seiner philosophischen Schriften sind Kinder der Gelegenheit, kleine Abhandlungen (oder Anfänge und Entwürfe dazu) über einzelne Probleme, die teils in der Jugend zu akademischen Zwecken, teils später in gelehrten Zeitschriften veröffentlicht wurden, teils auch erst aus seinem Nachlasse herausgegeben worden sind; und selbst die beiden Schriften, in denen er noch am meisten den Zusammenhang seiner metaphysischen Lehre dargetan hat, sind aus bestimmten persönlichen Veranlassungen entstanden. Sein »Essai de Théodicée« (Amsterdam 1710 gedruckt) ist aus Niederschriften erwachsen, die er nach Gesprächen über die Zweifel Bayles wegen der Probleme des Übels und der Sünde für die Königin von Preußen entworfen hatte, und seine »Monadologie« wurde 1714 für den Prinzen Eugen geschrieben, um ihm einen kurzen Abriß seines Systems zu geben. Unter diesen Umständen bildet die beispiellos ausgebreitete Korrespondenz, die Leibniz mit den gleich-

zeitigen Gelehrten führte, eine der wesentlichsten Quellen für das
Studium seiner Philosophie, und in den ersten Jahrzehnten nach
seinem Tode haben sich denn auch mehrere Sammler um die Herausgabe dieser zerstreuten Gedankenkeime verdient gemacht. Einen
besonderen Wert besitzt unter diesen Korrespondenzen diejenige
mit Clarke, die zu den tiefsten Problemen des Leibnizschen Denkens
in sehr nahen Beziehungen steht, ebenso aber auch diejenige mit
Pierre Bayle und des Bosses. Das merkwürdigste literarische Geschick hat endlich das philosophisch bedeutendste Werk von Leibniz
erfahren. Seine »Nouveaux essais sur l'entendement humain«, die,
als ein Gegenstück zu Lockes Hauptwerk gedacht, sich zu einer
fortlaufenden Kritik gestaltet hatten und den vollkommensten Ausdruck von ihres Verfassers philosophischer Originalität enthalten,
waren bereits im Jahre 1704 vollendet; da aber Locke in diesem Jahre
starb, und da der Prioritätsstreit mit Newton gerade damals die
Höhe seiner Leidenschaftlichkeit erreicht hatte, so zog es Leibniz
vor, dieses Werk, das die Lehren einer anderen und nicht minder
hochgeschätzten Größe der englischen Wissenschaft, wenn auch in
sehr liebenswürdiger Form zu widerlegen oder zu ergänzen bestimmt
war, nicht unmittelbar nach deren Abscheiden zu veröffentlichen.
So kam es, daß dieses sein gewaltigstes Werk bis zu seinem Tode in
seinem Pulte liegen blieb, und daß es erst im Jahre 1765 mit anderen
seiner Manuskripte von Raspe herausgegeben wurde. Während
daher diese Schrift den tiefsten Einblick in den inneren und namentlich in den erkenntnistheoretischen Zusammenhang seiner Gedanken
gibt und zugleich seine historische Stellung am vollkommensten
bezeichnet, blieb die darin niedergelegte Theorie bis über die Mitte
des XVIII. Jahrhunderts hinaus verborgen und wirkungslos. Die
Philosophie der deutschen Aufklärung arbeitete nur mit der metaphysischen Anschauung von Leibniz und mit einigen zerstreuten
Bruchstücken seiner Methodologie. Der volle Einfluß seines neuen
Standpunktes entwickelt sich erst in Kant, dessen Inauguraldissertation die unmittelbare historische Kontinuität zu Leibniz' »Nouveaux essais« bildet.

Die Vielseitigkeit ist auch der wesentliche Charakter in der
philosophischen Lehre von Leibniz. Sie erstreckt ihre Wurzeln
fast in alle Systeme der neueren Philosophie und gleichmäßig
auch in die großen Lehren des Altertums und des Mittelalters. Wie

Leibniz selbst nach allen Seiten des wissenschaftlichen und des praktischen Lebens eine anregende Wirkung ausübte, so war er auch den mannigfachsten Einflüssen in seinem Denken zugänglich. Er hat selbst einmal gesagt, er billige das meiste, was er lese, und er besaß eine staunenswerte Fähigkeit, aus den verschiedenartigsten Lehren dasjenige herauszufinden, was ihm sympathisch sein konnte, eine Virtuosität der Aneignung und gelegentlich auch der Anpassung, vermöge deren er das ganze Material seines Wissens auf das glücklichste zu verwerten imstande war. Es war in ihm keine Spur von jener Einseitigkeit, mit der Spinoza alles, was sich dem Zuge seiner mathematischen Konsequenz nicht fügte, von sich wies; keine Spur von jener erhabenen Strenge, mit der jener meinte, daß seine Wahrheit den Irrtum aller übrigen Lehren klar machte. Statt der großen abstrakten Einheit ist hier eine lebendige, farbige Mannigfaltigkeit. · Aber diese Aneignungsfähigkeit von Leibniz ist weit davon entfernt, ihn zum Eklektiker zu machen; sie besteht vielmehr unbeschadet neben einer schöpferischen Originalität und hat ihren Wert eben darin, daß er unter dem klar ausgesprochenen Gesichtspunkte seines eigenen Denkens die Theorien der Vorgänger zu verarbeiten, ihre Einseitigkeiten zu überwinden und aus ihnen eine höhere Vereinigung zu bilden suchte und vermochte. Leibniz ist eine konziliatorische Natur. Wie er in kirchenpolitischer Hinsicht die verschiedenen Konfessionen auf der Basis ihrer gemeinsamen Überzeugung zu versöhnen hoffte, so arbeitete er daran, die Gegensätze der philosophischen Meinung auszugleichen und dabei diese vollkommenere Philosophie auch mit den Lehren der Religion zu vereinigen.

Unter den zahlreichen Einflüssen, aus deren Kreuzung sich seine Lehre entwickelte, ist zunächst einer besonders hervorzuheben, weil er auf eine gewisse Analogie in dem Verhältnis geistiger Richtungen hinausläuft: derjenige von Giordano Bruno. An Umfang der Gelehrsamkeit freilich und an Klarheit des Denkens darf man Bruno mit Leibniz nicht vergleichen: in der einen Hinsicht verhalten sie sich zueinander, wie der entlaufene Mönch zu dem Schüler einer deutschen Universität, in der andern Hinsicht wie die phantastische Verschwommenheit der Renaissance zu der wissenschaftlichen Reife des XVII. Jahrhunderts. Aber ein überaus interessanter Gegensatz ist beiden gemeinsam. Bei Bruno bildete gegen den poetischen

Schwung seiner Weltanschauung das trockene und pedantische
Tasten nach der Erfindung einer Denkmaschine ein seltsames Gegengewicht, und zwischen diesen beiden Richtungen seines Philosophierens gab es kaum eine Vermittlung. Bei Leibniz ist derselbe Gegensatz
nicht so schroff und nicht so ohne alle Vermittlung, aber doch in
einer bemerkenswerten Stärke vorhanden. Er war während seines
ganzen Lebens von dem Streben nach einer sicheren Methode des
Denkens erfüllt und machte zahlreiche Ansätze, um eine solche
festzustellen. Ja er verlief sich dabei in so wunderliche Versuche,
daß ihre Verwandtschaft mit denjenigen von Bruno und ihre Abhängigkeit davon ganz klar ist: aber diese stets gesuchte Methode
hat niemals eine feste Gestalt bei ihm angenommen und ist niemals
zu einer Ausbildung gediehen, vermöge deren sie gar die Darstellung seiner Lehre hätte bestimmen können. Den großartigen
Zusammenhang seiner Weltanschauung verdanken wir nicht sowohl
der strikten Herrschaft einer strengen Methode, als vielmehr der
inneren Harmonie seines eigenen Wesens. Hierin zeigt Leibniz den
diametralen Gegensatz zu Spinoza: des letzteren Metaphysik ist aus
seiner geometrischen Methode gefolgt; die Weltanschauung von
Leibniz hängt mit seiner Methodologie nur in einzelnen Auszweigungen zusammen.

Das Streben nach der Methode ist nun bei Leibniz wesentlich durch den Einfluß der cartesianischen Schule bedingt, welcher
während der Zeit seiner Bildung in Deutschland um sich zu greifen
begann. Das Licht der Mathematik will auch er in die Philosophie
tragen, und die Mathematiker erscheinen ihm als »die einzigen
unter den Menschen, welche, was sie behaupten, auch zu beweisen
pflegen«. Nicht ohne Anlehnung an Hobbes gibt er dieser Forderung
die Form, daß man auch mit Begriffen ebenso wie mit Zahlen
müsse rechnen lernen, und er hofft eine Aufhebung der Schul-
streitigkeiten der Philosophen von der Herbeiführung eines Zustandes,
worin man einen Denkfehler mit derselben Klarheit und Zweifel-
losigkeit wie einen Rechenfehler werde aufzeigen können. Selbst
für die Fälle, in denen man auf absolute Gewißheit verzichten
muß, würde man dann doch den Grad der Wahrscheinlichkeit bestimmen können, der irgend einem Satze zukommt, und so faßt
auch Leibniz verhältnismäßig unabhängig den Gedanken einer
Anwendung der Wahrscheinlichkeitsrechnung auf die Methodologie

der übrigen Wissenschaften. Sein niemals gehaltenes Versprechen, einen Teil der Logik unter dem Titel: »De aestimandis gradibus probabilitatis« zu schreiben, liegt ganz in der Richtung, die später die französischen Mathematiker am Ende des XVIII. Jahrhunderts verfolgt haben; für ihn freilich wäre, da er an dem cartesianischen Ideal der absoluten Gewißheit festhielt, diese Wahrscheinlichkeitsrechnung nur ein Nebenteil der allgemeinen Methode gewesen. Für diese allgemeine Methode verlangt er aber die Erfüllung einer Doppelaufgabe, die gleichmäßig bei Bruno, bei Bacon und bei Descartes hervorgetreten war und die gesamte Gliederung der modernen Logik bedingt. Neben der Methode des Beweisens (méthode de la certitude) muß es eine solche des Erfindens (art d'inventer) geben, und Leibniz faßt die Richtung der letzteren nicht in dem praktischen Sinne Bacons, sondern in dem theoretischen Sinne Brunos und Descartes' auf. Die Wissenschaft hat nicht nur den Weg zu zeigen, wie man einzelne Sätze beweist, sondern vor allem auch den, wie man neue Sätze findet. Die Logik soll nicht nur die Methode des Beweisens, sondern auch diejenige des Forschens entwickeln.

Was die erstere anbetrifft, so folgt Leibniz bis zu gewissen Grenzen zunächst dem Gedankengange Descartes'. Alle wissenschaftliche Demonstration besteht in der Zurückführung des zu beweisenden Satzes auf andere Sätze, aus denen der erstere durch logische Operation abgeleitet wird; und diese Beweisführung muß notwendig eine Grenze haben, indem die höchsten Sätze, aus denen alle übrigen folgen, selbst nicht mehr bewiesen werden können. Doch geht Leibniz nicht bis zu jener äußersten Konsequenz fort, womit Descartes vorausgesetzt hatte, daß es nur einen einzigen Satz von dieser unableitbaren Gewißheit geben dürfe; zwar schließt er sich der Forderung an, daß die Anzahl dieser unbeweisbaren Sätze möglichst vermindert werde, und daß z. B. die Axiome der Geometrie auf noch einfachere Grundformeln zu reduzieren seien; allein er hält doch daran fest, daß es mehrere aufeinander nicht weiter zurückführbare solcher »ersten Wahrheiten« gebe, und erachtet es für die Aufgabe der Philosophie, diese in erster Linie festzustellen. Es läuft dies also auf die Forderung gewisser Grundwahrheiten hinaus, aus denen alle andere Erkenntnis abzuleiten sei, und welche selbst nur unmittelbare, d. h. intuitive Gewißheit

besitzen sollen. Es muß wundernehmen, daß Leibniz kaum einen
Versuch gemacht hat, diese ursprünglichen inhaltlichen Wahrheiten,
aus denen alles übrige folgen soll, zu entwerfen; doch erklärt sich
dies einfach daraus, daß er eine Methode zu ihrer Auffindung nicht
zu geben vermochte und sich deshalb mit einer systemlosen Aufstellung von Grundsätzen hätte begnügen müssen. Gleichwohl ist
der Gedanke eines solchen Systems von Grundwahrheiten nicht verloren gegangen: Kant hat ihn in der großartigsten Weise wieder
aufgenommen, und die Lehren des deutschen Idealismus haben alle
ihren Schwerpunkt in seine Realisierung gelegt.

An dem Mangel dieses Systems ist nun auch in erster Linie der
Versuch von Leibniz gescheitert, eine Erfindungskunst für die
Erkenntnis zu entwerfen. Denn der Ausgangspunkt dieser erfindenden Tätigkeit könnte, wie er selbst sehr richtig bemerkt, nur eben
die Feststellung jener ersten Wahrheiten sein. Es klingt an sich
sehr plausibel, wenn Leibniz seine Gedanken darüber mit der Bemerkung einleitet, daß jede Wahrheit, deren Beweis aus jenen
ersten Grundsätzen abgeleitet werden kann, auch hätte durch geschickte Kombination von ihnen aus gefunden werden können.
Gewöhnlich freilich, meint er, erfassen wir gewisse Gedanken zufällig oder mit einer Art von Intuition oder durch Analogie und
Hypothese, und sehen uns dann erst danach um, wie wir sie etwa
zu beweisen, d. h. auf die ersten Wahrheiten zurückzuführen vermöchten. Ist das aber möglich, so hätte man, wenn man es nur
richtig angestellt hätte, jenen Gedanken auf dieselbe Weise finden
können, wie man ihn jetzt beweist. Deshalb, meint Leibniz, müsse
sich eine Methode auffinden lassen, vermöge deren man von den
Grundwahrheiten aus alle übrigen Erkenntnisse in derselben Reihenfolge erzeugen könnte, wie man sie jetzt zu beweisen sucht; d. h.
er will die Methode des Forschens mit derjenigen des Beweisens
identifizieren: die Dinge sollen auf demselben Wege erkannt, wie
die Erkenntnisse bewiesen werden. Diese Voraussetzung ist vielleicht die schärfste logische Ausprägung, welche das Prinzip des
Rationalismus überhaupt gefunden hat. Descartes war sich des
Unterschiedes zwischen dem beweisenden Syllogismus und dem
erfindenden Gedankenfortschritte der Mathematik bewußt gewesen.
Daß schon Spinoza diesen Unterschied vergaß, zeigte sich in seiner
äußerlichen Handhabung der geometrischen Methode. Die Meinung.

daß mathematischer Beweis mit logischem Beweise identisch sei, war mit der Zeit in die andere umgeschlagen, daß auch mathematischer Denkfortschritt mit logischem Denkfortschritt sich decke, und indem die cartesianische Methode in Deutschland von dieser Seite aufgefaßt wurde, geriet man unmerklich ganz in die scholastischen Operationen zurück, welche den Syllogismus als das Instrument der Philosophie benutzten. Wie nahe Leibniz im Zusammenhange dieser Gedanken der Gefahr stand, davon eingesponnen zu werden, bezeugt die Zähigkeit, mit der er wie Bruno und mit entschiedenem Anschluß an diesen sich um eine Ausbildung der lullischen »Ars combinatoria« mühte. Von früher Jugend an hat ihm die Hoffnung, eine solche Kunst schließlich doch noch zu finden, vorgeschwebt, und es ist wie bei Bruno merkwürdig genug, daß ein Mann von seiner geistigen Eigenart und von seinem lebhaften Verständnis für die Bedeutung der Individualität auch nur an die Möglichkeit glauben konnte, daß die höchsten Tätigkeiten des Geistes sich einmal in dieser Weise würden mechanisieren lassen; er schreckte selbst vor der Konsequenz nicht zurück, daß, wenn einmal diese Methode gefunden wäre, es nur noch der Übung und Geschicklichkeit in ihrer Handhabung bedürfen würde, um neue Wahrheiten aufzufinden, und ein Mann, der die Genialität selbst war, arbeitete so daran, das Genie überflüssig zu machen.

In den Versuchen der Ausführung kreuzten sich jedoch die Gedanken von Lullus und Bruno nicht nur mit der geometrischen Methode, sondern auch mit einem anderen Bestreben, das gleichfalls in der cartesianischen Schule seinen Sitz hatte. Die Cartesianer, denen der synthetische Blick des Meisters fehlte, hatten längst das Bedürfnis gehabt, seine mathematische Methode in eine syllogistische zu verwandeln, und hie und da kam der Einfluß von Hobbes hinzu, um den Gedanken zu befestigen, daß auch das logische Denken nur eine Art von Rechnen ist. Die Schulformeln der Logik gaben diesen Gedanken eine bestimmte Richtung: hier war man gewohnt, die Verhältnisse teils von Subjekt und Prädikat, teils von positiven und negativen oder von allgemeinen und besonderen Urteilen durch Buchstaben auszudrücken, und hatte sich durch den sprachlichen Ausdruck der Copula verleiten lassen, die Urteile stets in der Form von Gleichungen zu schematisieren. Damit schienen die Anfänge einer philosophischen Rechnung

gegeben zu sein. Wenn man nun aber den Versuch machte, den
Buchstaben, die bisher nur ganz unbestimmt etwa Subjekt und
Prädikat bedeutet hatten, den Sinn bestimmter Grundbegriffe unter-
zulegen, so schien die Möglichkeit vorhanden, von gewissen anfänglichen Gleichungen aus, die dann den ersten »Wahrheiten«
von Leibniz entsprachen, durch Substitution und sonstige arithmetische Operationen neue Beziehungen der Grundbegriffe und dadurch neue Wahrheiten aufzufinden, damit aber die Philosophie
zu einer unanfechtbaren Rechnung umzugestalten. Die Ausführung
dieses Planes schien auch einem anderen Übelstande abzuhelfen,
der die internationale Arbeit der Wissenschaft durch die Verschiedenheit der Sprachen beeinträchtigt; denn diese Rechnungszeichen für die höchsten und allgemeinsten Wahrheiten würden,
einmal fixiert und für jede besondere Sprache festgestellt, eine allgemeine menschliche Zeichensprache bilden. Leibniz erinnert an
den schon von Jakob Böhme geäußerten Wunsch nach einer Lingua
adamica; aber auch der cartesianischen Schule waren solche Versuche, im philosophischen Interesse eine menschliche Natursprache
herzustellen, nicht fremd. Descartes selbst hatte einmal den Gedanken der Universalsprache angedeutet, und in der Richtung
seiner Methode war dieser von J. J. Bekker (Character pro notitia
linguarum universali, 1661), von dem Engländer G. Dalgarn
(Ars signorum, vulgo character universalis et lingua philosophica,
1661) und von dem Jesuiten Athanasius Kircher (Polygraphia
nova et universalis, 1663) weiter ausgearbeitet worden. Im Nachlasse von Leibniz fand man ganze Stöße von Entwürfen zu einer
solchen Charakterologie, und er hoffte von ihr in erster Linie
auch die Abstellung der terminologischen Willkür, welche philosophische Darstellungen meistens ungenießbar machte. Doch
führten selbstverständlich alle die Formeln, die er versuchte, ihn
nicht zum Ziele. Denn sobald man mit Begriffen zu rechnen anfängt, droht jeden Augenblick ihr eigentlicher Inhalt herauszufallen:
es gibt eine unendliche Fülle feiner Beziehungen der Begriffe, die
gerade im philosophischen Denken flüssig gemacht werden sollen,
und für welche ein schematischer Ausdruck im Sinne der mathematischen Rechnung schon deshalb unmöglich wird, weil die Formeln,
die an die Stelle treten sollten, wo jetzt ein einziges Wort eine Ver-
dichtung ganzer Gedankenketten enthält, eine ganz unförmliche

Gestalt annehmen und auf diese Weise die Rechnung ungleich umständlicher machen müßten, als die Versenkung selbst in die verwickeltste Terminologie.

Offenbar stammt die ganze Auffassung, aus der diese Bestrebungen Leibniz' hervorgingen, aus derjenigen Zeit, in welcher er unter dem Zauber der cartesianischen Methode und des logischen Scholastizismus stand, in den sich diese bei den deutschen Philosophen und Mathematikern verwandelt hatte. Vielleicht hat gerade die Unmöglichkeit, zu einem befriedigenden Resultate dieses Schematismus zu gelangen, in ihm die Wirksamkeit eines anderen erkenntnistheoretischen Elementes befördert, dem er erst seine wahre Bedeutung verdankt, und es scheint, als ob seine Entwicklung, soweit wir sie zu übersehen vermögen, ihn von jenem logischen Formalismus immer mehr abgezogen und dem lebendigen Inhalte der Erfahrung zugeführt hätte. Denn Leibniz selbst war in den besonderen Wissenschaften viel zu sehr heimisch und auch in ihren äußersten Auszweigungen viel zu selbständig, als daß er den Wert der Erfahrung für die Philosophie mit der Einseitigkeit hätte unterschätzen können, wie es etwa Spinoza getan hatte; in ihm empörte sich daher von Anfang an ein empiristisches Element gegen eben den Rationalismus, den er prinzipiell in die schroffste Form zu bringen wünschte. Hierin liegt das Eigentümliche von Leibniz' wissenschaftlicher Persönlichkeit: von dem Ideale der mathematischen Methode erfüllt, vermag er doch sich gegen die Erfahrung nicht ablehnend zu verhalten, und er nimmt unter dem allgemeinen Gesichtspunkte des Rationalismus schließlich so viel von den Theorien des Empirismus auf, daß von einer einheitlichen Methodologie bei ihm nicht mehr die Rede sein kann. Er hat das rationalistische und das empiristische Element nicht endgültig zu versöhnen gewußt: aber indem er beide aufnahm und miteinander in Beziehungen setzte, bereitete er die kantische Lösung des Problems vor, und er zog bereits die Grundlinien dieser Lösung, wenn er die Beurteilung der Erfahrungserkenntnis nach den Prinzipien des Rationalismus anlegte.

Die vermittelnde Stellung, welche die deutsche Philosophie mit Leibniz zwischen den Gegensätzen des englischen Empirismus und des französischen Rationalismus einzunehmen begann, spricht sich schon in verhältnismäßig frühen Äußerungen des Philosophen dadurch

aus, daß er einen doppelten und beiderseits berechtigten Ursprung
des menschlichen Wissen annahm. Alles wahre Wissen stammt
aus den eingeborenen Ideen — das war das Feldgeschrei der Rationalisten: es stammt aus der Erfahrung — dasjenige der Empiristen.
Es gibt zwei Arten von Wahrheiten, erwidert Leibniz: die einen,
welche nur durch den Verstand gefunden werden und der empirischen Bestätigung weder fähig noch bedürftig sind, — die andern,
welche nur durch Erfahrung erkannt werden und niemals durch
logische Operationen beweisbar sind. Die einen nennt er die geometrischen oder metaphysischen oder ewigen, die andern
die tatsächlichen Wahrheiten. Die ersteren bilden jenes
System, in welchem die cartesianische Methode ihr alleiniges Recht
hat, die zweiten verlangen behufs ihrer Sicherstellung die durchgängige Anwendung der empiristischen Methoden. Die Einsicht
in die ersteren ist rein logischer Natur: sie beruhen lediglich auf
der Notwendigkeit des Denkens, und der Grund ihrer Geltung
besteht in der Unmöglichkeit ihres Gegenteils. Die letzteren dagegen
lassen sich aus den ersten Wahrheiten nicht ableiten, sie beruhen
nur auf einem Akte der Erfahrung, und der Grund ihrer Annahme
besteht nur in der Tatsächlichkeit unserer Vorstellung von ihnen,
die den Gedanken der Möglichkeit des Gegenteils nicht ausschließt.
Daß die Winkel eines ebenen Dreiecks zusammen nicht mehr und
nicht weniger als zwei Rechte betragen, läßt sich, wie Leibniz
meint, rein logisch aus dem Begriffe des Dreiecks und den Axiomen
der Geometrie dartun, so daß die Unmöglichkeit des Gegenteils
erhellt. Daß es heute regnet, ist gleichfalls eine Wahrheit, aber
diese läßt sich nicht logisch begreifen, und das Gegenteil bleibt
immer denkbar. Die wahre Bedeutung dieses Gegensatzes sucht
Leibniz in der Natur der Urteile: alle Wahrheiten der ersten Art
sind analytische Sätze, welche sich durch eine Zergliederung der
in ihnen verknüpften Begriffe auf logischem Wege begründen
lassen: empirische Sätze dagegen sind, wie er lehrt, eine Zusammenfassung von Vorstellungen, die nicht in der gleichen Weise bis in
ihre letzten Elemente zerlegbar sind, und deren Verknüpfung deshalb nur tatsächlich konstatiert werden kann. Um eine mathematische Analogie anzuwenden, führt Leibniz aus, daß die Bestandteile der geometrischen Wahrheiten sich zueinander wie
kommensurable Größen verhalten, die auf ein gemeinsames Maß

zurückzuführen sind, daß dagegen die Elemente der tatsächlichen
Sätze sich ebensowenig in die ersten Wahrheiten auflösen lassen,
wie die inkommensurablen Größen die Zurückführung auf ein gemeinsames Maß gestatten. Innerhalb der logischen Operationen
bildet nun jenes gemeinsame Maß in letzter Instanz das Prinzip der
Unmöglichkeit des Gegenteils oder der Satz des Widerspruchs:
er ist deshalb das allgemeine Prinzip für das gesamte System der
geometrischen oder metaphysischen Wahrheiten. In einer Hinsicht
aber besitzt er eine gewisse Ähnlichkeit mit allen tatsächlichen
Wahrheiten. Er ist nämlich ebensowenig logisch deduzierbar und
beweisbar wie diese und besitzt wie sie eine rein intuitive Gewißheit. Die Nötigung, die Descartes empfunden hatte, an die Spitze
der demonstrativen Wissenschaft einen rein intuitiv erkennbaren
Satz zu stellen, wiederholt sich bei Leibniz, nur mit dem Unterschiede,
daß neben das logische Prinzip auch die ganze Fülle der Erfahrungen
mit dem Anspruch auf diese intuitive Gewißheit tritt. Man kann
sagen, daß in dieser schon früh entwickelten Lehre des Philosophen
die Verknüpfung der baconischen und der cartesianischen Intuition
gegeben ist.

Diese erkenntnistheoretischen Bestimmungen verschränken sich
nun in höchst eigentümlicher Weise durch die Mitwirkung einer
Terminologie, die Leibniz aus scholastischen Gewohnheiten übernahm. Die reine Verstandeserkenntnis bezeichnete man zu seiner
Zeit gern als diejenige a priori, die empirische dagegen als diejenige a posteriori. Ursprünglich aber hatten diese Benennungen
einen anderen Sinn gehabt, der aus der Methodologie des Aristoteles
stammt. Erkenntnis a priori nannte man danach die aus der
Kenntnis der Ursachen auf das Eintreten der Wirkung voraus-
schließende, Erkenntnis a posteriori dagegen die aus der Kenntnis
der Wirkung nach einer bekannten Regel auf das Vorhandensein
der Ursachen zurückschließende Einsicht. Es war der aristotelische
Gegensatz des »πρότερον τῇ φύσει« und des »πρότερον πρὸς ἡμᾶς«.
Diese Beziehung schmolz in die Leibnizsche Begriffsbestimmung
um so leichter ein, als man sich des Unterschiedes von Erkenntnisgründen und Realursachen noch nicht klar bewußt geworden war.
So entwickelte sich jener Gegensatz dahin weiter, daß Leibniz unter
geometrischen oder metaphysischen Wahrheiten diejenigen verstand,

welche man bis auf die letzten Gründe oder Ursachen zurückzuführen vermöge, unter tatsächlichen dagegen diejenigen, bei
denen dies nicht der Fall sei. In dem Verfolge dieser Gedanken
nahm jedoch jener Gegensatz eine andere Gestalt an: die geometrischen oder logischen Wahrheiten lassen sich so weit und so
restlos auf die ersten Wahrheiten zurückführen, daß daraus die
Unmöglichkeit ihres Gegenteils einleuchtet; bei den tatsächlichen
Wahrheiten ist zwar auch jene rückschließende Tätigkeit möglich,
welche die Ursachen davon erkennt, aber diese Ursachen sind selbst
immer nur wieder Tatsachen oder tatsächliche Beziehungen, und bei
keiner Tatsache ist eine so vollständige Analyse möglich, daß daraus
die klare Einsicht in die Unmöglichkeit ihres Gegenteils entspränge.
Dieser Unterschied gilt freilich, wie Leibniz anfangs ausdrücklich
hervorhebt, nur für den beschränkten Verstand des Menschen: die
göttliche Erkenntnis muß imstande sein, jene Analyse, die dem
Menschen nur bei den geometrischen und logischen Wahrheiten
glückt, auch für die tatsächlichen auszuführen, und für die Gottheit müßte danach der Gegensatz ewiger und tatsächlicher Wahrheiten fortfallen. Dies ist in einer anderen Verschiebung derselbe
Grundgedanke, welcher Spinoza bei seiner Unterscheidung der rationalen und der intuitiven Erkenntnis vorschwebte. Bei Leibniz
nimmt er die Form an, daß für den Menschen nur die geometrischen
und logischen Wahrheiten bis zu der Einsicht in die Unmöglichkeit
des Gegenteils gebracht werden können; daß man sich dagegen
bei den tatsächlichen Wahrheiten auf das Verständnis des kausalen
Zusammenhanges beschränken müsse, worin sie mit anderen Tatsachen stehen. So kommt er dazu, zwei höchste und letzte Prinzipien
aller Wahrheit aufzustellen: das Prinzip des Widerspruchs
auf der einen Seite für die ewigen Wahrheiten, das Prinzip
des zureichenden Grundes auf der andern Seite für die tatsächlichen Wahrheiten.

In dieser Fassung erscheinen die Theorien des Rationalismus
und des Empirismus dicht nebeneinander: die Forderung des
einen, daß alle Erkenntnis auf logischer Deduktion beruhe, ist
ebenso anerkannt, wie das Bestreben des andern, von den erfahrenen
Tatsachen aus deren kausalen Zusammenhang zu begreifen. Das
ist eine Verknüpfung, aber keine vollkommene Versöhnung: beide
Elemente stehen hier noch unvermittelt nebeneinander. Aber

auch diese gleichmäßige Anerkennung wäre gänzlich ungefährlich
gewesen, wenn ihr nicht Leibniz in offenbarer Inkonsequenz eine
metaphysische Bedeutung zuzuschreiben versucht hätte. Er hatte
ausdrücklich hervorgehoben, daß für die Gottheit jener Unterschied
fortfalle, indem diese die unendliche Analysis, vermöge deren die
logische Notwendigkeit auch der tatsächlichen Wahrheiten eingesehen werden könnte, auszuführen imstande sein müsse. Das setzte
voraus, daß auch die tatsächlichen Wahrheiten in letzter Instanz
ebenso in der logischen Notwendigkeit wurzeln, wie diejenigen,
welche der Mensch darauf zurückzuführen vermag. Spinoza hatte
diese Konsequenz gezogen, er hatte das Postulat aufgestellt, daß
alle Dinge als eine ewige Folge aus dem Wesen der Gottheit begriffen werden müßten, wenn er auch diese Aufgabe nicht im
einzelnen zu erfüllen vermocht hatte. Leibniz dagegen wurde
gerade durch den Gegensatz zum Spinozismus dazu geführt, den
Wertunterschied der ewigen und der tatsächlichen Wahrheiten, den
er zunächst nur für die menschliche Erkenntnis festgesetzt hatte,
in einen metaphysischen Unterschied umzudeuten. Danach sollte
der Inhalt der geometrischen und logischen Wahrheiten einem
ewigen, mit sich selbst identischen, d. h. widerspruchslosen Welt-
gesetz entsprechen, der Inhalt der tatsächlichen Wahrheiten dagegen immer nur durch andere Tatsachen bedingt sein.

Hierin besteht die prinzipielle Verwandtschaft der Leibnizschen
Lehre mit dem Platonismus. Denn diese metaphysische Ausdeutung oder Hypostasierung des erkenntnistheoretischen Gegensatzes von rationaler und empirischer Wahrheit, wonach ihm der
reale Gegensatz einer ewigen und einer zeitlichen Wirklichkeit
entsprechen soll, — diese Lehre führt genau zu der Auffassung,
die Platon auf dem gleichen Wege gewonnen und zu der Unterscheidung der immateriellen und der materiellen Welt ausgebildet
hat. So steht auch bei Leibniz eine Welt ewiger, unveränderlicher
Wesenheit einer anderen Welt gegenüber, in der sich Tatsachen nach
dem Prinzip des zureichenden Grundes in der Zeitfolge abwickeln.
Es ist der alte Gegensatz von Idee und Erscheinung. In beiden
Fällen aber, bei Leibniz wie bei Platon, bildet er nur den metaphysischen Reflex des Gegensatzes von Rationalismus und Empirismus.

In der Ausführung dieses Gedankens nun sprach Leibniz von
einer doppelten Art der Notwendigkeit, einer absoluten oder

unbedingten Notwendigkeit, die den ewigen Wahrheiten,
und einer bedingten oder hypothetischen Notwendigkeit,
die den tatsächlichen Wahrheiten zukomme. Diese bedingte Notwendigkeit nannte er Zufälligkeit. Auch hierbei ist der Vergleich
mit Spinoza lehrreich. Die Zufälligkeit im Sinne der Ursachlosigkeit erkannte der eine so wenig wie der andere an: aber das
Gegenteil davon, die Notwendigkeit, wurde von Spinoza nur in
dem Sinne einer zugleich logischen und kausalen Bedingtheit aufgefaßt; Leibniz dagegen machte den Unterschied einer logischen
Notwendigkeit als der Unmöglichkeit des Gegenteils und einer kausalen Notwendigkeit als der Abhängigkeit einer Tatsache von anderen
Tatsachen. Im gewissen Sinne freilich erinnert diese Lehre von
Leibniz an die doppelte Kausalität im spinozistischen System, wonach jeder Modus zwar eine »ewige Folge« aus dem Wesen Gottes,
zugleich aber innerhalb des Attributs durch andere Modi »deter-
miniert« sein sollte. Allein für Leibniz kam so der Unbegriff einer
zufälligen Notwendigkeit zustande, mit dem er die tatsächliche
Bedingtheit, deren Gegenteil für den menschlichen Verstand denkbar
bleibt, bezeichnen wollte. Indem er dann aber anderseits unter
Notwendigkeit' im engeren Sinne nur die absolute und unbedingte
verstand, setzte er wieder notwendig und zufällig einander gegenüber und bezeichnete schließlich den Gegensatz der ewigen und der
tatsächlichen als denjenigen der notwendigen und der zufälligen Wahrheiten.

Dabei aber blieb er nicht stehen, sondern dem Begriffe der
Wahrheit gemäß betrachtete er nun auch allen Inhalt der notwendigen Wahrheiten als notwendig existierend, allen Inhalt der
zufälligen Wahrheiten als zufällig existierend. Alles, was sich begrifflich aus der Unmöglichkeit des Gegenteils einsehen läßt, ist
notwendig im metaphysischen Sinne; alles dagegen, was nur Tatsache ist, gilt, wenn es auch auf zureichende Gründe in anderen
Tatsachen zurückgeführt werden kann, doch nur als zufällig. Hierin
zeigt sich Leibniz trotz der Aufnahme der empiristischen Prinzipien
als vollkommener Rationalist, ja es verwandelt sich bei ihm eben
damit nach platonischem Muster die verschiedene Art der menschlichen Erkenntnis in eine verschiedene Art der metaphysischen
Wirklichkeit. Das Kriterium, das so zwischen Notwendigkeit und
Zufälligkeit unterscheiden soll, ist lediglich das logische Kriterium

der Unmöglichkeit des Gegenteils. Das höchste Prinzip dieser Philosophie ist das rationalistische der Denknotwendigkeit. Die Tatsachen werden als kausal bedingt anerkannt, aber sie gelten trotzdem als zufällig, weil kein logischer Grund vorliegt, das Gegenteil für unmöglich zu erklären. Die absolute Notwendigkeit aber, die den ewigen Wahrheiten zukommt, besteht lediglich darin, daß sie gedacht werden müssen; ihre Notwendigkeit ist eine begriffliche. Dieses System kennt keine andere Notwendigkeit des Seins, als diejenige des Denkens: was absolut gedacht werden muß, existiert auch absolut notwendig, was nur bedingt gedacht wird, existiert auch nur bedingt. Die Hypostasierung der Denkformen, die das Wesen alles Rationalismus ausmacht, ist niemals unverhüllter und klarer zutage getreten, als bei Leibniz, und das zeigt sich vor allem bei seiner Behandlung des Begriffes der Möglichkeit. Der Inhalt jedes wahren Gedankens, entwickelt er, muß möglich sein; aber seine Wirklichkeit beruht entweder nur in ihm selber, und wo das eintrifft, da ist auch das Gegenteil unmöglich und er selbst unbedingt notwendig, oder sie beruht auf etwas anderem, und dann ist das Gegenteil denkbar und der Gedanke selbst nur bedingt notwendig. Auf diese Weise haben durch Leibniz die Begriffe Möglichkeit und Notwendigkeit eine so vieldeutige und verkünstelte Bedeutung erhalten, daß dadurch in der folgenden Entwicklung der deutschen Philosophie eine gewaltige Verwirrung angestiftet worden ist: namentlich hat jener Gegensatz der unbedingten und der bedingten Notwendigkeit zu zahllosen Schwierigkeiten und wunderlichen Verschiebungen des Gedankens Veranlassung gegeben. Er hat vor allem das Vorurteil genährt, als ob die Unmöglichkeit des Gegenteils das höchste und wertvollste Kriterium für die Erkenntnis der Wirklichkeit sei, und auf der anderen Seite den noch gefährlicheren Irrtum veranlaßt, als ob die logische Möglichkeit aller Wirklichkeit vorangehen müsse. Schon Leibniz bezeichnete die notwendigen Wahrheiten als »primae possibilitates« und schöpfte daraus den Gedanken, daß der wirklich bestehenden Welt eine Fülle von Möglichkeiten zugrunde liege, zwischen denen eine nur tatsächlich zu begreifende Wahl getroffen worden sei. So wurde das wahre Verhältnis der Begriffe von Möglichkeit und Wirklichkeit geradezu umgekehrt. Während alles, was wir Möglichkeit nennen, nur Gedanken sind, die auf dem Grunde der bestehenden Wirklichkeit

erwachsen, erscheint hier die gegebene Wirklichkeit als eine zufällige
Tatsache auf dem Hintergrunde der vor ihr bestehenden Möglichkeiten.

So wichtig diese erkenntnistheoretischen Untersuchungen von
Leibniz und namentlich sein Bestreben, das rationalistische mit dem
empiristischen Denken zu vereinigen, in der Folgezeit geworden
sind, sowenig haben darin seine metaphysischen Ansichten ihren
Ursprung: umgekehrt vielmehr ist, wie sich weiterhin zeigen wird,
seine Erkenntnistheorie später von dem Standpunkte seines metaphysischen Systems aus vertieft worden. Dieser Standpunkt selbst
aber ist lediglich aus Überlegungen erwachsen, die Leibniz über
die großen metaphysischen und besonders auch die naturphilosophischen Probleme seiner Zeit unabhängig von jenen logischen oder
methodologischen Auffassungen anstellte. Hierin gaben nur sachliche Momente den Ausschlag, und hierin hatte er sich schon früh
die hohe Aufgabe gestellt, die Gegensätze der antiken und der
modernen Wissenschaft zu versöhnen. Es war die brennende Frage
der Zeit, ob die Erklärung der Naturerscheinungen dem kausalen
oder dem teleologischen Gesichtspunkte folgen solle: sie hat auch
Leibniz in erster Linie bewegt, und seine vermittelnde Natur bewährte sich auch hier in dem Versuche, die Gegensätze miteinander
auszugleichen. Die besondere Richtung, welche dieser Versuch
einschlug, war dadurch bedingt, daß die einseitige Verfolgung der
mechanischen Naturerklärung teils wirklich zum Materialismus
führte, teils dieser Konsequenz beschuldigt wurde, und daß auf der
anderen Seite die teleologische Naturerklärung leicht mit einer
spiritualistischen Metaphysik Hand in Hand ging. Die Streitfrage
zwischen Materialismus und Spiritualismus aber hing wesentlich an
dem metaphysischen Problem der Substanz. Die Frage: »was sind
die Substanzen?« war deshalb auch für Leibniz die Kardinalfrage,
und seine Lehre liegt, von dieser Seite betrachtet, direkt in der
Fortsetzung derjenigen Entwicklung, welche die rationalistische
Philosophie von Descartes zu den Occasionalisten, zu Spinoza und
zu Malebranche genommen hatte. Man kann die eigentümliche
Ausprägung, die der Substanzbegriff bei Leibniz gefunden hat,
als eine Reaktion gegen die Aufhebung der substantiellen Selbständigkeit betrachten, welche die Nachfolger Descartes' den endlichen Substanzen gegenüber zu vollziehen gesucht hatten. Bei

den Occasionalisten und bei Malebranche war alle Wirkungstätig-
keit aus den Substanzen in die Gottheit verlegt worden; Spinoza
hatte es vorgezogen, sie statt dessen gar nicht mehr als Substanzen
zu bezeichnen; aber seine unendliche Substanz besaß gleichfalls
keine reale Tätigkeit mehr, sondern war nur eine logische Kategorie,
die statt der Wirkungen »modi« besitzen sollte. Wenn darin eine
Konsequenz des logischen Formalismus lag, so ist es bezeichnend,
daß Leibniz in den Begriff der Substanz dasjenige Element wieder
einzuführen trachtete, welches die in der Erfahrung gewissermaßen
handgreifliche Seite an ihm bildet: sein von Erfahrungsstoff ge-
tränktes Denken lehrte ihn, daß wir von Substanzen überall nur
da sprechen, wo wir ihre Wirkungen zu konstatieren imstande sind.
Substanzen, die nichts wirken, sind keine Substanzen; die Ursache
der Wirkung aber nennen wir Kraft. Deshalb verwandelte Leibniz
den Begriff der Substanz in denjenigen der wirkenden Kraft.

Dieser Grundbegriff entwickelt sich im Gegensatze gegen die
cartesianische Naturphilosophie an der Auffassung des Körpers,
und insofern ist es richtig, daß sein »Système nouveau de la nature« (1695) zunächst die Bedeutung einer neuen Auffassung der
mechanischen Probleme gehabt hat: eben darin aber besteht die
philosophische Natur des Mannes, daß er diese Gedanken zu allgemeinen metaphysischen Prinzipien ausgebildet hat. Die materielle
Substanz, der Körper, hatte bei Descartes nur das Attribut der
Ausdehnung gehabt; das metaphysische Wesen des einzelnen Körpers sollte bei ihm lediglich in einer bestimmten Form der Ausdehnung bestehen, und der Formalismus dieser mathematischen
Philosophie trat auf dem Gebiete der Naturerkenntnis darin hervor,
daß das mathematisch Konstruierbare für das ganze Wesen des
Körpers erklärt wurde. Deshalb konnte von einer selbständigen
Kraft der Körper schon bei Descartes sowenig wie bei den Occasionalisten, bei Spinoza und Malebranche die Rede sein. Alle Kraft,
welche die einzelnen Körper zu entwickeln scheinen, galt als übertragen und nur als ein Teil der allgemeinen, von Gott der Materie
mitgeteilten Kraft. Das war gewissermaßen die Mortifikation der
Materie: die Natur in der Philosophie Descartes' war eine tote
Maschine. Dieser Gedanke widerstrebte Leibniz auf das äußerste;
deshalb empfand er der mechanischen Naturphilosophie gegenüber
die von Aristoteles begründete Naturerklärung der alten Philosophie

als ein wohltuendes Gegengewicht. Das Bestreben, die Fülle der
Erscheinungen in lediglich quantitative Verhältnisse aufzulösen,
galt ihm als undurchführbar, und er glaubte, man müsse zu jener
Annahme qualitativ bestimmter Kräfte zurückkehren, welche Aristoteles mit dem Namen der »Entelechien« bezeichnet hatte.   Er
wollte damit das Prinzip der mechanischen Erklärung nicht auf-
heben, sondern nur einschränken.   Seine Grundanschauung war
die, daß das innere Wesen der Körper nur in der Kraft bestehe,
welche sie ausüben, und daß die räumliche Gestalt, ihre mathematische und quantitativ bestimmbare Form, nur die Erscheinung
dieser Kraft bilde.

Doch von hier aus trieb der Gedanke sogleich weiter: alle Kraft
ist nicht materieller, sondern immaterieller Natur, und Leibniz war
der letzte, sich dies zu verbergen.   Wenn die Substanzen Kräfte
sind, so sind sie immaterielle Wesen, so kann ihre räumliche
Form nicht zu ihren ursprünglichen Attributen gehören, sondern
nur ein Produkt ihrer Tätigkeit sein.   Der Körper ist in Wahrheit
etwas anderes, als das ausgedehnte Wesen, das er zu sein scheint:
er ist eine wirkende Kraft, und seine Ausdehnung selbst gehört
zu den fundamentalen Wirkungen dieser Kraft.   Es gibt keine ausgedehnten Substanzen, sondern die Körper sind diejenigen Substanzen, welche eine räumliche Erscheinungsform erzeugen.   Hierin
liegt der spiritualistische Grundcharakter der Leibnizschen Lehre:
sie zeigt eine Umbildung der cartesianischen, welche sich derjenigen
von Malebranche, wenn auch aus anderen Gründen, nähert und
in ihrem Resultate mit dem Berkeleyanismus zusammenzutreffen
scheint.   Wenn sie trotzdem gewöhnlich nicht als Spiritualismus
bezeichnet wird, so hat das seinen guten Grund.   Denn weder die
Aufhebung der materiellen Substanzen, noch auch das immaterielle
Wesen, das allein den Substanzen zugeschrieben werden soll, sind
bei Leibniz in demselben Sinne gedacht wie bei Berkeley.   Der
letztere hat den Körpern überhaupt jede Substantialität abge-
sprochen und sie nur für Vorstellungskomplexe in den Geistern
erklärt.   Leibniz fußt darauf, daß die Körper wirkliche Substanzen
sind, aber nicht ausgedehnter, sondern immaterieller Natur, und
daß ihre räumliche Gestalt nicht als Erscheinung in anderen Wesen,
sondern als ihre Wirkungsform von ihnen selbst erzeugt wird.
Berkeleys Weltanschauung kannte deshalb nur menschliche und

ihnen übergeordnete Geister, Leibniz dagegen nimmt die Existenz
beseelter Substanzen bis in die äußersten und scheinbar unbelebtesten
Teile der Materie hinein an und schreitet folgerichtig zu der Annahme
mannigfaltigster und zum Teil viel niedriger stehender Formen des
geistigen Lebens, als dies im Menschen zur Erscheinung kommt.

Neben der Immaterialität bringt die Einführung des Kraft-
begriffes in denjenigen der Substanz bei Leibniz noch eine andere
Folgerung mit sich: die Pluralität der Substanzen. Der
stolze Versuch Spinozas, die Mannigfaltigkeit der Dinge als die notwendige Folge aus dem Wesen Gottes abzuleiten, war gescheitert,
und die Überzeugung davon, daß man zur Annahme qualitativ
bestimmter Kräfte zurückkehren müsse, machte Leibniz zum ausdrücklichen Gegner jenes starren Monismus. Sein System setzt
eine unendliche Mannigfaltigkeit von Substanzen voraus. Aber in
dem ganzen Zuge der rationalistischen Philosophie war der Gedanke
einer einheitlichen Methode so unmittelbar mit demjenigen eines
einheitlichen Weltzusammenhanges verbunden, daß sich auch Leibniz
ihm nicht zu entziehen vermochte und in manchen Punkten seiner
Lehre unmittelbar an den auch von ihm abgelehnten Spinozismus
streifte. Vor allem meinte er, daß der Begriff der Substanzen nicht
in der Weise gefaßt werden dürfe, daß sie beziehungslos auseinander-
fallen. Denn der Zusammenhang der Dinge ist selbst eine Tatsache, und die wertvollste von allen. Auch das ist ein Grund, weshalb Leibniz diese unendliche Anzahl von Substanzen nicht mit
dem Namen der Atome bezeichnet, den er außerdem schon der
materiellen Bedeutung halber, die das Wort von jeher und namentlich auch zu jener Zeit hatte, gern vermied. Seine beseelten Substanzen sind Individuen, und das Problem ist auch für ihn deshalb dasselbe, welches in dem Ringen der italienischen Naturphilosophie den Grundtrieb bildete: den Individualismus mit dem
Universalismus zu versöhnen In den Gegensätzen der Philosophie
seiner Zeit fand er diese beiden Elemente in weitester Entfernung
voneinander: auf der einen Seite hatte der Spinozismus die vollendetste Form des Universalismus erzeugt, auf der andern Seite
drohte der Materialismus das Weltall in eine Anzahl beziehungsloser
Punkte aufzulösen. In dem Bestreben, hier die rechte Mitte zu
treffen, wählte Leibniz für seine Substanzen die Bezeichnung aus
der Lehre Giordano Brunos, der in gleicher Weise damit sich dem

Atomismus und der neuplatonischen Einheitslehre hatte entgegen-
setzen wollen; er nannte sie »Monaden«. Allein die Lösung des
Problems ist bei Leibniz viel tiefer als bei Bruno, und er gewann
sie hauptsächlich dadurch, daß er von dem immateriellen Charakter
der Substanz aus das Wesen der Kraft mit Rücksicht auf dieses
Problem zu bestimmen suchte.

Der Begriff der Substantialität verlangt es, daß jede Substanz
etwas in sich Einheitliches und Abgeschlossenes sei, welches keinerlei Bestimmung von den übrigen Substanzen in der Äußerung seiner
Kraftwirkung erfährt. Wenn es trotzdem einen einheitlichen Zusammenhang aller Dinge geben soll, so ist das nur dadurch möglich, daß schon in dem ursprünglichen Wesen einer jeden Substanz
eine innere Beziehung auf alle übrigen vorhanden ist. Der einheitliche Zusammenhang der Individuen ist nur so denkbar, daß er in
dem Wesen jedes Individuums selbst enthalten ist. Universum und
Individuum sind nur so vereinbar, daß das Individuum, jedes in
seiner Weise, das Universum in sich trägt. In diesem Sinne sagt
auch Leibniz, daß jede Monade ein Spiegel der Welt sei, und er
verallgemeinert dadurch in metaphysischem Geiste jene erkenntnistheoretische Forderung, die überall in der Renaissance hervortrat,
daß der Mensch nur, weil er Mikrokosmos sei, den Zusammenhang
der Dinge zu erkennen vermöge. Jenes »omnia ubique«, welches
die Phantasie aller Naturphilosophen und Mystiker belebt hatte,
wurde bei Leibniz zu einem klaren Begriffe.

Daraus aber ergibt sich, daß in dem Wesen jeder einzelnen Substanz jede andere vertreten, oder wie Leibniz sich ausdrückt,
»repräsentiert« sein muß. In jeder Monade muß die ganze Mannigfaltigkeit der übrigen enthalten sein; auf der anderen Seite aber
erfordert der Begriff der substantiellen Einheit, daß diese Mannigfaltigkeit in einer einheitlichen Zusammenfassung vorhanden sei.
Das Wesen der Monade besteht deshalb darin, eine Einheit in der
Mannigfaltigkeit zu sein. Der ästhetische Begriff der künstlerischen
Einheit, den Bruno auf das Universum bezogen hatte, wird von
Leibniz auf jede Monade angewendet, und dadurch werden für
ihn auch die geringsten Monaden dasjenige, was bei Bruno nur
die höheren und im letzten Sinne nur das Ganze gewesen war:
Organismen. Dadurch charakterisiert sich das Leibnizsche
System als absoluter Vitalismus. Er kennt keine tote Materie,

die ganze Welt ist ihm voll inneren Lebens, und der organische Begriff der einheitlichen Entwicklung des Mannigfaltigen durchleuchtet ihm das Universum.

Fragt man aber nun nach derjenigen immateriellen Tätigkeit, worin diese Zusammenfassung des Mannigfaltigen zur Einheit sich fortwährend vollzieht, so ist es diejenige der Vorstellung. In der Vorstellung werden jedesmal verschiedene Elemente zu einem einheitlichen Gedankengebilde verknüpft, und wenn es deshalb einen gemeinsamen Grundcharakter aller Substanzen geben soll, so kann es kein anderer sein als dieser. Die Monaden sind vorstellende Kräfte. Es ist nicht zu leugnen, daß in dieser Argumentation bei Leibniz die Doppelbedeutung des Wortes »représentation«, wonach es einmal soviel besagt wie »vertreten«, und das andere Mal den Sinn der geistigen Tätigkeit ausdrückt, die wir im Deutschen mit »Vorstellung« bezeichnen, eine große und gefährliche Rolle spielt. Anderseits ist diese Bezeichnung der Monaden als vorstellender Kräfte eine höchst interessante Illustration der öfter schon erwähnten Tatsache, daß die gesamte vorkantische Philosophie als die Grundfunktion des immateriellen Lebens überall die theoretische Tätigkeit des Vorstellens oder Denkens betrachtete. Gleichwohl ist diese Kombination der Begriffe so glücklich, daß eine sinnigere und schlagendere Lösung jenes großen Problems kaum gefunden werden konnte. Denn wie die übrigen Substanzen in jeder einzelnen anders lebendig sein sollen, als dadurch, daß sie deren Vorstellungsinhalt ausmachen, wäre in der Tat nicht abzusehen. Freilich verbarg sich Leibniz dabei eine völlig unlösliche Schwierigkeit: wenn jede Monade alle übrigen vorstellen soll, jede der übrigen aber ihrem Vorstellungsinhalte nach auch durch das System aller übrigen bedingt ist, so entsteht daraus ein Zirkel von Wechselbeziehungen, worin es schließlich keinen absoluten Inhalt für diese gesamte Vorstellungstätigkeit aller Monaden gibt.

Für Leibniz ist also der Tätigkeitsinhalt aller dieser vorstellenden Kräfte derselbe, nämlich das Universum selbst, und ein Unterschied zwischen den verschiedenen Monaden ist nur in der Verschiedenartigkeit der Vorstellungstätigkeit zu suchen. Diese nun entnimmt der Philosoph dem cartesianischen Prinzip der Klarheit und Deutlichkeit. Die Monaden unterscheiden sich untereinander nur dadurch, daß die einen das Universum klarer und deutlicher

vorstellen als die anderen, und sie ordnen sich dadurch in eine
Stufenreihe an, die von denjenigen Monaden, welche nur unklare
und verworrene Vorstellungen haben, bis zu derjenigen auf-
steigt, in welcher es nur eine klare und deutliche Vorstellung
aller übrigen gibt. Dabei definiert Leibniz als Klarheit die Eigenschaft der Vorstellung, vermöge deren ihr Gegenstand sicher und
eindeutig wiedererkennbar und von allen anderen unterscheidbar
ist; deutlich aber nennt er die Vorstellung, welche auch bis in alle
ihre einzelnen Merkmale und deren Beziehungen klar ist. Diese
Bestimmungen erhalten sodann eine greifbare Bedeutung, indem
sich gleichfalls nach cartesianischem Prinzip das Klare und Deutliche zu dem Unklaren und Verworrenen ebenso verhalten soll, wie
die Verstandestätigkeit zur Sinnesempfindung. Danach
geht die Stufenreihe der Monaden von denjenigen aus, welche nur
sinnliche Empfindungen haben, und endet mit derjenigen, welche
nur reines Denken besitzt; und die Monaden unterscheiden sich
nach dem Grade, womit sie die Welt entweder verworren, d. h.
sinnlich, oder deutlich, d. h. mit dem Verstande vorstellen. Bei
diesem Gegensatze hebt endlich Leibniz noch besonders die Beziehung hervor, worin sich jener schon bei Descartes zu dem aristotelischen Gegensatze der Aktivität und der Passivität befunden
hatte. Leidend nennt er danach denjenigen Zustand der Monade,
in welchem sie sinnlich verworrene, tätig denjenigen, worin sie ver-
standesmäßig klare Vorstellungen hat.

Hieraus nun erhellt sogleich, was in dieser Weltanschauung die
äußersten Gegensätze sind: die untersten Monaden, die nur verworrene Vorstellungen als sinnliche Empfindungen entwickeln und
deshalb als nur leidend erscheinen, bilden das, was man sonst die
Materie nennt; die höchste Monade dagegen, deren Vernunft nur
klare Vorstellungen hat, und welche deshalb die reine Tätigkeit
darstellt, ist die Gottheit. Jener unteren Monaden sind offenbar
unendlich viele, da in der Verworrenheit des Vorstellungsinhaltes
unendlich viele Grade möglich sind: die höchste Monade dagegen ist
nur eine; denn mehrere, welche gleichmäßig die vollkommenste
Klarheit und Deutlichkeit aller Vorstellungen besäßen, wären absolut gleich und ihren Merkmalen nach ununterscheidbar, d. h. miteinander identisch. Hierin macht Leibniz das echt rationalistische
Principium identitatis indiscernibilium geltend, d. h. den Grundsatz,

daß Begriffe, deren Merkmale durchgängig und vollständig gleich sind, sich nur auf einen identischen Gegenstand beziehen. Es gibt nicht zwei völlig gleiche Dinge. Gerade dies Prinzip unterscheidet die Monadologie von der Atomistik. Die letztere nimmt an, daß die Atome völlig gleiche Wesen sind, die sich nur zufällig an verschiedenen Raumpunkten befinden und lediglich nach diesem äußerlichen Umstande, der kein Merkmal ihres Begriffs ist, voneinander unterschieden werden. Der Individualismus der Monadologie verlangt dagegen, daß jede Substanz in sich selber vollkommen bestimmt sei, und faßt deshalb auch die räumliche Position jeder Monade als ein Produkt ihres Wesens und in ihrer Veränderung durch dies Kraftwesen selbst bestimmt auf.

Zwischen jenen beiden Polen, der Materie und der Gottheit, liegt nun die ganze unendliche Mannigfaltigkeit von Zwischenstufen, bei denen Klarheit und Verworrenheit, Verstand und Sinnlichkeit, Aktivität und Passivität in allen möglichen Mischungsformen vorkommen, und unter denen auch der Mensch seine Stelle findet. Das Bedeutendste in diesem System liegt darin, daß es die ganze Mannigfaltigkeit der Dinge als einen großen Zusammenhang betrachtet, worin jedes Glied seine notwendige und unersetzliche Stellung einnimmt. Jede Monade ist danach eine besondere Spiegelung des Weltalls, bei deren Fortfall dieses Weltall selbst ein anderes würde. Jede ist ein Individuum, aber nur dadurch, daß sie diese ihre nur ihr eigentümliche Stellung im Systeme des Ganzen einnimmt. Diese Weltauffassung, zuerst von Aristoteles entworfen, pflegt man in der neueren, durch Schelling und Hegel beeinflußten Terminologie das »System der Entwicklung« zu nennen. Man muß dabei aus der gewöhnlichen Bedeutung dieses Wortes den Sinn eines zeitlichen Hervorgehens fallen lassen und darunter nur das metaphysische Postulat verstehen, daß das Wesen jedes einzelnen Teiles im Weltall ein für den Zusammenhang des Ganzen notwendig erforderliches Glied bildet, und daß der Grund für die besondere Gestaltung jedes einzelnen in dem Gesetze des Ganzen liegt. Diese organische Einheitlichkeit des Universums hat in dem Systeme der Monadologie einen so präzisen Ausdruck gefunden, daß Leibniz in der Tat an der Spitze der Bewegung der deutschen Philosophie steht, welche dies tiefste Resultat des griechischen Denkens auf dem Boden der modernen Wissenschaft wieder zur Geltung zu bringen suchte. Sie hat seit Leibniz rastlos an dieser Aufgabe gearbeitet, und wenn die Formen, in denen sie das Problem auf dem Standpunkte der Identitätsphilosophie gelöst zu haben glaubte, wieder zerfallen sind, so muß ihr dieses Ziel noch immer als das höchste und letzte vorschweben. Es kann keine Frage sein, daß Leibniz diese seine historische Bedeutung der Vertiefung in die großen Systeme des Altertums und besonders des Aristoteles verdankt. Kein Denker hat in der Geschichte eine nachhaltigere und vielseitigere Wirkung ausgeübt, als Aristoteles; aber dieser letzte große Einfluß, womit der innerste Kern seiner Lehre die Monadologie von Leibniz durchdrungen hat, ist sehr viel wertvoller, als die ganze Masse von äußerlichen Anlehnungen teils an die Form, teils an die Schlagwörter seiner Philosophie, wovon das Mittelalter gelebt hat.

Der einheitliche Zusammenhang, der so zwischen den Substanzen ihrem innerlichen Wesen nach besteht, muß sich auch in ihrer Tätigkeit entfalten. Es ist selbstverständlich, daß innerhalb dieses Systems diese Tätigkeit nur diejenige der Vorstellung sein kann. Aber die Vorstellungen allein begründen niemals den Fortgang zu anderen Vorstellungen: dieser kann vielmehr nur in dem inneren Tätigkeitstriebe der Substanz selbst beruhen. Neben der Vorstellung nimmt deshalb Leibniz in den Monaden eine »Tendenz« von einer Vorstellung zu andern überzugehen an, welche mit demjenigen, was man sonst Trieb oder Begierde nennt, identisch sei. Diese ist es, welche in jeder Monade das System der Vorstellungen in Fluß bringt und darin erhält. Das Resultat dieses Triebes aber kann in jedem Augenblicke nur durch den Inhalt der vorher vorhandenen Vorstellungen bedingt sein. Das Leben jeder Monade besteht also in einer fortwährend durch ihren inneren Tätigkeitstrieb hervorgerufenen Entwicklung ihrer Vorstellungen. Da aber in allen Monaden dasselbe, nämlich das gesamte Universum, vorgestellt wird, so muß auch in jedem Augenblicke das Resultat dieser Vorstellungsbewegung in allen Monaden dasselbe sein, d. h. der ganze Weltprozeß spielt sich in allen Monaden gleichmäßig ab, und dadurch erklärt Leibniz aus der Tiefe seines Gedankenganges heraus jenen Schein des Einflusses der Substanzen aufeinander, der das Problem der gesamten cartesianischen Schule bildete. Auch für ihn ist ein »influxus physicus«, eine unmittelbare Einwirkung einer Substanz auf die andere, dem Begriffe nach unmöglich. »Die

Monaden haben keine Fenster«, wie er sich ausdrückt, durch welche
sie von den übrigen etwas erfahren könnten. Jede lebt nur in sich;
aber sie leben alle dasselbe, und darum scheint es so, als ob sie stets
aufeinander wirkten. Diese bezeichnendste Folgerung seiner Grundbegriffe nannte Leibniz die »prästabilierte Harmonie der
Monaden«, und er verwendete diese Theorie hauptsächlich, um
den Zusammenhang von Leib und Seele begreiflich erscheinen zu
lassen. Die Monaden, aus denen der Körper besteht, und die Monade, welche die Seele bildet, stehen so wenig in kausalem Zusammenhange miteinander, wie Substanzen überhaupt; aber weil die
Seele in jedem Augenblicke genau dasselbe vorstellen muß, was
sich im Körper vollzieht, so scheint es, als ob sie bald auf den Körper
einwirke, bald von ihm Einflüsse erführe. Er erläuterte dies durch
das in jener Zeit vielfach, z. B. auch von Geulincx angewendete
Beispiel von den zwei Uhren, deren stets gemeinsamer Gang sich
entweder durch eine mechanische Abhängigkeit der einen von der
andern oder aus der stetigen Regulierung durch den Mechaniker
oder aber daraus erklärt, daß beide von Anfang an gleich gestellt
sind und gleich vollkommen gehen. Die eine Erklärung sei die
cartesianische des influxus physicus, die andere diejenige des perpe-
tuierlichen Wunders, welche die Occasionalisten annähmen*), die
dritte diejenige der prästabilierten Harmonie: und man müsse überzeugt sein, der höchste Künstler habe die Dinge so eingerichtet,
daß sie sich in steter Harmonie befinden, ohne daß eines das andere
beeinflusse, oder daß er gar von Moment zu Moment nachzuhelfen
genötigt wäre.

Es war eine Anzahl höchst bedeutender Nebengedanken, die
in diesem Systeme der prästabilierten Harmonie implicite enthalten
waren. Zunächst derjenige, daß der gemeinsame Lebensinhalt aller
Monaden, der nimmermehr zufällig zustande gekommen sein kann,
auf eine gemeinsame Ursache hinweise. Gerade durch diese ihre
innere Gleichheit erweisen die Monaden, daß sie alle aus derselben
Quelle stammen. Dieses ganze System muß seinen Ursprung in
jener höchsten Monade haben, in der alle Vorstellungen klar und

---

*) Damit traf Leibniz freilich nur die unvollkommenen Anfangsstadien
der occasionalistischen Lehre, nicht deren tiefere Entwicklung, wie sie sich
namentlich in den späteren Darstellungen von Geulincx zeigte. Vgl. oben
S. 179 f.

deutlich enthalten sind. Die prästabilierte Harmonie ist unbegreiflich, wenn sie nicht von Gott stammt, wenn nicht angenommen wird, Gott habe vermöge seiner absolut klaren und deutlichen Vorstellung alle Monaden von Anfang an mit einem solchen Inhalt ausgestattet, daß sie, jede in ihrer Weise sich entwickelnd, in jedem Augenblicke miteinander übereinstimmen. Aus der göttlichen Schöpfertätigkeit ist die unendliche Fülle der Monaden und eben damit die Harmonie des Weltalls hervorgegangen.

Allein diese Ansicht setzt sogleich noch ein anderes Element voraus. Sie läßt sich offenbar nur unter der Annahme halten, daß der Entwicklungsprozeß der Vorstellungen ausnahmslos in allen Monaden jeden Augenblick notwendig durch den Inhalt der vorhergehenden Vorstellungen bedingt ist. Denn wenn irgendwo ein Spielraum wäre, innerhalb dessen auch nur eine der Monaden zufällig oder willkürlich von jenem allgemein gleichen Gange der Vorstellungsentwicklung abzuweichen vermöchte, so wäre sogleich die Harmonie des ganzen Universums gestört. Das System der prästabilierten Harmonie setzt den Determinismus und die strikte Notwendigkeit des gesamten Vorstellungslebens der Monaden voraus. Dies ist der Punkt, an welchem Leibniz seine Versöhnung des Mechanismus und der Teleologie vollzogen zu haben glaubte — es ist der Höhepunkt seiner Gedanken. Die Harmonie in dem Ablaufe des Geschehens bei allen Monaden wird von ihm aus der göttlichen Schöpfertätigkeit erklärt, die das System der Monaden nach ihren Zwecken angeordnet, diese zweckmäßige Anordnung aber nur dadurch erreicht hat, daß von dem gegebenen Anfangszustande aus mit unausweichlicher Notwendigkeit alle Monaden den von Gott gewollten und von Anfang an festgestellten Entwicklungsgang nehmen. So schränken sich beide Gegensätze einander ein, indem sie einander fordern. In dem Ablaufe des einzelnen Geschehens herrscht nur mechanische Notwendigkeit, und kein einziger Vorgang kann anders als aus seinen Ursachen erklärt werden. Der gesamte Ablauf des Weltgeschehens aber ist gerade in dieser seiner ausnahmslosen Notwendigkeit durch die zweckmäßige Schöpfertätigkeit Gottes von vornherein bestimmt. Der Mechanismus herrscht bedingungslos, aber er ist nur dazu da, um den Zweck zu erfüllen. Es ist merkwürdig, wie nahe Leibniz mit dieser Lehre seinem Gegner Newton stand. Der Gedanke, die Welt als eine von Gott zur Erfüllung seiner Zwecke gebaute Maschine zu betrachten, ist beiden gemeinsam, und in diesem Sinne hat Leibniz auf die religiöse Aufklärung der Deutschen genau denselben Einfluß ausgeübt, wie Newton auf diejenige der Engländer.

Der dritte Nebengedanke des Systems der prästabilierten Harmonie ist eine psychologische Hypothese von eminenter Tragweite. Es verlangt, daß jede Monade in jedem Momente den ganzen Weltzustand in sich vorstellt. Offenbar ist das nun schon bei der menschlichen Monade nicht in dem Sinne der Fall, daß diese sich aller dieser Vorstellungen bewußt wäre, da sie vielmehr stets nur einen äußerst geringen Umfang der Vorstellungen von der übrigen Welt zu umspannen vermag; und noch weniger darf man natürlich eine Erfüllung dieser Forderung von seiten der niedrigsten Monaden annehmen, die nicht einmal überhaupt ein Bewußtsein, geschweige denn ein derartig umfassendes Bewußtsein besitzen können. Es gibt deshalb für Leibniz nur den einen Ausweg der weiteren Hypothese, daß die Monaden eine große Menge von Vorstellungen besitzen, ohne von ihnen zu wissen, mit anderen Worten, daß es eine unbewußte Vorstellungtätigkeit gibt, vermöge deren die niedrigere Monade ein Spiegel der Welt bleiben kann, ohne sich dieser ihrer Tätigkeit bewußt zu sein. Diese metaphysische Veranlassung war es, auf Grund deren Leibniz die für die gesamte Psychologie überaus wichtige Hypothese der Existenz unbewußter Vorstellungen machte. Es wurde ihm nicht schwer, sie mit seinen übrigen Theorien in Einklang zu bringen. Indem er das Bewußtsein für eine Funktion der Klarheit und Deutlichkeit in der Vorstellungtätigkeit erklärte, fügte es sich von selbst, daß die Monaden in demselben Maße, wie sie verworrene Vorstellungen besitzen, auch des Bewußtseins davon ermangeln. Danach erschienen denn die die Materie konstituierenden niedrigsten Monaden als diejenigen, welche zwar auch das gesamte Universum vorstellen, aber mit einer solchen Verworrenheit, daß sie sich dessen niemals bewußt werden, die Gottheit dagegen als die allwissende Zentralmonade, die sich in jedem Augenblicke des gesamten Universums mit voller Klarheit und Deutlichkeit bewußt ist. Die Annahme der unbewußten Seelentätigkeit verband sich zugleich auf das glücklichste mit Leibniz' großer mathematischer Entdeckung. Von dem Zustande des klaren und deutlichen Bewußtseins bis hinab zu der absoluten Verworrenheit

und Dunkelheit der rein sinnlichen Passivität ließ sich nach
Analogie der Infinitesimalrechnung durch alle möglichen Grade
hindurch eine allmähliche, bis zum unendlich Kleinen absteigende
Abschwächung der Bewußtseinsenergie annehmen, ohne daß man
diesem unendlich Kleinen die Realität abzusprechen genötigt war.
In diesem Sinne bezeichnete Leibniz die unbewußten Vorstellungen
als »petites perceptions« und betonte es mehrfach, daß mit
diesen kleinen Vorstellungen das System der prästabilierten Harmonie stehe und falle. Er suchte dann auch die Existenz der unbewußten Vorstellungen aus der menschlichen Erfahrung nachzuweisen und bediente sich dazu besonders des Beispiels vom Rauschen
des Meeres. Der Fall eines einzelnen Wassertropfens bringe eine so
minimale Erregung mit sich, daß er eine Wahrnehmung nicht hervorzurufen pflege; das donnergleiche Geräusch der Brandung dagegen setze sich auch nur aus einer unendlichen Anzahl solcher
unendlich kleinen Erregungen zusammen, und hier habe man ein
psychologisches Beispiel dafür, wie nach dem Prinzip der Differentialrechnung sich aus der Summierung einer unendlichen Anzahl
unendlich kleiner Werte eine stattliche reale Größe, aus einer Masse
unbewußter eine bewußte Vorstellung von lebhafter Energie zusam-
mensetze. Jedenfalls aber war diese zunächst aus metaphysischen
Überlegungen entsprungene Hypothese der unbewußten Vorstellungen von außerordentlicher Bedeutung für die Entwicklung der Psychologie. Sie durchbrach jene Voraussetzung, die dem Rationalismus
und dem Empirismus gleichmäßig eigen gewesen war, daß der Geist
nur so viel in sich trage, als er von sich wisse; sie war zwar in dem
Streite über die eingeborenen Ideen schon hin und wieder von den
Cartesianern angedeutet und deshalb von Locke ausdrücklich bekämpft worden: aber im allgemeinen war auch der Rationalismus
schon durch Descartes' erkenntnistheoretisches Prinzip dazu geführt
worden, in der Seele nur so viel als wirklich anzuerkennen, als ihr
Selbstbewußtsein enthält, und jedenfalls hat Leibniz das Verdienst,
jene Hypothese zuerst in einer umfassenden und psychologisch
brauchbaren Form ausgeprochen und damit ihre fruchtbare Verwertung für die folgende Zeit angebahnt zu haben.

Von diesen allgemeinen Grundbegriffen aus entwarf nun Leibniz,
freilich nur gelegentlich und in großen Umrissen, auch die Grundzüge einer Neugestaltung der einzelnen philosophischen Disziplinen.

Am schwierigsten war sie offenbar in der Naturphilosophie, obwohl gerade diese den Ausgangspunkt für die neue Theorie gebildet hatte. Aber das Prinzip, worauf Leibniz eben dabei geführt worden war, daß nämlich alle Körper ihrem Wesen nach Monaden und Organismen seien, geriet selbstverständlich, mit der mechanischen Naturphilosophie der Zeit, die er doch selbst nicht ablehnen, sondern nur einschränken wollte, in scharfe Konflikte. Der hauptsächlichste Differenzpunkt war der, daß Leibniz, indem er den Körpern den Charakter ausgedehnter Substanzen absprach, den Raum nicht als eine Realität betrachten konnte, innerhalb deren sich die Körper bewegen. Aus diesem Grunde mußte er sowohl die Atomtheorie, als auch Newtons Annahme einer in die Ferne wirkenden und durch Abstandsverhältnisse in ihrer Energie bestimmten Kraft bestreiten, und der Begriff der Masse wurde für ihn zu einem schwierigen Problem, weil von einer eigentlichen Zusammensetzbarkeit der Monaden bei deren vollkommen in sich geschlossenem und einander ausschließendem Wesen keine Rede sein konnte. Er suchte daher den Begriff des zusammengesetzten Körpers auf einem anderen Wege zu gewinnen, indem er auch hier lediglich das Prinzip des Organischen geltend machte. Er nahm nämlich an, daß unter den Monaden sich einzelne befänden, welche einen Komplex niederer Monaden mit einer höheren Klarheit und Deutlichkeit in sich vorstellen, so daß sie diesem Komplexe gegenüber eine Art von Zentralmonade bilden. In diesem Verhältnis erscheinen dann jene niederen Monaden als die lediglich leidenden, diese Zentralmonade als die verhältnismäßig tätige ihnen gegenüber und als diejenige, deren deutlichere Vorstellung die verworreneren Zustände der übrigen bestimme. So gewinnt die Zentralmonade den niederen gegenüber die Bedeutung einer Substanz im höheren Sinne, und in diesem bildet sie das »substantielle Band«, das jene verknüpft. Zusammengesetzte Körper sind deshalb für Leibniz stets Organismen, deren tätiges Leben sich in einer Zentralmonade konzentriert. Der Unterschied der organischen und der unorganischen Natur ist von einem prinzipiellen zu einem graduellen herabgesetzt, in diesem Falle jedoch zugunsten der organischen, deren niedere Stufen nur in der unorganischen enthalten sein sollen. Jene Vereinigung aber, welche die niedersten Monaden in der Zentralmonade erfahren, erscheint als ein räumliches Verhältnis derselben, und so kommt die

ausgedehnte Gestalt der Körper und in letzter Instanz der gesamte
Raum zwar nicht als eine metaphysische Wirklichkeit, aber doch
als ein »wohlgegründetes Phänomen« zustande. Ein Gleiches gilt
von der Zeit, die aus der Anordnung der Vorstellungen in den Monaden entspringt. Der Raum ist nur die Ordnung der koexistie-
renden, die Zeit nur diejenige der auseinander sich entwickelnden
Vorstellungen. Sie sind nur das verworrene sinnliche Bild der Verhältnisse, worin die Monaden miteinander notwendig nach der
prästabilierten Harmonie gedacht werden müssen. Im Grunde
genommen sind deshalb auch die räumlichen Bewegungen, welche
die Körper ausführen, nur verworrene Vorstellungen der wirklichen
metaphysischen Beziehungen, in welchen sie sich befinden. Da
aber diese Erscheinungsform in den inneren Beziehungen der Monaden begründet ist, so müssen auch in dem Ablaufe dieser räumlichen
Bewegungen gewisse Gesetze mit unverbrüchlicher Notwendigkeit
herrschen. So sucht Leibniz das Prinzip der mechanischen Naturphilosophie wiederzugewinnen, obwohl er daran festhält, daß die
gesamten Gesetze des mechanischen Naturzusammenhanges nicht
in sich selbst, sondern in dem von der Gottheit zweckmäßig angelegten Vorstellungsprozesse der Monaden beruhen und deshalb
nicht notwendige, sondern zufällige Wahrheiten bilden. Diese
mechanische Naturerklärung soll dann zeigen, wie jede Bewegung
aus einer anderen hervorgeht, und zwar dadurch, daß die eine sich
in die andere verwandelt. Leibniz erklärt es für seine größte Entdeckung auf diesem Gebiete, gezeigt zu haben, daß alle Veränderungen der Natur nur ganz allmählich vonstatten gehen, weil sie
lediglich das verworrene Abbild der allmählichen Umbildung der
Vorstellungen in den Monaden sind. Er spricht diese Behauptung
als das Gesetz der Kontinuität aus und macht zu dessen Begründung hauptsächlich den Versuch, die Newtonsche Gravitations-
theorie und die darin behauptete Wirkung in die Ferne durch eine
mehr im Anschluß an Descartes gedachte Hypothese der sich kon-
tinuierlich fortpflanzenden Wirbelbewegung zu widerlegen. Doch
tritt er anderseits Newton so weit bei, daß er die mit der Vergrößerung des Abstandes in dem bekannten quadratischen Verhältnis
wachsende Verminderung der Kraftwirkung zugesteht. Unter
diesen Umständen glaubt er das Prinzip der Erhaltung der Kraft
umgestalten zu müssen. Descartes hatte es nur in dem Sinne auf-

gestellt, daß die Größe der Kraft derjenigen der Bewegung stets direkt proportional sei, und er hatte deshalb aus der Unveränderlichkeit der von Gott der Materie mitgeteilten Kraft geschlossen, daß die Summe der Bewegung im Weltall stets dieselbe sei. Leibniz zeigt, daß das letztere durch zweifellose Tatsachen widerlegt werde, und setzt an die Stelle der cartesianischen Behauptung eine dem Axiome der modernen Naturwissenschaft viel näher stehende Formulierung des Gesetzes, indem er behauptet, die Summe der Kraft bleibe im Weltall stets die gleiche, aber die Summe der wirklichen Bewegung wechsle vermöge der verschiedenen Möglichkeiten der Krafthemmung; d. h. er macht, um das Gesetz der Erhaltung der Kraft aufrecht zu erhalten, in einer freilich noch vielfach unklaren und nicht konsequent durchführbaren Weise den Unterschied der lebendigen und der latenten Kraft. Daneben zeigt er eine annähernde Vorstellung von der Umsetzbarkeit der verschiedenen Bewegungsformen ineinander und entwickelt namentlich, daß der scheinbare Kraftverlust bei dem Zusammenstoß elastischer Körper sich durch eine Umsetzung in molekulare Bewegung erkläre. Doch war natürlich eine strikte Durchführung und ein allseitiger Beweis für dies Prinzip so lange nicht möglich, als man von der Rolle, welche dabei die Wärme spielt, noch keine exakte Vorstellung hatte.

Wie in der Naturphilosophie die Abgrenzung des Organischen gegen das Unorganische, so bietet in der Psychologie für Leibniz die Differenz des Menschen von den übrigen Organismen nicht geringe Schwierigkeiten dar. Daß die Seele als die Zentralmonade des Körpers auftritt, ist selbstverständlich; daß sie unsterblich ist, soll unmittelbar aus ihrer Natur als Monade folgen, da jede Substanz ihrem Begriffe nach unzerstörbar ist. Aber diese Art von Unsterblichkeit trifft alle Monaden und besonders auch die Tierseelen. Es ist daher ganz willkürlich, wenn Leibniz annimmt, eine tierische Zentralmonade sei imstande, in den dumpfen Zustand einer nur unbewußten Vorstellungstätigkeit zurückzusinken, die menschliche dagegen bewahre die einmal klar und deutlich gewonnene Vorstellung der Persönlichkeit bis in alle Ewigkeit. Selbstverständlich kann es in diesem Systeme keine Zentralmonade geben, die nicht irgendwie mit niedrigeren Monaden in dem Verhältnis stünde, daß sie das substantielle Band zwischen ihnen ausmacht,

d. h. keine Seele ohne einen Leib. Allein es ist deshalb nicht nötig,
daß dieser Leib immer derselbe bleibe, sondern schon die Erfahrung
des Wachstums und des Stoffwechsels zeigt, daß die niederen Monaden, die den Körper der höheren ausmachen, in stetem, wenn
auch noch so langsamem Wechsel begriffen sind. Denn auch hier,
meint Leibniz, herrsche das Gesetz der Kontinuität, keine Seele
springe plötzlich aus einem Körper in den andern, sondern bilde
nur den früheren stetig in einen neuen um. Was speziell den
Menschen betrifft, so sieht sich Leibniz vermöge der Ewigkeit der
Monaden genötigt, die Konsequenz des Unsterblichkeitsglaubens
auch nach rückwärts zu ziehen und eine Präexistenz der Seele
vor dem gegenwärtigen Leben anzunehmen. Doch hält er dabei
an der Ansicht fest, daß die menschliche Persönlichkeit von diesen
Monaden nur einmal in der Verbindung mit einem menschlichen
Organismus für immer gewonnen wird, daß somit die menschlichen
Seelen vorher eine niedere Form des Daseins geführt haben (wofür
er gern die kurz zuvor gemachte Entdeckung der Samentierchen
ausnutzte), und daß anderseits diese zum Bewußtsein der Persönlichkeit gekommene Monade nach ihrer Auslösung aus dem dabei
gestalteten Organismus, welche wir den Tod des Menschen zu nennen
pflegen, sich eine höhere Form der Leiblichkeit bilde: das war denn
nun freilich nicht mehr anschaulich vorzustellen, und da stieß
namentlich die Annahme der kontinuierlichen Umbildung auf un-
überwindliche Schwierigkeiten.

Viel wichtiger als diese Spekulationen ist die Anwendung, die
Leibniz von seinen metaphysischen Begriffen auf den Vorstellungs-
prozeß und die Erkenntnistätigkeit des Menschen machte. Erst
dadurch gewann er die wertvollste Vertiefung seiner Erkenntnistheorie, und dies war der Punkt, wo er es in meister-
hafter Weise verstand, seine methodologischen Untersuchungen
mit seiner Metaphysik in Zusammenhang zu setzen. Schon deshalb sind die »Nouveaux essais«, in denen er dies versuchte, sein
reifstes und bedeutendstes Werk. Selbstverständlich und verhältnismäßig einfach war es, die Doppelrichtung, die er der menschlichen
Erkenntnistätigkeit zugeschrieben hatte, auf die Mittelstellung
zurückzuführen, welche die Monade des menschlichen Geistes in
der Stufenreihe des Universums einnimmt. Sie hat weder bloß
verworrene, noch bloß klare und deutliche Vorstellungen. sondern

eine Mischung aus beiden. Jene sind die sinnlichen Erfahrungen, aus denen die tatsächlichen Wahrheiten stammen, diese sind die klaren Begriffe, aus denen die ewigen Wahrheiten hervorgehen; und auch das Wertverhältnis beider, das er durch ihre Bezeichnung als zufällige und notwendige Wahrheiten ausgedrückt hatte, ließ sich in dieser Ableitung als richtig begreifen. Die menschliche Monade, wie sie Leibniz in seiner Metaphysik dachte, war genau so eingerichtet, daß ihre Vorstellungen jenen doppelten Wert und jenen doppelten Ursprung haben mußten, den ihnen seine Erkenntnistheorie zuschrieb. So fügte sich alles in der glücklichsten Weise zum System, und seine Metaphysik schien selbst die Verknüpfung des Empirismus und des Rationalismus zu fordern, die seine Methodologie sich zur Aufgabe gemacht hatte. Hieraus ergab sich, daß seine Betrachtung des Lockeschen Versuchs sich zu diesem in erster Linie durchaus anerkennend verhielt, und daß er die Richtigkeit der Lockeschen Theorie über den Ursprung und den Zusammenhang der Erfahrungserkenntnis in einem Grade billigte, der es gestattet hat, daß man aus der Vergleichung beider Werke eine Übereinstimmung beider Denker in wesentlichen Punkten nachwies.

Gleichwohl ging Leibniz weit über sein Vorbild hinaus und zeigte auf das schlagendste die Irrtümer, in welche Locke durch die einseitige Verfolgung jener an sich richtigen Prinzipien geraten war. Der deutsche Denker verhielt sich zum Empirismus genau so wie zur mechanischen Naturerklärung: er erkannte beide an, um sie doch zugleich einzuschränken, diese durch die Teleologie, jene durch den Rationalismus. Das letztere gelang ihm durch eine geniale Verwendung jener Hypothese der unbewußten Vorstellungen, die sich als die Konsequenz der Lehre von der prästabilierten Harmonie ergeben hatte. Daß die sogenannten eingeborenen Ideen nicht alle in allen Seelen jederzeit mit Bewußtsein vorgestellt werden, gibt Leibniz der Lockeschen Beweisführung bedingungslos zu. Aber schon Locke hatte den Kern der Frage getroffen, wenn er gegen die Möglichkeit ihres unbewußten Vorhandenseins polemisierte. Alle Theorien, mit denen Leibniz über ihn hinausging, liegen deshalb in dieser Richtung, und an die Stelle des aktuellen Eingeborenseins setzt er prinzipiell und in ganzer Ausdehnung das virtuelle Eingeborensein. Diese Lehre ändert damit aber auch zugleich

die ganze Auffassung von der Verarbeitung der sinnlichen Empfindungen durch das Denken, und indem Leibniz so den Rationalismus wieder zur Geltung bringen wollte, vertiefte er zugleich den
Empirismus in sich selber. Für die allgemeine psychologische
Theorie, auf der seine ganze Anschauung beruhte, erfand er einen
Ausdruck, der namentlich für die neuere Psychologie wichtig geworden ist: er nannte die Vorstellungen überhaupt »représentations «
oder, wie es auch in England und Frankreich teilweise geschah,
»perceptions«. Aber das bloße Haben von Vorstellungen muß
nach seiner Theorie von dem Bewußtsein derselben sorgfältig unterschieden werden, und dieses Bewußtsein bezeichnete er mit dem
Namen der »apperception«, worunter er also die bewußte Aneignung eines Vorstellungsinhaltes durch den denkenden Geist
verstand. Danach haben nun alle Monaden ausnahmslos die gleichen
Perzeptionen, aber sie unterscheiden sich dadurch, daß die einen
mehr, die andern weniger davon apperzipieren, und die Entwicklung
des menschlichen Geistes besteht darin, die Perzeptionen in Apper-
zeptionen zu verwandeln. Dieser Vorgang ist natürlich kein anderer
als derjenige, wodurch der anfangs dunkle oder verworrene, d. h.
mehr oder minder unbewußte Zustand in das klare und deutliche
Bewußtsein erhoben wird.

Hieraus folgte nun sogleich den Lockeschen Ausführungen gegenüber eine ganz andere Auffassung vom Wesen der Erfahrung.
Schon in den allgemeinen Voraussetzungen der Leibnizschen Metaphysik lag es begründet, daß es für Leibniz eine eigentliche Erfahrung im Sinne Lockes nicht geben konnte. Sie steht und fällt
mit der Annahme des » influxus physicus«. Wenn Leibniz überhaupt die Möglichkeit der Einwirkung von einer Substanz auf die
andere leugnete, so konnten ihm auch die sinnlichen Empfindungen
nicht Wirkungen der Dinge auf die menschliche Seele, sondern
nur innere Erzeugnisse der letzteren sein, welche nach dem Prinzip
der prästabilierten Harmonie in Konformität mit den inneren Vorgängen der Dinge aus ihr selbst hervorgehen. Sie bildeten ihm
deshalb die verworrenen Vorstellungszustände, in welche die Seele
aus eigener Notwendigkeit gerät. Allein daraus ergibt sich, daß
in eben diesen Erfahrungen vieles, was die Seele schon besitzt, ihr
selbst noch unbekannt ist, und daß der Vorgang der Apperzeption
nur darin besteht, diesen schon vorhandenen und mit der Erfahrung

selbst gegebenen Besitzstand in das klare Bewußtsein zu erheben.
Soweit sieht das Resultat von Leibniz demjenigen von Locke zum
Verwechseln ähnlich; denn auch er scheint zu lehren, daß die Erkenntnistätigkeit lediglich in der Verdeutlichung des mit der Erfahrung gegebenen Inhaltes bestehe. Aber der gewaltige Unterschied
zwischen beiden beruht in ihrer Auffassung von dem Inhalte dieser
Erfahrung selbst. Locke hatte darin nur die einfachen Elemente
teils der inneren, teils der äußeren Wahrnehmung gesucht und
gemeint, die Beziehungsbegriffe, welche das verdeutlichende Denken
zwischen ihnen statuiert, für die Produkte dieser Elemente oder für
Wirkungen der Seelenvermögen ansehen zu müssen; er hatte darüber
nicht zu scharf bestimmten Entscheidungen gelangen können.
Darauf beruhte es, daß schließlich Hume nachweisen konnte, einige
dieser Beziehungsbegriffe, und zwar die wichtigsten, nämlich diejenigen der Substantialität und der Kausalität, seien nicht wirkliche
Produkte dieser Elemente und deshalb illusorisch. Leibniz dagegen
begriff — und das ist seine größte Tat —, daß diese Beziehungsbegriffe
wirklich schon in den Erfahrungen enthalten sind, aber nicht als
Produkte der Wahrnehmungselemente, sondern vielmehr als selbständige, aber nicht selbständig bewußte Vorstellungsmomente.

Die Vorstellungen, mit denen auch die menschliche Monade
die Erkenntnis des Universums in sich trägt, sind zunächst dunkel
und unbewußt; der erste Schritt der Apperzeption macht sie zu
bewußten, aber verworrenen Vorstellungen, d. h. zu sinnlichen Erfahrungen. Diese enthalten somit die Wahrheit zwar schon in bewußter, aber noch in verworrener Gestalt, und die sinnlichen oder
tatsächlichen Erkenntnisse sind die verworrenen Bilder der ewigen
Wahrheiten. Der Empirismus ist die psychologische Vorstufe des
Rationalismus: das ist seine Berechtigung und zugleich seine Grenze.
Denn diese verworrenen Vorstellungen bedürfen nun einer zweiten
und höheren Apperzeption, um zu klaren und deutlichen zu werden.
Durch diese neue Verarbeitung fallen die verworrenen Formen der
Sinnlichkeit ab, und es entstehen die deutlichen Begriffe, mit denen
wir den Zusammenhang der Dinge denken. Diese Begriffe stammen
also nicht aus der Außenwelt und ebensowenig aus den sinnlichen
Elementen der Vorstellungstätigkeit, sondern sie bilden einen ursprünglich dunklen und unbewußten Besitz des Geistes, dessen
sich dieser in der Apperzeption durch Vermittlung der sinnlichen

Erfahrung bewußt wird. Nichts anderes versteht Leibniz unter
dem virtuellen Eingeborensein der Ideen. Die ewigen Wahrheiten
existieren nicht von vornherein im Bewußtsein des Menschen, aber
sie kommen auch nicht von außen hinein; sie waren vielmehr von
Anfang an als »petites perceptions« mit jenem unendlich geringen
Grade von Bewußtsein, den wir als unbewußt bezeichnen, in der
Seele vorhanden, und sie werden nur in der Apperzeption auf Grund
der Erfahrung, in der sie noch verworren erscheinen, auf die klare
Höhe des Bewußtseins gehoben. Die Monade, die das Universum
spiegelt, trägt in sich auch die Weltgesetze, die ewigen Wahrheiten: aber die menschliche Monade ist sich ihrer von Anfang an
sowenig bewußt wie des größten Teils des Universums überhaupt,
sie lernt sie nur durch die verworrenen sinnlichen Vorstellungen
hindurch erst zur Deutlichkeit zu bringen und erfährt auf diese
Weise nur, was sie von Anfang an besaß und ausübte. Diese Weltgesetze sind zugleich die Gesetze ihres eigenen Denkens, welche
sie unbewußt anwendete, lange ehe ihr Bewußtsein sie kannte.
Mit dieser tiefsinnigen Lehre glaubt Leibniz alle Schwierigkeiten
der Erkenntnistheorie überwunden und die unversöhnbar scheinen-
den Gegensätze ausgeglichen zu haben. Jedenfalls hat er damit
die innere Gesetzmäßigkeit aufgedeckt, welche der denkende Geist
in sich selber trägt, und den Rationalismus aus der groben Form,
in der ihn Descartes aussprach, in die feinere Gestalt gebracht,
welche später Kant zur Vollendung führte. Wohl gab er dem
Empirismus zu, daß der menschliche Geist nur an der Hand der
Erfahrung seine Erkenntnisse gewinnt, aber er durchschaute,
daß diese Erfahrung nicht nur aus den sinnlichen Elementen besteht, sondern bereits, wenn auch in dunkler und verworrener
Weise, mit den Gesetzen des Denkens durchsetzt ist. Dies sprach
er in der klassisch gewordenen Form aus, daß er dem von Locke
angenommenen Satze »Nihil est in intellectu, quod non fuerit in
sensu« das eine Wort hinzufügte: »nisi intellectus ipse«.

Die Folgerungen, welche Leibniz von diesen psychologischen
Grundlagen aus in der Ethik zog, waren verhältnismäßig einfach
und fügten sich dem allgemeinen Gedankengange des Rationalismus
ohne besondere Originalität ein. Da er das gesamte Triebleben
nur als die Tendenz, von einer Vorstellung zur andern fortzuschreiten, ansah, so erschien ihm nicht nur jede Triebtätigkeit

durch den augenblicklichen Vorstellungszustand bedingt, sondern es mußte sich auch, wie das schon bei Descartes und Spinoza der Fall gewesen war, der Wert der Triebe nach dem Werte der sie als Motive bedingenden Vorstellungen richten. So wurde auch bei Leibniz der theoretische Unterschied der falschen und der wahren Vorstellung zum entscheidenden Kriterium des sittlich Unrichtigen und Richtigen. Analog dem Entwicklungsprozesse, welchen die Vorstellungen in der Apperzeption durchmachen, unterschied er drei Formen des Trieblebens: den dunklen unbewußten Trieb, der aus dunklen, unbewußten Vorstellungen hervorgeht, die sinnliche Begierde, die in den verworrenen Vorstellungen der sinnlichen Erfahrung ihren Ursprung hat, und den bewußten, sittlichen Willen, dessen Motive in klaren und deutlichen Begriffen bestehen. Daß in seinem System alle Erscheinungen des Trieblebens auf dem Mechanismus des Vorstellungsprozesses beruhen und deshalb durchaus deterministisch aufgefaßt werden, ist selbstverständlich; der Begriff der Freiheit in dem Sinne einer motivlosen Entscheidung gilt auch bei Leibniz als ein Unding, und er wendet das Wort nur in einer Bedeutung an, welche der spinozistischen analog ist. Da die Monade sich so weit leidend verhält, als sie dunkle und verworrene Zustände entwickelt, so befindet sie sich bei der Herrschaft der dunklen und der verworrenen Triebe im Zustande des Zwanges: da sie so weit tätig ist, als sie klare und deutliche Zustände entwickelt, so befindet sie sich unter der Herrschaft des sittlichen Willens im Zustande der Selbstbestimmung, und diesen nennt Leibniz Freiheit. Frei sein heißt der Vernunft gehorchen. Auch der besondere Inhalt des sittlichen Willens entwickelt sich aus der klaren und deutlichen Erkenntnis. Diese besteht darin, daß die Monade die adäquaten Vorstellungen der übrigen Monaden zum klaren und deutlichen Bewußtsein bekommt und nach dem Prinzip der prästabilierten Harmonie den universellen Zusammenhang begreift, worin sie sich mit ihnen befindet. Aus dieser Erkenntnis ergibt sich in dem Maße, als sie klar und deutlich ist, dem Egoismus der sinnlichen Begierden gegenüber ein Trieb, der das Wohl der übrigen Wesen als das eigene empfindet, ihre Förderung als Freude, ihre Beeinträchtigung als Schmerz fühlt, d. h. die Liebe. Hieraus folgen die Grundzüge der sittlichen Lebensanschauung von Leibniz. Jeder Trieb geht auf Vervollkommnung,

die wahre Vervollkommnung des Menschen aber beruht in der
klaren und deutlichen Ausbildung seiner Vorstellungen. Das Ziel
des sittlichen Strebens ist deshalb die Aufklärung des Geistes; je
aufgeklärter ein Geist ist, mit desto größerer Liebe macht er das
Wohl der übrigen Geister zu seinem eigenen. Deshalb trägt die
Tugend auch die Gewähr der Glückseligkeit in sich: zunächst für
den einzelnen selbst, indem er dadurch seiner wahren Vollkommenheit zustrebt, sodann für die anderen, indem die Frucht der Erkenntnis die Liebe ist. Damit sprach Leibniz das philanthropische
Moralitätsideal des Aufklärungszeitalters aus, und die Popularphilosophie des XVIII. Jahrhunderts hat sich in Deutschland wesentlich um diesen Gedanken bewegt. Weisheit und Tugend sind hier
eins: die geistige Aufklärung ist identisch mit der sittlichen, und in
diesen Überzeugungen bereitete sich das Ideal der Humanität vor,
das wie ein zauberischer Duft über der Entwicklung der deutschen
Dichtung liegt. Den Deutschen war es vorbehalten, das Prinzip
der Aufklärung auf seine sittliche Höhe zu bringen. Die Engländer
hatten es wesentlich unter dem Gesichtspunkte der intellektuellen
Kultur aufgefaßt und deren propagatorische Tendenz abgelehnt;
die Franzosen vertraten zwar die letztere, aber mehr im Sinne
eines politischen und sozialen Agitationsmittels; die deutsche
Aufklärung war unter dem Einflusse von Leibniz von der Überzeugung beseelt, daß die geistige Kultur die höchste und wesentlichste sittliche Aufgabe sei, an welcher der einzelne für sich und
für die Gesamtheit gleichmäßig zu arbeiten habe. »Kläre dich auf
und sorge für die Aufklärung deiner Mitmenschen, dann werdet
ihr alle glücklich sein«, das ist die Weisheit, zu der sich das ganze
XVIII. Jahrhundert in Deutschland bekannte. Hier ist der ethische
Rationalismus populär geworden und die Abhängigkeit der
Moralität von der Einsicht zum Losungsworte der geistigen Bewegung gestempelt. Darin beruhte der sympathische Zug, womit
sich die Deutschen des XVIII. Jahrhunderts zu der Persönlichkeit
des Sokrates hingezogen fühlten. Kein Name vielleicht findet sich
in dieser Literatur öfter als der seine, und zu keiner Zeit hat seine
Gestalt mehr Bewunderer gefunden als in dieser. Jene Verknüpfung
der Sittlichkeit mit der klaren Durchbildung des Geistes, die er
gelehrt hatte, machten ihn auch der deutschen Aufklärung zum
Ideale der Weisheit.

In der Rechtsphilosophie vertritt Leibniz, wenn auch nur
mit gelegentlichen Bemerkungen und ohne jede systematische
Durchführung, den Gedanken ihres unmittelbaren Anschlusses an die
Ethik, und er bekämpft in dieser Hinsicht namentlich die Theorie
von Pufendorf. Zwar erkennt er mit Grotius den Unterschied des
natürlichen und des positiven Rechts an, aber er behauptet, daß
die Grundlage des ersteren nur in der Sittlichkeit gesucht werden
dürfe. Das Recht gelte durchaus nicht nur für die äußeren Beziehungen der Menschen, sondern es beruhe in der sittlichen Liebe,
welche das Bedürfnis fühlt, das Glückseligkeitsbestreben anderer
Personen in der gleichen Weise wie das eigene anzuerkennen.
Diese Liebe entwickelt sich negativ als die Scheu vor der Ver-
letzung des fremden Gutes, positiv teils im allgemeinen als die
Beförderung der Glückseligkeit der Gesellschaft, teils im besonderen
als die vernünftige Verteilung der Güter der Welt nach dem Maße
der Vollkommenheit und des Verdienstes der einzelnen Personen.
Diese drei Formen des Rechts bezeichnete Leibniz mit Anlehnung
an aristotelische Lehren als die gegenseitige Gerechtigkeit (justitia
commutativa), die wohlwollende Billigkeit (aequitas) und die aus-
teilende Gerechtigkeit (justitia distributiva). Über allen dreien
aber steht ihm die fromme Rechtschaffenheit (pietas), die aus
der Erkenntnis der göttlichen Weltordnung das ganze Leben nach
der bewußten Harmonie aller Verhältnisse zu gestalten sich bemüht. In dieser Lehre sind die aristotelischen Begriffe mit christlichen Idealen in ähnliche Verbindung gebracht, wie in der thomistischen Philosophie.

Damit aber drängt auch die Rechtsphilosophie, wie alle Teile
der Leibnizschen Weltanschauung, auf jene letzte Zusammenfassung
hin, welche die Vereinigung des Universums in dem göttlichen Geiste
zu erkennen anstrebt. Die Religionsphilosophie war das
Lieblingsgebiet seines Nachdenkens und seiner schriftstellerischen
Tätigkeit. Hier konzentrierten sich ihm alle Probleme, hier verlangte das System der prästabilierten Harmonie seine höchste Vollendung. In erster Linie ergibt sich daraus, daß Leibniz eine Religionsphilosophie überhaupt für möglich hielt, d. h. daß er eine
Vernunfterkenntnis der Gottheit für die höchste Aufgabe aller
Wissenschaft erklärte. Auch hier aber bewegte er sich in ähnlich
vermittelnder Richtung wie Locke: alle Versuche, Vernunft und

Glauben, Philosophie und Theologie auseinanderzureißen, fanden
an ihm einen lebhaften Bekämpfer, und Bayles einschneidende
Kritik veranlaßte ihn zu seinen bedeutendsten und umfangreichsten
Erörterungen dieses Gegenstandes. Die versöhnende Stellung, die
er auch auf diesem Gebiete einnimmt, ließ sich ebenfalls auf die
Unterscheidung der geometrischen und der tatsächlichen Wahr-
heiten gründen. Die Vernunftreligion gilt in diesem Falle als eine
aus den höchsten Grundsätzen beweisbare Erkenntnis des reinen
Denkens, und als ihren Inhalt bezeichnet Leibniz neben der Lehre
von der Unsterblichkeit der Seele hauptsächlich die Erkenntnis der
Gottheit. Er sucht in ausführlicher Weise die verschiedenen Beweise für das Dasein Gottes als vollkommen zwingend darzustellen.
Er wendet den ontologischen Beweis an, indem er zeigt, daß der
Begriff der Gottheit zu jenen ersten Wahrheiten gehöre, deren
Ungültigkeit nicht gedacht werden kann, zu jenen Wahrheiten,
deren Möglichkeit ihrem inneren Wesen nach ihre Notwendigkeit
involviert. Er gibt dem kosmologischen Beweise von seinen Prinzipien aus die Form, daß die ganze Welt in allen ihren endlichen
Erscheinungen, deren zeitlicher Ablauf unter dem Kausalgesetze
steht, eine höchste und letzte Ursache voraussetze, und daß der
Inbegriff der Dinge, der, nur in zufälligen Wahrheiten bestehend,
auch anders gedacht werden könne und somit nur zufällig existiere,
seine Wurzel in einem absolut notwendigen Wesen habe, das dann
auch unbedingt notwendig erkannt werden könne. Er bringt
endlich den physikotheologischen Beweis mit der Lehre von der
prästabilierten Harmonie in Verbindung, indem er zeigt, daß die
zweckmäßige Übereinstimmung in der Entwicklung der Monaden
nur durch eine gemeinschaftliche Ursache zu begreifen sei, welche
mit höchster Weisheit und in voller Klarheit und Deutlichkeit
jedem Wesen seine Stelle in dem großen Zusammenhange derartig
angewiesen habe, daß es in der Notwendigkeit seiner inneren Entwicklung stets mit den übrigen in Übereinstimmung bleibe; er weist
in dieser Hinsicht mit vollem Recht überall darauf hin, daß der
Atomismus mit seiner Annahme von vornherein selbständiger und
voneinander unabhängiger Substanzen niemals den Zusammenhang
des Geschehens zu erklären imstande sei. Der influxus physicus sei
nur eine Worterklärung, er setze durchaus eine höhere Gemeinschaft
voraus, in der diese gegenseitige Einwirkung der Substanzen über-

haupt möglich werde. Selbst jene Lehre komme daher nicht ohne die Annahme eines gemeinsamen Ortes aus, der die Verbindung der Substanzen vermittele, und dieser Raum für die Substanzen sei eben die Gottheit. Gegenüber dieser notwendigen Erkenntnis, die den Inhalt der Vernunftreligion bildet, stehen nun die Dogmen der positiven Religion als tatsächliche und zufällige Wahrheiten. Sie können nicht aus der Vernunft abgeleitet, sondern nur als Tatsachen konstatiert werden, und diese Tatsachen, auf welche sie sich stützen, sind die Offenbarung und die Wunder. Erkenntnistheoretisch betrachtet Leibniz sie genau so, wie alle tatsächlichen Wahrheiten. Sie können aus der Vernunft nicht abgeleitet und deshalb von ihr allein nicht gefunden werden: aber sie widerstreiten ihr ebensowenig wie die übrigen tatsächlichen Wahrheiten. Sie beruhen auf Erfahrung, und zwar in diesem Falle auf historischer Erfahrung. Jede positive Religion gründet sich (wie es Lessing später ausgedrückt hat) auf Geschichte und ist so glaubwürdig wie diese. Aber diese tatsächlichen Wahrheiten sind darum nicht widervernünftig, sondern vielmehr übervernünftig. Namentlich soll dies von den Wundern gelten. Wenn diese den Naturgesetzen widersprechen, so sind ja nach Leibniz diese Naturgesetze selbst nur zufällige Wahrheiten, die auch anders gedacht werden könnten; und wenn es der Gottheit zweckmäßig erschienen ist, einmal eine andere Tatsache eintreten zu lassen als die jenen zufälligen Wahrheiten entsprechende, so kann eine solche exzeptionelle Tatsache in der göttlichen Vernunft wohl begründet sein, wenn sie auch der menschlichen nicht begreiflich ist.

Aber wenn so die natürliche und die positive Religion auf den Gegensatz der notwendigen und der zufälligen Wahrheiten zurückgeführt werden, so fallen sie auch unter die Wertschätzung, die für diese Prinzipien maßgebend ist. Deshalb mußte für Leibniz als der eigentliche Kern aller Religiosität die Vernunftreligion, ihr gegenüber aber die positiven Dogmen als ein minder wertvolles und zufälliges Beiwerk erscheinen; deshalb vermochte er in seinen Unionsbestrebungen die Rolle des Vermittlers zwischen den verschiedenen Konfessionen zu übernehmen, indem er ihnen zeigte, daß die sogenannten Unterscheidungslehren ein unwesentliches Beiwerk bildeten, wenn man nur in der Hauptsache einig sei. Dasselbe aber, wie vom Glauben, galt natürlich für das religiöse Leben.

Die äußeren Zeremonien des Kultus waren ihm etwas Entbehrliches und Zufälliges: das Wesentliche besteht darin, daß, wie die klare und deutliche Erkenntnis der Monaden die Liebe mit sich führt, so erst recht die Erkenntnis der vollkommensten Monade mit der Gottesliebe eins ist. Diese Gottesliebe aber umfaßt, weil in der Erkenntnis Gottes diejenige des Universums beschlossen ist, die ganze Welt. Genau so hatte, »nur mit ein bißchen anderen Worten«, auch Spinoza gesprochen. Für Leibniz laufen in diesem Gedanken ebenfalls alle Linien seines Systems zusammen. Die wahre Religiosität ist zugleich höchste Aufklärung und höchste Tugend. In diesem Geiste hat er selbst gelebt, er hat sogar die Gedanken solcher überkonfessionellen Frömmigkeit in Wendungen ausgesprochen, die teils an die Mystik, teils an den damaligen Pietismus, mit dessen Begründer S p e n e r er früh bekannt geworden war, heranstreiften. Aber sein Verhältnis zu den positiven Dogmen, speziell des Christentums, ist nicht immer dasselbe gewesen, sondern sein Wunsch, die Religion mit der Philosophie zu versöhnen, führte ihn zu wiederholten Malen auf Versuche, dieselben Dogmen, die er sonst nur als tatsächliche Wahrheiten der Offenbarung anerkannte, als logisch notwendig zu begreifen oder wenigstens darzustellen.

Die V e r e i n b a r k e i t d e r r e l i g i ö s e n W a h r h e i t m i t d e r V e r n u n f t ist der Grundgedanke von Leibniz' Religionsphilosophie. Allein in dem religiösen Bewußtsein selbst entspringt die tiefste Schwierigkeit für die Lösung dieses Problems, und sie tritt gerade in dem Systeme von Leibniz besonders stark hervor. Ihrer theoretischen Überzeugung nach gipfelt die Religion in dem Glauben an die Gottheit; ihrem Gefühle nach konzentriert sie sich in dem Bedürfnis nach Erlösung. Sie setzt demnach als Gefühl das Bewußtsein des ganzen physischen und moralischen Elendes voraus, das in der Welt herrscht, und erhebt sich als Glaube zu der Vorstellung eines unendlich weisen und gütigen Gottes, dessen Allmacht die Welt geschaffen habe. Gerade bei Leibniz treten diese Eigenschaften der Gottheit ganz besonders hervor. Die vollkommene Monade, die nur klare und deutliche Vorstellungen hat, muß die vollendete Weisheit sein und damit, dem allgemeinen Prinzip der Leibnizschen Lehre gemäß, auch die vollendete Güte; und da aus ihr alle übrigen Monaden stammen, da der Entwicklungsprozeß der endlichen Substanzen nichts anderes ist, als die notwendige Erfüllung der Mission, die einer jeden die Gottheit in dem Zusammenhange des Ganzen von Anfang an zugewiesen hat, so ist die absolute Zentralmonade auch das allmächtige Wesen. Wie ist mit diesem Begriffe von Gott die Fülle der Gebrechen zu vereinen, die seine Welt in sich trägt? Das religiöse Gefühl mit seinem Erlösungsbedürfnis erhebt sich gegen den Glauben an einen Gott, mit dessen Begriffe eine Welt, die der Erlösung bedürftig wäre, nicht vereinbar erscheint. Diesen Widerspruch hatte niemand klarer und schärfer ausgesprochen als Bayle, und gegen diesen richtete daher Leibniz das Werk, worin er jenes Problem zu lösen suchte, die »Théodicée«. Er sucht hier zunächst die Schwierigkeit des Problems dadurch abzuschwächen, daß er (mit einer Anlehnung an die Lehre Spinozas von der Negativität und in dem Sinne, wie es schon im Altertum von Plotin geschehen war) die metaphysische Realität des Übels und der Sünde leugnet. Wie nun Spinoza gemeint hatte, der Irrtum bestehe nur in dem Mangel der Wahrheit, so sucht Leibniz auszuführen, daß einerseits alle Leiden der einzelnen Monaden nur in dem Mangel jener Aktivität bestehen, die sich durch klare und deutliche Vorstellungen zu erkennen gibt, und daß anderseits alle Sünde gleichfalls nur der Begierdezustand falscher, verworrener und unklarer Vorstellungen ist. Das physische wie das moralische Übel wurzelt gleichmäßig in demjenigen, was Leibniz das metaphysische Übel nennt, darin nämlich, daß die endlichen Monaden verworrene und unklare Vorstellungen und die daraus sich ergebenden Zustände haben müssen. Dabei setzt Leibniz überall voraus, daß das physische Übel die notwendige Folge des sittlichen sei. Denn die Natur ist ja nichts als die Erscheinungsform des Zusammenhanges der Monaden; die notwendigen Wirkungen, die in ihr erfolgen, müssen sich mit den notwendigen Wirkungen in Übereinstimmung befinden, die im Reiche der Sittlichkeit vonstatten gehen, oder wie Leibniz es ausdrückt: »das Reich der Natur ist dasselbe wie das Reich der Gnade«. Der Sünde entspricht das physische Übel, und wenn die Entwicklung des sittlichen Lebens darauf hinausgeht, schließlich im Weltgerichte die Erlösung zu vollenden, so muß in demselben Moment die Natur den Abschluß ihrer notwendigen Verwandlungen in ihrer Verklärung gefunden haben. Beide aber, das moralische und das physische Übel, sind die Folgen der meta-physischen Unvollkommenheit. Allein diese ist nichts Positives, sondern vielmehr nur der gradweise verschiedene Mangel an Vollkommenheit. Was wirklich positiv existiert, ist nur die Vollkommenheit; diese jedoch wäre nicht sie selbst, wenn nicht ihr Mangel und ihr Gegenteil, d. h. die Unvollkommenheit, möglich wäre. Auf der Möglichkeit des Unvollkommenen beruht daher überall diejenige des Vollkommenen: die Lust wäre nicht da ohne den Schmerz und die Heiligkeit nicht ohne die Sünde. Die Unvollkommenheit ist die notwendige Voraussetzung der Vollkommenheit. Darin besteht der Leibnizsche Optimismus. Im Grunde genommen leugnet er die empirische Existenz des Übels nicht, er behauptet nur dessen metaphysische Negativität, und er nimmt selbst diese Behauptung gewissermaßen dadurch zurück, daß er das Negative für die unentbehrliche Voraussetzung des Positiven erklärt. Es liegt darin eine Verwechslung der Begriffe vor, vermöge deren logische Positivität oder Negativität mit metaphysischer Realität vertauscht werden, eine Verwechslung, welche erst Kant aufgedeckt hat. In der Durchführung zeigt sich dieser Optimismus durchweg von dem Universalismus abhängig. Betrachtet man die einzelne Monade, so weist sie immer den Charakter der Unvollkommenheit auf: erst in dem Ganzen verschwinden die Unvollkommenheiten des einzelnen vor der Harmonie und vor derjenigen Vollkommenheit, welche in der alle verknüpfenden Zentralmonade, in der Gottheit, mit absoluter Realität vorhanden ist. Wie schon Bruno, so zeigt Leibniz aufs neue, daß der Optimismus nur in der Betrachtung des Universums, niemals in derjenigen des Individuums möglich ist. Das ganze Weltall als das Abbild der göttlichen Vollkommenheit muß selbst vollkommen sein. Die endliche Monade ist zwar auch ein Spiegel der Welt, aber nur ein unvollkommener, und daraus ergibt sich ihre moralische Schwäche und ihr physisches Leiden. Diese ganze Betrachtung ist nur auf dem Boden des Leibnizschen Rationalismus möglich, und sie zieht die letzten Konsequenzen seiner Metaphysik. Wenn er als die Tätigkeit der Substanzen nur die Vorstellungen betrachtete, so sieht er hier unter diesen nur diejenigen für wahrhaft wirklich an, welche klar und deutlich geworden sind. Das cartesianische Erkenntnisprinzip ist zum Realprinzip geworden: die Klarheit und Deutlichkeit der Vorstellungen ist zugleich die metaphysische Wirklichkeit und Vollkommenheit.

Diese Hypostasierung des Denkens, die überall das letzte Wort der Leibnizschen Lehre bildet, erreicht nun ihre schärfste Ausprägung in derjenigen Theorie, mit welcher diese optimistischen Betrachtungen sich abschließen. Denn zum Schluß entsteht noch die Frage, weshalb die allweise, allgütige und allmächtige Gottheit eine Welt von Monaden schuf, aus deren Unvollkommenheit notwendig ihre Sündhaftigkeit und ihr Leiden hervorgehen mußte. Stand die weltschöpferische Tätigkeit unter der Willkür eines allgütigen Gottes, warum schuf er nicht eine Welt der reinen Vollkommenheit, die alle Sünde und alles Leiden ausgeschlossen hätte? In der Antwort, die Leibniz auf diese Frage gibt, ziehen sich alle Fäden seines Denkens zusammen, und hier wächst seine Erkenntnistheorie unmittelbar in seine Metaphysik hinein. Allerdings, sagt er, die Sünde und das Übel in der Welt sind zufällige Wahrheiten: es ist eine andere Welt denkbar, es sind die mannigfachsten Kombinationen für die Entwicklung des unendlichen Verstandes der Gottheit gegeben, und der möglichen Welten sind offenbar unendlich viele. Daß Gott unter diesen möglichen gerade die bestehende gewählt hat, um sie zur Wirklichkeit zu bringen, ist bei seiner Allweisheit, Allgüte und Allmacht nur unter der Voraussetzung zu begreifen, daß sie unter den möglichen Welten die beste war. Wenn sie gleichwohl den Charakter der Unvollkommenheit an sich trägt, so muß angenommen werden, daß jede von den übrigen möglichen Welten noch unvollkommener gewesen wäre, so folgt daraus, daß ohne Unvollkommenheit überhaupt keine Welt möglich war. Und in der Tat, diese Behauptung hält Leibniz aufrecht, indem er sagt, daß die Unvollkommenheit ein notwendiges Moment in dem Begriffe der Welt bilde. Keine Welt ist denkbar ohne endliche Wesen, aus denen sie besteht; endliche Wesen aber sind eben deshalb unvollkommen, weil sie endlich sind. Wenn somit überhaupt eine Welt geschaffen werden sollte — und sie mußte es, um die Fülle der göttlichen Lebenstätigkeit zum Ausdruck zu bringen —, so mußte sie aus endlichen und unvollkommenen Wesen bestehen. Diese Unvollkommenheit der endlichen Wesen ist das metaphysische Übel; es ist eine ewige, notwendige, unbedingte Wahrheit, deren Gegenteil unmöglich gedacht werden kann. Das moralische und

das von ihm abhängige physische Übel dagegen sind nur tatsächliche Wahrheiten, die in der göttlichen Wahl wurzeln. Diese Wahl
aber war bedingt durch die Güte Gottes, der unter all den möglichen unvollkommenen Welten die am wenigsten unvollkommene
zur Wirklichkeit brachte. Die Vollkommenheit der Welt ist daher
nicht absolut, sondern nur relativ. Sie ist nicht die gute Welt,
sondern nur die beste unter den möglichen, die Welt der
kleinsten Übel. Das ist die Bedeutung des Terminus »Optimismus«.

Nach dieser Lehre befand sich also die Gottheit bei der Schöpfung
der Welt nicht in willkürlicher Freiheit, sondern war durch die
Möglichkeit gebunden, die in ihrer unendlichen Weisheit gegeben
war. Gott hätte gern die gute Welt geschaffen, aber seine Weisheit erlaubte ihm, weil es ein ewiges Gesetz ist, daß jede Welt
aus endlichen und unvollkommenen Dingen bestehen muß, nur
die beste. Auch der göttliche Wille steht unter dem Fatum der
von ihm unabhängigen ewigen Ideen, und der unbedingten Notwendigkeit der letzteren haben wir es zuzuschreiben, daß Gott
bei dem besten Willen die Welt nicht absolut gut, sondern nur
eben so gut als möglich schaffen konnte. Das logische Gesetz der
Unvollkommenheit der endlichen Wesen war der fatale Zwang,
weshalb die Welt trotz der göttlichen Güte so voller Gebrechen
ausfiel. Der tiefste Kern dieser Metaphysik ist der, daß den Hintergrund der bestehenden Wirklichkeit das unendliche Reich der
logischen Möglichkeiten bildet, von denen die beste von der gütigen
Gottheit in Wirklichkeit umgesetzt wurde. Faßt man das Schluß-
ergebnis der Leibnizschen Lehre in dieser Form, so würde man ihre
innere Verwandtschaft mit den großen Systemen der antiken Philosophie nicht verkennen können, auch wenn Leibniz nicht selbst ausdrücklich darauf hingedeutet hätte. Er sagt einmal: »Platon a dit
dans le Timée, que le monde avait son origine de l'entendement joint
à la nécessité, d'autres ont joint dieu et la nature .....: c'est
la région des vérités éternelles, qu'il faut mettre à la
place de la matière.« Die antike Philosophie ist niemals über
den Begriff eines weltbildenden Gottes hinausgekommen, dessen
schöpferische Tätigkeit an eine Materie gebunden war, die er vorfand, so ewig, so notwendig existierend, wie er selbst: und das Chaos
der Kosmogonien, das μὴ ὄν des Platon, die ὕλη des Aristoteles,
das βάθος des Neuplatonismus — sie sind in der rationalistischen

Philosophie zu der »région des vérités éternelles« als der binden-
den Möglichkeit der Weltschöpfung geworden. Über dem göttlichen Willen schwebt die göttliche Weisheit; sie gibt ihm die
Möglichkeiten zur Wahl, und er entnimmt aus ihnen die beste.
Die logische Wahrheit war die Richtschnur von Leibniz' Erkenntnistheorie; die logische Wahrheit ist auch das Fatum seiner besten
unter den möglichen Welten. Seine Lehre ist intelligibler
Fatalismus.

Der Grund, weshalb die wirkliche Welt so unvollkommen ausfiel, lag in der logischen Möglichkeit — das ist das letzte Wort der
Leibnizschen Philosophie: die Möglichkeit ist ihr Schibboleth. Sie
hat die Denkgesetze zu Weltgesetzen gemacht. Wenn das begriffen
wird, so ist das Geheimnis des Rationalismus enthüllt, und die
Sphinx stürzt in den Abgrund. Der, welcher dies Wort fand,
war Kant.

§ 49. Tschirnhaus und Thomasius.

Die Beherrschung der deutschen Aufklärungsphilosophie, die
von Leibniz ausging, entwickelte sich nach zwei verschiedenen
Richtungen. Auf der einen Seite teilte sich seine Weltauffassung
in ihrer versöhnenden Tendenz und mit ihrer harmonisierenden Betrachtungsweise der allgemeinen Bildung der Zeit mit, erweckte und
erfüllte das Aufklärungsbedürfnis und wanderte durch popularphilosophische Darstellungen in die allgemeine Literatur hinüber. Auf der andern Seite ergriff die Schulphilosophie der
deutschen Universitäten mit zähem Eifer die methodologischen
Bestrebungen des Meisters. Der letztere Vorgang aber vollzog
sich unter eigentümlichen Einschränkungen. Die tiefsten Gedanken der Leibnizschen Erkenntnistheorie, in den »Nouveaux
essais« niedergelegt, blieben unbekannt; es waren zugleich diejenigen, welche den inneren Zusammenhang dieser Erkenntnistheorie
mit dem monadologischen System in sich tragen. Da jedoch das,
was Leibniz sonst über Methode geschrieben hatte, mit diesem
Systeme nur lose zusammenhing, so ist es begreiflich, daß die
Schulphilosophie diese Methodologie weiter entwickelte, ohne an dem
metaphysischen Systeme von Leibniz durchaus festzuhalten, und
daß sie dabei den größten der Leibnizschen Gedanken, denjenigen
der prästabilierten Harmonie, wieder fallen ließ. Es geschah dies

um so mehr, als diese Schüler, denen das Genie des Meisters fehlte,
sich an die äußeren Formen halten mußten, deren innere Verbindung mit seinem Geiste vor der Veröffentlichung der »Nouveaux essais« keiner zu rekonstruieren vermochte. Der allgemeine
Charakter dieser Schulbestrebungen hängt daher von dem Gegensatze ab, den das Leibnizsche Denken überall durchzuführen gesucht
hatte, von dem Versuche nämlich, den Rationalismus mit dem
Empirismus zu vereinigen. Infolgedessen variieren alle Denker der
deutschen Schule des XVIII. Jahrhunderts nur das Leibnizsche
Thema von dem Verhältnis der Vernunfterkenntnis und der Erfahrungserkenntnis: je nachdem sich diese beiden Prinzipien gegeneinander verschoben, nahm die deutsche Aufklärungsphilosophie
die verschiedensten Gestalten an. Im allgemeinen läßt sich in
dieser Entwicklung der Prozeß verfolgen, wie die von Leibniz
zuerst nur als zufällige Wahrheit anerkannte Erfahrungserkenntnis
mehr und mehr sich ausbreitete, festen Fuß·faßte und so den
rationalistischen Charakter der Philosophie als reiner Vernunftwissenschaft allmählich sprengte. Unterstützt wurde dieser Vorgang durch den wachsenden Einfluß des ausländischen Denkens.
Anfangs gingen die Deutschen, der Bewegung ihrer politischen,
geselligen und literarischen Verhältnisse gemäß, bei den Franzosen
in die Schule, dann aber wendeten sie sich mehr den englischen
Originalen zu. Eine lebhafte Übersetzungtätigkeit verbreitete auf
diese Weise die empiristischen Ansichten so weit, daß schließlich
in der deutschen· Aufklärung Locke durchaus über Descartes siegte.
So erhoben sich die beiden in Leibniz harmonisch vereinigten
Richtungen des Denkens feindlich gegeneinander. Überhaupt kann
man sagen, daß in den zahlreichen Schülern von Leibniz die verschiedenen Elemente seiner reichen und allseitigen Natur aus-
einanderfielen, und daß deshalb, je mehr die einzelnen Richtungen
seines wissenschaftlichen Denkens zu scharfer Eigentümlichkeit
ausgebildet wurden, um so mehr der verbindende Geist seines
Systems verloren ging.

　　Schon zu seinen Lebzeiten fanden die beiden Endpunkte der
vielen glänzenden Eigenschaften, die in ihm vereinigt waren, zwei
einander scharf gegenüberstehende Vertreter. Bei Leibniz gesellte
sich zu dem fortwährenden Streben nach einer streng geschlossenen
und einheitlichen Methode der Philosophie eine stets lebendige und

liebenswürdige Akkommodation an das Denken anderer. Seine
Lehre, ihrer Absicht nach strenger Methodismus, ist in ihrer Erscheinung eine lockere Philosophie der Gelegenheit, und während
sie eine neue Methode sucht, stellt sie sich in der populärsten Form
in Brief und Konversation dar. Diese beiden Seiten, Methodik
und Popularität, verteilen sich auf seine beiden bedeutendsten
philosophischen Zeitgenossen in Deutschland: Tschirnhaus und
Thomasius, zwei Männer, die in jeder Beziehung, im Charakter
wie in der Lehre, einen diametralen Gegensatz bilden. Der eine
eine vornehm in sich zurückgezogene, mit sich selbst einheitliche
Natur, ein Mann von wissenschaftlicher Exklusivität, ein streng
methodischer Denker, geschult in der geometrischen Methode von
Descartes und Spinoza, — der andere ein allseitig aufgelöster
Charakter, ein unruhiger Neuerer, der die Wissenschaft zum Hebel
gemeinnütziger Interessen macht, ein kritikloser Eklektiker, und
dabei ein überaus wirkungsvoller Popularisator. Beide mit eigentümlichen Vorzügen ausgerüstet, haben sie, ohne wesentlich neue
Gedanken aufzustellen, doch neben Leibniz stark bestimmend auf
den Gang des philosophischen Denkens der Deutschen eingewirkt
und sind deshalb in der Geschichte der Denkformen wertvoller als
in derjenigen des Denkinhaltes.

Walter Graf von Tschirnhaus (1651—1708), ein reicher
Privatgelehrter, in Holland mit Spinoza, in Paris mit Leibniz
befreundet geworden, legte seine Methodologie in der »Medicina
mentis« (Leipzig 1687, in zweiter Auflage 1695) nieder. Den Ausgangspunkt nimmt er mit Descartes im Selbstbewußtsein, aber es
gilt ihm dies nicht als eingeborene Idee, sondern als eine Tatsache der
inneren Erfahrung. In dieser glaubt er drei Grundformen auf-
zeichnen zu können: 1) einiges berührt uns wohl, anderes übel;
2) einiges begreifen wir, anderes nicht; 3) wir haben Eindrücke von
außen, infolge deren wir uns bei gewissen Vorstellungen leidend verhalten. Hieraus ergeben sich außer dem ersten Grundbegriffe
»mens sive conscientia« die drei anderen »voluntas, intellectus,
imaginatio«, und für die letztere außerdem als ihre Bedingung der
Begriff der Körperlichkeit, und auf diese drei Grundbegriffe stützen
sich die drei Wissenschaften: Moral, Logik und Naturphilosophie.
Mit dieser offenbar auf die antike Einteilung der Philosophie hinaus-
laufenden Gliederung der Disziplinen glaubt Tschirnhaus eine

vollkommene Enzyklopädie der Wissenschaften gegeben zu haben.
Nachdem aber in dieser Weise der aposteriorische Ausgangspunkt
fixiert ist, soll von ihm aus nach mathematischer Methode und mit
logischen Operationen alles übrige erkannt werden. Allein diese
apriorische Entwicklung genügt ihm doch nicht ganz, sondern
er sucht für jedes Resultat der Deduktion noch womöglich die
empirische Bestätigung. So verknüpfen sich die beiden Prinzipien
der Erfahrung und der Deduktion in eigentümlicher Weise. Tschirnhaus stützt von vornherein die apriorische Deduktion auf die
»experientia evidentissima«, das Selbstbewußtsein, und nachdem
er daraus das ganze System der Erkenntnisse abgeleitet, soll dasselbe sich in der äußeren Erfahrung wiederfinden. Die Deduktion
ist ihm gewissermaßen nur der wissenschaftliche Weg von einer
Erfahrung zur andern. Nach dieser Methode hat er in jenem Werk
nur die Logik durchgeführt. Ihre Aufgabe ist zunächst die Feststellung der Kriterien des Begriffenen und des Unbegriffenen und
sodann der Entwurf einer »ars inveniendi« oder der Methode der
begriffenen Erkenntnis, der drittens noch einige nützliche Regeln
für die praktische Anwendung hinzugefügt werden sollen. In
ersterer Hinsicht identifiziert Tschirnhaus Begreiflichkeit und
Unbegreiflichkeit mit Wahrheit und Falschheit. Er zeigt sich
durchaus als Rationalist, indem er nur das verstandesmäßige, begriffliche Denken als wahr anerkennt und im Gegensatz dazu die
sinnliche Perzeption als unsicher und irreführend betrachtet. Jede
Wahrheit, verlangt er, muß mitteilbar sein, und das ist nicht mit
den Perzeptionen, sondern nur mit den Begriffen der Fall, deren
Zusammensetzung man logisch durchschaut hat und deshalb deutlich bestimmen kann. Darum legt er das Hauptgewicht auf die
Definition, und zwar auf die sogenannte genetische, d. h. diejenige,
welche ihren Gegenstand aus seinen Elementen entstehen läßt. Er
ist dabei von dem spinozistischen Ideal eines Systems von Gedanken,
dessen Anordnung genau dem System der Dinge und ihres wirklichen Zusammenhanges entspreche, so vollkommen erfüllt, daß
er verlangt, eine solche Definition habe den Prozeß der wirklichen
Entstehung des zu definierenden Dinges vollkommen auszudrücken.
Auch ihm ist die logische Notwendigkeit gleich der realen. Der
Satz des Widerspruchs, in der Begriffsbildung das höchste Prinzip,
ist es auch in der Natur. Auch die Axiome, aus denen alles übrige

abgeleitet werden soll, gelten ihm deshalb als identische Sätze, in denen die ursprünglichen Begriffe logisch zergliedert werden. Merkwürdig ist es nun, wie Tschirnhaus in der Methodologie dazu gekommen ist, bei diesen Überzeugungen doch der logischen Deduktion so lange zu mißtrauen, bis sie von der Erfahrung bestätigt worden ist. Nach seinen Prinzipien ist weder abzusehen, wie diese logische Deduktion von den wahren Grundbegriffen aus zu anderen als wahren Ergebnissen kommen soll, noch anderseits, wie diese Resultate durch ihre Übereinstimmung mit der Perzeption, die ausdrücklich für täuschend und unsicher erklärt worden ist, eine Steigerung ihrer Gewißheit gewinnen können. Es zeigt sich in dieser Anerkennung der Erfahrung ein gesunder Sinn, der bei Tschirnhaus durch seine Beschäftigung mit der Naturwissenschaft groß gezogen worden war. Denn er verlangt diese Methode wesentlich für die »göttliche« unter den Wissenschaften, die Physik, in der er die höchste Leistung des menschlichen Geistes erblickt. Aber von einer organischen Verknüpfung der empiristischen und der rationalistischen Theorien ist bei ihm durchaus keine Rede. Dennoch gelangt er auf diese Weise zur Aufstellung einer physikalischen Methode, die äußerlich und in ihrer Anwendung den grundlegenden Prinzipien der Mechanik sehr nahe kommt. Denn da das Verhältnis der Körper zueinander nur in der Form ihrer mathematischen Beziehungen begreiflich ist, so verlangt er eine rationale, wesentlich mathematische Begründung und Erklärung aller physikalischen Tatsachen, zugleich aber auch eine experimentelle Bestätigung aller von der Theorie aufgestellten Behauptungen. Erst durch die Übereinstimmung beider entsteht ihm die volle Gewißheit. Aber die Bestätigung durch die Sinneswahrnehmungen erfolgt nicht in der rohen Form unserer primitiven Perzeptionen und Einbildungen, sondern nur in derjenigen sorgfältig angestellter Experimente, — eine Restriktion, die sich freilich bei Tschirnhaus weniger auf eine wissenschaftliche Untersuchung der Sinnestätigkeit, als auf das rationalistische Dogma von der Infallibilität des Verstandes den Sinnen gegenüber stützte. Denn er betrachtete das Experiment als eine durch die Überlegung des Verstandes zustande gekommene und regulierte Form der sinnlichen Wahrnehmung. So schwach diese Theorie schließlich begründet sein mochte, so war doch ihre Wirkung außerordentlich groß,

und zwar deshalb, weil sie die Übereinstimmung mathematischer
Deduktion und sinnlicher Erfahrung, worauf die Newtonsche
Naturwissenschaft beruhte, zum philosophischen Prinzip erhob. In
dieser Hinsicht wirkte Tschirnhaus in derselben verbindenden
Richtung wie Leibniz, und seine Form der Versöhnung der beiden
Gegensätze des Empirismus und des Rationalismus hat die späteren
Forscher ebenso stark beeinflußt wie diejenige von Leibniz.

Ganz andersartig ist die Gedankenwelt von Chr. Thomasius
(1655—1728), der, philosophisch und juristisch gebildet, an der
Leipziger Universität einen freimütigen Kampf gegen die veralteten
Zustände des öffentlichen, literarischen und wissenschaftlichen
Lebens führte, den mannigfachen Anfeindungen schießlich weichen
mußte und, von der brandenburgischen Regierung in Schutz genommen, an der Begründung und ersten Tätigkeit der Universität
Halle teilnahm. Dem streng methodischen Standpunkte von
Tschirnhaus steht er schon durch die Auffassung gegenüber, die er
vom Wesen und Zweck der Erkenntnis selbst hatte. Während für
jenen die Wissenschaft als ein an sich erstrebenswertes Gut und
als höchster Zweck seines eigenen Lebens galt, so hat für Thomasius
alle Erkenntnis nur dann Wert, wenn sie die Menschen aufklärt
und dadurch den praktischen Zwecken des Lebens dienstbar wird.
Er hat diese Tendenz der Wissenschaft, Aufklärung zu verbreiten
und dadurch praktisch zu nützen, in Deutschland zuerst ausgesprochen und durch sein eigenes Leben energisch genug und
durchaus nicht ohne Erfolg betätigt. Darin liegt der Grund seiner
außerordentlich kräftigen Wirkung: unbedeutend in Rücksicht auf
den Inhalt dessen, was er lehrte, ist er dadurch mächtig geworden,
wie er es lehrte, und was er damit bezweckte. Leibniz gab der
deutschen Philosophie den Gehalt ihres lebendigen Denkens und
die Mittel der Aufklärung: Thomasius dagegen war ihr Prophet
und der offene und unerschrockene Verkündiger ihres Prinzips.
Schon in der »Introductio in philosophiam aulicam« (Leipzig 1688)
klagt er darüber, wie wenig Beziehungen bisher die Philosophie
zum realen Leben habe und wie unnütz sie sich durch ihre Trennung
von den sonstigen Arbeiten des Menschengeschlechts mache; und
doch sei auch ihre letzte und höchste Aufgabe nur die Gemein-
nützigkeit. Darum müsse sie sich von allen Fesseln befreien,
welche sie bisher an deren Erfüllung hindern, und die Schranken

niederreißen, die zwischen ihr und dem Leben bestehen. Dazu
gehöre besonders die zopfige Form, worin sie bisher ihre Erkenntnisse darstelle. Solange sie nicht in allgemein verständlicher Gestalt auftrete, könne sie nicht aufklärend wirken. Den Hauptangriff erfährt dabei der Gebrauch der lateinischen Sprache. Thomasius macht Ernst mit dem auch von Leibniz ausgesprochenen,
aber nur sehr sparsam ausgeführten Gedanken, daß die deutsche
Sprache zur philosophischen Darstellung durchaus angemessen sei,
und es ist hauptsächlich seinem Einflusse zu verdanken, daß die
Philosophie der deutschen Aufklärung sich mehr und mehr daran
gewöhnte, ihren Ideen den Ausdruck der nationalen Sprache zu
geben. Ein großer Teil seiner Terminologie ist auf Wolff und durch
dessen Schüler auf Kant übergegangen; aber er schrieb nicht
nur deutsche Werke, sondern er kündigte auch — eine unerhörte
Tat, welche die Vertreibung von Leipzig nach sich zog — 1687
an einer deutschen Universität in einem deutschen Programm
deutsche Vorlesungen über Gratians »Grundlage vernünftig und
artig zu leben« an. Er gründete die erste deutsche gelehrte Zeit-
schrift »Teutsche Monate«, worin er z. B. Tschirnhausens Medicina
mentis besprach, und später eine Vierteljahrsschrift: die »Geschichte
der Weisheit und Torheit«. Bedenkt man, welch eine Fülle von
Ideen die deutsche Philosophie später dem reichen Stoffe der
deutschen Sprache entnommen und mit wie wunderbarer Kraft
sich der philosophische Gedanke in unserem Idiom entfaltet hat,
so kann man das großartige Verdienst schätzen, das Thomasius
sich durch diese prinzipielle Einführung der nationalen Sprache
in die Philosophie erwarb. Was die Mystiker, insbesondere Boehme,
für ihre volkstümlichen Darstellungen versucht hatten, wurde
nun auch in der Welt der gelehrten Bildung wirksam, und dadurch erst wurde jene lebendige Berührung der Philosophie mit der
allgemeinen Literatur ermöglicht, deren befruchtender Einfluß auf
das deutsche Denken noch weiterhin zur Sprache kommen wird.

Alles Wissen ist nur dazu da, den Menschen geschickt zu machen,
daß er das Wahre vom Falschen, das Gute vom Bösen unterscheiden
lerne und danach richtig und nützlich zu leben verstehe. In diesem
Geiste schrieb Thomasius eine Einleitung und eine Ausführung
sowohl der Vernunftlehre als auch der Sittenlehre. Alle Gelahrt-
heit ist aber etweder Gottesgelahrtheit oder Weltweisheit. Mit

der ersteren, die ihren Quell in der Offenbarung habe, findet er sich
leicht ab und erkennt ihre Geltung so weit an, daß er darin strengem
Orthodoxismus huldigt und sich sogar in seinem »Versuch vom
Wesen des Geistes« bis zum Mystizismus versteigt. Über den
Widerspruch zwischen dieser Richtung und der hausbackenen
Verständigkeit seiner Weltweisheit (welcher Widerspruch gewisser-
maßen dem gesamten Pietismus der hallenser Färbung angehört)
gibt er sich bei dem Mangel an präziser Methodik keine Rechenschaft
und fragt nicht weiter nach dem Verhältnis beider, sondern behauptet vielmehr einfach, die Weltweisheit beruhe lediglich auf den
Bestimmungen der menschlichen Vernunft und solle damit die
Menschen zu einem richtigen und gemeinnützigen Gebrauch ihrer
Verstandeskräfte erziehen. Die Vernunftlehre enthält deshalb in
ihrem ersten Teile die Lehre von den allgemeinen Begriffen, von
der Wahrheit und von deren Prinzipien und Kriterien, und daran
schließt sich (äußerlich ganz wie bei Tschirnhaus) ein zweiter Teil
über die Anwendung dieser allgemeinen Begriffe, über die Mittel
zur Erforschung der Wahrheit und zur Mitteilung des Verständnisses,
endlich über die Prinzipien der Beurteilung und der Widerlegung.
Für die Wahrheit findet sich bei Thomasius bald die objektive
Bestimmung und dann als ihr Kriterium die gewöhnliche Auffassung
von der Übereinstimmung der Vorstellungen mit Dingen, bald die
subjektive Definition der Übereinstimmung der Vorstellungen mit
den Prinzipien der Vernunft. Nun ist die Vernunft entweder tätig
in den Verstandesbegriffen oder leidend in den Funktionen der
Sinne. Also ist das Kriterium der Wahrheit die Übereinstimmung
entweder mit den Begriffen oder mit den Sinneswahrnehmungen.
Da es aber so zwei Arten von Wahrheit gibt, die der Begriffe und
die der Sinne, so muß es auch zwei Arten von Gegenständen des
Erkennens geben, die ihnen entsprechen, und da die Sinne das
Sichtbare, die Begriffe das Unsichtbare erkennen, so sind alle
Dinge entweder sichtbar oder unsichtbar, entweder Körper oder
Kräfte. So gestalten sich aus diesen wenigen erkenntnistheoretischen
Definitionen sogleich die Grundzüge einer höchst einfachen und
rohen Metaphysik. Von einer Kritik der Vorstellungen ist keine
Spur; die Sinneswahrnehmungen, ebenso wie die allgemeinen Be-
griffe gelten ohne nähere Untersuchung ihrer Entstehung und ihrer
Berechtigung von selbst für wahr und für den Maßstab aller übrigen

Wahrheit. Es ist eine flache Lehre vom »gesunden Menschenverstande«, der ohne wissenschaftliche Schulung in sich alle Erkenntnis besitzen will. Thomasius verfährt noch viel oberflächlicher als die Schotten. Das Unsystematische ist bei ihm geradezu beabsichtigt. Er wendet sich mit vollem Bewußtsein gegen alle pedantische Schulweisheit und zugleich gegen jede systematische Form. Er verachtet den Syllogismus und nicht minder das mathematische Verfahren; er will mit der Schulsprache sowenig wie mit den Schulregeln etwas zu tun haben — so wenig, daß seine eigenen Ausdrücke und Beweise sich überall widersprechen. An die Stelle der Gelehrsamkeit, die immer nur für wenige da war, soll die allgemeine Aufklärung treten, und seine persönliche Aufgabe sieht er weniger in eigener Erforschung der Dinge, als vielmehr in der Popularisierung der allgemeinsten und nützlichsten Wahrheiten. Deshalb ist seine Lehre ein kritikloser Eklektizismus ohne systematische Einheit und ohne methodisches Prinzip.

Wenn er gleichwohl segensreich gewirkt hat, so geschah dies, weil er auf allen Gebieten die Bildung und Durchführung des eigenen Urteils für die Aufgabe des Menschen erklärte und in diesem Sinne einen Kampf gegen die Vorurteile führte, die sowohl einer gesunden und praktischen Erkenntnis als auch einem menschenwürdigen Zustande der Gesellschaft entgegenstehen. Es wird ihm stets ein rühmliches Andenken sein, daß er einer der bedeutendsten Vorkämpfer der Aufklärung gegen die Hexenprozesse und die Tortur gewesen ist. Freilich waren die Begründungen seiner Lehren von oft unglaublicher Seichtigkeit und reproduzierten in oberflächlicher Weise die großen Gedanken, die in dem Kampfe des modernen Denkens um seine eigene Freiheit errungen waren, wie die Unabhängigkeit der Moral und des Rechts von orthodoxer Bevormundung, die psychologische und deterministische Betrachtung des Willenslebens usf. Allein es waren lebhafte und eindrucksvolle Deklamationen, hie und da mit einem groben Witz verziert, der bei aller Geschmacklosigkeit auf seine Leser Eindruck machte, und seine ganze rührige Agitation hat wesentlich dazu beigetragen, den deutschen Philister aus der dumpfen Abgestorbenheit seines geistigen Lebens aufzurütteln. Wissenschaftlich betrachtet, verdienen die Theorien, die er für diese Zwecke leicht hinzimmerte, keine eingehendere Betrachtung: der Weg, den er einschlug, führte mehr aus der Wissenschaft heraus, als in die Wissenschaft hinein. Aber dieser unwissenschaftliche Charakter des Mannes zeigte nur die jugendliche Unreife, womit sich ein bedeutender Gedanke zuerst Bahn brach. Die Forderung, daß die Wissenschaft mit dem wirklichen Leben Fühlung halte und die Ausbreitung ihrer Gedanken durch eine verständliche Form ihrer Darstellung befördere, war im Wesen der Sache ebenso wie in den Bedürfnissen der Zeit begründet. Was Thomasius nur nicht begriff, war die richtige Art dieser Akkommodation der Wissenschaft an das gemeine Bewußtsein. Seine Philosophie des gesunden Menschenverstandes meinte sich ohne Kritik mit dem Tatbestand der allgemeinen Vorstellungen beruhigen zu dürfen und hielt es für die Aufgabe der Wissenschaft, diese nur klar und deutlich auszusprechen. Er hatte keine Ahnung davon, daß die Wissenschaft berufen ist, dies allgemeine Bewußtsein zu erziehen, und daß sie das nur vermag, wenn sie bei allem Streben nach Popularität keinen Schritt von der Strenge des methodischen Forschens und Beweisens abweicht.

§ 50. Wolff und seine Schule.

Die reifere Form der Aufklärung ist diejenige, welche von dem ganzen Ernst der wissenschaftlichen Arbeit erfüllt ist, und diese hat ihren Vertreter in Christian Wolff gefunden. Ein Sohn des Volkes, war dieser 1679 zu Breslau geboren und von seinem Vater früh für den Dienst der Kirche bestimmt worden. Seit 1699 studierte er in Jena Theologie und vervollständigte seine Bildung durch die gleichzeitige Beschäftigung mit mathematischen und philosophischen Studien. Bei den letzteren wurden namentlich Spinoza und Tschirnhaus für seine Entwicklung bedeutend. Er versah die »Medicina mentis« mit Anmerkungen, die den Beifall ihres Verfassers hatten. Den meisten Einfluß aber gewannen auf ihn die Schriften von Leibniz, und nachdem er sich in dessen methodische Bestrebungen vollständig hineingearbeitet hatte, erfaßte er den Plan, sie zu Ende zu führen und nach dieser Methode das ganze System der Erkenntnisse auszuführen, einen Plan, dessen Durchführung er mit der ihm eigenen Zähigkeit in der Tat sein ganzes Leben gewidmet hat. Die Bekanntschaft mit Leibniz vermittelte auch im Jahre 1706 seine Berufung an die Universität

Halle, wo er, als Professor der Mathematik angestellt, bald eine philosophische Tätigkeit entwickelte, deren segensreiche Ausdehnung in stetigem Wachstum begriffen war. Er sprach deutsch, und trotz der logischen Trockenheit übten seine Vorträge mit ihrer durchsichtigen Klarheit und bündigen Sicherheit eine mächtige Anziehungskraft auf die Jugend aus. Aber dieser Erfolg weckte den Neid seiner Kollegen; Orthodoxe und Pietisten verbanden sich, den unerschrockenen Logiker der Vernunftreligion zu verdrängen, und nach mannigfaltigen Verdächtigungen und Intriguen gelang es ihnen 1723, den König Friedrich Wilhelm I. zu bewegen, daß der Philosoph unter den entehrendsten Formen aus dem Lande verbannt wurde. Er fand eine Zuflucht in Marburg und gewann durch seine Lehrtätigkeit wie durch seine Bücher einen immer größeren Ruhm. Als der Thronwechsel in Preußen eintrat, war es eine der ersten Regierungshandlungen Friedrichs, den Verfolgten in Halle zu rehabilitieren, und Wolff hat bis zu seinem Tode im Jahre 1754 seine akademische Tätigkeit in Halle mit allmählich sich abschwächender Kraft fortgesetzt. Seine zahlreichen, teils deutschen, teils lateinischen Schriften haben in großer Ausführlichkeit mit logischer Schärfe, aber meist auch in pedantischer Breite seine Absicht verwirklicht. Sie wurden bald, und zum größten Teil noch bei seinen Lebzeiten, als Lehrbücher auf den protestantischen Universitäten Deutschlands eingeführt, und die Vertreter der Philosophie bekannten sich in überwiegender Zahl zu diesem System. Auf diese Weise wurde zunächst eine Einheitlichkeit der philosophischen Bildung herbeigeführt, welche Deutschland bisher nicht gekannt hatte. Man besaß ein herrschendes System, man hatte eine überall bekannte und anerkannte Terminologie, und die Arbeit zahlreicher Denker wurde auf die Ausführung einer Reihe gemeinsamer Grundgedanken konzentriert. Wolff schuf im eigentlichsten Sinne des Wortes eine Schule, und darin besteht sein großes Verdienst um die nationale Entwicklung des deutschen Geistes.

Der Gedankeninhalt dieses Schulsystems war in der Hauptsache von Leibniz abhängig. Wolff war weder ein Genie noch eine originelle Natur; er hat den Ideen Leibniz' der Sache nach nichts hinzugefügt, sondern vielmehr einige der feinsten und wertvollsten Gedanken seines Meisters, denen er nicht zu folgen vermochte, fortgelassen. Aber was Leibniz gedacht hatte, würde in der

unzusammenhängenden Form, worin er es gelegentlich äußerte,
niemals die Wirkung ausgeübt haben, die es in der systematischen
Zusammenfassung gewann, welche ihm Wolff gab. Das Denken der
Deutschen war durch Melanchthon und die Lehrtätigkeit der protestantischen Theologen viel zu sehr an die dogmatische Form und
die methodische Darstellung gewöhnt und durch die Einwirkung der
cartesianischen Lehre viel zu sehr darin bestärkt worden, als daß
es einer freieren Einführung der neuen Gesichtspunkte zugänglich
gewesen wäre. Das Geheimnis von Wolffs Erfolgen lag in der
Meisterschaft, mit der er den logischen Schematismus hand-
habte, und der Sieg der Leibnizschen Philosophie beruht auf dieser
Systematisierung, die sie durch ihn erfuhr.

In der Absicht Wolffs verknüpften sich die beiden Gesichtspunkte, die Tschirnhaus und Thomasius so weit voneinander trennen.
Hatte den Schwerpunkt der Philosophie der eine in die methodische
Gewißheit, der andere in die aufklärerische Nutzbarkeit des Wissens
gelegt, so begann Wolff seine Logik mit dem Satze: »Arduum
aggredior opus et periculosum, dum philosophiam universam et
certam et utilem reddere studeo.« Er vermißt in der bisherigen
Philosophie sowohl die sichere Evidenz als auch die praktische
Anwendbarkeit; beide Mängel aber hängen auf das innigste miteinander zusammen: denn eben die Unsicherheit, welche der Philosophie infolge des bisherigen Mangels einer festen Methode anhaftet,
ist auch der Grund, weshalb sie nicht imstande ist, aufklärend zu
wirken. Die Menschheit bedarf zu ihrer Glückseligkeit einer sicher
erkannten Wahrheit, nach der sie richtig und nützlich leben kann.
Beiden Mängeln ist daher durch dasselbe Mittel abzuhelfen: durch
deutliche Begriffe und gründliche Beweise, welche die Erkenntnis
sowohl gewiß und zweifellos, als auch allgemein verständlich und
mitteilbar machen werden.

Indem es Wolff unternimmt, der Philosophie diesen Dienst zu
leisten, glaubt er zunächst ihr Verhältnis zu den übrigen Wissenschaften klar stellen zu sollen. In dieser Hinsicht spricht er die
im Cartesianismus angelegte Tendenz der Philosophie dahin aus,
daß sie die Wissenschaft von allem Denkbaren sei, d. h. daß es
keinen Gegenstand gebe, mit dem sie sich nicht zu beschäftigen
habe. Wenn aber die Philosophie alle Dinge zu erkennen hat, so
kann zwischen ihr und den übrigen Wissenschaften nicht ein

Unterschied der Gegenstände, sondern nur der Behandlungsweise bestehen. Nun gibt es nach Wolffs Ansicht drei Arten der Erkenntnis: die mathematische, welche die Dinge nur nach ihren Größenverhältnissen betrachtet, die »historische«, die nur die Tatsächlichkeit feststellt, und die philosophische, welche ihre Gründe untersucht. In Rücksicht der Mathematik hat sich Wolff, so nahe er ihr persönlich stand, eigentümlich verhalten. Er hat ihren Wert für die Naturerkenntnis niemals genügend geschätzt und ist darin weit hinter Tschirnhaus zurückgeblieben: in seinem System der Wissenschaften findet sie keine Stelle. So bleibt in seiner Gliederung der Wissenschaften der Gegensatz der historischen und der philosophischen Erkenntnis übrig, von denen die erstere demjenigen entspricht, was wir heute empirisch nennen. Es leuchtet von selbst ein, daß hier der Leibnizsche Gegensatz der zufälligen und der notwendigen Wahrheiten zutage tritt. Die erstere gibt nur die Wirklichkeit, die zweite auch die Möglichkeit und die Notwendigkeit der Dinge zu erkennen. Die rationale Erkenntnis soll deshalb für jeden Satz die Ableitung aus seinen Gründen bringen; sie kann das nur durch den logischen Beweis. Für sie existiert keine andere Methode als die deduktive. Diese faßt Wolff wieder mehr im Sinne der absoluten Einheitlichkeit auf. Er sucht ein oberstes Prinzip, von dem alle anderen mit strikter Notwendigkeit abgeleitet werden sollen. Aber in der Aufstellung dieses Prinzips zeigt sich am klarsten jene rein logische Wendung, welche die cartesianische Methode in Deutschland gefunden hatte. Es fällt Wolff nicht ein, nach einem höchsten Gedankeninhalte zu suchen, wie ihn Cartesius im Selbstbewußtsein, Spinoza im Gottesbegriff gefunden hatten; sondern er ist von dem logischen Schematismus so tief durchgedrungen, daß er meint, von dem höchsten Gesetze der Logik, von dem Satze des Widerspruchs aus müßten sich alle philosophischen Wahrheiten durch richtige Schlüsse finden lassen. Wolff leidet an einer Art von logischem Fanatismus; er sucht in der Logik nicht nur die Form, sondern auch den Inhalt des Denkens, und er ist in dieser Beziehung der extremste unter allen Rationalisten. Jedes intuitive Element ist aus seinem Denken in dieser Richtung herausgefallen, wenigstens der Absicht nach. Die Philosophie soll eine rein begriffliche Entwicklung sein, und darin besteht nach Wolff mehr als in der Anwendung des äußerlichen

Schematismus der geometrische Charakter ihrer Methode. Das Vorurteil einer rein logischen Beweisführung in der Mathematik wird auch bei ihm zu einem allgemein philosophischen. In der Ausführung ist das freilich, wie es in der Natur der Sache liegt, nur scheinbar festzuhalten. Ihm selber unvermerkt, schieben sich seiner logischen Deduktion überall erfahrungsmäßige und nur durch die Anschauung gewonnene Elemente unter. So allein bringt er es fertig, daß die rationalistische Beweisführung überall in eine Erkenntnis der wirklichen Welt ausläuft. Diese Kryptogamie mit der Erfahrung ist für jede scheinbar rein logisch verfahrende Methode unerläßlich. Sie findet sich schon bei Spinoza, sie kehrt auch bei Hegel wieder. Sie wird am besten durch das mathematische Verfahren illustriert, worin, wie es Descartes richtig erkannt hatte, der Fortschritt der logischen Beweisführung stets durch den Eingriff der Intuition bedingt ist.

Neben der reinen Begriffswissenschaft des Möglichen und Notwendigen steht die Erfahrungswissenschaft des Wirklichen. Für diese freilich hat Wolff auch, dem allgemeinen rationalistischen Charakter seines Denkens gemäß, die Verarbeitung der Tatsachen durch eine empiristische oder induktive Methode verschmäht, er sieht ihren Wert nur in einer massenhaften und logisch rubrizierenden Aufspeicherung von Tatsachen, faßt also die Erfahrungswissenschaft in der Hauptsache nur als deskriptive Wissenschaft auf. Das Verhältnis der Begriffs- und der Erfahrungswissenschaft behandelt er gänzlich unter dem Gesichtspunkte von Tschirnhaus. Die Empirie hat nur die Wirklichkeit der Tatsachen zu konstatieren, die in der philosophischen Theorie aus den obersten Gründen als notwendig deduziert werden. In dieser Beziehung gibt Wolff dem von Leibniz aufgestellten Gegensatz der notwendigen und der zufälligen Wahrheiten eine interessante Wendung. Indem er den subjektiven Charakter dieses Gegensatzes noch energischer betont, zeigt er, daß jedes Erkenntnisobjekt im Menschen doppelt vorgestellt wird: einmal durch das Denken, insofern es aus seinen Gründen abgeleitet wird, und ein andermal durch die sinnliche Wahrnehmung, insofern es als tatsächlich erkannt wird. Im ersteren Falle wird es klar und deutlich, im letzteren unklar und verworren vorgestellt. Wolff geht nun von der Annahme aus, daß die begriffliche Erkenntnis eines Gegenstandes die sinnliche

Erfahrung desselben nicht verdränge oder aufhebe, sondern vielmehr s.e neben sich bestehen lasse, und er sucht dadurch die empirische Erkenntnis als vollkommen berechtigt neben der rationalen anzuerkennen. Gleichwohl entzieht er sich der von Leibniz gegebenen Wertschätzung beider Arten nicht. Die apriorische Verstandeserkenntnis, welche die Notwendigkeit des Dinges zu ihrem Gegenstande hat, gilt ihm als das höhere Erkenntnisvermögen, die aposteriorische Erfahrungserkenntnis, welche die Tatsächlichkeit gibt, a's niederes Erkenntnisvermögen. Dabei ist er sich freilich über das Verhältnis beider weder völlig klar geworden noch in seiner Darstellung dieser Verhältnisse immer gleich geblieben. Manchmal nimmt er an — und dahin trieb ihn der Hauptzug seiner Lehre —, daß die Vernunfterkenntnis ihre Wurzeln vollständig in sich selbst und zuletzt in dem logischen Gesetze des Widerspruchs habe; manchmal faßte er in unverkennbarem Anschluß an Locke die Sache so auf, daß der vom oberen Erkenntnisvermögen klar und deutlich begriffene Inhalt aus demjenigen des unteren hervorgehe, und bezeichnete dabei die Tätigkeit der Aufmerksamkeit, welche die einzelnen Elemente der Sinneswahrnehmung allmählich zur Deutlichkeit erhebt, ausdrücklich als Reflexion. Es scheint fast, als wäre er sich damit bewußt geworden, daß jene logische Demonstration ihre Aufgaben doch nicht ohne Aufnahme des sinnlichen Inhaltes erfüllen kann.

Trotzdem hielt er in der Hauptsache an dieser Unterscheidung derartig fest, daß er darauf seine Enzyklopädie der Wissenschaften gründete. Da sie nur eine Unterscheidung der Erkenntnisarten bedeutet, so ist jeder Gegenstand in doppelter Hinsicht wissenschaftlich zu behandeln: einerseits in tatsächlicher Feststellung durch eine empirische Wissenschaft, anderseits in der Erkenntnis der Gründe durch eine philosophische Disziplin. So läuft denn in dem Wolffschen System der Wissenschaften neben jedem Teile der Philosophie eine empirische Wissenschaft einher, welche denselben Gegenstand, den jene begrifflich und erklärend behandelt, ihrerseits in seiner tatsächlichen Gestaltung festzustellen hat, und die Absicht der Wolffschen Lehre geht dahin, zu zeigen, daß beide stets auf dieselbe Wahrheit führen, daß nämlich in der logischen Entwicklung der Philosophie nichts bewiesen wird, was nicht durch die empirischen Wissenschaften a's tatsächlich aufgezeigt wird. Wenn

so z. ,B. der rationalen Psychologie eine empirische Psychologie
gegenübersteht, so verfolgt Wolff damit die Absicht, zu zeigen,
daß die Formen des psychischen Lebens, die in der Erfahrung des
Menschen von sich selbst zu konstatieren sind, sich als dieselben
erweisen, welche sich aus der in der Metaphysik begründeten Aufstellung des Begriffs der Seele als deren notwendige Tätigkeits-
weisen ergeben. Das Ganze läuft also darauf hinaus, daß durch
diese übereinstimmende Gegenüberstellung der Philosophie und der
Erfahrungswissenschaften deutlich werden soll, wie alles, was die
erstere auf begrifflichem Wege als notwendig deduziert, in der
erfahrungsmäßigen Wirklichkeit auch in der Tat vorhanden ist.
Die sinnliche Erkenntnis der Tatsachen ist die Rechenprobe für
die Begriffsentwicklung der Vernunft. Damit sprach Wolff in
methodischer Form ein Geheimnis aus, das der Rationalismus
immer stillschweigend vorausgesetzt hatte. Denn so sehr dieser
jeden Eingriff der Erfahrung in die beweisende Methode der Philosophie ablehnte, sowenig wäre er doch mit einer Metaphysik zufrieden gewesen, die aus der begrifflichen Deduktion schließlich
eine ganz andere Welt entwickelt hätte, als diejenige, welche in
der Erfahrung vorliegt. Auch seine Absicht war immer die, die
bestehende Welt zu begreifen, und wenn er meinte, daß er dies
durch bloß begriffliches Denken würde leisten können, so mußte
er doch immer die Absicht haben, von den Begriffen aus zu
Resultaten zu kommen, die mit der Erfahrung übereinstimmen.
Trotz allen Gegensatzes gegen den Empirismus ist somit das letzte
Kriterium für die Richtigkeit der gewonnenen Resultate auch im
Rationalismus nur die Übereinstimmung der a priori entwickelten
Begriffe mit der Erfahrung. Eine Welt zu begreifen, die nicht
wirklich existiert, hat auch der Rationalismus nie die Absicht ge-
habt, und das hat Wolff durch diese Gegenüberstellung klar gemacht.

Neben dieser Grundunterscheidung tritt bei Wolff eine zweite
in Kraft, welche, seit Aristoteles üblich, gleichfalls auf Bestimmungen des Leibnizschen Systems beruhte und auch von Thomasius
angenommen worden war. Leibniz hatte in jeder Monade neben
der Vorstellungstätigkeit den Trieb, von einer Vorstellung zur
andern fortzugehen, neben ʹder »vis repraesentativa« die »vis
appetitiva«, neben dem Erkenntnisvermögen das Begehrungsvermögen angenommen. Wie bei Thomasius ergibt sich daraus bei

Wolff eine Einteilung der theoretischen und der praktischen Philosophie, wodurch die antike Scheidung auch in seiner Schule herrschend wurde. Diese Unterscheidung hatte jedoch bei Wolff noch die weitere Bedeutung, daß darin die Absicht seiner Philosophie, nicht bloß theoretisch aufzuklären, sondern zugleich praktisch zu wirken, ihren systematischen Ausdruck fand. Die Wissenschaft soll nicht nur lehren, wie alles was ist möglich ist, sondern auch, wie der Mensch vernünftig, glücklich und nützlich leben soll.

Wie nun aber für das Erkenntnisvermögen, so gibt es auch für das Begehrungsvermögen jene Unterscheidung des Unklaren und Verworrenen auf der einen Seite, des Klaren und Deutlichen auf der andern Seite, des sinnlichen Triebes und des vernünftigen Willens oder, im Parallelismus zu der theoretischen Unterscheidung, des niederen und des höheren Begehrungsvermögens. Auf der Kreuzung dieser beiden Gegensätze beruht endlich folgendes Schema der Wolffschen Enzyklopädie:

	Oberes Erkenntnisvermögen		Unteres Erkenntnisvermögen		
Vis repraesentativa	Ontologie und Metaphysik	Pneumatik { RationaleTheologie, RationalePsychologie, Rationale Kosmologie	Teleologie, empirischePsychologie, Physik u. bes. Naturw.	empirische Theorie	theoretische Wissenschaften
Vis appetitiva	Allg. prakt. Philos. und Naturrecht	Ethik, Politik, Ökonomik	Technologie od. empir. Praxis		praktische Wissenschaften
	Wissenschaften a priori (Vernunftwissenschaften oder Philosophie)		Wissenschaften a posteriori (Erfahrungswissenschaften)		

Allen diesen Disziplinen voran schickt Wolff die Logik als die Technik des wissenschaftlichen Verfahrens. Die Ausführung dieser Theorie zeigt alle Vorzüge und alle Schwächen des Mannes. Ihre systematische Vollständigkeit und sorgfältige Bedächtigkeit artet in pedantische Breite und lächerliche Mikrologie aus, und bei allem Umfang und aller Reinlichkeit der Deduktion vertritt sie doch eigentlich keinen originellen Gedanken. Sie hält sich in der Lehre von der Verdeutlichung der Vorstellungen an Leibniz, in derjenigen von den Definitionen an Tschirnhaus und sucht deren Gedanken

möglichst miteinander zu vermitteln. Sehr bezeichnend aber für
seinen ganzen Standpunkt ist es, daß er den Unterschied der »ars
demonstrandi« und der »ars inveniendi« trotz einiger Anläufe wieder
aufgibt. Wolff hatte nichts zu suchen: seine ganze Philosophie
war eine Beweiskunst; wie er selbst den Inhalt seiner Weltanschauung im wesentlichen von Leibniz übernahm und ihn nur in
ein demonstratives System brachte, so setzt auch seine Logik
überall die Wahrheit teils in Axiomen, teils in Tatsachen als schon
vorhanden voraus und will nur den Weg für ihre wissenschaftliche Begründung aufzeigen. In dieser Beziehung muß namentlich hervorgehoben werden, daß die dogmatische Verwechslung
von Erkenntnisgründen und Realursachen von niemandem systematischer betrieben worden ist als von Wolff, und daß ihm deshalb der logische Vorgang der Determination, d. h. die Ableitung
eines Begriffs aus seinem Gattungsbegriffe durch Hinzufügung des
spezifischen Merkmals als das Abbild der wirklichen Entstehung
des Gegenstandes erscheint, welche danach eine unbestimmte
Möglichkeit und einen zureichenden Grund der Wirklichkeit (unter
dem Namen des »complementum possibilitatis«) voraussetzt. Diese
Untersuchungen greifen schon aus der Logik in das Gebiet der
Ontologie oder der Grundlage aller metaphysischen Wissenschaften
über, und in beiden erweist sich Wolff durchaus als moderner
Scholastiker. Wie seine Logik nur für die demonstrative Wissenschaft da ist, so soll die Ontologie aus logischen Bestimmungen
die allgemeinsten Wahrheiten ableiten und die der ganzen Weltauffassung zugrunde liegenden Begriffe entwickeln. Die scholastischen
Neigungen seines Meisters Leibniz hatten ihm hierin vorgearbeitet.
So sehr aber dieses ganze System von der späteren Entwicklung
des Denkens über den Haufen geworfen worden ist, so groß ist
doch sein historischer Einfluß nicht nur auf die Philosophie,
sondern auch auf die übrigen Wissenschaften gewesen. Aus
dem Ganzen heraus wurde hier jeder der Grundbegriffe, mit denen
die wissenschaftliche Erkenntnis wie das gewöhnliche Leben die
Auffassung der Dinge durchsetzt, sauber definiert und terminologisch sowohl in lateinischer als auch in deutscher Sprache fixiert,
und diese Wolffschen Bestimmungen haben auf mehr als ein halbes
Jahrhundert mit der Sprache auch die Gedanken der deutschen
Wissenschaft beherrscht.

Dieselbe trockene Verständigkeit, die sich in der Form der Wolffschen Lehre ausspricht, macht auch ihren Inhalt aus. Das zeigt sich vor allem in der Abschwächung der Leibnizschen Mona-dologie. Zwar hielt Wolff daran fest, daß alle Substanzen einfache Kräfte seien, die sich in einer stetigen, aus ihrem inneren Triebe folgenden Bewegung befinden; allein er vermochte der originellen Anwendung, die Leibniz von dieser Auffassung für die Betrachtung der Körper gemacht hatte, nicht zu folgen und hob den ganzen Zusammenhang von dessen großartigem Entwicklungssystem wieder auf, indem er nur die Seelen als vorstellende Kräfte gelten ließ. Für die Körper hielt er, da sie teilbar sind, den Begriff der Substanz im eigentlichen Sinne für unanwendbar: Es stimmte noch mit dem Leibnizschen Prinzip, wenn er sie als »phaenomena sub-stantiata« bezeichnete: aber die Substanzen, die ihnen zugrunde liegen, erklärte er zwar auch für einfach, unräumlich und in sich selber tätig, aber nicht für seelischer Natur. Daß die ganze Welt ein innerliches Vorstellungsleben führen sollte, kam dem nüchternen Systematiker doch allzu phantastisch vor. Die materiellen Sub-stanzen sind danach bei Wolff weder Monaden noch auch Atome, sondern ein unbestimmtes Mittleres zwischen beiden, dessen innere Qualität nicht bestimmt werden kann. Um so größer ist natürlich für ihn die Schwierigkeit, die ausgedehnte Natur der Körper aus der Komplexion dieser einfachen Substanzen abzuleiten. Der Raum ist nach ihm weder etwas substantiell Existierendes, noch wie für Leibniz die Vorstellungsform der Koexistenz, sondern er gibt der Lehre von dem »phaenomenon bene fundatum« die mehr objektive Wendung, daß die räumliche Ausdehnung ein gemeinsames Kraft-erzeugnis der den Körper bildenden unräumlichen Substanzen sei, obwohl natürlich auch nicht eine Spur von anschaulicher Vor-stellung darüber gegeben werden kann, wie nun eigentlich diese Substanzen den Raum zustande bringen. Im übrigen schließt er sich in der Naturphilosophie durchaus an Leibniz an und reproduziert dessen Theorien von der Erhaltung der lebendigen Kraft, von dem Gesetze der Kontinuität und von der Unmöglichkeit einer Wirkung in die Ferne. Gegen die mathematisch-mechanische Naturauffassung verhält er sich zwar nicht ablehnend, spricht ihr jedoch, da sie es nur mit einem nebensächlichen Kraftprodukt der einfachen Sub-stanzen zu tun hat, einen noch viel geringeren Wert zu, als es

Leibniz getan hatte. An ihre Stelle hätte bei Wolff eigentlich die
Lehre von den inneren Qualitäten der einfachen Substanzen und
von deren gesetzmäßiger Tätigkeit treten müssen: von diesen weiß
er jedoch nur zu sagen, daß ihrer unendlich viele sind, und daß
nach dem von Leibniz aufgestellten »principium identitatis indiscernibilium« keine darunter der anderen vollkommen gleich sei.
Ununterscheidbar sind nur einmal gelegentlich die verworrenen,
d. h. sinnlichen Vorstellungen, die wir von den Substanzen haben:
die denkende Erkenntnis muß jeden Inhalt von jedem anderen
genau zu unterscheiden wissen.

Mit der vollständigen Durchführung der Monadologie fiel auch
derjenige von Leibniz' Gedanken dahin, welcher das innerliche
Band aller übrigen gebildet hatte: die prästabilierte Harmonie. Ihre
metaphysische Geltung war aufgehoben, sobald es noch andere als
vorstellende Substanzen gab; denn nur mit Zuhilfenahme der unbewußten Vorstellungstätigkeit hatte jede Monade als Spiegel der
Welt gelten können. Die Folge davon war die, daß Wolff den
»influxus physicus« wieder einführte. Es war das eine ähnliche
Rückkehr zu Descartes, wie sie sich schon in der Annahme einer
Verschiedenheit zwischen vorstellenden und materiellen Substanzen
aussprach. Wolff beschränkt die Hypothese der prästabilierten
Harmonie in einseitiger Weise auf das Verhältnis des Leibes zur
Seele, bzw. des gesamten materiellen zu dem gesamten immateriellen
Leben, obwohl selbst diese allgemeinere Auslegung nur schwach
angedeutet ist. Doch zeigt sich der Zug dieser Lehre wenigstens
insofern mächtig, als er auch bei Wolff zum vollständigen Determinismus führt. Das geschieht um so mehr, als Wolff im Gegensatze zu Thomasius und im engsten Anschluß an Leibniz den Willen
überall durch die Vorstellungstätigkeit bestimmt denkt. Seine
psychologischen und ethischen Ausführungen sind deshalb gleichfalls vom strengsten Rationalismus beherrscht. Hausbackene
Vernünftigkeit ist auch hier der Grundcharakter, und alles läuft
darauf hinaus, daß man nichts tun soll, was man nicht wohl über-
legt und was man nicht dabei als richtig aus vernünftigen Prinzipien
erkannt hat. Auch das moralische Leben möchte Wolff wie das
wissenschaftliche zu einem logischen Systeme machen, und der
rationalistische Grundgedanke, daß die gute Handlung nur diejenige ist, welche sich vor der Vernunft rechtfertigen kann, wird

bei ihm zu der Forderung, daß die Triebfeder der sittlichen Handlung nur die vernünftige Überlegung sei. In diesem Systeme spricht das Herz nicht mehr mit; der klare Verstand ist alles, worauf es ankommt, und in seiner Ausbildung liegt deshalb der Schwerpunkt auch des sittlichen Lebens. Alles Streben, entwickelt Wolff, ist auf Vollkommenheit und Vervollkommnung gerichtet: da die menschliche Seele eine vorstellende Substanz ist (auch hierin bezieht er sich direkt auf Descartes), so liegt ihre Vervollkommnung nur in der Richtung der Klarheit und Deutlichkeit ihrer Vorstellungen.

Eine detailliertere Darstellung dieses Lehrgebäudes würde nur die systematische Reproduktion zeigen können, die Wolff den vor ihm entwickelten Gedanken der Rationalisten gab. In der Hauptsache hielt er sich überall an Leibniz, ohne jedoch sich ihm gänzlich zu unterwerfen oder anderseits der Tiefe seiner Metaphysik gerecht zu werden. Namentlich in der praktischen Philosophie zeigt er sich daneben stark von Grotius und Pufendorf beeinflußt, verfährt aber in der Auffassung des politischen und sozialen Zusammenhanges der Menschheit gänzlich nach dem individualistischen Prinzip des Aufklärungszeitalters. Die Ordnungen des Staates und der Gesellschaft sind ihm nur um der Individuen willen da. Sie sind lediglich die Mittel, vermöge deren das Individuum seine Aufgabe am besten erfüllt. Die Vervollkommnung des einzelnen bleibt das höchste Ziel, aber sie ist nur in der Gesellschaft möglich. Wie das ganze XVIII. Jahrhundert, betrachtet Wolff Staat und Gesellschaft als Dinge, die man in den Kauf nehmen muß, weil man ohne sie den Zweck der eigenen Vervollkommnung nicht erreichen kann. Aber in keinem Lande hat dieses Prinzip eine so kleinliche Durchführung gefunden wie in Deutschland. Den Deutschen fehlte eben mit einem nationalen Staate auch das Gefühl für den selbständigen sittlichen Wert des staatlichen Zusammenhanges, und wenn sie im Staate nur eine Maschinerie für die Sicherung von Leben und Eigentum und für die Befriedigung der individuellen Bedürfnisse sahen, so war das in einem Lande entschuldbar, dessen Bewohner die staatliche Macht nur als Polizei kannten. Das Höchste, wozu Wolff sich in dieser Hinsicht erhob, war das Verlangen, daß der Staat vor allem auch für die wertvollste Aufgabe des Individuums, für seine geistige Aufklärung, zu sorgen habe. Er entnahm das Vorbild für die Zeichnung, die er dabei

ausführte, der Regierung des Königs, dem er die ruhmvolle Erneuerung seiner alten Wirksamkeit verdankte, und der sich seinen
Schüler nannte: Wolffs Staatslehre ist der Typus jenes aufge-
klärten Despotismus, mit dem Friedrich der Große das viel kopierte
Vorbild für die deutschen Fürsten in der zweiten Hälfte des vorigen
Jahrhunderts wurde. Wolff entwirft einen Polizeistaat, der sich
um alles kümmern soll, aber um alles zum Wohle des Volkes und zur
Aufklärung der Bürger. Dieser wohlwollende Despotismus war
das höchste Ideal, zu welchem sich der deutsche Philister auf-
zuschwingen vermochte. Wohl empfand auch er den politischen
und sozialen Druck, der auf dem Volke lastete, und der in Deutschland um so empfindlicher war, als er nicht von einem imponierenden
Nationalstaate, sondern von einer Reihe kleiner Dutzend-Potentaten
ausgeübt wurde. Aber der tiefe Niedergang des politischen Lebens
hatte ihm jeden Gedanken an eine politische Selbstbestimmung
geraubt, und seine einzige Hoffnung war die, einmal einen auf-
geklärten Fürsten zu finden, der als ein gütiger Vater ihm über
Nacht einen behaglichen Zustand, eine freiere Bewegung und ein
gewisses Maß persönlicher Berechtigung schenken würde. Daß er
diese Hoffnung erfüllte, war ein Hauptgrund für die gewaltige
Popularität Friedrichs des Großen; er war das Ideal des Herrschers,
wie ihn das Zeitalter der Aufklärung sich dachte, und dies hat
ihm neben der persönlich beeinflußten Bewunderung, die ihm Wolff
darbrachte, das schwerer wiegende Lob Kants eingetragen.

Einen ähnlichen Kompromiß zwischen den gegebenen Zuständen
und den Forderungen der Aufklärung vertritt Wolff auf religiösem Gebiete. Er prägt hier die Vereinbarkeit von Offenbarung und Vernunft in dem Geiste von Leibniz noch energischer
nach beiden Seiten hin aus. Auf der einen Seite verlangt er die
völlige Vernünftigkeit der Offenbarung und will nur solche Offenbarungen für gültig erachten, welche dem Menschen um seines
religiösen Lebens willen unbedingt nötig sind, dabei aber durch die
menschliche Vernunft auf keine Weise hätten gefunden werden
können, und er fügt hinzu, daß diese ihre Übervernünftigkeit niemals bis zur Widervernünftigkeit führen dürfe. Auf der anderen
Seite aber ist er persönlich überzeugt, daß die in den religiösen
Urkunden des Judentums und des Christentums niedergelegten Offenbarungen diesen vernünftigen Kriterien vollkommen entsprechen,

wovon er freilich klug genug ist, den Beweis der Theologie in die
Schuhe zu schieben. Bei diesen Bestimmungen ist es erklärlich,
wie in dem breiten Rahmen seiner Schule später sowohl der
Deismus als auch der Orthodoxismus Platz fanden: man gelangte zu
dem ersteren, wenn man die Lehre von den vernünftigen Kriterien
der Offenbarung energisch fortführte, zu dem letzteren, wenn man
den Glauben an die Vernünftigkeit der positiven Dogmen zur Richtschnur nahm. Jedenfalls aber schied Wolff die Theologie der Offenbarung von den eigentlichen Aufgaben der Philosophie aus und
beschränkte die letztere rücksichtlich dieses Gegenstandes auf die
natürliche Theologie oder die Vernunftreligion. Diese aber mußte
dem allgemeinen Prinzip seiner Enzyklopädie gemäß in zwei
parallelen Wissenschaften oder Betrachtungsweisen sich entwickeln:
einerseits begrifflich und anderseits empirisch. So gibt es für
Wolff neben der rationalen Theologie gewissermaßen noch eine
empirische Theologie. In der ersteren werden der ontologische und
der kosmologische Beweis für das Dasein Gottes ganz in den hergebrachten Formen und der letztere mit den von Leibniz hinzu-
gefügten Wendungen, vermöge deren aus der Zufälligkeit der Welt
auf die Existenz einer absolut notwendigen Ursache davon geschlossen wird, mit aller Ausführlichkeit beigebracht. Der empirische
Teil der Theologie dagegen ist eine breit angelegte Detaillierung des
physiko-theologischen Beweises. Die Tatsachen, welche hier verwendet werden, sind diejenigen der Zweckmäßigkeit aller Dinge,
und aus ihnen werden dann die Eigenschaften der Güte und Weisheit
des Weltschöpfers erschlossen. Die Teleologie von Wolff ist
aber eine wesentlich andere als diejenige von Leibniz. Zwar bewegt er sich vielfach in den Gedanken der Theodicee, und die Lehre
von der besten unter den möglichen Welten war in seiner Schule
eins der beliebtesten und populärsten Themata. Aber er gab
dem Begriffe der Zweckmäßigkeit eine viel niedrigere Tendenz,
als es Leibniz getan hatte. Auch das hing in letzter Instanz damit
zusammen, daß er die Monadologie und den eigentlichen Sinn
der prästabilierten Harmonie fallen gelassen hatte. Für Leibniz
war der Zweck der Weltschöpfung die Realisierung der unendlichen
Vorstellungswelt der Gottheit gewesen; für ihn bestand deshalb die
Zweckmäßigkeit der Dinge darin, daß sie diese ihre innere Harmonie gerade durch den Mechanismus ihrer Vorstellungsentfaltung

in jedem Augenblicke bekunden. Dieses Entwicklungssystem, diesen Gedanken der immanenten Zweckmäßigkeit hatte Wolff nicht begriffen. Er konnte deshalb der Weltschöpfung keinen anderen, als den im theologischen Sinne gedachten Zweck unterlegen, daß die Gottheit das Bedürfnis gehabt habe, ihre Güte und Weisheit von intelligenten Wesen bewundert zu sehen. Der Schwerpunkt der Teleologie lag für ihn somit darin, daß Wesen vorhanden sind, welche dieser Bewunderung fähig sind, und der zweckmäßige Verlauf des Weltgeschehens hatte für ihn nur den Sinn, daß diese Wesen wirklich zu dieser Bewunderung kommen. Da nun unter den erfahrungsmäßigen Wesen dies lediglich dem Menschen zukommt, so lief Wolffs Teleologie darauf hinaus, zu zeigen, wie zweckmäßig diese ganze Welt für den Menschen, bzw. für die hypothetischen, menschenähnlichen Bewohner anderer Gestirne durchgehends angelegt ist. So verkleinerte sich der Leibnizsche Gedanke bei Wolff zu einer an die stoischen Betrachtungen erinnernden anthropologischen Teleologie. Sein und seiner Schüler Gesichtskreis war in dieser Hinsicht ein unglaublich beschränkter. Sie wußten an allen Einrichtungen der Welt nichts weiter zu rühmen als die Förderung, welche sie dem Menschen geben, und gerieten dabei in eine so geradezu komische Kleinlichkeit hinein, daß sie den Spott nicht nur Voltaires, sondern z. B. auch Maupertuis' hervorriefen. An die Stelle der Zweckmäßigkeit war die Nützlichkeit getreten, und mit lächerlicher Borniertheit wurden die großen Zusammenhänge des Universums ebenso wie jede kleinste Erscheinung des Erdenlebens daraufhin geprüft, welchen Nutzen sie für das menschliche Leben gewähren. Die religiöse Folgerung dieser empirischen Theologie war selbstverständlich ein pedantisches Moralisieren. Wolff ergriff den großen Gedanken von Leibniz, daß der Mensch der Gottheit am besten durch seine Aufklärung diene, und wendete ihn dahin, daß man in allen Dingen des Schöpfers gütige Absicht erkennen und durch ihre Bewunderung zur Erfüllung jenes höchsten Weltzwecks beitragen müsse. Der Mensch ist geschaffen, um die Gottheit zu bewundern, und die übrigen Dinge sind dazu da, um dem Menschen zu nützen und so dieser Bewunderung zur Grundlage und zur Veranlassung zu dienen.

Trotz dieser Beschränktheit hatte die Wolffsche Philosophie in Deutschland einen unvergleichlich ausgebreiteten Erfolg, und man

darf nicht sagen, daß sie nur schädliche Wirkungen ausgeübt hätte.
Gewiß beförderte sie wie niemals eine andere Denkart die Sucht,
alles beweisen zu wollen und nur das Beweisbare gelten zu lassen,
und sie gab der deutschen Aufklärung die Richtung auf eine trockene
Verständigkeit, in der sie kühl an dem Wertvollsten vorüberging,
wenn es nicht beweisbar war. Sie beschränkte das Denken auf
den geringen Kreis der Vorstellungen, die der logischen Zergliederung
des Verstandes bequem zugänglich sind, und entschädigte für diesen
Mangel an Inhalt durch eine behagliche Breite der Verarbeitung
ihrer Prinzipien. Sie war deshalb so recht eine Philosophie für den
Durchschnittsmenschen, der das wenige, was er begreifen kann,
in recht stattlicher Auseinanderlegung und mit ordentlicher Über-
sichtlichkeit aufgestellt haben will, um, auf diesen schönen Besitz
pochend, vornehm alles übrige für wertlos zu erklären. Sie war
das Werk eines vorzüglichen Schulmeisters und schuf einen schul-
meisterlichen Sinn, der die ganze Welt unter seine paar Formeln
gebracht zu haben wünschte. Aber sie besaß auf der anderen
Seite nicht minder große Vorzüge. Sie gewöhnte die Menschen
an logische Sauberkeit, an eine methodische Anordnung ihrer
Gedanken und an eine reinliche Prüfung ihrer Erkenntnisse. Dadurch, daß ihr logischer Schematismus die Grundlage des deutschen
Universitätsunterrichts wurde, erzog sie die Nation zum strengen,
methodischen Denken. Wolff war der logische Schulmeister des
deutschen Volkes, und Kant hat ihn damit geehrt, daß er ihn den
Urheber des Geistes der Gründlichkeit nannte. Man darf diese
Wirksamkeit nicht unterschätzen. Sie hatte in der Entwicklung
der Deutschen einen außerordentlich großen Kulturwert. Als in
der zweiten Hälfte des XVIII. Jahrhunderts die Ideen der antiken
und der modernen Kultur mit lebhaftem Wechselspiel und gegenseitiger Durchdringung in die geistige Welt der Deutschen einströmten, als der Aufschwung der nationalen Literatur eine reiche Fülle
lebendiger Gedanken erzeugte, da erwies sich der Segen dieser
formalen Durchbildung. Für die glückliche Verarbeitung dieser
gärenden Gedankenmassen war die Gewöhnung an logische Klarheit
eine ganz unentbehrliche Vorbereitung, und das Geschick des
deutschen Volkes hatte es glücklich gefügt, daß die Nation eine
pedantische Schule durchgemacht hatte, ehe sie zur freien Betätigung ihres geistigen Lebens gelangte, und daß sie die logischen

Formen gelernt hatte, mit denen sie nun den Reichtum der neu
gewonnenen Gedanken meistern konnte. Wenn die deutsche
Philosophie im Anfang unseres Jahrhunderts eine Art von Triumphzug durch das Reich der Ideen machte, so waren ihr die Bahnen
dazu durch die Gewöhnung an das methodische Denken durch
Wolff vorgezeichnet, und diese Verknüpfung des großen Gedanken-
inhaltes mit der Strenge seiner Verarbeitung ist gerade am besten
durch die Persönlichkeit Kants charakterisiert. Kant wäre niemals der Vater einer neuen Philosophie geworden, wenn er nicht
den Schematismus der Schule mit seinen Ideen durchbrochen hätte:
aber er wäre es ebensowenig geworden, wenn er nicht dieser Ideen
durch die strenge Schulung seines »architektonischen« Denkens
Meister gewesen wäre.

Den Schülern Wolffs blieb wenig zu tun. Ihr System war
fertig, und sie konnten daran nur hie und da etwas ausbessern.
Sie beschränkten sich daher in der Hauptsache darauf, in mehr
oder minder kompendiösen Lehrbüchern die einzelnen Teile zu
reproduzieren und womöglich noch mehr in das einzelne auszu-
arbeiten. Zum größten Teil Universitätsprofessoren, gaben sie
ihre nach Wolffscher Methode ausgearbeiteten Kollegienhefte in
lateinischer oder deutscher Sprache heraus und machten sich damit teilweise, wo ihnen die didaktische Seite dieser Aufgabe besonders geglückt war, einen Namen, der die Zeit ihrer Schulherr-
schaft nicht überdauert hat. Die Geschichte der Philosophie hat,
da sie neue Gesichtspunkte nicht aufstellten und noch weniger aus
den Bahnen der vorgeschriebenen Methode herausgingen, keine Veranlassung, bei ihnen zu verweilen: in den Handbüchern sind ihre
Namen und die Titel ihrer Bücher verzeichnet. Nicht einmal der
innerhalb der Schule selbst und zum Teil auch mit ihren Gegnern
geführte Streit über die mehr oder minder weit auszudehnende
Geltung oder gar über die völlige Verwerfung der prästabilierten
Harmonie zugunsten des influxus physicus, — nicht einmal diese
anfangs sehr lebhaft geführte Kontroverse kann auf allgemeinere
Bedeutung oder auf Fruchtbarkeit an neuen Gedanken Anspruch
erheben.

Die erste Verbreitung fand die Wolffsche Philosophie durch den
persönlichen Freund ihres Urhebers Philipp Thümming (1697
bis 1728); den meisten Ruhm unter den späteren Schülern genoß

vielleicht Georg Bernhard Bilfinger (1693—1750), der auch
eine Geschichte der Leibniz-Wolffschen Schule, beinahe die Geschichte der damaligen deutschen Universitäten, hinterlassen hat.
Die größte Verbreitung dagegen fanden die Lehrbücher von
Alexander Gottlieb Baumgarten (1714—1762), der noch
in anderer Beziehung zu erwähnen sein wird. Die große Mehrzahl dieser vorschriftsmäßigen Wolffianer stand auf dem orthodoxen
Standpunkte der protestantischen Lehre und hielt wie der Meister
an der Identität der Vernunftreligion mit dem positiven Dogma
fest. So kam es, daß die Anfeindungen, die Wolff selbst und anfänglich noch seine Schüler von den kirchlich Gesinnten erfahren
hatten, nach und nach schwiegen und auf den deutschen Universitäten ein Friede zwischen Theologie und Philosophie, wie ihn
Leibniz gewünscht hatte, lange Zeit zur Herrschaft kam. Selbst
der Pietismus bequemte sich in so tüchtigen Vertretern, wie es
z. B. Schulz in Königsberg war, zu einer gewissen Anerkennung
der anfangs so heftig verfolgten Lehre. Man gewöhnte sich, die
Wolffsche Philosophie als eine rechtgläubige anzusehen, und sie
nahm die Stellung der protestantischen Scholastik ein, die früher
der Melanchthonianismus innegehabt hatte. Gerade diejenigen
unter den Orthodoxen, welche sich dem Fortschritte der modernen
Wissenschaft nicht ganz verschlossen, waren damit einverstanden.
An der Stelle von Aristoteles hatte man Leibniz und Wolff, und die
moderne Philosophie schien wieder der Theologie den alten Dienst
zu leisten, daß sie das Kirchendogma als vernünftig bewies.

Inzwischen wurde die deutsche Philosophie schon auf diesem
Standpunkte nach einer Richtung gezogen, die für ihre folgende
Entwicklung immer wichtiger werden sollte. Der deutsche Geist
begann allmählich aufzuatmen, und neben dem neuen philosophischen Interesse, das er durch die Wirksamkeit der Wolffschen
Schule für die Gedanken von Leibniz gewann, regte sich allerorten
das literarische Leben und der Sinn für die Kunst. Diese
Gleichzeitigkeit des Aufschwunges ist für die weitere Entwicklung
beider Interessen entscheidend geworden. Die deutsche Philosophie
fiel in eine Zeit der lebhaftesten Kunstbewegung, und die schöne
Literatur fand eine philosophisch angeregte Gesellschaft vor. Dagegen fehlte in Deutschland dasjenige Element, welches der französischen Philosophie ihre Richtung gegeben hatte, die leidenschaftliche

Diskussion der Probleme des öffentlichen Lebens. Der Mangel
des nationalen Zusammenhanges ließ diese Fragen, so sehr sie sich
im einzelnen aufdrängten, in dem gemeinsamen geistigen Leben
mehr zurücktreten, und es ist oft bemerkt worden, daß die Deutschen
ihre Nationalität, die sie im dreißigjährigen Kriege verloren hatten,
durch ihre Philosophie und vor allem durch ihre Literatur wieder-
gewonnen haben. Was die deutschen Geister vereinte, waren nicht
gemeinsame Ziele des politischen und sozialen Lebens, sondern
vielmehr das Interesse für wissenschaftliche und künstlerische
Gegenstände, ein Interesse, das so lebendig und so leidenschaftlich
wurde, daß ihm später mit Recht die Zurückdrängung des Sinnes
für das öffentliche Leben vorgeworfen werden konnte. Da aber
so die Philosophie und die Literatur die beiden wesentlichen Ver-
einigungspunkte für das neu erwachende Kulturleben der Deutschen
bildeten, so war es eine natürliche Folge, daß diese beiden Bestrebungen inniger und dauernder miteinander verwuchsen, als dies
bei irgend einer anderen Nation der Fall gewesen war. Schon mit
der Mitte des XVIII. Jahrhunderts begann daher die Verschmelzung der philosophischen und der literarischen Bewegung, welche der folgenden Entwicklung ihren Charakter
aufgedrückt hat. Die Blüte der deutschen Kultur um die Wende
des XVIII. und des XIX. Jahrhunderts, die eine der wertvollsten
Epochen der gesamten Kulturgeschichte ausmacht, ist nur aus
dieser gegenseitigen Durchdringung der Philosophie und der
Dichtung zu verstehen. Sie tritt auf ihrem Höhepunkte in den
Romantikern gewissermaßen verkörpert auf; aber schon vorher
ist die Tendenz dieser Vereinigung nicht nur in den bedeutendsten
Persönlichkeiten, sondern auch in dem allgemeinen Zuge der ganzen
Entwicklung unverkennbar. Literatur und Philosophie dieser ganzen
Zeit sind ohne einander nicht zu verstehen und verdanken einander
wechselseitige Einflüsse bald fördernder, bald hemmender Natur.

Für diese Vereinigung gab es ein Zwischenglied, an welchem
beide gleichmäßig beteiligt waren: die Ästhetik. Freilich hatte
auch die außerdeutsche Aufklärungsphilosophie in ästhetischen
Untersuchungen mancherlei Fühlung mit der allgemeinen Literatur
gesucht und gefunden. Namentlich die psychologische Neigung
der englischen Philosophie hatte zu vielen derartigen Versuchen
geführt. Aber es waren das doch immer nur gelegentliche Aus-

zweigungen des philosophischen Denkens geblieben. Demgegenüber charakterisiert sich das eigentümliche Wesen der deutschen Philosophie am besten durch den steigenden Wert, den in ihr die Ästhetik als ein integrierender Bestandteil des philosophischen Systems selbst einnimmt, und der schließlich dahin führte, daß der ästhetische Gesichtspunkt in den großen nachkantischen Systemen sogar zu dem entscheidenden für die ganze Philosophie gemacht werden sollte.

Die Anfänge dieser Bewegung sind sehr unscheinbar und wunderlich. Die Wolffsche Philosophie mit ihrem dürren Pedantismus schien zunächst weder geneigt noch geeignet, mit dem künstlerischen Leben in Verbindung zu treten, und der erste Versuch, der dazu gemacht wurde, war für die schöne Literatur äußerst unersprießlich. Wie Wolff für die deutsche Philosophie, so wurde einer seiner Schüler, Gottsched, zum Schulmeister für die deutsche Poesie, und die Poesie kann freilich das Schulmeistern noch etwas weniger vertragen als die Philosophie. Aber auch Gottscheds Wirksamkeit ist in ähnlicher Weise zu würdigen wie diejenige Wolffs. Er hielt es für seine Aufgabe, die Dichtkunst zu einer nach festen Regeln, gewissermaßen methodisch und unter der Herrschaft deutlicher Begriffe verfahrenden Tätigkeit zu machen, und kritisierte von diesem Verstandesstandpunkte des Regelrechten in tyrannischer Weise die Literatur seiner Zeit. Wenn er dadurch alle Ursprünglichkeit verbannte und allen Duft der Poesie zerstörte, so darf doch anderseits nicht vergessen werden, daß er für eine verständige Reinigung der Sprache gegenüber dem eingerissenen Verderb sehr glücklich tätig gewesen ist. Zwar war er auch hierin von dem Vorbilde des französischen Klassizismus abhängig, dessen steife Geregeltheit den rationalistischen Charakter der Dichtung des XVII. Jahrhunderts am schärfsten zum Ausdruck gebracht hatte, und den Gottsched durch einen wachsenden Anschluß an Boileau in Deutschland nachzuahmen suchte. Aber gerade durch dieses Bestreben wurde er doch einer der Förderer der vaterländischen Dichtung und vor allem eines reineren deutschen Sprachgebrauchs.

Viel wertvoller für diesen ganzen Prozeß war es jedoch, als einer der Wolffianer die Entdeckung machte, daß die Ästhetik eine notwendige und bisher unbeachtete Stellung in der Wolffschen Enzyklopädie der Wissenschaften einnehmen müsse. Diese Entdeckung war es, durch die Alexander Baumgarten den Ruhm

gewonnen hat, der Vater der philosophischen Ästhetik zu sein.
Es ist eine denkwürdige Tatsache in der Geschichte der Wissenschaften, daß hier ein eigener Wissenszweig lediglich aus methodologischen Betrachtungen und um der systematischen Vollständigkeit willen geschaffen wurde. Baumgarten hatte weder ein besonderes persönliches Interesse am künstlerischen Leben, noch
einen Sinn für die feine Beurteilung poetischer Leistungen, sondern,
wie er überhaupt die Wolffsche Systematik bis ins allereinzelnste
detaillierte und eine Menge untergeordneter Wissenszweige mit
eigenen Namen bezeichnete, so schuf er auch die Ästhetik nur,
weil er eine Lücke in der Wolffschen Enzyklopädie entdeckte.
Der Gedankengang, der ihn dazu führte, entsprang aus dem Gegensatze des höheren und des niederen Erkenntnisvermögens, welcher
der Wolffschen Enzyklopädie der Wissenschaften zugrunde lag.
Wolff hatte die Logik als allgemeines Organon allen Wissenschaften
vorangeschickt und damit auch innerhalb seiner Gedanken insofern
recht gehabt, als es sich in ihr um die Klarheit und Deutlichkeit
der Begriffe und der Beweise handeln sollte, ohne die es keine
Wissenschaft geben kann. Aber die Logik ist nur die Technik des
Verstandes, sie handelt von dem vollkommenen Gebrauche des
oberen Erkenntnisvermögens; es fehlte eine parallele Wissenschaft,
welche in gleicher Weise das untere Erkenntnisvermögen behandelte und die Vollkommenheit der sinnlichen Wahrnehmung
zu ihrem Gegenstande hätte. Deshalb entwarf Baumgarten —
einer Andeutung Bilfingers folgend — aus diesen systematischen
Überlegungen eine »Empfindungslehre« als eine »nachgeborene
Schwester der Logik«, wie es Lotze sehr glücklich bezeichnet hat.
Diese neue Wissenschaft nannte er ganz korrekt »Ästhetik«, und
die beiden Bände, worin er ihre Ausführung begann, erschienen
unter dem Titel »Aesthetica« (Frankfurt a. d. O. 1750 und 1758).
Unter jetzigen Umständen würde man unter dieser Wissenschaft
bei dieser Ableitung ihrer Aufgabe eine Lehre von der Richtigkeit
der Erfahrung, eine Zusammenstellung der Methoden der Beobachtung und des Experiments, eine zusammenfassende Kritik der
menschlichen Wahrnehmungstätigkeit erwartet haben. Allein ein
derartiges Eingehen auf die empirische Naturforschung lag den
Denkern der Wolffschen Schule fern. Gleichwohl ist die Tatsache,
daß Baumgarten die Behandlung dieser Aufgabe auf diejenigen

Untersuchungen richtete, welche nach dem Titel seines Werkes
später den Namen der ästhetischen erhielten und jetzt allgemein
besitzen, nur durch ein eigentümliches Zurückgreifen auf gewisse
Gedanken von Leibniz zu erklären. Dieser hatte gelegentlich die
Schönheit als die Vollkommenheit der sinnlichen Wahrnehmung bezeichnet. Die klare, aber noch verworrene Anschauung des Vollkommenen hatte ihm als der Genuß des Schönen
und der verworrene Instinkt der Vollkommenheit als die schöpferische Kraft der Kunst gegolten. Schönheit, hatte er gelehrt, ist
sinnliche Vollkommenheit, ebenso wie Wahrheit logische und Güte
moralische Vollkommenheit. Diese Ansicht gab die Richtschnur
für Baumgartens Untersuchungen ab, und so gestaltete sich seine
Empfindungslehre zu einer Wissenschaft vom Schönen. Durch
diese Gedankenverknüpfung ist es gekommen, daß die Termini
»Ästhetik« und »ästhetisch« den jetzt geläufigen Sinn angenommen
haben; und am meisten hat dazu beigetragen, daß Kant, nachdem er sich anfangs gegen die von Baumgarten eingeführte Bedeutung gesträubt*) und in der Kritik der reinen Vernunft das
Wort Ästhetik in dem alten Sinne von Wahrnehmungslehre gebraucht hatte, später in der Kritik der Urteilskraft durch die Lehre
von der »ästhetischen Urteilskraft« die Baumgartensche Wendung
annahm.

Die Ausführung dieses ersten Entwurfs einer philosophischen
Ästhetik fiel nun freilich äußerst mangelhaft aus. Baumgartens
Darstellung ist, wie in allen seinen Lehrbüchern, von ermüdender
Weitschweifigkeit und im Grunde genommen überaus langweilig.
Er macht aus der Ästhetik fast nur eine Poetik und beschränkt
sich auf eine systematische Entwicklung der technischen Regeln,
wie sie antike und moderne Bearbeiter der Poetik aufgestellt hatten.
Dabei ist es höchst charakteristisch, wie der deutsche Rationalismus
aus ganz anderen Gründen zu fast demselben Resultate wie der
französische Sensualismus gelangt, nämlich zu der Ansicht, daß
das höchste Prinzip der künstlerischen Schöpfung in der empirischen »Wahrheit« der Darstellung beruhe. Lotze hat feinsinnig
darauf aufmerksam gemacht, daß sich darin eine Abhängigkeit der
Ästhetik von dem theoretischen Gesichtspunkte des Rationalismus

---

*) Vgl. die Anmerkung zu § 1 der Kritik der reinen Vernunft.

zeige, welche der deutschen Ästhetik lange nachgegangen ist, und
daß diese Lehre bei Baumgarten sich hauptsächlich auf diejenige
von der besten unter den möglichen Welten stützt, außerhalb
deren der Künstler nur Unvollkommeneres erdichten kann. Der
Optimismus kennt folgerichtig kein anderes Prinzip der Kunst als
dasjenige der Naturnachahmung. Wenn die wirkliche Welt die
beste ist, so ist sie auch die schönste, und alle Versuche, etwas
anderes zu erdenken, müssen hinter ihr zurückbleiben. Hierin
liegt auch umgekehrt der Grund, weshalb sich in neuerer Zeit die
pessimistischen Systeme so überaus glücklich mit einer idealistischen
Ästhetik verbinden konnten. Die Schönheit erscheint somit bei
Baumgarten als verworrene Wahrheit. Sie zeigt in sinnlicher
Anschauung jene Harmonie des Mannigfaltigen, die das philosophische Denken zur Deutlichkeit bringen soll: sie ist eine undeutliche Vorstufe der vernünftigen Erkenntnis. So gilt es nicht nur in
persönlicher Beziehung, sondern auch in der prinzipiellen Beurteilung, wenn Lotze gesagt hat, daß die deutsche Ästhetik bei
Baumgarten mit einer ausgesprochenen Geringschätzung ihres
Gegenstandes begann. Aber es darf doch nicht übersehen werden,
daß er nach zwei Richtungen hin einen sehr bedeutsamen Anstoß
gab: einerseits war es sein Verdienst, der Ästhetik ihre notwendige
Stelle im System der Philosophie anzuweisen und ihre Prinzipien
mitten aus den allgemeinsten Überlegungen der begrifflichen Weltbetrachtung heraus zu entwickeln. Während die Untersuchungen
über das Schöne bei den Engländern und den Franzosen wesentlich
eine empiristische Kritik des Geschmacks und im besten Falle eine
Psychologie des künstlerischen Genießens, Beurteilens und Schaffens
gebildet hatten, machte Baumgarten zum ersten Male wieder seit
den Neuplatonikern den Versuch, die Lehre vom Schönen an die
höchsten Bestimmungen der philosophischen Prinzipienlehre anzuknüpfen; und sowenig er dieser Aufgabe zu genügen vermochte,
so war damit doch eine Anregung gegeben, die später die deutsche
Philosophie seit Kant in der glänzendsten Weise weiter verfolgt
hat. Auf der anderen Seite verfiel er zwar in der Ausführung dieser
seiner Forderungen überall in ein pedantisches System von Regeln,
aber der von Leibniz übernommene Begriff der Schönheit und der
künstlerischen Tätigkeit hinderte ihn doch daran, in der Weise wie
Gottsched das künstlerische Schaffen ganz in rationale Methodik

aufzulösen. Er vergaß nie, daß das Wesen des Künstlers in einer instinktiven Auffassung und Wiedergabe der sinnlichen Vollkommenheit besteht, und so trocken die Regeln waren, die er aufstellte, so sehr blieb er überzeugt, daß zur wahren Kunst noch mehr gehöre als ihre Befolgung. Hätte ihm nicht das Wolffsche System die Einsicht in den wahren Charakter von Leibniz' prästabilierter Harmonie verschlossen, so würde er diesen instinktiven Charakter des künstlerischen Lebens noch tiefer erfaßt und eingesehen haben, daß die Leibnizsche Definition der Schönheit und des künstlerischen Genies auf das unbewußte Vorstellungsleben der Monaden zurückweist und ihre dunklen Regungen zur Voraussetzung hat.

Immerhin hatte Baumgarten in dieser Weise Veranlassung gegeben, daß man der verstandesmäßigen Regelung gegenüber auf die Ursprünglichkeit des künstlerischen Schaffens aufmerksam wurde, und in diesem Sinne trat sein Schüler Georg Friedrich Meier (1718—1777) in dem Streite zwischen Gottsched und den durch Bodmer vertretenen Schweizern auf die Seite der letzteren, welche zuerst das Prinzip der Genialität für die dichterische Tätigkeit wieder in Anspruch nahmen. Dabei entfernte sich Meier von dem ästhetischen Rationalismus noch mehr als Baumgarten, und auch in seinen übrigen Lehren, die gleichfalls in zahlreichen und vielgelesenen Büchern niedergelegt waren, suchte er die Fesseln der Wolffschen Schule mehr und mehr abzustreifen. Er machte eine entschiedene Schwenkung zu Thomasius, wenn er immer mehr die Popularität und praktische Nutzbarkeit der Wissenschaft betonte, und er zeigt sich zu gleicher Zeit den empiristischen Einflüssen der englischen Psychologie derartig zugänglich, daß er in manchen Fragen, besonders auch in derjenigen der Unsterblichkeit der Seele und in der Entwicklung der einzelnen Seelenvermögen von der Empfindung aus, beinahe vollständig aus dem Rahmen des Rationalismus heraustrat.

§ 51. Der Deismus.

Eine ähnliche Lockerung des Schulzusammenhanges der Wolffianer vollzog sich teils infolge der Verschiedenheit der im System vereinigten Gesichtspunkte, teils auf Grund der ausländischen Einflüsse auch nach mehreren anderen Richtungen, und namentlich erfuhr dies Geschick der Zersplitterung die Religionsphilosophie, die von dem schroffsten Konfessionalismus bis zum radikalsten Freidenkertum alle Schattierungen innerhalb der Wolffschen Schule aufzuweisen hat.

Die Abwendung vom strengen Orthodoxismus wurde zunächst durch den von Spener begründeten und von Halle aus durch Francke immer mehr sich ausbreitenden Pietismus begünstigt. Dieser hielt zwar durchaus an einer rechtgläubigen Tendenz fest; aber indem er den Schwerpunkt des religiösen Lebens aus den theoretischen Satzungen in einen frommen Lebenswandel verlegte, wurde er den konfessionellen Unterscheidungslehren gegenüber verhältnismäßig gleichgültiger. In beiden Beziehungen erkennt man deutlich die mit der Zeit etwas abgeschwächten Züge der deutschen Mystik wieder, und diese innere Verwandtschaft beider Richtungen trat namentlich bei dem von Boehme stark beeinflußten Pietisten Gottfried Arnold (1666—1714) hervor, der neben Konrad Dippel (1673—1734) in den sektiererischen Bewegungen der Zeit eine bedeutende Rolle spielte. Der freiere Aufschwung des deutschen Geistes entfaltete sich in religiöser Hinsicht als wachsende Unbefriedigtheit an dem beschränkenden Konfessionalismus: die Unionsbestrebungen, der Pietismus, die Sektenbildungen hatten diesen gemeinsamen Ausgangspunkt, und in höchst interessanter Weise wiederholte sich den protestantischen Kirchenlehrern gegenüber genau dasselbe, was die Reformatoren anfangs dem Papsttum entgegengehalten hatten: der Rückgriff auf die Bibel. Das gesteigerte Interesse an ihr dokumentierte sich in den neu auftretenden Übersetzungen, vor allem aber in den zahlreichen Ansätzen zur Bibelerklärung und Bibelkritik.

In dieser mehr gelehrten Beziehung wurden nun hauptsächlich die ausländischen Einflüsse wichtig. Ein unselbständiger Schwärmer wie Edelmann (1698—1767) ließ sich durch eine schiefe Auffassung des Spinozismus zu blindem Haß gegen alles Priester- und Kirchentum bestimmen. Auf die Schulphilosophen wirkte mehr die englische Literatur. Selbst orthodoxe Wolffianer wie Siegmund Baumgarten (1704—1757), bei dem freilich auch eine pietistische Erziehung ins Spiel kam, beschäftigten sich viel mit den englischen Deisten und gewöhnten sich dadurch allmählich an eine kritischere Betrachtung der eigenen Glaubenslehren. Auf diese

Weise kamen die rationalistischen Seiten der Wolffschen Religionsphilosophie mehr zur Geltung, und unter dem Einflusse jener englischen Lehre, daß die natürliche Religion die Prinzipien der Beurteilung für den Wert der positiven Religionen abgeben müsse, vollzog sich in einigen Schülern Wolffs in bezug auf das Verhältnis der
Vernunftreligion zur Offenbarung eine eigentümliche, man kann fast
sagen witzige Wendung, die übrigens schon bei Leibniz angelegt
war. Enthält die natürliche Religion philosophische oder ewige
Wahrheiten, so gibt die geoffenbarte nur empirische oder zufällige
Wahrheiten. Wenn deshalb nach Wolffschem Prinzip beide zuletzt
auf dasselbe hinauslaufen müssen, so zeigen doch die ewigen Wahrheiten der Vernunftreligion die vollkommen klare und deutliche
Erkenntnis dessen, was in den tatsächlichen Wahrheiten der Offenbarung nur verworren zum Bewußtsein kommt. Verfolgte man
diesen Gedanken, so ergab sich, daß in der positiven Religion nur
dasjenige als ewige Wahrheit gelten kann, was als solche schon
in der Vernunftreligion vorhanden ist. Hieraus ergab sich in erster
Linie das Bestreben, die Offenbarungen der positiven Religion
soweit als irgend möglich im Sinne der Vernunftreligion zu deuten,
in zweiter Linie bei kühnerer Ausführung eine abweisende Kritik
der Offenbarungslehren, soweit diese sich mit dem Deismus
nicht vereinigen ließen. Beide Richtungen waren von den Engländern vorbereitet, und in beiden begannen deshalb die Ideen von
Herbert, Shaftesbury, Toland, Tindal usw. in Deutschland lebendig
zu werden.

Die erste dieser beiden Richtungen ist diejenige, welche man
in der Geschichte der Theologie als Rationalismus bezeichnet.
Sie hält im Prinzip an der empirischen Richtigkeit der Offenbarung fest, sucht jedoch den biblischen Erzählungen überall eine
möglichst verstandesmäßige und natürliche Interpretation unter-
zulegen. Sie will die Wundererzählungen als tatsächlich anerkennen,
dabei jedoch sie überall auf dem Wege des natürlichen Geschehens
erklären, und so schiebt sie den biblischen Vorstellungen, soweit
irgend tunlich, die Schulbegriffe der Wolffschen Philosophie unter.
Dies zeigt sich schon in der von dem Wolffianer Lorenz Schmidt
herausgegebenen Wertheimer Bibelübersetzung, welche bei
den zahlreichen Verfolgungen und Verboten, die sie betrafen, auf
den Pentateuch beschränkt blieb. Die weitere Entwicklung dieser

Richtung führte ganz im Geiste der englischen Deisten dazu, daß man das wahre Christentum mit der Vernunftreligion identifizierte und in den konfessionellen Dogmen nur Zutaten erblickte, die, wenn auch für den geringeren Menschen vielleicht notwendig, im wesentlichen doch gleichgültig seien. Hervorragende Dozenten, Gelehrte und Prediger, wie Töllner, Sack, Jerusalem, Spalding, Teller und Steinbart vertraten die edlere Seite dieser Auffassung, indem sie die innere Gemeinsamkeit alles religiösen Lebens und nicht nur der christlichen Konfessionen, sondern auch der übrigen Religionen hervorhoben und die Humanität zum Inhalt aller Religiosität machten. In der Theologie selbst führte dieses Bestreben immer mehr zu einer wässerigen Deuterei: ohne eine Ahnung von dem historischen Wesen der Religion verflüchtigten die Rationalisten in der Retorte ihrer »Erklärung« den wertvollsten Inhalt des religiösen Lebens zu vagen Dünsten und sahen darin nur Nebel, welche die Klarheit und Deutlichkeit ihrer Schulbegriffe verhüllen müßten.

Vielleicht wäre diesem Treiben eher Einhalt geschehen, wenn man die Richtung, die Salomo Semler (1725—1791) einschlug, mehr in seinem Geiste verfolgt hätte. Zwar unterschied auch er eine innere allgemein menschliche Religiosität, die im wesentlichen mit dem Deismus zusammenfiel, von dem äußeren, durch die Konfessionen bestimmten Kultus; aber mit vollem Verständnis für die Notwendigkeit der äußeren Organisation trat er allen, auch jenen wohlgemeinten Versuchen, das bestehende Kirchentum zu untergraben, lebhaft entgegen. Zeugt schon dies von einem historischen Sinne des Mannes, so trat dieser noch mehr in seiner Art der Bibelerklärung hervor. Er hatte das Verständnis dafür, daß, wie es im Prinzip schon Spinoza ausgesprochen hatte, die eigentümliche Form, womit die religiösen Überzeugungen in den religiösen Urkunden sich niedergelegt finden, aus dem Geiste der Zeit, der sie ihren Ursprung verdanken, erklärt werden müsse, und er ist somit trotz der Mangelhaftigkeit seiner Ausführung der Schöpfer der historisch-kritischen Bibelbetrachtung. In der Folgezeit jedoch trat unter dem Einflusse des englischen Deismus der historische Charakter dieser Betrachtung weit hinter dem kritischen zurück, und es blieb nur die abweisende Tendenz des Deismus gegen die positive Religion übrig.

Als der typische Vertreter dieser Richtung gilt mit Recht Her-
mann Samuel Reimarus (1694—1768). Er ist der konsequenteste
und, wie sein Stil beweist, auch der klarste und logisch geschulteste
unter den deutschen Freidenkern, und er zeigt alle ihre Vorzüge
und alle ihre Schwächen in der konzentriertesten Form. Seine
»Abhandlungen von den vornehmsten Wahrheiten der natürlichen
Religion« (Hamburg 1754) sind die lichtvollste Zusammenfassung,
welche die positiven Lehren des Deismus in Deutschland gefunden
haben, und sie sind durchgängig von dem teleologischen Gesichtspunkt beherrscht, von welchem aus sie den Materialismus, die rein
mechanische Naturphilosophie und den Pantheismus mit gleich-
mäßiger Energie bekämpfen. Doch ist die Physikotheologie bei
Reimarus nicht von jener Kleinigkeitskrämerei und vor allem
nicht auf jenen Gedanken der bloß menschlichen Nutzbarkeit gerichtet, wodurch die Wolffsche Schule sich sonst lächerlich machte.
Er denkt mehr im Geiste von Shaftesbury und von Leibniz, wenn
er das Wohl aller lebendigen Geschöpfe für den gütigen Zweck
des Weltschöpfers erklärt, und mit umfassender Kenntnis sucht
er in den »Betrachtungen über die Kunsttriebe der Tiere« (Hamburg 1762) zu zeigen, wie die gesamte animalische Welt auf das
Wohl aller Wesen derartig eingerichtet sei, daß sie einen weisen
und gütigen Urheber voraussetze. Im Verfolge dieser allgemeinen
Auffassung von einer auf Glückseligkeit aller Geschöpfe angelegten
Welteinrichtung erscheint dann auch die Lehre von der Unsterblichkeit des vernünftigen Menschen als eine notwendige Forderung
zur Ausgleichung der in diesem Leben bestehenden Widersprüche.
Die weise Einrichtung des Weltalls ist die vollkommene Offenbarung der Gottheit. Aber damit ist für Reimarus der Inhalt der
Religiosität auch beschlossen, und gegen alle positiven Religionen
verhält er sich durchaus negativ. Er hat diesen Gegensatz in
einem Sinne behandelt, der ganz demjenigen der Mehrzahl der
englischen Deisten entsprach. Die Welt kannte ihn nur als einen
warm empfindenden und begeisterten Physikotheologen. Er wußte,
daß, wenn sie die schroffe Stellung erführe, die er zum positiven
Dogma einnahm, sie ihn nur verfolgen würde, und so teilte er
seine polemischen Untersuchungen, an denen er bis zu seinem
Tode unausgesetzt arbeitete, nur seinen vertrautesten Freunden
mit. Dies sein bedeutendstes Werk ist die »Apologie oder Schutz-

schrift für die vernünftigen Verehrer Gottes«. Lessing hatte die
Kühnheit, Bruchstücke davon herauszugeben, und der Lärm, den
die »Wolffenbütteler Fragmente« machten, war der beste Beweis für die Richtigkeit der Voraussetzung ihres Urhebers. Später
ist aus der Handschrift noch einiges an die Öffentlichkeit getreten;
aber erst D. F. Strauß hat von dem umfangreichen Ganzen eine
genaue Analyse gegeben. Der Schwerpunkt des Werkes beruht
darin, daß die natürliche Religion zum kritischen Maßstabe der
positiven gemacht wird. Die Verwerfung der letzteren geschieht
sogleich prinzipiell. Die natürliche Religion macht die geoffenbarte,
die Offenbarung der Natur macht die historische Offenbarung, wie
jede positive Religion sie voraussetzt, überflüssig. Aus dem Mittelalter her stammt jene Entgegensetzung der doppelten Offenbarung
des »codex vivus« und des »codex scriptus«, die von der neueren
Religionsphilosophie seit der Renaissance in den mannigfachsten
Wendungen variiert worden war: hier kehren sich beide so gegeneinander, daß die eine die andere vollständig verdrängt. Denn
Reimarus sucht nicht nur die Überflüssigkeit, sondern auch die
Unmöglichkeit und die Unwahrheit der positiven Offenbarung
nachzuweisen. Er meint, daß jede besondere Offenbarung ein
Wunder voraussetzt, und daß das Wunder der göttlichen Allwissen-
heit und dem wahren Begriffe der Vorsehung widerspricht. Mit
polemischer Benutzung des deistischen Gedankenganges zeigt er,
daß, wenn der Lauf der Dinge an irgend einer Stelle ein eigenes
Eingreifen Gottes notwendig erscheinen ließe, dies den Beweis dafür
geben würde, daß Gott den ganzen Zusammenhang des Geschehens
von Anfang an nicht vollständig seinen Zwecken entsprechend geregelt hätte. Die besondere Offenbarung ist außerdem mit der
göttlichen Güte deshalb unvereinbar, weil man annehmen muß, daß
Gott das Heil allen Menschen zuteil werden lassen will, was bei
der Offenbarung an ein Volk und an einen kleinen Kreis von
Menschen und bei der Niederlegung der göttlichen Mitteilung in
einer besonderen Sprache sich von selbst ausschließt und deshalb
nur durch die Offenbarung der Natur geschehen kann. Endlich
führt Reimarus mit besonderer Beziehung auf die jüdische und
christliche Offenbarung den apagogischen Beweis ihrer Unwahrheit,
indem er zu zeigen sucht, daß sie keiner der Anforderungen entsprechen, die man an eine wahre Offenbarung Gottes stellen müßte.

In erster Linie gehörte dazu, daß sie klar, durchsichtig und zweifellos jedermann verständlich wäre. Die Schriften des alten und des neuen Testaments sind dies nicht, denn seit Jahrhunderten streiten die Gelehrten um ihre Auslegung, und mit einschneidendem Scharfsinn deckt Reimarus die Widersprüche auf, in denen sich gerade die bedeutendsten Interpreten ebenso wie die biblischen Schriften selbst über die wichtigsten Punkte befinden: hierdurch allein schon hält er die Inspirationstheorie für widerlegt. Er fügt hinzu, daß eine wahrhaft göttliche Offenbarung nur reine und edle Menschen als ihre Träger denken lasse, und zeigt dann namentlich an den Persönlichkeiten des alten Testaments, in wie geringem Maße sie dieser Anforderung Genüge tun. Überall wird die positive Offenbarung verworfen, weil sie den von der Vernunftreligion festgestellten Begriffen vom Wesen der Gottheit widerspricht, und als das Resultat dieser historisch-kritischen Untersuchung der Bibel findet Reimarus, daß sie ein menschliches Machwerk sei und die Spuren davon in jeder Beziehung an sich trage.

Dies sind die Grundzüge der später landläufig und trivial gewordenen Bibelkritik, welche von Reimarus im wesentlichen alle angelegt waren, und von denen die »Wolffenbütteler Fragmente« durch die Auswahl charakteristischer Proben die hauptsächlichsten vor die Öffentlichkeit brachten. Bei dem Gesamtergebnis, zu welchem der Kritiker gekommen war, schien ihm für die Erklärung der Bibel und der in ihr erzählten Wunder und Offenbarungen nur eine Möglichkeit übrig zu bleiben. Er hielt, wie der gesamte Rationalismus, daran fest, daß die Bibel historisch glaubwürdig sei, und daß die in ihr erzählten Tatsachen sich wirklich so zugetragen hätten. Da er aber bewiesen zu haben glaubte, daß sie keine göttliche Offenbarung enthalten und aus keiner übernatürlichen Wirksamkeit der Gottheit herstammen können, so blieb ihm nur übrig, in ihnen absichtliche Täuschungen zu erblicken. Er beschuldigte nicht nur die jüdischen Priester, sondern auch die Apostel, in der Absicht das Volk zu täuschen, diese geheimnisvollen und als Wunder erscheinenden Tatsachen in Szene gesetzt zu haben, und glaubte damit nachweisen zu können, daß die historische Grundlage der positiven Religion nichts als Priestertrug und Täuschung sei. Das war die äußerste Konsequenz, bis zu welcher der in sich borniertе Rationalismus sich versteigen konnte. Er bewies dadurch am

besten, daß ihm in der Tat jeder Sinn für das religiöse Leben und
jedes Verständnis für den Ursprung religiöser Vorstellungen fehlte.
Ohne Blick für das geheimnisvolle Walten des Menschengeistes,
konnte er mit seinen dürren Begriffen die gewaltigen Bewegungen
des religiösen Lebens nur auf die kleinlichen Machenschaften selbst-
süchtiger Priester zurückführen und begründete auf diese Weise
eine Oberflächlichkeit der Betrachtung und zugleich einen Haß
gegen die positive Religion, die sich der urteilslosen Masse leicht
in gefährlicher Ausdehnung mitteilten. Gewiß war das Bestreben
von Reimarus selbst durchaus lauter und edel; aber sein Standpunkt ist bezeichnend für den vollständigen Bruch, der in der
Wolffschen Schule selbst zwischen der rationalistischen Philosophie
und der Theologie eingetreten war, und es ist überaus bedeutsam, daß
dieser Bruch in der deutschen Aufklärung noch energischer als in
England und Frankreich auf Kosten des historischen Verständnisses
für das Wesen der Religion geschah.

§ 52. Lessing.

So enthüllte die deutsche Verstandesaufklärung mit der ein
seitigen Beschränktheit, in welche sie sich verrannte, den tiefsten
Mangel des Rationalismus: seine Unfähigkeit, den historischen
Erscheinungen gerecht zu werden. Wenn die moderne
Philosophie von Anfang an durch den Gegensatz des Universalismus
und des Individualismus bewegt gewesen war, so hatte in diesem
rationalistischen Denken bedingungslos der Universalismus und
mit ihm fast wieder der mittelalterliche Realismus gesiegt. Nur
seine allgemeinen Begriffe ließ er gelten: die einzelnen Erscheinungen
waren ihm zufällige Existenzen, die nur so viel Wert haben sollten,
als sie jene Begriffe wiederholen. Das war die notwendige Folge
davon, daß dieser Rationalismus an der Hand der Naturwissenschaft und speziell der Mechanik groß geworden war. Hier
allerdings ist die einzelne Tatsache nur eine Exemplifikation des
ewigen, allgemeinen Gesetzes, und die Naturforschung vermag
von dem Individuellen abzusehen, um gerade dadurch das Gesetzmäßige zu finden. Für sie ist deshalb der Wert der einzelnen Erscheinung lediglich durch das Gesetz bestimmt, das sich darin
betätigt. Ganz anders in der Geschichte: historische Gebilde

lassen sich niemals ohne Rest in allgemeine Begriffe auflösen, es bleibt in ihnen immer etwas Einziges, Individuelles, und eben darin besteht ihr Wert. Weil deshalb von den beiden großen Gebieten der exakten Forschung für die Entwicklung der modernen Philosophie zunächst nur das naturwissenschaftliche maßgebend wurde, so trieb das Denken der Aufklärung überall auf den Universalismus zu und verlor in steigendem Maße Interesse und Verständnis für die historischen Tatsachen.

Die Stärke dieses Zuges tritt gerade in der deutschen Aufklärung am meisten hervor. Denn sie folgte ihm bis zur äußersten Konsequenz, obwohl das Gegengewicht von Anfang an in ihr vorhanden war. Bei Leibniz waren beide Elemente in gleicher Höhe entwickelt gewesen. Seine Monadologie hatte dem Individualismus vollkommen Rechnung getragen, ja man kann sagen, daß er diesen echt germanischen Zug in die wissenschaftliche Metaphysik eingeführt hat. Er hatte gelehrt, daß jede Monade ein selbständiges und von allen übrigen Dingen durchaus verschiedenes Wesen bilde, und seine Metaphysik hatte in dem Zusammenhange der Dinge jedem einzelnen Wesen seine notwendige und unersetzliche Stelle angewiesen. Die Schule dagegen hatte das System der prästabilierten Harmonie verleugnet, sie strebte in ihrem abstrakten Formalismus nur den allgemeinen Gesetzen nach und wußte den Wert des Individuums nicht mehr zu schätzen. Deshalb konnte sie die Geschichte nicht begreifen, und es mangelte ihr der Sinn für die historische Gerechtigkeit. Er war auch nicht aus philosophischen Überlegungen wiederzugewinnen, sondern konnte nur durch die Wirklichkeit eines Mannes geweckt werden, der ihn in genialer Begabung besaß und in rastloser Tätigkeit zur Geltung brachte.

Dieser Mann war Lessing, ein Philosoph weder als Begründer eines geschlossenen Systems noch als berufsmäßiger Vertreter, aber ein Philosoph im eigensten Sinne des Wortes, ein schöpferischer Selbstdenker und ein überlegenes Genie. Wenn auch das Beste von dem, was er dachte und schrieb, in der philosophischen Bewegung seiner Zeit, die ihn nicht begriff, wirkungslos versank, so streute er doch Keime der größten Gedanken aus, welche später in der deutschen Philosophie zur Entfaltung kamen. Er ist zwischen Leibniz und Kant der einzig schöpferische Kopf in der deutschen

Philosophie; er ist dem Schulpedantismus und der eklektischen
Verarbeitung des Gegebenen gegenüber der einzige, welcher das
deutsche Denken nicht nur mit einer Fülle anregender Ideen, sondern
vor allem mit einem großen Prinzip befruchtet hat. Kein System
trägt seinen Namen, keine einzige zusammenhängende Schrift
entwickelt seine philosophische Lehre: und doch hat er mehr als
irgend einer der Zeitgenossen der großen Periode der deutschen
Philosophie vorgearbeitet. Die alten Darstellungen der Geschichte
der Philosophie schweigen von ihm, und erst seitdem man begriffen
hat, daß die Geschichte der Philosophie keine Geschichte der
philosophischen Lehrbücher ist, sondern den lebendigen Zusammenhang aller menschlichen Denktätigkeiten zu umspannen
hat, ist die Schätzung seiner Bedeutung auch auf diesem Felde
immer mehr gestiegen.

Sein Leben mit seinem gewaltigen Ringen, seiner unablässigen
Arbeit und seiner unerschrockenen Kampfbereitschaft ist bekannt.
Der Glanz seines Ruhmes wird sich immer auf die befreienden
Taten konzentrieren, mit denen er die Atmosphäre der deutschen
Literatur gereinigt hat, und auf jenes leuchtende Vorbild, das die
edle Menschlichkeit und die einfache Größe seiner Gesinnung der
deutschen Dichtung gegeben haben. Wenn aber auch seine literarische Tätigkeit überall von dem Geiste dialektischer Kritik beseelt
ist, so zeigt sich darin seine Feinfühligkeit für das Wesen der einzelnen Erscheinung, welche sehr glücklich als die »kongeniale Auffassung« charakterisiert worden ist. Es ist in Lessing etwas von
dem Wolffschen Bedürfnis nach Klarheit und Deutlichkeit der
Begriffe, aber er befriedigt es nicht durch allgemeine Abstraktionen,
sondern durch die reinliche Scheidung des Gegebenen. Seine Untersuchungen bewegen sich am liebsten um die Bestimmung von
Grenzen, die in der gewöhnlichen Auffassung verwischt werden. Er
sucht im Laokoon die Grenze zwischen Poesie und Malerei, er will
in der Dramaturgie den wahren aristotelischen Begriff der Einheit von den formalistischen Nebenbestimmungen des französischen
Klassizismus trennen. In der Religionsphilosophie ist ihm nichts
so zuwider wie die Verquickung des Orthodoxismus mit der Vernunftreligion, an der die aufklärerischen Theologen des Rationalismus
arbeiteten, und erscheint ihm anderseits nichts verfehlter als die
Verwechslung der Religion mit den in den Religionsbüchern nieder-

gelegten Satzungen. Überall will er die wahre Eigentümlichkeit des einzelnen Gegenstandes gewahrt wissen und bekämpft deshalb, wenn nicht prinzipiell, so doch stets praktisch die nivellierende Tendenz, mit der der abstrakte Rationalismus die Dinge behandelte. Seine »Rettungen« bestreiten die einseitigen und schematisch absprechenden Beurteilungen, welche historische und literarische Persönlichkeiten infolge der Unkenntnis der eigentümlichen Bedingungen und Verhältnisse ihrer Wirksamkeit gefunden hatten. Durch und durch Individualist, vertritt er überall die historische Berechtigung, und in echt Leibnizschem Geiste sucht er zu zeigen, wie jede Monade eine ganz eigene Ausprägung des Weltlebens ist und als solche beurteilt sein will.

Aber die ganze Größe seines historischen Gesichtspunktes zeigt sich erst in seiner Durchführung des Begriffs der Entwicklung. Durch ihn erst vermochte er den schroffen Gegensatz, worin der Rationalismus das Allgemeine und das Besondere rückte, zu überwinden und die Grundzüge der historischen Weltauffassung zu ziehen, welche von ihm an ein unverlorener Besitz des deutschen Geisteslebens geblieben ist. Philosophisch betrachtet, läßt sich auch dies Verhältnis Lessings zum Rationalismus an dessen erkenntnistheoretischer Grundlehre darstellen. Den Leibnizschen Gegensatz der notwendigen und der zufälligen Wahrheiten hatte die Wolffsche Schule nur als eine äußerliche Gegenüberstellung bestehen lassen, und der höchste Standpunkt, zu dem sie sich erheben konnte, war deshalb entweder die Hoffnung auf eine schließliche Identität beider, oder die Kritik der zufälligen durch die notwendige Wahrheit. In der Lieblingsfrage der Zeit, der religionsphilosophischen, wo sich als notwendige und zufällige Wahrheit Vernunftreligion und positive Religion gegenüberstanden, waren diese beiden Konsequenzen in der Vermittlungstheologie und in der Kritik von Reimarus hervorgetreten. Beide entsprachen gleich wenig der historischen Wahrheit und dem innersten Geiste der Leibnizschen Lehre. Der letztere war eben nur in den »Nouveaux essais« niedergelegt, welche die Schule nicht kannte, und es ist deshalb äußerst bezeichnend, daß Lessing unmittelbar nach dem Erscheinen dieses Buches eine Übersetzung davon begann. Denn hier hatte Leibniz den tiefsten Sinn seiner Lehre dahin ausgesprochen, daß er das Verhältnis der notwendigen und der zufälligen Wahrheiten

als dasjenige der Entwicklung der ersteren aus den letzteren darstellte. Die ewigen Wahrheiten sind von Anfang an in der Monade
enthalten, aber sie müssen aus der verworrenen Gestalt, worin sie
als zufällige Wahrheiten auftreten, zur vollen Klarheit und Deutlichkeit entwickelt werden. Der Gegensatz ist nicht derjenige
prinzipieller Verschiedenheit, sondern vielmehr derjenige sukzessiver
Entwicklungsstufen. Unter diesem Gesichtspunkte betrachtet,
mußte die Leibnizsche Lehre, da nach ihr der ganze Weltprozeß
nur in der Vorstellungsbewegung besteht, sich in eine durchaus
historische Weltauffassung verwandeln, in eine Weltauffassung, die zugleich im größten Stile teleologisch war. Als die
Aufgabe alles Geschehens erschien dann die vollkommene Klärung
und Verdeutlichung aller Vorstellungen, und für jede Stufe in der
Erreichung dieser Aufgabe gab es eine gerechte Wertschätzung.
Sie war berechtigt nach rückwärts, insofern sie die notwendige
Folge aus den gegebenen Zuständen und einen wenn auch noch so
kleinen Fortschritt zu dem letzten Ziele hin ausmachte; sie war
unberechtigt nach vorwärts, insofern sie jenes Ziel noch nicht erreicht hatte und mit Unvollkommenheiten behaftet blieb. So
konnte sich die rückhaltlose Kritik mit dem offenen Sinne für den
historischen Wert verknüpfen.

In Lessings ganzer Art zu denken und zu schreiben ist es begründet, daß er diesen prinzipiellen Gesichtspunkt niemals ausgesprochen hat; aber er bildet den innersten Kern seiner gesamten
Überzeugung, und er beruht bei ihm in letzter Instanz auf einem
tief sittlichen Grunde. Lessing besaß den ganzen Ernst einer
schonungslosen Prüfung des Bestehenden nach den Kriterien einer
idealen Überzeugung, aber zugleich jene Bescheidenheit, die nur
den größten Naturen eigen ist, und welche die Notwendigkeit der
individuellen Gestaltung ebenso wie ihre Berechtigung anerkennt.
Er hat damit dem deutschen Denken die Richtung auf den sittlichen Idealismus gegeben, welcher das innerste Wesen unserer
Dichtung und unserer Philosophie geworden ist. Er hat in seiner
Weise zuerst den Gedanken ausgesprochen, daß alles Weltleben
als eine stufenweise Erfüllung eines Ideals anzusehen ist, das,
wenn auch seine volle Erreichung in unendlicher Ferne liegt, doch
die Bewegung des einzelnen bedingt und seinen Wert bestimmt.
Wie er vom Erkennen gesagt hat, daß, wenn ihm die Wahl zwischen

einer geschenkten Wahrheit und einem niemals zu vollendenden
Streben nach deren eigener Auffindung freigestellt wäre, er das
letztere wählen würde, so hat er auf allen Gebieten das Wesen des
Menschen in einer unendlichen Arbeit an der Verwirklichung des
Ideals gesucht — selbst ein leuchtendes Vorbild für die folgenden
Geschlechter. In diesem sittlichen Sinne ist Lessing der Vater
des deutschen Idealismus und der Begründer der historischen Weltanschauung, die in der Bewegung der Geschichte
das zweckvolle Zustreben auf eine göttliche Vollendung sieht.

Die brennenden Streitfragen seiner Umgebung haben ihn diesen
Standpunkt vor allem auf dem Gebiete der Religionsphilosophie
auszuführen veranlaßt, und er nimmt infolgedessen eine Stellung
ein, die ihn gleich weit über den Orthodoxismus und den Rationalismus erhebt. Beiden wirft er den nämlichen Fehler vor: das Wesen
einer Religion mit dem Buche zu verwechseln, in welchem sie zu
einem bestimmten historischen Zeitpunkte ihren Inhalt niederzu-
legen versuchte. Die Orthodoxen erkennen das Christentum nur
in der Form an, wie es sich in den Büchern der Bibel ausspricht:
die Deisten verwerfen es, weil sie eben diese Form nicht billigen
können. Beide vergessen, daß das Christentum als eine historische
Erscheinung etwas anderes ist als dieser Buchstabe. Jene berühmte
Unterscheidung, die Lessing zwischen der Religion Christi und der
christlichen Religion machte, läuft nur darauf hinaus, zu zeigen,
daß nicht die Religion in dem Buche, sondern das Buch in der
Religion seinen Ursprung habe. Wenn der Deismus meinte, das
Christentum zu zerstören, indem er die Bibel zerfetzte, so zeigt
Lessing, daß das Christentum älter war, als diese Bücher, und daß es
unabhängig von ihnen weiter bestehen kann und besteht. Die Bibel
ist das Dokument nicht des Christentums, sondern einer bestimmten
Entwicklungsphase desselben, und zwar derjenigen, welche diese
Religion in den ersten Jahrhunderten nach dem Leben ihres Stifters
angenommen hat. Es liegt im Begriffe der Entwicklung, daß sie
bei dieser Phase nicht stehen bleiben kann. Wenn die Formen des
geistigen Lebens, in denen das Christentum sich damals darstellte,
zerfallen sind, so kann man sie nicht künstlich aufrecht erhalten,
wie es der Orthodoxismus will. Deshalb billigt Lessing die Angriffe
des Wolffenbütteler Fragmentisten so weit, als er die Unangemessenheit dieser Formen zu dem religiösen Bewußtsein einer neuen Zeit

dartut. Aber es liegt auch in dem Begriffe der Entwicklung, daß
jene Phase zu ihrer Zeit notwendig und berechtigt war. Deshalb
bekämpft Lessing jeden Versuch, in dieser Darstellung nur die be-
trügerischen Absichten von Pfaffen zu wittern und die historische
Notwendigkeit durch die Willkür einzelner Menschen zu ersetzen.

Mit dieser historischen Betrachtungsweise steht Lessing
riesengroß über der Beschränktheit des deutschen Rationalismus.
Er überschaut die Kurzsichtigkeit jenes Kritisierens von allgemeinen
abstrakten Begriffen aus und begreift die Notwendigkeit der historischen Entwicklung und den Wert ihrer Gestalten. Mit ihm erhebt
sich das deutsche Denken weit über das französische. Die französische
Aufklärung war revolutionär: sie brachte es nur zu einem Rousseau
und in der Praxis zu dem Bruche mit der Geschichte. Lessing
prägte der deutschen Aufklärung den reformatorischen Charakter
auf, welcher das Ideal mit gleicher Energie festhält, aber, weit
entfernt von der ungestümen Zertrümmerung der gegebenen Wirklichkeit, es durch mühevolle Arbeit aus den historischen Formen
heraus mit allmählicher Annäherung zu entwickeln sucht. Die
große Masse freilich auch der deutschen Aufklärer verstand ihn
nicht. Aber nur noch wenige Jahrzehnte vergingen, bis seine Lehre
reiche Früchte trug.

Diese Erhebung des größten Philosophen des Aufklärungszeitalters in Deutschland über die unhistorische Betrachtungsweise
seiner Zeit erinnert an die parallele Erscheinung David Humes,
dessen Überlegenheit gleichfalls in dem historischen Charakter seines
Denkens beruhte. Und doch besteht zwischen beiden ein großer
Unterschied. Hume kennt den Begriff der historischen Entwicklung
nur in der Form der psychologischen Bewegung, Lessing faßt ihn
unter dem größeren Gesichtspunkte einer metaphysisch verankerten
Notwendigkeit. Hume begreift die Entwicklung nur als mechanische
Evolution: Lessing betrachtet sie als die stetig fortschreitende
Erreichung eines idealen Zieles. Das weist auf den tieferen Gegensatz hin, der zwischen dem englischen und dem deutschen Denken
bestand. Die englische Philosophie lebte von dem Begriffe der
mechanischen und atomistischen Notwendigkeit, die deutsche
hatte sich schon durch Leibniz mit der teleologischen Auffassung
der großen Denker des Altertums getränkt, und darin war Lessing
der echte und ebenbürtige Schüler von Leibniz.

Von diesem Gesichtspunkt aus gewann Lessing den großen Blick auf die gesamte religiöse Entwicklung der Menschheit, und in seiner »Erziehung des Menschengeschlechts« betrachtet er die Religionen als eine aufsteigende Reihenfolge von Entwicklungsphasen, welche von dem primitivsten und niedrigsten Zustande aus in allmählichem Fortschritte sich dem Ideale des religiösen Lebens annähern. Er gewinnt die Möglichkeit dieser Ausführung durch seine Fassung des Offenbarungsbegriffs. Auch hierin stellt er sich sowohl über den Supranaturalismus, der an dem Buchstaben der Offenbarung festhält, als auch über den Rationalismus, der die Möglichkeit der Offenbarung bestreitet. Lessing glaubt nicht nur an die allgemeine, sondern auch an die besondere und positive Offenbarung Gottes. Aber was Gott offenbart, sind nicht fertige, ewige Wahrheiten, sondern zufällige Wahrheiten, in denen die ewigen verhüllt sind. Sowenig wie der Erzieher dem Kinde die ganze Wahrheit von Anfang an sagt, sowenig kann Gott dem Menschen sich von Anfang an vollständig offenbart haben; sondern wie der rechte Erzieher mußte er seine Offenbarung dem Vorstellungszustande des Geschöpfes anpassen und ihm durch die Offenbarung selbst die Mittel an die Hand geben, sich durch eigene Entwicklung der höheren Offenbarung fähig zu machen. Deshalb betrachtet Lessing die Geschichte der Religionen als die fortschreitende Erziehung des Menschengeschlechts durch die göttliche Offenbarung. Er sieht wie die ältesten Denker des Christentums, Irenaeus und vor allen Origenes, in den religiösen Urkunden Elementarbücher, an deren andeutungsvollen Berichten die Menschheit der höheren Erkenntnis entgegenreift. Das erste dieser Bücher, nach welchem der Mensch den Gottesgedanken sozusagen buchstabieren gelernt hat, ist das alte Testament. Das zweite, worin dieser Gedanke schon vertieft und mit der neuen Lehre von der Unsterblichkeit des Menschen vereinigt erscheint, ist das neue Testament. Aber auch dieses gilt Lessing nur als eine Vorbereitung zu einem dritten Evangelium der Zukunft, auf welches in ihm das Johannes-Evangelium am meisten hindeute. Dieser Gedanke einer Weiterentwicklung des Christentums in dem geläuterten Geiste des vierten Evangeliums ist später von der deutschen Philosophie und besonders von Fichte des genaueren ausgeführt worden, und es ist das eins der Zeichen, wie tief der von Lessing ausgesprochene Grundgedanke

einer fortschreitenden Entwicklung der menschlichen Religiosität
Wurzel geschlagen hatte. Gleichwohl bleibt in Lessings Auffassung
dieser Entwicklung ein untrügliches Merkmal der deutschen Aufklärung bestehen. Es ist eben dies, daß er die Entwicklung nur
als Erziehung begreifen kann, und daß er deshalb eine immerhin
von außen in den Gang des menschlichen Geisteslebens eingreifende
Offenbarung voraussetzt. Lessing hat von dem Wesen der Entwicklung die Stetigkeit des Fortschrittes und die Notwendigkeit
einer stufenweisen Vervollkommnung durchaus begriffen; aber wie
Deutschlands politische Aufklärung das Heil von den Reformen
einer wohlwollenden Regierung erwartete, so führt Lessing die
Vervollkommnung des religiösen Lebens auf die schrittweise klarer
werdende Offenbarung der Gottheit zurück. Er kennt noch nicht
den Begriff der Selbstentwicklung, sowenig wie die politische Aufklärung denjenigen der Selbsterziehung des Volkes zu freiheitlichen
Institutionen kannte. Das einzige, was daher die späteren Philosophen dem Lessingschen Prinzip hinzufügen konnten, war die Auflösung des Offenbarungsbegriffs und das Bestreben, die Geschichte
der Religion als eine Selbstentwicklung und Selbstoffenbarung des
menschlichen Geistes zu begreifen.

Das Ziel dieser Entwicklung sieht Lessing in der vollkommenen
Entfaltung der Vernunftreligion. Auch er mißt, wie die Deisten,
den Wert einer positiven Religion an ihrem Verhältnis zur Naturreligion. Aber er unterscheidet sich von ihnen wie Hume dadurch,
daß er die letztere nicht für den Anfangszustand ansieht, von
welchem die positiven Religionen nur historische Verzerrungen enthalten, sondern vielmehr für die Endaufgabe, auf deren Lösung
sie planmäßig vorbereiten. Die Vorstellung, die Lessing von dieser
Vernunftreligion hatte, ist unter allen seinen Lehren am schwersten
zu bestimmen. Man macht es sich leicht, wenn man sie lediglich
aus dem poetischen Bekenntnis entnehmen will, das der Dichter
Lessing im »Nathan« niederlegte. Geht man nur nach diesem,
so ist allerdings das Evangelium der Zukunft lediglich dasjenige
der Moral, zwar einer wahrhaft großen und das menschliche Leben
ins Herz treffenden Moral, aber doch eben nur dieser. Danach hätte
Lessing vollständig jene Wendung mitgemacht, mit der die Spitzen
der Aufklärungsphilosophie, ein Voltaire und ein Hume, das wahre
Wesen der Religion restlos in dasjenige der Moralität aufzulösen

trachteten. Möglich, daß er, als er den Nathan schrieb, hin und
wieder dieser Tendenz, die namentlich in seinen Freunden lebendig
war, nachgab, und daß die unverkennbare Zurücksetzung, welche
in diesem Werke das Christentum erfährt, dadurch mit bedingt
war. Allein schon darin, daß Lessings Darstellung der Geschichte
von den drei Ringen wenigstens die Möglichkeit offen läßt, einer
von den drei Ringen sei wirklich der echte, bricht eine andere Auffassung durch, und der Philosoph Lessing dachte jedenfalls anders,
und namentlich anders vom Christentum. Wenn er den Wert der
positiven Religionen nach ihrer Annäherung an die natürliche be-
maß, so war es ihm kein Zweifel, daß unter allen das Christentum
der Vernunftreligion am nächsten steht, und diese Überzeugung,
die schon in der Entwicklungsgeschichte der Religion sich begründete,
wirkt bei Lessing rückwärts auf seine Lehre von der Vernunftreligion. Für sie hielt er vor allem an der Lehre von der Unsterblichkeit fest, deren erster klarer, zuverlässiger und praktischer
Lehrer Jesus gewesen sei. Dann aber machte er schon früh und
in mannigfachen Wendungen den Versuch, die wesentlichste Unter-
scheidungslehre des Christentums, diejenige der Trinität, aus der
Vernunft zu rechtfertigen und philosophisch zu begründen. Zu
diesem Zweck faßte er das Verhältnis Gottes zur Welt in einer
von Leibniz abweichenden Weise auf und näherte sich damit zunächst der Lehre Spinozas derartig, daß nach seinem Tode der
von Jacobi angeregte Streit über seinen Spinozismus entbrennen
konnte. Während nämlich Leibniz die Welt nur für die Realisierung
der besten unter den unzähligen in der Vorstellung Gottes gegebenen Möglichkeiten erklärt hatte, hielt Lessing stets daran
fest, daß das unendliche Wesen der Gottheit in der Welt seinen
gesamten Inhalt zur Wirklichkeit gebracht haben müsse, und daß
deshalb das All eine vollkommene und restlose Offenbarung der
Gottheit bilde. Sein Spinozismus besteht nur darin, daß auch ihm
Gott und Welt in einem Sinne identisch sind, welcher die in der
göttlichen Einheit verknüpften Bestimmungen in der Mannigfaltigkeit der Dinge zersplittert sieht. Allein Lessing baut darauf
die weitere Betrachtung, daß die Gottheit alle ihre Vollkommenheiten in der Einheit, wie sie in ihr selbst vorhanden sind, auch
verbunden anschauen muß, und da die Vorstellungstätigkeit Gottes
jedem ihrer Inhalte Wirklichkeit gibt, so muß auch dieses voll-

kommene und einheitliche Abbild, das Gott von sich selber denkt, wirklich sein. Gott schafft deshalb sein eigenes Abbild einmal so einheitlich, wie er selbst ist, in seinem Sohne und ein anderes Mal in der unendlichen Stufenreihe der Wesen, deren Gesamtheit wiederum seine Vollkommenheit spiegelt. Das ist das »Christentum der Vernunft«, welches Lessings tiefste Überzeugung bildete. Die dogmatischen Formen, in denen die Kirchenlehre diese Ideen ausgesprochen hat, gelten ihm nur als vorbereitende Umhüllungen, aus denen erst die Vernunft den wahren Sinn finden wird. Aber er ist davon durchdrungen, daß diese höchsten Wahrheiten des Christentums mit denjenigen der Vernunftreligion identisch sind, und die »Erziehung des Menschengeschlechts« macht auch über die Lehren von der Erbsünde und der stellvertretenden Genugtuung ähnliche Versuche. Lessing faßt den Wunsch von Leibniz, das Christentum mit der Vernunftreligion zu identifizieren, in dem tieferen Sinne der Entwicklungslehre, wonach in den Dogmen sich die verworrenen Andeutungen der ewigen Wahrheit finden sollen. Es kann nicht zweifelhaft sein, daß dabei von ihm Gedankengänge verarbeitet wurden, die teils schon der Patristik und dem Mittelalter, teils besonders der deutschen Mystik geläufig gewesen waren, und anderseits haben sich um die versuchsweisen Deutungen, welche er gab, vielfach die religionsphilosophischen Spekulationen der späteren deutschen Philosophen bewegt. Aber die originelle Größe seiner Leistung besteht eben in dem historischen Geiste, mit dem er die Notwendigkeit der Entwicklung der ewigen Wahrheit aus der zufälligen darstellte.

Darin ist Lessing der Verkünder der wahren Aufklärung, jener Aufklärung, welche nicht mit beschränkter Selbstgefälligkeit auf niedere Entwicklungsstufen herabsieht, sondern in sich selbst nach den Mängeln sucht, die der Vervollkommnung bedürfen, und einem hohen Ideale nachstrebt ohne die Einbildung, es schon erreicht zu haben, und selbst ohne die Hoffnung, es jemals vollständig zu erreichen. Diese Aufklärung ist die sittliche. Sie hält den Blick auf eine unendliche Ferne gerichtet; aber sie bewegt sich mit rastloser Arbeit auf der Linie, die auf jenen Punkt hinweist. Sie weiß, daß ihrer Arbeit nie ein Ende sein wird; aber sie vergißt auch nicht, daß in dieser Arbeit selbst die Aufgabe, der Wert und das Glück des Menschen liegen. Das ist die große Lehre, welche Lessings Leben und Denken dem deutschen Volke gegeben haben.

§ 53. Die eklektischen Methodologen.

Neben Lessing sind es nur Geister zweiten und niederen Ranges, welche wie Wolff und seine Schule die Träger der deutschen Aufklärungsphilosophie bilden, und ihre größtenteils vielgeschäftige Tätigkeit hat außerdem noch das Unglück gehabt, durch die blendende Erscheinung Kants und der auf ihn folgenden philosophischen Bewegung derartig verdunkelt zu werden, daß die Geschichte sich gewöhnt hat, mit einer Art von Achselzucken an dieser Periode vorüberzugehen. Es ist das gerechtfertigt, wenn man lediglich auf die Bedeutung und Originalität der philosophischen Lehren, die dabei zum Ausspruch kommen, Rücksicht nimmt. Aber man darf nicht vergessen, in der allgemeinen Bewegung dieser Aufklärungsphilosophie die Bestrebungen und Richtungen aufzufassen, worin sich trotz alledem langsam das Neue und Wertvollere vorbereitet.

Es ist selbstverständlich, daß diese Strömung sich außerhalb der Wolffschen Schule bewegte, welche in sich selber zu unfruchtbarem Formalismus verurteilt war. Wenn sie auch den größten Teil der Katheder beherrschte und den Grundzug der allgemeinen philosophischen Bildung ausmachte, so blieb sie doch auch nicht völlig unbeanstandet, und charakteristischerweise gaben gerade diejenigen Eigenschaften, welche ihr die Herrschaft sicherten, auf der anderen Seite auch die Veranlassung zu ihrer Bekämpfung. Hatte sie unter dem Zeichen der Logik gesiegt und durch ihre systematische und methodische Ausbildung die Geister gefangen genommen, so gab die dieser Tugend anhaftende Schwäche der Pedanterie Anlaß, sie zu bekämpfen und teilweise zu bewitzeln. Viele nahmen, wie Jean Pierre de Crousaz (1663—1748), infolge einer Art von ästhetischem Bedürfnis an der Systematisierungssucht, welche Wolff in die Philosophie gebracht hatte, Anstoß. Crousaz, in der französischen Schweiz geboren und mit den geschmackvollen Darstellungen der französischen Literatur vertraut, hatte sich bei langjährigem Aufenthalt in Deutschland auch in dessen Philosophie heimisch gemacht und sah auch seine Werke logischen, ästhetischen und pädagogischen Inhalts unter den deutschen Lesern heimisch werden. Er führte darin nach dem Prinzip »Point de système« einen zwar geistvollen, aber im Grunde

genommen doch recht oberflächlichen Kampf gegen die Schulphilosophie und schöpfte seine eigenen Ansichten hier und dort aus
dem reichen Umfange seiner Lektüre. Dieser Eklektizismus
war überhaupt die notwendige Gegenwirkung, welche die strenge
Schulmäßigkeit der Wolffianer erzeugte. Jenes »Point de système«,
zu welchem sich der gleichfalls in Deutschland lebende Maupertuis kekannte, war ja auch wesentlich gegen die Wolffianer gerichtet.

Indessen neigte einem solchen Eklektizismus bald auch ein
großer Teil der Wolffianer selbst zu. So einheitlich und einander
tragend die Lehren des Systems in den Darstellungen der Lehrbücher erschienen, sowenig war doch bei der Unzulänglichkeit
einer rein deduktiven Durchführung die Möglichkeit ausgeschlossen,
daß man in mehr oder minder wichtigen Punkten davon abwich.
Namentlich aber war es eine Seite des Leibniz-Wolffschen Denkens,
welche viele der Anhänger stutzig machte: der Determinismus,
den Wolff fast noch energischer als Leibniz aufrecht erhalten
hatte, stieß leicht auf religiöse und moralische Bedenken, und so
wurde zuerst an diesem Punkte eine Bresche in den Schulzusammen-
hang gebrochen, indem viele Männer, welche sich sonst zu dem
methodischen Charakter der Schule bekannten, hierin davon ab-
wichen und zur Lehre von der Willensfreiheit zurückkehrten. Der
einflußreichste unter ihnen ist Joachim Georg Darjes (1714
bis 1792) gewesen, der anfangs in Jena und später namentlich
in Frankfurt a. O. eine überaus erfolgreiche Lehrtätigkeit ausübte. Seine »Via ad veritatem« (Frankfurt 1755) entwarf eine
Enzyklopädie der Wissenschaften nach Wolffschem Muster, welche
der Wahrnehmungserkenntnis der empirischen Disziplinen die begriffliche Erkenntnis der Philosophie gegenüberstellte und diese
nach ontologischen Begriffsbestimmungen gliederte. Aber in der
Ausführung, welche die Philosophie in seinen zahlreichen übrigen
Schriften fand, kehrte er sich namentlich gegen die prästabilierte
Harmonie und gegen den Determinismus, der als Rest davon bei
Wolff stehen geblieben sei: er nahm, wesentlich aus moralphilosophischen Gründen, ein eigenes Vermögen der Freiheit an, das
bei Gott den Ursprung der zufälligen Wahrheiten den ewigen gegenüber und beim Menschen den Ursprung der moralischen Unvollkommenheit bilde. Durch die Aufnahme dieser Lehre war natürlich

das Leibnizsche System vollständig zerfallen, und seine Konsequenz, die Theodicee, mußte gleichfalls umgestoßen werden.

Den eigentlichen Herd des Eklektizismus bildeten aber die von Thomasius ausgehenden Gedanken. Dieser hatte ja gerade um der Popularität und Nutzbarkeit der Philosophie willen die System-losigkeit und die Abwendung von der Schulweisheit auf seine Fahne geschrieben und fand damit zahlreiche Anhänger. Zu den einflußreichsten darunter gehörte der Jenenser Theolog Johann Franz Budde (Buddeus, 1667—1729), welcher, dem Ortho-doxismus der Wolffianer gegenüber, der pietistischen Denkweise zuneigte und in der Philosophie aus seiner reichen Kenntnis eine Zusammenfassung der nach seiner Meinung sichersten und für das, Wohl des Menschengeschlechts wertvollsten Wahrheiten versuchte, die er in seinen »Institutiones philosophiae eclecticae« (Halle 1705) niederlegte. Wie immer, zeigte auch hier der Eklektizismus vermöge seiner Unfähigkeit eigener Schöpfung eine lebhafte Tendenz zu historischen Studien, und ein Schüler Buddes, Johann Jakob Brucker, war es, der, durch ihn angeregt, zuerst in Deutschland eine umfassende Darstellung der Geschichte der Philosophie gab. Diese war zwar mit gelehrter Sorgfalt und teilweise auch mit kritischem Scharfsinn geschrieben, allein weder seine in 7 Bänden erschienenen »Kurzen Fragen aus der philosophischen Historie« (Ulm 1731—1736), noch die fünfbändige »Historia critica philo-sophiae a mundi incunabilis ad nostram usque aetatem deducta« (Leipzig 1742—1744) erhoben sich über eine trockene und zusammen-hanglose Aufzählung der philosophischen Lehren. Für Brucker ist die Geschichte der Philosophie nur eine Sammlung von Meinungen, welche gewisse gelehrte Herren »de omnibus rebus et de quibusdam aliis« gehabt haben, und unter denen die meisten nur Beispiele von der Torheit und Nichtigkeit der menschlichen Vorstellungen sind: von einem historischen Zusammenhang und von einem Ent-wicklungswerte der einzelnen hat er so wenig Ahnung, wie sein antikes Vorbild, Diogenes Laertius *). Immerhin war damit die

---

*) In ähnlicher Weise und mit noch engerem Anschluß an Diogenes hatte in England Thomas Stanley in seiner »History of philosophy« (London 1655) die griechische Philosophie behandelt, alles Folgende dagegen einfach damit abgewiesen, daß seit der christlichen Offenbarung die Wahrheit vor-handen und die Philosophie überflüssig sei.

fruchtbare Anregung, die schon der Vater von Thomasius bei
Gelegenheit kirchengeschichtlicher Fragen für die Bearbeitung der
Geschichte der Philosophie gegeben und welche sein Sohn unterstützt hatte, zur Wirklichkeit geworden. Auch nach anderen
Richtungen hin gab Thomasius die Veranlassung zu freierer Fortbildung der Wissenschaft. Namentlich geschah dies auf dem
Gebiete der Rechtsphilosophie, gegen deren von Leibniz versuchte und später von Wolff durchgeführte Unterordnung unter
die allgemeineren Gesichtspunkte der praktischen Philosophie sich
die Anhänger von Thomasius sträubten. So versuchte namentlich
Nikolaus Hieronymus Gundling (1671—1729), der, wenn auch
in sehr oberflächlicher Weise, Lockesche und Leibnizsche Grundsätze verknüpfte, die Rechtsphilosophie dadurch ganz selbständig
zu machen, daß er dem Rechte nur den Zweck einer Erhaltung des
äußeren Friedens und einer Gewährleistung der gesetzlichen Ver-
bindlichkeit setzte, eine Auffassung, die schon in der Richtung von
Kants Unterscheidung der Legalität und der Moralität lag.

Von besonderer Wichtigkeit sind jedoch neben diesen Männern,
die sich mit willkürlicher Auswahl in den althergebrachten Geleisen
bewegten, diejenigen, welche mit ernstem wissenschaftlichen Sinn
die Grundlage des philosophischen Denkens neu zu untersuchen
unternahmen. Sie waren zwar alle mehr oder minder von dem
Wolffschen System abhängig; statt jedoch ihm nur einzelne Lehren
unorganisch einzufügen, suchten sie die methodischen Grundlagen
durch Hinzunahme anderer Gedanken zu vervollständigen oder zu
modifizieren. In erster Hinsicht schloß sich Michael Gottlieb
Hansch (1683—1752) enger an die methodologischen Untersuchungen von Leibniz an, wovon seine »Ars inveniendi« (Halle
1727) Zeugnis gibt; namentlich aber verfolgte Gottfried Plouc-
quet (Halle 1716—1780) den Leibnizschen Gedanken, das philosophische Beweisverfahren nach Analogie des mathematischen
Rechnens zu gestalten, und entwickelte zu diesem Zweck in seiner
Schrift »Principia de substantiis et phaenomenis: accedit methodus
calculandi in logicis ab ipso inventa, cui praemittitur commentatio
de arte characteristica universali« (Frankfurt und Leipzig 1753)
einen »logischen Calcül«, der sich jedoch trotz mancher treffenden und vereinfachenden Gedanken bei der allgemeinen Kom-
pliziertheit seiner Formeln und der Inhaltslosigkeit seines Schematis-

mus ebensowenig fruchtbar bewies wie die entsprechenden Versuche von Leibniz.

Von größerer Bedeutung war die Opposition, die der Wolffschen Schule von Rüdiger und Crusius gemacht wurde. Andreas Rüdiger (1673—1731), ein Schüler von Thomasius und Professor in Leipzig, hatte zuerst die prinzipielle Einsicht in die Unzulänglichkeit der geometrischen Methode für die philosophische Forschung, und zwar auf Grund einer überzeugenden Analyse von der Verschiedenheit der wissenschaftlichen Aufgaben der Mathematik und der Philosophie. Wenn Leibniz in erster Linie der Philosophie die Aufsuchung der »ersten Möglichkeiten« zugewiesen, wenn Wolff die Philosophie direkt als die Wissenschaft von dem Möglichen, sofern es gedacht werden kann, definiert hatte, so hielt Rüdiger ihnen vor allem entgegen, daß die Philosophie es mit der Erkenntnis der Wirklichkeit zu tun habe. Die geometrische Methode sei von den Rationalisten mit richtiger Konsequenz nach jenen Begriffsbestimmungen gewählt worden; denn die Mathematik beschäftige sich in der Tat nur mit dem Möglichen, ohne nach dessen Wirklichkeit zu fragen oder fragen zu können. Die Erkenntnis vom Wesen des Kreises bleibt richtig, auch wenn es in Wirklichkeit gar keinen vollkommenen Kreis gibt. Wenn aber die Philosophie nach demselben Prinzip verfährt, so baut sie ihr System in die Luft; denn sie soll nicht eine mögliche Welt, sondern die wirkliche Welt erkennen. Darin spricht sich derselbe Sinn für die Wirklichkeit aus, den Leibniz durch die Aufnahme des empiristischen Moments in seine Erkenntnistheorie betätigt, aber nicht durchgeführt hatte. Rüdiger entwickelt daraus, daß das analytische Verfahren der deduktiven Erkenntnis aus höchsten Begriffen nur in der Mathematik Platz greifen dürfe, in der Philosophie dagegen keinen Wert habe. In ihr seien die höchsten Begriffe erst zu suchen, und sie könne deshalb nur von den Elementen der Vorstellungstätigkeit ausgehen, um auf synthetischem Wege die letzten Resultate zu finden. Jene Elemente sind nun keine anderen, als die von der Erfahrung gegebenen, und deshalb entwickelt er in seiner »Disputatio de eo, quod omnes ideae oriantur a sensione« (Leipzig 1704) eine vollkommen empiristische Erkenntnistheorie, von der es schwer ist, festzustellen, wie weit sie auf eigenen Füßen oder auf den Schultern Lockes steht. Freilich ist er von einer gründlichen Durchführung dieser empiristischen Methode sehr weit entfernt. Sowohl seine »Philosophia synthetica« (Leipzig 1707) als auch die ausführliche und gegen Wolff gerichtete »Philosophia pragmatica.« (Leipzig 1723) wollen zwischen der mechanischen und der teleologischen Naturauffassung in einer Weise vermitteln, welche mit ihren phantastischen Hypothesen stark an die Spekulationen von Paracelsus erinnert, und wenn er auch für seine Lehren eigentlich nur Wahrscheinlichkeit in Anspruch nimmt (von der er eine ausführliche Theorie gibt, während er sie charakteristischerweise auf mathematischem Gebiete nicht anerkannt wissen will), so zeigen doch eben diese Versuche eine vollständige Unfähigkeit wahrhaft empirischer Forschung. Wertvoll blieb immerhin, daß er dem logischen Begriffe der Wahrheit als widerspruchsloser Übereinstimmung der Vorstellungen untereinander denjenigen der philosophischen Wahrheit als der Übereinstimmung der Vorstellungen mit den Dingen wieder gegenüberstellte. Den größten Nachteil des logischen Formalismus sieht auch er in der bedingungslosen Anerkennung, die in den rationalistischen Theorien der Satz vom Grunde findet, und indem er richtig durchschaut, daß der Determinismus darin seinen Grund hat, will er den Satz vom Grunde zugunsten des Freiheitsbegriffs beschränkt wissen. Auf moralphilosophischem Gebiete führt dies selbstverständlich wieder zu einer Ableitung der sittlichen Gesetze aus dem freien Willen der Gottheit und zu einer Anerkennung des Ursprungs der Sünde in dem Mißbrauche der Willensfreiheit von seiten des Menschen. Hierin lag der Grund, weshalb seine Theorie und namentlich deren Ausführung durch Crusius sich einer wachsenden Anerkennung von seiten der Theologen erfreute. Dabei hielt er sich mit seinen besonderen Lehren verhältnismäßig eng an Thomasius, nicht nur in den einzelnen Bestimmungen seiner Moralphilosophie, die er der »sapientia« genannten theoretischen Philosophie gegenüber als »justitia« bezeichnete, sondern namentlich auch im dritten Teil seiner Philosophie, der unter dem Namen »prudentia« die Lehre von dem durch die natürlichen Triebe des Menschen bestimmten höchsten Gute behandelte.

In tieferer Begründung, festerer Ausbildung und wirkungsvollerer Darstellung traten dieselben Gedanken bei seinem indirekten Schüler Christian August Crusius (1712—1776), gleichfalls einem Leipziger Professor, hervor, welcher sich in seiner Schrift »De usu

et limitibus principii rationis determinantis vulgo sufficientis«
(Leipzig 1743) von der Wolffschen Philosophie losgesagt hatte und
sodann in einer Reihe deutsch geschriebener Werke seinen eigenen
Standpunkt klarlegte. Unter ihnen ist neben dem »Entwurf der
notwendigen Vernunftwahrheiten« (Leipzig 1745) namentlich der
»Weg zur Gewißheit und Zuverlässigkeit menschlicher Erkenntnis«
(Leipzig 1747) hervorzuheben. Auch er geht von einer prinzipiellen
Scheidung des mathematischen und des philosophischen Verfahrens
aus, von denen das eine nur Mögliches, das andere nur Wirkliches zum Gegenstande habe, so daß das letztere sich häufig
statt zweifelloser Evidenz mit der Wahrscheinlichkeit begnügen
müsse: von dieser gibt auch er eine ausführliche Theorie. Allein
in der Erkenntnis des Wirklichen unterscheidet Crusius mit offenbarer Abhängigkeit von Wolff das historische bzw. empirische von
dem philosophischen Wissen und will für das letztere nur solche
Vernunftwahrheiten in Anspruch nehmen, deren Objekt beständig
andauert. Trotz dieser anfänglich klaren Begriffsbestimmungen
bleibt jedoch die Erkenntnistheorie von Crusius schließlich ein unklares Gemenge rationalistischer und empiristischer Elemente. Er
sieht sehr richtig ein, daß der Satz des Widerspruches nur für eine
rein logisch verfahrende Begriffswissenschaft das höchste und einzige
Prinzip bilden kann, und da er wie das ganze Zeitalter überzeugt
ist, daß die Mathematik eine solche sei, so will auch er nur für diese
das analytische Verfahren gelten lassen. Wenn er dann aber für
die Philosophie den »Satz der Gedenkbarkeit« aufstellt: »was nicht
als falsch zu denken ist, ist wahr; was gar nicht zu denken ist, ist
falsch«, so darf man sich billig fragen, ob dieser etwas anderes sei,
als ein ungeschickter Ausdruck für denselben alten »Satz des Widerspruches«, den Crusius auch daraus entwickelt; und die von ihm hin-
zugefügten Sätze des Nichtzutrennenden und des Nichtzuverbinden-
den laufen doch auch nur auf den logischen Formalismus hinaus.
Er unterscheidet ferner im Sinne Rüdigers zwischen logischer oder
subjektiver und philosophischer oder objektiver Wahrheit: wenn
er aber hinzufügt, daß die für den Menschen objektive Wahrheit
für die Gottheit subjektiv sei und in dieser sich aus dem Satze der
»Gedenkbarkeit« ergebe, so ist das doch augenfällig nur eine andere
Wendung des Verhältnisses, das Leibniz anfangs zwischen notwendigen und zufälligen Wahrheiten aufgestellt hatte. An diese

Prinzipien von Leibniz und ebenso sehr auch von Wolff lehnt sich
aber am meisten schon die enzyklopädische Einteilung der Wissenschaften an, die auch Crusius zu geben sucht. Er gründet diese
auf eine Kreuzung der beiden Gegensätze, welche für Wolff entscheidend gewesen waren: der theoretischen und der praktischen
Probleme einerseits, der philosophischen und der empirischen Behandlung anderseits. In der einzelnen Durchführung und Anordnung weicht er dann freilich aus Gründen der Bequemlichkeit
und der didaktischen Reihenfolge vielfach von dem Wolffschen
System ab; aber die Grundlinien sind dieselben. Mit solchen
rationalistischen Überzeugungen stimmen dann die besonderen
Untersuchungen seiner Erkenntnistheorie wenig überein. Hierin
schließt er sich durchaus an Locke an und betont namentlich, daß
die erste und für alle übrigen maßgebende Hauptkraft des Verstandes
die Empfindungskraft sei. Er protestiert gegen die von Leibniz
eingeführte graduelle Betrachtungsweise des Verhältnisses von
Sinnlichkeit und Verstand und gegen die Gleichsetzung dieses Gegensatzes mit demjenigen von Verworrenheit und Deutlichkeit. Er
hält Wolff die Behauptung entgegen, daß sinnliche Vorstellungen
vollkommen deutlich zu sein vermögen, und wünscht im Sinne Lockes,
daß die Sinnlichkeit als äußere Empfindungskraft und das »Bewußtsein« als innere Empfindungskraft für zwei gleich wertvolle
Quellen der Erfahrung angesehen werden. Dabei betont er jedoch,
daß die ersten Veranlassungen für die Entwicklung der Reflexion
stets in einer besonderen Stärke der von der äußeren Empfindung
erregten Vorstellung bestehen. So baut er auf der sensualistischen
Grundlage die Verstandestätigkeiten als die aufsteigende Reihe von
Gedächtnis, Urteilskraft und Erfindungskraft auf. Allein diese
Aneignung der empiristischen Theorie steht in gar keiner inneren
Beziehung zu den rationalistischen Kriterien, von denen er doch
schließlich den Wert der Erkenntnis überall abhängig macht. Man
weiß in seiner Erkenntnistheorie weder aus noch ein, weil die beiden
Elemente, die sich in ihr verbinden sollen, ohne innere Vermittlung
oder Versöhnung einander fortwährend hin und her zerren. Crusius
drängt mit empiristischem Sinne aus dem Rationalismus heraus,
bleibt aber überall darin stecken. Am besten gelingt ihm sein
Bestreben in der Behandlung des Satzes vom zureichenden Grunde,
und hierin hat er einen wirklich bedeutsamen Fortschritt begründet.

Er ist der erste, welcher sich mit klarem Bewußtsein gegen die im Rationalismus übliche Verwechslung der realen Ursachen und der Erkenntnisgründe wendet. Er unterschied genau die Entstehung eines Dinges aus seinen Ursachen von der Schlußtätigkeit des Menschen, die umgekehrt von der Wirkung auf die Ursachen zurückzugehen pflegt. Es scheint nicht ohne Einfluß von ihm gewesen zu sein, daß Reimarus in seiner 1755 erschienenen Vernunftlehre die ratio essendi und die ratio cognoscendi sorgfältig auseinanderhielt*). Hierin lag entschieden der Hauptangriff, den Crusius gegen den Rationalismus richtete; denn der Grundgedanke des letzteren war eben der gewesen, daß das System der Erkenntnisse in seinem Zusammenhange der Begründung ein genaues Abbild von dem Systeme der Dinge in dem Zusammenhange ihrer Verursachung sein solle. Aus dem gleichen Gedankengange ergibt sich auch für Crusius die fundamentale Erkenntnis, daß man aus Begriffen nicht auf die Existenz schließen kann, und er wendet diese in einer für Kant vorbildlichen Weise zu einer Kritik des ontologischen Beweises für das Dasein Gottes an. Überhaupt ist die Konsequenz dieser seiner Lehre der Umsturz aller wesentlichen Theorien des Rationalismus. Crusius rechnet den Satz vom zureichenden Grunde zu den gefährlichen Axiomen, die eigentlich nur mit bestimmter Restriktion gelten, und durch deren unbedingte Anwendung man zu den falschen Theorien des Mechanismus, Materialismus und Determinismus getrieben wird. Dagegen rühmt er seiner Lehre nach, daß sie im Gegensatz zur Wolffschen sich sowohl mit der Theologie als auch mit dem gemeinen Menschenverstande sehr gut vertrage. Der wichtigste Punkt ist dabei natürlich die Behauptung der Willensfreiheit. Auf Gott angewendet, ergibt sie die Lehre von der willkürlichen Schöpfung einer einzigen Welt, deren Erhaltung und Tätigkeit auf dieselbe Quelle zurückgeführt werden muß. Auf den Menschen angewendet, führt sie zunächst, wie bei Rüdiger, zu einer Ableitung der sittlichen Prinzipien aus der göttlichen Gesetzgebung, sodann aber zu der höchst interessanten und für die Folgezeit wichtigen psychologischen

---

*) Es sei nebenbei bemerkt, daß Schopenhauer, zu dessen Verdiensten eine vollständige Klarlegung dieses Gegensatzes gehört, in der historischen Einleitung zu seiner »Vierfachen Wurzel des Satzes vom zureichenden Grunde« nur Reimarus erwähnt, von Crusius dagegen vollständig schweigt.

Auffassung, daß der freie Wille das eigentlich bestimmende und beherrschende Wesen des Menschen ausmacht. Auch an diesem Punkte durchbricht Crusius die allgemeine Überzeugung der Aufklärungsphilosophie. Sowohl der Rationalismus als auch der Empirismus waren zu ihrem Determinismus dadurch gekommen, daß sie den Willen durchgängig von Vorstellungen abhängig sein ließen. Unter allen Denkern, die zu jener Zeit mit Bekämpfung des Rationalismus die Willensfreiheit behaupten, hat keiner so klar wie Crusius diesen inneren Zusammenhang erkannt, und seine psychologischen und ethischen Betrachtungen gingen deshalb darauf aus, zu zeigen, daß der Wille ein von den Vorstellungen völlig unabhängiges und diese vielmehr seinerseits bestimmendes Vermögen sei. Damit war ein sehr wertvoller Anfang gemacht, den Bann des Rationalismus auf dem Gebiete der Psychologie und der Ethik zu brechen, und wenn auch diese Ansicht bei Crusius nur mit äußerst mangelhafter Begründung und mit einseitiger Beziehung auf seine Theorie der Willensfreiheit auftrat, so brach sich doch auf diese Weise die Überzeugung von der Selbständigkeit des Willens den Vorstellungen gegenüber Bahn, welche später die deutsche Philosophie seit Kant zu der ihrigen gemacht und zur Grundlage einer neuen Weltanschauung umgebildet hat. So kühner Konsequenzen war freilich Crusius selbst nicht fähig: er blieb trotz aller Opposition mit seiner Metaphysik in dem hergebrachten Geleise und zerstörte nur an mannigfachen Stellen die Konsequenz der Leibniz-Wolffschen Auffassung durch die Schranken, die er der Geltung des Satzes vom zureichenden Grunde setzen zu sollen meinte und in der Tat äußerst willkürlich unter dem Einflusse orthodoxer und landläufiger Vorstellungen setzte.

So haltlos danach die Crusiussche Lehre in sich selber war, so mächtig war doch der Stoß, den sie der Herrschaft des Wolffschen Systems versetzte. Mochten seine eigenen Lehren noch so widerspruchsvoll sein, die scharfsinnigen Einwürfe, die er namentlich gegen die geometrische Methode gerichtet hatte, blieben davon unberührt, und vielen unter den gleichzeitigen Denkern gingen durch seine Schriften die Augen darüber auf, daß es mit dem »Allesbeweisen-können«, was sich die Wolffsche Schule angemaßt hatte, doch keine so einfache Sache sei. So war die Wirkung von Crusius gegen seine eigene Absicht eine hervorragend skeptische. Man wurde an der Selbstgewißheit der rationalistischen Methode irre, und gerade die besten und am meisten wissenschaftlich denkenden Männer begannen sich allmählich von dem Schulsysteme frei zu machen. Die wachsende Beschäftigung mit der ausländischen Philosophie und der Geschichte der Philosophie überhaupt kam hinzu, um eben diese Männer von der Unsicherheit der philosophischen Lehrmeinungen zu überzeugen, und so trat in der deutschen Philosophie bald nach der Mitte des XVIII. Jahrhunderts ein Zustand der Verworrenheit und Unsicherheit ein, aus dem man vergeblich herausstrebte und erst durch Kant befreit wurde. Dieser Zustand war der richtige Boden für das Heranwachsen des kritischen Bewußtseins. Man fragte wieder, wie in einem ähnlich verworrenen Zustande der antiken Philosophie, nach den Kriterien der Wahrheit; man begann auf die Ausführung'eines metaphysischen Systems zu verzichten, ja es trat eine gewisse Geringschätzung dieser bald für aussichtslos gehaltenen Versuche begrifflicher Konstruktion ein; man fragte sich, ob denn überhaupt die Philosophie schon etwas Sicheres ausgemacht habe, und weshalb es in ihr so viel weniger allgemein zugestandene Wahrheiten als in jeder anderen Wissenschaft gebe: und wenn man dabei immer wieder auf die Antwort stieß, daß es der Mangel einer fest bestimmten und von allen gleichmäßig befolgten Methode sei, der alle diese Schäden verschulde, so begann man sich von neuem mit der philosophischen Methode zu beschäftigen. Was dabei zuerst geleistet wurde, war freilich nicht mehr als ein unsicheres Herumtasten, indem man bald nach diesem, bald nach jenem Stück der früheren Theorien und namentlich auch derjenigen der ausländischen Empiristen griff. Die große Masse der Schriften, die zum Teil auf Anregung akademischer Preisfragen über diese Gegenstände erschienen, hat die spätere Geschichte fortgeschwemmt: aber es bildete sich auf diese Weise eine gewisse Atmosphäre des kritischen und methodologischen Denkens, worin sich die Kantschen Gedanken vorbereiteten.

Unter den Männern, welche dies Bedürfnis nach einer neuen Grundlegung der Philosophie empfanden und, wenn auch in unvollkommener Weise, zu heben suchten, nimmt Johann Heinrich Lambert (1728—1777) wohl den ersten Rang ein: aber auch er hat in der Hauptsache den Bann der dogmatischen Voraussetzungen nicht zu brechen vermocht. Er besaß eine gründliche

naturwissenschaftliche und echt mathematische Bildung, die er
sich durch eifriges Studium selbst erworben hatte.   Der autodi-
daktische Zug macht sich persönlich bei ihm in einer Anzahl wunderlicher Ansichten und Gewohnheiten geltend, die neben seinen bedeutenden Leistungen einhergehen.   In dem elsässischen Mülhausen
geboren, hat er sich zu einer angesehenen Stellung als Oberbergrat
in Berlin und als Mitglied der dortigen Akademie heraufgearbeitet.
Er gilt als Begründer der Hygrometrie, und er stand überhaupt
auf der Höhe der Naturforschung seiner Zeit in dem Grade, daß
seine »Kosmologischen Briefe« (Augsburg 1761), ohne Kenntnis
von Kants Naturgeschichte des Himmels geschrieben, eine Hypothese über den Bau und den mechanischen Zusammenhang des
Fixsternhimmels aufstellten, welche der Kant-Laplaceschen Theorie
sehr nahe kam.   Seine Überlegenheit den Wolffianern gegenüber
bestand hauptsächlich darin, daß er aus eigener wissenschaftlicher
Erfahrung den Wert der Mathematik für die Naturerkenntnis kannte
und methodisch aufzufassen und zu benutzen verstand.   Aber er
wußte auch ebensogut, daß alle sachlich wertvolle Erkenntnis auf
der Erfahrung beruht, und wollte deshalb unter dem naturwissenschaftlichen Gesichtspunkte, wie es Tschirnhaus getan hatte, die
rationalistische und die empiristische Erkenntnistheorie miteinander
verbinden.   Von Wolff und Locke gleichmäßig beeinflußt, suchte
er nicht nur beiden gerecht zu werden, sondern auch durch eine
Bestimmung der Art, wie sich diese entgegengesetzten Richtungen
der Erkenntnistheorie ergänzen sollen, sich über beide zu stellen.
Lambert ist der vertiefte Tschirnhaus; denn sein Bestreben ist
darauf gerichtet, Induktion und Deduktion, Erfahrung und begriffliche Erkenntnis nicht nur äußerlich nebeneinanderzustellen,
sondern miteinander zu durchdringen und zu zeigen, daß alles
wissenschaftliche Denken sich nicht etwa gelegentlich in dem einen
und gelegentlich in dem andern Elemente zu bewegen, sondern stets
beide miteinander zu verknüpfen hat.   In seiner wichtigsten Schrift,
dem »Neuen Organon oder Gedanken über die Erforschung und
Bezeichnung des Wahren und dessen Unterscheidung von Irrtum
und Schein« (München 1764) hat er sich hauptsächlich darum bemüht, das Verhältnis der apriorischen und der aposteriorischen
Erkenntnis nach den verschiedensten Richtungen zu bestimmen,
und wertvoll ist dabei historisch das Bestreben, das Apriori nicht

mehr psychologisch, sondern rein methodologisch und erkenntnistheoretisch zu verstehen. Das Problem der eingeborenen Ideen
ist damit beiseite geschoben; es handelt sich für diesen mathematisch
geschulten Geist weniger darum, wie die Vorstellungen zustande
kommen, als darum, wie sie begründet sind: a priori soll nun
die Erkenntnis heißen, welche durch Erfahrung nicht begründet
werden kann. Damit bahnt sich die Verschiebung des erkenntnistheoretischen Problems an, die Kant vollendet hat.

Für die Naturphilosophie wurde dies namentlich dadurch wichtig,
daß Lambert die Grenze der rein mathematischen Naturerkenntnis
sorgfältig zu bestimmen suchte, und es zeugte von der Energie
seines Nachdenkens, daß er die empirischen Elemente, die in der
Mechanik enthalten sind, erkannte und von den rein mathematischen
zu scheiden suchte. Er zeigte, daß aus nur mathematischen Überlegungen sich lediglich die allgemeine Bewegungslehre gewinnen
lasse, die als Kinematik oder, wie es weiterhin hieß, Phoronomie
der eigentlichen Mechanik vorhergeht. Die letztere füge den
phoronomischen Bestimmungen die empirischen Begriffe der Kraft
und die damit zusammenhängenden Axiome hinzu, um daraus erst
ihre Lehren zu entwickeln. So bewies Lambert, daß die allgemein
für rein rational angesehene Wissenschaft der Mechanik bereits
Elemente enthalte, die aus dem Inhalte der Erfahrung stammen.
Anders dagegen steht es mit der Philosophie. Als ausgemacht dürfen
in ihr bisher nur die formalen Einsichten anerkannt werden: an den
logischen Gesetzen kann man ebensowenig wie an den Lehrsätzen
der Geometrie zweifeln; aber aus ihnen allein folgt noch keine
Metaphysik: diese ist vielmehr nur aus der Erfahrung zu gewinnen,
und Lambert beschäftigt sich im vierten Teile seines »Neuen Organon«
eingehend mit den Methoden zur Feststellung der Erfahrung, zur
Unterscheidung des wirklichen Erfahrungsinhaltes von den Sinnes-
täuschungen und zur Bestimmung der Wahrscheinlichkeit in derartigen Untersuchungen. Allein auch er denkt nicht daran, aus der
Masse der Erfahrungen zu einem allmählichen Gewinn allgemeinerer
Sätze aufzusteigen. Die Metaphysik gilt ihm vielmehr als eine
deduktive Wissenschaft, und er bestimmt seine Aufgabe eigens
dahin, die Elemente aufzusuchen, mit denen sie bei dieser Deduktion
zu operieren hat. Nur macht er Wolff gegenüber darauf aufmerksam, daß diese Elemente weder in logischen Formen noch in

willkürlichen Definitionen zu finden seien. Der Irrtum der geometrischen Methode bestehe darin, daß sie gemeint habe, wie die
Mathematik vorläufige Annahmen machen und daraus das Mögliche
deduzieren zu können. Wenn die Philosophie demgegenüber das
Wirkliche erkennen wolle — hier macht sich der Einfluß von Rüdiger
und Crusius geltend —, so dürfe sie das Einfache, was sie ihrer
logischen Deduktion zugrunde legen wolle, nicht voraussetzen,
sondern müsse es erst aufsuchen, um daraus schließlich durch
logische Kombinationen ihre abschließenden Definitionen abzuleiten. Dies Einfache ist nur aus der Erfahrung zu finden, und
der synthetischen Methode muß deshalb in der Metaphysik ein
analytisches Verfahren vorhergehen. Es ist bemerkenswert, wie
in dieser Hinsicht Lambert von Wolff zu Descartes zurückstrebt.
Aber weit davon entfernt, mit dieser Analyse nur einen einzigen
Satz zu suchen, welcher die Grundlage aller Deduktion bilden sollte,
glaubt er vielmehr, daß es sich dabei um die Auffindung der obersten
Begriffe, d. h. der primae veritates (nach Leibniz) oder der sachlichen Elemente handle, nach denen wir das ganze Universum
denken müssen. Die neue Methode, die er für die Metaphysik suchte,
lief also darauf hinaus, die ersten und einfachsten Begriffe heraus-
zuarbeiten, aus denen dann das ganze System der Vernunfterkenntnis
abgeleitet werden sollte. So gestaltete sich seine »Architektonik«
(Riga 1771) zu einer Ontologie, in der die Grundlagen zwar empirisch aufgesucht, aber als a priori in sich selbst begründet angesehen
werden sollten und aus ihnen alles Weitere nach streng logischer
Methode gefolgert werden sollte. Für jene analytische Vorbereitung
aber fehlte es ihm an jenem Maßstabe, um zu entscheiden, welche
der in der Erfahrung gegebenen Begriffe den Charakter der ursprünglichen Geltung a priori besäßen: so raffte er sie denn in bunter
Auswahl und Ordnung zusammen und meinte allen Ernstes, man
könne diese Aufgabe mit einer Durchsuchung des Lexikons lösen.
Lambert hatte also zwar erkannt, daß Wolffs Versuch, die formal-
logischen Sätze vom Widerspruch und vom zureichenden Grunde
als sachlichen Ausgangspunkt einer deduktiven Metaphysik zu
nehmen, nicht durchführbar sei: aber er hielt an der Leibnizschen
Aufgabe einer rationalen Metaphysik durchaus fest und suchte
dafür als apriorische Grundlage die ersten und einfachen Real-
begriffe der Vernunft, ohne ein Prinzip dafür finden zu können.

Dies ergab sich erst bei Kant in den synthetischen Grundsätzen der transzendentalen Logik: aber die Metaphysik, die daraus folgte, war nicht mehr die, welche Lambert gesucht hatte, sondern die Metaphysik der Erscheinungen.

§ 54. Die empirische Psychologie.

Der gemeinsame Charakter aller derjenigen Bestrebungen, welche sich mehr oder weniger von dem Wolffschen Schulsystem emanzipierten, bestand in der stärkeren Betonung des empirischen Elements und in der damit leicht sich verbindenden Hinneigung zu den englischen und französischen Denkern. Dieser wachsende Empirismus kam aber in erster Linie der Forschung über das menschliche Seelenleben zugute. Der Grund dafür lag einerseits darin, daß die methodologische Streitfrage durch die Problemstellung vom Ursprunge der Vorstellungen selbst auf den Boden der Psychologie verpflanzt worden war und daher auf diesem die fruchtbarsten Folgen hatte, anderseits aber auch in dem Umstande, daß Deutschland damals an den Fortschritten der empirischen Naturforschung verhältnismäßig weniger tätigen Anteil nahm und seine Forscher am Studiertisch sich mehr mit den Vorgängen des Seelenlebens, als mit denjenigen der äußeren Natur beschäftigen konnten. Jedenfalls wurde die empirische Psychologie sehr bald zu einem Lieblingsfelde, auf dem sich die philosophische Literatur der deutschen Aufklärung in einer erstaunlichen Mannigfaltigkeit bewegte. Es kam hinzu, daß schon Wolff neben der rationalen auch auf die empirische Psychologie großes Gewicht gelegt hatte, und daß man hier also einen Gegenstand fand, bei dem alle Richtungen des Denkens einander in die Hände arbeiten konnten. Die Wolffianer taten dabei freilich noch am wenigsten: denn sie mengten unwillkürlich ihre allgemeinen metaphysischen Theorien in die empirischen Untersuchungen ein und versperrten sich dadurch selbst eine fruchtbare Förderung der Sache. Als ein charakteristisches Beispiel für dieses unklare Gemisch können die Lehren von Casimir Carl von Creuz (1724—1770) angesehen werden, welche in seinem »Versuch über die Seele« (Frankfurt und Leipzig 1753) niedergelegt sind. Er enthält in den ersten fünfunddreißig Paragraphen eine auf den Begriffen der Leibniz-Wolffschen Ontologie beruhende Erörterung über das Wesen der Seele, worin dargetan

wird, daß diese weder etwas Einfaches noch etwas Zusammen-
gesetztes sein könne, und welche mit der ganz unklaren und verschwommenen Bestimmung endigt, sie müsse wohl ein Mittelding
zwischen beiden sein. Indem Creuz dann aber an die Erkenntnis
der spezifischen Kräfte dieses denkenden Wesens geht, führt er
aus, daß man sie nur durch Erfahrung und darauf gebaute Schlüsse
feststellen könne, und betont namentlich, daß die Einsicht in den
geheimnisvollen Zusammenhang von Leib und Seele nur durch eine
Verbesserung und Vertiefung der empirischen Psychologie gewonnen
werden könne. Der Schluß ist des Anfangs würdig: er zeigt, daß
es dem Verfasser wesentlich darauf ankommt, aus den empirischen
Daten die Unsterblichkeit der Seele zu deduzieren, und fast der
ganze zweite Teil seines Werkes beschäftigt sich mit Betrachtungen
über den Zustand der Seele nach dem Tode.

Doch begegnet man auch konsequenteren Denkern, die, nachdem
sie einmal die empirische Methode angenommen haben, solche durch
Erfahrung nicht lösbare Fragen wie die Unsterblichkeit ablehnen: so
zeigt sich z. B. etwa Johann Gottlieb Krüger in seinem 1756 erschienenen »Versuch einer experimentellen Seelenlehre«. Von großem
Einfluß war es ferner, daß Rüdiger in seinen enzyklopädistischen Entwürfen die Psychologie aus der Metaphysik in das Gebiet der Physik
gestellt hatte, und in gleicher Weise sprach sich z. B. Johann Jakob
Hentsch in seinem »Versuch über die Folge der Veränderungen
der Seele« (Leipzig 1756) aus. So vollzog sich auch in Deutschland
der Prozeß der Ablösung der Psychologie von der Metaphysik.

Denjenigen aber, welche sich in dieser Weise mit voller Entschiedenheit für eine rein empirische Behandlung der Psychologie
erklärten, standen zwei verschiedene Wege offen, die ihnen durch
die ausländische Philosophie vorgezeichnet waren: entweder benutzten sie den Lockeschen Begriff der inneren Erfahrung, um auf ihn
eine Psychologie der Selbsterkenntnis und Selbstbeobachtung zu
gründen; oder sie folgten den sensualistischen Prinzipien,
die sich in England und Frankreich aus dem Lockeschen Gedanken
entwickelt hatten. In ersterem Falle ließ sich die empirische Psychologie, wenigstens den allgemeinen Grundsätzen nach, auch mit
dem Wolffschen Standpunkte verbinden; im letzteren wurde man
dem rationalistischen Denken immer mehr entfremdet. Von den
sensualistischen Einwirkungen ist keine so bedeutend und nach-

haltig gewesen wie diejenige von Bonnet, dessen Schriften in Deutschland außerordentlich viel Anklang fanden. Unter ihren Nachwirkungen sind namentlich die Lehren von Johann Lossius hervorzuheben. Seine Schrift »Die physischen Ursachen des Wahren« (Gotha 1775) untersuchte hauptsächlich das Verhältnis der Sinnesempfindungen zu den sie bedingenden Reizen und kam in dieser Kardinalfrage des Sensualismus zu dem Ergebnis, wenn auch eine notwendige Beziehung zwischen Reiz und Empfindung angenommen werden müsse, so brauche diese Beziehung doch durchaus nicht diejenige zu sein, daß die Empfindungen der gewöhnlichen Ansicht gemäß Abbilder der sie erregenden Dinge wären; das letztere sei vielmehr durchaus unwahrscheinlich. Wohl aber müsse man das gesetzmäßige Verhältnis feststellen, wonach einem bestimmten Reize jedesmal eine bestimmte Empfindung entspreche. Danach sind die Empfindungen, welche die Grundlage des gesamten Geisteslebens bilden, durch den physiologischen Organismus und speziell durch seine nervösen Endapparate bedingt. Aber auch die Umbildungen, welche diese Empfindungen in der Entwicklung des Geistes erfahren, sucht Lossius in derselben Weise wie Bonnet aus den Bewegungen der »Hirnfibern« abzuleiten, und so kommt er zu dem Schlußresultate, daß die ganze menschliche Vorstellungswelt zwar nur relativ, weil durch die physische Natur des Menschen bedingt sei, aber doch als ein notwendiges Produkt dieses physischen Mechanismus Anspruch auf empirische Geltung habe — ein Ergebnis, das in der Hauptsache mit der psychologischen und erkenntnistheoretischen Auffassung von Hobbes und den Assoziationspsychologen übereinstimmt und jene moderne Form des mittelalterlichen Terminismus in eigener Weise zu gewinnen sucht.

Weniger konsequent gestalteten sich die Ansichten derjenigen empirischen Psychologen, welche bei dem Prinzip der inneren Erfahrung stehen blieben. Ein entschiedener Anschluß an Locke ist z. B. bei Dietrich Tiedemann (1748—1803) zu bemerken, dessen »Untersuchungen über den Menschen« (Leipzig 1777—1798) auch vorwiegend die theoretische Seite des Geistes zu ihrem Gegenstande haben und sich darin durchaus auf den empiristischen Standpunkt stellen. Dagegen bestreitet er die sensualistische Lehre, hält an der Selbständigkeit der inneren Erfahrung fest und nimmt als ihr Substrat ein Seelenwesen an, das er im Sinne von Leibniz und Wolff als wesentlich mit Vorstellungskraft ausgestattet denkt und in keinem Falle als materiell angesehen wissen will. Dieses Schwanken zwischen den verschiedenen Lehrmeinungen führte Tiedemann im weiteren Verlaufe seines Lebens immer mehr zu skeptischen Ansichten, von denen aus er später die Kantische Lehre bekämpfte und auch sein bekanntes, viel benutztes und sehr umsichtig und vorurteilsfrei gearbeitetes Lehrbuch der Geschichte der Philosophie (»Geist der spekulativen Philosophie«, 7 Bände, Marburg 1791—1797) entwarf. Noch weiter als Tiedemann sah sich von der Leibniz-Wolffschen Metaphysik durch die empirische Psychologie Carl Franz von Irwing (1728—1801) abgedrängt. In seinen »Erfahrungen und Untersuchungen über den Menschen« (Berlin 1777—1785) erkannte zwar auch er die Selbständigkeit der inneren Erfahrung an, legte jedoch namentlich darauf Gewicht, daß auch ihr Inhalt nur aus der Sinnesempfindung stamme, verfolgte den Lockeschen Gedanken, wonach für die Entwicklung der abstrakten Ideen in der Sprache der wesentliche Assoziationshebel gesucht werden sollte, und behauptete in nominalistischem Geiste, daß nur den Sinnesempfindungen wirkliche Gegenstände entsprechen, von nicht sinnlichen Dingen dagegen eigentlich gar keine Begriffe gebildet werden könnten.

Die größere Mehrzahl jedoch dieser empiristischen Psychologen bekümmerte sich viel weniger um solche erkenntnistheoretische Grundlagen und Folgerungen, als um die unmittelbare Aufstellung der in der Selbsterfahrung des Menschen gegebenen Tatsachen. Sie verzichteten mehr oder minder bewußt darauf, diese Tatsachen zu erklären, und wenn sie es taten, geschah es in der Weise, daß sie für eine Gruppe von Tatsachen, wie etwa diejenigen der Vorstellung, des Gedächtnisses, des Gefühls, des Begehrens usw. den nichtssagenden Begriff eines entsprechenden »Vermögens« oder einer entsprechenden Seelenkraft ansetzten, die sie natürlich nur durch den Charakter der von ihr ausgehenden Wirkungen bestimmen konnten. Die Psychologie wurde unter den Händen dieser Männer eine rein deskriptive Wissenschaft, und gegen diesen ihren Zustand erhob später Kant mit Recht den Vorwurf, daß sie den Rang einer Naturwissenschaft nicht beanspruchen dürfe. Schriften, wie Schönfelds »Anweisung zur Erkenntnis seiner selbst«, Meiners' »Abriß der Psychologie« und »Grundriß

der Seelenlehre«, Hennings »Geschichte von den Seelen der
Menschen und Tiere«, Campes »Empfindungs- und Erkenntniskraft
der menschlichen Seele«, Hissmanns »Psychologische Versuche«,
Wezels »Versuch über die Kenntnis der Menschen«, Villaumes
»Abhandlungen über die Kräfte der Seele« und zahllose andere —
der Spezialschriften gar nicht zu gedenken — verfolgten diese psychologische Tatsachensammlung. Es entstand in Deutschland eine
wahre Sucht, Tatsachen des Seelenlebens zu konstatieren und zu be-
schreiben. Es wurden große Magazine, wie das von Moritz 1785—1793
herausgegebene, dafür angelegt*), und die Ansicht, »der wahre und
einzige Gegenstand der menschlichen Erkenntnis und insbesondere der
Philosophie sei der Mensch«, die an der Spitze fast aller dieser Bücher
wiederkehrt, war in der Tat eine allgemeine Überzeugung geworden.

Diese Bevorzugung der Selbsterfahrung des Menschen hatte
jedoch in Deutschland tiefere Kulturbedingungen. Die ganze Entwicklung des deutschen Geisteslebens hatte der Traurigkeit und
Kleinlichkeit der öffentlichen Verhältnisse gegenüber eine Wendung
zur Innerlichkeit genommen, und die deutsche Bildung bestand hauptsächlich überall in einer Beschäftigung des Individuums
mit sich selbst und mit den ihm zunächst stehenden Genossen. Es
war die Zeit der Tagebücher, die Zeit der Freundschaften und der
Briefwechsel. Dem öffentlichen Leben abgekehrt, blickten die
deutschen Geister in sich selbst, sie zergliederten ihr eigenes Seelenleben und nicht minder dasjenige ihrer Freunde, und diese Selbstbeobachtung steigerte sich zu krankhafter Empfindsamkeit.
Das Wühlen in der eigenen Seele war Mode geworden, und jeder
glaubte genug Wichtiges in sich zu erleben, um seine Geheimnisse
zuerst den Freunden und dann dem Publikum auszukramen. Dieser
Richtung des deutschen Kulturlebens, deren religiöse Wendung
Goethes Meisterhand in der »schönen Seele« gezeichnet hat, und
der dadurch hervorgerufenen Literatur verdanken wir bekanntlich
Perlen der edelsten und wertvollsten Selbstbekenntnisse, aber nicht
minder auch eine unendliche Fülle von Trivialitäten, und das letztere
gilt namentlich von jener Literatur der empirischen Psychologie,
deren Wert zu ihrer Massenhaftigkeit im umgekehrten Verhältnisse

*) Auch im Auslande tauchten ähnliche Bestrebungen auf: so bildete sich
in Paris zur Zeit der Republik eine Société des observateurs de l'homme,
welche fünfzig Mitglieder, fünfzig Korrespondenten und fünfzig Aggrégés zählte.

steht. Da man prinziplos sammelte und verglich, da jeder in seinen Erzählungen so interessant wie möglich zu erscheinen wünschte, so zeigt diese Literatur auf der einen Seite den Charakter einer platten und oberflächlichen Beschreibung der alltäglichen Vorgänge, auf der andern Seite denjenigen einer kritiklosen Kuriositätensammlung, und da es ebenso wie an einer Methode der Feststellung der Tatsachen an einer solchen der Erklärung fehlte, so ist bei dieser ganzen »Erfahrungsseelenlehre« der deutschen Aufklärung herzlich wenig herausgekommen. . Ja sie hat sogar die Wirkung gehabt, einer guten Sache durch ungenügende Behandlung zu schaden. Denn die Unwissenschaftlichkeit, worin sie schließlich doch auslief, konnte nur dazu beitragen, den Gedanken einer auf die innere Erfahrung zu gründenden Psychologie bei ernsten Forschern in Mißachtung zu bringen.

Der einzige wertvollere und historisch bemerkenswerte Fortschritt, zu dem diese Bestrebungen führten, bestand in einer Neuerung, welche sich in der allgemeinsten Klassifikation der psychischen Tätigkeiten einbürgerte. Seit Aristoteles hatte man den Gegensatz der theoretischen und der praktischen Seite des Menschengeistes als das höchste Einteilungsprinzip der psychologischen Untersuchungen festgehalten. Mannigfache Variationen der Terminologie hatten nichts daran geändert, und wie Leibniz die Vorstellung und den Trieb zur Vorstellungsveränderung, so unterschied auch Wolff zwischen dem Vorstellungsvermögen und dem Begehrungsvermögen. In der empirischen Psychologie der deutschen Aufklärung brach sich nun in verschiedenen Richtungen und aus mehrfachen Motiven die Ansicht Bahn, daß zwischen beiden noch ein drittes, unter die beiden anderen nicht zu subsumierendes Grundvermögen eingeschoben werden müsse: dasjenige der Empfindung, welches nachher glücklicher als dasjenige der Gefühle bezeichnet wurde. Diese Ansicht breitete sich so siegreich aus, daß die drei Bestimmungen: Vorstellen, Fühlen, Wollen noch heute in der gewöhnlichen Ausdrucksweise nicht minder als in der landläufigen empirischen Psychologie für die drei Grundkategorien des seelischen Lebens gelten. Der Ursprung dieser Ansicht greift schon auf die Mitte des XVIII. Jahrhunderts zurück und ist, wie es scheint, bei Johann Georg Sulzer (1720—1799) zu suchen, der bereits in den Jahren 1751 und 1752 an der Berliner Akademie die später in seinen »Vermischten Schriften« (Berlin 1773) gedruckten Abhandlungen über diesen Gegenstand vortrug. In diesen ist die Grundlage der Theorie zu suchen, womit bald darauf Mendelssohn in seinen »Briefen über die Empfindungen« (Berlin 1755) ausdrücklich das Empfindungsvermögen als ein drittes den beiden andern zur Seite stellte. Die neue Lehre zeigt nun bei Sulzer in einer höchst bemerkenswerten Weise ihre Abhängigkeit von dem Grundgedanken der Leibnizschen Monadologie. Es ist der Begriff der dunklen und verworrenen Vorstellungen, von dem er ausgeht. Zwar hält er an dem Leibnizschen Prinzip fest, daß das Vorstellen die Grundkraft der Seele sei, aber auf der anderen Seite macht er darauf aufmerksam, daß die dunklen Vorstellungen noch nicht völlige Vorstellungen sind; er zeigt dann weiterhin, daß die verworrene Mischung mannigfacher Elemente, die in ihnen enthalten ist, die Seele vielmehr auf ein Empfinden dieses ihres eigenen Zustandes, als auf eine deutliche und begriffliche Erfassung der einzelnen Elemente hinweise, und daß diese ihre Empfindungstätigkeit, von den eigentlichen Vorstellungen und den Begehrungen gleich verschieden, zwischen beiden die notwendige Vermittlung bilde. Daß diese Hervorhebung des Gefühls auf einer Verwertung der Leibnizschen Theorie von den dunklen Vorstellungen beruhte, lehrt außerdem eine von Sulzer durchaus unabhängige Schrift von Jakob Friedrich Weiss »De natura animi et potissimum cordis humani« (Stuttgart 1761). Sulzer führt jene Theorie hauptsächlich dahin aus, daß er in den dunklen Vorstellungen denjenigen Charakter nachweist, den die moderne Psychologie eben als Gefühl bezeichnet. Er zeigt, daß jede »Empfindung« entweder angenehm oder unangenehm sei, d. h. also einen bestimmten Gefühlston habe, und gibt dadurch die Veranlassung, auf Grund deren Mendelssohn in seinen »Morgenstunden« (Berlin 1785) dieses neue Vermögen mit dem Namen des Billigungsvermögens bezeichnet hat. Es liegt auf der Hand, daß damit die empirische Psychologie der Deutschen zunächst nur in ihrer Weise dieselbe Entdeckung gemacht hatte, deren Inhalt man in der englischen Philosophie teils als den Sinn für das Gute, teils als den für das Schöne charakterisierte. In beiden Fällen stieß man auf den Begriff eines der menschlichen Seele ursprünglich innewohnenden Beurteilungsvermögens, das sich den verschiedenen Gegenständen gegenüber billigend oder mißbilligend verhalte. Hier wie dort führte diese Theorie zu ästhetischen Konsequenzen, und auf diesem Gebiete lag deshalb auch hauptsächlich Sulzers Tätigkeit und Einfluß. Er unterschied drei Stufen dieses Empfindungsvermögens: die sinnlichen Gefühle des Angenehmen und des Unangenehmen, die ästhetische Betrachtung des Schönen und des Häßlichen, die moralische Beurteilung des Guten und des Bösen. Von den ersteren nahm er an, daß sie bei ihrer durchgängigen Abhängigkeit von dem individuellen Zustande des physischen Organismus einer allgemeinen Theorie nicht fähig wären, von der letzteren dagegen, daß sie lediglich auf allgemeingültigen Prinzipien beruhe, deren Entwicklung der Moralphilosophie anheimfalle. Für die ästhetische Empfindung, mit deren Untersuchung er sich vorwiegend beschäftigte, nahm er nach jeder Richtung hin eine mittlere Stellung zwischen den beiden anderen ein. Die Empfindung des Schönen gilt ihm als eine notwendige und deshalb allgemeingültige Folge aus der Beziehung der Gegenstände der Wahrnehmung auf die geistige Tätigkeit. Indem er den Leibnizschen Begriff der Schönheit als der Einheit in der Mannigfaltigkeit festhält, meint er, daß das Wohlgefallen am Schönen auf der Anregung beruhe, die der Geist aus der Auffassung aller dieser Beziehungen des einzelnen auf den einheitlichen Zusammenhang schöpfe. Das Gefühl des Schönen gilt ihm als der Genuß der harmonischen Verknüpfung sinnlicher Empfindungen. Deshalb aber ist ihm der ästhetische Genuß und die ästhetische Produktion von dem Grade der Einsicht in diesen Zusammenhang abhängig, und er unterwirft damit das ästhetische Leben einem intellektuellen Maßstabe. Allein dabei bleibt er nicht stehen: wie ihm die ästhetische Empfindung höher und wertvoller ist als die sinnliche, so stellt er sie anderseits unter die moralische, und daraus zieht er den Schluß, daß ihr wahrer Wert in letzter Instanz nur in der Förderung bestehen könne, welche sie dem moralischen Leben gewährt. Dadurch verschließt er sich selbstverständlich den Sinn für den eigenen und selbständigen Wert des Schönen und sieht darin nur ein Mittel für die intellektuelle und moralische Aufklärung. Er zögert nicht auszusprechen, daß der Maler, wenn er nicht einen sittlichen Gegenstand darstelle, mit Farben und Formen allein nichts ausrichten könne. Er sieht den Wert der Landschaftsbilder hauptsächlich darin, daß man dadurch Schöpfungen der Natur kennen und bewundern lerne, die durch eigene Anschauung zu erfahren es an Zeit und Mitteln gebräche, und er meint, die beste Verwendung, die man davon machen könne, wäre etwa ihre Zusammenstellung zu einem Museum, worin man einen Überblick über die verschiedenen Gegenden der Erde und, wenn sie mit passender Staffage versehen würden, auch über die verschiedenen Sitten und Beschäftigungen der Menschen gewinnen könnte. Er macht anderseits für historische Gemälde Vorschläge, die geradezu an das Komische grenzen; man solle den Damokles darstellen, wie über seinem üppigen Mahle das drohende Schwert hängt, oder den Dionys, wie er sich aus Furcht vor dem mörderischen Barbiermesser von seinen Töchtern durch glühende Nußschalen den Bart abnehmen läßt usw. Aber diese moralisierende Ästhetik mit ihren kleinlichen Auswüchsen war ganz im Geschmacke der Zeit, und Sulzers in der Form eines ästhetischen Reallexikons angelegte »Allgemeine Theorie der schönen Künste« (Leipzig 1771—1774) galt lange als Autorität für die ästhetische Kritik. Es kam hinzu, daß seine unentschiedene Zwischenstellung ihn für die beiden streitenden Parteien gleich brauchbar machte. Der Richtung der Schweizer und der Stürmer und Dränger gefiel seine Begründung der Ästhetik auf den dunklen Untergrund der Seele und auf die Ursprünglichkeit des Gefühls, den Anhängern Gottscheds seine Betonung der Abhängigkeit des ästhetischen Lebens von der theoretischen Einsicht und der moralischen Absicht.

Zur allgemeinsten Anerkennung aber gelangte die Dreiteilung von Denken, Fühlen und Wollen erst durch den bedeutendsten unter den empirischen Psychologen dieser Zeit, Johann Nikolaus Tetens (1736—1805). Der Einfluß, den sein Hauptwerk »Philosophische Versuche über die menschliche Natur und ihre Entwicklung« (Leipzig 1776 und 1777) auf Kant ausgeübt hat, brachte es mit sich, daß durch den letzteren diese psychologische Dreiteilung sich ganz allgemein befestigte*). Dieser Einfluß von Tetens auf

---

*) Die entscheidende Rolle, welche diese Dreiteilung in der Gliederung des Kantischen Systems spielt, wird an ihrer Stelle noch besonders besprochen werden müssen; es sei jedoch schon hier darauf hingewiesen, daß diese Bedeutung am klarsten in der Einleitung zur Kritik der Urteilskraft und in der ursprünglich zu demselben Zweck geschriebenen, jetzt unter dem Titel »Über Philosophie überhaupt« in die Sammlungen der Kantischen Schriften aufgenommenen Abhandlung hervortritt.

Kant beruht im wesentlichen darauf, daß beide Männer um die gleiche Zeit unter dem Eindrucke der Veröffentlichung von Leibniz' »Nouveaux essais« standen. Kant hatte davon zuerst in seiner Inauguraldissertation »De mundi sensibilis atque intelligibilis forma et principiis« Zeugnis abgelegt, und Tetens begrüßte in seinem Werke die Ergebnisse dieser Untersuchungen Kants mit lebhaftester Anerkennung. In der Tat ist der erkenntnistheoretische Standpunkt, auf welchem sich beide Männer in diesen Werken befinden, genau derselbe, und erst später hat sich Kant durch die Forschungen, die der Kritik der reinen Vernunft zugrunde liegen, weit über den Gedankenkreis von Tetens erhoben. Das Werk von Tetens enthält gewissermaßen die einseitige Ausprägung des psychologischen Standpunktes, der in der Entwicklung Kants eine notwendige Übergangsstufe bildete und von ihm später überwunden wurde.

Dieses Werk besteht aus einer Reihe psychologischer Essais ohne Anspruch auf systematische Gliederung, aber in regelmäßigem Fortschritt. Tetens' Methode ist, wie er hervorhebt, die rein beobachtende. Er will die Modifikationen der Seele so nehmen, wie sie das Selbstgefühl oder die innere Erfarung darbietet, und schließt von seiner Betrachtung alle metaphysischen Theorien aus, indem er sich ebenso gegen die Seelenlehre des Rationalismus bei Wolff wie gegen den sensualistischen Materialismus bei den Franzosen wendet. Er verwirft aber nicht minder energisch auch jenes unkritische Prinzip des gesunden Menschenverstandes, bei dem sich die Schotten beruhigten. Seine eigene Aufgabe sieht er vielmehr hauptsächlich in feinen und sorgfältigen Analysen, aus denen sich die Erkenntnis der Beziehungen zwischen den einzelnen Seelentätigkeiten ergeben soll. Als erste Bedingung dazu bezeichnet er die genaue Unterscheidung der einzelnen psychischen Funktionen und die Erforschung der Verhältnisse, worin sie entweder aufeinander zurückführbar oder bei gegenseitiger Selbständigkeit miteinander vereinbar sind. Bei der Lösung dieser Aufgabe verfährt er so feinfühlig und scharfsichtig, daß manche Teile seines Werkes und manche Theorien, die er aufgestellt, einen dauernden Wert für die Psychologie haben. Er beginnt mit der Frage, ob sich durch Beobachtung eine Grundtätigkeit der Seele herausstellen lasse, und entwickelt die Prinzipien seiner eigenen Ansicht an einer Kritik der Behauptung von Leibniz und Wolff, daß diese Grundtätigkeit die Vorstellung sei. Da ergibt sich denn, sobald man Leibniz selbst beim Worte nimmt, daß, wenn man unter Vorstellungen bewußte Denkakte verstehen will, diese niemals etwas Ursprüngliches sind, sondern sich immer auf eine vorhergehende anderweitige Modifikation der Seele beziehen. Was Leibniz dunkle Vorstellungen genannt hat, sind eben noch keine wirklichen Vorstellungen, sondern Empfindungen oder »Fühlungen«, und Vorstellungen sind erst sozusagen Nachempfindungen. Die ersten darunter sind die Perzeptionen, und Tetens macht einen höchst interessanten Versuch, aus dem Umstande, daß damit schon die Wahrnehmungen der Sinne sich als Bilder der ursprünglichen Modifikationen der Seele erweisen, die Tatsache und die Art und Weise zu erklären, wie ihr Inhalt in die Außenwelt projiziert und dadurch zu einem Gegenstande des Denkens gemacht wird. Diese Perzeptionen sind nun teils wiederholbar, teils zu neuen Bildern vereinbar, und so setzt sich die Vorstellungstätigkeit aus den drei Funktionen der Perzeption und der reproduktiven und produktiven Einbildungskraft zusammen. Wenn hierin vielfach Humesche Einflüsse nicht zu verkennen sind, so folgt Tetens in der genaueren Betrachtung der Perzeptionen dem Lockeschen Unterschiede der inneren und der äußeren Erfahrung. Die einfachen Perzeptionen der äußeren Sinnestätigkeit haben zu ihrem Inhalt immer Gegenwärtiges und Absolutes. Die Beziehungen der Dinge dagegen fallen nie unmittelbar in die »Fühlung«, wohl aber mittelbar, insofern nämlich, als diese Beziehungen innere Zustände hervorgerufen haben und diese von der inneren Erfahrung empfunden werden. So erklärt Tetens z. B. das Gefühl der Schönheit als dasjenige einer harmonischen Vorstellungstätigkeit, in die der Mensch durch die Empfindungen versetzt wird. Allein diese Relationen der Dinge sollen nicht bloß gefühlt, sondern auch erkannt werden, und das ist nur möglich, indem der gesamte Inhalt der Empfindungsvorstellungen, der äußeren so gut wie der inneren, der Arbeit des beziehenden Denkens unterworfen wird. In dieser Kardinalfrage benutzt nun Tetens durchaus die Leibnizsche Apperzeptionstheorie, wie sie in den »Nouveaux essais« vorgetragen worden war, zugleich aber auch die in Kants Dissertation schon bedeutsam hervortretende Unterscheidung von Form und Inhalt der Erkenntnis. Er führt aus, daß der Inhalt der Erkenntnis ausnahmslos aus der Empfindung stamme, ihre Form dagegen aus der Tätigkeit des Denkens selbst. Während sich daher das Denken den Empfindungen gegenüber durchaus rezeptiv verhält, zeigt es in diesen Beziehungsformen seine eigene Spontaneität. Diese Beziehungsgedanken betrachtet nun Tetens durchaus nicht als einen gegebenen Besitz, den etwa das Denken dem empfangenen Stoffe äußerlich hinzufügte, sondern vielmehr als die Gesetze des beziehenden Denkens selbst, als die Funktionen, die das Wesen dieses Denkens ausmachen: »Die Actus des Denkens sind die ersten, ursprünglichen Verhältnisgedanken.« Sie sind die Naturgesetze des Denkens. Wir erfahren sie dadurch, daß wir sie anwenden, wenn wir denken. Ihre Erkenntnis beruht also auf der inneren Erfahrung; aber sie haben den Wert allgemeiner Vernunftwahrheiten, weil wir ohne sie nicht denken können. »Die Grundsätze kennen wir nur aus Beobachtung, wie die Gesetze, wonach Licht und Feuer wirken: aber die Urteile selbst sind nicht Beobachtungen noch Abstraktionen aus Beobachtungen, sondern Wirkungen, die von der Natur der Denkkraft abhängen, wie das Ausdehnen der Körper von der Natur des Feuers.« In diesem Sinne vindiziert Tetens den Formen des Denkens »subjektivische Notwendigkeit« und behauptet, daß darin der einzige Begriff von Objektivität bestehe, den es für den Menschen gibt. Er zeigt, daß die Wahrheit nicht in der Übereinstimmung der Vorstellungen mit Gegenständen bestehen könne, weil die dazu nötige Vergleichung unmöglich ist, sondern nur in der Notwendigkeit, womit die Denkkraft überall gleichmäßig ihrer inneren Natur nach wirkt. Daraus ergibt sich für die Erkenntnis der Außenwelt nur »ein allgemeiner Grundsatz von der Zuverlässigkeit der sinnlichen Erfahrung«, niemals ihre Berechtigung, sich für ein Abbild der realen Welt zu halten. Das beziehende Denken entwickelt sich aber nach der Darstellung von Tetens in drei Grundformen: in den Vergleichungsverhältnissen der Identität und der Verschiedenheit, in den »Mitwirklichkeitsbeziehungen« der Verbindung, Trennung und Anordnung, als da sind Raum, Lage, Zeit, Folge usw., und drittens in den Dependenzverhältnissen. Was die zweite dieser Beziehungsarten anbetrifft, so nimmt hierbei Tetens mit Befriedigung Kants Inauguraldissertation auf, worin gleichfalls Raum und Zeit als die Anordnungsgesetze für den Empfindungsinhalt betrachtet wurden, die bei Gelegenheit der Erfahrung in Kraft treten und auf diese Weise zur bewußten Erkenntnis kommen, während sie ursprünglich nur Gesetze des auffassenden Geistes sind. Beide Männer beherrscht der Leibnizsche Gedanke, daß die Vernunftwahrheiten Bewußtwerdungen der Gesetze des Geisteslebens sind; und es ist hervorzuheben, daß Kant zuerst die Anwendung dieses Prinzips auf die Apriorität der Mathematik fand. Wenn das Werk von Tetens (vielleicht auf Grund dieser Anregung) dasselbe Prinzip auf alle Beziehungsbegriffe des Denkens ausdehnte, so geht aus Kants Korrespondenz hervor, daß er bereits im Jahre 1773 zu derselben Konsequenz gekommen war. Als er das Buch von Tetens in die Hand bekam, war er vermutlich über diesen Gesichtspunkt schon hinaus, und der Einfluß des Werkes auf ihn konnte nicht mehr erkenntnistheoretisch, sondern nur noch psychologisch sein. Was endlich die Dependenzverhältnisse anbetrifft, so ergeht sich Tetens in einer prinzipiell verfehlten Polemik gegen Hume. Indem er auch die Kausalität als subjektivische Notwendigkeit nachzuweisen sucht und dabei sehr feinsinnig dem psychologischen Ursprunge dieses Begriffes aus der Verbindung der Erfahrung von den durch den Willen hervorgerufenen Leibesbewegungen mit dem logischen Postulate der Begründung nachgeht, übersieht er ganz, daß er genau dasselbe beweist, was Hume wollte, nämlich die nur tatsächlich gewohnheitsmäßige Geltung dieses Begriffes. Hierin zeigt Tetens fast am klarsten die Grenze, welche die Erkenntnistheorie vor Kant ihres psychologischen Charakters wegen nicht zu überschreiten vermochte. Er spricht fünf Jahre vor dem Erscheinen der Kritik der reinen Vernunft das methodische Prinzip der gesamten Aufklärungsphilosophie noch einmal ganz klar aus, wenn er sagt: »Die ganze Spekulation über die erwähnten Gemeinbegriffe des Verstandes beruht am Ende auf psychologischen Untersuchungen über ihre Entstehungsart und ihre subjektivische Natur im Verstande.« Darin aber lag die Unfähigkeit des Dogmatismus zur Lösung der erkenntnistheoretischen Frage. Denn daß die Einsicht in den psychologischen Ursprung der Vorstellungen nichts über ihren Erkenntniswert bestimmt, lehrt eben die vergebliche Arbeit der Philosophie seit Descartes und Locke. Als er dies begriff, befand sich Kant auf dem Wendepunkte seines eigenen Denkens und der modernen Philosophie überhaupt.

§ 55. Die Popularphilosophie.

Die große Ausbreitung der empirischen Psychologie ist teilweise
die Ursache, teilweise aber auch nur das Zeichen für diejenige Er-
lahmung der philosophischen Energie, welche um die Mitte des
XVIII. Jahrhunderts in Deutschland eintrat, und welche sich
hauptsächlich in der Herrschaft des Eklektizismus offenbarte.
Bei dem Mangel eines spekulativen Prinzips bot gerade die Erfahrungsseelenlehre den bequemsten Raum für die Reproduktion
der verschiedenen philosophischen Ansichten und namentlich für
die Verquickung Leibnizscher und Lockescher Gedanken. Je mehr
aber diese psychologischen Untersuchungen auf eine allgemeine
Schilderung des menschlichen Lebens hinausliefen, um so mehr
ging der Ernst der wissenschaftlichen Forschung verloren, und um
so breiter berührte sich die philosophische Tätigkeit mit der allgemeinen Literatur. An diesem Punkte war freilich die früher
erwähnte Gemeinsamkeit beider Strömungen der Philosophie nur
in geringem Maße zuträglich. Was sie an Popularität gewann,
mußte sie an Tiefe und Originalität aufgeben, und diese schöngeistige
Philosophie, die nun in Deutschland Mode wurde, beschränkte sich
auf ein langatmiges Wiederholen der gewöhnlichen Aufklärungs-
gedanken. Der einzige nennenswerte Vorteil, den die Philosophie
aus dieser Vereinigung zog, war der Gewinn einer geschmackvolleren
Darstellungsweise und die Heranbildung eines guten deutschen
philosophischen Stils. Die Vorbilder des Auslandes wirkten
in dieser Beziehung außerordentlich günstig. Der englische Essay
wurde auch in Deutschland Sitte, und man mühte sich, den feinen
Ton der französischen Konversationssprache zum Träger der Gedanken zu machen. Die Schriften dieser Popularphilosophen
lesen sich daher, im einzelnen genossen, leicht und angenehm.
Im ganzen wirken sie mit ihrer breiten und seichten Darstellung
und mit ihrem Mangel an bedeutenden Ideen ermüdend und lang-
weilend. Nur selten erreichen sie den Reiz ihrer Vorbilder. Die
ruhige Klarheit des englischen Stils verwandelt sich hier nur zu
leicht in weitschweifige Trivialität, und die geistvoll feine Beweglich-
keit des französischen Esprit vermochten sie nicht sich zu eigen
zu machen.

Diese Nachteile treten um so lebhafter hervor, je prätentiöser die Popularphilosophen von dem Werte ihrer Gedanken und ihrer viel- und dickbändigen Bücher denken. Sie wiegen sich alle in dem stolzen Bewußtsein einer vollendeten Aufklärung und schreiben ihre Bücher nicht zur Förderung der Forschung, sondern zur Belehrung des Publikums. Sie suchen die Wahrheit nicht: sie glauben sie zu besitzen und wollen sie nur verbreiten. Der Zweck der Philosophie ist ihnen, wie es Thomasius verkündet hatte, die Beförderung der menschlichen Glückseligkeit, und von dieser sind sie überzeugt, daß sie nur aus der Selbsterkenntnis des Menschen erwachsen könne. Dabei ist diese Philosophie in ihrem Glückseligkeitsbestreben durchaus von dem kleinlichen Geiste der Wolffschen Teleologie beherrscht. Ihr Ideal ist die behagliche, im Genusse der Aufklärung sich wohl abrundende Existenz des einzelnen. Die Probleme des öffentlichen Lebens liegen ihr fern. Von der sittlichen Bedeutung des Staatsgedankens hat sie keine Vorstellung. Sie will nur aus der erfahrungsmäßigen Kenntnis vom allgemeinen Wesen des Menschen Belehrung geben, wie er so aufgeklärt und so glücklich wie möglich werden kann. Diese Beschäftigung mit dem Wohle des einzelnen Menschen und die Betonung der alles andere abweisenden Bedeutung, welche er für sich selber hat, zeigt sich am besten darin, daß keine Frage in dieser Literatur so lebhaft und mit so großer Vorliebe behandelt wird, als diejenige der Unsterblichkeit, und daß sie fast ausschließlich unter dem Gesichtspunkte des Eudämonismus bejaht wird: wie denn charakteristisch genug in dieser Literatur häufig genug Argumentationen vorkommen, in denen bei zweifelhaften Fragen der Philosoph sich ausdrücklich für diejenige Meinung entscheidet, bei deren Geltung auf eine größere Glückseligkeit des Menschen zu rechnen ist. Als der typische Vertreter dieses Eudämonismus gilt Johann Bernhard Basedow (1723—1790). Bei ihm zeigt sich jedoch die Unwissenschaftlichkeit dieser Bestrebungen nicht nur in der Oberflächlichkeit seiner Werke, sondern bereits auch in der ausgesprochenen Mißachtung der Gelehrsamkeit, welche den Grundzug seiner pädagogischen Agitation bildete. Mit viel geringerer Originalität als Rousseau verkündete er, daß man nicht Gelehrte, sondern Menschen erziehen müsse, daß man den Menschen körperlich und geistig gesund machen solle, und das von ihm in Dessau gegründete Philanthropin wurde das Vorbild für zahlreiche Erziehungsanstalten, in denen seine und Rousseaus Prinzipien mit einseitiger Betonung der körperlichen Ausbildung gepflegt wurden.

Die geistige Gesundheit, die Basedow verlangte, lief auf nichts weiter hinaus, als auf jenen Verzicht auf wissenschaftlichen Ernst, der sich hinter dem Prinzip des gesunden Menschenverstandes versteckte. Dieser gesunde Menschenverstand war das Idol der deutschen Popularphilosophie. Noch ehe die Lehren der Schotten in Deutschland Eingang gefunden hatten (wofür später namentlich hier wie in Frankreich die Schriften des Genfer Pierre Prévost [1751—1839] wirkten), hatte sich dem Schulsystem gegenüber die Meinung gebildet, daß der Mensch, wenn er nur nicht durch philosophische Doktrinen in die Irre geleitet sei, die für ihn wertvolle und nützliche Erkenntnis in seiner natürlichen Vernunft besitze, und daß es nur gelte, diese sich und den anderen klar zu machen. Alles was daher über die gewöhnlichen Vorstellungen der Menschen hinausgeht oder gar ihnen widerspricht, galt diesen Männern von vornherein als gerichtet; indem sie sich zu Vertretern dieser gesunden Vernunft aufwarfen, schleuderten sie gegen die tiefsinnigsten philosophischen Theorien ihr seichtes Verdammungsurteil und glaubten solche einfach dadurch zu widerlegen, daß sie zeigten, wie wenig sie davon begriffen. Ihr Lieblingsgrundsatz war deshalb der, in allen Dingen mit ihrer Meinung hübsch in der Mitte zu bleiben, nur keine extremen Ansichten aufzustellen oder zu billigen und recht versöhnlich aus allen Lehren dasjenige herauszuziehen, was dem gemeinen Bewußtsein als richtig erscheint. Sie waren gütig genug, ein Körnchen Wahrheit fast in jeder philosophischen Ansicht zu finden; allein der konsequenten Anwendung eines Prinzips widersetzten sie sich in dem Grade, wie sie selbst dazu unfähig waren. So rührten sie alle möglichen philosophischen Ansichten, nur niemals die bedeutendsten, zu einem Brei zusammen, den dann jeder von ihnen in mannigfache Formen knetete.

So unerquicklich dies popularphilosophische Treiben erscheint, wenn man lediglich auf seinen wissenschaftlichen Wert Rücksicht nimmt, so darf man doch auf der anderen Seite nicht vergessen, welchen Wert es in der allgemeinen geistigen Bewegung der Deutschen hatte. Die Absichten dieser Männer waren zum größten

Teil in der Tat die besten und edelsten; sie schrieben wirklich aus innerem Bedürfnis, das Volkswohl zu fördern, und sie fanden genug zu tun vor. Der Kampf gegen die Vorurteile und die darauf beruhenden Institutionen, den die Popularphilosophie führte, war durchaus berechtigt, und ihr günstigster Erfolg war der, daß ihre Ideen doch immerhin die deutschen Geister aus lokaler und philiströser Beschränktheit emporrissen. Die moralisierende Vernunftreligion, welche sie verkündeten, an sich mager und poesielos, verwarf und zerstörte doch die bürgerlichen und rechtlichen Schranken, welche die Verschiedenheit der religiösen Überzeugungen gerade in Deutschland aufgetürmt hatte. Freilich hatte diese Aufklärungsphilosophie kein Verständnis für die Zwischenglieder zwischen dem Individuum und der Gattung. Sie zog den Kosmopolitismus groß und bekämpfte alles äußere Kirchentum: aber sie bildete den Sinn für das rein Menschliche und die Achtung vor dem Menschen in jeder Gestalt mit so edlem Eifer aus, daß nur auf dieser Grundlage sich jenes Ideal der Humanität erheben konnte, das die großen Dichter Deutschlands später mit viel reicherem Inhalt erfüllten.

Es gibt innerhalb dieser Popularphilosophie eine Erscheinung, die, wenn auch nicht frei von ihren Schattenseiten, doch alle ihre edleren Züge derart in sich vereinigt, daß sie einer ganzen Generation ein leuchtendes Vorbild wurde: das ist Moses Mendelssohn. 1729 als der Sohn eines armen jüdischen Schulmeisters geboren, rang sich dieser Mann durch unermüdliche Arbeit zum wissenschaftlichen Leben empor, und während er bis zu seinem Tode (1786) in praktischer Beschäftigung lebte, wurde er durch die Anmut und Feinheit seines Stils einer der besten und gelesensten Schriftsteller dieser Periode. Das Bedürfnis nach Klarheit und Deutlichkeit der Begriffe, welches er aus der Wolffschen Philosophie geschöpft hatte, verband sich bei ihm mit der Neigung und Befähigung zu geschmackvoller Darstellung, worin ihn das Studium Shaftesburys bestärkte. Vor allem aber wehte in seinen Schriften die warme Empfindung eines edlen Gemüts: sie alle geben den Eindruck wohltuender Ruhe. Von festen Überzeugungen getragen, umspannt sein reines Wohlwollen das ganze menschliche Geschlecht. Dabei ist es ein ergreifender Zug, wie er sein Streben nach Aufklärung und nach Überwindung der Vorurteile vor allem seinen Stammesgenossen zuwendet. Er kämpft unermüdlich dafür, daß ihnen, die es am meisten bedurften, die Segnungen der Toleranz zugute kommen sollten; aber er dringt auch nicht minder darauf, daß sie ihre eigenen Vorurteile aufgeben und sich zu Gliedern der gebildeten Gesellschaft machen sollen, deren Rechte sie beanspruchen. Gegen die Intoleranz richtet er sich vor allem auch in philosophischen Dingen. Jede Ansicht, welche die anderen schroff ausschließt und für sich allein die Wahrheit in Anspruch nimmt, erweckt ihm Mißtrauen, und den feinen Spekulationen, worüber sich die Philosophen streiten, ist er durchaus abhold. Man soll sich nur mit dem beschäftigen, was den Menschen angeht, und das ist die Glückseligkeit, die in der reinen Religion, in der Moralität und in der Aufklärung besteht. In diesen Fragen müssen die künstlichen Systeme der Gelehrten durch den gesunden Menschenverstand korrigiert werden. Die großen Wahrheiten, welcher dieser uns lehrt, sind das Dasein eines vollkommenen und unendlich gütigen Gottes, von dem die Welt und wir geschaffen sind, um an seiner Vollkommenheit teilzunehmen und dadurch selig zu werden, und die Unsterblichkeit der Seele, welche die notwendige Bedingung für die Erfüllung dieses Zweckes ist. Beide Lehren sucht er durch Argumente, die wesentlich der Wolffschen Lehre entnommen sind, in allgemein faßlicher Weise zu begründen, und keine seiner Schriften hat solchen Beifall gefunden wie der »Phädon« (Berlin 1767), in welchem er dem Ideale der Lebensweisheit, Sokrates, seine Unsterblichkeitslehre in den Mund legte. Gerade in dieser Darstellung des Sokrates aber zeigt sich, wie oft bemerkt, der unhistorische Sinn dieser Richtung. Es fällt Mendelssohn nicht ein, daß er sich mühte, wie Sokrates zu sprechen, sondern sein Sokrates spricht wie Mendelssohn. Er ist der moralisierende Aufklärungsphilosoph, der das Volk von Athen über die Nutzlosigkeit philosophischer Spekulationen, über den Wert eines gesunden Denkens, über die sittlichen Aufgaben und über die Hoffnungen der Unsterblichkeit belehrt. Die feineren Züge des platonischen Sokrates, die griechische Färbung des sokratischen Wesens sind fortgefallen, und nur das verständige Räsonnement der deutschen Aufklärung ist übrig geblieben. Mendelssohn hatte den Gedanken der geistigen und moralischen Vervollkommnung des Individuums ganz zu dem seinigen gemacht und wünschte ihn allen Menschen ausnahmslos mitzuteilen. Das war es, was einen Lessing zu seinem Freunde machte. Aber davon, daß es auch eine

Erziehung und Vervollkommnung des Geschlechts in der Geschichte
gibt, davon, daß über dem einzelnen die höheren Mächte walten, die
sein Wesen und sein Geschick bestimmen, davon hatte er, seiner
ausdrücklichen Versicherung zufolge, keine Vorstellung. Ihm war
die Geschichte ebenso verschlossen wie die Natur; er kannte nur den
einzelnen Menschen, und diesem allein galt die Wärme seiner
Empfindung und der Edelmut seiner Beurteilung.

Neben Mendelssohn steht als sein flacherer Abklatsch sein und
Lessings Freund, der Buchhändler Friedrich Nicolai (1733
bis 1811), ein rastlos tätiger Mann, der auf Grund vielseitiger auto-
didaktischer Bildung und im redlichsten Bestreben eine ausgebreitete Wirksamkeit ausübte. Er gründete und redigierte hintereinander eine Reihe von Zeitschriften, die »Bibliothek der schönen
Wissenschaften« (1757 und 1758), die »Briefe die neueste deutsche
Literatur betreffend« (1759—1765), vor allem aber die »Allgemeine
deutsche Bibliothek« (1765—1805), und vereinigte darin mit
seltenem Geschick die bedeutendsten Männer der Zeit. Das Bestreben, durch Unterhaltung zu belehren, das allen diesen Unternehmungen zugrunde lag, glückte ihm auf das glänzendste, und
seine eigenen Beiträge waren nicht die schlechtesten. Selbst der
derbe Witz, mit dem er hin und wieder seine Darstellung spickte,
war für sein Publikum wohl berechnet, seine satirischen Romane
hatten bei aller Flachheit großen Erfolg, und aus seinen Zeitschriften
hat ein großer Teil des deutschen Volkes in der Tat seine Bildung
und Aufklärung eingesogen. Es zeugt von dem klaren Blicke des
Mannes, daß er von der aufrichtigsten Bewunderung für den großen
König erfüllt war, der die Aufklärung zum Prinzip seiner Regierung
gemacht hatte, und daß er in dessen Geiste mit allem Nachdruck
gegen jeden Aberglauben und jedes Vorurteil seinen Kampf führte.
Er ist der Typus der Berliner Freisinnigkeit, oberflächlich in der
Begründung, aber stets sattelfest und mit einer kräftigen, treffenden
Antwort bei der Hand. Nichts war ihm mehr zuwider als alles geheime Treiben, das auf selbstsüchtige Zwecke hinauslief. Ein gemeinsames und vernünftiges Zusammengehen der Menschen, eine
offene Einigung über »gesunde« Prinzipien war sein höchstes Ideal.
Deshalb glaubte er der Anschauung seiner Zeit gemäß nichts eifriger
verfolgen zu sollen als die geheimen Orden, und seine »Jesuiten-
riecherei« hat ihn ebenso berühmt wie komisch gemacht. In späteren

Jahren freilich traten gerade bei ihm die Schattenseiten der Popularphilosophie am stärksten hervor. Ihre Zeit war längst erfüllt, als er noch immer ihren Propheten machte, und namentlich seit ihn die besseren Berater verlassen hatten, stand er einem neuen Geschlecht urteilslos und doch noch immer urteilend gegenüber. Er hatte sich zu einer Art von Diktator der öffentlichen Meinung aufgeworfen und duldete nichts, was seiner schalen Verständigkeit widersprach. Alles, was darüber hinausstrebte, galt ihm für nutzlose Träumerei oder für Eingebung des Wahnsinns, und mit demselben Eifer, mit dem er einst Aberglauben und Vorurteile bekämpft hatte, wendete er sich nun gegen alles Tiefere, was in der deutschen Literatur emporkeimte, gegen die Kantische Philosophie und ihre Nachfolger, gegen die großen Dichtungen eines Goethe und Schiller, gegen die traumhafte Schönheit der Romantiker. Das hat ihm jene vernichtenden Xenien, jenes erbarmungslose Pamphlet von Fichte und alle jene wegwerfenden Urteile eingetragen, mit denen man noch jetzt seine eitle Seichtigkeit und seine oberflächliche Unfehlbarkeit zu verdammen pflegt. Gewiß war er den Größen seiner Zeit gegenüber im Unrecht: er verstand sie nicht und hielt ihnen »mit wenig Witz und viel Behagen« seine hausbackene Gesundheit entgegen, aber es gab namentlich in den ersten Jahrzehnten seiner Wirksamkeit ein Publikum, das eines solchen Mannes bedurfte, und für welches er der rechte Mann war.

Um Mendelssohn und Nicolai scharten sich eine Reihe jüngerer Genossen, deren Tätigkeit zum Teil in unmittelbarem Anschluß an die Nicolaischen Zeitschriften dieselbe Richtung verfolgte. Zu ihnen gehören Johann Erich Biester (1749—1816), der mit Gedicke zusammen die »Berliner Monatsschrift« gründete, Thomas Abbt (1738—1766), der den eleganten Stil dieser Popularphilosophie mit dem größten und erfolgreichsten Geschick behandelte, Johann August Eberhard (1739—1809), der sich am liebsten als Popularisator der Wolffschen Lehre bezeichnete und sich vielfach mit ästhetischen Studien beschäftigte, und besonders Johann Jakob Engel (1741—1802), dessen »Philosoph für die Welt« in einer Anzahl eigener und fremder Essais eine Art Repertorium dieser Lehren bildet. Zugleich versuchten Johann Georg Heinrich Feder (1740—1825) und Christoph Meiners (1747—1810) diese Popularphilosophie nicht ohne Erfolg auf dem Göttinger

Katheder heimisch zu machen und dehnten dabei ihre umfangreiche literarische Wirksamkeit auf die ganze Mannigfaltigkeit des
wissenschaftlichen Lebens aus. Persönlich und geistig stand ihnen
Christian Garve (1742—1798) nahe, der sich durch zahlreiche
Übersetzungen und seine »Versuche über verschiedene Gegenstände
aus der Moral, Literatur und dem gesellschaftlichen Leben« (Leipzig
1792—1802) bekannt und beliebt machte. Sein inniges Verhältnis
zu dem moralisierenden Fabeldichter Gellert läßt den Zusammenhang dieser Richtung mit der allgemeinen Literatur klar hervortreten. Keiner jedoch unter den bedeutenden Dichtern jener Zeit
steht diesen Popularphilosophen sachlich näher als Wieland.
Seine erzählenden Dichtungen und seine Romane atmen denselben
Geist einer behaglichen Lebensphilosophie, die sich hütet, den großen
Problemen nachzuringen, und in der Zufriedenheit mäßigen Genusses
und wohlwollender Tugend ihr Glück findet. Der Geschmack der
Darstellung, die Feinheit der Schilderung und eine liebenswürdige
Bonhommie der Welt- und Lebensauffassung müssen bei ihm wie
bei jenen Prosaisten für den Mangel an Tiefe und Schwung des
Denkens und Dichtens entschädigen.

Neben diesen zum großen Teil durch die Gemeinsamkeit literarischer Unternehmungen miteinander verbundenen Kreisen findet
man noch eine Anzahl isolierter Vertreter derselben aufklärerischen
Gedanken: so den feinsinnigen Leibnizianer Ernst Platner (1744
bis 1818), dessen »Philosophische Aphorismen« (Leipzig 1776 und
1782) in eleganter und anziehender Form doch eine systematische
Darstellung dieser Lehren zu geben versuchten und in manchen
Beziehungen schon die Richtung auf Kantische Probleme nahmen;
ferner Johann Georg Zimmermann (1728—1795), dessen viel-
gelesene Schrift »Über die Einsamkeit« dem gleichmäßigen Charakter
dieser ganzen Literatur gegenüber einen originellen, wenn auch nicht
gleich angenehmen Eindruck macht; endlich den geistreichen Physiker Georg Christoph Lichtenberg (1742—1799), der mit
Humor, Witz und Ironie, freilich in wunderlichster Weise die senti-
mentalen Auswüchse der Zeit geißelte.

§ 56. Hamann und Herder.

Alles in allem wäre es nun um die deutsche Bildung recht traurig
bestellt gewesen, wenn sie auf diese Popularphilosophie, die sich
für ihren Inbegriff hielt und ausgab, wirklich beschränkt geblieben
wäre. Denn diese war trotz aller Hinzunahme der empiristischen
Elemente, trotz allen Pochens auf den gesunden Menschenverstand
und trotz aller Verspottung der Schulweisheit doch im Grunde
genommen nur ein verdünnter Aufguß des Wolffschen Rationalismus
und ihrem Ideengehalte nach eine wässerige Lösung der Begriffe,
die jener scharf und methodisch hatte kristallisieren lassen. Aber
sie war zum Glück nicht das einzige Element der deutschen Bildung,
wenn sie auch eine Zeitlang und in gewissen Kreisen das herrschende
ausmachte. Während mit ihr die Philosophie sich gewissermaßen
im dürren Sande verlief, sprudelten im deutschen Volksgeiste
urkräftige und frische Quellen empor. Sie bahnten sich ihren Weg
zuerst in der Dichtung, und es ist eine merkwürdige »Coincidentia
oppositorum«, daß zur selben Zeit, wo die kühle Verständigkeit
sich die Herrschaft über die Literatur anmaßte, in der deutschen
Poesie jene Männer von »Sturm und Drang« auftauchten, welche
alle Regeln über den Haufen warfen und der Schule gegenüber
das Recht der Genialität proklamierten. Wenn die Philosophie
eine trocken vernünftige Moral lehrte, so verkündeten sie das
Evangelium der Sinnlichkeit. Wenn die Philosophie alles begriffen
und klar gemacht zu haben glaubte, so wühlten sie in den Ge-
heimnissen der Seele und vertieften sich in die dunklen Regionen
des Weltlebens. Wenn die Philosophie in ihrer Überschätzung der
allgemeinen Prinzipien keinen Sinn für das Einzelwesen hatte und
in ihrer Beurteilung alle Zeiten, alle Bildungsstufen über einen
Kamm schor, so predigten sie das Recht der Individualitäten. Mit
genialem Übermut warfen sie zwischen das glatte und elegante
Räsonnement der Aufklärer die kühnen Ausgeburten einer ungezügelten Phantasie.

In einer Hinsicht standen diese kraftgenialischen Dichter auf
gleicher Linie mit den rationalistischen Aufklärern: beide vereinigten
sich in dem Rufe nach Natürlichkeit, und bei beiden hatte
deshalb charakteristischerweise Rousseau einen gleich großen Erfolg. Aber dem Rationalismus galt, wie früher geschildert, das

Natürliche für identisch mit dem Vernünftigen und dem sorgfältig
Überlegten; er hoffte nach allen Richtungen hin, durch Feststellung
verständiger Prinzipien natürliche Zustände herbeizuführen. Ganz
anders jene Männer von Sturm und Drang: sie suchten das Natürliche in dem ursprünglichen Triebe des Individuums, und in
der genialen Entfaltung seiner geheimnisvollen Kräfte und dem
»tintenklecksenden Säkulum« hielten sie die große, freie Seele entgegen, die durch einzwängende Formen hindurch sich Raum schafft
für den Flügelschlag ihrer Begeisterung. Daher jene Beschäftigung
mit dem lieben Ich, jene sentimentale Selbstbespiegelung, von der
sich zeigte, wie sie der empirischen Psychologie Vorschub leistete.
Daher der Erfolg Lavaters, dessen Physiognomik über den geheimnisvollen Zusammenhang der psychischen und der leiblichen
Individualität des Menschen Licht verbreiten zu wollen schien;
daher überhaupt jene Vorliebe für das Geheimnisvolle und Wunderbare, der sich trotz allen Sträubens, wie das Freimaurertum beweist, sogar die nüchterne Aufklärung nicht entziehen konnte;
daher wieder das Walten jenes faustischen Dranges, der aus dem
Inneren der Seele eine Welt zu begreifen, zu beherrschen, zu schaffen
suchte.

So kam in der ästhetischen Literatur selbst die dunkle Tiefe
der Seele zur Geltung, auf welche die theoretische Ästhetik in
Sulzer aufmerksam geworden war, und es entsprach genau dessen
Gedankengängen, daß diese Dichter der Genialität überall das Gefühl und sein natürliches Recht auf ihre Fahne schrieben.
In dieser Gefühlsdichtung großer Persönlichkeiten lag das glückliche Gegengewicht gegen die Philosophie der Mittelmäßigkeit. Mit
unklarer Phantastik strebte sie in die Tiefe und zog dabei, wenn auch
anfangs in verzerrten Gestalten, die Schätze ans Tageslicht, von
denen die Aufklärung nichts wußte.

Es ist begreiflich, daß dieser Zug auch die Philosophie ergriff,
und daß Männer auftraten, die, von ihm beseelt, die Lebhaftigkeit und Ursprünglichkeit ihres individuellen Gefühls den Ober-
flächlichkeiten der Modephilosophie entgegenwarfen. Ein merk-
würdiges Geschick hat es gewollt, daß der charakteristische Vertreter
dieser Richtung in der unmittelbaren Nähe von Kant lebte: es ist
der »Magus im Norden«, Johann Georg Hamann (1730—1788).
In ihm vereinigen sich, abgesehen von der poetischen Produktivität,

alle Züge dieser Bewegung. Ein genialer Mensch von urwüchsiger Sinnlichkeit und zerrissener, selbsterworbener Bildung, durch den Druck äußerer Verhältnisse und die Unordentlichkeit seines eigenen Lebens niedergehalten, macht er den Widerspruch seines inneren Lebens zum Angelpunkte seines Denkens. Die »Coincidentia oppositorum« von Giordano Bruno ist sein Lieblingsthema. Er weist überall darauf hin, wie tief widerspruchsvoll alle Dinge in der Welt und im Menschenleben sind, und spricht voller Verachtung von dem leeren Gerede der Philosophen, welche diese Widersprüche entfernt zu haben glauben, wenn sie die geheimnisvollen Fäden des Weltgewebes auseinanderzulegen versucht haben. Sie ahnen nicht, daß sie eben damit den innersten Kern der Dinge zerstören. Alles, was existiert, ist individuell, und die Individualität ist immer geheimnisvoll und niemals begreiflich. Damit deckt Hamann in der Tat den Mangel des Rationalismus auf und weist auf den unverstandenen und vergessenen Sinn der Leibnizschen Monadologie zurück. Das geheimnisvolle Wesen der Individualität spricht sich aber im Menschen nicht durch sein Denken, sondern durch sein Gefühl aus, und deshalb ist, wie Hamann meint, diese Individualität auch von anderen nur durch das Gefühl zu erkennen. Alle wahre und höchste Erkenntnis beruht ihm deshalb im Gefühl — im Gefühl für das individuelle Wesen der Dinge. Diese Erkenntnis des Gefühls aber ist kein Wissen der Begriffe, sondern ein Glauben aus innerstem Triebe. Er rühmt es an Hume, daß er den »Glauben« (belief), jenes unmittelbare natürliche Vertrauen der Menschen zu den unbeweisbaren, aber auch keines Beweises bedürftigen Tatsachen, in seine Rechte dem Beweisen gegenüber eingesetzt habe: dabei waltet freilich zwischen beiden mehr Gleichheit des Ausdrucks als der Ansicht ob, und nur in sehr eingeschränkter Weise läßt sich deshalb wohl Hamanns eigener Standpunkt als Glaubensphilosophie bezeichnen. Dieser Gesichtspunkt entscheidet für ihn vor allem im religiösen Denken. Auch die höchste Individualität, die Gottheit, und gerade sie, weil sie die geheimnisvollste ist, kann nicht durch Denken und Beweisen, sondern nur durch Fühlen und Glauben erkannt werden. Die Philosophie ist ihr gegenüber ohnmächtig. Aber diese Gefühlserkenntnis läßt sich auch nicht in Dogmen und Lehrsätze fassen; sie ist Sache des individuellen Erlebens und das Geheimnis einer jeden Seele. Der mystische Indi-

vidualismus setzt sich ebenso sehr dem Orthodoxismus wie dem
Rationalismus entgegen. Selbst gläubig und bibelgläubig bis zu
schroffster Konsequenz, protestiert Hamann gegen alles Gleich-
machen auch im religiösen Leben. Es ist klar, daß diesem Gefühle
gegenüber die Wissenschaft aufhört. Solche Gefühlsphilosophie
ist bewußte Unphilosophie. Der Haß gegen das Beweisen und gegen
die begriffliche Klarheit geht bei Hamann so weit, daß er selbst
niemals beweist, sondern immer nur behauptet, und daß er seine
Gedanken niemals in geordneter Reihenfolge, sondern nur mit
orakelhafter Dunkelheit ausgesprochen hat. Unzählige Anspielungen
aus einer massenhaften und unmethodischen Lektüre und auf persönliche Verhältnisse machen seine Schriften schwer genießbar,
und nur hin und wieder entschädigt er durch geniale, treffende und
packende Gedanken in plastischem Ausdruck. Man darf auch nicht
sagen, daß seine bilderreiche, überschwengliche Sprache mit dem
Gedanken ringt: denn er will gar keinen klaren und begrifflichen
Ausdruck dafür gewinnen, sondern er ist überzeugt, daß das
mystische Wesen der Menschen und der Dinge in dem geheimnisvollen Leben der Sprache seinen von Gott gegebenen Ausdruck
. findet.

In Hamanns Gefühlsphilosophie spiegelt sich am besten die
Überlebtheit der Aufklärungsphilosophie. Sie sucht die
Wurzeln der Überzeugung nicht mehr im wissenschaftlichen Denken,
sondern im persönlichen Gefühl und proklamiert damit eine Anarchie,
wie sie in den Köpfen der Stürmer und Dränger wirklich herrschte.
Darauf beruhte die große Wirkung, welche die wunderlichen
Schriften dieses Mannes ausübten, und die einer späteren Zeit kaum
verständliche Bewunderung, die er bei der jüngeren Generation
fand und an der die bedeutendsten Geister der Zeit teilnahmen,
weil sie die Berechtigung dieser Opposition gegen die einseitige
Verstandesaufklärung mit empfanden. Am nächsten jedoch unter
allen steht ihm Friedrich Heinrich Jacobi. In diesem kehrte
sich die ganze Leidenschaft des individuellen Gefühls gegen die
Klarheit der Kantischen Philosophie, und erst aus diesem Gegensatze
wird sich die verfeinerte und vertiefte Form begreifen lassen, die er
den Hamannschen Gedanken gegeben hat.

Den Sinn für den Wert der Individualität, den Hamann wie die
geniale Richtung der Poesie nur in der Form des dunklen Gefühls

kannte, besaß die deutsche Aufklärung noch in einer 'anderen und wertvolleren Gestalt: in der historischen Gerechtigkeit, die Lessing ausübte. Diese beiden Einflüsse kreuzten sich in dem umfassenden Geiste von Johann Gottfried Herder. Er nimmt auch in philosophischer Hinsicht eine Stellung ein, die der allgemeinen Vielseitigkeit seines reichen Wesens entspricht. Seine Philosophie zeigt dieselbe eigentümliche Mischung wie seine gesamte literarische Persönlichkeit und wie auch sein Stil, dasselbe Schwanken zwischen tief poetischer, schwungvoller Empfindung und dem Bedürfnis anmutig klarer und durchsichtiger Darstellung. Er steht deshalb der Popularphilosophie nicht durchgängig so schroff gegenüber wie Hamann; aber sie befriedigt auch ihn nicht, und namentlich an ihrer religiösen Verständnislosigkeit nimmt er berechtigten und leidenschaftlichen Anstoß. Ja es hat eine Zeit gegeben — es waren die unglücklichen Jahre, die er als Hofprediger zu Bückeburg, geistig vereinsamt, in engen Verhältnissen zubrachte —, wo Herder im Kampfe gegen den flachen und öden Rationalismus und gegen den verstandeskühlen Indifferentismus bis zu dem entgegengesetzten Extrem eines orthodoxen Eifers fortschritt. Damals schrieb er sich, namentlich in den beiden Bänden »Über die älteste Urkunde des Menschengeschlechts« (1774 und 1776) und in den »Provinzialblättern für Prediger« (1776), auch stilistisch in die Hamannsche Leidenschaftlichkeit und Unklarheit hinein, und so geriet er in eine geistige Gefahr, aus der ihn Goethe durch die Berufung nach Weimar erlöste. Der berechtigte Kern aber bei dieser Verirrung lag in dem Bedürfnis, die entscheidenden Kriterien nicht im Verstande, sondern im Gefühle zu suchen.

Dabei ist im allgemeinen das Wesen des Gefühls bei Herder von demjenigen Hamanns ebenso verschieden wie die beiden Persönlichkeiten. Hamann hat etwas Unruhiges, Sprunghaftes, ja Verzerrtes in seinem Wesen, und namentlich seine Religiosität ist ein fast krampfhaftes Anklammern an die göttliche Individualität und ihre geschriebene Offenbarung. Herders ganze Seele ist harmonischer gestaltet, und sein Gefühl ist deshalb, wo es sich frei zu entfalten vermag, vielmehr dasjenige eines begeisterten Entzückens, einer seligen Versenkung in das göttliche Wesen. Während Hamanns religiöser Sinn am liebsten den Widersprüchen der Menschenseele nachging, schwelgte Herder in der Betrachtung der Natur, ihrer Schönheit und ihrer Vollkommenheit, um in ihr die harmonische Seele zu ahnen, die er die Gottheit nannte. Aber er faßt diesen Gedanken nicht mit jenem kleinlichen Philistertum wie Wolff und die Aufklärer, sondern aus dem Großen und Ganzen wie Leibniz und Lessing. Dasselbe Gefühl führt ihn zu Spinoza. Die Auffassung des Universums, welche diesem Gefühl allein sympathisch ist, fühlt allüberall den Hauch der göttlichen Seele, worin alle Dinge leben, weben und sind. Diesem spinozistischen Zuge der Leibnizschen Monadologie, dem auch Lessing nicht widerstanden hatte, folgte Herder in den unter dem Titel »Gott« 1787 erschienenen Gesprächen, die eine ähnliche Poetisierung des Spinozismus enthalten, wie wir sie bei Goethe, namentlich bei dem jungen Goethe finden.

Allein die wesentlichen Züge von Herders Weltanschauung stellen ihn doch Leibniz sehr viel näher. Es ist für ihn von untergeordneter Bedeutung, daß er die prästabilierte Harmonie aufgibt und an ihre Stelle wieder, wie Wolff, den Einfluß der Dinge aufeinander setzt. Viel lieber verweilt er in einer poetischen und empfindungswarmen Ausmalung der Theodicee und in der Betonung des selbständigen Wertes, der in dem vollkommenen Zusammenhange des Ganzen jeder einzelnen Individualität von vornherein innewohne und in ihrer Entwicklung zum Ausdruck komme. So ist er neben Lessing der echteste Leibnizianer der gesamten deutschen Aufklärung und hält von großen Gesichtspunkten aus an den Gedanken fest, die schließlich auch die Popularphilosophie dem großen Meister verdankte. Sein Gegensatz gegen diese Popularphilosophie besteht wesentlich in der Bestreitung ihres unhistorischen Treibens. Wenn man von ihm gesagt hat, er habe alle Aufgaben Lessings zu den seinigen gemacht, so gilt dies vor allem für die Stellung beider Männer in der Geschichte der Philosophie. Den Gedanken der Entwicklung, den Lessing nur auf die Geschichte der Religionen angewendet hatte, dehnte er auf die gesamte menschliche Kultur aus, und seine »Ideen zur Philosophie der Geschichte der Menschheit« (1784 ff.) enthalten die erste umfassende Darstellung der Geschichtsphilosophie.

Auch in ihr ist er der echte Schüler von Leibniz. Der Begriff, den er ihr zugrunde legte, war derjenige der natürlichen Entwicklung. Er ging von der Überzeugung aus, daß die mensch-

liche Kultur, wie sie sich in der Geschichte entwickelt, das höchste
Produkt der natürlichen Notwendigkeit sei. Das war zugleich ein
Schritt über Lessing hinaus. Zwar blieb er in jenen Schriften der
Übergangszeit hinsichtlich der Religionsgeschichte bei dem Lessingschen Gedanken einer göttlichen Erziehung der Menschheit stehen:
allein in seiner reifen Geschichtsphilosophie wollte er für die gesamte Kultur nur jenes Prinzip der natürlichen Entwicklung gelten
lassen. Im allgemeinen suchte er deshalb darzutun, daß der Mensch
vermöge seiner natürlichen Organisation und vor allem durch
seinen aufrechten Gang zur Vernunft und zur Kulturtätigkeit
bestimmt und befähigt sei, und forschte nach den natürlichen
Vermittlungen aller Vernunftentwicklung. So wendete er sich
auch gegen Süßmilchs, von seinem Freunde Hamann adoptierte
Hypothese von dem göttlichen Ursprunge der Sprache und schuf
trotz der Mannigfaltigkeit des sprachwissenschaftlichen Materials
die Grundlagen der Sprachphilosophie, indem er den Ursprung
der Sprache in der Organisation der menschlichen Stimme und in
den Bedürfnissen der menschlichen Vernunftmitteilung suchte.
Auch sie führte er in letzter Instanz auf das »Gefühl« zurück, worin
er mit kongenialem Anschluß an Leibniz' »Nouveaux essais« die
tiefste Wurzel aller geistigen Lebenstätigkeit des Menschen suchte.
In seiner »Preisschrift vom Erkennen und Empfinden der menschlichen Seele« erklärte er sich schon früh gegen die strenge Scheidung
sinnlicher und verstandesmäßiger Erkenntnis und faßte deren Verhältnis mehr unter dem Gesichtspunkte einer einheitlichen, kontinuierlichen Entwicklung von den natürlichen Grundlagen zur
geistigen Vervollkommnung auf.

In der allgemeinen Geschichtsauffassung aber verwarf er mit
allem Nachdruck jene äußerliche Ansicht, welche in den Bewegungen
des Menschenlebens nur die Willkür der Individuen und den Zufall der Begebenheiten anerkannte. Er wurde nicht müde, darauf
hinzuweisen und aus der Geschichte selbst darzutun, daß die Geschicke der Völker ebenso wie ihre Gebräuche, Sitten, Anschauungen
und Charaktere in den natürlichen Lebensbedingungen jedes
einzelnen begründet sind, und so machte er zuerst den großen
Versuch, die Geschichte der Menschheit aus der Natur zu entwickeln
und die Menschenwelt als die Vollendung des Naturlebens zu begreifen. Denn als das Ziel aller Geschichte gilt ihm die Entwicklung

und die volle harmonische Ausgestaltung des wahren Wesens des Menschen. Das Ideal der Humanität ist nie reiner und edler erfaßt worden, als von Herder. Ihm galt der Mensch als die Krone der Schöpfung. Er wollte zeigen, wie aus der Hand der Natur dies letzte Produkt hervorgehe, in welchem die Anlagen zur höchsten Vollkommenheit gegeben sind und nur ihrer Entfaltung durch die Arbeit der Geschichte harren.

Seine »Ideen« bilden den ersten Versuch, den weltgeschichtlichen Zusammenhang der Begebenheiten vom Standpunkte der modernen Wissenschaft aus philosophisch zu begreifen. Vor ihm hatte Bossuet, der berühmte französische Kanzelredner, die Geschichtsphilosophie der christlichen Patristik in dem Sinne fortgeführt, daß er in der Christianisierung der romanischen und germanischen Völker den letzten entscheidenden Fortschritt der Weltgeschichte darstellte. In ganz anderer Weise hatte Vico, ein einsamer italienischer Gelehrter (1668—1744), durch seine »Prinzipj d'una scienza nuova d'intorno alla commune natura delle nazioni« (1725 und wesentlich verändert und erweitert 1730) Gesetze aufzufinden gesucht, wonach jedes Volk einen typischen Verlauf seiner historischen Entwicklung, der in dem ewigen Wesen des Geistes begründet sei, durchzumachen hätte *). Endlich hatte der Basler

---

*) Die geschichtsphilosophische Stellung Vicos beruht, wie in allerneuester Zeit sein Landsmann Benedetto Croce (La filosofia di Giambattista Vico, Bari 1911) auf höchst bemerkenswerte Weise dargelegt hat, auf der allgemeinen, seiner Zeit weit vorausgreifenden Denkart des interessanten Mannes, der unter kümmerlichen Lebensverhältnissen seine eigenen Wege in der Wissenschaft zu gehen suchte. Vico gehört danach zu den ersten, die sich dem herrschenden Rationalismus mit vollem Bewußtsein entgegenwarfen, und er vertrat diese Opposition nicht nur mit den Motiven orthodoxer und zum Teil mystischer Frömmigkeit, sondern auch unter durchaus wissenschaftlichen Gesichtspunkten. Er bestreitet den Cartesianismus aus dem schon der Scholastik nicht fremden Prinzip, daß man nur erkennen könne, was man schafft. Daher ist die Welt, ist die Natur mit ihrer Gesetzmäßigkeit völlig erkennbar nur für ihren Schöpfer, und was der Mensch davon weiß, ist nur ein unsicheres und lückenhaftes Mitwissen (coscienza), ein Anteilhaben an der göttlichen Weisheit. Ein wirkliches Wissen hat der Mensch nur da, wo er selber den Gegenstand schafft: das ist einerseits die Mathematik, aber was der Mensch darin schafft, das sind nur Abstraktionen und Fiktionen, mit denen man nicht hoffen soll, das lebendige Wesen der Natur zu begreifen, und anderseits ist es die menschliche Geschichte, die der Mensch

Isaak Iselin seine »Philosophischen Mutmaßungen über die Geschichte der Menschheit« (1764) auf den Rousseauschen Standpunkt der Lebensentfaltung des Individuums im geschichtlichen
Prozesse zugeschnitten. Herder dagegen gab eine Darstellung
im großen Stile, die, wenn auch im einzelnen noch so kon-
struktiv und angreifbar, den Grundgedanken verfolgte, eine Ge-
samtgeschichte der Menschheit zu verstehen, in welche die einzelnen Nationen aus ihrer Besonderung zu Gliedern einer großen
Entwicklungskette emporgehoben wurden: diese sollte von den
ersten, in natürlichen Anfängen der Menschheit begründeten Zuständen einheitlich zu der ˙Vervollkommnung einer gemeinsamen
Zivilisation aufsteigen, in der das Wesen der »Humanität« immer
vollständiger zur Entfaltung gelange. Sowenig scharf und klar
Herder dabei die begrifflichen Grundlagen seiner Auffassung auszuführen und zu begründen verstand, sowenig er namentlich das
Verhältnis der natürlichen Kausalität zu den ethischen Zweck-
beurteilungen philosophisch darzulegen wußte, so wirkungsvoll war
doch, zumal in seiner anmutigen und lebendigen Darstellung, sein
von Leibnizischen Gedanken getragener Plan, einen einheitlichen

---

nacherleben kann, weil er sie selber macht. Daher sieht Vico den
großen Mangel der rationalistischen Philosophie darin, daß sie kein Verhältnis
zur Geschichte, zur Sprache, zur Dichtung gewinnen kann, und er selbst
will zeigen, daß ein Erfahrungswissen, wie es Campanella und Bacon verlangt
haben, weit sicherer und exakter in der Philologie als in der Naturforschung
zu erreichen ist. Dieser Grundgedanke nimmt nun aber bei seinerAusführung,
zu der die »Scienza nuova« berufen ist, sehr verschiedene, durcheinander
schillernde Gestalten an. Wenn der Mensch aus seinem geistigen Wesen
heraus, das überall und immer dasselbe ist, seine Geschichte macht, so ist er
dabei nicht als Individuum, sondern als eine geistige Gesamtheit, als Familie,
als Stamm, als Nation tätig, und nur insofern als das Individuum an diesem
Gesamtgeist Anteil hat, kann es dessen Schöpfungen in der historischen Erkenntnis nachbilden. Da aber schließlich alle jene geschichtlichen Erschei-
nungsformen des menschlichen Geistes in dem Wesen des Geistes überhaupt
(d. h. im göttlichen Geiste) begründet sind, so müssen die Grundzüge der
geschichtlichen Entwicklung bei allen Nationen dieselben sein. Sie sind
demnach einerseits aus der allgemeinen Natur des menschlichen Geistes
abzuleiten, und in diesem Sinne kann man das, was Vico im Auge hat,
als eine Philosophie des Geistes bezeichnen. Anderseits sollen diese Grundzüge aus der Analyse der wirklich überlieferten historischen Bewegungen
herausgearbeitet werden, und zwar dadurch, daß auf dem Wege der Analogie und der Induktion in dem ganzen empirischen Material Gesetze auf-

Gesamtsinn der menschlichen Geschichte aufzusuchen, der als
direkte Fortsetzung der natürlichen Entwicklung begriffen werden
sollte.

Die Durchführung solcher Prinzipien war nur einem Manne
möglich, der wie Herder sich mit feinstem Sinne in die Eigentümlichkeit der historischen Erscheinungen hineinzuleben wußte, der
jedes Gebilde, das seiner Forschung begegnete, an die rechte Stelle
in den Gang des ganzen Menschheitslebens einzuordnen vermochte,
und dem es gegeben war, die natürlichen Bedingungen jedes Einzelnen als seinen inneren Grund und seine Berechtigung zu erkennen.
Hierin bestand seine poetische Größe. Herder besaß eine Genialität des Mitempfindens, wie sie niemals wieder dagewesen
ist. Er entdeckte den Geist der hebräischen Poesie und setzte die
von den Rationalisten zerrissene Bibel in ihr poetisches Recht ein.
Er verstand die »Stimmen der Völker« und besaß eine wunderbare
Fähigkeit, sie dem Genius der deutschen Sprache zu assimilieren.
Er ist einer der Schöpfer dessen, was Goethe die Weltliteratur
der Deutschen genannt hat, der Anreger jener großartigen Tätig-

gefunden werden, die sich gleichmäßig in der Entwicklung der verschiedenen
Nationen, in den »corsi e recorsi« als die Aufeinanderfolge ihrer öffentlichen
Zustände geltend machen: diese Seite der Betrachtung erscheint bei Vico
als eine Vorwegnahme der Prinzipien der Soziologie, und charakteristisch
ist dabei namentlich seine Lehre, daß jede Gesellschaft nach der Überschreitung des Höhepunktes ihrer Entwicklung in ihrer Decadence zu einem dem
Anfangsstadium ähnlichen, aber viel schlimmeren Zustande der Barbarei
zurückkehrt. So neu und eigenartig diese Auffassungsweisen bei Vico hervortreten, so wenig hat er doch zwischen ihnen eine begriffliche Klärung und
Scheidung zu finden gewußt, und auf dieser Unklarheit und Unentwickeltheit
beruht mehr als auf äußeren Umständen die Isoliertheit und Wirkungslosigkeit
seines Werkes. Interessant ist daran auch die auf dem Prinzip des Gesamt-
geistes beruhende und der Aufklärung gegenüber fast romantische Vorliebe
für die Analyse der primitiven Zustände, für die »heroischen« Zeitalter,
für Dichtung und Mythos, deren Eigenarten Vico das lebhafteste Verständnis entgegenbringt. Allein die Grenze seiner historischen Auffassung
besteht nun gerade darin, daß er angesichts der sich wiederholenden Regel-
mäßigkeit in der Geschichte der Nationen von einer Gesamtentwicklung und
einem Fortschritt der Menschheit nichts weiß. Charakteristisch dafür ist
namentlich auch seine Trennung der jüdischen als der »heiligen« Geschichte
von der »profanen« Geschichte der übrigen Völker, für die ihm namentlich
die römische als typisch gilt: sie ist ihm ja, wie den großen Humanisten Italiens,
gewissermaßen die eigene Nationalgeschichte.

keit, mit der in jenen Jahrzehnten die deutsche Literatur sich die Schätze der gesamten menschlichen Kultur aneignete. So ist es ihm vor allem zu danken, daß die deutsche Bildung jener Zeit eine Weltbildung im edelsten Sinne des Wortes wurde, und daß der verschwommene Kosmopolitismus der Deutschen die große Gestalt der echten Humanität annahm.

Auch diese Wirkung Herders ist nicht nur eine literarische, sondern ebenso eine philosophische. Denn die Gedanken, die auf diese Weise in den deutschen Geist einströmten, bildeten jenen Reichtum heran, mit welchem die folgende Philosophie arbeiten konnte. Auf dieser Weltliteratur beruht die weltumfassende Spannkraft der deutschen Philosophie. In der Aneignung dieser Ideen erstarkte der deutsche Geist zu seiner Selbständigkeit. Seine Popularphilosophie verkümmerte in sich selbst, sein kraftgeniales Gefühl überschlug sich in zielloser Verworrenheit, und erst in der Verarbeitung des Ideenstoffes der Geschichte fand er sein wahres Wesen. In diesen Gegensätzen ringend, mit immer reicherem Gedankengehalte sich erfüllend, zeigt die deutsche Bildung der siebziger und achtziger Jahre des XVIII. Jahrhunderts das Bild einer mächtigen Gärung, und ein gleiches Auf- und Abwogen der Kräfte, ein gleiches Chaos der Ideen ist die Philosophie dieser Zeit.

Die Gärung der allgemeinen deutschen Bildung klärte sich ab in dem größten modernen Dichter — in Goethe: die Gärung der deutschen Philosophie klärte sich ab in dem größten modernen Philosophen — in Kant.